Dizionario Italiano-illirico...

Giovanni Jurasich

DIZIONARIO
ITALIANO-ILLIRICO

DI

GIOVANNI JURASICH

DALL' ISOLA VEGLIA

EDIZIONE PRIMA

TRIESTE

COI TIPI DEL LLOYD AUSTRIACO

1863

PREFAZIONE.

Sia lode a Dio Benedetto, i miei voti sono adempiuti! Dopo tre anni e mezzo di gravi fatiche e privazioni, e staccato in certo modo dal consorzio dei miei più cari: ho potuto, la Dio mercè, condurre a termine anche la seconda mia Opera, che è il presente *Dizionario Italiano Illirico.*

Venuto al fine di questa mia nuova impresa, io era corrucciato dal dolore di non poterla far comparire alla luce, dacchè pur troppo non m'era dato di trovare un generoso mecenate che mi soccorresse colle spese. Io dovetti perciò soggiacere a sagrifizj non lievi, mediante i quali, insieme alle vive e cordiali premure del mio compadre l'egregio sig. Antonio Felice Dr. Giacich, che in quest'occasione mi fu cortese del più utile e valido appoggio: ho potuto mettermi in corrispondenza coll'esimio sig. Pietro Brunelli in Trieste, e col Suo grazioso mezzo poi direttamente colla Spettabile Sezione Letterario-Artistica del Lloyd Austriaco. Ivi ho trovato negli egregi signori Giulio Ohswaldt ed Eduardo Otto, il primo Segretario della Sezione stessa, e l'altro Direttore della rispettiva Tipografia, la più cortese ac-

*

coglienza. Le sincere e disinteressate premure di queste esimie due persone nell'agevolarmi in tutto ciò che era Loro possibile, e le facilitazioni accordatemi sotto ogni riguardo a nome di quel grandioso e rinomato Stabilimento, mi hanno realmente sorpreso, ed io ne conserverò per sempre la più grata memoria!

Toccando ora più da vicino il mio argomento, non farà d'uopo che io dica quanto grande ne fosse stato negli anni addietro il bisogno d'un Dizionario italiano-illirico, e come ne divenisse estremo da un anno a questa parte, dacchè lo sa ognuno. Su questa base io avea concepita l'idea di elaborarne uno che supplisse a siffatta mancanza attenendomi al già noto mio programma. Se non che giunti colla stampa, quasi al fine della prima lettera e visto l'abbondante numero dei Prenumerati che gentilmente mi onorarono delle loro firme — in segno di viva gratitudine — io concepiva l'idea di fare un lavoro più completo.

Sebbene l'impresa era per me troppo ardua, perchè soverchiamente affaccendato colle ordinarie mie occupazioni di pubblico funzionario; tuttavia non curando alcuna fatica nè le maggiori spese, mi sono accinto con tutto impegno e coraggio all'impresa; ed a questo fine, mentre continuava nel mio nuovo progetto, mi venne accordato, in seguito a mia domanda, il breve permesso d'assenza d'un mese appunto quando io mi stava completando il finale della lettera R; durante il quale ho potuto continuare il lavoro con mente più libera, e completarlo dalla lettera S sino alla fine.

Riguardo all'intrinseco di questa mia produzione, credo poter asserire con tutto fondamento essere una fra le più ardue imprese quella di comporre nei tempi attuali un originale Dizionario italiano-illirico; e ciò molto più volendolo fare colla preventiva idea di giovar contemporaneamente alle persone del foro, innestandovi per esseloro a suo luogo i termini e modi di dire giuridici e dicasteriali, e dall'altro canto alla gioventù studiosa, senza perdere di vista il soggetto principale. Oh quante volte io mi trovava in un labirinto con poco filo da trovarne l'uscita! Quante volte io avea puntato il pugno sulle mie labbra, quasi pentito dell'intrapreso cammino! Pure coadiuvato da una felice memoria, Iddio mi diede tanta forza da poter condurre a termine il mio assunto da per me solo, e senza alcun collaboratore.

Non dubito pertanto che il benigno e colto pubblico, vorrà riguardare con indulgenza le mende che contener potesse la mia ardua impresa, essendo impossibile che siffatto lavoro di qualunque fosse Autore, come primo ed originale, avesse ad esserne esente; tanto più che quì la mente deve ad ogni istante repentinamente trasportarsi e girare per tutti gli angoli del creato, e la memoria umana quasi inobbediente membro, non sempre si presta perfino alle più diligenti consulte.

A vantaggio di tutti ed in ispecialtà della gioventù studiosa, mi diedi premura di trattar meglio che mi era possibile il difficile assunto delle preposizioni, procurando di congregarle tutte al loro posto e di annotarvi tanto accanto ad esse che alle altre voci, il caso retto dalle medesime. Ho creduto poi utile di fare in fine dell'Opera una breve Aggiunta di quei vocaboli, che nel corso del lavoro erano sfuggiti alla mia attenzione, e di aggiugnervi i Nomi di Battesimo, ed alcuni Nomi spettanti alla Geografia.

Rapporto all'ortografia illirica, avuto riguardo alla Dalmazia, all'Istria, alle Isole del Quarnero ed al Litorale croato (nei quali luoghi si pronunzia a cagione d'esempio e *diete*, e *dite*, e *dete*), ho prescelto il metodo che ognuno vede, adoprando la ĕ coll'accento circonflesso invece di *ie* (*dĕte*, *rĕč* ecc.); sicchè ognuno potrà a sua voglia pronunciare il *dĕte* per *diete*, per *dite* e per *dete* ecc., e usando la è coll'accento grave avanti la *r*, senza ommettere quest'ultima, come nelle voci *dèrvo*, *mèrva*; e ciò perchè gl'individui d'italiana favella malvolentieri si adattano a pronunziare le parole per essiloro affatto insolite composte di cinque consonanti senza alcuna vocale (p. e. *čvrst* in luogo di *čvèrst*), e ne godo d'aver adottato questo principio, poichè in simil guisa senza prediligere alcuno, mi presto egualmente per tutti; e perchè questo stesso metodo lo veggo introdotto anche nei libri scolastici sortiti alla luce nel 1862, che unicamente possono essere adoprati nelle pubbliche Scuole.

Ora, nel mentre esprimo i miei più sentiti ringraziamenti ai gentilissimi Signori Prenumerati che mi furono cortesi del loro benigno appoggio, la mercè del quale dopo tante lunghe e penose veglie, vede ora la luce questo secondo parto dei miei studj *); ciocchè al certo forma l'atto più solenne della mia vita: non mi arresto dal fare i più fervidi voti onde le tenui mie fatiche possano promeritarsi il pubblico favore, e soprattutto cooperare al ravvicinamento ed al sincero legame di amicizia delle due nazioni in quella guisa stessa, che le loro favelle stanno affratellate nel presente umile dono che loro consacro.

L' Autore.

---

*Riguardo all'altra mia opera *Il Notajo Popolare Italiano-Illirico* (di circa 900 pagine in ottavo); la quale oltre all'interessante materia che contiene, potrà servire come utile mezzo per apprendere la lingua *illirica* e viceversa *l'italiana* — contenendo essa le singole materie in via di fedele traduzione in ambe le lingue — viene riaperto il termine pelle prenumerazioni, da spedirsi a me direttamente in *Fiume*, fino a tutto Aprile p. v. verso l'importo di fi. 4 V. A. da pagarsi all'atto della consegna per l'intera Opera; osservando, che non insinuandosi un sufficiente numero di Associati, verrà pubblicata a brani.

Giovanni Jurasich,

Spiegazione delle Abbreviature.

p. per — *st.* e *sost.* sostantivo — *ag.* aggettivo o addiettivo — *va.* verbo attivo — *vn.* verbo neutro — *np.* neutro passivo — *vnp.* verbo neutro passivo — *vb.* e *v.* verbo — *av.* avverbio — *pr.* preposizione — *cong.* congiunzione — *pron.* pronome — *interj.* interjezione — *gen.* genitivo (caso retto dalle preposizioni o altre parti del discorso) — *dat.* dativo — *ac.* accusativo — *prep.* preposizionale (caso) — *loc.* locativo — *ist.* istrumentale — *ist.* ed *ac.* istrumentale ed accusativo — *nom. d.* nominativo duale (caso) — *gen. pl.* genitivo plurale — *fig.* figuratamente o figurato — *met.* metaforicamente, o metaforico — *sined.* sineddoche — *t. gr.* termine grammaticale — *t. m.* termine musicale — *t. tec.* termine tecnico — *td.* termine dicasteriale — *sd.* senso dicasteriale — *sl.* o *s. l.* senso legale — *tl.* termine legale — *sc.* o *s. c.* senso comune — *sj.* o *s. j.* senso juridico. — *is.* isola — *dim.* diminutivo — *aum.* aumentativo — *sprez.* sprezzativo — *vez.* vezzeggiativo — *mas.* maschio o maschile — *fem.* femmina o femminile — *col.* collettivo — ecc. et coetera o eccetera. — *num. ord.* numero ordinale.

ERRATA-CORRIGE.

Pag. 57 Aula, stanza reale — *carski* v. *kraljevski dvor.*

«   75 Barbagianni — *sova, jeja* (e non anche *kukavica,* come venne erroneamente indicato).

«   75 Barca *ludva* — *ladva.*

«   81 Bianco *ostati na běloost* — *ostati na bělo, ostati na cědilu.*

«   90 Bruco *razkidanan* — *razkidan.*

«   95 Calpestìo *tèrpanje* — *tèrptanje.*

«   99 Capello *pello* — *pelo.*

« 102 Cardinale... ed ordinarli — ed ordinali.

« 121 Cioè *to breći* — *to bi reći.*

« 153 Congruo *priličan* — *priličan, shodan.*

« 172 Corso *tèrcanje* — *tèrčanje.*

« 174 Cosmorama *světovid* — *světovid.*

« 175 Costituire *stavi* v. *postaviti* — *staviti* v. *postaviti.*

« 182 Cronologìa *vrémenoslovje* (e non anche *vrémenoznanstvo* — lo stesso si dica al Cronologico e Cronologista).

« 314 Fuliggine *ćadina* — *čadina.*

« 321 Giorno *osan* — *osam.*

« 349 Idiota *neznanav* — *neznanac.*

« 350 Ignominia *pogèrdan* — *pogèrda.*

« 351 Illetterato ag. *naučenjak* — st. *naučenjak.*

« 365 Incanto *čaranja* — *čaranje.*

« 410 Luogo, in quel tal — in qual tal.

« 736 Virtù *hrépost* — *krépost.*

A

A, pr. - *na*, (ac. alla domanda come, in che modo); a
sorte - *na srěću*, ingannare a buona fede - *pre-
variti na dobru věru· o,
ob, oba* (loc.); a proprie
spese - *o svojem trošku*; p.
sotto - *pod* (ac. ed ist.);
a titolo - *pod naslovom*;
p. in - *u* (ac. con moto,
loc. con quiete); corre a
Zara - *teče u Zadar*, giace
a Zara - *leži u Žadru*;
po (ac. alla domanda, *a
quanto?* e risposta, *a tanto*); a quanto? - *po ko-
liko?* a due soldi - *po dva
soldina*, a dieci carantani
- *po deseticu*; p. da, verso
- *k, ka, prama, napram,
proti. protiv, protiva, suprot* (dat.); viene a me
- *ide k meni*.

Ab (nei modi avv.), ab antico - *odavna, někad, někada*.

Abate - *opat*.

Abazia - *opatstvo, opatia*.

Abbacinamento - *zazlěpljenje,
obsěnjenje*.

Abbacinare - *zaslěpiti, obsě-
niti*.

Abbacinato - *zaslěpljen, obsěnjen*; egli venne abbacinato - *on bi zaslěpljen v.
obsěnjen*.

Abbaco - *razbroj, razbroj-
stvo, razbrojenje*.

Abbadare - *paziti, pomnjiti,
motriti, pamtiti, pozornim
okom pratiti*.

Abbadessa - *opatica*.

Abbadia. V. Abazia.

Abbagliamento - *zablěšćenje,
zasvětljenje*, p. errore -
*bludnja, obsěna. obsěnje-
nost, pogreška*. V. Abba-
cinamento.

Abbagliare - *zablěskati, za-
světliti*, p. ingannare V.
Abbacinare.

Abbagliato - *zablěštjen*, za-

1

světljen. V. Abbacinare.

Abbajamento - *lajanje, polajanje, zalajanje, cvěkanje,* p. braccheggiamento - *brekanje, šćekanje.*

Abbajare - *lajati, polajati, zalajati, cvěkati,* p. satollarsi di abbajare - *nalajati se, izlajati se,* p. braccheggiare - *brekati - šćekati.*

Abbajatore - *lajavac, lajalac, lajaoc.*

Abbandonamento. V. Abbandono.

Abbandonare - *pustiti, zapustiti, zapušćati, ostaviti, zaostaviti, zanemariti, nehajati;* abbandonare la prole - *zapustiti dětcu.*

Abbandonatamente - *zapustno, zapuštjeno, vratolomno, zaostavno, neharno, nemarno, zanemarno.*

Abbandonato - *pust, zapuštjen, ostavljen, zaostavljen, zanemaren.*

Abbandono - *puščenje, zapuštjenje, ostavljenje, zaostavljenje, zanemarenje.*

Abbarbicarsi - *koreniti se, ukoreniti se, žiliti se, užiliti se, obžiliti se.*

Abbarbicato - *ukorenjen, užiljen, obžiljen.*

Abbaruffamento - *tučnja, borba, èrvanje, bitka, smutnja, smutjenje.*

Abbaruffarsi - *tući se, potući se, biti se, èrvati se, boriti se.*

Abbassamento - *sniženost, sniženstvo, sniženje, poniženje,* p. sottomissione - *podloženje.*

Abbassare - *snižiti, uzponižiti, umaliti,* p. sottomettere - *podstaviti, podložiti.*

Abbassato - *znižen, uzponižen, umaljen,* p. sottomesso - *podložen, podstavljen.*

Abbasso - *doli, dolě, nisko, na tlo,* p. a fondo - *na dno,* più abbasso – *niže.*

Abbastanza - *dosta, zadosta, dovoljno* (gen. pl.); abbastanza meriti - *dosta zaslugah.*

Abbattere - *razstaviti, razoriti, obaliti, razvèrči, razvaljati, povaliti,* p. annientare - *uništiti, pobiti, utamaniti;* abbattere le

ABB — 3 — ABB

avversarie prove - *uništiti protivne dokaze.*

Abbattimento - *razstava, razstavljenje, razorenje, obaljenje, razvèržba, razvèrženje, razvala, razvaljenje, povaljenje,* p. annientamento - *uništenje, pobijenje, utamanenje,* p. passione - *žalost, tuga,* p.spossatezza - *onemoženost.*

Abbattuto - *razstavljen, razoren, obaljen, razvèržen, razvaljen, obvaljen, povaljen,* p. annientato - *uništen, pobijen, utamanjen,* p. passionato - *razžaljen, ožalostjen,* p. spossato - *onemožen.*

Abbellimento - *ukrasenje, olěpšanje, polěpšanje.* V. Abbigliamento.

Abbellire - *ukrasiti, olěpšati, polěpšati, uresiti, nakititi.*

Abbellito - *ukrasen, olěpšan, polěpšan.* V. Abbigliato.

Abbenchè - *premda, akoprem, premako, ako i,* p. quand' anche - *makar, ma, ma i.*

Abbeverare - *napojiti, napiti;* abbeverarsi - *napiti se, na-*

liti se, (degli animali) *nasèrkati se, nalokati se.*

Abbeverato - *napojen, napijen, nasèrkan, nalokan.*

Abbeveratojo - *napojnica, korito,* dim. *koritašce.*

Abbicì - *abece, abeceda, azbuki, azbuka, bukvica.*

Abbiettamente. V. Vilmente ecc.

Abbigliamento - *ures, uresenje, naresenje, nakit, nakitjenje, nagizdanje, ukrasenje;* abbigliamenti muliebri - *ženska uresenja.*

Abbigliare, addobbare - *uresiti, naresiti, nakititi, nagizdati, ukrasiti.*

Abbigliato - *uresen, naresen, nakitjen, nagizdan, ukrasen.*

Abbindolamento - *zaplětenje, smutjenje, prevarenje, zaslěpljenje.*

Abbindolare - *zaplesti, smutiti, prevariti, zaslěpiti koga;* abbindolarsi - *zaslěpiti se, smutiti se* ecc.

Abbisognante - *potrěboćan, potrěbujuć, siromašan, ubožan.*

Abbisognare - *trěbovati, po-trěbovati.*

Abbiurare - *odmetnuti se, věrom zatajiti.*

Abbiurazione - *odmetnutje, zatajenje věre, prokljinjanje.*

Abboccamento - *dogovor, susrět.*

Abboccarsi - *dogovoriti se,* p. incontrarsi - *srětiti se.*

Abbominare - *oduriti, pogěrditi, razměrziti, oměrziti, omraziti.*

Abbominato - *oduren, pogěrdjen, razměržen, oměržen, omrazen.*

Abbominio - *odurenje, pogěrdjenje, měržnja, oměrženje,* p. maledizione - *prokljestvo.*

Abbondantemente - *obilato, obilno, odviše, previše*

Abbondanza - *obilatost, obilnost.*

Abbondare - *obilovati.*

Abbozzare - *nacěrtati, osnovati, sastaviti.*

Abbozzato - *nacertan, osnovan, sastavljen.*

Abbozzo - *nacert, osnova, sastavak.*

Abbracciare - *prigěrliti.*

Abbreviare - *skratiti, pokratiti.*

Abbreviato - *skratjen, pokratjen.*

Abbreviatura - *pokrata, pokratnica.*

Abbreviazione - *pokratjenje.*

Abile - *prikladan, sposoban, kadar, podoban, shodan, valjan.*

Abilità - *prikladnost, sposobnost, podobnost, shodnost, valjanost.*

Abilitare - *upodobiti,* p. autorizzare - *povlastiti, opunovlastiti, opunomočiti.*

Abilitato - *upodoban,* p. autorizzato - *povlaštjen, opunovlaštjen, opunomoćen.*

Abilmente - *prikladno, sposobno, shodno, valjano, točno.*

Abitante - st. *boravilac, stanovnik, prebivalac.* V. Abitare.

Abitare - *boraviti, stanovati, prebivati;* abitare nel circondario del giudizio - *boraviti u sudbenom okolišu,* abitante - *boraveći, stanujući, prebivajući;* abitante in Bordò - *boraveći u Bor-dolezu.*

Abitazione - *boravišće, stani-šće, pribivališće.*

Abituale - *navadan, običan.*

Abitualmente - *navadno, obi-čno, običajno, polag nava-de, polag običaja.*

Abolire - *razmetnuti, ukinuti, izobičajiti, uništiti.*

Abolito - *razmetnut, ukinut, izobičajen, uništen.*

Abolizione - *razmetnutje, u-kinutje, ukinjenje, izobi-čajenje, uništenje.*

Abortire - *izmetnuti, izvèrći.* V. Sventare.

Aborto - *izmetnutje, pome-tnutje, izvèrženje;* atten-tato aborto - *pokušano iz-metnu'je,* procurato aborto - *uzrokovano izmetnutje.*

Abusare - *zloporabiti, zlou-porabiti, zloupotrěbiti;* abu-sare del proprio potere - *zloporabiti svoju vlast.*

Abusivamente - *zloporabno, zloupotrěbno.*

Abuso – *zloporaba, zloupo-trěbljenje;* abuso del po-tere d'uffizio - *zloporaba*

uredovne vlasti.

Accadere - *dogoditi se, sgoditi se, slučiti se, sbiti se, poja-viti se;* accade alle volte - *dogadja se kad tèr kad,* la cosa accaduta - *dogodivša se stvar.*

Accaduto, evento st. - *do-godjaj, pojava, slučaj;* ag. *dogodjen, pojavljen.*

Accampamento. V. Campo.

Accampare, portare in cam-po - *zametnuti, nastaviti, podignuti;* accampare il discorso - *zametnuti* v. *na-staviti govor,* accamparsi coll'esercito - *utaboriti se, ulogoriti se.*

Accampato - *zametnut, nasta-vljen;* circostanza accam-pata - *zametnuta okolnost,* (dell'esercito) - *utaboren, ulogoren.*

Accanto, vicino - *bliz, blizu, kraj, pokraj, polag, mimo, pored, oko, okolo, naokolo, kod* (gen.), *pri* (prep.), *uz, uza, nuz* (ac.).

Accattolico - *nekatoličan, ne-katolički.*

Accedenza - *pripadak, mi-*

mogrednost.

Accedere - *pristati*, p. approvare - *odobriti*, p. acconsentire – *dozvolěti*, *udovoljiti*.

Accedimento - *pristanje*, *odobrenje*, *dozvoljenje*, *udovoljenje*.

Acceleramento - *uspěšenje*, *pospěšenje*, *uskorenje*.

Accelerare - *uspěšiti*, *pospěšiti*, *uskoriti*.

Accessibile - *dostupan*, *pristupan*, *dostupiv* ecc.

Accessione, **accostamento** - *približanje*, *pristupanje*, *pristupljenje*, p. accrescimento - *prirastaj*; accessione alla cosa - *prirastaj stvari*, accessione naturale - *prirastaj naravni*, p. aggiunta - *dodatak*, p. assentimento - *privola*, *privoljenje*.

Accesso - *dostup*, *pristup*, *dostupište*, *pristupište*.

Accessoriamente - *uzgredno*, *mimogredno*, *mimogred*.

Accessorio - *uzgredak*, *uzgredica*, *mimogrednost*, *prirastaj*; cosa accessoria - *uzgredna stvar*. V. Interesse.

Accettante - *primitelj* - *prijetnik*, p. accettante d'una cambiale - *prihvatnik*.

Accettare - *primiti*, *prijeti*, *prihvatiti*; accettare la facoltà - *primiti*. *prijeti*, v. *nastupiti baštinu*, col benefizio legale dell'inventario - *zakonitim dobročinstvom popisa*; p. accettare la cambiale - *prihvatiti měnicu*.

Accettato - *primljen*, *primit*, *prijet*, *prihvatjen*; facoltà accettata - *primljena baština*, cambiale accettata - *prihvatjena měnica*.

Accettazione - *primljenje*. *prijetje*, *prihvat*, *prihvatjenje*.

Accetto st. accoglienza – *priatje*, *prietje*, *primljenje*, ag. grato - *ugodan*, *priatan*, *drag*, *mio*.

Acchetare - *umiriti*, *utaložiti*, p. calmare - *těšiti*, *utěšiti*, p. cessare di dolersi - *utěšiti se*, *umiriti se*, p. accontentarsi - *zadovoljiti se*. V. Soddisfare.

Acchiudere - *priklopiti*, *priložiti*.

Acchiuso - *priklopljen, priložen*; l' acchiuso allegato - *priklopljeni prilog*.

Acciajo - *nado*.

Accidenza, competenza - *pripadak*, p. accidente. V. Caso.

Acclamazione - *usklik*.

Accollare - *nadjenuti, napèrtiti, narinuti*.

Accollato - *nadjenut, napèrtjen, narinut*.

Accompagnamento - *pratnja, pratjenje, odpratjenje, dopratjenje, sprovod*.

Accompagnare - *pratiti, odpratiti, dopratiti, sprovoditi*; accompagnare gli arrestati - *pratiti uznike*.

Accompagnato - *pratjen, odpratjen, dopratjen, sprovodjen*.

Accordare, far unisono - *složiti*, accordarsi - *složiti se, porazumiti se, dogovoriti se*, p. concedere - *dozvoljiti, dovoljiti, podĕliti*.

Accordato - *složen, porazumljen*, p. concesso - *dozvoljen, dovoljen, podĕljen*.

Accordo - *sloga, složnost, porazumljenje, dogovor*.

Accreditare - *opovĕriti*; accreditare taluno - *opovĕriti koga*.

Accreditato - *opovĕren*.

Accrescere - *umnožiti, nadostaviti, povećati*.

Accrescimento - *umnoženje, nadostavljenje, povećanje*.

Accresciuto - *umnožen, povećan, nadopunjen*.

Accumulare - *kupiti, nakupiti, skupljati, nagomilati*.

Accumulato - *nakupljen, skupljen, nagomilan*.

Accusa — *tužba, obtužba, osvada, osvadnost*, p. incolpazione - *okrivljenje, okrivda*, di accusa - *tužbovan, obtužiteljan, osvadan*; stato d'accusa - *obtužno* v. *osvadno stanje, osvadnost*; camera d'accusa - *osvadna komora*, atto d'accusa - *osvadni spis*, processo d'accusa (accusatorio) - *osvadna parba*, trovarsi in istato d'accusa — *biti osvadjen, biti u osvadnom stanju*, porre in istato d'accusa - *staviti u osva-*

dnost v. *u osvadnom sta-* *nju.*

Accusare - *tužiti, obtužiti, o-* *svaditi,* p. incolpare - *okri-* *viti, pokriviti,* p. palesare - *odati, prijaviti,* p. confessare - *ispovědati, očitovati,* l' accusare - *tuženje, obtu-* *ženje* ecc.

Accusativo, quarto caso - *tu-* *žiteljni padež.*

Accusato - st. *obtuženik, o-* *svadjenik, okrivljenik,* ag. *obtužen, osvadjen, okrivljen.*

Acerbamente, innanzi tempo - *rano, prerano,* p. immaturamente - *nezrelo, sirovo,* *žuhko,* p. aspramente – *ostro, kruto, ljuto.* V. Pertinacemente.

Acerbo, non condotto a maturezza - *ran, preran,* p. immaturo, parlando di frutta - *nezrel, sirov, žuk,* *žuhk,* p. aspro - *oštar, krut,* *ljut;* aspro discorso - *oštri* *govor.* V. Ostinato, crudele.

Aceto, vino infortito – *ocat,* *kvasina;* aceto forte - *že-* *stok* v. *ljut ocat.*

Acqua - *voda;* diritto di condurre l' acqua piovana – *pravo vodjenja kišnice.*

Acquatico, di acqua - *voden;* pesci acquatici - *vodene* *ribe.*

Acquidotto - *vodovoda.*

Acquietamento - *uměrenje, u-* *těšenje; utaloženje.*

Acquietare. V. Acchetare.

Acquirente - *stečenik.*

Acquisizione - *stečenje.*

Acquistare - *steći, postići, za-* *dobiti, nabaviti;* acquistarsi - *nabaviti si* v. *sebi na-* *baviti.*

Acquisto - *stečenje, postignu-* *tje, zadobljenje;* acquisto del possesso - *stečenje, po-* *sěda,* acquisto del diritto d' uso - *stečenje prava po-* *rabe.*

Adattare - *priklasti, prilago-* *diti, priměriti.*

Adattato - *prikladan, shodan,* *priměren;* la cosa è del tutto adattata - *stvar je* *posve prikladna.* V. Opportuno.

Addetto - *doděljen.*

Addizionale, aggiunta - *do-*

datak, pridatak, nadome-
tak, prirez; ag. dodatan,
pridatan, nadometan; steura addizionale - dodatni
porez, namet, articolo addizionale - dodatni članak.

Addoloramento - razžaljenje,
razžalostjenje, ožalostjenje.

Addolorare - razžaliti, razžalostiti, ožalostiti, ožalostiviti.

Addotto, da addurre - naveden, doveden, pridonesen.

Addurre - navěsti, dovesti, pridoněti; addurre le prove -
pridoněti dokaze.

Adempimento - izpunjenje, izvěršenje; adempimento del
proprio dovere - izpunje-
rje svoje dužnosti.

Adempire - izpuniti, izvěršiti,
dověršiti, opraviti, opremiti.

Adempiuto - izpunjen, izvěršen, dověršen, opravljen, o-
premljen.

Aderire - pristati, p. secondare - privoliti, zadovoljiti,
udovoljiti, ugoditi, ugajati,
prignuti se, p. collegarsi -
sdružiti se.

Adesione - pristanje, privola,

privoljenje, zadovoljenje,
udovoljenje, ugajanje, u-
godjenje, prignutje, p. colleganza - sdruženje.

Adirare - razjariti, razljutiti,
razjaditi, razdražiti; adi-
rarsi - razjariti se ecc.

Adirato - razjaren, razljutjen, razjadjen, razdražen.

Adire, accettare - primiti,
prihvatiti; adire l'eredità
- primiti baštinu. V. Giuramento.

Adirittura - uprav, upravo,
neposredno.

Adito, accesso - dostup, pristup, dostupište, pristupište,
ag. da adire - primljen,
prihvatjen. V. Giuramento.

Adottante - posinujuć. V. Padre, Madre.

Adottare, scegliere - odabrati, izabrati, p. approvare -
odobriti, priznati, p. accettare - primiti, prihvatiti, p.
prendere alcuno per figlio
- posiniti, posinoviti.

Adottato, scelto - odabran, i-
zabran, p. approvato - odobren, priznan, p. accettato
- primljen, prihvatjen, p. fi-

glio adottato - *posinjen, po-sinovljen.*

Adozione - *posinjenje, posinovanje.*

Adulare - *liceměriti, laskati.*

Adulatore - *liceměrac, sladkoustala, sladkoustnik.*

Adulterare - *izopačiti, izkriviti.*

Adulterio - *preljuba, preljubstvo, preljubničtvo.*

Adultero - *preljubnik.*

Adunque - *dakle, stoga, uslěd* v. *polag toga.*

Aduzione - *dovod, dovedenje, pridonešenje;* coll' aduzione - *dovodom.*

Affabile - *prijatan, prijazan.*

Affamato - *gladan, lačan;* popolo affamato - *gladni puk.*

Affanno. V. Ambascia. Travaglio.

Affare - *posao, posal, stvar, predmet;* affari uffiziosi - *službeni poslovi.* V. **Lavoro.**

Affermare - *tvěrditi, potvěrditi, svědočiti, zasvedočiti.*

Afferramento - *pograbljenje, zagrabljenje, uhvata, uhvatjenje.*

Afferrare - *pograbiti, zagra-*

biti, *uhvatiti.*

Afferrato - *pograbljen, zagrabljen, uhvatjen.*

Affetto - *ljubav,* p. desiderio - *želja,* ag. affetto o preso da amore - *zaljubljen,* affetto di debiti - *zadužen.*

Affiggere - *pribiti;* affiggere il decreto nel luogo del giudizio - *pribiti odluku u sudilištu* v. *na sudilište.*

Affinchè - *za da, s uzroka;* affinchè io possa - *za da uzmognem.*

Affine, parente - *tasbenik, bližnik,* p. somigliante - *naličan, priličan.*

Affinità, parentela - *tastbina, svojbina,* p. attenenza - *pripadnost,* p. relazione - *odnošaj, odnošenje, razměrje.*

Affisso - st. *priboj, pribitak;* ag. *pribijen.*

Affitto. V. Fitto.

Affogamento - *ugušenje, zagušenje, zadušenje.*

Affogare - *ugušiti, zagušiti.*

Affogato - *ugušen, zagušen*

Affrancare - *oprostiti, izbaviti, osloboditi,* p. dar vigore - *ohrabriti, uhrabriti, uhrabreniti*, np. prender coraggio - *ukrěpiti se, uhrabriti se, uhrabreniti se, objačiti se, odlučiti se.*

Affrancazione - *oproštenje, izbavljenje;* tassa di affrancazione - *oprostbina, izbavnina.*

Agente - *poslovodja, opravnik.*

Agenzia - *poslovodstvo, opravničtvo.*

Agevolare - *olakšati, ublažiti, odteretiti.*

Agevole - *lak, lahk, neteretan.*

Agevolezza - *lakost, lahkost, lahkoća, neteretnost*, p. compiacenza - *uljudnost.*

Agevolmente - *lako, lahko.*

Aggettivo - *pridavnik.*

Aggiotaggio - *pridovarje.*

Aggiudicare - *dosuditi, prisuditi, dopitati;* aggiudicare l' eredità - *dosuditi zaostavštinu* v. *baštinu*, aggiudicare il giuramento - *dosuditi, dopitati prisegu.*

Aggiudicato - *dosudjen, prisudjen, dopitan.*

Aggiudicazione - *dosuda, dosudba, dosudjenje.*

Aggiungere - *dodati, pridati, primětiti;* p. osservare - *opaziti.*

Aggiunta - *dodatak, pridatak, pridavak, pridatba, primětba;* p. osservazione - *opazka;* coll'aggiunta - *s dodatkom.*

Aggiunto st. (impiegato) - *pristav;* aggiunto giudiziale - *sudbeni pristav*, p. collega - *pajdaš, komdžija;* ag. *dodan, pridan, pristavljen, primetjen.*

Aggiustamento - *nagoda, nagodba, poravnanje, pogodba, pogodjenje.*

Aggiustare, pareggiare - *sravniti, izravniti*, p. adattare - *prilagoditi, priklasti,* p. saldare i conti - *zaključiti* v. *izplatiti račune*, p. contraffare - *pričiniti, izkriviti*, p. accomodarsi - *nagoditi se, pogoditi se, porazum ti se, poravnati se;* aggiustar colpi e ferite - *pogoditi u nišanu.*

Aggiustato - *sravnjen, izra-*

vnjen, p. adattato - *prila-godjen*, *prikladjen*, p. contraffatto - *pričinjen*, *izkrivljen*, p. accomodato - *nagodjen*, *poravnan*, *pogodjen*.

Aggravare - *obteretiti*, *napèrtiti*, *pogorčati*, *otegotiti*, *obtežiti*, l' **aggravare** - *obteretjenje*, *napèrtjenje*, *otegotjenje*, *obteženje*, *pogorčanje*. V. Circostanza.

Aggravato - *obteretjen*, *napèrtjen*, *pogorčan*, *otegotjen*, *obtežen*.

Aggravio - *teret*, *breme*, *tegoća*, *těškoća*; grande aggravio - *veliki teret*. V. Danno. Ingiuria.

Aggredire - *navaliti*, *napasti*, *napadnuti*, *nasèrnuti*; aggredire taluno - *navaliti* v. *nasèrnuti na koga*, *napasti koga* v. *na koga*.

Aggredito - *navaljen*, *napadnut*, *nasèrnut*.

Aggregare - *pridružiti*, *pridati*, *priložiti*, *spojiti*.

Aggressivo - *navaljiv*, *napadljiv*, *nasèr jiv*.

Agitare va. muovere in quà ed in là - *tresti*, *stresati*, *lunzati*, *ljuljati*, p. dimenare - *kotèrljati*, *uzkotèrljati*, p. perturbare - *buniti*, *buntovati*, *uzbuniti*, *smutiti*, *poremetiti*, *uzkolebati*, p. trattare - *razpravljati*, *rukovoditi*; np. agitarsi - *tresti se*, *stresati se*, *lunzati se*, *ljuljati se*, p. dimenarsi - *valjati se*, *motati se*, *tumbati se*, p. esercitarsi - *věžbati se*, *uvěžbati se*, *učiti se*, *vaditi se*, p. commoversi nell' animo - *smutiti se*, *uznemiriti se*.

Agitato - *tresen*, *stresen*, *lunzan*, *ljuljan*, *kotèrljan*, *uzkotèrljan*, *bunjen*, *uzbunjen*, *buntovan*, *smutjen*, *poremetjen*, *uzkoleban*, *razpravljan*, *rukovodjen*, *uznemiren*. (V. Agitare.)

Agitatore, che agita - *lunzavac*, *ljuljavac*, p. sedizioso - *buntovnik*, *bunjenik*, *uzbunjenik*.

Agitazione, l' agitarsi - *tresanje*, *stresanje*, *lunzanje*, *ljuljanje*, *zibanje*, p. inquietudine - *nemir*, *smetnja*.

Aglio - *česan.*

Aglomeramento - *nagomila-nje, nahèrpanje, naèrpanje;* aglomeramento di atti - *nagomilanje spisah.*

Aglomerare - *nagomilati, na-hèrpati, naèrpati.*

Agnello - *janjac, janje, ja-njeto, jaganjac.*

Ago - *igla,* dim. *iglica,* aum. *iglina.*

Agonia - *muka, mučenje, skon-čanje.*

Agosto - *kolovoz.*

Agramente - *žèrbo, ljuto, že-stoko.*

Agricoltore - *zemljodelac, po-ljodelac.*

Agricoltura - *zemljodelstvo, poljodelstvo.*

Agrimensore - *zemljoměrnik.*

Agro st. sugo di limone - *žèrboća, žèrbi* v. *ljuti sok.* V. Territorio; ag. *žèrb, ljut, žestok.*

Aguzzare - *brusiti, nabrusiti.*

Ah, ahi! - *ah, jaj, joh, jaoh, lèle, ajme, ava, ajme* v. *ava meni!*

Aita - *pomoć, pripomoć, po-maganje ;* venire in aita -

doteći, doći v. *priteći na pomoć.*

Aitare. V. Ajutare.

Aja, ove si batte il grano - *guvno,* p. ispazio di terra spianata - *ravnica, ravni-na,* p. educatrice - *odgoji-teljica*

Ajutante - *pomoćnik,* p. ad latus - *pobočnik ;* ajutante generale - *glavni pobočnik.*

Ajutare - *pomoći, pripomoći, pomagati, dati* v. *pružiti pomoć.*

Ajuto - *pomoć, pripomoć.* V. Aita. Malfattore. Sus-sidio.

Aizzamento - *uckanje, ucu-kanje, poticanje, badanje, podbadanje, puntanje.*

Aizzare - *uckati, ucukati, po-ticati, badati, podbadati, puntati.* V. Irritare.

Aizzato - *uckan, ucukan, po-tican, badan, podbadan, puntan.* V. Irritato.

Aizzatore - *uckalac, ucuka-lac, poticalac, badalac, podbadalac, puntalac.*

Ala - *krilo, krelo ;* tarpar le ali - *ostrići* v. *prestrići krela*. V. Alato.

Alabarda - *alabarda*.

Alabastro - *sklenica, alaba-star, prozračni mramor*.

Alacremente - *brižljivo, pospěšno, spravno, pripravno*.

Alacrità - *brižljivost, pospěšnost, spravnost, pripravnost*; con particolare ala-crità - *osobitom brižljivostju*.

Alato, ag. *krilat, krilast, krilatast, krelat, kreljutast*.

Alba - *zora*; all' alba - *na zoru, pri zori*.

Albergo - *svratište, svratilište, gostiona, gostionica, pristalište*.

Albero - *stablo, panj, stup*; l'albero della nave - *jeděrni panj, jambor*, albero genealogico - *rodoslovno stablo, rodoslovni stup*.

Albo, album st. (libretto) - *album, uspomna* v. *spomenonosna knjižica*, p. albo pretoreo, del giudizio o tribunale - *sudilište*; affiggere l'editto all' albo pre-

toreo - *pribiti izrok na sudilište*.

Albume, chiara dell' uovo - *bělanac, bělance*.

Alfabeticamente - *abecedno, abecedarno, azbučno*.

Alfabetico - *abecedan, abecedaran, azbučan*; ordine alfabetico - *abecedarni red*.

Alfabeto - *abeceda, azbuka, azbuki, bukvica*.

Alfiere - *barjaktar, zastavnik, stegonoša*.

Aliare, muovere le ale - *kreljutati, pljehutati, lětiti*, p. aggirarsi intorno - *svèrtati se, nadgljedavati, oblětati*.

Alibi, st. t. l. altrove - *nepritomnost, izbivaostvo, izbivanje, inobitnost, inobivanje*; provar l'alibi - *dokazati nepritomnost*. V. Altrove.

Alimentare - *hraniti, odhraniti, prihraniti*; l'alimentare - *hranjenje, odhranjenje, prihranjenje*.

Alimento - *hrana*; alimento giornaliero - *sagdanja hrana*.

Aliquoto - *odlomak, odlomni děl* v. dio.

Alito, fiato - *dah, dih, duh, dihaj, odihaj.*

Allarmare - *uzbuniti, larmati, uzlarmati, polarmati, kričati.*

Allarmato - *uzbunjen, larman, uzlarman, polarman.*

Allarme - *uzbuna, larma, krič, krika, kričanje.*

Allattare - *dojiti, odojiti, nadojiti, podojiti.*

Allattato - *dojen, odojen, nadojen, podojen.*

Alleanza - *sveza, svezanost.*

Alleato - *svezanik.*

Allegare - *dokazati, prikazati, izvěsti* v. *pridoněti dokaze.*

Allegato st. - *prilog, priklop,* ag. *priložen, priklopljen;* documento allegato - *izprava priložena,* suallegati originali scritti - *gore priklopljeni izvorni spisi.*

Allegazione - *dokazanje, prikazanje, izvedenje, pridonesenje dokazah.*

Alleggerimento - *olakšanje, polakšanje, ublaženje.*

Alleggerire. V. Alleviare.

Allegoria - *inokazanje, inorěčje.*

Allegoricamente - *inokazno, inorěčno.*

Allegorico - *inokazan, inorěčan;* discorso allegorico - *inokazni govor.*

Allegramente - *veselo, radostno.*

Allegrezza - *veselje, radost.*

Allegria. V. Allegrezza.

Allegro - *vesel, radostan.*

Allettamento - *mamljenje, namamljenje, primamljenje, vabjenje, navabjenje, blaznenje, zanesenje.*

Allettare - *mamiti, namamiti, primamiti, vabiti, navabiti, blazniti, zaněti, primiliti, pritegnuti* v. *potegnuti k sebi.*

Allevamento - *odgoj, odgojenje, odhranjenje.* V. Educazione.

Allevare - *odgojiti, hraniti, odhraniti.*

Allevato - *odgojen, hranjen, odhranjen.*

Alleviare - *olakšati, ublažiti;* alleviare il peso - *olakšati breme*, alleviare la pena - *olakšati* v. *ublažiti peděpsu.*

Allievo - *odgojenik, pitomac.*

Allignare - *užiliti se, ukoreniti se, rasti, uhititi.*

Allodiale - *prostolastan, alodialan.*

Allodola - *vitulja, vidulinka, ladvica,* lodola più grande col ciuffo) *kukuljača, kukuljačica.*

Allontanamento - *udaljenje, odaljenje, odalečenje, odstranjenje, uklonjenje.*

Allontanare - *udaljiti, odaljiti, odalečiti;* allontanarsi da casa - *odaljiti se od kuće;* p. evitare - *ukloniti, odstraniti.*

Allontanato - *udaljen, odaljen, odalečen, uklonjen, odstranjen.*

Allora - *onda, onomadne, tad, tada, ono doba;* p. in tal caso - *onda, tada, u tom slučaju, u onom slučaju,* da allora - *od onda, od tada, od onog vrěmena, od ono doba,* fino allora - *do tada, do onda, do onog vrěmena,*

do ono doba.

Allorchè - *kad, kada, u slučaju kada.*

Alloro. V. **Lauro.**

Allume - *olum, gadun.*

Allungamento - *produljenje, produženje, natezanje.*

Allungare - *produljiti, produžiti, natezati.*

Allungatamente - *produžno, produživo, produljivo.*

Allungato - *produljen, produžen, nategnut*

Allusione - *naměnjenje.*

Alluvione - *naplav, poplav, povodnja.*

Almeno - *bar, barem.*

Alpestre - *brěgovit, hridan.*

Alquanto - *něšto, poněšto, několiko, ikoliko, iole, štogod, kolikogod.*

Altalena - *ljuljka, ljuljalka, čuljka.*

Altamente - *visoko, uzvišeno,* altissimamente - *privisoko, preuzvišeno, do neba, do nebesa, do zvězde.*

Altare - *oltar, žěrtovnik.*

Alteramente - *oholo, ponosito, uznosito, osorno.*

Altero ag. - *ohol, ponosan,*

ponosit, *uznosan, uznosit, osoran.*

Altezza - *višina,* p. grado di dignità - *visost;* sua altezza il duca N. - *njihova visost vojvoda N.*

Alto - *visok,* più alto - *višji, visočiji,* altissimo - *privisok, priuzvišen, najvišji, najvisočiji,* in alto - *u višini,* più in alto - *višje, visočije, uzvišenije.*

Altresì - *isto tako, na isti način, takodjer.*

Altrettanto - *toli isto, toliko isto, tako isto, istotako.*

Altrimenti - *ino, inače, inako, drugako, drugčije, drugačije, drugače;* perchè altrimenti - *jer inače.*

Altro, diverso - *različit, drug,* p. rimanente - *ostal;* senz' altro, sicuramente - *bez druga, bez dvojbe, jamačno, stalno, za šeguro, za šegurno.*

Altrove - *drugdě, drugud, druguda, drugamo, drugovdě.* V. Alibi.

Altrui - *tudje;* altrui cosa - *tudja stvar.*

Altura - *věrh, višina, glavica, běrdo.*

Alunno - *pitomac, odhranjenik, učenik.*

Alveare - *ul, čelnjak, pčelnjak.*

Alzare - *dizati, dignuti, zdignuti, podignuti, uzdignuti, nadignuti, uzvisiti.*

Amabile. V. Caro.

Amabilmente - *ljubezljivo, ljubeznivo, ljubivo.*

Amante st. chi ama - *ljubovnik, ljubitelj,* p. persona amata - *ljuba, ljubak.*

Amaramente - *gorko, čemerno, ljuto;* piagnere amaramente - *gorko plakati.*

Amare - *ljubiti, nositi ljubav (komu), dobrohotiti, militi.*

Amareggiamento - *ogorčenje, ožalostjenje, ožalostivjenje.*

Amareggiare - *gorčiti, ogorčiti, ožalostiti, ožalostiviti, očemeriti.*

Amareggiato - *ogorčen, ožalostjen, ožalostivjen.*

Amarezza - *žuhkoća, gěrčilo, gěrkoća, čemèrnost.*

Amaro - *žuhk, čemeran, gorki.*

2

Amato ag. - *ljubjen, dobrohotjen, milovan*

Ambage - *okolišanje, pletka, pletenje.*

Ambasceria - *poklisarstvo*

Ambascia, difficoltà di respirare - *dihavica, pěhnja.* V. Travaglio.

Ambasciatore - *poklisar.*

Amicarsi - *sprijateliti se, poprijateliti se, uprijateliti se, sklopiti v. zavěrći prijateljstvo,* p. pacificarsi - *umiriti se, pomiriti se.*

Amicizia - *prijateljstvo, priatelstvo, dragoljubje.*

Amico st. - *prijatelj, priatelj, ljubjenik;* amico ed inimico - *prijatelj i neprijatelj;* ag. *prijateljan, priateljan, priateljski, drag, mil, mio.*

Ammaestramento, l'ammaestrare - *učenje, podučenje, podučavanje, uputjenje, nagovaranje, durkanje, podurkanje, nukanje,* p. istruzione - *nauk, nauka*

Ammaestrare - *učiti, podučavati, uputiti,* p. eccitare - *nagovarati, durkati, podurkati, nukati, ponukati.*

Ammaestrato - *učen, podučavan, upυtjen, nagovaran, durkan, podurkan, nukan, ponukan.*

Ammalarsi - *obolěti, razbolěti se.*

Ammalaticcio - *bolezljiv, bolezljivan, bolestivan.*

Ammaliamento - *čaranje, začaranje, urečenje, zanesenje, zasěnjenje, omamljenje, pomamljenje.*

Ammaliare - *čarati, začarati, ureći, zaněti,* p. far divenir stupido - *zasěniti, omamiti, pomamiti koga.*

Ammaliato - *čaran, začaran, urečen, zanesen, zasěnjen, omamljen, pomamljen.*

Ammaliatore - *čarovnik, čaralac, krisnik.*

Ammanettare, mettere le manette - *rukozakovati, zakovati ruke, okovati, zakovati, metnuti* v. *postaviti okove, metnuti u okove* v. **u** *železa.*

Ammansare, far mansueto - *ukrotiti, okrotiti, upitomiti,* p. mitigarsi - *utěšiti se, umiriti se.*

Ammansato - *ukrotjen, okrotjen, upitomjen, utěšen, uměren.*

Ammantare va. mettere il manto - *zagèrnuti, ogèrnuti,* np. coprirsi - *zagèrnuti se, ogèrnuti se, ogèrnjaċiti se, oplastiti se, pokriti se.*

Ammantato - *zagèrnut, ogèrnut, ogèrnjačen, oplašten, pokrijen.*

Ammassamento, l'ammassare - *nakupljenje, pokupljenje, nahèrpanje, nagomilanje, spravljenje.*

Ammassare - *nakupiti, pokupiti, nahèrpati, nagomilati, spraviti,* p. adunarsi - *skupiti se, spraviti se, sdružiti se.*

Ammasso. V. Massa.

Ammazzamento - *ubijenje, pobijenje, pogubjenje, zadanje smèrti.* V. Uccisione - Scannamento.

Ammazzare - *sěkirom ubiti,* p. uccidere sempl. - *ubiti, pobiti, pogubiti, zadati smèrt, oteti* v. *uzeti život.* V. Uccidere ecc.

Ammazzato - *ubijen, pogu-* *bjen, pogubljen.*

Ammenda, rifacimento di danno, *naknada, nadoměštenje, nadoměrenje,* p. correzione - *popravak, izpravak, popravljenje, izpravljenje, poboljšanje.*

Ammendabile - *naknadiv, nadoměstiv, nadoměriv, popraviv, izpraviv.*

Ammendare, ristorare i danni - *naknaditi, naknaditi štete, nadoměstiti, nadoměriti,* p. ridurre a miglior essere - *poboljšati, popraviti, ponapraviti, izpraviti,* p. correggersi - *poboljšati se.* V. Supplire.

Ammiccamento - *miganje.*

Ammiccare - *migati, migati okom.*

Amminicolo - *podpor, podpomoć, srědstvo, pomoć;* amminicolo di prova - *dokazno srědstvo, pobližnji dokaz, nepodpuni dokaz.*

Amministrare - *upravljati, priškèrbiti, vladati.*

Amministrativo - *upravan, priškèrban, priškèrbiteljan;* autorità amministrativa -

upravna oblast.

Amministratore - *upravitelj, priskèrbnik, priskèrbitelj, vladatelj;* amministratore della massa - *upravitelj gromade.*

Amministrazione - *uprava, upravljanje, upraviteljstvo, priskèrbničtvo;* amministrazione comune - *zajedničko upravljanje,* amministrazione postale - *poštarsko upraviteljstvo.*

Ammirabile - *čudnovat, čudnovit, divan;* uomo ammirabile - *divni čověk.*

Ammiraglio - *pomorski vojvoda,* contrammiraglio - *protuvojvoda pomorski,* vice ammiraglio - *městevojvoda pomorski.*

Ammirando - *čudnovit, čudnovat, divan.*

Ammirare - *čuditi se, začuditi se, diviti se.* V. Meravigliarsi.

Ammirativo - *začudan, zaměran, diviv, podiviv.*

Ammirazione - *čudo, čudnovitost, čudjenje, divljenje, udivljenje.*

Ammogliare va. dar moglie *oženiti, věnčati, ověnčati,* ammogliarsi - *oženiti se, věnčati se, ověnčati se.*

Ammogliato - *oženjen, věnčan, ověnčan,* non ammogliato - *neoženjen, neověnčan.*

Ammonire - *opomenuti, svěstiti, světovati,* p. eccitare - *nagovarati, nukati, ponukati.*

Ammonito - *opomenut, světjen, světujen, světovan, nagovaran, nukan, ponukan.*

Ammonizione - *opomena, svěštjenje, nagovaranje, nukanje, ponukanje;* severa ammonizione - *stroga opomena.*

Ammontare, far monte - *nagomilati, nakupiti, naèrpati, nahèrpati* p. congiungersi delle bestie - *parati se,* p. montare - *jahati, zajahati,* l' ammontare delle spese - *doseći, dosizati, sačinjati, sačinjavati, sastojati, valjati, vrěditi;* la spesa del libro ammonta a fior. 6 -

*potrošah knjige dosiže do 6
forintah, v. sastoji od 6
forintah, v. knjiga valja
6 forintah.*

Ammontato - *nagomilan, nakupljen, naèrpan, nahèrpan.*

Ammorbare, ammalarsi - *o-
bolěti, razboleti se*, p. empire di puzzo - *usmèrditi,
usmraditi, osmraditi, ogaditi*, p. corrompere i costumi - *pokvariti, nape-
ljati na zlo.*

Ammorbato - *obolěn, razbo-
ljen, usmèrden, usmradjen,
osmradjen, ogadjen, po-
kvaren, napeljan na zlo.*

Ammortizzare - *usmèrtiti;*
ammortizzare il documen-
to - *usmèrtiti izpravu.*

Ammortizzato - *usmèrtjen.*

Ammortizzazione - *usmèrtjenje.*

Ammutinamento - *buna, uzbuna, vreva.*

Ammutinare - *buniti, buntovati, uzbuniti;* ammutinar-
si - *uzbuniti se.* V. **Ribellarsi.**

Ammutinato - *bunjen, buntovan, uzbunjen.*

Ammutinatore - *bunjenik, buntovnik, uzbunjenik.*

Ammutolire - *umuknuti, zamuknuti, zamučati.*

Ammutolito - *umuknut, za-
muknut, zamučan.*

Amnistia - *odrěšba, pomilovanje;* generale amnistia -
sveobća odrěšba.

Amnistiare - *odrěšiti, pomilovati;* l' amnistiare - *odrěšenje, pomilovanje.*

Amnistiato - *odrěšen, pomilovan.*

Amo, strumento da pescare -
udica, dim. *udičica.*

Amore - *ljubav, obljuba, ljubezljivost, zaljubljenje;* amore di patria - *rodoljubje,*
amor proprio - *samoljub-
nost, samoljubje.*

Amoreggiamento - *miloljub-
ljenje, obljubljenje, zaljubljenje.*

Amoreggiare - *miloljubiti, mi-
loljubkati se, obljubiti, zaljubiti koga.*

Amorevole, pieno di benevolenza - *dobrostiv, dobrostivan, dobrohotiv.* V. **Cortese.**

Amorevolezza-*dobrostivnost, dobrohotivost, ljubezljivost.*

Amorevolmente - *dobrostivo, dobrohotivo, ljubezljivo.*

Amoroso ag. pieno d' amore - *ljubovit, ljubovitan, ljubovan.* V. Amante.

Amovibile - *směstiv, preměstiv.*

Ampiamente - *obširno, prostrano.*

Ampiezza - *obširnost, obširnoća, prostranost, prostoritost.*

Ampio - *prostran, obširan, širok, velik.*

Amplesso - *zagèrljenje, ogèrljenje, prigèrljenje.*

Ampliare, render ampio - *prostraniti, širiti, razširiti, razširočiti,* p. esagerare - *pretěrati,* p. dilatarsi - *prostraniti se, razprostraniti se, širiti se, razširiti se, razširočiti se.*

Ampliato - *prostranjen, razširen, razširočen, pretěran.*

Ampliazione - *prostranjenje, razširenje, razširočenje, pretěranje.* V. Aumento.

Amplificare - *umnožiti, po*

množiti, uzveličiti, razširiti, razširočiti.

Amplificato - *umnožen, pomnožen, uzveličen, razširen, razširočen.*

Amplificazione - *umnoženje, pomnoženje, uzveličenje, razširenje.*

Ampolloso - *nadut, nadmen, napuhnut;* ampolloso discorso - *nadmeni govor.*

Ampollosamente - *naduto, nadmeno, napuhano, napuhnuto.*

Ampollosità - *nadutost, nadmenost, napuhnjenost.*

Amuleto - *amanet.*

Anabattismo - *anabatizam, inokèrštenje, poluvěrstvo.*

Anabattista - *anabatista, inokèrstalac, poluvěrnik.*

Anacoreta - *pustinjak.*

Anacreontica - *anakreontika.*

Anacreontico-*anakreontičan, anakreontički.*

Anacronismo-*vrěmenozaměna, anakronizam.*

Anagrafe-*popis puka* v. pu*čanstva.*

Analisi - *iziskivanje, izpitivanje, razpitivanje;* dili gente analisi - *marljivo iziskivanje*, sottile analisi- *potanko izpitivanje*. V. A- natomia.

Analizzare - *iziskivati, izpitavati, razpitavati*.

Analogamente - *nalično, prilično, spodobno*.

Analogia - *nalik, naličnost, priličnost, spodobnost*.

Analogo - *naličan, priličan, spodoban*, p. adattato - *prikladan*.

Anarchia - *bezvladnost*.

Anarchico - *bezvladan*; anarchico regno - *bezvladno kraljestvo*.

Anatema - *cèrkveno izopćenje* v. *prokljestvo*.

Anatemizzare - *prokljěti, izopćiti*.

Anatomia - *udorazbiranje, udoizpitivanje, udorazpitanje, točno i potanko iziskivanje (izpitivanje, razpitivanje)*.

Anatomico - ag. *udorazbiran, udoizpitan, udorazpitan*. V. Anatomista.

Anatomista - *udorazbirac, udoizpitalac, udorazpitalac*.

Anatomizzare - *udorazbirati, udoizpitivati, udorazpitati*.

Ancella - *služkinja*.

Anche, ancora - *još, jošće, jošte, jošter, i, takodjer, ma*; quand'anche, se anche - *makar, premda, ako prem, ako i, premako, ma*; anche uno - *još jedan*, anche lui - *i on*, anche non volendo - *ma i nehotice* v. *nehotimice*, anche un solo - *ma i samcat jedan*.

Ancora st. ferro dei bastimenti - *sidro, šaraf, kotva, jakor*; av. di più, altresì - *još, jošte, jošće, jošter*, p. in quest' ora - *u ovo dôba, u ovom vrěmenu*, p. di nuovo - *iznova, još jedan put, opet, opeta, sopet, sopeta*.

Ancoraggio, gabella sul getto dell' ancora - *sidrovina, sidrovnina, sidèrna*, v. *sidrovna, pristojba*, p. luogo da potervisi ancorare - *sidralište*.

Ancorare, *zasidrati, usidriti se*; il naviglio è ancorato - *brod je usidren*.

Ancorato ag. fatto ad ancora - *sidrast, kotvast*, p. assicurato - *usidren, zasidren*.

Ancudine - *nakovalo;* frà l'ancudine ed il martello (fra le strette) - *med batom i nakovalom.*

Andamento, l'andare - *postupanje, hodenje, idjenje*, p. direzione in cui si va - *put, stran, hod, prošeta, šetalište*, p. modo di portarsi nell' andare - *ponos, uzdèržanje*, p. passo - *korak;* andamento degli affari - *postupanje poslovah.*

Andare - *ići, iti, hoditi, poći, postupati*, p. partire - *odputovati, odići, otići.* V. Vagare, Vagabondare.

Andito - *prohod, prolaznica.* V. Entrata, Vestibolo.

Androfobia - *čověkomèržnja.*

Androfobo st. - *čověkomèrzalac.*

Anello (da dito) - *pèrsten*, anello di matrimonio - *zaručni* v. *ženitbeni pèrsten*, p. ditale - *napèršnjak*, p.

ogni altro strumento fatto a guisa di anello - *kotač, oko, biočiuh*, dim. *kotačić, okavce, biočuhić.*

Anfibio st. - *zemljovodnjak, zemljovodna živina*, ag. *zemljovodan, poluvodan.*

Angelico - *andjelski, andjeoski.*

Angelo - *andjel, andjeo.*

Angheria - *globljenje, globjenje, silost, silnoća.*

Anghina - *zadavica, škarancia.*

Angolo - *kut, nuglo;* a tre angoli - *trokutan, trokutast.*

Angoscia. V. Travaglio.

Anguilla - *anguja.*

Angustiare va. - *mučiti, moriti, onevoljiti, skončivati*, vn. *mučiti se, moriti se, skončivati se.*

Anice - *anjiž.*

Anile - ag. *star, starovit, starovitan, starodoban, starodavan.*

Anima - *duša, duh;* anima immortale, *neumèrla duša*, sull' anima mia - *na moju dušu, tako mi duše, duše mi, do duše.*

Animale st. - *živo*, *živina*, *živinče*, *životinja*, *marva*, *zvěr*, ag. *živ*, *živinski*, *životinski*.

Animalesco - *živinski*, *životinski*, *zvěrski*, *gadan;* atto animalesco - *živinski čin.*

Animo, forza - *jakost*, *moć*, *hrabrenost.*

Annali (storia) - *lětopisje*, *godištopisje.*

Annata, spazio di un anno - *godišnjak,* p. salario di un anno - *godišnja plaća,* p. altro provento - *godišnji dohodak.*

Annegamento - *utop*, *potop*, *utopljenje*, *potopljenje*, *potonjenje.* V. Rovina.

Annegare va. - *utopiti*, *potopiti*, vnp. *utopiti se*, *potopiti se*, *tonuti*, *potonuti.*

Annegato - *utopljen*, *potopljen*, *potonut.*

Annerire - *cěrniti*, *pocěrniti*, *ocěrniti*, *oměrčiti*, p. infammare - *oružiti*, *pocěrniti* ecc.

Annerito - *pocěrnjen*, *ocěrnjen*, *oměrčen*, *oružen.*

Annesso - *priložen*, *priklop-*

ljen ; annesso allegato - *priloženi*, *prilog.*

Annettere - *priložiti*, *priklopiti.*

Annichilamento - *uništenje*, *satarenje*, *potarenje*, *skončanje*, *utamanenje.*

Annichilare - *uništiti*, *satěrti*, *potěrti*, *skončati*, *utamaniti*, vn. *uništiti se* ecc. V. Atterrare.

Annichilato - *uništen, sataren*, *potaren*, *skončan*, *utamannjen.* V. Atterrato.

Annidare vn. - *gnezditi*, *gnjazliti*, np. annidarsi - *gnjezditi se*, *ugnjezditi se*, *ugnjazliti se.*

Annidato - *ugnjezden*, *ugnjazden*, *ugnjazlen.*

Annientare. V. Annichilare ecc.

Anniversario st. - *godišnjica*, *lětnica*, *nakongodišnjica.*

Anno - *lěto*, *godišče*, *godište*, *godina;* entro un anno - *do jednog lěta* v. za godinu danah, l'anno scorso - *lani*, *u prošastoj* v. prošloj godini, avanti due anni - *pred dvě godine* v.

preklani, prěkolani, di quest' anno - lětošnji, ovo-lětan, ovolětošnji, ovogo-dišnji, nuovo anno - mlado v. novo lěto, nova godina, novo godište.

Annodamento – zauzlanje, o-buzlanje, vezanje, zvezanje, zavezanje.

Annodare–zauzlati, obuzlati, vezati, zvezati, zavezati.

Annodato – zauzlan, obuzlan, vezan, vežen, zvezan, zve-žen, zavezan, zavežen.

Annoso V. Anile.

Annotare–opaziti, zabilježiti, ubilježiti, primětiti, l' an-notare - opazenje, zabilje-ženje ecc.

Annotato - opazen, zabilježen, ubilježen.

Annotazione – opazka, bi-lježka, zabilježka, pri-mětba.

Annoveramento - brojenje, ubrojenje.

Annoverare - brojiti, ubrojiti.

Annuale - lětan, godišnji, sva-kolětan, svakogodišnji; an-nuale salario – godišnja plaća.

Annualmente - svako lěto, svake godine, svako godište.

Annullamento - uništenje, uta-manenje, razvěrženje, raz-bijenje, ukidanje, ukinjenje. V. Annullare.

Annullare - uništiti, utama-niti, razvěrći, razbiti, p. cassare - uništiti, ukidati, ukinuti; annullare la sen-tenza - ukidati presudu.

Annullato - uništen, utama-njen, razvěržen, razbijen, ukidan, ukinut.

Annunziare - javiti, objaviti, navěstiti, doglasiti, dati na znanje, podněti do znanja, priobćiti.

Annunzio - objava, objav-ljenje, navěštjenje, dogla-senje, priobćenje, narok.

Annuvolamento - oblačenje, zaoblačenje, pooblačenje.

Annuvolarsi - oblačiti se, zaoblačiti se, pooblačiti se.

Annuvolato - oblačen, zao-blačen, pooblačen.

Anomalia - nepravilnost.

Anomalo - nepravilan.

Anonimo - bezimen; anonimo scritto - bezimeni spis.

Ansietà - *briga, brinutje, po-brinutje.*

Antatto - *predpis, prednji spis.*

Antecedente - *predhodan, prednji, predidúć, priašnji, pèrvašnji.*

Antecedentemente - *prie, prije, poprie, poprije, pèrvo, spèrva.*

Antecessore - *prednik, predšastnik.* V. Antenato.

Antedetto - *prɛrečen, prierečen, zgorarečen, gorepomenut, gorenaveden.*

Antenato - *praotac, stariji,* ᵏ *prednik, predšastnik;* i miei antenati - *moji praotci.*

Antenna - *lantina, jedèrni prikèrstak.*

Anteporre - *predstaviti, predpostaviti.*

Anteposto - *predstavljen, predpostavljen.* V. Preposto.

Antichità - *starina, starovitost, starodavnost.*

Anticipare (la paga) ecc. - *predplatiti, predujmiti,* p. vantaggiare nel tempo - *priraniti, preraniti, doći, (učiniti etc.) prije vrěmena,*

prije dobe, v. rano, izzarana, l'anticipare - *predplatjenje, predujmenje,* ecc.

Anticipatamente (relativ. a paga ecc.) - *predplatno, predujmno,* p. innanzi tempo - *rano, prirano, prerano, izzarana, prie dobe, prie vrěmena.*

Anticipato (salario ecc.) - *predplatjen, predujmen,* p. precoce - *priran, preran, priedoban.*

Anticipazione (di salario ecc.) - *predplata, predujam;* assegnare l'anticipazione - *doznačiti predplatu;* l'anticipare (nel tempo) - *priranjenje, preranjenje.* V. Anticipare.

Antico - *star, starovit, starinski, starodavan, starodoban;* antico costume - *starodavna navada.*

Anticostituzionale - *protiustavan, neustavan;* atto incostituzionale - *protiustavni čin.*

Anticristo - *antikèrst, lažohrist.*

Antidoto - *protiotrov,* p.

pronto rimedio - *udiljno v. neodvlačno srědstvo, lěk.*

Antiliberale - *protuslobodan.*

Antiliberalismo - *protusloboda, protuslobodnost.*

Antimonarchico - *protuvladan.*

Antinazionale - *protunarodan.*

Antinazionalità - *protunarodnost.*

Antipatia - *protivnost, naravna protivnost, neugadjanje.*

Atipatico - *naravoprotivan, neugodan;* persona antipatica - *neugodna osoba.*

Antiquario st. - *starinar,* ag. *starinski, starinarski.*

Antiquato ad. - *zastarěl;* cosa antiquata - *zastarěla stvar.*

Antisociale - *protudružtven,*

Antitesi - *protustavnost, protuslovnost, oprěčenje.*

Antivedere - *previděti, prividěti* V. **Avvedersi.**

Antiveggenza - *previdnost, prividnost.*

Antro - *jama, špila, raspalina, rupa.*

Antropofagìa - *ljudožděrnost.*

Antropofago - *ljudožděr, ljudožderac.*

Anzi - *pače, dapače, nu.*

Anzianità - *starešinstvo.*

Anziano st. - *starešina.* V. **Antico.**

Anzichè - *nego, prie nego, pěrvo nego, bolje nego.*

Apatia - *nećutivost, neoćutivost, nehajnost, nehajstvo.*

Apatico - *nećutivan, neoćutivan, nehajiv, nehajivan.*

Ape - *čela, pčela.*

Apertamente - *otvorno, otvoreno, odpěrto, odkriveno, javno, očito, u očih, pred očih, u zubih;* io gli ho detto apertamente - *ja san mu otvorno, otvoreno, odpěrto, očito, u očih v. u zubih kazao.* V. **Chiaramente.**

Aperto - *otvoren, odpěrt, odhriven, očit, javan.*

Apertura, varco - *otvor, vrata, kunturata, škulja,* p. azione d' aprire - *otvorenje,* p. incominciamento - *početak, započetak;* apertura del dibattimento -

otvorenje v. *početak raz-*
prave. V. *Aprire. Sezione.*

Apice, cima - *vèrh, vèrhunac,*
vèršić, vèršak.

Apocalisse - *apokalise.*

Apocrifo - *nevěrojatan, nevě-*
rodostojan, nedostověriv,
nedostověran, neistovětan.

Apologia - *obranoslovje, o-*
pravdanje, izgovor.

Apologista st. - *obranoslovac,*
opravdač, izgovornik.

Apologo - *pripovědka, pri-*
pověst.

Apoplessia - *kaplja.*

Apopletico ag. - *kapljav;*
colpo apopletico - *kaplja-*
vi udarac.

Apostasìa - *izvěrenje, odpad-*
nutje.

Apostata – *izvěrenik, odvěr-*
ženik, odmetnik, odpadnik,
poturica.

Apostatare - *izvěriti se, zne-*
věriti se, zatajati věru,
věrom zatajiti, odmetnuti se,
odpadnuti.

Apostema - *poganka, poga-*
nica, nadutilo, nadutost.

Apostemarsi - *opoganiti, na-*
duti se, razgnjojiti se.

Apostemato - *opoganjen, nad-*
men, razgnjojen.

Apostolato - *apoštolstvo.*

Apostolicamente - *apoštolski,*
apustolski, apoštulski.

Apostolico **ag.** - *apoštolski,*
apustolski, apoštulski.

Apostolo - *apoštol, apustol,*
apoštul.

Appagare – *zadovoljiti, udo-*
voljiti, uzadovoljiti, ugodi-
ti, izpuniti želju.

Appagato – *zadovoljen, udo-*
voljen, uzadovoljen.

Appaltare - *zakupiti, dati* v.
uzeti u zakup.

Appaltato - *zakupljen, dan,*
dajen v. *uzet u zakup.*

Appaltatore - *zakupnik.*

Appaltazione - *zakup, za-*
kupa.

Appalto st. l'appaltare - *za-*
kupljenje V. Appaltazione.

Appanaggio - *učest.*

Appannare, offuscare - *pot-*
mučiti, pomagliti, potam-
něti, navlažiti, p. **dar nel-**
la rete - *pasti u mrěžu,*
prěvariti se, uloviti se.

Apparecchiamento - *spravl-*
ljenje, pripravljenje, zgo-

tovljenje, ugotovljenje, ure-djenje.

Apparecchiare - *spraviti, spravljati, pripraviti, pripravljati, spremiti, spremati, zgotoviti, ugotoviti, urediti,* apparecchiarsi - *spraviti* v. *spravljati se, pripraviti* v. *pripravljati se, spremiti* v. *spremati se.*

Apparecchiato - *spravan, spravljen, pripravan, pripravljen, spremljen, spreman, gotov, zgotovljen, ugotovljen, uredjen.*

Apparecchio st. - *sprav, sprava, priprava.* V. Apparecchiamento.

Apparentarsi - *doći* v. *stupiti u rodbini,* affratellarsi - *pobratimiti se.*

Apparente - *prividan, změ-ran.*

Apparentemente - *prividno, změrno.*

Apparenza - *prividnost,* p. aspetto esteriore delle cose - *lice, priličje, prilika, obraz, vidilo;* mera apparenza - st. *praznoličnost, praznoličje,* di altra

apparenza ag. - *inovidan, inoličan.*

Apparimento, l' apparire - *prikazanje, ukazanje, javljenje, prijavljenje.*

Apparire, farsi vedere - *prikazati se, ukazati se, javiti se, prijaviti se,* p. essere celebre - *biti u slavi* v. *na slavu, uzdignuti se,* p. sembrare - *viděti se, činiti se,* p. far pompa - *dičiti se, gizdati se.*

Appartamento. V. Quartiere. Stanza.

Appartenente - *spadajuć, pripadajuć;* appartenente diritto - *pripadajuće pravo.*

Appartenenza - *pripadnost, pristojbina, utišćenje.*

Appartenere - *spadati, pripadati, dopadati, nadležati, pristojati se, doticati se.*

Appassionamento - *razžaljenje, razžalostjenje, ožalostjenje, ožalostivljenje, otuženje, raztuženje.*

Appassionare va. dar altrui passione - *razžaliti, oža-*

lostiti, *ožalostiviti, otužiti, raztužiti (koga)*, p. rendere attrattivo - *k sebi pritegnuti*, vnp. appassionarsi - *razžaliti se, ožalostiti se, ožalostiviti se, raztužiti* v. *raztugovati se.*

Appassionatezza - *žalost, razžaljenost, tuga.*

Appassionato - *razžaljen, ožalostjen, ožalostivjen, otužen, raztužen.*

Appassire - *uvenuti, uvehnuti, povenuti.*

Appassito - *uvenut, uvehnut, povenut.*

Appellante - *prizivatelj, pozivatelj.*

Appellare va. dare il nome - *nazvati, nazivati, imenovati*, p. chiamare - *zvati* p. invitare - *pozvati*, p. chiedere nuovo giudizio - *prizvati se, pozvati se;* appellare in tempo utile - *prizvati se u koristno doba;* fuori di tempo - *izvan dobe* v. *izvandobno* V. Interporre.

Appellato ag. - *nazvan, nazoven, nazivan, imenovan,* zvan, pozvan, st. colui contro cui si si appella - *prizivnik, pozovnik*, ag (appellatorio) - *prizivan, pozovan;* appellato decreto - *prizivna odluka,* appellatoria sentenza - *prizivna presuda.*

Appellatorio. V. Appellato.

Appellazione, denominazione - *naziv, nazivanje, naimenovanje.* V. Appello.

Appello - *priziv, pozov;* gravame d'appello - *prizivna žalba,* p. scritto appellatorio - *prizivnica, pozovka.* V. Interporre.

Appena - *jedva, mučno, tek, tekar, stopram, stopèrv, netom, čim.*

Appendice - *dodatak, pridatak, pristavak, priložak, nakladak.*

Appestare - *okužiti, zasmèrditi, osmraditi,* appestarsi - *okužiti se.*

Appestato - *okužen, zasmèrden, osmraden.*

Appetire - *želiti, biti željan, žuděti, požuděti.*

Appetito - *želja, požuda, hlěp,*

pohlěpa.

Appianamento - *poravnanje, izravnanje.*

Appianare - *poravnati, izravnati.*

Appianato - *poravnan, izravnan.*

Appiccare va. attaccare - *prilěpiti, sdružiti, spojiti,* p. impiccare *zavisěti,* np. attaccarsi - *prilěpiti se, uhititi se, uloviti se,* p. aggrapparsi - *zgrabiti se,* appiccare il fuoco - *zapaliti, upaliti, opaliti.* V. Azzuffarsi.

Appiccato ag.- *prilěpljen, zalěpljen, sdružen, spojen, zavisen.* V. Patibolo.

Appigionamento - *najmljenje, unajmljenje.*

Appigionare - *najmiti, unajmiti, dati u najam.*

Appigionato - *najmljen, unajmljen.*

Applaudire - *hvaliti, pohvaliti, proslaviti, rukopleskati, uzkliknuti, uzklikovati.* V. Adulare.

Applauso st. - *pohvala, uzklik,* l'applaudire (per lo più nel plurale) - *hvaljenja, pohvaljenja, proslavjenja, rukopleskanja.*

Applicare va. - *prilagoditi, priklasti, pristaviti,* p. attaccare - *prilěpiti,* vn. p. impiegarsi - *baviti se, zabavljati se.* V. Applicazione.

Applicato - *prilagodjen, prikladjen, pristavljen, prilěpljen,* p. impiegato - *zabavljen.*

Applicazione, l' applicare - *prilagodjenje, prikladjenje, pristavljenje, prilěpljenje,* p. uso - *poraba, uporaba, uporavljenje;* applicazione della legge - *uporoba* v. *uporavljenje zakona.*

Appoggiare va. - *nasloniti, nagnuti,* per raccomandare, sostenere - *preporučiti, produpèrti, podupirati,* vn. appoggiarsi - *uprèti se, nasloniti se, prisloniti se, nagnuti se, nagibati se.*

Appoggiato - *naslonjen, nagnut,* p. raccomandato, sostenuto - *preporučen, podupèrt, podupren, podupiran.*

Appoggio - *naslon, naslonište, prislon, prislonište,* p. raccomandazione, sostegno - *priporuka, poduprenje, podupiranje* p. protezione - *obrana, obranba, zaštita, krilo.* V. Ajuto.

Apporre - *nametnuti, nadmetnuti, nadvèrći, nadstaviti, pristaviti,* p. imputare - *okriviti, pokriviti, nepravedno* v. *netemeljito okriviti.* V. Aggiungere. Contraddire.

Apprensione, apprendimento, conoscibilità - *naučenje, uspoznanje,* p. timore - *bojaznost, bojazljivost, strah.*

Appressamento - *približanje, pristupanje, pristupljenje.*

Appresso, vicino - *bliz, blizu, kraj, pokraj, polag, mimo, tik, pored, oko, okolo, naokolo, kod* (gen.), *pri* (loc.), *uz, uza, nuz* (ac.); p dopo - *nakon, poslě, potle, potlam, iza* (gen.), *po* (loc.), *za* (ist.), *zatim, pa, pak, pako.*

Apprezzabile-*cěniv, procěniv.*

Apprezzamento - *cěnjenost, procěnjenost, cěnivost, procěnivost.*

Apprezzare - *cěniti, procěniti.*

Approvare - *odobriti, priznati.* V. Confermare.

Approvazione - *odobrenje, priznanje.* V. Conferma.

Appuntamento st. l'appuntare - *našiljanje, našpicanje, naoštrenje, šijenje, našijenje, bazdanje, nabazdanje,* p. risoluzione presa di concerto - *medjusobno odlučenje,* p. convegno - *dogovor, susrět* (v. Appuntare).

Appuntare va. far la punta - *našiljati, našpicati,* p. congiungere con punti di cucito - *prošiti, prišiti, nabazdati,* p. fermare cogli spilli - *pribodsti, pribadati, zadeti* v. *prihititi zabodačom,* p. aggiustare un arma in modo da colpire nel segno - *nastaviti, zmiriti, izmiriti, staviti na oko,* np. p. farsi acuto - *našiljati se, našpicati se.*

Appuntato ag. - *našiljan, na-*

3

špican, prošijen, prišijen, nabazdan, priboden, zadijen, nastavljen, postavljen na oko. (V. Appuntare.)

Appuntito, che ha punta - šiljast, špičast.

Appunto, nè più nè meno, esattamente - uprav, upravo, baš, ravno, ni više v. ni već ni manje, ni dlaku v. ni za dlake manje, ni vlas v. ni za vlasa manje p. compiutamente - podpuno, vèrlo dobro; appunto è lui - baš v. upravo je on, appunto come desiderate - uprav, upravo, baš v. ravno, kao želite.

Appuzzamento - zasmèrdjenje, usmèrdjenje, zasmradjenje, osmradjenje.

Appuzzare - zasmèrditi, usmèrditi, zasmraditi, osmraditi.

Aprile - travanj.

Aprimento - otvorenje, otvaranje, raztvorenje, raztvaranje, odpiranje, odklopljenje, odklapanje, razklopljenje, razklapanje.

Aprire - otvoriti, otvarati, raztvoriti, raztvarati, odprěti, odpirati odklopiti, odklapati, razklopiti, razklopati p. incominciare - početi, započeti; aprire il dibattimento - otvoriti v. započeti razpravu. V. Apertura; p. dichiarare (la guerra) - navistiti (rat), p. rompere il silenzio - progovoriti, prozboriti, započeti govor. V. Crepare.

Aquila - orl, oral, oro; aquila imperiale - carski gèrb v. orl, aquila bicipite - dvoglavni orl.

Aquilino - orlav, orlov, orlast, orlin; naso aquilino - orlavi nos.

Aquilonare - sěveran.

Aquilone, vento di tramontana - sěver, tèrmuntan.

Ara. V. Altare.

Araldo st. - navěstnik, glasnik, glasonoša.

Aramento - oranje, orivanje, pluženje, preoranje, preorivanje, oboranje, oborivanje, teženje.

Arare - orati, orivati, plužiti, arare pella seconda volta

- *preorati, preorivati, ara-re intorno - oborati, obo-rivati,* p. preparare il ter-reno alla seminagione - *težiti.*

Arativo - st. *oranica, oratno,* v. *orivo mĕsto,* ag. *oratan, oriv.*

Aratore - *orač, plužnik.*

Aratro - *ralica, oralo, plug;* vomere dell'aratro - *lemeš, ralični* v. *plužni lemeš.*

Arbitramentale - *odabranič-ki, izboran.* V Giudizio.

Arbitrare, giudicare - *suditi, mislĕti, mnĕti,* p. risolvere assolutamente - *usuditi se, odlučiti.*

Arbitrariamente- *svojevoljno, samovoljno, po volji, po izboru.*

Arbitrario - *svojevoljan, sa-movoljan, povoljan;* arbi-trario-violento — *samosi-lan,* arbitrario fatto - *sa-movoljni čin.* V. Arbitrio. Giudizio.

Arbitrio - *svojevoljnost, svoje-voljstvo, samovoljnost, sa-movoljstvo.* V. Lodo. Di-screzione.

Arbitro, (giudice) - *odabra-nik, izbornik, izabrani* v. odabrani sudac, *svojopa-metni sudac;* arbitro deci-sore - *odabranički razsu-dnik* v. *odlučnik;* rimetter-si negli arbitri — *spustiti se na odabrane sudce* v. *na odabranike, podati se* v. *staviti se u rukah odabrani-kah,* v. *u odabraničkih rukah.*

Arca, cassa a doghe inca-strate le une nelle altre - *kovčeg,* p. feretro - *nosilo, nosilja, mĕrtvački odar,* p. arca di Noè - *korablja.* V. Tomba.

Arcare, inarcare - *nategnuti, napeti;* arcare lo schioppo *nategnuti* v. *napeti pušku,* arcare o tirare l'arco - *strĕljati,* p. frodare - *hiniti, varati, slĕpariti.*

Arcavola - *sukunbaba.*

Arcavolo - *sukundĕd.*

Archiatro - *glavni poglaviti najvišji* v. *vèrhovni lĕčnik.*

Archibugiare - *puškati, pu-škariti, hitati potezati* v. *bacati iz puške,* p. fucillare - *strĕljati (koga).*

Archibugiata - *puškomet, hitac, hitac puške.*

Archibugio - *puška, pučka;* calcio d'archibugio - *kundak puške.* V. Schioppo.

Archiginnasio - *glavni gimnasium, naducilište.*

Archimandrita, guardiano e capo di mandria - *nadpastir, nadstadbenik,* p. vescovo o altro capo di religione - *biškup, nadsvětovnik, glavoredovnik, arhimandrit.*

Arehitetto - *gradjevnik.*

Architettonico - *gradjevnički.*

Architettura - *gradjevničtvo, hitrogradja.*

Archivario - *pismohranac, pismar.*

Archivio - *pismohrana, pismohraniše, pismohranilište, pismarica.*

Archivista. V. Archivario.

Arcidiaconato - *nadjakonstvo, jespristia.*

Arcidiacono - *nadjakon, jesprist.*

Arciduca - *nadvojvoda.*

Arciere - *streljalac, streljaoc, streljar.*

Arcipelago - *bělo more, egeosko more.*

Arciprete - *nadsvětjenik.*

Arcivescovado - *nadbiškupia, prabiškupia, arhibiškupia.*

Arcivescovo - *nadbiškup, prabiškup, arhibiškup.*

Arco, strumento da tirar frecce - *luk, obluk;* tendere l'arco - *napeti* v. *nategnuti luk,* arco trionfale - *slavouspomenik, slavoluk,* p. sopraciglio - *obèrva, obèrvica,* p. archetto da violino ecc. *gudalo.* V. Volta.

Arcobaleno - *duga, nebeski luk, nebeska kanica, milobojni luk, kosatnik.*

Ardente - *goruć, ognjenit, ognjevit, izkren.*

Ardentemente - *goruće, vruće, ognjenito, ognjevito, izkreno, sèrdačno;* pregare ardentemente - *izkreno sèrdačno* v. *vruće moliti.*

Ardere - *gorěti, izgorěti, plansati;* arse un'intera città – *cěli je grad izgorio.*

Ardire va. - *směti, usuditi se, usloboditi se.* V. Coraggio.

Arduo - *mučan, težak, tego-*

tan, *trudan;* cosa ardua - *mučna stvar.*

Area - *prostor, prostoria, polje, guvno.*

Arena, sabbia – *pèržina, pesak,* p. lido del mare – *obala, obala mora, morska obala,* del fiume – *obala rěke,* p. anfiteatro - *obpozorište, obpozorje.*

Arenoso - *pèržinast, pèržinav, peskovit.*

Arente ag. arido - *suh.*

Argentato - *srebèrn, posrebren, posrebèrnjen.*

Argenteria - *srebèrnina.*

Argentiere - *srebèrnar.*

Argento - *srebro,* di argento (**argenteo**) - *srebèrn, srebren, srebèrnit;* moneta di argento - *srebèrni novac,* oro e argento - *zlato i srebro.*

Argilla - *gnjilovača, ilovača.*

Argilloso ag. - *gnjilovačan, ilovačan,* terra argillosa - *ilovačna zemlja.*

Argomentare - *razložiti, razlagati, razglabati, skazivati, izkazivati, doněti donesti* v. *pridoněti razloge,*

p. pensare - *razmišljati, promatrati, razmatrati,* p. sperare - *ufati se, nadati se.*

Argomentazione - *razloženje, razlaganje, razglabanje, skazivanje, izkazivanje, donesenje* v. *pridonesenje razlogah, razmišljanje, promatranje, razmatranje.*

Argomento - *predmet, posao, stvar.* V. Argomentazione. Prova. Compendio. Serviziale. Indizio.

Aria - *zrak, ajer,* p. clima – *podnebje,* p. aria di canto o musica - *pěvka, popěvka, bugarka, davorje, glasboslog, glasba.* V. Spazio. Apparenza.

Aridamente - *suho, mlohavo, slabo, ubogo.*

Arido - *suh, mlohav, slab, ubog.*

Arioso - *zračan;* camera ariosa - *zračna soba.*

Arista - *klas,* p. ischiena del porco – *hèrbat prasca* v. *svinje, praščji,* v. *svinjski hèrbat.*

Aristocrata - *plemenitaš, velikaš.*

Aristocrazia - *plemovladje.*

Aritmetica - *razbroj, razbroj-stvo, računstvo.*

Arma - *oružje;* fabbrica d'ar-mi - *tvornica oružja, oru-žana.*

Armadio. V. Armario.

Armajuolo - *oružar, oružanik.*

Armamento, lo armare - *obo-ružanje, oboruzavanje,* p. arme e munizioni da guer-ra - *bojno oružje, bojna* v. *vojnička sprav.*

Armare - *oružati, oboružati, oboružavati,* armarsi - *obo-ružati se, oboružavati se,* l'armare - *oboružanje, obo-ružavanje.*

Armario, armadio - *shranio-nica, spravionica,* p. vetri-na - *staklenica* p. scansia - *polica.*

Armata - *oružna* v. *oružana moć, oružana sila.*

Armato ag. *oružan, oboružan.*

Armatore, capitano di nave armata per corseggiare - *gusar, gusarski kapetan,* p. proprietario di naviglio - *brodovlastnik.*

Armellino, animale - *bělola-*

sica, *běloviverica,* p. albi-cocco - *natipěrka, aprikos, armulin.*

Armeria - *oružarnica, oruž-nica.*

Armistizio - *primir, primirje, prestanje boja* v. *bitke.*

Armonia - *miloglasje, milo-zvuk, milozvučje, milopojka, skladnoglasje,* con armo-nia - *miloglasno, milozvuč-no, milopěvno, sladnoglas-no,* p. accordo delle opi-nioni - *jednoglasnost, jedno-glasje, jednodušnost,* p. cor-rispondenza delle parti col tutto - *sklad, skladnost, složnost, pogodba.*

Armonico - *miloylasan, mi-lozvučan, skladnopojan, skladnoglasan,* p. ben di-sposto - *pravosložen, upra-vosložen, upravouredjen.*

Arra. V. Caparra. Pegno.

Arrabbiamento - *razjadenje, razjarenje, razljutjenje, raz-sěrdjenje, razgnjivljenje, po-běsnjenje.* V. Rabbia.

Arrabbiare va. *jaditi, razja-diti, razjariti, razljutiti, razsěrditi (koga),* vn. arrabbiarsi - *jaditi se, razja-diti se, razjariti se, ljutiti se, razljutiti se, sèrditi se, razsèrditi se, razgnjeviti se,* p. divenir rabbioso (dei caui - *pobĕsniti.*

Arrabbiato - *jadan, razja-djen, razjaren, razljutjen, sèrdit, razsèrdjen, razgne-vjen,* p. idrofobo - *bĕsan, pobĕsnjen.*

Arrecare - *donĕti, donesti, do-našati, pridonesti, prido-našati, nanĕti, prinĕti,* ar-recar molestia o noja a taluno - *dosaditi komu.*

Arrembaggio - *zakučenje pri-kučenje* v. *zgrabljenje broda.*

Arrembare - *zakučiti, priku-čiti* v. *zgrabiti brod.*

Arrenamento - *zopnenje, na-sukanje.*

Arrenare, dar in secco - *za-pniti, zasukati se,* p. pu-lire colla rena - *tèrti* v. *iztèrti melom* v. *pèržinom.*

Arrenda - *zakup,* subarrenda *podzakup.*

Arrendatore - *zakupnik,* sub-arrendatore - *podzakupnik.*

Arrendersi - *podati se, odati*

se, p. piegarsi dei rami, *prigibati se, ugibati se, ugnuti se, uvinuti se.* V. Cedere.

Arrendevole - *prigibljiv, pri-gibiv, ugibiv, skloniv.*

Arrendevolezza   *odanost, prigibljivost, prigibivost, ugibivost, sklonivost.*

Arrendimento - *podanje, o-danje, prigibanje, ugibanje, ugnjenje.*

Arrestante. V. **Arrestato.**

Arrestare, fermare sl. - *uhi-titi, uhvatiti, uloviti, za-teći (koga),* p. sequestrare - *uzaptiti, zatvoriti, utam-ničiti.* V. Fermare.

Arrestato ag. sl. - *uhitjen, uhvatjen, ulovljen, zatečen,* p. sequestrato - *uzaptjen, zatvoren, utamničen,* p. persona arrestata st. - *zatvorenik, uznik, uhva-tjenik, zatečenik, zatvorena osoba,* coarrestato - *su-zatvorenik, suuznik* ecc.

Arresto sl. - *zatvor, uza, zapt;* p. fermo - *uhva-tjenje, zatvorenje, uzap-tjenje;* arresto dell'incolpato - *uhvatjenje okrivlje-nika*, arresto precauzionale - *zatvor opaza radi* v. *iz opaze*, cessazione dell' arresto - *prestanak zatvora*, condanna all' arresto semplice - *osudjenje na prosti zatvor*, arresto rigoroso - *oštri zatvor*, arresto personale - *osobni zatvor*, decretare l'arresto - *odlučiti zatvor*, levare l' arresto - *dignuti* v. *ukinuti zatvor*, arresto in camera oscura - *zatvor u mračnoj sobi*, arresto isolato - *samotni* v. *osamljeni zatvor*.

Arretrare, respingere - *odbiti, odhititi, odbaciti*, p. farsi indietro - *stučiti se*, p. ritirarsi - *odstupiti, ustati, odustati, vratiti se*.

Arretrato st. sl. debito residuo - *ostanak, ostatak, zaostatak*, ag. *ostal, zaostal, zaostatan, zaostavši*; arretrato pagamento - *zaostavše izplatjenje*, arretrato salario - *zaostavša platja*.

Arri, voce con cui si incitano le bestie da somma perchè camminino - *de, ćuš, ćušde, hi, hio, cu*.

Arricchimento - *obogatjenje, ubogatjenje*.

Arricchire, far ricco - *obogatiti, ubogatiti*, divenir ricco - *obogatiti, obogatiti se, steći* v. *postići bogatstvo, učiniti se* v. *postati bogat*.

Arricchito - *obogatjen, ubogatjen*.

Arrivamento, l' arrivare - *dojdjenje* v. *prispěnje na kraj, dolazenje, stignjenje*, p. raggiugnimento - *doseženje, dotečenje, dotèrčanje*. V. **Arrivo**.

Arrivare, giungere alla riva - *doći prispěti* v. *stignuti na kraj*, p. giungere - *doći, prispěti, dospěti, stignuti, doprěti*, p. raggiugnere uno nel cammino - *doseći, dosegnuti, doteći koga*, arrivare correndo - *dotèrčati*, p. acquistare - *dostići, dostignuti, postići, postignuti*, *zadobiti.*

Arrivato - *dosežen, dosegnut, dotečen, dotèrčan, dostignut, postignut, zadobljen.*

Arrivo st. venuta - *došastje, dolaz, dolazak, prišastje, stignutje, dohod, prihod.*

Arrogante - *oběstan, nestašan, ponosan, ponosit, ohorljiv.*

Arrogantemente - *oběstno, nestašno, ponosno, ponosito, ohorljivo.*

Arroganza - *oběst, oběstnost, nestašnost, ponosnost, ponositost, ohorljivost.*

Arrostimento - *pečenje, izpečenje, prepečenje.*

Arrostire - *peći, izpeći* p. strarostire - *prepeći.*

Arrostito ag. - *pečen, izpečen, prepečen.*

Arrosto st. vivanda arrostita - *pečenja, pečanja, pečenjka, pečanjka.*

Arrotamento - *oštrenje, naoštrenje, nabrusenje.*

Arrotare - *oštriti, naoštriti, nabrusiti.* V. Lisciare.

Arrotato - *oštren, naoštren, nabrusen,* V. Lisciato.

Arrotino - *brusač.*

Arrotolare, ridurre in rotolo - *smotati, omotati, sviti.*

Arrotolato - *smotan, omotan, svijen.*

Arroventamento - *zacèrljenjenje, zacèrvenjenje.*

Arroventare - *zacèrljeniti, zacèrveniti.*

Arruffare, disordinare (i capelli) - *razkosmati, zamèrziti, razplesti vlase.*

Arruffato - *razkosman, razpleten.*

Arrugginire - *èrjaviti, zaèrjaviti, poèrjaviti, izèrjaviti.*

Arrugginito - *èrjav, zaèrjavljen, poèrjavljen, izèrjavljen.*

Arsenale (d'armi) - *oružarnica, oružnica,* (di altri oggetti) - *tvorionica.*

Arsenico - *sičan;* avvelenare coll'arsenico - *otrovati sičanom.*

Arte - *zanat, umětnost,* p. arte maliziosa - *lukavstvo, lukavština, zlobnost, opakost, himbenost.*

Artefare - *krivotvoriti, pri-*

činiti, izopačiti; artefare le monete - krivotvoriti novce.

Artefatto - krivotvoren, pričinjen, izopačen.

Artefice - rukotvornik, rukotvoritelj, umětnik.

Arteria - žila.

Articolo - član, članak, stavka; articolo probatoriale - dokazni članak.

Artiglieria - topničtvo.

Artista - zanatlia, zanatnik, umětnik, majstor.

Artistico - umětnički, zanatlijski; artistica legge - umětnički zakon; artistico prodotto - umětnički proizvod.

Ascella - pazuha, podpazuha.

Ascendentale ag. - uzhodan V. Linea.

Ascendere - uziti, uzaći, uzlaziti, ići gore, fig. povišiti se, podignuti se, uzdignuti se. V. Ammontare.

Ascia, scure da legnajuolo - tesla, teslica, bradva, maestro d' ascia - teslarski majstor.

Asciugamento - sušenje, osušenje, izsušenje.

Asciugare - sušiti, osušiti, izsušiti.

Asciugato - osušen, izsušen.

Ascoltante st. prislušnik, slušalac.

Ascoltare - slušati, saslušati, poslušati, p. udire - čuti. V. Esaudire.

Ascolto st. - slušanje, saslušanje, poslušanje, posluhnutje, čujenje; ascolto delle parti - saslušanje stranakah.

Ascrivere - pripisati, upisati, navèrći, navèrnuti, prisuditi; ascrivere a sè - pripisati sebi.

Ascritto - pripisan, upisan, navèržen, navèrnut, prisudjen.

Asino - tovar, magarac, magare, osal, dim. tovarić, magarčić, oslić, peg. tovarina, magarčina, oslina; chi lava la testa all' asino, perde l' acqua ed il sapone (far benefizj a chi non merita) - koji magarcu glavu pere, gubi vodu i sapun, il raglio dell' asino non arriva in cielo – *tovarska trubesa ne sajdu na nebesa.*

Aspergere – *kropiti, pokropiti, okropiti, nakropiti, polěti, polěvati.*

Aspersorio - *kropilo, škropilo.*

Aspettare – *čekati, počekati, dočekati, počkati, očekivati,* p. sperare – *nadati se, ufati se, obzirati se, izgledati, izgledavati.*

Aspettativa – *nada, uzdanje, pouzdanje, ufanje,* p. credenza sl. – *poček, veresia;* in aspettativa – *na poček, na veresiu.*

Aspettato – *čekan, počekan, počkan, dočekan, očekivan.*

Aspetto – *lice, obličje, obraz, izlik, izlika;* p. facciata – *obrazak.*

Aspramente - *oštro, žestoko, nemilo, ljuto, kruto.*

Aspro - *ljut, žerb, žestok,* p. rigoroso *strog;* v. Crudelle. Zotico.

Assaggiamento - *kušanje, pokušanje, okušanje,* p.

tentativo - *okus, okušaj, pokušaj.* V. Tentativo.

Assaggiare - *okusiti, pokusiti, kušati.* V. Tentare. Provare.

Assai - *veoma, vele, velma, mnogo, jako, vèrlo, puno;* assai bene - *veoma* (ecc.) *dobro.*

Assale. V. Timone.

Assalimento, l'assalire - *navaljenje, udarenje, naskočenje, napadanje, jurišanje, naripjenje, osvojenje.*

Assalire - *navaliti, udariti, naskočiti, napadsti, napadnuti, jurišiti, jurišati, udariti na juriš, nasèrnuti, naripiti,* p. occupare, prendere prontamente - *pograbiti, osvojiti, uzeti;* assalire la città - *navaliti* v. *udariti na grad, osvojiti* v. *uzeti grad.*

Assalito - *navaljen, naskočen, napadjen, napadnut, nasèrnut, osvojen, uzet.*

Assalitore - *napadalica, napadač, nasèrnik.*

Assaltare. V. Assalire.

Assalto - *navala, naskok, ju-*

riš, *nasèrt.* V. Assali-
mento.

Assassinamento - *umorenje,*
grabežno v. *razbojničko*
umorenje, ljudomorenje. V.
Assassinio.

Assassinare - *umoriti, gra-*
bežno v. *razbojnički umo-*
riti, ljudomoriti, pogubiti.
V. Assassinio.

Assassinato - *umoren, gra-*
bežno v. *razbojnički umo-*
ren, pugubljen.

Assassinio (omicidio con rapina) - *grabežno* v. *raz-*
bojničko umorstvo, umor-
stvo s razbojničtvom, lju-
domorstvo.

Assassino - *hajduk, razbojnik,*
ljudomornik, umornik, gra-
bežljivac, p. sanguinario -
kèrvnik.

Asse, legno segato per lo
lungo dell' albero - *piljeni*
v. *razpiljeni prut, tes,*
ostožer, p. ferro o legno
intorno al quale girano
le ruote - *vreteno, os, oso-*
vina. V. Eredità. Facoltà.
Linea.

Assediamento - *obsadjenje,*

obsĕdenje, obkolenje, obkruženje.

Assediare - *obsaditi, obsĕsti,*
obkružiti, obkoliti, p. importunare - *zanovĕtati, ne-*
prestano mučiti' koga, biti
v. *plesti se med noge.*

Assediato - *obsadjen, obsĕd-*
jen, obkružen, obkoljen.

Assedio - *obsada, obsadnost,*
obsadno stanje.

Assegnamento - *uputa, doz-*
načenje, opredĕljenje, o-
dredjenje; assegnamento
vedovile - *udovičko dozna-*
čenje, p. confidenza - *u-*
fanje, zaufanje.

Assegnante - st. *uputnik,*
uputilac, doznačilac, upu-
titelj, doznačitelj.

Assegnare - *doznačiti, opre-*
dĕliti, odrediti.

Assegnatario - *uputovnik.*

Assegnato (debitore) st. -
upućenik, doznačenik, ag.
doznačen, opredĕljen, odre-
djen; assegnato salario -
doznačena platja.

Assegnazione - *doznaka.*

Assegno. V. Assegnamento.

Assemblea - *sabor, vĕće*

skupština, spravište; as-
semblea nazionale - na-
rodni sabor.

Assennatezza - pamet, razum, razbor, razboritost,
razborstvo, mudrost.

Assennato - pametan, razuman, razborit, razboran
mudar.

Assenso - privola, privoljenje, p. Approvazione - o-
dobrenje, potvèrda p. con-
senso-dozvola, dozvoljenje.

Assentare, va.tener lontano -
odstraniti, udaljiti, odalečiti, ukloniti, np. p. allontanarsi - udaljiti se, odalečiti se, p. sedersi - sěsti,
posěsti se, t. l. p. far re-
clute - unovačiti, primiti u
vojnike. V. Adulare.

Assentato ag. - odstranjen,
udaljen, odalečen uklo-
njen, p. reclutato - uno-
vačen, primljen u vojnike.

Assentatore. V. Adulatore.

Assentazione, t. l. reclutamento - unovačenje.

Assente - odsutan, neprito-
man, udaljen; erede as-
sente - odsutni baštnik.

Assenza - odsutnost, odsutje,
izbivanje, nepritomnost, u-
daljenost.

Asserire - tvèrditi, potvèrditi, povědati v. kazati
za istinito, izreći.

Asserto ag. da asserire -
tvèrdjen, potvèrdjen, izrečen, povědan, kazan. V.
Asserzione.

Asserzione - tvèrdnja, tvèrdjenje, izreka.

Assessorato - prisědničtvo.

Assessore - prisědnik; assessore della Tavola giu-
diziaria del Comitato - županjsko sudbeni prisědnik,
prisědnik županjsko - sud-
bene stolice.

Assestare - urediti, metnuti
v. postaviti u redu p.
porre a' suoi luoghi - spraviti, hraniti.

Assesto, lo assestare - uredjenje, postavljenje u redu,
hranjenje.

Asseverare - tvèrditi.

Asseverazione - tvèrdnja,
tvèrdjenje.

Assicuramento - osěguranje,
obezbědenje, utvèrdjenje,

jamčenje, ujamčenje, tvèrdjenje, okrěpljenje, utemeljenje, obsvědočenje.

Assicurare - osěgurati, obezběditi, utvèrditi, jamčiti,
ujamčiti, tvèrditi, okrěpiti,
utemeljiti, p. certificarsi -
obsvědočiti se, uvěriti se.

Assicurato t. l. st. - osěgurnik,
ag. osěguran, obezběden,
utvèrdjen, ujamčen, okrě-
pljen, utemeljen, obsvědočen, uvěren.

Assicurazione - t. l. obezběda,
osěguranje; assicurazione
della facoltà - osěguranje
imovine, p. sicurtà, cau-
zione - sěgurnica, jamče-
vina: polizza d' assicu-
razione - osěgurnica, premio d' assicurazione - o-
sěgurnina.

Assiderare va. agghiaccia-
re - smèrznuti, smèrznuti
se, zgèrčiti se od zime, zlediti se, polediti, olediti,
ozebsti.

Assiderato ag. - smèrznut,
zgèrčen, zleden, poleden,
oleden, ozebljen.

Assiderazione - smèrznutje,

smèrznjenje, zgèrčenje, zledenje, poledenje, oledenje,
ozebljenje.

Assiduamente, continuamente - nepristano, bez
pristanka, revno, brižljivo,
svendilj.

Assiduità - nepristanost, revnost, brižljivost, svendilj-
nost.

Assiduo, continuo, esatto -
nepristan, revan, brižljiv,
svendiljan, točan.

Assieme. V. Insieme.

Assiepare - oplotiti, zaplotiti, otèrniti, zatèrniti, oglo-
žiti.

Assiepato - oplotjen, zaplo-
tjen, otèrnjen, zatèrnjen,
ogložen.

Assioma, verità evidente
per sè stessa - puka v.
prava istina, p. propo-
sizione generalmente am-
messa - poslovica. V. Massima.

Assisa, livrea - odora, o-
bučtva, oprava, p. aggra-
vio - teret, breme, namet,
porez, zulum.

Assise - porota, di assise -

porotan; corte di assise - *porotni sud.*

Assiso ag. da sedere - *seden, poseden, sedeći.*

Assistente st. - *pomoćnik, nastojnik,* coassistente - *supomoćnik, sunastojnik;* ag. *prisutan, pritoman.*

Assistenza - *pomoć, nastanje, nastojanje;* prestare assistenza - *dati podati pružiti pomoć;* p. cura - *briga, skèrb.* V. Vigilanza.

Assistere, esser presente - *prisustvovati, biti prisutan* v. *pritoman, predstojati,* p. soccorrere - *pomoći, nastati, nastojati, gledati, pregledati, nadgledati, nadgledavati.*

Assistito ag. - *nastan, nastojen, pomožen, gledan, pregledan, nadgledan, nadgledavan.*

Asso, nei dadi e carte da giuoco - *as.*

Assocciamento, il dare a soccio - *danje* v. *stavljenje na zlato, uzlatenje.* V. Assocciare.

Assocciare, dare a soccio il bestiame - *dati na zlato, uzlatiti;* assocciare l' armenta - *dati kravu na zlato.*

Associare - *sprovoditi, pratiti,* p. ammettere in società - *primiti u družtvu.* p. unirsi in società - *sdružiti se, sklopiti družtvo,* p. associarsi ad un'opera - *predbrojiti se, javiti se kao predbrojnik, podpisati se.*

Associato st. soscrittore - *predbrojnik, podpisatelj:* raccogliere associati - *kupiti* v. *tražiti predbrojnike.*

Associazione, l'atto dell'associarsi - *sdruženje,* p. accompagnamento dei cadaveri - *sprovod, sprovodjenje, pratnja,* p. soscrizione - *predbrojenje.* V. Società.

Assoggettare, render soggetto - *podstaviti, podložiti, podmetnuti, podvèrći.* V. Rassegnare.

Assoggettato - *podstavljen, podložen, podmetnut, podvèržen.* V. Rassegnato.

Assoldare - *novačiti, unova-*

čiti, assoldarsi - *unovačiti se, ići u vojnike, udobrovoljiti se.*

Assolto ag. da assolvere - *rěšen, odrěšen, oprošten.*

Assolutamente - *svakako, stanovito, stalno, jamačno,* p. senza dubbio - *bez druga, bez dvojbe, sěgurno, za sěguro.*

Assolutismo - *samovladje, samovladanje.*

Assoluto. V. Assolto, p. libero, *prost, neusiljen,* p. non limitato - *neograničen, neodvisan, nezavisan, absolutan,* potere assoluto - *neograničena neodvisna nezavisná v. absolutna vlast.*

Assolutorio ag. *oprostan;* assolutoria sentenza - *oprostna presuda.*

Assoluzione (dei peccati) - *odgrěšenje.*

Assolvere - *rěšiti, odrěšiti, osloboditi, oprostiti,* p. dare l'assoluzione - *odgrěšiti,* p. esimere, esentare - *izbaviti,* p. finire - *izvěršiti, svěršiti, ověršiti;* assolvere gli studii - *izvěršiti nauke.*

Assolvimento, l'assolvere - *rěšenje, odrěšenje, oslobodjenje, oproštenje, izbavljenje, izvěršenje, svěršenje, ověršenje.* (V. Assolvere.)

Assomare, caricare - *napèrtiti, natovariti, nakèrcati, ubremeniti.*

Assomiglianza. V. Somiglianza.

Assomigliare, agguagliare, paragonare - *podobiti, upodobiti, priklasti, prikladati, iztakmiti, jednačiti, sjednačiti,* p. essere, o rendersi simile - *biti v. postati jednak, uvèrći se (u koga),* p. rassomigliare - *priličiti, prilikovati, spodavljati, biti komu spodoban v. priličan.*

Assorbire - *požirati, proždirati, gutati, pogutati, pogutnuti, izpiti.*

Assorbito. V. Assorto.

Assordamento - *zaglušenje, zaoglušenje, zablenutje.*

Assordare va. indurre sordità - *zaglušiti,* p. far gran fracasso - *larmati, vikati v. kričati na svo gèrlo, smu-*

titi, smutiti glavu, v. mo-
žljane.

Assordire vn. divenir sordo
- oglušiti. V. Assordare.

Assortimento - odabranje,
izabranje, p. accozzamento
di più cose fatto a sorte -
naèrpanje, nakupljenje, nagomilanje. V. Scomparti-
mento.

Assortire, eleggere per sorte, scegliere - odabrati,
odabirati, izbrati, izabrati,
izabirati, prebirati, razlučiti, p. ordinare - urediti,
razrediti, metnuti v. po-
staviti u red.

Assorto da assorbire - po-
žert, proždèrt, pogutnut,
izpijen, p. assorto in pensieri - zamišljen.

Assottigliamento - tanjenje,
tančenje, otanjenje, otan-
čenje, iztanjenje, razta-
njenje.

Assottigliare - tanjiti, tan-
čiti, otanjiti, otančiti, potanjiti, iztanjiti, raztanjiti,
p. sofisticare - krivo razlagati stvar, izkriviti, p.
assottigliare l' ingegno -

potanko razmišljati v. razglabati, np.divenir magro -
potanjiti se, omèršaviti,
osušiti, omlediti.

Assottigliato - otanjen, otan-
čen, potanjen, iztanjen, o-
mèršavljen, osušen, omle-
den.

Assuefare va. - naučiti, navaditi, np. assuefarsi -
naučiti se, navaditi se, uo-
bičajiti se, obiknuti se.

Assuefatto ag. - naučan, navadan, navadjen, običan,
obiknut.

Assuefazione - navada, nauk,
običaj.

Assumere - uzeti, poduzeti,
primiti, poprimiti, sači-
niti, p. innalzare - podignuti, uzdignuti.

Assunto st. cura, impegno -
posao, posal, zadaća, dě-
lo, briga; eseguire l' assunto - izvèršiti zadaću,
ag. uzet, uzmen, poduzet,
poduzmen, primljen, po-
primljen, podignut, uzdi-
gnut. V. Assumere.

Assunzione - uzetje, poduzetje, poprimljenje, sači-

4

njenje, assunzione della stima - *poduzetje procěne,* p. innalzamento a dignità - *uzdignutje, uzvišenje,* p. festa della B. V. assunta in Cielo - *Stomorina, vela Stomorina, vela Gospoja.*

Assurdamente - *nerazborno, nerazložno, protunaravno, neprilično, nepristojno, bezslučno, neprikladno.*

Assurdo st. - *nepriličnost, nepriličnoća, nerazbornost, nerazložnost, protunaravnost, nepristojnost:* ag. *nepr, nepriličan, nerazboran, nerazložan, protunaravan, nepristojan, neprikladan.*

Asta, legno sottile e lungo - *kopje, kopjača, katarišće, sula,* dim. *sulica,* p. incauto - *dražba, ličba;* asta volontaria - *dobrovoljna dražba,* asta esecutiva - *ověržbena dražba,* condizioni d' asta - *dražbeni uvěti* v. *uvěti dražbe.*

Astante, st. infermiere - *bolničar,* p. presente - *u-časnik, prisutnik, prito-*

mnik, ag. *prisutan, pritoman.*

Astemio - *vodopia.*

Astenersi - *uzděržati se, čuvati se, uzpreći se, uzpregnuti se.* V. *Desistere.*

A stento - *jedva, mučno, komać.*

Asterisco - *zvězdica, zabilježka.*

Astinenza - *uzděržanje, uzpregnutje.*

Astio - *nenavist, nenavidost, omraza, omraženost.* V. Odio.

Astore, sparviero da colombi - *jastreb, kragulj.*

Astrattaggine - *bezmišljenost, nepomnost, izumjenost.*

Astrattamente, separatamente - *razstavno, razlučno, razdružno, raztrěbno,* p. sbadatamente - *bezmišljeno, nepomno, izumjeno.*

Astratto, ag. separato - *razstavljen, razstavan, razlučen, razdružen, raztrěbljen,* p. sbadato - *bezmišljen, nepoman, izumjen,* p. contrario di concreto - *pomišljiv, nebitan, neizvidiv;* in senso astratto e concreto - *u pomišljivom i bitnom smislu*, p. alienato, rapito o assorto - *zanesen, zamišljen.* V. Stravagante.

Astrazione - *razstavljenje, razlučenje, razdruženje, raztrěbljenje,* p. alienazione della mente od anima - *zanesenost, zamišljenost.*

Astro - *zvězda.*

Astrolabio - *zvězdnik, zvězdogled*

Astrologìa - *zvězdogatanje, ludogatanje.*

Astrologico - *zvězdogatan, zvědogatav, ludogatan, ludogatav.*

Astrologo - *zvězdogatalac, ludogatalac.*

Astronomìa - *zvězdoznanje, zvězdoznanstvo, zvězdoslovje.*

Astronomico - *zvězdoznanstven, zvězdoslovan.*

Astronomo - *zvězdoznanac, zvězdoslovac.*

Astutamente - *lukavo, himbeno, prevarno, prevarbeno, vuhveno.*

Astuto ag. - *lukav, himben, prevarben, vuhven,* p. sagace, accorto - *šegav, hitar, domišljat, pozoran, smotren.*

Astuzia - *lukavstvo, lukavost, lukavština, himbenost, prevarba, vuhva,* p. invenzione - *izmišljenost, izmišljotinja.*

Ateismo - *bezbožnost, bogoněkanje, bogotajanje.*

Ateistico ag. - *bezbožan, bogoněkav, bogotajav.*

Ateo st. l' empio che nega Dio - *bezbožnik, bogoněkalac, bogotajalac.*

Atmosfera - *prozračnina, prozračina.*

Atroce - *strahovit, nemil, nemio, krut.*

Atrocemente - *strahovito, nemilo, nemiloma, kruto.*

Atrocità - *strahovitost, nemilost, krutost.*

Attaccamento, l' attaccare - *prilěpljenje, zalěpljenje, spojenje, sdruženje,* p. sentimento dell' animo - *privěrženost.* V. Assalto.

Attaccare, unire una cosa

ad un' altra - *prilěpiti, zalěpiti, spojiti, sdružiti, svezati,* p. prendere radici - *uhititi,latiti,* p. attaccare i cavalli ecc. - *upreći, zapreći, privezati,* np. *uloviti se, latiti se, uhititi se, prijeti se,* p. stare attaccato *děržati se (česa).* V. Assalire. Appiccare.

Attaccato - *prilěpljen, zalěpljen, spojen, sdružen, svežen, vezan, uhitjen. latjen, ulovjen, prijet, uprežen, zaprežen, privežen, privezan.* V. Assalito. Appiccato. Attaccare.

Attacco - *nasèrt, napad, juriš.* V. Assalto.

Attediare - *doděvati, dodijati, dosaditi, zanovětati,* p. impigrirsi - *oleniti, poleniti, omèrznuti.*

Atteggiamento - *rukomah, rukomahanje,rukomicanje,čin.*

Atteggiare - *rukomahati, rukomicati,* p. muoversi - *kretati se, obraćati se, micati se, maknuti se.*

Attempato - *vrěmenit, postarěl.*

Attendare, rizzar tende, ac camparsi - *taboriti, logoriti, šatoriti, utaboriti se, ulogoriti se, ušatoriti se.*

Attendere - *bditi, pomnjiti, biti pozoran, pozornim okom pratiti, paziti,* p. aspettare - *čekati, očekivati, počkati.*

Attendibile - *uvaživ, valjan, obzira dostojan.*

Attentamente - *pomnjivo, pomno, pozorno, smotreno.*

Attentare - *pokušati,* p. osare - *smĕti, usuditi se, usloboditi se, postupiti se,* l'attentare - *pokušanje,smĕnje, usudjenje, uslobodjenje.*

Attentato st. - *pokušaj,* ag. *pokušan;* attentato suicidio - *pokušano samoubojstvo* - attentato crimine - *pokušani zločin.*

Attento - *pomnjiv, pozoran, smotren, opazan.*

Attenzione - *pomnja, pozor, pozornost, pazljivost, smotrenost,* p. riguardo - *obzir, uvaženje.* V. Cortesia.

Attergare - *naledjiti, nahèrbtiti.*

Attergato st. - *naledjica, na-hèrbtica*, ag. *naledjen, na-hèrbten*; attergato decreto - *naledjena odluka*.

Atterramento - *porušenje, razrušenje, povaljenje, razvaljenje, razorenje, obalenje, sniženje, predobijenje, oproverženje, uzbijenje, poniženje, uzponiženje, opadenje*. V. Atterrare.

Atterrare va. - *porušiti, razrušiti, povaliti, razvaliti, razvaljati, obaliti, razoriti, snižiti*, p. vincere - *predobiti*, p. confutare - *oprovèrći, oprovèrgnuti, uzbiti*, np. p. empirsi di terra - *ozemljiti se, napuniti se zemlje v. zemljom, nasipati se*, p. prostrarsi inchinarsi - *ponižiti se, uzponižiti se, opasti*. V. Reprimere. Avvilirsi.

Atterrimento, terrore - *prepast. strahoća, razplašenje, uplašenje, štrah*.

Atterrire va., dare spavento - *uprepastiti, uprepanuti, prestrašiti, razplašiti, uplašiti*, atterrirsi - *prepasti, prepanuti, prestrašiti se, razplašiti se, uplašiti se*.

Attesa - *čekanje, očekivanje*; in attesa del vostro scritto - *u očekivanju vašega lista*.

Atteso ag. - *čekan, očekivan*; atteso che - *budući, buduči da, vidivši da, promotrivši da, pokle, jer, jere, jerbo*.

Attestare - *svēdočiti, zasvēdočiti, posvēdočiti, tvèrditi, potvèrditi, dokazati*, l' attestare - *svēdočenje, zasvēdočenje, ecc.*

Attestato - *svēdočba, dokaznica* p. prova - *dokaz*, p. contrassegno - *znak, ime*; in attestato d' amore - *u znaku ljubavi*.

Attestazione - *svēdočanstvo*.

Atticamente - *atički, po atičku*.

Attico ag. - *atički* V. Elegante.

Attignere - *doticati, tikati, taknuti*, p. arrivare - *doseći, dosizati*, p. comprendere - *dokučiti, razumēti*, p. ti-

rare l'acqua - *čèrpiti, čèrpati, začèrpiti, začerpati
(vodu)* p. cavare il vino
dalla botte - *točiti, utočiti,*
p. scoprire - *doznati, čuti,
dočuti, odkriti.*

Attiguo ag. - *pobližnji, pokrajan, susědan.*

Attillare. V. Abbigliare ecc.

Attimo - *tren, trenutak, čas,
hip, miganje* v. *magnu če oka.*

Attinto ag. da attingere -
*tikan, taknjen, dotican, do-
sežen, dokučen, razumljen,
čèrpljen, čèrpan, začèr-
pljen, točen, utočen, doz-
nan, čujen, dočujen.* V. Attignere.

Attirare, conseguire, tirare
a se - *postići, postignuti,
navući, privući, pritegnuti
(k sebî), mamiti, namamiti,
navabiti, potegnuti k sebi* v.
na se.

Attirato - *postignjen, postignut, navučen, privučen,
pritegnut, namamljen, na-
valjen, potegnut.*

Attitare - *podignuti,* v. *těrati
pravdu, razpravljati, uredovati; attitato processo -*

podignuta těrana v. *raz-
pravljena parnica.*

Attitazione - *postupanje* v.
*těčenje pravde, razprava,
uredovanje.*

Attitudine - *podobnost, vrědnost, prikladnost* V. Ta-
lento. Positura.

Attivamente - *pospěšno, pospěšivo, hèrlo, hitro, bèrzo.*

Attività - *pospěšnost, pospěš-
noća, pospěšivost, hèrlost.*

Attivo ag. che ha virtù e
forza d'operare - *děla-
tan, radiv, uradiv, dělo-
tvoriv, opravljiv,* p. spedito - *brižljiv, hitar, hèrl,
gotov;* verbo attivo e passivo - *glagolj tvorni (dělatni, radivi) i tèrpni (tèr-
pivi),* stato attivo e passivo - *(dohodak i razho-
dak) dohodno i razhodno
stanje.*

Attizzamento - *poticanje, potakivanje,* p. incitamento -
*poticanje, uckanje, ucu-
kanje, badanje, podbada-
nje, draženje.*

Attizzare - *poticati, potakivati, potaknuti,* p. aizzare -

uckati, ucukati, badati, podbadati, poticati, dražiti.

Atto st. azione - dělo, čin, učin, učinba; atto (operato) uffizioso - službeno dělo, p. scritto - spis; atti uffiziosi - uredovni spisi, p. documento - pismo, izprava; ag. p. acconcio - podoban, prikladan, sposoban.

Attonito ag. - začudjen, zablenut, zabučen.

Attore (in causa) - tužitelj, coattore - sutužitelj, p. attore drammatico - igralac, coattore - suigralac, primo attore (primo uomo) - nadigralac, p. amministratore dei fatti altrui - poslovodja, upravitelj.

Attorno - oko, okolo, naokolo, p. quà e là - simo i tamo.

Attoscare - otrovati, potrovati, raztrovati, očemeriti, p. addolorare, tormentare - razžaliti, ožalostiti, mučiti, globiti.

Attossicamento - otrovanje, otrujenje, potrovanje, potrujenje, očemerenje.

Attrarre - pritegnuti, privući, mamiti, namamiti, primamiti, vabiti, navabiti, privabiti, l' attrarre - pritegnjenje, privučenje ecc.

Attrattiva st. - mamivost, primamivost, namamivost, navabivost, privabivost, blaznivost.

Attrattivo - mamiv, primamiv, namamiv, vabiv, navabiv, blazniv.

Attrazzo, attrezzo - sprav, orudje; attrezzi del naviglio - brodovna v. pomorska sprav.

Attribuire, assegnare degli attributi - prisuditi, dosuditi, p. ascrivere - pripisati, upisati, navèrci; attribuire a sè stesso - pripisati samomu sebi, attribuire a taluno la colpa - dati kojemu krivo v. krivinu, okriviti v. pokriviti koga, p. arrogarsi, usurpare - osvojiti, prisvojiti, prisvojiti se, uzeti za se, *naměniti, prisuditi, dosuditi sebi.* V. Conferire. Concedere.

Attributo st. - *svojstvo, vlastitost, dar;* attributi divini - *dari božji.*

Attribuzione, l' attribuire - *prisudjenje, dosudjenje, pripisanje, upisanje, navèrženje, prisvojenje, naměnjenje.* V. Mansione.

Attuale - *sadašnji, ovodoban, današnji;* nei tempi (o momenti) attuali - *u sadašnjem v. u današnjem vrěmenu v. u ovo doba.*

Attualmente, in atto, con effetto - *dělom, činom,* p. ora - *sad, sada, za sad, za sada, u ovo doba, u ovaj par, u ovaj čas.*

Attuare, ridur in atto - *uživotvoriti, udělotvoriti, činiti, ovèršiti, izpuniti,* p. applicarsi con calore - *nastojati, primiti se, uvatiti se, uloviti se (posla), brinuti se, zauzeti se (za što).*

Attuariato - *spisivaostvo.*

Attuario - *spisivalac.*

Attuazione, lo attuare - *uživotvorenje, udělotvorenje, činjenje, ovèršenje, izpunenje.*

Attuffamento - *gruzenje, zagruzenje, zabijenje v. pritisnjenje u vodu v. u more, umočenje, zažnjorenje, zaronenje, zanorenje, tonenje, topljenje. utopljenje.*

Attuffare - *gruziti, zagruziti, zabiti v. pritisnuti u vodu v. u more, umočiti,* p. tuffarsi - *zaznjoriti, gruziti se, zagruziti se, zaroniti, zanoriti, tonuti, topiti se, utopiti se.*

Audace ag. - *smion.*

Audacemente - *smiono.*

Audacia - *smionost.*

Audienza, udienza, lo udire - *slušanje, slišanje, čuvenje, čujenje,* p. luogo ove si dà udienza - *slušaonica, slišaonica;* dare udienza a taluno - *slušati slišati v. posluhnuti koga,* ottenere udienza - *biti predstavljen (komu).*

Auditorato st. carica dell'auditore - *vojnička sudija, sa-*

slušničtvo, p. giudizio militare - *vojnički sud.*

Auditore, giudice militare - *vojnički sudac, saslušnik.*

Augurare, fare o pigliarsi augurio - *čestitati, nareći, naricati, želiti.* V. Predire.

Auguratore - *čestitalac*, p. auguratore di pioggia - *pèrporuša.* V. Indovino.

Augurio, presagio - *kob, nareka, naricaj*, p. l' espressione d' un vivo desiderio, che sia accaduta o che accada una cosa - *čestitka*, p. desiderio - *želja;* di mal augurio - *zlokoban zloudesan*, la cosa è di buon augurio - *stvar je dobre prividnosti* v. *dobrokobna.*

Augusto ag. titolo degli imperatori - *posvětjen, blagočestiv.*

Aula, stanza reale - *carska* v. *kraljevska komora*, p. sala dei tribunali - *sudbena dvorana*, aula dietale - *sabornica*, p. contraddittorio - *ročište;* al-

l' aula giudiziaria - *na sudbeno ročiste.*

Aulico ag. - *dvorski, dvoran, pridvorski, pridvoran;* cancelleria aulica - *dvorska kancelaria*, dicastero aulico — *dvorski dikasterium, dvorska oblast.*

Aumentabile - *umnoživ, povećiv.*

Aumentamento - *umnoženje, povećanje, povišenje, nadostavljenje, rastenje.*

Aumentare - *umnožiti, povećati, povišiti, nadostaviti;* p. aumentare la pena - *pooštriti (kaznu)*, p. crescere - *rasti;* il male aumenta sempre più - *zlo raste sve to više.*

Aumentato - *umnožen, povećan, povišen, narasal*, riferib. a castigo - *pooštren.*

Aumento. V. Aumentamento.

Aura, venticello - *větarce, větrić*, p. suono - *glas.* V. Aria.

Aureo, d'oro - *zlatan, od zlata.* V. Eccellente.

Aureola, cerchio luminoso, con cui vengono cinte le

teste dei santi - *sjajna o-kolina* v. *krunica, sjajni okolak.*

Aurora - *zora*, dim - *zorica*; spunta l'aurora - *puca zo-ra*, spuntò l'aurora - *pu-knula* v. *granula je zora.* V. Principio.

Austeramente - *surovo, neo-tesano, oštro, uzdèržno, u-zdèrživo, osorno, osorljivo.*

Austerità, qualità di sapore aspro - *oštrina, ljutina, lju-tost*, p. rigidezza - *suro-vost, neotesanost, oštroća, uzdèržnost, uzdèrživost, o-sornost, osorljivost.*

Austro, vento che soffia da mezzogiorno-*polujužnjak*, di austro, australe - *polu-južan.*

Autenticamente - *věrodostoj-no, dostověrno, istovětno.*

Autenticare - *uvěrodostojiti, udostověriti, istovětiti.*

Autenticazione - *uvěrodosto-jenje, udostověrenje, uvěro-dajenje, istovětenje.*

Autenticità - *věrodostojnost, istovětnost, dostověrnost, věrodajnost, pravota.*

Autentico ag. - *věrodostojan, dostověran, istovětan, uvě-rodajen, pravotan.* V. Do-cumento.

Autocrata - *samovladalac, sa-modèržac.*

Autocratico - *samovladan.*

Autocrazia - *samovladstvo, samodèržtvo.*

Autografo st. scritto - *vlasto-ručno pismo, ručno pismo*, ag. - *vlastoručan.*

Automa - *samokret, samo-kretnik.*

Autonomia - *samostalnost, samouprava*; autonomia delle comuni - *samouprava občinah.*

Autonomo - *samostalan, sa-moupravan.*

Autopiro, ad. dicesi del pane di tutta farina - *svemučan*; pane autopiro - *svemučni kruh.*

Autore - *začetnik, zametnik, namislilac, tvorac, uzročnik*, sl. *počinitelj, učinitelj*, p. autore d'un'opera - *spisa-telj, spisalac, sastavitelj, knjigotvorac*: autore del crimine - *počinitelj zločina.*

Autorevole - *mogućan, vla-stan.*

Autorità, facoltà di comandare, obbligare ecc. - *vlast, oblast, moć, mogućtvo, mogućnost, jakost,* p. stima, credito - *cěna, pověrenstvo, pověrenje, zaufanost, zaufanje,* p. magistratura sl. - *poglavarstvo, oblast, vlast;* autorità giudiziaria - *sudbena oblast,* autorità fondale - *gruntovnička oblast,* autorità politico-amministrativa - *političko upravna oblast.* autorità di polizia - *redarstvena oblast,* suprema autorità - *věrhovna v. najvišja oblast.* V. Potere.

Autorizzare, dare autorità - *povlastiti, opunovlastiti, poděliti vlast, opunomoćiti;* autorizzare il proprio sostituto - *opunovlastiti svojega naměstnika,* p. dar permissione - *dopustiti, dozvolěti.* V. Autenticare. Giustificare.

Autorizzato ag. - *povlaštjen, opunovlaštjen, opunomo-*

ćen, vlastan.

Autorizzazione - facoltà di operare - *povlast, povladje, punovlastje, punomoćje,* sl. *povlaštjenje, povladjenje, opunovlaštjenje, opunomoćenje.*

Autunnale ag. - *jesenski, podzimski.*

Autunno - *jesen, podzimak, jesenska doba.*

Ava - *baba,* bisava - *prebaba,* arcavola - *sukunbaba,* bisarcavola - *presukunbaba.*

Avambraccio - *primišica.*

Avamposto - *prednja straža, predstraža.*

Avanguardia. V. Vanguardia.

Avania, imposizione rigorosa e ingiusta - *zulum, nepravda.*

Avanti, innanzi avv. - *sprěd, sprěda, naprěd, naprěda, napèrvo;* prep. - *prie, prije, pèrvo, naprěd* (gen.), *pri* (loc.), *prid, pred, preda* (ist. ed ac.); avanti tutto - *najprije, najpèrvo, prie svega, izpèrva, poprie,* avanti che - *prie nego.* V. Innanzi.

Avantieri, ier l'altro - *pre-kjuče, prekjučer, prek čera, on drugi dan.*

Avanzamento, l'avanzare - *umnoženje, okoristjenje, prišparanje, prištedenje, unaprědenje, unaprědovanje, predtečenje, pritečenje, predidjenje, prednjačenje* ecc. p. aggrandimento - *pomnoženje, umnoženje,* p. promozione - *povis, unaprědak.* V. Avanzare.

Avanzare va. mettere in avanzo - *umnožiti, okoristiti,* p. risparmiare - *prišparati, prištediti,* p. aggrandire - *povećati, uveličiti,* p. far progresso, superare, procedere - *unaprěditi, unaprědovati, predteći, priteći, predići, prednjačiti,* p. rimanere - *ostati, zaostati* p. sporger fuori - *biti predug, previsok, prevelik,* np. p. venire e farsi innanzi - *približati se, približavati se, dolaziti, ići, predstaviti se,* p. pigliare ardire - *objačiti se, uhrabriti se, uhrabreniti se* V. Accelerare.

Anticipare.

Avanzo - *ostanak, zaostatak, suvišak, odvišak.*

Avaria - *pomorska šteta.*

Avarizia, desiderio d'avere - *lakomnost, lakomstvo,* p. tenacità di tenere - *nedarežljivost tvèrdoća.*

Avaro ag. - *lakoman, lakom, nedarežljiv, tvèrd.*

Ave, saluto - *hvaljen Bog! Bog! s Bogom! zdravo! evala!* p. preghiera alla B. V. - *zdrava Maria.*

Avello. V. Sepoltura.

Avena, strumento pastorale da fiato - *švikala, svirala,* p. biava, che serve per cibo ai cavalli - *zob,* p. avena fatua - *ovas, oves.*

Avere va. e aus. - *imati, imiti, iměti, posědovati, dèržati* p. conseguire - *steći, postići, postignuti,* avendo - *imajući, posědujući, dèržeći, dèržajući;* avendo io fatto - *budući san* v. *pošto san ja učinio;* st. p. facoltà, ricchezze - *blago, bogastvo, imanje, dobro;* questo è tutto il mio avere -

*ovo je v. u ovomu sastoji
sve moje blago.*

Avidità - *pohlĕpost, pohlĕpnost, pohlĕpivost.*

Avido - *pohlĕpiv, pohlĕpan.*

Aviticità - *dĕdinstvo.*

Avitico - *dedinstven;* diritto a-
vitico - *dedinstveno pravo.*

Avo - *dĕd,* bisavo - *predĕd,*
arcavolo - *sukundĕd,* bisarcavolo - *presukundĕd.*

Avvallo - *poručanstvo, mĕnično poručanstvo.*

Avvaloramento - *ukrĕpljenje,
objačenje, uhrabjenje, ohra-
bjenje.*

Avvalorare va. - *ukrĕpiti, o-
bjačiti, uhrabiti,* np. avva-
lorarsi - *ukrĕpiti se, objačiti se, uhrabreniti se, ohrabriti se, uhrabriti se.*

Avvampamento - *planenje,
zaplanenje, užganje, gorenje, plansanje, kuhanje, razjarenje, razgnjevjenje, raz-
praženje.*

Avvampare - *planuti, zaplanuti, užgati se,* p. abbru-
ciare, ardere - *gorĕti, plansati,* p. bollire - *kuhati,* fig.
delle passioni (come so-

pra, e) - *razjariti se, razgnjeviti se, razpražiti se.*

Avvantaggiamento - *ukori-
stenje, uhasnenje, povećanje,
poboljšanje.*

Avvantaggiare - *ukoristiti,
uhasniti, povećati, poboljšati.*

Avvantaggiato ag. - *ukori-
sten, uhasnjen, povećan, po-
boljšan.*

Avvantaggio - *korist, hasan,
probitak;* d' avvantaggio
(mo av.) - *više, tim više.*

Avvedersi - *domislĕti se, do-
sĕtiti se, opaziti, vidĕti, poznati, uzpoznati, oćutiti,
ćuti, sačuti.* V. Ravvedersi.
Emendarsi. Decidersi.

Avvedimento - *domišljenje,
dosĕtjenje, opazenje, vidjenje, poznanje, uzpoznanje,
oćutjenje, čujenje, sačujenje.*
V. Avvertenza. Giudizio.
Ravvedimento.

Avvedutamente - *šegavo, mudro, razumno, pametno, hitro, opazno, ostražno,* p. a
bella posta - *hotimice, hotice, namislivo.*

Avvedutezza - *opaznost, mu-*

drost, ostražnost, pamet.

Avvegnachè, avvengachè, poichè - jer, jere, jerbo, zašto, zač, budući, budući da, p. quantunque - premda, akoprem, premako, ako i. V. Atteso.

Avvelenamento - otrovanje, otrujenje, očemerenje; attentato avvelenamento - pokušano otrovanje.

Avvelenare, dare il veleno - otrovati, dati v. podati otrov, p. porre il veleno in qualche cosa - otrovati, potrovati, raztrovati, očemeriti, p. corrompere - pokvariti.

Avvenente - skladan, krasan, uzorit, lěp, krasnoličan, blagoličan, udvoran, uljudan.

Avvenenza - skladnost, krasota, krasnoća, uzoritost, lěpota, krasnoličnost, blagoličnost, p. piacevolezza udvornost, uljudnost.

Avvenimento - zgoda, dogodjaj, dogoda, pripetjenje, slučaj.

Avvenire, venir per caso - slučajno doći v. prispěti,

p. accadere - zgoditi se, dogoditi se, pripetiti se, poroditi se, sbiti se. V. Venire. Incontrarsi; st. p. il tempo futuro - budućnost, ag. budući, budućan; i tempi avvenire - buduća vrěmena.

Avventamento - vèrženje, potegnjenje, hitjenje, sunenje, nasèrnjenje, skočenje.

Avventare va. scagliare con violenza - vèrci, potegnuti, hititi, (štogod) np. p. gettarsi con impeto - sunuti, sunuti se, hititi se, potegnuti se, (u koga); nasèrnuti v. skočiti, (na koga).

Avventato ag. - vèržen, potegnut, hitjen, bacen, sunut, nasèrnut, p. senza considerazione - nesmotren, bezmišljen, bezpametan, nepametan, all' avventata - nesmotreno, bezmišljeno, bezpametno, nepametno.

Avventore - dobivodajnik, neprestani kupac v. kupovnik.

Avventura, avvenimento per

lo più lieto - *zgoda, pripetjenje, izvanredna v. osobita zgoda, radostni slučaj v. dogodjaj,* p. sorte, fortuna - *srĕća.* V. Rischio.

Avventurare va. arrischiare - *pokušati, obsvĕdočiti se,* np. avventurarsi - *usuditi se, uslobodili se, spustiti se na srĕću, postupiti.*

Avventurato ag. messo a pericolo - *stavljen, v. ostavljen na pogibelj, ostavljen na srĕću,* p. fortunato. V. Avventuroso.

Avventuriere - *srĕćoizkalac.*

Avventuroso - *srĕćan, velesrĕćan, blažen.*

Avvenuto ag. da avvenire - *zgodjen, dogodjen, pripetjen, porodjen, sbijen;* la cosa avvenuta - *dogodivša se* (ecc.) *stvar.*

Avveramento - *obistinjenje, uistinjenje, potvĕrdjenje.*

Avverare va. confermare - *potvĕrditi, obistiniti,* np. avverarsi, *potvĕrditi se, obistiniti se.*

Avverato - *obistinjen, uistinjen, potvĕrdjen.*

Avverbiale - *prislovan, prislovnički.*

Avverbialmente - *prislovno.*

Avverbio - *prislov.*

Avversario st. nemico - *nepriatelj,* p. diavolo - *djavo, djavao, djaval,* p. parte contraria - tl. *protivnik, protustranka, protivna stranka;* ag. *protivan, usprotivan.*

Avversione - *protivnost, protivnoća,* p. ripugnanza *mĕržnja, mĕrzenje, omraza, nenavist.*

Avversità - *nevolja, tuga, nesrĕća, zlasrĕća, nezgoda, žalost, uboztvo.*

Avverso ag. contrario - *protivan, usprotivan,* p. opposto a prosperità - *nevoljan, žalostan, tužan, kukavan, jadan, nesrĕćan, zlosrĕtan, nezgodan, ubog;* per avverso, per lo contrario - *uzprotiva, uzprotivno.* V. Contro.

Avvertente ag. - *pozoran, smotren, mudar, opazan,*

dosětan.

Avvertenza - *pozornost, smotrenost, opaz opaznost, pazljivost, dosětnost; avvertenza e inavvertenza - smotrenost i nesmotrenost; particolare avvertenza - osobita pozornost;* p. riguardo - *obzir,* p. ricordo - *dosětjenje, domišljenje.*

Avvertimento, l'avvertire - *opoměnjenje, dorětjenje, dosětenje, nagovaranje, svěstjenje, světovanje,* sl. *opomena.* V. Avviso.

Avvertire - *opomenuti, dosětiti, dosěćati* p. consigliare - *nagovarati, svěstiti, svetovati.*

Avvertito - *opomenut, dosětjen, dosěten, nagovaran, svěštjen, světovan, svetujen,* p. accorto. V. Avvertente.

Avvezzare va. - *navaditi, naučiti,* np. avvezzarsi - *navaditi se, naučiti se.*

Avvezzo - *naučan, navadjen.*

Avviamento - *uputa, uputjenje.*

Avviare va. - *uputiti, dati početak,* np. avviarsi - *uputiti se, početi, započeti.*

Avviato - *uputjen.*

Avvicendamento '- *měnjanje, proměnjanje, proměnjivanje.*

Avvicendare - *měnjati, proměnjati, proměnjivati.*

Avvicendevole. V. Reciproco.

Avvicinamento - *približanje, približenje, približavanje, prislonenje, primaknjenje, pristupanje, pristupljenje.*

Avvicinare va. accostare - *približati, približiti, približavati, prisloniti, primaknuti,* np. farsi vicino - *približati se, približiti se, približavati se, pristupiti, pristupati.*

Avvicinato - *približen, približan, približavan, prislonjen, primaknut, pristupljen, pristupan.*

Avvilimento, l' avvilirsi - *pohuljenje, pogèrdjenje, zanemarenje, nehajanje, snebjenje, izgubljenje, prestrašenje, prepanenje,* l' avvilire - *pogèrdjenje, tlačenje,*

potlačenje, gazenje, pogazenje, pokuljenje, zanemarenje, uprepanenje, upre-
pastenje, prestrašenje.

Avvilire, va. far vile - pogèrditi, tlačiti, potlačiti,
gaziti, pogaziti, pohuliti,
zanemariti, p. sbigottire -
uprepanuti, uprepasti, u-
prepastiti, prestrašiti, np.
avvilirsi, rendersi spre-
gievole - pohuliti se, pogèrditi sebe, zanemariti se,
nehajati za se, p. perdersi
d' animo - snebiti se, izgubiti se, prestrašiti se,
prepanuti, prepasti.

Avviluppamento,scompiglio-
zamèršenost, nered, zapletenost. V. Avviluppare.

Avviluppare va. far viluppo -
zamèrsiti, zaplesti, zamotati, zamesti, p. mettere
in pericolo - staviti, postaviti v. metnuti u pogibelju, umrěžiti koga, np.
p. imbrogliarsi - zamèrsiti
se, zaplesti se, uplesti se,
umrěžiti se, pasti u mrě-
žu; avviluppar frasche e
viole (piantar carote) -

kazati rog za sveću.

Avviluppato - zamèrsen, zapleten, upleten, zamotan,
zameten, stavljen posta-
vljen v. metnut u pogi-
belju, umrěžen.

Avviluppatore - zamèrsilac,
zamotalac, slipac, pletkar,
pletalica, zapletalica, gužva, gužvar.

Avvisare, dar avviso - javiti, objaviti, dojaviti, doglasiti, naznačiti, priobčiti,
p. informare - ubavěstiti,
obznaniti, dati na znanje,
podněti do znanja, p. ravvisare - opaziti, viděti, p.
por mente - paziti, pro-
mislěti, promotriti. V. Divisare. Ammonire. Im-
maginare.

Avvisatamente, cautamen-
te - mudro, pomno, po-
mnjivo, smotreno, p. a
bello studio - hotimice, hotomice, hotice, nakanivo,
promišljivo.

Avvisato ag. informato -
ubavěstjen, obznanjen, p.
avveduto, accorto - mu-
dar, pozoran, šegav, smo-

5

tren, opazan, pomnjiv ; star
sull' avvisato (all' erta) -
*bditi, paziti, pozornim o-
kom pratiti, stražiti, nadgledati, nadgledavati.*

Avviso, avvertimento - *objava, objavak, dojava, opo-
mena*, p. credenza, opi-
nione - *věrovanje, mněnje,*
p. ragguaglio – *priobćenje,
ubavěstjenje, naznačenje.*
V. Indizio. Giudizio.

Avviticchiamento - *omotanje,
prepletenje, ulovljenje, svije-
nje, zavijenje, okruženje.*

Avviticchiare va. cingere
intorno a guisa di vitic-
ci - *omotati, preplesti, o-
kružiti, sviti, zaviti*, np.
avviticchiarsi - *omotati se,
preplesti se, uloviti se,
sviti se, okružiti se.*

Avvitire, piantar viti - *nalo-
ziti poloziti, saditi* v. *posaditi loze.*

Avvivare , far vivo - *oživěti*
v. *preroditi (koga)*, *dati
život (komu)*, p. dar vi-
gore - *objačiti, okrěpiti,* v.
uhrabriti (koga), np. avvi-
varsi - *oživěti se, preoživěti*

*se, preroditi se, preporoditi
se, objačiti se, okrěpiti se,
uhrabriti se, uzeti,* v. *zadobiti jakost.*

Avvocato - *odvětnik ;* avvocato e notajo - *odvětnik
i bilježnik.*

Avvocatura - *odvětničtvo ;* e-
sercitare l' avvocatura -
těrati odvětničtvo v. *baviti se odvětničtvom,* esercizio dell' avvocatura - *těranje odvětničtva, odvě-
tovanje.*

Avvocaziale - *odvětnički ;* e-
same avvocaziale - *odvětnički izpit.*

Avvolgere - *zaviti, obaviti,
priviti, sviti, smotati, omotati.* V. Avviluppare.

Avvolgimento - *zavijenje, o-
bavijenje, privijenje, svije-
nje, smotanje, omotanje.*
V. Avviluppamento.

Avvolto ag. - *zavijen, oba-
vijen, privijen, svijen, smotan, omotan.* V. Avvilup-
pato.

Avvolvere. V. Avvolgere.

Azienda st. faccenda - *čin,
tvor, tvorba, dělo, učiniti*

se imajuća stvar, p. negozio - *posao, posal, stvar, predmet*, p. amministrazione degli affari - *upravljanje*, p. uffizio - *upraviteljstvo, opravničtvo*; azienda assicuratrice - *obezbědno* v. *osěgurajuče upraviteljstvo*.

Azionario - *dionik, dělnik, ortak, sudrug*.

Azione - *dělo, čin, učin, učinba* p. negozio - *posao, posal, stvar, predmet*, p. messa di denaro - *dio, děl, novčani dio* v. *děl, dělnica*, p. scritta sociale - *dienička izprava*; azione criminosa - *zločinstveno dělo*.

Azionista. V. Azionario.

A zonzo, av. andare a zonzo - *klatiti se, klatariti se, skitati se, svèrtati se, šećati se na okolo* v. *simo i tamo*.

Azzardare. V. Avventurare.

Azzardo - *usuda, usudba*, di azzardo - *usudan, usudben*; giuoco d'azzardo - *usudna igra*.

Azzardoso ag. chi risica volentieri - *usudan, usudben*,

usudivan, p. pericoloso - *pogibeljan*.

Azzuffamento, l'azzuffarsi - *potučenje, pobijenje, èrvanje, zavadenje, uměšanje*.

Azzuffarsi, vnp. venire a zuffa - *uhititi se, primiti se, prijeti se, uloviti se, zavaditi se, potuči se, pobiti se, zaratiti se, doći do tučnje, do èrvanja, do borbe, do bitke*, va. far venire a zuffa - *potaknuti, uzrokovati* v. *prouzrokovati borbu, bitku, èrvanje, tučnju*; dopeljati do borbe, do bitke, do èrvanja, do tučnje, fig. p. mescolarsi - *měšati se, uměšati se, postaviti nos u čemu*.

Azzurro ag. - *modar*; di colore azzurro - *modre boje*.

B.

Babbaccio, st. babbaccione, materiale - *prostak, prosti cověk*, p. sciocco - *budala, ludjak, ludoria, trubila*.

Babbèo, babbione - *budala, ludoria, trubila.*

Babbo st. padre (come lo chiamano i fanciulli) - *ćaća, ćaćo, ćaće, papa.*

Babbuino, scimia - *mojemun.*

Baccalà, baccalare, pesce - *bakalar, bakalaj.*

Baccanale st. feste in onore di Bacco - *poklade,* ag. *pokladan,* p. schiamazzo - *buka, huka, krika.*

Baccano - *larma, buka, huka.*

Baccello, guscio di piselli, fave ecc. - *mohuna, garba,* p. uomo sciocco e dappoco - *budala, ludoria, niš koristi.*

Baccheggiare, far festa e rumore come i Baccanti - *bakanovati, bakančiti, bukati, hukati, kričati.*

Bacchetta - *šiba, šibka,* dim. *šibica, šibkica.*

Baciamento - *ljubljenje, poljubljenje, kušnjenje, kušovanje, cělivanje, cělovanje, bušnenje, bušovanje.*

Baciare va. - *ljubiti, poljubiti, kušnuti, kušovati, cělivati, cělovati, bušnuti, bušovati,*

np. baciarsi scambievol. - *poljubiti se, kušnuti se, kušovati se, cělivati se, cělovati se.*

Baciato - *poljubljen, kušnjen, kušovan, cělivan, cělovan.*

Bacino, vaso da lavarsi - *umivalo, umivača,* p. luogo dove le navi sono al sicuro - *tiholuka, pristanište,* p. strumento col quale si abbacinavano o accecavano le persone - *čaralica, začaralica,* p. strumento musicale simile alla cennamella - *tèrstenica, surla.*

Bacio - *ljubac, kušac, bušac, cělivo.*

Baco, filugello - *buba.* V. Verme.

Bacofilo, chi è amante dei bachi da seta - *bubar.*

Bacologìa - *buboslovje.*

Bacologico - *buban, bubaran.*

Bacologo, chi tratta dei bachi - *buboslovac.*

Badamento, il badare, indugio - *natezanje, zatezanje, odvlačenje, zavlačenje, produljenje, produženje, oklevanje, kèrzmanje, kasnenje, zakasnenje, odgodjenje.*

Badare, indugiare - *natezati, zatezati, odvlačiti, zavlačiti, odgoditi, produljiti, produžiti, oklevati, kèrzmati, kèrzmariti, kasniti, zakasniti,* p.guardare attentamente - *paziti, bditi, motriti, matrati, razmatrati, pozornim* v. *pomnim okom pratiti.*

Badessa. V. Abbadessa.

Badìa. V. Abbadìa.

Bagaglio - *pèrtljaga, napèrtivo.* V. Peso.

Bagascia, donna impudica - *bludnica, nepoštenica, kurba, kurva.*

Bagascio, bagascione, giovane o uomo impudico - *bludnik, gnjuse, gnjuseto, nečistnik, nepoštenjak, kurbež, kurvež.*

Bagattella, cosa frivola - *malenkost, malovažnost, neznatnost,* p. nome collettivo de' bussolotti ecc. che servono ai bagattellieri per fare giuochi di mano - *igralije, paćuharije.*

Bagattelliere st. che fa giuo-

chi - *igrač, igralac, hitroigralac.*

Baggianata - *budalašćina.*

Baggiano - *budala.*

Bagnamento, il bagnare - *umočenje, namočenje, pomočenje, · izmočenje, polijenje, polivanje, kropljenje, škropljenje, okropljenje, nakropljenje, pokropljenje, štrapanje, poštrapanje, oparenje, kupanje, okupanje.* V. Bagnare.

Bagnare va. porre in bagno - *umočiti, namočiti, pomočiti,* p. spargere un liquido su checchessia - *polĕti, polĕvati, omokriti,* p. aspergere - *kropiti, škropiti, okropiti, nakropiti, pokropiti, štrapati, poštrapati*, p. bagnare con acqua calda - *opariti, opariti kuhanom vodom,* np. p. entrare in acqua, inumidirsi - *umočiti se, pomočiti se, kupati se, okupati se,* p. bagnarsi con acqua calda - *opariti se,* con acqua che cada da un recipiente -

politi se, pella pioggia - *izmočiti se*, *namočiti se*.

Bagno, dimora del corpo, o d'una parte in acqua - *kupanje*, *okupanje*, p. acqua preparata per bagnarsi - *kupalo*, *okupalo*, p. edifizio de' bagni - *ku-* *palište*. V. Ergastolo.

Bajare. V. Abbajare.

Bajocco, moneta pontificia - *bajok*.

Bajonetta - *bodež*.

Balbettare, (p. difetto di denti o lingua) - *blebetati*, *plentati*, *bèrbotati*, *šveljka-* *ti*, (p. agitazione) *jecati*, *jeckati*.

Balbutire. V. Balbettare.

Balbuzie, balbuzione - *ble-* *betnja*, il balbettare - *ble-* *betanje*, *plentanje*, *bèrbo-* *tanje*, *šveljkanje*, *jecanje*, *jeckanje*.

Baldanza - *obèst*, p. coraggio - *odvažnost*.

Baldanzeggiare - *obèstovati*, *obilovati*, *živèti veselo*.

Baldanzosamente - *obèstno*.

Balena (pesce) - *balina*, *kit*.

Balenare - *sèvati*, *bliskati*, *zabliskati*.

Baleno, lampo - *blisk*, *plam*, *zasjanje*, *svètljavina*.

Balestra, strumento per saettare - *streljara*, *streljača*.

Balestrare - *streljati*. V. Affliggere.

Balia, donna che allatta gli altrui figliuoli - *dojiteljica*, *dojilica*. V. Levatrice.

Balìa - *vlast*, *oblast*, *moć*, *jakost*, *volja*; lasciare taluno in balìa di sè stesso - *zapu-* *stiti koga*, *nehajati za koga*.

Balista - *streljnik*.

Balla, quantità di roba messa insieme e rinvolta - *omotak*, *breme*, *napèrtak*. V. Ballotta.

Ballare - *tancati*, *plesati*, ballare un poco - *potancati*, *poplesati*, p. satollarsi di ballare - *natancati se*, *naplesati se*, il ballare - *tancanje*, *plesanje*. V. Tentennare.

Ballerino - *tancalia*, *plesa-* *lac*, *plesaoc*, p. ballerino da corda - *konopoigralac*, *konopohodac*.

Ballo - *tanac*, *ples*, p. combattimento - *borba*, *bitka*.

Ballotta, piccola palla - *kuglica*, *balica*, p. pallottola da suffragio - *glasovnica*.

Ballottare - *glasovati*.

Ballottazione - *glasovanje*.

Balsamo (aromatico) - *dragomast*, p. nome generico di sostanze resinose che scolano da certi alberi - *smol*.

Baluardo - *obranilište*, *bedena*, *tvėrdjava*.

Balza, rupe - *klisura*, *klisurina*, *hrid*, *brĕg*, p. estrema parte dei tappeti ecc. di tessitura diversa del resto - *okolina*.

Balzare - *odskočiti*, *odskakati*, *odskakivati*, p. saltare - *skočiti*, *skakati*.

Balzello, gravezza - *izvanredni teret*, *namet* v. *porez*, *izvanredno brĕme*, *izvanredna daća*.

Bambagia, cotone - *bumbak*, *pamuk*.

Bambagino - *bunbačan*, *pamučan*.

Bambino - *dĕte*, *dĕtić*.

Bambo, scempio - *budala*, *kukavica*, *kukavac*, *ludjak*, *slaboumnjak*, *trubila*.

Banca - *tèrpeza*, *banka*; banca nazionale - *narodna banka*, istituto figliale della banca nazionale - *područni zavod narodne banke*.

Banchetto, di banco - *stolić*, *stolčić*, *klupica*, *klupčica*, *sĕdališčice*, p. convito - *štov*.

Banchiere - *novčar*, *novčarnik*.

Banco, tavola presso la quale seggono i giudici - *stol*, p. arnese sul quale possono sedere più persone - *sĕdalište*, *sĕdište*, *klup*, *hlupa*, p. banco di sabbia - *morska klisura*, *melovna* v. *pèrživna klisura*, *nadizak*.

Banda, parte - *stran*, *strana*, p. compagnia di individui - *četa*, *čopor*, *hèrpa*, p. corpo di suonatori - *svirači*, *banda*; banda militare - *vojnička banda*.

Banderajo, porta bandiera -

barjaktar, bandirač, stegonoša, zastavnik, p. colui che fa bandiere - zastavotvorac, che fa paramenti - ruhotvorac.

Bandiera - zastava, barjak, bandira. V. Banderajo.

Bandire, pubblicare per bando - razglasiti, razglasivati, oglasiti, oglasivati, navěstiti, p. sbandire - protěrati, progoniti, prognati, proganjati.

Bandito st. espulso - protěranac, prognanac, prognanik, ag. protěran, prognan, progonjen, p. assassino - nadglavni hajduk, v. razbojnik.

Banditore, pubblico uffiziale che pubblica il bando - navěstnik, navěstitelj, glasnik.

Bando - prognanstvo, progonstvo. V. Decreto.

Bano - ban, tavèrnik.

Bara - nosilje, nosila, nosilnica, mèrtvački odar.

Barabuffa, scompiglio - vreva, buka, talabuka, p. tumulto - buna, uzbuna, na-

buna.

Baratro - jaz, bezdan, pučina, propast, tminača. V. Inferno.

Barattamento - měnjanje, měnjivanje, proměnjenje, proměnjivanje, směnjanje, izměnjanje, p. defraudamento - varanje, prevarivanje, slěparenje.

Barattare va. cambiare - měnjati, měnjivati, proměniti, proměnjati, proměnjivati, směnjati, izměnjati, p. fraudare - varati, prevariti, prevarivati, slěpariti, np. V. Sperdersi. Scompigliarsi.

Baratteria - prevarba, prevara, slěparia.

Barattiere, barattiero, colui che baratta o rivende mercanzie - měnjalac, proměnjalac, kupoprodalac, tèrgovčić, p. truffatore - varalica, slěpac, slěparac.

Barba, peli del viso - brada; fare la barba - obriti v. obrijati (koga), farsi la barba - obriti se, obri-

jati se, barba folta - *gusta brada*, senza barba - st. *golobradac*, ag. *golobradan, golobradast*, p. filetti delle penne - *perce, perca*, p. sottile radice - *žilica.*

Barbagianni, uccello, *sova, kukavica.* V. Bambo.

Barbaramente - *nemilo, nemiloma, nemilosèrdno, nemilostivo, kruto.*

Barbarico - *nemil, nemio, nemilan, nemilosèrdan, nemilostivan, krut, nečovečan, divljački.*

Barbarie - *nemilost, nemiloća, nemilosèrdnost, krutost*, p. mancanza di civiltà - *nečovečnost, divljačtvo, barbarstvo.*

Barbarismo, uso. di voci o frasi inusitate - *zaréčje, neskladna v. neobična reč*, p. azione barbara o poco civile. V. Barbarie.

Barbiere - *brijač, britvač, brialac.*

Barbuto - *bradat, bradast*, p. peloso - *kosmat, dlakav.*

Barca - *plav, moroplovka,*

ladja, ludva, lotka; barca peschereccia - *ribarska plav*, andar in barca - *voziti se*, barca che lumina - *svećarica.* V. Naviglio.

Barcajuolo - *brodar.*

Bardassa (in uso) da meno che uomo già fatto ed assennato - *kukavica, kukavac.* V. Bagascio.

Barile - *baril, bario.*

Bariletta, bariletto – *barilčić, čutura, žbanj, žbanjka.*

Barlume, luce confusa, incerta - *polusvétlost, zamračnost*, p. qualche poco di cognizione - *nèšto ponèšto iole v. ikoliko znanosti (razuma, prividnosti).*

Barometro - *ajeroměrac*, a-*jeromèrje.*

Baronata - *huncutaria.*

Barone, titolo di nobiltà - *barun, baron*, iron. birbone - *lopov, huncut, hulja.*

Baronesco ag. da barone - *barunski, baronski*, p. vile, basso - *lopovski, huncutarski, gadan, huljački.*

Baronessa - *barunica, baro-nica.*

Baronìa - *barunia, baronia,*

Barricata - *bojnički pregra-dak, zagradak* v. *ogradak.*

Barriera - *pregrada, zagrada.*

Baruffa - *zavada, smutnja, tučnja, èrvanje, borba.*

Baruffante - *smutljivac, za-vadnik.*

Basare tl. fondare - *teme-ljiti, utemeljiti, osnovati, osnivati.* V. Basato.

Basato - *utemeljen, osnovan, osnivan;* la sentenza è basata sui motivi. - *pre-suda je utemeljena na raz-loge.*

Bascià, governatore turco - *paša.*

Bascialaggio, stato e do-minio del pascià - *paša-luk.*

Base - *temelj, osnova, pod-stava, podstavak, pod-stavka,* p. principio - *pra-vac.*

Basilica, chiesa principale - *stolna* v. *pèrvostolna cèr-kva.*

Basilico - *bašelak.*

Bassezza contrario di al-tezza - *niskoća, nižina, snižnost,* p. scadimento - *sniženje, poniženje.* V. Viltà.

·Basso ag. contrario d'alto - *donji, nizak;* più basso - *dolinji, nižji,* il più basso - *najdoljni, najdolinji, naj-nižji,* p. profondo - *du-bok,* p. poco fondo - *pli-tak;* basso fondo - *plitko dno;* allusivo a canto - *debel, dubok;* voce da basso - *debeli* v. *duboki glas.* V. Vile.

Basta, cucitura abbozzata con punti grandi - *baz-danje, zabazdanje, nabaz-danje,* av. - *dosta, zadosta.*

Bastante, sufficiente - *dosta-tan, zadostan, dovoljan.*

Bastantemente - *dosta, za-dosta, zadostno, dovoljno.*

Bastardo, figlio illegit. - *ko-pile,* p. tralignato - *izvèr-žen, izrodjen, izopačen, izkrivljen.*

Bastare, essere sufficiente - *biti dosta, (zadosta, do-sti* v. *dovoljno), dostati,*

zadostati, dovolěti, zadovoljiti; a voi deve bastare - vama je dosta v. mo-
ra da bude dosta, basta
così (zitto)! - šuti, šut,
umukni!

Bastevole. V. Bastante.

Bastimento - brod, moroplo-
vac, vodoplovac; basti-
mento a vapore - parobrod,
bastimento mercantile -
těrgovački brod.

Bastione - bedena, branilište,
ograda, ogradje.

Bastonare - tući, iztući, štapati, šćapati, batinati, iz-
batinati, lupati, izlupati,
paličati, biti, izbiti, mlatiti,
izmlatiti, namlatiti, opucati,
ohladiti. V. Vergare. Battere.

Bastonata - batina, udarac,
zamlatak, palica, palični
v. šćapni udarac.

Bastonato - tučen, iztučen,
štapan, batinan, izbatinan,
lupan, izlupan, paličan,
bijen, izbijen, mlatjen, iz-
mlatjen, namlatjen, opucan,
ohladjen.

Bastonatura, il bastonare -

tučenje, iztučenje, štapanje,
šćapanje, batinanje, izba-
tinanje, lupanje, izlupanje,
paličanje, bijenje, mlatjenje, izmlatjenje, namlatje-
nje, opucanje, ohladjenje.

Bastone - štap, šćap, palica,
batina, dim. štapić, šćapić,
paličica, batinica; per-
cuotere col bastone - štapom udariti v. opariti, andare col bastone - ići v.
hoditi pri štapu (štapom v.
štapajuć), štapati. V. Verga. Appoggio.

Battaglia - boj, bitka, borba;
sanguinosa battaglia - kèrvavi boj, p. duello - dvoboj.

Battagliare, far battaglia -
biti se, boriti se, bojovati,
voevati, ratiti, p. scaramucciare - čarkati.

Battaglio. V. Battocchio.

Battaglione - tisućnia, bata-
liun, četa; un battaglione
di cavalieri - jedna tisućnia
konjanikah.

Battere va. - bubati, trupati,
lupati, mlatiti, udriti, udarati, p. picchiare - kucati,
p. susurrare - roptati, ro-

štati, konatiti, p. battere il fuoco - *kresati (oganj)*, p. battere delle ore - *udarati, zvoniti;* np. battersi, venire alle mani - *biti se, pobiti se, boriti se, tući se, potući se, èrvati se, lupati se.* V. Bastonare.

Batteria, quantità di cannoni *toparia*, p. attrezzi di cucina - *pokuhinjstvo, pokuhinjska sprav.*

Battesimale ag. - *kèrstan, kèrstinski*, p. atto a battesimo *kèrstiv;* fede battesimale - *kèrstni list, kèrstnica.*

Battesimo - *kèrst, kèrštjenje.* V. Battesimale.

Battezzare - *kèrstiti.*

Battezzato - *kèršten, keršćen, pokèršćen, okèršćen.*

Batticuore - *trepet, sèrcotrepet.*

Battifuoco - *kresalo, ognjokres.*

Battimano (applauso) - *pleskanje;* insolito battimani - *neobična pleskanja* V. Applauso.

Battimento, il battere - *trupanje, lupanje, bubanje,* mlatenje, udaranje, udarenje, kucanje, roptanje, roštanje, konatenje, kresanje, zvonenje. V. Bastonare. Batticuore.

Battocchio, bastone da cieco - *batica*, p. battaglio di campana - *klepac, klepalo, klepesalo.*

Battola, strumento di legno con cui chiamansi i fedeli agli uffici divini la settimana santa - *klepetalo, klepetalnica*, p. crepitacolo - *škrepetalo, škrepetalnica*, p. ciarlone - *lajavica, lajavac, klepetulja, jezičina.*

Baule - *šanduk, kovčeg.*

Bauta - *krabanosnica.*

Bava - *slina*, p. schiuma - *pěna;* emettere la bava - *sliniti se.*

Bavare - *sliniti, sliniti se.*

Bavella - *nevarena svila, polusvila, bavela.*

Beare - *ublažiti, ublaženiti.*

Beatificare - *oblažiti, oblaženiti, poblažiti, poblaženiti, ověkoslaviti.*

Beatidcato - *oblažen, oblaženjen, poblažen, poblaže-*

njen, ověkoslavjen.

Beatificazione - oblaženje, o-blaženjenje, poblaženje, poblaženjenje, věkoslavjenje, ověkoslavjenje.

Beatitudine - blaženstvo,

Beato - blažen, beatissimo - priblažen, preblažen.

Beccaccia - kljunača, sluka; bena.

Beccafico (piccolo) - gèrmuša, gèrmusić, p. bigia - smokvar.

Beccajo - mesar, mesarnik.

Beccamorto - pogrebnik, grobar.

Beccare, pigliar il cibo col becco - zobati, šćopati, kljuvati p. beccare del tutto - pozobati, pošćopati, pokljuvati, p. beccare di altro animale - ušćipati, ušćipnuti, ubosti, ubodnuti, il beccare - zobanje, šćopanje, kljuvanje, pozobanje, pošćopanje, pokljuvanje, ušćipanje, ušćipljenje, ubodenje.

Beccata, colpo di becco - ušćopljenje, ukljunjenje, dare una beccata - uklju-

nuti, ušćopnuti, p. una beccata di cibo - ukljunak, pozobak, ušćopak, p. puntura di altro animale - ušćipak, ubodak.

Beccheria - mesara, mesarna, mesarnica, měsnica.

Becco, rostro - kljun; munito di becco - kljunast, kljunat, p. caprone - pèrč, jare, jarac; carne di caprone - pèrčevina, jaretina, p. maschio della pecora - praz, carne di questo - prazevina.

Beffa, burla - rug, rugo, směh, posměha. V. Beffeggiamento.

Beffabile - porugiv, posměhiv.

Beffardo, che fa beffe - rugo, rugljivac, porugljivac, rugalac.

Beffare. V. Beffeggiare.

Beffeggiamento - ruganje, poruganje, porugivanje, naruganje, narugivanje, smianje, posměhivanje, posměhavanje, směhavanje, osměhivanje, glumljenje.

Beffeggiare - rugati se, porugati se, narugati se, na-

*rugivati se, smiati se, po-
smĕhivati se, (komu), o-
smĕhavati, porugati (koga).*

Belare - *blejati.*

Belato - *zablejak.*

Bel bello - *po malo, po lako, po lagano, tiho, iz tiha,* p. prudentemente -
*mudro, razborno, razborito,
smotreno, pozorno.*

Bellamente - *krasno, lĕpo,
uzorito, uresno.*

Belletto - *rumenka, narumen-
ka, olĕpka, pomast;* darsi
il belletto - *porumeniti se,
narumeniti se, olĕpkati se,
namastiti se,*

Bellezza - *lĕpota, lĕpost, krasota, krasnost, krasnoća.*

Bellico st. ombellico - *pupak,* ag. da guerra - *bojan, vojan, vojnički;* bel-
lica imposta - *bojni porez.*

Bellicosamente - *bojnički, vojnički, hrabreno, junački,*

Bellimbusto - *gizdala, gizdalica, vitrenac.*

Bello ag. *lĕp, krasan, krasotan;* molto bello - *vele
(veoma, mnogo, jako) lĕp,*
bel campo - *krasno polje.*

V. Bel bello. Bellezza.

Belva - *zvĕr.* V. Animale.

Benchè - *prem, premda, a-
koprem, premako, ako i,*
p. quand' anche - *makar,
ma, ma i.*

Benda - *rub, rubača, zaviača,
oviača, mahram, jašmak.*

Bendare - *rubom zaviti (ovi-
ti, omotati).*

Bene - *dobro;* più bene, meglio - *bolje,* molto bene, -
*veoma (velma, vele, jako,
puno) dobro,* il bene e il
male - *dobro i zlo;* beni
mobili e immobili - *po-
kretna (pomična) i nepo-
kretna (nepomična) do-
bra.*

Benedetto ag. da benedire
- *blagoslovan, blagoslov-
ljen, blagoslovjen;* acqua
benedetta - *voda blago-
slovjena;* st. p. mal caduco - *padavica.*

Benedire - *blagosloviti, bla-
goslivjati, blagoslivljati,* il
benedire - *blagoslovjenje,
blagoslivjanje.*

Benedizione - *blagoslov, bla-
goslovje,* p. grazia, *be-*

nefizio - *blagodat , dobročinstvo.*

Benefattore - *dobročinac, dobročinitelj , dobrotvorac, dobrotvoritelj, milodarnik, blagodarac, blagodarnik.*

Beneficare - *blagodariti, nablagodariti , dobrotvoriti, dobročiniti.*

Beneficato - *blagonadaren, ublagodaren, nablagodaren.*

Beneficatore. V. Benefattore.

Beneficiato. V. Beneficato.

Beneficio, benefizio - *dobročinstvo, dobrotvornost, milost, ljubav, blagodat, blagodatje, blagodatnost, nadarje dobro ; benefizio del* l' inventario - *dobročinstvo popisa (nadjevnika , inventara),* beneficio ecclesiastico - *cèrkveno dobro (nadarje, imanje).*

Benefico - *dobrotvoran , milotvoran, blagodaran, blagodatan.*

Benefizio. V. Beneficio.

Benemerenza - *zasluga.*

Benemerito - *zaslužan.*

Beneplacito - *volja, privola.*

Benessere - *blagostanje, dobrostanje.*

Benestante ag. ricco - *bogat, dobrostojeć,* st. - *bogataš, dobrostanac.*

Beneviso - *priatan, prijatan, priazan, drag.*

Benevolenza - *dobrohotnost, dobrohotivost , blagovoljnost, ljubav , dobro sèrce.*

Benevolmente - *dobrohotno, dobrohotivo, blagovoljno.*

Benevolo - *dobrohotan, dobrohotiv, blagovoljan.*

Beni tl. averi - *imanje, imanja, bogastvo.*

Benignamente - *blagostno, blagostivno, blagostivo, dobrostivo, milostivo, blagosèrčno.*

Benignità - *blagost, blagostinja, blagostivost, blagostivnost, blagosèrčnost.*

Benigno - *dobrostiv, dobrostivan, blagostiv, blagostivan, blagostan, blagosèrčan , milostiv.*

Beninteso ag. - *kad, uvěk kad, uvěk kada, samo da, nego da, nego da ne, dèržeći da, to se razumi , razumi se* *samo po sebi.*

Bennato ag. - *blagorodan, blagorodjen,* assai benna-to, gentilissimo - *visoko-rodjen.*

Bensì - *nego, dali, ali.*

Bere, bevere (vino ecc.) - *piti,* bere tutto - *popiti, izpiti,* satollarsi di bere - *napiti se,* bere da un bariletto (anche, o me-glio) - *klokotati, pokloko-tati, izklokotati, nakloko-tati se,* (il brodo, più pro-priam.) *sèrkati, posèrkati, izsèrkati, nasèrkati se,* be-re un sorso (di qualun-que liquido) - *sèrknuti,* un altro sorso - *prisèrknuti,* bere da animale - *lokati, polokati, izlokati, nalokati se;* dar da bere - *napiti, napojiti, naklokotati, na-sèrkati (koga),* bere vino puro e adacquato - *piti cèlo (žgolje) i razvodnjeno (vodno) vino,* bere alla salute di alcuno - *napiti komu;* il bere - *pijenje, popijenje, izpijenje, napi-jenje, napojenje, klokotje-*

nje, klokotanje, sèrkanje, posèrkanje, izsèrkanje, na-sèrkanje, sèrknjenje, pri-sèrknjenje, lokanje, polo-kanje, izlokanje, nalokanje, V. Sorbire.

Berlina - *ružište, sramotište;* esporre alla berlina - *izlo-žiti na ružište.*

Berretta - *kapa, naglavak,* dim. *kapica, naglavčić,* berretta rossa - *ćerljena* v. *cèrvena kapa;* levare la berretta - *skinuti* v. *izki-nuti kapu, sokriti se, od-kriti se.*

Bestemmia - *kletva, kljetva, pcost, psovka.*

Bestemmiare - *kleti, kljeti, psovati,* p. maledire - *pro-klinjati,* il bestemmiare - *kunenje, psovanje, pco-vanje, proklinjanje.*

Bestemmiato - *kunjen, pso-van, vpsovan, proklinjan.*

Bestemmiatore - *psovalac, bogopsovalac, bogopsovnik, proklinjavac, proklinjalac.*

Bestia - *živina, živo, živinče-to blago, skot, zvěr.* V. Animale. ecc.

Bestiame - *živo*, *životinja, blago, marva, skot, stado.*

Bevanda - *pitje;* bevande spiritose - *žestoka pitja.*

Beveratojo. V. Abbeveratojo.

Bevere. V. Bere.

Bevimento. V. Bere.

Bevitore - *pijač, pivač,* gran bevitore - *pijavac, pijanac, pijandura,* bevitrice - *pijačica.*

Biacca - *bělilo, bělina.*

Biada - *žito.*

Biancastro - *bělast, běljuhast, běljahan.*

Biancheria - *pèrteno, pèrtenina.*

Bianchezza - *bělina, běloća, bělost.*

Bianchire va. - *běliti, poběliti, oběliti, naběliti,* np. *běliti se, poběliti se* ecc.

Bianco - *běl;* far bianco - *poběliti,* divenir bianco - *oběliti, oběliti se, poběliti, poběliti se,* bianco vestito - *běla oprava,* rimaner in bianco (a bocca asciutta) - *ostati na běloost, ati na cědilu.*

Biasimare va. dir male di una cosa ecc. - *huliti, pohuliti, gèrditi, pogèrditi, nagèrditi, karati, koriti, natlačiti, kuditi, pokuditi, necěniti,* np. V. Dolersi.

Biasimevole - *huliv, pohuliv, gèrdiv, pogèrdiv, kudiv, pokudiv, necěniv, nečastiv.*

Biasimevolmente - *pogèrdno, ružno, sramotno, hulno, kudivo, necěnivo, nečastno.*

Biasimo - *nečast, pogèrda, prěkor.*

Biastema. V. Bestemmia.

Bibbia - *světo pismo, bibia.*

Bibita, bevuta - *napitak,* p. bevanda - *pitje.*

Bibliografia - *knjigoslovje, knjigoslovstvo, knjigoznanstvo.*

Bibliografo - *knjigoslovac, knjigoznanac.*

Biblioteca - *knjižnica, knjigaonica, knjigoshrana.*

Bibliotecario - *knjigaonik, knjigopomnik.*

Bicchiere - *žmulj, žmul, kupa, kupica, čaša,* dim. *žmuljić, kupičica, čašica.*

Bicipite ag. - *dvoglavan, dvo-glavast.*

Bicorne ag. - *dvorogat, dvo-rožan.*

Bidello - *poslužitelj, učionički poslužitelj.*

Biecamente - *krivo, nakrivno jadno, nenavidno, prětivo, grozivo, grozno;* guarda-re biecamente - *gledati krivo.*

Bieco, storto - *kriv, nakriv, jadan, nenavidan, prětiv, groziv, grozan.* V. Diso-nesto. Cattivo.

Bieta, bietola - *blitva.*

Bietta, conio - *kljin, klin.*

Bifolco, chi ara il terreno coi buoi - *vooorač, voло-oratnik, voloplužnik.*

Biforcuto - *sohast, sohat.*

Biforme - *dvoličan, dvovèr-stan.*

Bifronte - *dvočelan, dvočelast.*

Bigamìa - *dvoženstvo, dvo-bračje.*

Bigamo st., chi ebbe od ha due mogli ad un tempo - *dvoženik, dvobračnik.*

Bigio, colore cenerognolo - *rigj, rij.*

Bigliardo - *biljard, biljarda.*

Biglietto, viglietto - *listić.* V. Cambiale.

Bilancia - *vaga, měrilo, teža.*

Bilanciamento - *vaganje, mě-renje, izvaganje, izměrenje, sjednačenje, izjednačenje, sravnanje, izravnanje.*

Bilanciare - *vagati, měriti, izvagati, izměriti,* p. equi-librare - *sjednačiti, izjed-načiti, sravnati, izravnati.*

Bilancio st. - *sominj, izrav-nanje, izjednačenje, zaklju-čeni* v. *izravnani račun, računarni* v. *računski za-ključak,* p. l' ondeggiare continuo di una nave - *zibanje, zibkanje, talasenje.*

Bilaterale - *dvostran.* V. Uni-laterale ecc.

Bilateralmente - *dvostrano.*

Bile - *jad, jid, gnjev.*

Bilioso - *jadan, jadljiv, po-jidljiv.*

Bimbo. V. Bambino.

Bimestrale - *dvoměsečan.*

Bimestralmente - *dvoměsečno.*

Bimestre - *dvoměsec.*

Biografia - *životopis, životo-pisje.*

Biografico - *životopisan.*

Biografo - *životopisnik, životopisac.*

Biondo ag. - *žutoplavast, plav, žut.*

Birba, fraude - *huncutaria, prevarba, slěparia.*

Birbante - *huncut, varalac, varalica, slěpac.*

Birbanteria - *huncutaria, slěparia.*

Birra - *piva, bira.*

Birrajo - *pivar.*

Birreria - *pivara.*

Birro, chi fa prigione gli uomini - *žandar,* p. chi li tiene prigione - *tamničar.*

Bis, av., di nuovo - *opet, sopet, sopeta, na novo, iz nova, po drugi put.*

Bisaccia - *bisage.*

Bisarcavola - *presukunbaba.*

Bisarcavolo - *presukundĕd.*

Bisava, bisavola - *prebaba, prababa.*

Bisavo, bisavolo - *predĕd, pradĕd.*

Bisbetico ag. - *dosadan, dosadiv, vitrenac, vèrtoglavac.*

Bisbigliamento - *šaptanje, ša-*

picanje, mèrmljanje, žamorenje, romonenje.

Bisbigliare - *šaptati, šapićati, mèrmljati, žamoriti, romoniti.* V. Mormorare.

Bisbiglio - *žamor, romon, šapat, šapićka.*

Biscia, colubro, anfibio - *kačka, kača, gad.* V. Serpe, p. tarlo che rode il fondo delle navi ed altri legnami - *berša, tarač, grizlica,* p. l' effetto che vi produce - *bèrša,* p. bisciuola o verme che trovasi nel fegato delle pecore ecc. - *gljista, gljistica.*

Biscio, verme che si forma tra pelle e pelle (nei buoi ecc.) - *bir.*

Bislungo - *podugast.*

Bisnona. V. Bisava ecc.

Bisogna. V. Affare. Bisogno.

Bisognare va. aver bisogno *trěbovati, potrěbovati, biti potrěbno,* v. *od potrěbe (štogod komu).*

Bisognevole - *potrěban, potrěbočan, potrěbit, nuždan.*

Bisogno - *potrěba, potrěb-*

nost, *potrěboća*, *potrěbšti-na*, *nužda*, p. miseria - *nevolja*, *siromaštvo*, *ubož-tvo*. V. Fabbisogno.

Bisognoso, che ha bisogno - *potrěban*, *potrěboćan*, p. povero - *siromah*, *siroma-šan*, *ubog*, *ubožan*.

Bissillabo - *dvoslovkav*, *dvo-slovan*.

Bisulco - *dvokopitav*, *dvoko-pitan*, *dvokopitast*.

Bisunto - *izmazan*.

Bitume - *pakal*.

Bituminoso - *paklen*.

Bivaccare. V. Attendare.

Bivacco, campo, quartiere, accampamento - *tabor*, *lo-gor*, *šator*.

Bivio, imboccatura di due strade - *dvoputje*, *razpu-tje*, p. incertezza, dubbio - *nestalnost*, *dvoumnost*, *dvojbenost*, *dvojnost*, *dvojba*.

Bizzeffe av. - *dovoljno*, *mno-go*, *puno*, *čuda*.

Blandimento - *laskanje*, *la-štenje*, *gladjenje*, *mazanje*, *kadenje*.

Blandire — *laskati*, *laštiti*, *gladiti*, *mazati*, *kaditi*.

Blandizia - *pogladka*, *pola-skanje*, *pomazka*, *podkada*.

Blando - *ugodan*, *sladak*, *prijatan*, *prijazan*, *lak*.

Bloccare - *obsěsti obkoliti* v. *okružiti na široko* v. *iz daleka*, *zatvoriti*, *zaprěti*, bloccare il mare - *zatvo-riti more*.

Blocco - *prostrana obsada*, *zatvor*.

Boare, far la voce del bue - *mukati*, *rukati*.

Boato, muggito - *muk*, *ruk*, *blejba*, *mukanje*, *rukanje*, p. rumore del mare in tempesta - *hučenje*, p. rim-bombo - *jek*, *gruvanje*, *od-gruvanje*.

Bocca - *usta*, p. fauci - *žva-le*, boccaccia - *ustetina*, *žva-line*, *žvaletine*, p. apertu-ra di varie cose - *usta*, *vrata*, *otvor*; tenere aper-ta la bocca - *zijati*, *žva-liti se*, avere chiusa la boc-ca - *imati* v. *deržati zapèrta* v. *zatvorena usta*, apertura di bocca - *zjeh*, spalanca-re la bocca - *razglobiti* v. *raztvoriti usta*, bocche di

Cattaro - *kotorska vrata,* restare a bocca asciutta - *ostati na bělo, ostati na cědilu.*

Boccale - *věrč,* dim. *věrčić,* aum. *věrčina.*

Boccia, fiore non ancora aperto - *pup, pupak,* p. vaso d'acqua ecc. - *boca, patrina, čvan.*

Boccone - *zalogaj, kus,* p. pezzetto - *měrvić, kušćić.*

Boja - *kěrvnik, pogubnik, rabelj.*

Bollare - *pečatiti, zapečatiti, bilježiti, zabilježiti, bulati, zabulati, žigati, ožigati, zažigati.*

Bollato - *pečatjen, zapečatjen, bilježen, zabilježen, bulan, zabulan, žigan, ožigan, zažigan.*

Bollatura - *pečatjenje, zapečatjenje, bilježenje, zabilježenje, bulanje, zabulanje, žiganje, ožiganje, zažiganje.*

Bollente, che bolle - *kuhajuć, vruć, vrel, pretepal.*

Bollettino - *list, listić, čedulja,* p. rapporto giornaliero - *izvěstje, izvěstni-*

ca, dnevnik, p. collezione delle leggi - *zakonski list;* bollettino di leggi dell'impero - *děržavno-zakonski list,* bollettino provinciale di legge - *zemaljsko-zakonski list.*

Bollimento - *vrenje, varenje, kuhanje, zavrenje, zavarenje, zakuhanje, povrenje, povarenje, pokuhanje, kipljenje, izkipljenje, pokipljenje, klokotanje, klokotjenje.* V. Bollire.

Bollire - *vriti, vrěti, kuhati;* incominciar a bollire - *zavriti, zavrěti, zakuhati,* consumarsi pel bollire - *povriti, povrěti, pokuhati,* traboccare bollendo - *kipiti, izkipiti, pokipiti,* bollire gorgogliando - *klokotati, klokotiti.*

Bollito - *kuhan, izkuhan, pokuhan, varen, izvaren, povaren.*

Bollo - *biljeg, bul, bularina;* marca da bollo - *bilježica, biljegovna marka,* esente dal bollo - *slobodan* v. *prost od biljega* v. *od bu-*

larine, soggetto al bollo - *podvèržen* v. *podložan biljegu*, v. *bularini*, prevaricazione del bollo - *biljegovna mana* v. *biljegovni narušoj (prestupak)* classe del bollo - *biljegovni razred*, competenza del bollo - *biljegovina, bularinska* v. *biljegovna pristojba*, patente sul bollo - *bularinska povelja*, scala del bollo - *lěstvica biljega* v. *biljegovna lěstvica*, prenotazione dei bolli - *predbiljéženje bularine* v. *biljegah*. V. Contravvenzione. Sigillo.

Bollore - *vreva, vrutak, klokot*, p. gorgoglio che fa la cosa che bolle - *vrutkanje, klokotjenje, klokotanje*.

Bombice - *buba*.

Bonaccia - *tišina, tihoća, utěha, utaloga, utažtvo*.

Bonacciare vn. acquietarsi - *utěšiti se, umiriti se, utaložiti se, utažiti se*, il bonacciare - *utěšenje, umirenje, utaloženje, utaženje*.

Bonaccioso ag. - *utěšen, umèren, utaložen, utažen*, p. tranquillo - *tih, miran*.

Bonariamente - *dobroćudno, na pravu, prosto, priprosto, bez himbe, čisto*, p. senza contestazioni - *priateljski, s lěpimi, bez prigovaranja*.

Bonarietà - *dobroćudnost, prirošćina, prostoća, nevèrha*.

Bonario ag. - *dobroćudan, priprost, priprostan*. V. Bonariamente.

Bontà - *dobrota, dobrost, dobrodušnost;* incalcolabile bontà - *neizmèrna dobrota;* per bontà, per cagione - *rad, radi, poradi, zaradi, s uzroka, iz uzroka, radi uzroka, radi toga, toga radi*. V. Virtù.

Bora. V. Borea.

Borbottamento - *mèrmljanje, bèrbljanje*.

Borbottare, dolersi fra sè - *mèrmljati, bèrbljati*.

Bordeggiare - *jedriti, jadriti, jedriti* v. *jadriti simo i tamo* v. *simo tamo, okritjati se*.

Bordello, fracasso - *buka, larma, stèrka.*

Borea, vento di tramontana - *bura, sěver.*

Boreale, settentrionale - *sěveran, sěvèrski.*

Borgata - *selo.*

Borghese, cittadino - *gradjanin,* p. abitatore di borgo - *varošanin, zagradac.*

Borghesia - *gradjanstvo.*

Borghigiano - *varošanin, zagradac.*

Borgo - *varoš, zagrad.*

Borgomastro - *gradski* v. *obćinski načelnik.*

Boria, insolente ostentazione - *hvastanje, netěrpivo* v. *nemirno hvastanje, ohorljivost, nadutost, napuhnjenost, ponos, ponositost,* p vano ornamento - *ludoria, nagizda.*

Borioso - *hvastav, pun hvaste* v. *hvastanja, ohorljiv, nadut, napuhnut, ponosan, ponosit, ludan, ludast.*

Borrare, calcare colla bacchetta la carica nell'arme da fuoco - *nabiti, nabijati.*

Borsa, sacchetto da denari - *mošnja, kesa, karman;* empire la borsa - *napuniti kesu,* vuotare la borsa - *sprazniti* v. *izpraznuti kesu;* p. luogo di adunanza dei negozianti - *tèrgovačka pogovornica, tèrgovilište, burza,* p. guscio di alcune piante - *mohuna, garba, mošnja*

Boscaglia - *gaj, šuma, dubravje, velika dubrava.*

Boschereccio - *dubravan, gajan, šumarski, dèrmunski.*

Boschivo. V. Boscoso.

Bosco - *dubrava, gaj, šuma, dermun;* verde bosco - *zelena dubrava,* bosco ceduo - *okèrčeni gaj* v. *kèrčevina.*

Boscoso - *dubravast, gajast, gajan, šumast, dèrmunast.*

Bosso, genere di piante della monoecia tetrandria - *zelenika, bus.*

Botanica, scienza dei vegetabili - *rastoslovje, rastivoslovje, rastivoznanstvo, travoslovje, travoznanstvo.*

Botanico, st. chi conosce la

botanica - *rastoslovac, rastivoslovac, rastivoznanac, travoznanac,* ag. *rastoslovan, rastivoslovan, rastivoznanstven, travoslovan, travoznanstven.*

Botanologia, trattato sulle piante - *stabloslovje.*

Bottajo - *bačvar.*

Bottame, quantità di botti - *bačve, okruti.*

Botte - *bačva,* dim. *bačvica,* aum. o anche vecchia botte - *bačvina;* incerchiare le botti - *uobručiti bačve,* acconciarle - *nabiti, nabijati bačve,* porre il fondo alla botte - *zadniti bačvu,* levarglielo - *razzadniti* v. *odniti bačvu,* mettere a mano la botte - *načeti bačvu.*

Bottega - *stačun, dućan, prodaonica.* V. Negozio.

Bottegajo - *stačunar, dućandžia.* V. Negoziante.

Bottino, preda - *odor, odora, plěn, oplěn, porob,* p. stivaletto dei soldati - *čižma, čižmica.*

Bottone - *pupak;* fermare con bottoni - *zapučiti.*

Bove, bue - *vol, govedo;* bove da tiro - *tegleći vol,* carne di bove - *govedina, meso od goveda* v. *od vola,* aggiogare i bovi - *upreći* v. *zapreći volove.*

Bovina st. sterco di bue - *lajno, lajno od vola.*

Bovino ag. *volovji, volovski, govedji;* malattia bovina (epizoozia) *govedja pošast.*

Bozzolo st. enfiatura - *otek, natek,* p. involucro del bruco - *tobolac, tobolčić, funkjela.*

Braccare, braccheggiare - *brekati, šćekati,* p. fiutare a modo dei bracchi - *vonjuhati, povonjuhati, dušiti, podušiti.*

Bracchiere, chi custodisce e guida i bracchi - *brekar.*

Bracciata, tanta materia quanta si può stringere colle braccia - *naručaj,* una bracciata di legna - *naručaj děrva.*

Braccio, membro del corpo *lakat, mišica;* p. ripostiglio fra ambe le braccia - *naručaj* : tenere in braccio - *děržati u naručaju*, p. misura - *lakat*; un braccio di tela - *lakat platna*. V. Protezione.

Bracco (in uso, propriamente il cane che cerca ed insegue la lepre, chiamandosi quello da pernici, quaglie ecc. „cane da fermo" - *pas od ferme*.) cane da lepri, quaglie ecc. *zečar, zečarski pas, jarebičar, prepeličar, pas za jarebice, za prepelice ecc. pas od ferme, pas ustave.*

Brace, carbone acceso - *žeravka, ugljen*, p. carbone spento - *ugljen, ugljevje*; brace semispente - *ugljeni potufljeni.*

Braciere - *ugljevarnica.*

Brama - *požuda, goruća želja, pohlěpa.*

Bramare - *žuděti, požuděti, izkreno v. vruće zěliti, sa-želiti, hlěpiti.*

Bramato - *žudjen, požudjen, izkreno v. vruće željen v. saželjen.*

Branca, zampa colle unghie (artigli) - *čapet*, p. alette vicine al capo dei pesci - *branče.*

Brano - *komad, ulomak, odlomak.*

Bravamente - *hrabreno, junački, ljuski.*

Bravo st. sicario prezzolato - *platjeni* v. *najmljeni ubojica*, ag. p. dotto - *učan, naučan*, assai bravo - *vele učan*, p. valoroso - *hrabren, junaški, vitežki.*

Breve ag. corto - *kratak*. V. Facile. Poco. av. con brevità, in breve tempo - *do malo, do mala*, v. *za malo vrěmena*, fra breve - *do skora, běrzo, skoro, čim* v. *koliko (pěrvo) prie.*

Brevemente - *u kratko, na kratko, za kratko, u malo vrěmena*. V. Breve.

Brevità - *kratkoća, kratkost.*

Briaco - *pijan, opijen.*

Briccone st. - *zlobnik, huncut, oběšenjak*, ag. *zloban, opak.* V. Malizioso.

Bricconeria - *opačina, huncutaria.*

Brigata, gente adunata insieme - *četa, čopor, hèrpa, množtvo,* p. due reggimenti di soldati - *dvě pukovnije.*

Briglia - *uzdo.*

Brillo, meno che briaco - *vesel, veseo, napijen, ponapijen.*

Brina, rugiada congelata - *mraz.*

Brindisi - *napitnica, nazdravica;* fare un brindisi - *napiti* v. *nazdraviti komu.*

Brio - *radost, veselje.* V. Leggiadria.

Brodo - *juha, čorba.*

Brodoso - *jušan, jušljiv, čorbiv.*

Bruciare - *gorěti, izgorěti, pogorěti, opalěti, izpalěti,* p. bruciare a tutta possa - *plansati,* il bruciare *gorenje, izgorenje, pogorenje, opaljenje, izpaljenje. plansanje.*

Bruco st. *gusenica, businica,* ag. p. povero, mal vestito - *kukav, razkidanan.*

Bruscamente - *surovo, neotesano, grubo, oštro, osorno, osorljivo.*

Bruschezza - *surovost, neotesanost, gruboća, osornost, osorljivost.*

Brusco ag. austero - *sur, surov, neotesan, grub, osoran, osorljiv.*

Brutale ag. - *živinski, zvěrski, gadan, gèrdoban, gnjusan.*

Brutalità - *gèrdoba, gèrdobnost, gèrdobština, gadnost, gnjusota.*

Brutalmente - *živinski, zvěrski, gadno, gèrdobno, gnjusno.*

Bruto st. - *živina, živinčeto, zvěr,* mt. p. chi non serba più ragione - *živina.*

Bruttamente - *gèrdo, grubo, ružno.*

Bruttezza – *gèrdoća, gruboća, ružnoća.*

Brutto ag. contrario di bello - *gèrd, gèrdoban, grub, ružan.*

Buca, cavità che si fa scavando nel solido - *škulja, jama, škrapa, šupljina,* šupljotina.

Budello, budella - *crěva, čreva, olito, jelito.*

Budget (calcolo preventivo) - *proračun, predběžni račun.*

Bue. V. Bove.

Bufera - *oluja, vihor.*

Bugia - *laž.*

Bugiardo st. - *lažac, laživac, lažljivac,* ag. *lažan, laživ, neistinit.*

Bujo st. oscurità - *tmina, mrak, mračilo, tamnilo* ag. p. tenebroso - *mračan, taman, potamnjen.*

Buono st. il bene - *dobro;* fare qualche cosa di buono - *učiniti štogod dobra* v. *dobroga;* ag. contrario di cattivo - *dobar,* egli è un buon uomo - *on je dobar čověk (dobrešina),* a buon prezzo (a buon mercato) - *cěnu, ne drago.*

Burbero ag. - *sur, surov, neotesan;* burbero procedere - *surovo postupanje,*

Burchio, barca - *plav.*

Burocratico st. - *děržavnik, službena osoba, carski slu-*

žbenik, burokrat, ag. *burokratički.*

Burocrazia - *burokracia.*

Burrasca - *oluja, vihor, vijavica, nepogoda, zlo* v. *hudo vrěme;* p. pericolo, disgrazia - *pogibelj, nezgoda, neprilika,* p. sommossa - *buna, uzbuna.*

Burrascoso ag. - *olujan, uzkoleban, uzkotèrljan, buran;* il mare burrascoso *uzkolebano* v. *uzkotèrljano more,* tempi burrascosi - *burna vrěmena.*

Burrone - *hridodolina, brěgodolina, dolina, dolčina, dolac, duboka.*

Bussare, picchiare - *kucati, kljucati, trupati;* bussare alla porta - *kucati* ecc. *na vrata* v. *za vrata;* p. battersi recip. - *tući se, biti se, mlatiti se.*

Bussola - *sěvèrnica, pomorska sěvèrnica.*

Busta - *shranica, škatulja.*

Butirro - *maslo.*

Butirroso - *maslen.*

Buttare, gettare - *hititi, baciti, potegnuti.*

Buzzicare, muoversi pianamente - *ići polagano* v.
pomala, *ići potuljeno*, *tu-
líti se*, p. bucinare, vociferare - *govoriti*, *divaniti*,
bèrbljati; si buzzica - *govori se*, *divani se*, *bèrblja
se*, v. *ljudi govore*, *divane*,
bèrbljaju.

C.

Cabala, arte d'indovinare
duhonetka. V. Raggiro.
Cabalista - *duhonetkalac*. V.
Raggiratore.
Cabotaggio - *izkrajno brodarenje*.
Cacare (in genere) - *srati*,
posrati se, *zisrati se*, *iz-
srati se*, (delle capre, pecore ecc. meglio) *brabo-
njiti*, cacare tutto intorno - *posrati*, *pobrabonjiti*.
Cacatojo - *sralište*, *sralnica*.
Caccia - *lov*, *jaga*; andare
a caccia - *ići u lov*, v. *na
lov*, circondario di caccia

- *lovni okoliš*, diritto di
caccia - *pravo lova*, v.
lovno pravo.
Cacciagione - *lovnina*, *lovit-
ba*, *lovstvo*.
Cacciare (il selvag.) - *loviti*,
lovariti, *ići u lov* v. *na
lov*, p. iscacciare - *těrati*,
iztěrati, *protěrati*, *pognati*,
prognati, *izagnati*,
Cacciatore - *lovac*, *lovčar*.
Cacio - *sir*.
Cadauno - *svak*, *svaki*, *pojedini*.
Cadavere - *mèrtvac*, *mèrtvo
tělo*, *truplo*; sezione del
cadavere - *paranje trupla*.
Cadere - *pasti*, *padati*, *opasti*, *opadati*, *opadnuti*, p.
appartenere - *padati*, *spadati*, *podpadati*, *pripadati*;
cade sotto la giurisdizione - *pada* (*podpada*, *spada*) *pod dělokrug*.
Caducità, fragilità - *slaboća*, *slabost*, *mlohavost*, al-
ludendo ad un canone,
tl. - *ošastnost*.
Caduco - *slab*, *mlohav*, *nejak*,
mal caduco. V. Epilessia.
Caduta - *padnutje*, *opadnutje*.

Caffè - *kafa, kava.*

Caffetteria - *kafana, kavana.*

Cagionare - *uzročiti, uzrokovati, prouzročiti, prouzrokovati, biti kriv, nanesti komu što;* cagionare la morte – *prouzrokovati smèrt.* V. Incolpare.

Cagionato – *uzročen, uzrokovan, prouzročen, prouzrokovan, nanesen.*

Cagione *uzrok, razlog;* a cagione - *rad, radi, zarad, zaradi, porad, poradi, zbog* (gen.), *za* (acc.) ; a cagione - *zbog uzroka.* V. Motivo.

Cagionevole - *slab, mlohav, bolezljiv.*

Caicco, barchetta - *plavka, plavčica.*

Calafatare - *ostupati, brodostupati, kalafatati.*

Calafato - *brodostupalac, kalafat.*

Calamajo, vasetto d'inchiostro – *tapanj, kalimar,* p. pesce calamajo – *liganj, ligna, lignja.*

Calamita - *poteznica, gvozdoteg,* p ago della bussola - *sěveroigla.*

Calamità, infortunio - *nevolja, kobnost, nezgoda, nesrěća, neprilika, běda, tuga.*

Calamitoso – *nevoljan, koban, nezgodan, nesrěćan, bědan, tužan.*

Calandra - *kukuljava, kukuljavka.*

Calare va. mandar giù dall' alto al basso - *spustiti, spušćati,* p. togliere e portare dall' alto al basso - *skinuti, odvisiti,* p. abbassare - *prignuti, ugibnuti, skloniti, pokloniti, potuliti,* p. diminuire - *umaliti, omaliti, obaliti, obaljati,* p.scemare - *smanjkivati, pomanjkivati, odpadati,* n. e np. discendere - *slaziti, ići, (poći, doći) niže* v. na tlo, p. abbassarsi - *prignuti se, potuliti se, pokloniti se, ugibnuti se,* p. indurvisi, risolversi - *skloniti se, odlučiti se.*

Calca - *mnoštvo, množina, sila, hèrpa.*

Calcagno - *peta.*

Calcara, forno da calce - *japnenica, vapnenica.*

Calcare - *mastiti, gaziti, tlačiti,* p. premere - *pretiskati, pretiskavati, pretisnuti.*

Calce (calcina) - *japno, vapno;* a calce (t̲l.) del documento - *na koncu* v. *na kraju izprave.* V. Calcina. Calcio.

Calcina, cemento di calce sabbia ed acqua - *melta, malta.*

Calcinaccio - *salbunača.*

Calcio (d' animale) - *kopito, pehac, pehavac, kolka,* p. calcio d' archibugio - *kundak, kasa, okasa.*

Calcitrare - *pehati, kolkati, kopitati, škopèrcati.*

Calcolare, far conti - *računati, proračunati, brojiti,* p. ponderare - *razmišljati, promatrati, razmatrati,* p. far assegnamento - *računati, spustiti se, nasloniti se, ufati se;* calcolar per nulla - *nečeniti, nevrěditi.*

Calcolazione - *računanje, u-*
računanje, proračunanje, brojenje.

Calcolo, concretazione lapidea - *bol od kamika, kamena bol,* p. conto - *račun.*

Caldaja - *kotal.*

Caldamente - *vruće,* con affetto - *teplo, toplo, goruće, izkreno, sèrdačno, iz sèrca.*

Calderajo - *kotlar.*

Caldo, st. calore - *teplo, toplo, teplina, vrućina,* ag. *tepal, topal, vruć, goruć;* assai caldo - *pretepal, pretopal, prevruć, pregoruć.*

Calendario - *koledar.*

Calligrafia - *lěpopisje.*

Calligrafico - *lěpopisan.*

Calligrafo - *lěpopisalac, lěpopisnik.*

Calma - *tišina, utaloga, umirba, mir, umirenje.*

Calmare - *utaložiti, umiriti, utěšiti.*

Calpestamento - *tlačenje, potlačenje, gnjavjenje, pognjavljenje, gazenje, pogazenje.*

Calpestare - *tlačiti, potlačiti, gnjaviti, pognjaviti, gaziti, pogaziti;* calpestare i diritti altrui - *potlačiti tudja prava.*

Calpestato - *tlačen, potlačen, gazen, pogazen, gnjavljen, pognjavljen.*

Calpestio - *klopitanje, roptanje, konatenje, roštanje, těrpanje, trupanje.*

Calumare, allentare adagio, adagio - *popustiti, popušćivati,* p. calare - *spustiti, spušćati.*

Calunnia - *potvora;* crimine di calunnia - *zločin potvore.* V. Maldicenza ecc.

Calunniare - *potvoriti, nepravedno okriviti,* v. *pokriviti.*

Calunniato - *potvoren, nepravedno okrivljen* v. *pokrivljen.*

Calunniatore - *potvorac, potvoritelj.*

Calunnioso - *potvoran, potvoriteljan.*

Calvario - *kalvarij, gora kalvarija.*

Calvinismo - *kalvinizam.*

Calvinista - *kalvinist.*

Calvo st. - *ćelavac, plešivac,* ag. *ćelav, plešiv.*

Calza - *bičva, bičvica.*

Calzajuolo - *bičvar.*

Calzamento - *obuva.*

Calzare - *obuti, obuvati.*

Calzolajo - *postolar.*

Calzoleria - *postolaria, postolarnica.*

Calzoni - *gaće.*

Camamilla - *kamomila, kokotnjak.*

Cambiale - *měnica;* protrarre la cambiale - *produljiti měnicu,* accettare la - *prihvatiti měnicu.*

Cambiamento, il cambiare - *měnjanje, izměnjanje, proměnjenje, proměnjivanje.*

Cambiare - *měnjati, izměnjati, proměniti, proměnjivati.*

Cambiario - *měnben, měničan;* giudizio cambiario - *měnbeni sud,* senato cambiario - mercantile - marittimo - *sud (sudište, starověće) měnbeno - těrgovačko - pomorski;* accettante cambiario - *měnični prihvatnik,* traente cambiario - *menični izdatelj, izdavatelj* v. *izdavalac;* remittente cambiario - *měnični poslataj.*

Cambio, permuta - *proměna, promet;* cambio marittimo (contratto di) - *pomorski zajam,* in cambio (in vece) - *město, na město, za.*

Camera, stanza da letto - *soba, komora, ložnica,* p. luogo ove si trattano affari pubblici, di commercio ecc. - *komora;* camera di commercio e industria - *tèrgovačka i obèrtnička (tèrgovačko - obèrtnička) komora,* camera alta (dei Signori) - *gornja komora* v. *kuća,* camera bassa (dei deputati) - *doljna komora (kuća),* camera notarile - *bilježnička komora.*

Camerale - *komorski;* beni camerali - *komorska dobra.*

Cameriere - *sobar, ložničar.*

Camerlengo - *komornik, veliki dohodarnik.*

Camicia - *košulja, stomanja.*

Camino, luogo ove si accende il fuoco – *ognjište, ognjilište,* p. tromba donde n' esce il fumo - *dimnjak, dimnica.*

Camminare - *hoditi, ići, iti, putovati, polaziti, postupiti, postupati, koračiti.*

Cammino - *put, putovanje, hod, hodba, hodjenje, idjenje, polazenje, postupanje, koračanje, koračenje.*

Campagna - *polje, poljana.*

Campagnuolo - *poljar, seljak.*

Campana - *zvon,* dim. *zvončić, zvonić.*

Campanajo, campanaro - *zvonar.*

Campanile - *zvonik.*

Campestre - *poljski, poljarski.*

Campione, protettore - *zaštitnik, nadkrilnik,* p. lottatore - *borioc, boritelj,* p. libro commerciale - *věrodužnička knjiga, knjiga dužnikah i věrovnikah.* V. Eroe. Mostra.

Campo, terreno - *polje,* p. luogo d'accampare un'armata - *logor, tabor,* p. campo di battaglia - *razboište, mejdan,* p. accampamento - *taborište,* p. spazio - *prostor, prostoria, širina.* V. Accampare.

Canaglia - *čeljadina, děčur-*

lia, *izmet puka, hlapa, zlohotnici.*

Canale - *jarak, potok, vodeni proděr* v. *provod.*

Cancellamento. V. Cancellazione.

Cancellare - *brisati, izbrisati, pobrisati;* cancellare l' intavolazione - *izbrisati uknjižbu.*

Cancellato - *brisan, izbrisan, pobrisan.*

Cancellazione - *brisanje, izbrisanje, pobrisanje.* V. Cancellare.

Cancelleria d., uffizio, scrittojo - *pisarna, pisarnica, pismara, urednica,* p. residenza del cancelliere - *kancelaria;* cancelleria aulica - *dvorska* v. *pridvorska kancelaria.*

Cancelliere - *kancler, kanclar;* supremo cancelliere aulico - *věrhovni dvorski kanclar.* V. Cancellista.

Cancellista - *urednik, pisarnik, kancelist.*

Candela - *svěća;* candela di sego - *lojenica, lojena svěća,* di cera - *vošćenica, svě-*

ća od voska, svěća vošćena.

Candelabro - *světnjak, světnik, světilište.*

Candidamente - *čisto, pravedno, bez himbe, odpèrto.*

Candidato - *predloženik, sposobnjak.*

Candidezza, di candido - *preběloća, sjajnoća, sjajnost, světlost,* p. purità - *čistoća, čistodušnost, neuskvèrnost, neuskvèrnjenost, nevinost.*

Candido, bianco - *preběl, sjajan, světal,* p. sincero - *pravodušan, iskren,* p. non macchiato di colpe - *nevin, nedužan, neprikoran, pravedan.*

Cane, mamif. domest. - *pas, pseto, pasce, brek, cucak, kučak,* p. cagna - *vcica, pcica, kuja, brečica,* p. pesce cane - *pas morski, kostka,* p. titolo del capo dei Tartari - *kan,* p. ferro d' archibuso che tiene la pietra focaja, o che percuote la capsula - *vuk, vuk od puške,* p. arnese da bottajo - *vuk.*

7

Canestro - *koš, kuneštra,* dim. *košić, kuneštrica.*

Canfora - *kanfora.*

Cangiamento - *preinačenje, preinaka, pretvorenje, proměnjenje, proměna, preobèrnjenje.* V. Mutazione.

Cangiare - *preinačiti, proměniti, pretvoriti, preobèrnuti, preobražiti.*

Cangiato - *preinačen, proměnjen, pretvoren, preobèrnjen, preobražen.*

Canna, pianta graminacea - *tèrstika,* pertica di canna - *šupljavka,* da schioppo - *cěv.*

Cannibale - *ljudožder, ljudožderac.*

Cannocchiale - *očnik.*

Cannone - *top, kalun;* cannone rigato - *brazdeni na-brazdeni top.*

Cannoniera - *topčara, kalunera.*

Cannoniere - *topdžija, kaluner.*

Canone, regola - *pravilo, zakon,* p. livello annuo - *daća, danak, godišnja daća,* p. catalogo dei libri sacri - *pregled* v. *izkaz* svetopismenih *(svetopisnih, světjeničkih)* knjigah.

Canonica, casa parrocch. - *župa, župnički stan, župnička kuča.*

Canonico - *kalovnik, kanonik;* canonico onorario - *začastni kanonik.*

Cantante st. *pěvalac, bugarac, davoria.*

Cantare - *pěvati, bugariti, davoriti.*

Cantatrice - *pěvačica, bugarica.*

Cantico - *pěsan.* V. Canzone.

Cantina - *konoba, pivara, pionica, pivnica.*

Canto (di voce) - *pěv, pěvanje, pěskanje, popěvanje, popěvkanje;* canto figurato - *skladnopěv, skladnopěvanje,* canto del gallo - *kukurik, kukurikanje,* della gallina - *kokodak, kokodek, kokodakanje, kokodekanje,* degli uccelli - *žubor, žuber, žuborenje, žuberenje,* p. arte del cantare - *pěvaostvo,* p. angolo delle stanze - *kraj, stran,* p. parte d' una poesia -

dio v. *oděl*, *pěsme*. V. Poesia.

Canutezza - *sědivost*, *sědinost*.

Canuto ag. bianco - *sěd*, *sědan*; *sědiv*.

Canzone (di canto) - *pěvka*, *popěvka*, *bugarka*, *davorje*, (di poesia) - *pěsan*, *pěsma*, *pěsmarica*.

Capace, atto a contenere - *podoban*, *sposoban*, *kadar*, *dovoljan*. V. Abile.

Capacità - *sposobnost*, *podobnost*; capacità personale tl. - *osobna sposobnost* v. *prikladnost*, capacità locale - *prostor*, *prostoria*, *městna sposobnost*, capacità di delinquere - *sklonost na zlo* v. *na zlo dělo*. V. Delinquere. Abilità.

Capanna - *koliba*, *mošunja*.

Caparra - *kapara*; doppia caparra - *dupla kapara*.

Capello, pello (di testa) - *vlas*, pl. *vlasi*, *kose*, (delle altre parti del corpo) - *dlaka*; nemmeno un capello - *niti dlake* v. *vlasa*. V. Cappello.

Capelluto (in testa) - *vlasast*, *runjav*, (pella cute) - *dlakav*, *kosmat*.

Capestro, fune da impiccare - *zanka*, *uzanka*, *věšalska zanka*, *zadavka*, p. fune da legare animali - *konop*, *oglav*, *oglavica*, *špag*, p. fasciatura - *povoj*, *kanica*; persona da capestro - *oběšenjak*.

Capezzale, guanciale - *podglavje*, *zglavje*, *zglavnica*.

Capezzolo - *pupčić*, *bradavica*.

Capire va. contenere - *děržati*, *imati u sebi*, p. essere capace - *biti sposoban*, *podoban*, *kadar*, *prikladan*, *dovoljan*, fig. p. comprendere - *razuměti*, *dokučiti*, *doseći*, *dopřěti*.

Capitale st. di denaro - *glavnica*; ricevere il capitale - *primiti glavnicu*; disdetta del capitale - *odkaza glavnice*, ag. - *poglavit*, *najveći*; pena capitale - *směrtna kazan*, peccato capitale - *grěh směrtan*.

Capitanare, fornir di capitano - *providěti* v. *obskèrbiti kapetanom* (*brod*), p. fare da capitano - *voditi, zapovědati, zapovědavati.*

Capitanato st. autorità - *satničtvo, kapetania,* ag. da capitanare - *vodjen, zapovědan.*

Capitano - *satnik, kapetan, vodja zapovědavac;* capitano di città - *gradski kapetan* v. *satnik,* capitano marittimo - *pomorski kapetan, zapovědavac.*

Capitare - *doći, prispěti, priti, dolaẓiti;* capitar bene - *svèršiti* v. *dovèršiti dobro.*

Capitolo - *poglavje, glava.* V. Capo.

Capitombolare, vn. far capitomboli - *prikobaciti se, prekopititi se, obèrnuti se* (*preobèrnuti se, okrenuti se, preokrenuti se*) *gore s nogami* v. *s kopiti,* p. cadere col capo in giù - (come sopra, e) *pasti* v. *svèrnuti se gore s nogami* v. *s kopiti, stèrmoglaviti se.*

Capitombolo - *prekopitak,*

prekopitalac, stèrmoglavak.

Capo, parte del corpo - *glava,* p. *sined, těmenica,* met. - *tikva,* dim. - *glavica, těmeničica, tikvica,* aum. - *glavina, tikvina;* da capo a piedi - *od glave do pete,* p. divisione d' uno scritto - *poglavje, odsěk, oděl,* p. capo d' un uffizio - *načelnik, predstojnik,* d' una comunità ecc. *poglavica, glavar, poglavar, kolovodja;* p. principio, origine - *početak, započetak, izvor;* da capo - *iz početka, iz nova,* da capo al fine - *od početka do svèrhe* v. *do svèršetka* (*do kraja, do konca*); p. fine - *kraj;* in capo al mondo - *na kraj světa.* V. Caporione.

Capolavoro - *izvèrstno* v. *plemenito dělo.*

Caporale - *kapral, nadesetnik.*

Caporione - *kolovodja, četovodja.*

Cappella, oratorio - *cèrkvica,*

kapela, kapelica.

Cappellajo - klobučar.

Cappellanìa - cèrkvinarnica, kapelania.

Cappellano - cèrkvinar, kapelan, kaplan.

Cappelliera - klobučara, klobučarka, klobučarnica.

Cappello – klobuk, šešir, škriljak.

Capponaja - gajba, kokošarnica.

Capponare - škopiti uškopiti (pèvce).

Capponato - škopljen, uškopljen.

Cappone - kopun, kapun.

Cappotto, mantello - kaban, kabanica, kaput.

Capra - koza; carne di capra - kozevina, kozje meso, meso od koze.

Capretto – kozlić; capretto già adulto - cap.

Capricorno - kozorog.

Capriuolo - sèrna.

Capro, caprone - pèrč, jarac, dim. pèrčić, jarčić, aum. pèrčina, jarčina.

Caramente - drago, milo, ugodno, blagostivo.

Caratello - bačvica.

Carato, misura - karat.

Cárattere, segno sulla pietra, carta ecc. - znak, znaka, zlamen, znamen, zlamenka, znamenka, zlamenje, znamenje, bilježka, zabilježka, bilježenje, zabilježenje, p. maniera di scrivere quanto alle lettere, come carattere latino, ciriliano ecc. - latinska, cirilska slova, latinsko, cirilsko pismo v. latinski, cirilski, p. lettere da stampa - slova. V. Natura. Indole.

Caratterizzare, dare il carattere - označiti, zabilježiti. V. Qualificare.

Carbonajo - ugljevar.

Carbone, il residuo del legno estinto prima della sua intera combustione - ugljen, ugljevje, carbone acceso (come sopra, e) žeravka, žerava, carbon fossile - kamenito (rudno, rudokopno) ugljevje; miniera di carbon fossile - ruda kamenitog ugljevja,

p. affezione cancrenosa - mesnik, *karbunavi prišt, karbun*, p. malattia dei cereali - *snit.*

Carbonizzare - *ougljeniti, ougljeviti.*

Carceramento - *utamničenje.*

Carcerare - *utamničiti, metnuti* v. *postaviti u tamnicu.*

Carcere - *tamnica;* carcere duro - *težka tamnica,* semplice - *prosta tamnica,* in vita - *tamnica za života, za svega života* v. *do smèrti,* temporale - *vrěmenita tamnica.* V. Arresto.

Carceriere - *tamničar.*

Carciofolo - *artićok, gardun.*

Cardinalato - *stožèrničtvo.*

Cardinale, prelato - *stožèrnik, štožèr svete cèrkve,* p. uccello americano - *kardinal,* ag. principale - *poglavit, poglavan, najvažniji,* allus. a numero - *glavan;* numeri cardinali ed ordinarli - *glavni i redni brojevi.*

Cardinalizio - *stožèrnički;* dignità cardinalizia - *stožèr-* *nička čast (dostojanstvo).*

Cardine - *zglob, kanjol.*

Carena, del naviglio - *dno broda* v. *od broda, polukorito.*

Carestìa - *draginja, dražina, skupoća - oskudica;* carestia de' viveri - *skupoća živeza.*

Carezza - *njega, milovka, pomila, miljenje, milovanje, dragovanje.*

Carezzare - *militi, milovati, niegovati, njegovati, dražiti.*

Carica, peso - *brěme, teret, opèrtivo, nosivo,* p. dignità - *dostojanstvo, čast,* p. scontro, assalto - *juriš, nasèrt,* p. carica dello schioppo - *nakèrcalo, hitac,* una carica di polvere - *hitac praha.*

Caricare, porre carico addosso - *kèrcati, nakèrcati, natovariti, obremeniti, napèrtiti, obteretiti,* andar contro con forza - *jurišati, jurišiti, nasèrnuti, sunuti;* caricare il naviglio - *kèrcati* v. *nakèrcati brod*, lo schioppo (mettervi la carica) - *kèreati, nakèrcati* v. *nabiti pušku,* l'arco - *napeti* v. *nategnuti luk,* l'oriuolo - *nategnuti uru,* p. aggravarsi - *prejisti* v. *prejesti se, natèrpati se.* V. Incolpare. Esagerare.

Caricato ag. da caricare - *kèrcan, nakèrcan, natovaren, obremenjen, napèrtjen, obteretjen,* dello schioppo - *kèrcan, nakèrcan, nabijen,* dell'arco - *napst,* dell'arco e oriuolo - *nategnut;* fig. affettato - *nadut, nadmen, napuhnut,* p. esagerato - *pretèran.*

Caricatore - *napèrtitelj, natovaritelj,* p. proprietario delle merci d'un carico - *vlastnik tèrgovine* v. *tovora (tovara),* p. porto caricatore - *tovarilište, natovariteljna luka.*

Caricazione - *kèrcanje, nakèrcanje, natovarenje, obremenjenje, napèrtjenje, obteretjenje.*

Carico st. - *tovor, tovar,*

teret, breme, nosivo, ag. V. Caricato.

Carità - *ljubav;* carità verso Dio ed il prossimo - *ljubav prama Bogu i iskèrnjemu,* p. amore - *ljubav,* p. compassione - *milost.* V. Limosina.

Caritatevole - *milostan, milostiv, milostivan, milosèrdan, blagostiv.*

Caritatevolmente - *milostno, milostivo, milostivno, milosèrdno, blagostivo.*

Carme, verso - *stih, stroka,* p. poesia - *pěsan, pěsma, stihotvorje.*

Carmino, colore - *rumenilo, cèrljenilo.*

Carnale, di stretta parentela - *rodben, kèrvan,* p. lussurioso - *puten, nepošten,* p. affettuoso - *ljubezan, ljubezljiv.*

Carne - *meso.*

Carnefice, boja - *pogubnik, kèrvnik, kèrvolia, rabelj.*

Carniera, carniere - *torba, torba od lova.*

Carnificina - *kèrvničtvo, kèrvoprolitje.*

Carnivoro - *mesožderac, živožderac.*

Carnoso - *mesast, mesat, mesav.*

Carnovale - *mesopust, poklade.*

Caro, st. carestia - *dražina, draginja, skupoća,* ag. di molto prezzo - *drag, skup,* p. tenuto in pregio - *cěnjen, štujen, poštujen,* p. accetto - *drag, mil, mio, milen, priatan, prijatan, priazan;* più caro - *dražji, miliji* ecc. carissimo - *predrag, premil, premilen,* p. amabile - *ljubezljiv;* av. p. prezzo alto - *drago, skupo;* assai caro - *predrago, preskupo,* veoma (*jako, sila, mnogo*) *drago* v. *skupo.* V. Carestia.

Caroba - *karobula, karuba, rogač.*

Carogna, cadavere fetido - *mèrcina, smèrdulja, stèrvina, smrad,* fig. p. bestia viva di schif. aspetto, e p. persona sozza (come sopra e) *gad.*

Carota, pianta - *mèrljin, ku-* zmorka, kučmora; piantar carote (dare ad intendere cose non vere) - *kazati rog za svěču.*

Carovana - *karvan.*

Carpentiere, chi fabbrica carri - *kolar, vozar, kolarski* v. *vožarski majstor.*

Carpine, carpino - *grabar;* legna di carpino - *grabrovina, grabrovna dèrva.*

Carpire - *zagrabiti, pograbiti, oteti, otmiti, otimati, silom uzeti.* V. Lacerare.

Carpito - *zagrabljen, pograbljen, otet, otmen, otiman, silom uzet.*

Carpone, carponi, av. colle mani per terra - *četveronožno, četveronožice;* andar carpone - *ići četveronožno, smucati se, liziti, listi, plaziti, vuči se, gmizati,* arrivar carpone - *dosmucati se, dovuči se, doplaziti, dogmizati.*

Carradore, p. chi conduce carri - *kiriaš, turmar, furman, vozar,* p. chi fa carri. V. Carpentiere.

Carreggiabile - *vozan;* strada carreggiabile - *vozni put, vozna cesta.*

Carretta, piccolo carro a due ruote - *dvokolje, dvokolnica, dvokolenica,* (in uso anche piccolo carrozzino tutto di legno) - *kripica, vozić, kolca.*

Carriera, per lo più di cavalli - *tèrčanje, palia, palianje;* andare a carriera aperta - *paliati, tèrčati.* V. Professione.

Carro - *voz, kola.*

Carrozza - *kočia, kola;* andare in carrozza - *voziti se u kočiji.*

Carrozzabile - *vozan, vozov.*

Carrucola - *kluka, vitlo;* ungére le carrucole, (corrompere col denaro) - *podmititi (koga), pomazati kola.*

Carrucolare, tirar la carrucola - *klubati,* p. indurre con inganno - *himbeno napeljati* v. *navesti koga.*

Carta - *harta, hartia, papir;* foglio di carta - *tabak* v. *arak harte,* carta geografica - *zemljovid, krajobraz,*

carta monetata - *papirnati* v. *papirni novac,* p. scrittura di obbligo - *pismo, izprava, ugovor.*

Cartaja, cartiera - *hartera, tvornica (tvorionica) harte* v. *papira.*

Carteggiare, riscontrare carta per carta, parlandosi di libro - *prebirati (prevraćati, privraćati, razvidjati) knjigu* v. *liste (strane) od knjige,* p. tenere corrispondenza - *dopisivati, pisati jedan drugomu,* p. giuocare alle carte - *hartati se, igrati* v. *igrati se na harte.*

Carteggio - *dopisivanje.*

Casa - *kuća, dom, stan, stanište, stanilište;* a casa - *u kući* v. *doma.*

Casalingo, di casa, che sta in casa - *kućan, kućevan, domovan,* che si fa in casa - *domać.*

Casamento - *zdanje, zgrada.*

Casata, cognome di famiglia - *preděvak (prezime, nadime) obitelji,* p. famiglia - *obitelj.*

Casatico, steura - *kućarina, stanarina.*

Cascamorto - *ljubogizdala, ljubogizdalica, gizdoljubnik.*

Cascare. V. Cadere.

Cascata, caduta - *padnutje, opadnutje, gruz, padanje, opadanje,* p. cascata d'acqua - *odpad, upad.*

Cascina - *stan, kravaria.*

Caserma - *vojnički konak* v. *stan, kasarna.*

Casiere, guardiano della casa - *kućarnik, stražar* v. *nadgledatelj kuće.*

Casino, piccola casa - *kućica,* p. casa di campagna - *seljačka kuća, stan, spahiluk,* p. casa di sociali adunanze in città - *spravište, spravionica, pogovornica, kazin.*

Caso, fatto – *čin, dělo,* p. caso inaspettato - *slučaj, dogodjaj, zgoda, pripetjenje, nenadnost, nenadka, prigoda, sréća;* caso fortuito – *nenadni slučaj* v. *dogodjaj,* caso artifiziale - *umětni* v. *iznajdeni slučaj,* caso giuridico - *slučoslovje,* p.

desinenza di nome - *padež;* quinto e sesto caso - *peti i šesti padež.*

Casolare, casa da villici - *kmet, koliba,* per casa trasandata - *zapuštena koliba, kućina, mirina, pustošina, obalina, razvalina.* V. Casa.

Cassa, arnese da riporvi qualche cosa - *škrinja;* cassa da morto - *mèrtvačka škrinja,* p. luogo o uffizio ove si tengono i denari - *blagajna, pěneznica;* cassa collettiva - *zbirna blagajna,* steurale - *porezna blagajna,* - di risparmio - *štedionica, šparna* v. *prišparna blagajna,* p. cassa dell' archibuso - *okas, okasa.* V. Tamburo.

Cassamento, il cassare - *brisanje, izbrisanje, pobrisanje, uništenje, ukidanje, ukinjenje.*

Cassare, cancellare - *brisati, izbrisati, pobrisati,* p. togliere, abrogare - *uništiti, ukinuti.*

Cassazionale - *uništiteljan,*

uništujuć, ukidateljan, uki-
niteljan; corte cassazio-
nale - *ukidateljni (uništiteljni) sud* v. *dvor.*

Cassazione - *uništenje, ukidanje, (ukid) ukinjenje;*
pella cassazione della
sentenza - *za uništenje* v.
ukidanje presude, p. cancellamento. V. Cassa-
mento.

Cassia - *kravak.*

Cassiere - *blagajnik, pěneznik;*
cassiere steurale - *pore-
zni blagajnik, poreznik.*

Cassone - *škrinjina, velika
škrinja.*

Castagna - *kostanj.*

Castaldo - *dvornik, poslovodja.*

Castamente - *neoskvěrnjeno,
neoskvěrnjivo, čisto, nepo-
ročno.*

Castellanìa - *kaštelanat.*

Castellano - *kaštelan.*

Castigare - *kazniti, peděpsati,* p. domare, vincere -
*ukrotiti, okrotiti, dobiti,
predobiti, nadvladati.*

Castigo - *kazan, peděpsa.*

Castità - *čistoća neporočnost,*

neoskvěrnjenost.

Casto - *čist, neporočan, ne-
oskvěrnjen.*

Castrare - *škopiti, uškopiti,*
(riferib. agli animali cornuti più propriam.)*pretlići,
pretući;* castrare il cane -
škopiti psa, il giovenco -
pretlići baka.

Castrato st. - *brav, škopac;*
carne di castrato - *škop-
čevina, bravina, bravetina,*
ag. da castrare - *škopljen,
uškopljen, pretučen.*

Castratura - *škopljenje, uško-
pljenje, pretučenje.*

Castrone fig. uomo stolido e
di grosso ingegno - *ludjak,
bedak, tupoglavac, budala,
ludoria, tupalo.*

Castroneria - *bedastoća, ludost, budalost, budalaština, nesvěst.*

Casuale - *slučajan, nenadan,
možebitan.*

Casualmente - *slučajno, nenadno, možebitno.*

Casupola - *kućica, kolibica,
kmetić.*

Cataletto - *nosilje, nosilo,
nosilja, mèrtvački odar.*

Catalogo - *imenik, imenka, abecedarni (abecedni, azbučni) izkaz* v. *pregled.*

Catapulta - *streljnik.*

Catastale - *katastralan, porezačan.*

Catasto - *katastar, porezača.*

Catastrofe - *žalostni dogodjaj, preokrenjenje srěće,* p. discioglimento dell'intreccio d'un dramma - *razrěšenje igrokaza* v. *čina.*

Catechismo - *nauk kèrsćanski,* p. libretto della dottrina cristiana - *saltir, knjižica nauka kèrsćanskoga.*

Catechista - *učitelj* v. *tumačitelj nauka kèrsćanskoga.*

Catechizzare - *učiti* v. *tumačiti nauk kèrsćanski.*

Catecumeno - *kèrstivnik.*

Categorìa - *razred, razděla;* maggiore categoria - *višji razred.*

Categoricamente - *razredno, razdělno.*

Categorico - *razredan, razdělan;* discorso categorico - *razredni govor.*

Catena - *veruga, veriga, o-*
kove, lanac, železa; mettere in catene - *zaverugati, postaviti* v. *metnuti u veruge (u okove, u železa),* catena d' oro - *zlatni lanac,* p. catena del fuoco - *komoštra.*

Caterva - *množtvo, čopor, četa, hèrpa, jato, plěn.*

Catino - *golar, umivalo, umivača, zděla.*

Catrame - *pakal, pako, katram.*

Cattedra - *sědalo, sědalište, sědilište, stolica.*

Cattedrale st. chiesa princip. diocesana - *stolna* v. *pèrvostolna cèrkva;* ag. di cattedra - *sědalištan, sědilištan, stoličan.*

Cattivare, far prigione - *uzaptiti, zatvoriti, utamničiti,* p. far schiavo - *zarobiti, zasužnjiti, usužnjiti,* p. indurre all' ubbidienza - *upokoriti, ponižiti (koga),* p. procacciarsi stima, fiducia, affetto ecc. - *postignuti (postići, zadobiti, pribaviti si čije) pověrenstvo, zaufanost, ljubav, u-*

dvarati čijem pověrenstvu, zaufanosti, ljubavi.

Cattiveria - zlobnost, opakost, èrdjavost, huncutaria.

Cattività, schiavitù - sužanstvo, robstvo, p. malvagità. V. Cattiveria.

Cattivo, ag. prigioniero - uzaptjen, zatvoren, utamničen, p. schiavo - zarobljen, zasužnjen, usužnjen, p. maligno - zao, zal, zločest, èrdjav, opak, hud.

Cattolicismo - katolicizam, věra kèrsćanska, kèrsćansko věroizpovědanje.

Cattolico ag. - katolički, katoličanski, katoličeski, svet, posvetjen, pravověran, pravoslavan; chiesa cattolica - katolička (katoličanska, katoličeska, sveta, pravověrna, pravoslavna) cèrkva.

Cattura - uzaptjenje, utamničenje, zatvorenje.

Catturare, far prigione - uzaptiti, utamničiti, zatvoriti.

Causa, cagione - uzrok, razlog, per causa (a cagione) - iz, zbog (gen.);

per causa sua - zbog njega; p. lite - pravda, parba, parnica; causa civile - gradjanska pravda - penale - karna pravda.

Causare, trattar le cause - braniti pravde, pravdati se, p. addurre per cagione - dovesti v. pridonětikao razlog v. uzrok, kriviti, okriviti, kriviti. V. Cagionare.

Causato. V. Cagionato.

Causidico - pravdač, pravdaš, zastupnik, odvětnik.

Cautare - osěgurati, jamčiti, ujamčiti, utvèrditi.

Cautela, precauzione - opaznost, ostražnost, svěst, pozornost. V. Cauzione.

Cautelare va. - osěgurati, obezběditi, ujamčiti, učuvati, obraniti, np. p. assicurarsi - osěgurati se, obezběditi se, ujamčiti se, obraniti se.

Cauto - opazan, smotren, pozoran, razboran.

Cauzione - sěgurnost, sěgurnića, jamčevina, jemstvo, ostražnost, učuvanje; cauzione legale - zakonita sĕgurnost, depositare la cauzione - položiti jamčevinu, p. garanzia - poručanstvo.

Cavalcamento - jahanje, jašenje, jezdenje, konjičarenje.

Cavalcare - jahati, jašiti, jezditi, konjičariti.

Cavaliere, chi cavalca - jahač, jahaoc, jezditelj, p. soldato a cavallo - konjanik, konjičar, p. chi è ornato di dignità cavalleresca - vitez; cavaliere dell' ordine di Francesco Giuseppe I. - vitez reda Franje Josipa I.oga, p. gentiluomo - plemenitaš.

Cavallerescamente - vitežki, plemenito.

Cavalleresco - vitežki, plemenit; atto cavalleresco - vitežko v. plemenito dělo.

Cavalleria - konjaničtvo; cavalleria e infanteria - konjaničtvo i pěšačtvo.

Cavallo - konj, parip, dim. konjić, paripčić, sprez. - konjina, paripčina, p. cavallo piccolo e magro - kljuse, kljuseto, sprez. klju-

sina; montare a cavallo zajahati, zajahati konja v. na konja, sellare il cavallo - osedlati konja, inferrarlo - podkovati konja, imbrigliarlo - zauzdati konja.

Cavare, trar fuori - vaditi, izvaditi (con viol.) izkinuti, diritto di cavar pietre - pravo vaditi v. vadjenja kamenah, p. scavare la terra - kopati v. odgraćati zemlju, p. ritrarre, guadagnare - izvaditi, dobiti, dobivati. V. Liberare. Sottrarsi.

Caverna - špila, raspalina, rupa, jama, rov, rovje.

Cavernoso - špilast, špilav, jamast, rupast, rovast.

Cavezza, fune con cui si legano i cavalli - oglavica, oglavje. V. Capestro.

Caviale - angutar.

Cavillare - pletkariti, okolišati, gužvariti.

Cazzottare - žgnjocati, žnjocati, pestati.

Cazzotto - žgnjoc, žnjoc, pest.

Cazzuola, strumento per

pigliar calcina-*žlica, kača.*

Cece, legume - *čič.*

Cecità - *slěpoća, slěpost,* p. offuscamento - *smutjenje, obsěnjenje.*

Cedente-*ustupnik, popustnik.*

Cedere, rinunziare - *ustupiti, ostaviti, pustiti, popustiti;* cedere i proprj diritti - *ustupiti svoja prava,* cedere il posto - *dati* v. *učiniti město, ukloniti se,* cedere alla competenza del giudizio - *ustupiti sudbenoj nadležnosti.*

Cedola - *čedulja, listić, listak,* p. obbligatoriale -*obveznica,* p. cedola di banco - *banka, bankocedulja.* V. Polizza. Cambiale.

Cedro - *cetrun, citron.*

Ceduto - st. tl. - *ustupljenik,* ag. *ustupljen, ostavljen, pušten, popušten.*

Ceffata - *pljuska, zaušnica.*

Ceffo, muso del cane, e d' altri animali (si attribuisce anche all' uomo quando è deforme, o per ischerno) - *rilo, trubac, rilica, trubica.*

Celebrare, esaltare - *slaviti, proslaviti, uzveličiti, nositi do zvězde* v. *kovati u zvězde (koga), hvaliti, pohvaliti,* p. dir la messa - *mašiti (reći, štiti, služiti) svetu misu,* celebrare le nozze - *pirovati,* celebrare le feste - *štovati* v. *poštovati blagdane.*

Celebrazione, il celebrare - *slavljenje, proslavljenje, uzveličenje, kovanje u zvězde, hvaljenje, pohvaljenje, mašenje, rečenje (štijenje, služenje) svete mise, pirovanje, štovanje* v. *poštovanje blagdanah.*

Celebre, autorevole, parlandosi di testimonianza - *veleznačan, oblastan,* p. famoso - *glasovit, glasnovit, slavan, slavovit, znamenit, uzglašen, uzvišen.*

Celeste - *nebeski, nebesan.*

Celibato st. - *neudaja, neudatba, neověnčanost.*

Celibe ag. - *neudan, neudajen, neověnčan* (rifer. a uomo, anche) *neoženjen.*

Cembalo - *čimbal, tambalaš,*

bubanj. V. Gravicembalo.

Cena - *večera.*

Cenare - *večerati.*

Cenciajuolo - *kèrpar.*

Cencinquanta - *sto petdeset, sto i petdeset.*

Cencio - *kèrpina, odèrtina, rutina, razdèrtak.*

Cencioso - *kèrpinast, kèrpinav, rutinast, razdèrt.*

Cenere - *popel, pepel, pepeo, lug;* coprire il fuoco colla cenere - *zaprećati (zapretati)* v. *poprećati oganj.*

Cenno - *mah, zamahanje, magnutje, pomagnutje,* p. indizio - *znak,* p. comando - *zapověd, nalog.*

Cenobio st. - *mostir, manastir, samostan.*

Cenobita - *fratar.*

Cenobitico, che appartiene al cenobio - *mostirski, manastirski, samostanski,* al cenobita - *fratarski.*

Cenquaranta - *sto četèrdeset, sto i četèrdeset.*

Censessanta — *sto šestdeset, sto i šestdeset.*

Censettanta - *sto sedandeset, sto i sedandeset.*

Censo, tributo - *zakupnina, danak;* censo fondiario - *podnina, tleovina.* V. Rimunerazione. Catasto.

Censore - *prosudnik, razsudnik, cenzor.*

Censura - *prosuda, razsuda, cenzura.*

Censurare, correggere, riprendere - *koriti, ukoriti, karati, pokarati,* p. giudicare delle opere altrui - *prosuditi, prosudjivati, razsuditi, razsudjivati.*

Centinajo - *stotina, stotinak, stotnica, cent.*

Cento - *sto, stotina* (gen.): cento buoi - *sto* v. *stotina volovah.*

Centogambe, insetto - *šmogorica, stonogača.*

Centomila - *sto tisuć, sto jezera.*

Centrale - *srědotočan;* centrale autorità - *srědotočna oblast,* governo centrale marittimo - *srědotočna pomorska oblast.*

Centralizzazione - *usrědoto-*

čenje, centralizacia.

Centro - srědina, srědotok, srědotočje, srědotočnost.

Centuplo - stokratan.

Ceppo, base dell' albero - panj, koren, kèrlj, trup, p. legno su cui si decapitano i malfattori - cok, p. stipite - pleme, kolěno, rod, rodovina, porodica, loza, stablo, p. catena - okove, veruge, železa; mettere nei ceppi - zakovati, zaverugati (koga). V. Linea.

Cera, sostanza prodotta dalle api - vosak, vosk; candela di cera - vošćenica, svěća od voska, p. sembianza e aria di volto - izgled, izlik, p. volto. V. Aspetto.

Ceralacca - vosak pečatni.

Cerca st. čercamento - traženje, potraženje, ištenje, iziskivanje, iziskavanje, iskanje, poiskanje, poiskikivanje, proiskanje, proiskivanje, izpitivanje, razpitivanje, razpitavanje, izvidjenje, izpipanje, nasto-

janje, nastanje, gledanje, tèrsenje. V. Cercare; p. il chiedere la limosina - prošnja, prosjačenje; andare in cerca, o fare la cerca - ići na prošnju, prositi, prosjačiti.

Cercare, adoperarsi per trovare - tražiti, iskati, iziskivati, iziskavati, poiskati, potražiti, p. esaminare - izpitati, izpitivati, razpitati, razpitivati, izviděti, cercare attorno tastando - pipati, izpipati, p. procurare - nastojati, nastati, gledati, tèrsiti se.

Cerchia, cerchio - obruč, p. muro di cinta - ogradja, p. altra cosa che cinge in giro - okolak, okolina, obkolje, pas, opas, opasak.

Cerchiajo - obručar.

Cerchiamento - uobručenje, obkruženje, okruženje, obkolenje, opasanje.

Cerchiare - uobručiti, obkružiti, okružiti, opasati.

Cerchio, circolo - krug, kruglo, okrug, okruglo, p. ciò che cinge - pas, opas,

8

opasak, p. cerchio da botte - *obruč*, p. corona, ghirlanda - *krunica, kruna, věnac*, p. cerchio di persone radunate - *kolo*.

Cereale, biada - *žito*.

Cerebro. V. Cervello.

Ceremonia, culto esteriore di religione - *obred, obreda, običaj (molitve, pomoljenja, redovi) svete matere cèrkve*, v. *običaji (molitve ecc.) cèrkovni*, p. atti che i magistrati ecc. fanno nelle funzioni solenni - *svetkovanje, čaštjenje, počaštjenje*, p. formalità - *običaj, navada*, p. dimostrazioni reciproche di onore fra privati - *posĕtjenje, podvorenje, klanjanje, poklanjanje, udvornost*.

Cereo ag. - *vošćen*, st. grossa candela di cera - *svĕčina, cer, krilat*.

Cereria - *voskarnica*.

Cero. V. Cereo.

Cerotto - *vošćena mast, melem*.

Certame - *borba, bitka, èrvanje*.

Certamente - *jamačno, stalno, stanovito, za stalno* v. *stanovito, za ista, do istine, bez dvojbe, svakako, svakojako, izvěstivo, dakako*.

Certare, combattere - *boriti se, biti se, èrvati se*.

Certezza – *izvěstnost, izvěstivost, stanovitost, stalnost, nedvojbenost, nedvojnost, nesumnjivost*.

Certificare - *svědočiti, tvèrditi, uistiniti, obistiniti, poistiniti*.

Certificato - *dokaznica, potvèrdnica, svědočba, svědočanstvo, věrodajnica*.

Certo st. V. Certezza, av. V. Certamente, ag. accertato - *uvěren, obsvědočen*, p. determinato parlandosi di tempo - *opredĕljen, ustanovljen*, p. reale - i*stinit, stanovit, stalan, bezdvojben, nedvojben, izvěstan*, p. alcuno - *něki, taněki, někoj, někdo, někakiv, někakvi*.

Certuno. V. Certo.

Cervello - *možljan, moždan,*

možljen; voltare il cervello - *ponoriti, izmunjeniti, poluditi.* V. Lambiccare.

Cervellotico ag. - *svojevoljan, směšan, nor, munjen.*

Cerviere, lince - *ris.*

Cervo- *jelen, jelin,* fem.*košuta.*

Cesareo ag. - *cesarski;* cesareo regio - *cesarsko-kraljevski.*

Cesoje - *škare.*

Cespite - *bus, gèrm.*

Cessare, tralasciare di fare - *odustati, prestati,* cessare dall' ulteriore inquisizione - *odustati od daljeg iztraživanja,* p. rimaner sospeso - *prestati, u- tèrnuti,* p. sospendere - *obustaviti, zaostaviti, pustiti, zapustiti,* p. astenersi - *uzdèržati se, priuzdèržati se, uzpregnuti se.* V. Scadere. Desistere.

Cessato - *prestan, utèrnut, utèrnjen.*

Cessazione - *prestanak, odustanak,* il cessare - *prestanje, odustanje, utèrnjenje, obustavljenje, zaostav-*

ljenje, *puščenje, zapuščenje;* conchiuso di cessazione - *odustajna odluka (odust. zaključak).* V. Desistenza.

Cessionario - *ustupovnik.*

Cessione - *ustup, ustupljenje;* cessione dei beni - *ustupljenje dobarah.*

Cestella - *košić, kuneštrica.*

Ceto, balena - *kit, balina,* p. ordine di cittadini - *oděl, stranka (gradjanah).*

Che, pron. rel. - *koji (koja, koje),* p. quanto - *koli, koliko,* da che (da quando che) - *od kad, od kada,* p. qual cosa? - *koja stvar, što, šta, ča, štoje?* p. perchè, a qual fine? *zač, zašto, zbog* v. *radi česa, čemu, za koji uzrok, iz* v. *radi kojega uzroka, na koju* v. *za koju svèrhu?* p. quale? *kakov, kakav, kakvi, koje vèrsti* v. *naravi?* p. il che, la qual cosa - *što, koja stvar,* (congiunzione dopo il verbo) - *da,* adoprato col comparativo - *neg, nego, negoli, nego je, što je,* pria che -

prie v. *pèrvo nego*, *prie neg*, che se - *dali, akoli, dali pako, dali ako, ali ako*, p. poichè. V. Perchè.

Chele, forbici dello scorpione, granchio ecc. - *kljěšća*.

Cherica - *kavka, kokula*.

Chericale - *diački, žakanski*.

Chericato - *diačtvo, žakanstvo*.

Cherico - *diak, žakan*, p. ecclesiastico - *cèrkovnik, svetjenik*.

Cherubino - *kerubin*.

Chetamente, senza rumore - *tiho, iz tiha*, p. pian piano - *malo po malo, polagano*, p. tranquillamente - *mirno*. V. Secretamente.

Chetare va. quietare - *těšiti, utěšiti, miriti, umiriti, utaložiti, utažiti, upokojiti*, p. mitigare - *ublažiti, osladiti, olakšati*, np. *utěšiti se, umiriti se, utaložiti se, utažiti se, upokojiti se*, p. tacere - *mučati, zamučati, šutiti, umuknuti, zamuknuti*.

Cheto ag. - *tih, miran, mirujuć*, av. p. pacificamen-te - *mirno, umireno, tiho*. V. Secreto. Chetamente.

Chi, pron. rel. - *koji (koja, koje), ki (ka, ko)*, p. colui o coloro che - *on (onaj) koji, oni koji*, p. chiunque - *svak, svaki, pojedini, svi*, p. alcuno che - *něki koji*, chi? che persona? - *koji? tko? tkoli?* chi mi chiama - *tko me zove?* di chi? - *čiji (čija, čije), čigov (čigova, čiyovo)?* V. Che.

Chiacchiera, ciarla - *blebetnja, bèrblja, blebetanje, bèrbljanje*.

Chiacchierare - *bèrbljati, blebetati*, p. discorrere per passatempo - *pogovarati se, bèrbljati*.

Chiacchierone - *bèrbljalac, bèrbljavac, blebetulja*.

Chiamare - *zvati, zazvati, pozvati*, p. nominare - *imenovati, nazvati, nazivati*, p. invitare - *pozvati*, chiamare gridando - *ukati, zaukati*, il chiamare - *zvanje, zazvanje, zazivanje, pozvanje, imenovanje*,

*nazivanje, ukanje, zauka-
nje.* V. Citare.

Chiamata, invito - *pozov, poziv, zazov, uk,* p. segno
di una chiamata indi-
cante il luogo di una
aggiunta in uno scritto -
pozovka.

Chiamato, part. di chiamare
*zvan, zazvan, zazivan, po-
zvan, pozoven, imenovan,
nazvan, nazivan.*

Chiara, albume dell'uovo -
bělanac, bělo od jaja.

Chiaramente - *jasno, bistro,
bělodano, izrazito, razgo-
větno;* esprimersi chiaramente - *jasno se izraziti.*

Chiarezza - *jasnost, jasnoća,
bělodanost, bistrina, raz-
govětnost.*

Chiarire va. - *razjasniti, zbistriti, razbistriti, izbistriti,
obělodaniti, raztumačiti,*
np. divenir chiaro - *razjasniti se, zbistriti se* ecc.
p. uscir di dubbio - *obsvědočiti se.* V. Dimostrare.
Risolvere. Risplendere.

Chiaro, st. luce - *světlost,
světljavina;* ag. chiaro di

liquido - *bistar,* p. lucente - *jasan, sjajan,* p. intelligibile - *razumljiv, razgovětan,* met. *jasan;* la cosa è chiara del tutto -
stvar je posve jasna, p.
sereno - *vedar,* p. netto -
čist, av. V. Chiaramente.

Chiasso - *buka, huka, talabuka, larma, žamor.*

Chiavare, serrare a chiave
- *zaklopiti, zaklapati, zaključiti, zaključati, zatvoriti ključem,* p. conficcare
- *zabiti, zatući, zatis-
nuti.*

Chiavatura - *zaklopljenje, za-
klapanje, zaključanje, zaključenje, zatvorenje ključem, zabijenje, zatučenje,
zatisnenje.*

Chiave - *ključ,* dim. *ključić,*
aum. - *ključina.*

Chiedere, domandare - *pitati, zapitati, iskati, zaiskati, poiskati, moliti, umoliti,*
p. mendicare - *prositi,
prosjačiti.*

Chiedimento - *pitanje, zapitanje, iskanje, zaiskanje,
poiskanje, moljenje, umo-*

ljenje, prosenje, prosja-
čenje.

Chiesa - cèrkva, crikva, hram;
chiesa collegiale - zbor-
na cèrkva, cattedrale -
stolna cèrkva.

Chimera, mostro favoloso -
kozolav, p. invenzione
fantastica - izmišljenost,
pustolovina.

Chimerico, ag. - beztemeljan,
lud, prazan, taštan, pèr-
hav.

Chioceia, gallina che cova
o guida i pulcini - kočka,
kvočka.

Chiocciare, della chioccia -
kočkati, kvočkati.

Chiodo - čaval, čavao, dim.
čavlić, aum. čavlina.

Chioma, l'insieme dei ca-
pelli (dell' uomo) - vlasi,
kose, (del leone) - runo,
(del cavallo) - grive, p.
raggio delle comete - rep
(in poes.) p. rami e fron-
di degli alberi - grane,
kite, p. ammasso di peli
alla sommità di certi se-
mi - vlasi, kose.

Chiostro, convento - samostan, mostir, manastir.

Chirografo tl. documento
del contratto di mutuo -
zadužnica, obveznica.

Chiromante - rukogatalac.

Chiromantico - rukogatav.

Chiromanzia - rukogatanje.

Chirurgia - vidarstvo, ranar-
ničtvo, ranarstvo.

Chirurgico - vidarstven, ra-
narni, ranarnički.

Chirurgo - vidar, ranarnik,
ranar.

Chitarra - poludrica.

Chiudere, serrare - zatvoriti, zaprěti (colla chiave) -
zaklopiti, zaključiti, (chiudere stringendo) - zati-
snuti, pritisnuti, (socchiudere) - priprěti, p. epilo-
gare - zaglaviti, zaključiti,
dokončati, okončati, svèršiti, dovèršiti; chiudere lo
scritto - zaglaviti pismo.
V. Circondare. Nascon-
dere.

Chiunque - svaki koji, pojedini koji, svaki on.

Chiusa, riparo, argine - o-
grada, zatvor, nasip, p.
fine d' un periodo ecc. -

zaključak, zaglavak, do-
končanje, svèršetak, kraj.

Chiuso st. luogo circondato e serrato - *ograda, zatvor;* ag. *zatvoren, zapèrt,
zapren, neotvoren, zaklo-
pljen, zaklopit, zaključen,
zatisnut, pritisnut,* (soc-
chiuso) *priprěn, zaglav-
ljen, dokončan, okončan,
svèršen, dověršen.* V. Chiudere.

Ciancia, scherzo - *šal, zanovět.* V. Chiacchiera.

Cianciamento - *bèrbljanje,
plentanje, čevèrljanje, ša-
lenje, dětinjenje, zanovětanje, igralkanje, igranje.*

Cianciare - *bèrbljati, plentati, čevèrljati,* p. scherza-
re - *šaliti se, dětiniti, zanovětati, igralkati, igrati.*

Ciarla, vana loquacità - *bèrblja, blebetnja, plentanje.*
p. nuova improbabile -
*izmišljenost, izmišljotina,
tlapa.*

Ciarlare - *bèrbljati, blebetati,
plentati, zanovětati.*

Ciarlatanismo - *glumarstvo,
glumarenje, paćuharstvo,*

varanje, bèrbljanje, la-
janje.

Ciarlatano, cantambanco -
*glamaza, glumar, varalica,
paćuhar,* p. vano parla-
tore - *bèrblja, bèrbljavac,
lajavac, lajalac.*

Ciarlone - *bèrbljalac, bèrbljavac, kljepetuša.*

Cibo - *hrana, jelo, jisbina,
jesbina, jestvina.*

Ciborio - *shrana těla Isusova
v. gospodinova.*

Cicala - *čèrč, čvèrč, čvèrčak,
krěs.*

Cicalamento - *čèrčenje, čvèr-
čenje, krěštanje.*

Cicalare - *čèrčiti, čvèrčiti,
krěštati.*

Cicogna - *leleb, babak.*

Cicuta, erba vel. - *trubelika,
zvolina.*

Ciecamente *slěpo, nevidi-
vo, ćoravo, tmastno.*

Cieco - *slěp, oslěpljen,* cieco
d'un occhio - *ćorav.*

Cielo - *nebo, nebesa,* p. paradiso - *raj.* V. Atmosfera. Clima.

Ciera. V. Cera.

Cifra, segno convenzionale -

porazumni znak (zabilježka, pismo, slovo), p. abbreviatura di nome - imena (imenovna) pokratnica, p. numero - broj, čislo.

Ciglio - obèrva, obèrvica; inarcar le ciglia - napeti obèrve. V. Occhio.

Cignale, cinghiale - vepar, borov, divji prasac.

Cignere - opasati, pripasati, opojasiti, pripojasiti, p. circondare - obkružiti, obkoliti, p. avvincere - vezati, obvezati, p. fasciarsi - opasati se, pripasati se, ecc.

Cigno - labud, lebet, lebut.

Cigolare, stridere dei legnami ecc. fregati insieme - - škripati, p. stridere, fischiare del tizzo verde quando abbrucia - kvilkati, čurikati, čurkati.

Cilicio - kostreta, pokora.

Cima, sommità - vèrh, vèrhunac, vèršić, vèršak, vis, p. altezza o colmo d'una cosa - višina, visost, povèršje, p. estremità - kraj, konac, svèršetak. V.

Eccellenza.

Cimentare va. sperimentare - kušati, pokušati, iskusiti, obsvědočiti se, p. porre in pericolo - staviti (postaviti, metnuti) u v. na pogibelju, np. mettersi in rischio - staviti se ecc. u v. na pogibelju, usuditi se, postupiti se.

Cimento, prova, esperimento - pokušaj, okušaj, kušanje, pokušanje, okušanje, p. pericolo - pogibelj, ventura - srěća.

Cimice - činka, čimavica, stěnica.

Cimitero - grob, grobje, grobovište, dol, počivalište.

Cingolo - pas, pojas, opas, opojas.

Cinquanta - petdeset, pedeset.

Cinquantesimo - petdeseti, pedeseti.

Cinquantina - petdesetak, pedesetak.

Cinque - pet (gen. pl.); cinque fiorini - pet forintah.

Cinquecento - pet sto, pet stotinah.

Cinquennio - *petolĕtje.*

Cinquina - *petka, petorica.*

Ciò, pron. - *ovo, ono, to, oto, ova(ona, ta, ota,) stvar;* con tutto ciò - *sa svim tim;* cionnonpertanto - *ništarnemanje, ništanemanje, vendar.*

Ciocchè, pron. - *što, štono, ono što*

Cioccia, voce colla quale i bambini chiamano la poppa - *cica, sisa, cice, sise.*

Ciocciare, poppare - *cicati, sisati.*

Cioccolata - *čokolata.*

Cioè av. - *najme, tojest, to će reći, to breći, a to, po taj način.*

Ciondolamento - *visenje, klempanje.*

Ciondolare - *visiti, klempati.*

Ciondolo, cosa che ciondola - *visilo, visalo, klempalo.* V. Orecchino.

Ciondolone st. - *bezposlica, niš koristi,* av. *viseći, visuć.*

Ciotto st. ciottolo, sasso - *golut, pesak;* ag. p. zoppo - *šepav, hrom.*

Cipiglio - *krivogled, namèrda.*

Cipolla - *kapula.*

Cipresso - *cipres, cempres.*

Circa, intorno - *vèrh, svèrh, vèrhu, svèrhu, glede* (gen.) *o* (loc.); circa l'affare - *vèrhu predmeta,* circa l'attentato - *o pokušaju.*

Circolare vn. volgersi o girare attorno - *okrićati se, obraćati se, svèrtati se, okolišati, okolišiti, ići na okolo, fèrndati;* circola la voce - *puknuo je glas, glasa se, divani se, govori se, ljudi govore (divane, povĕdaju, kažu);* ag. rotondo - *krugal, okrugal, obal, obručav, obručast;* di circolo (d'una parte di provincia) - *okružan;* autorità circolare - *okružna oblast;* st. p. lettera circolare - *okružnica, poslanica.*

Circolarmente - *okružno, okolno, okolivo.*

Circolazione, il circolare dei fluidi ne' corpi organizzati - *tečenje, okoliša-*

nje, okolišenje; p. movimento progressivo del sangue dal cuore a tutte le parti del corpo e viceversa - točenje (e come sopra) (kèrvi).

Circolo, cerchio - krug, okrug, okruglo, kruglo, p. crocchio di persone - kolo, p. parte d'una provincia - okružje, okružni oděl, p. luogo rotondo - guvno; circolo vizioso - pletka, okolišanje, pletkarenje.

Circoncidere - obrezati, obrezovati.

Circoncisione - obrezanje, obrezovanje.

Circonciso - obrezan, obrezovan.

Circondare - obkoliti, okružiti, obkružiti, zakružiti, ograditi, zagraditi, opasati. V. Girare.

Circondario, dintorno - okoliš, okolina, okrug, dělokrug, područje. V. Giurisdizione. Distretto.

Circondato ag. - obkolen, obkoljen, okružen, obkru-

žen, zakružen, ogradjen, zagradjen, opasan, opašen.

Circonflesso ag. che ha circonflessione - ugnut, navinut, zavinut; accento circonflesso - navinuti v. rogati naglasak.

Circonflettere, piegare in cerchio - ugibati, ugnuti, navinuti, zavinuti.

Circonscritto - omedjašen, ograničen, ugraničen, doměren, opisan.

Circonscrivere, restringere omedjašiti, ograničiti, ugraničiti, doměriti, p. descrivere - opisati.

Circonscrizione - omedjašenje, ograničenje, ugraničenje, doměrenje, opisanje.

Circospetto ag. guardato intorno - obgledan, nadgledan, p. accorto, considerato - mudar, šegav, opazan, hitar, razboran, smotren, pozoran, poman, pomnjiv.

Circospezione - mudrost, smotrenost, razbornost, ostražnost, pomnja, pozornost.

Circostanza - *okolnost, obstojanje, obstojateljstvo*; circostanze aggravanti - *okolnosti otegotjujuće* v. *oteškujuće*, mitiganti - *okolnosti ublažujuće* v. *ublažive.*

Circuito st. - *okoliš, okružje,* V. Cerchio. Circolo; ag. V. Circondato.

Ciriegia – *črešnja, trešnja.*

Cirimonia. V. Ceremonia.

Cisterna - *gušterna, šterna, bunar, nakapnica, vodosprava, studenac.*

Citare - *zvati, pozvati, prizvati, pozivati*; citare taluno in giudizio - *pozvati koga pred sudom* v. *pri sudu*, p. eccitare - *nukati, ponukati, nagovarati,* p. addurre ragioni. V. Allegare.

Citatoria - *pozivnica.*

Citazione - *poziv, pozov*; citazione dell' imputato - *pozov okrivljenika.*

Citeriore - *ovostran.*

Città (per lo più cinta) - *grad,* (aperta) *varoš*; città capitale - *glavni grad.*

Cittadinanza - *gradjanstvo*; diritto di cittadinanza - *pravo gradjanstva* v. *gradjansko pravo.*

Cittadino st. - *gradjan, gradjanin,* concittadino - *sugradjan, sugradjanin,* ag. di città - *gradjanski, gradski.*

Ciuffo - *pèrčin, kika.* V. Ceffo.

Ciurmadore, cerretano - *glamaza, glumar, varalica.*

Ciurmaglia - *čeljadina, hlapa, izmet puka.*

Civaja - *sočivo.*

Civanzo - *dobitak, korist.*

Civico - *gradski, gradjanski*; giudizio civico - *gradski sud,* guardia civica - *gradjanska straža.*

Civile, cittadinesco - *gradjanski, gradski,* di costumi nobili e civili - *izobražen, prosvětjen,* p. urbano - *uljudan, udvoran,* contrario di penale - *gradjanski*; causa civile - *gradjanska pravda,* codice civile e penale - *gradjanski i karni (kazneni) za-*

konik.

Civiltà - *izobraženost, prosvěta,* p. urbanità - *uljudnost, udvornost.*

Civilizzare - *izobražiti, prosvětiti.*

Civilizzato - *izobražen, prosvětjen.*

Civilizzazione. V. Incivilimento.

Clafter (klafter) - *hvat;* due klafter - *dva hvata.*

Clamore - *žamor, romon, rogobor, urnebes.*

Clamoroso - *žamoran, gromotan, grohotan, rogoboran, urnebesan.*

Clandestinamente - *potajno, mučeć, skrovno, kradoma, kradomice, kradom.*

Clandestino - *potajan, pomučan, skrijen;* discorso clandestino - *potajni govor.*

Clangore, suono delle trombe - *trubljenje, zvek,* p. suono di una voce acuta e sibilante - *vrisk, vriskanje.*

Classe, ordine di distribuzione - *red, razred, vèrst, vèrsta;* quarta classe -

četvèrti razred, classe di dieta - *nadnevnički razred;* p. armata navale - *pomorska sila (četa, vojska).*

Classico, di prima classe - *pèrvoredan, pèrvog reda,* v. *razreda,* p. eccellente - *izvèrstan, vèrl, privèrl, znamenit,* p. autorevole - *oblastan, cěniv, valjan.*

Classificare - *razrediti.*

Classificazione - *razrèdjenje, razredjivanje.*

Clausola - *zaporka, posebni članak;* clausola d' intavolazione - *uknjižna v. uknjižbena zaporka.*

Claustrale - *mostirski, manastirski.*

Claustro *mostir, manastir, samostan.* V. Chiuso.

Clausura, luogo ove si rinchiudono i religiosi - *redovnički zatvor,* p. obbligo degli ordini religiosi di non uscir dal convento, e di non ammettervi persone di sesso diverso - *zavětna v. mostirska zabrana.*

Clemente - *blag, milostiv, mi-*

lostan, milostivan, dobrostiv, blagostiv, milotvoran.

Clemenza - *blagost*, *milost*, *milostivost*, *milostivnost*, *dobrostivost*, *blagostivost*, *milotvornost*.

Clero- *svetjenički sbor (skup)*, clero regolare - *redovnički sbor*, secolare - *duhovno-světovnički sbor*.

Cliente, persona per cui l' avvocato agita la causa - *branjenik*, *obranjenik*, p. partigiano - *pristaš*, *pristaša*, p. protetto - *štitjenik*, *okriljenik*.

Clientela, insieme dei clienti - *branjenici*, *obranjenici*, p. patrocinio - *nadkrilničtvo*, *obrana*, *obranba*.

Clima - *podnebje*. V. Paese. Regione.

Climaterico - *opasan*, *pogibeljan*.

Coadjuvare - *pomoći*, *podpomoći*, *pomagati*, *podpomagati*, *pripomoći*.

Cocchiere – *kočiaš*.

Cocchio - *kočia*.

Cocchiume - *tapun*, *taplun*.

Cocciuto ag. - *tvèrdoglavan*, *tvèrdoglavast*, *tvèrdokoran*.

Cocco - *kok*.

Coccodrillo - *krokodil*, *kukudrio*.

Cocente, che cuoce - *kuhajuć*, *vrel*, p. ardente - *guruć*, *vruć*.

Coda - *rep*.

Codesto - *ta*, *otaj*, *(ta, ota, to, oto,)*; di codesto luogo - *tamošnji*, *toměstni*, *tostrani*, *(tamošnja, toměstna, tostrana, tamošnje, toměstno, tostrano)*, codesto stesso - *ta isti (ta ista, to isto,)*, codesto giudizio - *ta (otaj, tamošnji, toměstni, tostrani) sud*.

Codice, libro che contiene le leggi - *zakonik;* codice civile universale - *obći gradjanski zakonik*, codice penale - *kazneni zakonik;* p. manoscritto antico - *stari starodavni (starodobni) rukopis*.

Codicillo - *zapisje*.

Cocrede. V. Erede.

Coerente - *odnosan*.

Coerenza - *odnošaj*, *odnošenje*, *savezaj*.

Coetaneo - *istolĕtan, jedno-doban, istodoban.*

Cofano, corbello - *koš,* dim. *košić.*

Cogitabondo - *zamišljen.*

Cogliere, (l' erbe ecc.) - *bra-ti, birati, pobirati* (l' uva ecc.) - *tèrgati,* (l' aver col-to abbastanza) *nabrati, natèrgati,* (finir di coglie-re) *pobrati, potèrgati, do-brati, dotèrgati,* p. rinve-nire - *naći, pronaći,* p. acchiappare - *zgrabiti, po-grabiti,* p. accogliere - *prijeti,* p. colpire - *pogo-diti, srĕtiti.* V. Accadere. Prendere.

Cognata, moglie del fratel-lo - *nevĕsta,* p. moglie del fratello del marito - *jetèrva,* p. sorella del ma-rito - *zava, muževlja se-stra;* p. sorella della mo-glie - *svasta.*

Cognato, fratello del mari-to - *dĕver,* p. fratello del-la moglie - *šurjak,* p. ma-rito della sorella, verso la sorella della moglie - *svak.*

Cognizione - *znanost, znanje;* cognizione di causa - *u-zrokoznanje.*

Cognome - *pridĕvak, prezi-me, predime;* nome e co-gnome - *ime i pridĕvak, ime i prezime.*

Coincidere - *sudarati, odgo-varati.*

Cointelligenza. V. Intelli-genza.

Cointeressato st. - *sukorist-nik, dionik.*

Coito. V. Copula.

Colà - *onamo, u onom mĕstu (u ono mĕsto).*

Colabrodo - *jušno sito.*

Colendissimo - *mnogočastan, mnogoštujen, mnogoštovan, mnogopoštovan, velečastan.* ecc.

Colèra, malattia - *kratelj.*

Coleroso - *krateljan.*

Colazione, pasto mattutino - *ručak, južina, užina.*

Colla, fune da patibolo - *u-davka, zadavica, zanka, uzanka,* p. materia vi-scosa e tenace per at-taccare legnami ecc. - *klia, lĕpnica.*

Collaborare - *sudělati, sudě-lovati, suraditi.*

Collaboratore - *sudělatnik, sudělovatelj, suradnik.*

Collana, catenella d' oro che si porta al collo - *zlatna ovratica* v. *ovratni-ca, zlatni ogèrljaj, zlatno ogèrlje,* di gioje - *bisèrna ovratica* ecc.

Collaterale - *sustran,* pobo-*čan.* V. Linea.

Collaudare - *pohvaliti, odo-briti.*

Collaudazione - *pohvaljenje, odobrenje.*

Collazionare - *usporediti, sravniti.*

Collazione, riscontro di scrit-ture - *usporedjenje, srav-njenje,* p. conferimento di benefizio ecclesiasti-co - *podèljenje cèrkvenog dobra,* sl. collazione nella porzione legittima - *ura-čunanje u zakonitom dělu.*

Colle - *vèrsić, bèrdce.*

Collega - *pajdaš, sudrug.*

Collegamento, colleganza - *obvezanost, obvezanstvo, dogovor, sporazumljenje.*

Collegare va.- *združiti, spo-jiti, spraviti,* np. unirsi - *združiti se, spraviti se, sporazumiti se, dogovoriti se.*

Collegatario. V. Legatario.

Collegato st. confederato - *svezanik, saveznik;* ag. congiunto - *združen, spo-jen, svezan.*

Collegiale - *zboran, združan, skupiteljan;* collegiale giu-dizio - *zborni sud.*

Collegio - *zbor, skupilište.*

Collera - *jad, sèrditost, sèr-žba, razsèržba.*

Collerico - *jadljiv, sèrdit.*

Collettivamente - *zajedno, skupno, jednokupno, jedno-skupno, ujedno.*

Collettivo ag. di nome che nel singolare comprende molte cose dello stesso genere - *skupan;* nome collettivo - *skupno ime;* t. d. *zbiran;* cassa collettiva - *zbirna blagajna.*

Collezione - *sakup, pokup, sakupljenje, sakuplivanje, pokupljenje, sabiranje, po-biranje, nabiranje;* collezione delle leggi - *sakup-ljenje zakonah*.

Collimare - *zgajati, ugajati*.

Collina, sommità del monte - *glavica, glavica bèrda, brěg*, p. ischiena del monte - *rebro*: le colline di Pago - *Paške rebra*.

Collisione, urto di due corpi - *suboj, sukob*, p. scossa violenta - *tres, potres*, p. contrasto di parole - *pro-turěčje, oprěčenje, protu-slovje*.

Collo, parte del corpo fra la testa e il petto - *vrat*, p. parte più alta del monte - *glavica, vèrh* v. *vèršić bèrda (planine)*, p. fardello - *brěme, omotak*. V. Rompicollo.

Collocamento - *stavljenje, po-stavljenje, kladenje, polože-nje, naměštjenje, uměštjenje, ponaměštjenje, metjenje, na-stanjenje, nasadjenje*.

Collocare va. porre in un luogo - *staviti, postaviti, klasti, položiti, namě-stiti, uměstiti, metnuti, nastaniti, nasaditi*, np. p.

accomodarsi - *naměstiti se, uměstiti se, nastaniti se*.

Collocazione. V. Colloca-mento.

Colloquio - *pogovor, pogo-varanje*.

Collusione - *dogovor, spora-zumljenje*; collusione tra sovrani - *dogovor okru-njenikah* v. *vladarah*.

Colmare va. empire a tra-bocco - *prepuniti, pripu-niti, prenapuniti*, np. riem-pirsi - *napuniti se, prepu-niti se, prenapuniti se*.

Colombaja - *golubarnica*.

Colombo - *golub*.

Colònia, popolo mandato ad abitare un paese - *na-seljenici, naselbenici*, il com-ples. - *naselba*.

Colonia, contratto tra il pa-drone ed il lavoratore del podere - *pogodba* v. *ugovor zemljodelstva (te-žačtva)*.

Colonizzare - *naseliti*.

Colonizzazione - *naseljenje, naseljivanje*.

Colonnello, piccola colon-na - *stupić, stupčić, mali*

stup v. *stupac*, p. comandante di un reggimento -
pukovnik, tenente-colon-
nello - *podpukovnik*.

Colono - *kmet, težak, zemljodelac*.

Coloramento - *bojadisanje,
malanje, farbanje*.

Colorare - *bojadisati, malati,
farbati*.

Colore - *boja, farba, stroj*, p.
apparenza, pretesto - *izlika*.

Colorire. V. Colorare.

Colossale - *gorostašan, oriaški, oriašan*.

Colosso - *gorostaš, gorostaša*
met. *oriaš*.

Colpa - *krivnja, krivda, krivica, krivina*, p. fallo -
zabluda. V. Cagione.

Colpevole - st. *krivac, okrivljenik*, ag. *krivičan, okrivljen*.

Colpire va. percuotere - *u-
driti, udarati, udariti*, p.
dare nel segno - *pogoditi,
zgoditi, srětiti*, np. p. per-
cuotersi - *udriti se, udariti se*, p. ferirsi - *raniti se*.

Colpo, percossa parlandosi

di arma qualunque - *uda-
rac*, p. l'atto di adoperar-
la - *mah, zamah, zamaha,
zamahaj*; p. accidente im-
pensato - *zgoda, nenadni
slučaj*, di colpo, subito -
*namah, odmah, iz pèrvoga
maha, dilj, udilj, dilje*;
colpo apoplettico - *kaplja,
kapljavi udarac*.

Colposamente - *krivično*.

Colposo - *krivičan*. V. Danno. Fallimento.

Coltello - *nož*, coltellaccio -
nožina, andžar; colpo di
coltello - *nožni udarac*, fodero di - *nožnica*.

Colto, ag. coltivato, ammaestrato - *izobražen, prosvě-
ćen, prosvěćan*; uomo colto - *izobraženi cověk*, p.
dotto - *naučan*; ag. da
cogliere - *pobran, nabran,
poberen, naberen*.

Coltura, luogo coltivato - *ob-
radjeno město (zemlja)*, p.
coltivamento dei terreni -
obradjenje zemlje, štentanje.
V. Incivilimento.

Colui - *on, onaj*.

Coma, virgola - *piknja*.

9

Comandamento, comando - *zapověd*, p. atto di comandare - *zapovědanje*.

Comandante - *zapovědnik, zapovědavac, zapovědalac.*

Comandare - *zapovědati, naložiti, nalagati, narediti.*

Comando, ordine di fare - *zapověd, nalog, naredba*, p. facoltà di comandare - *oblast, vlast, moć.*

Combattere - *biti se, boriti se, tući se, èrvati se, bojovati, voevati, ratiti.* V. Contrastare.

Combattimento, battaglia - *bitka, borba, tučnja, èrvanje*, p. contrasto dell' animo - *nemir, smetnja.*

Combinamento, il combinare - *složenje, slaganje*, tl. p. accomodamento - *poravnanje;* combinamento amichevole - *priateljsko poravnanje.* V. Transazione.

Combinare, mettere insieme - *urediti, složiti, slagati,* tl. p. accordarsi - *poravnati se, porazumiti se, nagoditi se, načiniti se.*

Combinato - *uredjen, složen,* p. accomodato - *poravnan;* oggetto accomodato - *poravnani predmet.*

Combustibile - *gorivo*, met. *dèrvo.*

Come av. in guisa - *kao, kaono, kako, kakono, košto, na isti način, na on način, onako isto,* (preposizione) *poput* (gen.) p. quanto - *toli, toliko;* p. poichè, subitochè - *buduči, čim, dočim, potom, kako;* come se - *kao da, kako da, tobože, reći bi;* come sta la cosa? - *kako se stvar imade?* come fu detto - *košto bi rečeno.*

Comentare. V. Commentare ecc.

Cometa - *repata zvězda, repatica.*

Cominciare, dar principio - *početi, pričeti, započeti, začeti, zametnuti, zavèrći, počimati, uputiti se.*

Cominciato - *počet, pričet, započet, začet, zametnut, zavèržen, počiman.*

Comitatense, di comitato - *županjski;* autorità comitatense - *županjska oblast*, giudizio com. – *županjski sud.*

Comitato (autorità) - *župania;* supremo comitato - *vèrhovna župania*, autorità del comitato - *županjska oblast, župania*, capo del com. (supremo conte) - *veliki* v. *vèrhovni župan*, p. radunanza di persone - *odbor, skupština, spravište.* V. Comitiva.

Comitiva, compagnia - *pratnja, pratba, sprovod, sbor.*

Commedia - *igrokaz, igra, igralka;* commedia in cinque atti - *igrokaz u pet činah.*

Commediante - *igralac.*

Commemorabile - *spomenodostojan, uspomenodostojan, nezaboravan.*

Commemorare - *spomenuti, spomenovati, uspomenuti, uspomenovati, napomenuti.*

Commemorativo - *došėtiv, domisliv, spomeniv, uspomeniv.*

Commemorazione - *spomenjenje, spomenovanje, uspo-*

menjenje, uspomenovanje, napomenjenje.V. Memoria.

Commendabile - *pohvaliv, hvale* v. *pohvale vrėdan.*

Commendare, lodare - *hvaliti, pohvaliti*, p. approvare - *priznati, odobriti,* p. raccomandare - *priporučiti.*

Commendatizia, lettera - *priporučnica.*

Commendatizio - *priporučiteljan.*

Commentare - *razjasniti, tomačiti, tumačiti, raztomačiti, razglabati.*

Commentario, libro in cui scrivonsi i fatti memorabili - *dogodoupisnica, činopisna knjiga,* p. libro di commenti delle leggi - *tumačnica.*

Commento, esposizione, interpretazione - *razjasnenje, tomačenje, tumačenje, raztomačenje, razglabanje.*

Commerciale - *tèrgovački;* firma commerciale - *tèrgovačka tvèrtka.*

Commerciante - *tèrgovac, tèržalac, tèržac.*

*

Commerciare - *tèrgovati, tèržiti.* V. Girovagare.

Commercio, traffico - *tèrgovina*, p. cambio di merci - *promet*; camera di commercio e industria - *tèrgovačka i obèrtnička komora*, porre fuori di commercio - *metnuti izvan prometa*, commercio all'ingrosso - *veletèrztvo*, *tèrgovina na veliko*, al minuto - *malotèrztvo*, *sitna tèrgovina.* V. Girovago; carteggio di lettere - *dopisivanje*, p. commercio carnale - *puteno obćenje.*

Commestibile st. - *hrana, jelo, jilo, jestivo, jestvina, jizbina;* ag. p. mangiativo - *jediv, jestiv, dobar za jesti* v. *jisti.*

Commettere, va. incastrare parlandosi di legnami e simili - *uložiti, zglobiti,* p. ordinare, incaricare - *naložiti, nalagati, naručiti,* p. affidare, raccomandare - *pověriti, pověravati, preporučiti, priporučiti, preporučati, preporučivati,* p.

fare - *činiti, počiniti, učiniti;* commettere un crimine - *počiniti zločin;* np. darsi in potere altrui - *podati se, zadati se, pověriti se, preporučiti se (komu).*

Commiato - *oprost, oproštaj, dozvola za odlazak, odpušćenje, odpravljenje.*

Commilitone - *suratnik, drugobojnik.*

Comminare, minacciare - *prětiti, zaprětiti;* a scanso della comminata multa - *pod izběgom zaprětjene globe.*

Comminatoria - *prětnja, zaprětnja;* sotto comminatoria di esecuzione - *pod prětnjom ovèrhe.*

Commischiamento - *měšanje, uměšanje.*

Commiserare - *pomilovati, žaliti, žalovati, ožaliti, ožalovati, požaliti, požalovati (koga), smiliti se (komu).*

Commiserazione - *pomilovanje, milost, milostivost.*

Commissariato - *pověreničtvo;* della guardia di finanza - *povĕreničtvo financialne straže.*

Commissario - *povĕrenik;* di polizia - *redarstveni povĕrenik,* delegato - *izaslani povĕrenik.*

Commissione, il commettere - *uloženje, zglobljenje, naloženje, nalaganje, naručenje, povĕrenje, povĕravanje, preporučenje, priporučenje, činjenje, počinjenje, učinjenje, podanje, zadanje (sebe).* V. Commettere; p. incombenza, comando - *zadaća, posao, posal, nalog, naruka, naručak;* p. il complesso di più individui incaricati d'un affare - *povĕrenstvo, odbor;* commissione delegata - *izaslano povĕrensto,* pupillare - *sirotinski odbor.*

Commisto, mescolato - *mĕšan, smĕšan, pomĕšan.*

Commisurare - *odmĕriti, izmĕriti, izračunati;* commisurare la tassa - *odmĕriti pristojbu.*

Commisurato - *odmĕren, izmĕren, izračunan;* pena

commisurata - *izmĕrena kazan.*

Commisurazione - *odmĕrenje, izmĕrenje, izračunanje.*

Commodare. V. Comodare. Adattare.

Commosso, mosso - *ganut, prignut,* p. agitato - *usnemiren.* V. Agitato.

Commozione - *uznemirenje, nemir.*

Commuovere, va. muovere l'altrui affetto ecc. - *ganuti, prignuti.* V. Agitare; np. commuoversi - *ganuti se, miloprignuti se.*

Commutabile - *zamĕniv, promĕniv.*

Commutamento - *zamĕnjenje, zamĕnjivanje, promĕnjenje* ecc.

Commutare - *zamĕniti, zamĕnjivati, promĕniti* ecc.

Commutazione - *zamĕna, promĕna;* della pena - *zamĕna kazni.* V. Perturbazione.

Comodante st., chi fa il comodato - *posudilac.* V. Mutuante.

Comodare, prestare gratuitamente - *posuditi.* V. Mutuare.

Comodatario st., chi riceve il comodato - *posudovnik*.

Comodato st., prestazione gratuita - *posuda*; contratto di comodato - *posudna pogodba*.

Comodo st., ciò che dà quiete e soddisfazione a' sensi - *last, naslada, ugodba*; p. opportunità - *zgoda, prigoda*; luogo comodo - *široko (prostrano, dovoljno) město*; p. prestito. V. Comodato; ag. p. opportuno - *povoljan, ugodan, zgodan, zadovoljan*.

Compaginare, concatenare - *svezati, spojiti, sdružiti*; (in istamperia) p. ridurre la composizione in pagine regolari - *urediti (razrediti v. postaviti u red) naslagana slova*.

Compagnare. V. Accompagnare.

Compagnia - *družtvo, družbina, sudružtvo, sudružbina, ortačtvo*, p. compagnia di soldati - *satnia*.

Compagno - *drug, sudrug*,

pajdaš, ortak; p. simile - *jednak, sličan, priličan*.

Comparabile - *prikladiv, podobiv, pripodobiv, prispodobiv, upodobiv*.

Comparabilità - *usporedivost, prikladivost, podobivost, pripodobivost, prispodobivost, upodobivost*.

Comparare, paragonare - *usporediti, upodobiti, prispodobiti, priklasti, prikladati*.

Comparativo ag. che paragona - *usporediteljan, prispodobiteljan, upodobiteljan*; grado comparativo *usporediteljni stupanj*.

Comparazione - *usporedjenje, upodobljenje, prispodobljenje, prikladenje, prikladanje*.

Compare - *kum*; farsi compare con taluno - *pokumiti se*.

Comparimento - *dojdjenje, dolazenje, prispěnje, pridenje, prikazanje, javljenje, dojavljenje, prijavljenje*. V. Comparsa.

Comparire, farsi vedere - *kazati se, prikazati se*,

ukazati se, svanuti; p. farsi sentire - *javiti se, pojaviti se, prijaviti se, dojaviti se, objaviti se;* p. appresentarsi in giudizio - *predstaviti se, doći, dolaziti, priti, prispěti;* comparso l' attore dichiara - *predstavivši se tužitelj, očituje;* p. spiccare - *niknuti,* met. *svanuti, puknuti.*

Comparsa, il comparire - *prikazanje, ukazanje, svanenje, javljenje, pojavljenje, prijavljenje, dojavljenje, objavljenje, niknenje, puknenje;* p. arrivo inaspettato - *došastje, dolazak*, p. citazione ed appresentarsi in giudizio - *predstavljenje, dolazenje, dojdjenje, prispěnje.*

Compartecipare – *udioničtvovati, sudioničtvovati.*

Compartecipe - *sudionik, udionik.*

Compartimento - *razděljenje, porazděljenje.*

Compartire va. - *razděliti, porazděliti;* np. *razděliti se.*

Compassare - *šestati, šesto-*

vati, *měriti šestom.*

Compassato - *šestan, šestovan.*

Compassionare, aver compassione - *imati milosèrdje, ganuti se na milosèrdje (prama komu), smiliti se, smilovati se (komu).*

Compassione - *milosèrdje, smiljenje, smilovanje.*

Compasso - *šest, šestilo, krugalo.*

Compatimento. V. Scusa ecc.

Compatriota - *domorodac, sudomorodac.*

Compatto st. convenzione reciproca - *uzajemni ugovor (pogodba);* ag. denso - *gust.*

Compendiare - *skupiti* v. *složiti u kratko, oglavičiti, oglaviti, zaglaviti.*

Compendio - *skup, skupak, kratki sadèržaj, složbina.*

Compensamento - *nadoměrenje, naknadjenje, doplatjenje, naplatjenje, nadoplatjenje, namirenje, poravnanje.* V. Compenso.

Compensare - *nadoměriti,*

naknaditi, doplatiti, na-platiti, nadoplatiti, nado-městiti, namiriti, porav-nati.

Compensazione. V. Com-pensamento.

Compenso - *odšteta, nakna-da.* V. Compensamento.

Compera, il comperare - *kupljenje,* p. cosa compe-rata - *kupilo;* compra e vendita - *kupo-prodaja.*

Comperare - *kupiti.*

Competente - *nadležan.*

Competenza, gara, parlan-dosi di cariche e onori - *natěcanje,* tl. p. attri-buzione - *nadležnost;* giu-diziale competenza - *sud-bena nadležnost,* conflitto di comp. - *razpra o na-dležnosti;* t. d. p. tassa - *pristojba, pristojbina, pri-padnost;* competenza di via - *putovna* v. *putna pristojba.*

Competere, chiedere insie-me, gareggiare - *natěcati se,* p. appartenere - *pri-padati;* a lui compete il diritto - *njemu pripada*

pravo. V. Concorrere.

Competitore, chi compete, emulo - *natěcatelj.*

Compiacente - *uljudan, ud-voran, blagoizvoljan.*

Compiacenza, diletto che si prende nelle azioni proprie - *ugoda, naslada;* p. desiderio di piacere altrui - *laskavost,* p. con-discendenza - *blagoizvola, blagoizvoljnost.*

Compiacere, va. far la vo-glia altrui - *zadovoljiti, povoljiti, ugoditi, ugajati, pogoditi (komu);* np. p. degnarsi - *dostojati se, do-stojiti se, udostojiti se, bla-goizvolěti.* V. Dilettarsi.

Compiacevole. V. Dilette-vole.

Compiacimento, il compia-cere - *zadovoljenje, povo-ljenje, ugodjenje, ugodja-nje, pogodjenje, dostoja-nje, dostojenje, udostoje-nje, blagoizvoljenje.* V. Compiacenza.

Compiagnere va. - *žaliti, ža-lovati, požaliti, požalova-ti, ožaliti, ožalovati, po-*

plakati (koga), np. V. Do-
lerai.

Compianto st. - *žalost*, ag.
*plakan, oplakan, žaljen,
požaljen.*

Compiegare - *priviti.*

Compiegato - *privijen;* compiegato decreto - *privijena
odluka.*

Compiere, dar compimento
- *dověršiti, dogotoviti, dofiniti, dopuniti, donapuni-
ti, dokončati,* p. adempire - *izpuniti, ověršiti,* p.
venire a termine, o a
fine - *svěršiti, izvěršiti,
zgotoviti, dospěti, zaglaviti, zaključiti, doći na kraj
v. svěršetak (doći do kraja,
do svěršetka, do svěrhe).*
V. Fornire.

Compieta - *povečěrnja, po-
večěrnica.*

Compilare - *sastaviti, sastavljati, urediti, srediti, složiti.*

Compilazione, il compilare
- *sastavljenje, sastavljiva-
nje, uredjenje, sredjenje,
složenje;* p. cosa compi-
lata - *sastavak.* V. Opera.

Compimento, il condurre a
fine - *dověršenje, dogotov-
ljenje, dofinjenje, dokončanje, dopunjenje, dona-
punjenje, svěršenje, izvěršenje, zgotovljenje, izgotov-
ljenje, dospijenje, zaglavljenje.*

Compire. V. Compiere. Fornire.

Compitamente, compiuta-
mente - *podpuno, dověr-
šno, dopunivo, sa svime,
posve;* p. civilmente - *u-
ljudno, udvorno, pristojno,
kao se pristoji.*

Compitare - *slovikati, slabikati.*

Compitazione - *slovikanje,
slabikanje.*

Compitezza - *uljudnost, u-
dvornost.* V. Compimento.

Còmpito, lavoro assegnato
- *zadaća, posao, posal,
dělo.* V. Computo.

Compìto, condotto a fine -
*dověršen, dogotovljen, do-
finjen, dokončan, dopunjen,
donapunjen, svěršen, iz-
věršen, zgotovljen, izgo-
tovljen, dospijen, zaglav-*

ljen; p. gentile - *uljudan, udvoran.*

Compiuto. V. Compito.

Complessione, disposizione, struttura del corpo - *sastav, složba (tĕla v. života)* p. qualità - *svojstvo.*

Complessivo - *ukupan, skupan;* complessivo importo – *ukupni iznos.*

Complesso, robusto - *krĕpak, jak;* in complesso, in generale - *u obće,* il complesso, il tutto – *ukupnost, skupnost, sve, svaka.*

Completamento - *popunjenje, dopunjenje, nadopunjenje.*

Completare - *popuniti, dopuniti, nadopuniti.*

Completo - *savĕršan, podpun, dopunjen, zadostan, dostatan;* incompleto - *nesavĕršan, nedopunjen, nepodpun, nedostatan, nezadostan.*

Complicamento. V. Complicazione.

Complicare - *zamĕrsiti, splesti, zaplesti, preplesti,*

Complicato - *zamĕrsen, spleten, zapleten, prepleten.*

Complicazione, il complicare - *zamĕrsenje, spletenje, zapletenje, prepletenje,* p. l' effetto del complic. - *zamĕrsenost, spletenost, zapletenost, prepletenost.*

Complice tl. - *dionik, (sukrivac);* complice del crimine – *dionik zločina.*

Complicità tl. - *dioničtvo (sukrivnja).*

Complimentare - *podvoriti (koga), klanjati se (komu);* il complimentare - *podvorenje, klanjanje.*

Complimento, atto di riverenza - *poklon.*

Complotto. V. Cospirazione.

Componere. V. Comporre.

Componimento, il comporre - *slaganje, složenje, skupljanje, nakupljanje, skladanje, pisanje, spisivanje, izpisanje, izpisivanje, izpisavanje, sastavljenje, sastavljanje, poravnanje, umirenje, pomirenje, utĕšenje;* p. ogni sorta di componim. in prosa, poesia ecc. V. Composizione. Opera. Comporre. Combinamento.

Comporre va. porre insieme varie cose per farne una - *slagati, složiti, skupljati, nakupljati, skupiti, nakupiti, skladati*, p. scrivere in prosa, poesia o musica - *pisati, spisati, spisivati, izpisati, izpisivati, sastaviti, sastavljati*; p. accomodare - *poravnati*, p. riconciliare - *umiriti, pomiriti*, p. calmare - *utěšiti*, p. acconciare insieme i caratteri per la stampa - *slagati*. V. Macchinare. Pattuire; np. p. calmarsi - *umiriti se, utěšiti se*. V. Accordarsi. Aggiustarsi.

Comportabile, atto a comportarsi - *podnosiv, podnosan, tèrpljiv, pritèrpljiv*.

Comportamento - *ponašanje*, lodevole comportamento *hvalevrědno ponašanje*.

Comportare va., tollerare - *tèrpiti, pritèrpiti, potèrpiti*; p. sopportare - *podnašati*, p. permettere - *dopušćati, donašati*, np.

p. condursi bene o male - *ponašati se*. V. Richiedere.

Compositore, di opere letterarie - *spisatelj, umotvorac, sastavitelj*, in genere di opere d'ingegno - *sastavitelj, umotvorac*, p. chi nelle stamperie mette insieme i caratteri - *slagar*, p. compositore di opere musicali - *glasbotvorac, pěvotvorac*,

Composizione, p. risultato del comporre - *sastavak, skladba, skladak, umotvor, složba*, p. azione di comporre. V. Componimento. Compaginare.

Compostezza - *ponižnost, umiljenost*.

Compra. V. Compera.

Comprare. V. Comperare.

Compratore - *kupilac, kupac*.

Comprendere, intendere bene - *razuměti, shvatiti, zakapiti, zapamtiti, dokučiti, doprěti, doseći*; p. contenere in sè - *sadèržati, sadèržavati, uzdèržati, uzdèržavati, imati (u sebi)*.

V. Correggere. Indovinare. Occupare.

Comprendimento, il comprendere - *razumljenje, shvatjenje, zakapljenje, zapamtenje, dokučenje, deprěnje, dosežnje, sadèržanje, sadèržavanje, uzdèržanje, uzdèržavanje.*

Comprensibile - *razumiv, shvativ, dokučiv, dohitiv, dohitan.*

Compressione - *pritisnenje, pritiskanje, pretiskanje, pritiskavanje, gnjavljenje.*

Compresso ag., schiacciato - *pritisnjen, pretiskan, gnjavljen.*

Comprimere - *pritisnuti, pretiskati, speti, gnjaviti.*

Comprita - *kupilo, kupnja.*

Compromesso, atto col quale due, o più rimettono le loro differenze al giudizio di arbitri - *pristatak, nagodba.*

Compromettere, rimettere le proprie differenze in altrui - *pristati na sud odabranikah v. spustiti se na odabranike.* V. Arbitro.

Compromissario st. V. Arbitro. ag. - *odabranički.*

Compromittente - *pristatnik.*

Comproprietà - *suvlastničtvo, suvlastnost.*

Comproprietario - *suvlastnik.*

Comprovare, approvare, ammettere - *hvaliti, pohvaliti, odobriti,* p. provare - *dokazati, obsvědočiti, obrazložiti.* V. Confermare.

Comprovato, approvato - *hvaljen, pohvaljen, odobren,* p. provato - *dokazan, obsvědočen, obrazložen.*

Comprovazione, comprovamento - *dokazanje, obsvědočenje, obrazloženje.*

Compulsare. V. Costringere.

Compunto ag. - *pokajan.*

Compunzione - *pokajanje.*

Computare, far computo - *računati, proračunati, uračunati.* V. Annoverare ecc.

Computato - *računan, proračunan, uračunan.*

Computazione - *računanje, proračunanje, uračunanje.*

Computista - *računar, računarnik, računovoditelj.*

Computisteria, arte di far computi, di conteggiare - *racunarstvo*, p. uffizio (scrittojo) rispettivo - *racunovodstvo*, *racunovoditeljni ured*; computisteria di stato - *děržavno racunovodstvo*.

Computo - *racun*. V. Computazione.

Comunale, di comunità - *obcinski*; uffizio comunale - *obcinski ured*; p. comune a più. V. Comune; p. appartenente a comunità o comune - *pucki*; scuola comunale - *pucka uciona*.

Comune st. p. corpo di cittadini - *obcinstvo*, p. luogo retto da un sindaco, podestà ecc. - *obcina*; comune di Fiume - *řecka obcina*, civico comune - *gradska obcina*; p. pluralità - *vecina*; ag. che è di molti o di tutti - *zajednicki, pucki, obcinski, obci, sveobci, obcen, obcenit*; cosa comune - *zajednicka stvar*; che si trova con

facilità e in abbondanza - *obican*; riferib. a nome - *obci*; nome comune, proprio e collettivo - *ime obce, vlastito i skupno*.

Comunella - *druztvo, druzba, zadruzba, zadruga*.

Comunemente - *u obce*.

Comunicare va. far comune - *povedati, odkriti, kazati, skazati*, p. divenir partecipe - *dionictvovati, udionictvovati, dionikom biti*, v. *postati*; p. informare - *priobciti, javiti, objaviti, dojaviti, prijaviti, obzaniti, naznaciti, staviti do znanja*, p. infondere per contatto - *napuniti*; comunicare la scabbia - *napuniti sraba (koga)*; p. amministrare il Sacr. dell' Eucaristia - *pricestiti, pricescivati*, np. comunicarsi - *pricestiti se, pricescivati se*.

Comunicato - *povedan, odkrijen, kazan, skazan, priobcen, javljen, objavljen, prijavljen, obznanjen, naznacen, pricescen, pricesci-*

van. V. Comunicare.

Comunicazione, il comunicare - *povědanje, odkrijenje, kazanje, skazanje, udioničtvovanje, priobćenje, javljenje, objavljenje, dojavljenje, prijavljenje, obznanjenje, naznačenje, stavljenje do znanja*, p. colleganza - *sveza, svezanost.* V. Comunicare.

Comunione st. partecipazione in comune - *udioničtvovanje, suobćenje;* sl. comunione di beni - *zajednica dobarah*, di proprietà - *zajednica vlastničtva;* p. Sacr. dell' Euc. - *pričest, pričešće*, p. l' atto di riceverlo - *pričešćenje*, p. unione di molte persone in una fede - *obćenje, udioničtvovanje, sdruženje u istoj věri.* V. Comunella.

Comunismo - *zajedničtvo dobarah, zajednica.*

Comunque, in qualunque modo - *kakogod, kakogoděr, svakako, na svaki način, po svakom putu.*

Con, col, collo, colla - *s,*

sa (ist.); coll' uomo - *s čověkom*, con rigore - *sa strogostju*, con me - *s mnom*, con te - *s tobom*, con lui - *š njim*, con noi - *s nami*, con voi - *s vami*, con loro - *š njimi.*

Conato - *težnja.*

Conca, vaso concavo di terra cotta di grande apertura - *planida*, p. madia di legno od altro - *kopanj, kopanica, kopanjica.*

Concatenamento - *svezanje, obvezanje, sdruženje, spojenje.*

Concatenare - *svezati, obvezati, sdružiti, spojiti.*

Concatenato - *svezan, obvezan, sdružen, spojen.*

Concatenazione - *savez, svezanost, obvezanost, spojenje;* in concatenazione - *u savezu, savezno.*

Concavità st. - *dubivost, dubljivost.*

Concavo ag. - *dubljiv, dubinast;* concavo e convesso - *dubinast i ugnut.*

Concedere, dar facoltà - *dopustiti, dopušćati, nekra-*

titi, *nebraniti*; p. accordare - *dozvolěti*, *poděliti*; concedere i benefizj legali - *dozvolěti zakonita dobročinstva*, concedere graziosamente - *blagodarno poděliti*, *(dozvolěti)*; p. acconsentire - *privoljiti, dovoljiti, uzadovoljiti*. V. Somministrare.

Concedimento - *dopuštenje, dopušćenje, dozvoljenje, poděljenje, privoljenje, dovoljenje, uzadovoljenje*.

Concerto. V. Armonìa.

Concepire, divenir gravida (delle donne) - *začeti, postati noseća, zanositi*, (degli animali) - *zavèrći, nabrijati se, napuniti se*; p. immaginare - *namislěti, začeti*. V. Comprendere. Concetto.

Concepista, tl. - *perovodja*. V. Praticante.

Conceputo ag., concepito (p. gravidanza) - *začet, zanosen, zavèržen*; p. immaginato - *namišljen, začet*.

Concessione, il concedere. V. Concedimento; p. co-

sa concessa - *dozvola, privola*.

Concesso, conceduto - *dopušten, dopušćen, nekratjen, neuzkratjen, nebranjen, nezabranjen*; p. accordato - *poděljen, dozvoljen*.

Concetto, la creatura concepita - *čedo*, la cosa immaginata - *namisal, namisao, izmišljenost, začetak, začetje, stvar namišljena (izmišljena, iznajdena, pronajdena)*, p. pensiero - *misal, misao*, p. riputazione - *glas, ime*.

Concezione, concepimento - *začetje, začetstvo, zanosenje, zavèrženje*, p. festa della immacolata Concezione - *začetje Blažene Děvice Marije*, p. pensiero. V. Concetto.

Conchiudere, chiudere assieme - *suzatvoriti, zatvoriti zajedno*, p. terminare un discorso - *zaglaviti, zaključiti, svèršiti, dospěti (govor)* un affare - *sklopiti, utanačiti*; conchiudere il contratto - *sklopiti* v. *u-tanačiti pogodbu* (*ugovor*) conchiudere in causa - *zaglaviti pravdu.* V. Deliberare.

Conchiuso st. tl., deciso - *zaključak;* conchiuso di accusa - *tužbovni zaključak;* ag. *zaglavljen, zaključen, svèršen, dospijen, sklopljen, utanačen.*

Concia, arte di conciare le pelli - *strojarstvo,* p. luogo dove si conciano - *strojaria, strojarnica,* p. materia con cui si conciano - *stroj.*

Conciare, acconciare. V. Abbellire; p. addestrare. V. Ammaestrare; p. dare il concio parlandosi di terreno - *gnojiti, gnjojiti, nagnojiti;* allus. a pelli - *strojiti;* conciare taluno per le feste (maltrattarlo) *zlostaviti (iztući izmlatiti) koga.* V. Racconciare. Fatturare. Pacificare.

Conciliabolo - *saborica, kovarstvo.*

Conciliazione - *umirenje, po-mirenje.*

Concimaja - *gnjojilišče, gnojilište.*

Concimare - *gnojiti, gnjojiti.*

Concimatura - *gnojenje, gnjojenje.*

Concime - *gnjoj, gnoj.*

Concio, lavorato *obdělan, obradjen;* malconcio - *zlo-stavljen, osakatjen;* pesce concio, in sale - *poslanjena riba.*

Concione - *govor, pripovědka.*

Conciossiachè. V. Avvegnachè.

Concisione - *kratkoća, nedugoća.*

Conciso - *kratak, nedug.*

Concittadino - *sugradjan, sugradjanin.*

Concludere. V. Conchiudere.

Conclusionale tl. - *zaglavni spis, zaglavnica.*

Conclusione, termine - *zaključak, zaglavje;* in conclusione (in conseguenza) di ciò - *doslědno (u posledku, polag, uslěd) toga.*

Concordare - *sudarati, slagati se, odgovarati.*

Concordato st. - *konkordat.*

Concordia - *sloga, složba, složnost, pogodba.*

Concorrente, che concorre - *sutěcatelj,* p. competitore *natěcatelj.*

Concorrenza, il concorrere - *sutěcanje,* p. il competere – *natěcanje,* p. competenza, gara - *natěcaj,* p. il cooperare - *pomaženje, sudělovanje,* p. il sussistere – *obstojanje.*

Concorrere, correre insieme - *sutěći, teći zajedno, ujedno* v. *skupa;* p. competere - *natěcati se;* concorrere pel posto di consigliere - *natěcati se za savětničku službu,* p. cooperare ad un fine - *pomoći, pomagati, sudělovati;* sl. p. sussistere - *obstojati, po̍stojati;* vi concorrono gl' indizii d' un crimine - *obstoje tragovi zločina.*

Concorso, moltitudine di gente - *množtvo (množina, sila, navala, navěrvljenje) ljudih (puka, ljudstva),* p. gara - *natěcaj;* aprire il concorso ad un pubblico

servizio - *otvoriti natěcaj za javnu službu;* p. cooperazione - *pomoć, sudělovanje,* sl. p. concorso dei creditori - *stečaj věrovnikah;* p. sussistenza - *obstojanje, postojanje.* V. Concorrere.

Concreto, contrario di astratto – *bitan, izvěstan,* p. condensato - *gust, zagusnut.* V. Astratto.

Concubina - *priležnica.*

Concubinato - *priležničtvo.*

Concubito, *prileg, puteno sobćenje.*

Conculcare. V. Calpestare.

Concupire - *poželiti, (požuděti) puteno* v. *bludno.* V. Desiderare.

Concupiscenza - *bludoželja, putena požuda.*

Concursuale, di concorso credit. - *stečajan, prezadužen, propalan;* concursuale massa - *stečajna (prezadužena) gromada.*

Condanna sl. - *osuda, obsuda, odsuda,* p. pena - *peděpsa, kazan.*

Condannabile - *osudiv, ob-*

sudiv, odsudiv.

Condannare - osuditi, obsuditi, odsuditi; il condannare - osudjenje ecc.

Condannato st. - osudjenik, obsudjenik, odsudjenik; ag. osudjen, obsudjen, odsudjen.

Condebitore - sudužnik.

Condegno – pristojan, priličan, zaslužen; condegno castigo - pristojna kazan. V. Degno.

Condensamento - zgusnenje, ugusnenje.

Condensare va. far denso - zgustiti, ugustiti, diventar denso - zgusnuti, ugusnuti, zgusnuti se.

Condensato - zgustjen, ugustjen, zgusnjen, zgusnut, ugusnut.

Condensazione - zgusnoća. V. Condensamento.

Condimento - smok, zabilje.

Condire (le vivande) - zasmočiti, zabiliti; fig. p. render gradita una cosa - zasladiti, osladiti.

Condiscendenza - ugadja, ugodjaj, povola, pogoda, zadovola.

Condiscendere, scendere insieme - zlaziti zajedno, p. concorrere nell' altrui opinione - pogoditi, pogadjati, biti čijega mnênja, p. secondare - ugoditi, ugadjati, zadovoljiti, uzadovoljiti, dopustiti, prignuti se, nebraniti, nekratiti.

Condiscendimento, il condiscendere - pogodjenje, pogadjanje, ugodjenje, ugadjanje, zadovoljenje, uzadovoljenje, dopuštenje, prignjenje, nebranjenje.

Condiscepolo - suučenik.

Condizionare va. rendere atto - upodobiti, usposobiti, np. diventar capace - usposobiti se, sposobnim se učiniti, p. abituarsi - navaditi se, naučiti se.

Condizionato, sottoposto a condizione - uvêtan, ograničen; bene o male condizionato (in buono o cattivo stato) - u dobrom ili zločestom stališu. V. Atto.

Condizione, qualità d'una persona o cosa - kakvoća, svojstvo, p. stato di una persona rispetto alla nascita - *stališ, stalež, rod, pleme, kolěno, ruka;* di nobile condizione - *plemenita stališa, (roda, plemena, kolěna, ruke),* p. arte, professione - *zanat,* p. ritrovato - *stališ, stalež, stanje,* p. partito - *položaj,* p. patto - *uvět, ugovor;* sotto condizione - *pod uvětom,* sub conditione sine qua non - *pod uvětom bez kojega ne.* V. Asta.

Condoglianza - *žalba, žaljenje, požaljenje.*

Condolersi, dolersi con alcuno - *žaliti, požaliti (koga)* p. lamentarsi - *tužiti se, potužiti se, žaliti se.*

Condonare, perdonare - *prostiti, oprostiti,* p. rilasciare - *odpustiti;* condonare la pena - *oprostiti kazan.*

Condonazione, perdono - *oprost, prošćenje, prašćanje, oprašćanje, oprošćenje.*

Condotta, scorta, guida - *pratnja, vodjenje,* p. con-

tegno - *ponašanje, življenje;* condotta morale - *ćudoredno ponašanje,* p. stipendio - *zaslužba, platja,* condotta (impiego) medica - *lěčnička služba.*

Condottiere che conduce - *vodja, vodionik, kolovodja,* p. chi conduce robe da un luogo all'altro (a piedi) - *prenašalac, prenašaoc,* (col carro) - *kiriaš.* V. Capitano. Conduttore.

Condurre va. menare - *peljati, voditi,* p. condurre trascinando - *vući, šuljati,* p. guidare - *pratiti;* p. condurre fino un luogo - *dopeljati, dovesti, dovoditi, dovući, došuljati, dopratiti, pripeljati, privesti, privoditi, privući, prišuljati, pripratiti,* p. condur via - *odpeljati, odvesti, odvući, odpratiti;* p. prendere in affitto. V. Locare; np. p. regolarsi - *ravnati se, ponašati se,* p. risolversi - *odlučiti se, odvažiti se.*

Conduttore, chi conduce -

vodja, vodioc, voditelj. V. Condottiere, sl. p. contrario di locatore (in genere) - *naručilac* (di un fondo rustico) *uporabo-primac.* V. Locatore.

Conduzione. V. Locazione.

Confacente, che si confà - *prikladan, priličan,* che conviene - *pristojan, priměran.* V. Adattato.

Confarsi -. *biti prikladan, pristojiti se, pristojati se, upodobati se, upodavlati se, priličiti se.*

Confederarsi - *sklopiti svezanost v. savez, svezati se.*

Confederato st. - *saveznik, svezanik, savezni član;* ag. *savezan, svezan;* potenze confederate - *savezne sile.*

Confederazione – *savez, svezanost;* confederazione germanica - *němški savez.*

Conferenza, confronto. V. Paragone; p. abboccamento - *dogovor.*

Conferire, dar cariche ecc. *poděliti;* in forza del potere conferito - *snagom poděljene vlasti.* V. Co-

municare. Paragonare.

Conferma - *potvěrda, zasvědočba.* V. Confermazione.

Confermare, render fermo - *potvěrditi, utvěrditi, ustanoviti, ukrěpiti, utemeljiti,* p. approvare – *odobriti, priznati,* p. dimostrare con prove - *zasvědočiti, obsvědočiti,* p. cresimare - *běrmati, krizmati.*

Confermazione - *potvěrdjenje, utvěrdjenje, odobrenje, priznanje;* p. cresima - *berma, krizma.*

Confessare, affermare ciò, di cui si è domandato - *povědati, izpovědati, očitovati, valovati,* p. palesare - *odkriti, kazati,* p. dichiarare apertamente - *očito* v. *javno kazati, kazati pred světom,* p. udire i peccati - *spovědati, izpovědati (koga),* p. manifestare i peccati - *spovědati se, izpovědati se (komu),* p. parlare sinceramente - *izkreno* v. *zdušno kazati (povědati, govorěti, divaniti).*

Confessionale st. confes-sionario - *spovědalnica*, ag. di confessione - *izpo-vědan;* sotto sigillo con-fessionale - *pod izpovědno ime.*

Confessione, affermazione di ciò che altri domanda - *povědanje, izpovědanje, očitovanje, valovanje*, p. dichiarazione dei propri peccati - *spovědanje, izpo-vědanje*, p. sacramento della penit. - *spověd, iz-pověd;* p. dottrina reli-giosa creduta dai segua-ci di Lutero - *luteransko věroizpovědanje.*

Confesso ag. confessato, di-chiarato - *izpovědan, oči-tovan;* reo confesso - *o-čitovani* v. *izpovědani kri-vac*, allus. a penitente - *spovědan, izpovědan.*

Confessore, sacerdote - *spo-vědnik, izpovědnik*, p. chi confessa la propria fede - *věroizpovědalac.*

Confetto st. mandorla ecc. coperta di zucchero - *slat-karia, slastje.*

Conficcamento - *zabijenje, pribijenje.*

Conficcare - *zabiti, pribiti.*

Confidare, aver confidenza - *uzdati se, pouzdati se, zaufati se, ufati*, p. spe-rare - *ufati se.*

Confidente st. quegli a cui si confidano i pensieri - *pouzdanik;* ag. intrinse-co - *pouzdan, zaufan.*

Confidenza, fidanza - *uzda-nost, pouzdanost, poufa-nost, zaufanost, uzdanje, pouzdanje, zaufanje, po-ufanje*, p. fiducia - *ufanje*, p. comunicazione d'un secreto - *pověrenje*, p. in-tima amistà - *najbližje priateljstvo.*

Confinante st. - *medjaš, po-krajnik, susěd;* ag. che confina - *medjašeći, grani-čeći, pokrajan, susědan.* V. Confinario.

Confinare va. porre i con-fini - *omedjašiti, ograničiti*, p. bandire - *odalečiti, pro-gnati, progoniti;* vn. es-sere contiguo - *medjašiti, graničiti, biti u medjašu*

v. susĕdstvu (na granici, na medji).

Confinario st. abitante al confine - graničar, krajišnik, ag. di o da confine - graničarski, krajišnički. V. Confinante.

Confine, limite - granica, krajina, medja, medjaš, p. luogo d' esilio - prognanište, progonište. V. Confinante.

Confiscare - dosuditi dèržavi čija dobra (odsudjenikah), ublagariti.

Confiscazione - dosudjenje dèržavi čija dobra. (odsudjenikah), ublagarenje.

Conflagrare va. en. - gorĕti, izgorĕti, opalĕti, plansati.

Conflagrazione, incendio - pogor, požar, požeg, palež. V. Rivoluzione.

Conflitto - sukob, prepirka, borba. V. Competenza.

Confondere va. mescolare senza ordine - mĕšati, pomĕšati, izmĕšati, zamèrsiti; p. convincere con gran confusione del convinto - smesti, zamesti, omesti,

zasĕniti(koga); p. turbare le idee sì che appajano confuse - smutiti. V. Dileguare, Avvilire; np. p. smarrirsi - zgubiti se, izgubiti se, smutiti se, pomutiti se, p. turbarsi gravemente - zabiti se.

Confondimento, confusione - mĕšanje, pomĕšanje, zamĕšanje, izmĕšanje, zamèrsenje, (imbarazzo) smetnja.

Conformare va. far conforme - spodobiti, upodobiti, p. accomodare - urediti, srediti, prirediti, načiniti; np. p. uniformarsi - pristati, slagati se, složiti se, p. rassegnarsi, adattarsi - podložiti se, podmetnuti se, podstaviti se. V. Condiscendere.

Conformazione, il conformare - spodobljenje, spodobjenje, upodobljenje, uredjenje, sredjenje, priredjenje, načinjenje; il conformarsi - pristanje, složenje, il rassegnarsi - podloženje, podmetjenje, podstavljenje. V. Condiscendimento; p. struttura delle parti di un corpo - *sačinba, sklad.*

Conforme ag. - *podoban, spodoban, sličan, priličan, jednoličan, jednak, prikladan, priměren*, p. unisono - *jednoglasan, suglasan*, conforme sentenza - *jednoglasna presuda*. V. Conformemente.

Conformemente - *podobno, spodobno, spodobito, prikladno, priměrno, na priměr, suglasno, u suglasju;* p. a seconda - *polag* (gen.) *po* (loc.).

Conformità - *podobnost, spodobnost, sličnost, priličnost, jednoličnost, jednakost.*

Confortamento, il confortare - *objačenje, okrěpljenje, pokrěpljenje, razveseljenje, utěšenje, nagovaranje, nukanje, ponukanje, umirenje.* V. Conforto. Confortare.

Confortare va. render forte - *objačiti, okrěpiti, pokrěpiti,* p. alleggerire il cordoglio - *razveseliti, u-*

těšiti, p. esortare - *nagovarati, nukati, ponukati.* V. Ricreare. Ristorare; np. darsi pace - *dati si mira, umiriti se, utěšiti se,* p. aver speranza - *ufati, ufati se.*

Conforto, lieta speranza - *zaufanost, zaufanje, sladko zaufanje,* p. consolazione - *utěha, razveseljenje.* V. Esortazione.

Confrate, confratello - *bratim, brat.*

Confraternita - *bratja, brašćina, bratinstvo.*

Confrontare - *uzporediti, prispodobiti, sravnati;* p. confrontare i testimoni - *suočiti.* V. Comparare.

Confrontazione - *uzporedjenje, prispodobljenje, sravnanje, suočenje.*

Confronto - *uzpored, uzporeda, suočitba;* confronto de' testimonj - *suočitba svědokah.*

Confusionario - *smetalica, smetalac, smetljivac, smutljivac.*

Confusione, disordine - *ne-*

red, metež, p. turbamento d-ll' animo - *smetnja, nemir, smutjenje.*

Confuso, disordinato - *zamèrsen, razbèrcan, smĕšan, pomĕšan, neredan, neredben, neuredjen;* p. smarrito - *zgubljen, izgubljen, smutjen,* p. sbalordito - *zablenut, smećen, smeten, zameten, zasĕnjen, obsĕnjen.*

Confutabile - *oprovèrgiv.*

Confutamento - *oprovèrženje, oprovèrgnjenje, uzbijenje.*

Confutare - *oprovèrći, oprovèrgnuti, uzbiti;* confutare le avversarie prove - *oprovèrći protivne dokaze.*

Confutato - *oprovèržen, oprovèrgnut, uzbijen.*

Confutazione - *oprovèrgnutje,* V. Confutamento.

Congedare, va. dar congedo - *odpustiti, odbaviti;* np. prendere congedo - *oprostiti se.*

Congedo, licenza che si dà di partirsi - *odpust, odbavljenje, dozvola za odputovanje;* p. licenza che si piglia di partirsi -

oproštaj.

Congegnamento - *složenje, skladjenje, skladanje.*

Congegnare - *složiti, skladiti, skladati.*

Congelamento - *zledenje, oledenje, poledenje.*

Congelare - *zlediti, olediti, polediti.*

Congelato - *zleden, oleden, poleden.*

Congettura - *misal, namisal, misao, namisao, sumnja.*

Congetturare - *mislĕti, sumnjiti.*

Congiugnere va. - *združiti, spojiti, skopčati, svezati, sjediniti, zajediniti.* V. Aggiungere; np. p. avvicinarsi - *približati se, spraviti se, sdružiti se.*

Congiungimento - *združenje, spojenje, svezanje, skopčanje, sjedinjenje, zajedinjenje, spravljenje, približanje.*

Congiuntivo - *združiv, spojiv, sveziv, sjediniv;* p. modo soggiuntivo - *vezni način.*

Congiunto st. parente - *ro-*

djak, tasbenik, svoj, ag. da congiugnere - *združen, spojen, skopčan, svezan, sjedinjen.*

Congiunzione, parte indeclin. del discorso - *veznik.* V. Congiungimento.

Congiura - *kovarstvo, dogovor zakletni proti vladi.*

Congiurare, operare con giuramento a danno del governo - *kovariti, kovariti (dogovoriti se) zakletno proti vladi;* p. operare di concerto contro chi si sia - *kovariti, nastojati za čiju propast.*

Congiurato - *kovarnik.*

Congratularsi - *radovati se, uzradovati se (komu v. s kim), čestitati (komu).*

Congratulazione - *radovanje, uzradovanje, čestitanje.*

Congregare va. unire insieme – *združiti, spraviti, skupiti, sakupiti, pokupiti, složiti, slagati, sabirati,* np. unirsi - *združiti se, spraviti se, ecc.*

Congregazione, adunanza -

spravište, skupština; congregazione del comitato - *županjska skupština.*

Congresso, unione di persone ragguardevoli per trattare negozj d' importanza - *sastanak, dogovor;* congresso europeo - *evrópejski sastanak.* V. Zuffa. Concubito.

Congrua st. provvisione necessaria ad un parroco per vivere secondo il suo stato - *župnički užitak.*

Congruente ag. - *odgovarajuć pristojan, priličan.*

Congruo ag. - *pristojan, prilićan.*

Coniare - *kovati,* V. Moneta.

Coniazione - *kovanje.*

Coniglio - *kunac.*

Conjugale, matrimoniale - *ženidben, bračan,* p. maritale - *muževan, bračan.*

Conjugare, sottoporre allo stesso giogo - *suupreći, staviti pod isti jaram,* p. congiungere insieme - *združiti, skopčati, spojiti,*

svezati, zakonabljiti, uko-
nabljiti, p. conjugare i
verbi - sprezati, spreći.

Conjugazione, il conjugare
- suupreženje, suzapreženje,
(dei verbi) sprezanje, a-
strat. di conjug.- sprega;
il congiungere - združenje,
skopčanje, spojenje, sve-
zanje, zakonabljenje, uko-
nabljenje.

Conjuge. V. Marito. Moglie.

Connazionale - sunarodan.

Connessione – sveza, svezanost, zavezanost, sklad,
skladnost, skopčanost, skopčanje, spojenje, združenje.

Connesso - svežen, skopčan,
spojen, skladjen, združen.

Connettere - svezati, zavezati, skopčati, spojiti, združiti.

Conoscente st. – poznanac.

Conoscenza - poznanje, po-
znavanje, p. cognizione -
znanje, p. scienza, sape-
re - znanost, znanstvo, p.
riconoscenza - spoznanje,
spoznavanje, upoznanje,
upoznavanje, p. famiglia-
rità - poznanstvo.

Conoscere - poznati, poznavati, p. discernere - spoznati, spoznavati, p. ravvisare – upoznati, upozna-
vati, pripoznati.

Conquista, il conquistare -
osvojenje, posvojenje, p.
cosa conquistata - odor,
odora.

Conquistare - osvojiti, posvojiti, osvojiti v. posvojiti silom v. oružjem.

Consacrare va. - posvetiti,
usvetiti, p. render celebre
o immort. - proslaviti, u-
věkověčiti, p. dedicare -
pokloniti, prikazati, darovati, p. fare il sacramento dell' altare - posvetiti,
np. p. applicarsi, dedi-
carsi - posvětiti se, prio-
nuti, staviti se.

Consacrazione - posvetjenje,
p. dedicazione - poklonjenje, prikazanje, darovanje.

Consanguineo - rodjak, su-
kěrvnik, svoj.

Consanguinità - rod, rodbina.

Consapevole - ubavěštjen, obznanjen. V. Complice.

Consapevolezza - znanje, po-

manje.

Conscio. V. Consapevole.

Consecutivo - *dujduć, slĕdeć, naslĕdujuć, uzastopan.*

Consecutivamente - *uzastopce, uzstopce, zajedno.*

Consegna - *predaja, predatba, predanje, izručenje, uručenje;* consegna dell'ufizio - *predaja ureda;* consegna e ricevimento - *predaja i primitba.*

Consegnante, chi consegna - *predalac, predatelj, predavatelj, izručitelj.*

Consegnare - *predati, izručiti, uručiti.*

Consegnatario, depositario - *položnik, čuvar.*

Conseguenza - *poslĕdica.*

Conseguimento - *stečenje, postignutje, postignjenje, polučenje, dobljenje, zadobljenje, izposlovanje.*

Conseguire - *steći, postići, postignuti, polučiti, dobiti, zadobiti,* p. conseguire con fatica - *izposlovati.*

Conseguito - *stečen, postignjen, postignut, polučen, dobljen, zadobljen, izpo-*

slovan; il conseguito diritto - *stečeno pravo.*

Consenso - *privola, privoljenje;* mutuo consenso - *zajedničko privoljenje.*

Consentaneo - *pristojan, primĕren, priličan, prikladan, shodan.*

Consentimento - *privoljenje.* V. Consenso.

Consentire, nell'altrui opinione - *privoljiti, pristati,* p. assentire, permettere che si faccia - *dopustiti, dopuščati, dozvolĕti, dozvoljiti.*

Consenziente ag. che consente - *privoljuć, privoleć.* V. Complice.

Conservare, mantenere nel suo essere - *uzdĕržati, uzdĕržavati, čuvati, učuvati, pričuvati, občuvati,* p. difendere - *braniti, obraniti, ubraniti.*

Conservato - *uzdĕržen, uzdĕržavan, čuvan, pričuvan, učuvan, občuvan, branjen, obranjen, ubranjen.*

Conservazione - *uzdĕržanje, uzdĕržavanje, čuvanje, pri-*

čuvanje, učuvanje, občuvanje, branjenje, obranjenje, ubranjenje.

Consesso - *skupština, sastanak.*

Considerabile, notabile, importante - *zlamenit, znamenit, znatan,* p. in gran quantità - *silan.*

Considerare, osservare attentamente - *motriti, promotriti, promatrati, razmotriti, razmatrati, svèrnuti okom (na što),* p. studiare - *promozgati, promišljati, razmišljati, razvidjati, razbirati, razabirati, izviděti, proučiti, izpitati;* considerando la cosa - *promotrivši (promotriv) stvar.*

Considerazione, attenzione nel fare o esaminare - *pomnja, pozornost, pazljivost, smotrenost,* p. motivo, ragione - *uzrok, razlog.* V. Intendimento. Stima.

Consigliare, va. dar consiglio - *světovati, savětovati, dati (podati) svět,* p.

sollecitare - *nukati, ponukati, nagovarati;* np. pigliare consiglio - *uzeti svět,* domandar - *světovati se, pitati (tražiti, potražiti) svět;* p. indursi - *biti prinudjen, prinudjena se nalaziti.* V. Consultare.

Consigliere, chi dà consigli - *savětnik, světnik,* p. membro di consulta - *věćnik, glasovatelj, savětnik, prisědnik.*

Consiglio, norma d'operare che si dà o si prende - *svět, savět,* p. esortazione - *nagovor, nagovaranje, nukanje, ponukanje,* p. parere - *mněnje, glas,* p. adunanza d' uomini che trattano affari d' importanza - *věće, sabor;* consiglio luogotenenziale - *naměstničko věće;* consiglio dell' impero - *dèržavni sabor.* V. Provvedimento. Consultare.

Consimile - *sličan, jednosličan, jednoličan, priličan, puki.*

Consistente, che consiste - *sastojeć;* p. tenace - *tvèrd,* jak.

Consistere, vn. - *sastojati, sastajati.* V. Durare.

Consocio. V. Socio.

Consolare va. alleggerire il dolore altrui - *razveseliti, obradovati (koga), olakšati čiju nevolju (tugu, žalost)*; p. dar conforto - *těšiti, utěšiti, umiriti (koga)*; np. p. confortarsi - *razveseliti se, obradovati se,* met. *preoživiti se, preroditi se*; ag. di console - *konzulski, konzularan*; uffizio consolare - *kunzularni ured.*

Consolato st. grado e dignità di console – *konzularstvo,* p. uffizio di - *konzulat*; ag. da consolare - *razveseljen, obradovan, těšen, utěšen, umiren.*

Consolazione, conforto - *utěha,* p. persona o cosa che dà consolazione - *radost, veselje.*

Console - *konzul*; console austriaco - *austrijski* v. *austrianski konzul.*

Consolidare, riunire insieme - *sjediniti, spojiti, združiti,* p. saldare - *utvèrditi, utemeljiti, objačiti,* p. riunire le labbra d' una piaga - *zalěčiti, zlěčiti (ranu).*

Consolidazione - *sjedìnjenje, spojenje, združenje, utvèrdjenje, objačenje, utemeljenje, zalěčenje, zlěčenje.* V. Consolidare.

Consonante ag. che ha consonanza - *suglasan, jednoglasan*; st. p. lettera non vocale - *suglasnik, suglasno slovo*; vocali e consonanti – *glasnici i suglasnici.*

Consonanza - *suglasje, suglasnost, istoglasnost, jednoglasnost, jednoglasje*; in consonanza, in conformità - *suglasno, u susuglasju, odgovorno.* V. Tenore. Voto.

Consonare, accordare il suono d' una voce coll' altra - *suglasiti, jednoglasiti, skladnoglasiti, skladnopěvati, složiti glas*; fig. p. confarsi, accordarsi -

biti istoga mnĕnja, složiti se, slagati se.

Consono ag. - suglasan, jednoglasan, složan.

Consorte. V. Marito. Mo-
glie. Compagno.

Consorzio - družtvo, družbina, ortačtvo.

Conspicuo, esposto alla vista e fig. distinto, celebre - ugledan, sjajan, svĕtal, odličan, znamenit.

Constare, essere manifesto,
chiaro - biti jasno (očito,
znano, poznano); p. esse-
re composto - sastojati,
sastojiti.

Constatare, rilevare - pripoznati, obstanoviti; constatare il fatto - pripo-
znati čin.

Constatato - pripoznan, obstanovljenje.

Constatazione - pripoznanje,
obstanovljenje.

Consueto, solito - običajan,
p. assuefatto - navadan.

Consuetudine, usanza - navada, običaj, stari (starodobni, starodavni) običaj,
stara ecc. navada.

Consulta, conferenza di persone che consultano -
vĕće, p. corpo dei con-
sultori - vĕćničtvo, savĕt-
ničtvo.

Consultare, vn. esaminare
il partito da prendersi
in casi dubbj - vĕćati, glasovati, savĕtovati se me-
dju sobom, p. chiedere
consiglio. V. Consi-
gliare.

Consultivo ag. - savĕtan. V.
Voto.

Consumare va. ridurre a
niente (in genere) - u-
ništiti, utamaniti, (una facoltà e simili) uništiti,
potratiti, razoriti, satèrti,
razpačati, poharati, (il vino ecc.) izpiti, popiti, (il
pane ecc.) pojisti, pojesti,
(il denaro) potrošiti, potratiti; p. dar compimen-
to - svèršiti, dovèršiti, dofiniti, zaglaviti; p. impiegare - upotrĕbiti, p. estenuare - oslabiti, musti,
izmusti, onemoći, iznemo-
ći. V. Logorare; np. p.
struggersi (p. dolore) skon-

čivati se, skončati se, tugovati se; p. dimagrarsi
omèršaviti, poći v. doći na
manje; p. impoverire -
ubožiti, preubožiti, uboža-
ti, preubožati, impoverire
poco a poco - preuboža-
vati.

Contabile. V. Computista.

Contabilità. V. Computisteria.

Contadina - seljanka, seljar-
ka, kmetica, vanjščica.

Contadino - seljan, seljanin,
seljak, seljarac, kmet,
vanjski.

Contado - vanjščina, okolina,
okoliš, p. territorio - kotar, područje.

Contante st. moneta effet-
tiva - gotovina, gotivi novci; ag. - gotov; in dena-
ro contante - u gotovom
novcu; che conta - brojeć.

Contare, numerare - brojiti,
zbrojiti, pobrojiti, p. far
conti -računati, p. raccontare - povédati, kazati, javiti, objaviti, dojaviti, naznačiti.

Contatto, toccamento - ti-

kanje, taknjenje.

Conte, signore di contea -
grof; supremo conte (ca-
po dell'autorità pol. del comitato) - veliki v. vèrhovni župan, vice-conte -
podžupan.

Contea - grofia.

Conteggiamento - računanje.

Conteggiare, fare i conti -
računati, p. mettere in
conto - uračunati, ubrojiti.

Conteggio, conteggiamento
- računanje, p. contamen-
to - brojenje.

Contemplare, affissare la
mente e il pensiero - promišljati, razmišljati, razvidjati, met. svèrnuti okom
(na što); p. osservare
attentamente - motriti,
matrati, promotriti, pro-
matrati, razmotriti, ra-
zmatrati.

Contemporaneamente - istodobno, suvrémeno, suvré-
menito. V. Insieme.

Contemporaneo ag. - istodoban, suvrémen, suvrémenit;
st. istodobnik, suvrémenik.

Contendere va. mettere in

disputa - *pravdati se, prepirati se, preti se*, p. cercar d'impedire per via di fatti - *protiviti se, suprotiviti se, suprotstaviti se*, per via di parole - *prigovarati se, karati se*, p. contendere con dispetto - *pèrkositi*, p. vietare - *braniti, zabraniti*, p. affaticarsi - *boriti se, tèrsiti se*, np. V. Opporsi.

Contendimento - *prepiranje, protivljenje, suprotivljenje, suprotstavljenje, prigovaranje, karanje, pèrkosenje, branjenje, zabranjenje, borenje, tèrsenje.*

Contenere **va.** racchiudere dentro di sè - *dèržati, uzdèržati, sadèržati, sadèržavati (u sebi)* p. frenare - *uspreći, uspregnuti, sadèržati*; np. p. astenersi - *uspreći se, uspregnuti se, sadèržati se, pridèržati se.*

Contentare **va.** far contento *zadovoljiti, pogoditi (komu), izpuniti čiju volju (želju), biti komu po volji, učiniti (raditi) polag čije*

volje. V. Soddisfare.

Contentezza - *zadovoljnost, ugodba, nasladba.*

Contento **ag.** lieto - *vesel, veseo, radostan, radosan*, p. soddisfatto - *zadovoljan, zadovoljen, uzadovoljen.* V. Contenuto; **st.** p. piacevole sensazione - *radost, veselje, ugodnost.* V. Contentezza.

Contenuto **st.** ciò che si contiene - *sadèržaj*; il contenuto della sentenza - *sadèržaj presude*; **ag.** da contenere - *sadèržan, uzdèržan*; oggetto contenuto *sadèržani predmet.*

Contenzioso **ag.** litigioso - *preporan, parben, pravden*; non contenzioso - *nepreporan, neparben, nepravden*; affare contenzioso - *preporni predmet.*

Contesa, il contendere. V. Contendimento, p. contrasto di parole - *prepirka, prigovor, karba.*

Contessa - *grofica.*

Contestare, intimare - *navěstiti*; p. protestar contro - *prosvědati*, *ograditi se (proti čemu)* p. contrastare - *pregovarati, pravdati se, prepirati se, upirati se, suprotiviti se, suprotstaviti se*; ml. contestare la lite - *podignuti (podići, zametnuti) pravdu.*

Contestazione, il contestare - *navěštjenje, prosvědanje, ogradjenje, pregòvaranje, pravdanje, prepiranje, suprotivljenje, suprotstavljenje, podignjenje* v. *zametnenje pravde.* V. Contestare; p. contrasto - *prepirka, prigovor, razpra.*

Contingente ag. che contiene - *uzdèržujuć, sadèržujuć, sadèržavajuć*, che può essere e non essere - *slučajan, zgodan, možebitan*; p. rata o porzione - *dotičak, dio, děl.*

Continuamente - *bez prestanka, (pristanka) neprestano, uvěk, vavěk, vazda, svagda, u svako doba, svedj, svedjer, sveudilj.*

Cóntinuare - *naprědovati, naslěditi, naslědovati;* p. du-

rare - *trajati, nepristati, neustati.* V. Frequentare.

Continuazione, il continuare - *naprědovanje, naslědjenje, naslědovanje, trajanje, nepristanje, neustanje*, p. proseguimento - *naprědak.*

Conto - *račun;* approvare i conti - *odobriti* v. *priznati račune*, rilievi sul conto reso - *prigovori suprot položenomu računu*; p. apprezzamento - *cěnost.*

Contorcere va. - *uvijati, zavijati, svijati, viti, sviti, sukati, zasukati*; np. contorcersi - *uvijati se, svijati se, ecc.*

Contorcimento - *uvijanje, zavijanje, svijanje, vijanje, sukanje, zasukanje.*

Contra. V. Contro.

Contrabbandare, far contrabbando - *kriomčariti.*

Contrabbandiere - *kriomčar.*

Contrabbando - *kriomčara, kriomčarenje.*

Contrabbasso, strumento a quattro corde - *guslina.*

Contrabbilanciare - *premate-*

11

žiti, *suprottežiti*, *protute-žiti.*

Contraccambiare - *zaměniti, uzaměniti.* V. **Ricompensare.**

Contraccambio st. - *zaměna, uzaměna;* avverbial. - *tolikajše, tako isto, isto tako.*

Contracchiave - *kuka, lažni* v. *krivi ključ.*

Contrada, strada di luogo abitato - *ulica, sokac, sokak.* V. **Paese. Patria.**

Contraddetto ag. - *prigovoren, proričen, protuslovljen.*

Contraddire va. - *prigovoriti, prigovarati, protusloviti, poricati,* np. p. cader in contraddizione - *poreći se, poricati se, protusloviti se, biti u protuslovju.*

Contraddittorio ag. immediat. contrario - *protuslovan, protivan, uzprotivan;* st. p. disputa di litiganti - *raspra, prigovor, prepirka, prigovaranje, prepiranje,* tl. p. giornata stabilita alla disputa - *ročište.* V. **Termine.**

Contraddizione, p. atto di contraddire - *prigovorenje, prigovaranje, poricanje;* p. opposizione - *protuslovje, proturěčje, protugovor.*

Contraddote - *protumiraz, nadmiraz.*

Contraente st. chi contrae patti - *pogodbenik, ugovornik;* ag. che si ritira o accorcia - *zgèrčiv, pritegniv, uzpotegniv, skrativ, pokrativ.*

Contraffacente (in foro) - *nadripisar.* V. **Falsificatore.**

Contraffare va. imitare alcuno nei gesti, e nel favellare - *naslědovati* v. *naslěditi (čije) čine,* (per burla) *opačiti se, kriviti se (komu);* p. falsificare monete e metalli - *krivotvoriti, krivotvarati,* (falsific. documenti, più propr.) *izkriviti, izkrivljati, pričiniti, pričinjati,* met. *izopačiti.* V. **Disubbidire. Trasformare.**

Contraffatto, falsificato - *krivotvoren, izkrivljen, pri-*

činjen, met. *izopačen.* V. Contraffare; p. guasto - *pokvaren, izkvaren,* p. storpio della persona - *osakatjen, izopačen.* V. Travestito.

Contraffazione – *krivotvorba, krivotvorenje, pričinba, pa- načitba, izkrivljenje.* V. Contravvenzione.

Contraforte - *podpor, prema- podpor.*

Contrammiraglio - *protuvoj- voda pomorski.*

Contrappeso - *protuvaga,* p. equilibrio - *pravomĕrje.*

Contrapporre - *protustaviti, premastaviti, suprotstaviti.* V. Opporre.

Contrapporta - *protuvrata, protuvratnica.*

Contrapposizione- *protustav- ljenje, premastavljenje.*

Contrappunto, arte del com- porre in musica - *skla- dnoglasba.*

Contrariamente - *uzprotiva, uzprotiv, uzprotivno, pro- tivno, protiv, suprotiv.*

Contrariare, far contro - *protiviti se, suprotiviti se,*

stati v. *biti na putu, biti pro- tivan, suprotstaviti se,* p. operare in contrario - *pro- tučiniti, proturaditi, pre- mačiniti, neposlušati.* V. Contraddire.

Contrarietà, opposizione - *protimba, protivnost, pro- tivština, suprotiva, supro- tivština, zaprĕka, zaprĕčje, oprĕčje.* V. Avversità. Diversità. Malvagità.

Contrario st. cosa contra- ria, avversità - *protivnost, protivština;* ag. *protivan, suprotivan;* parte contra- ria - *protivna stran,* (av- versaria) *protivna stran- ka;* al contrario v. Con- trariamente.

Contrarre va. stabilire, con- chiudere - *sklopiti, utana- čiti,* contrarre matrimo- nio - *sklopiti ženidbu,* o- *vĕnčati se,* (riferib. a uo- mo anche) *oženiti se;* p. trarre a se - *pritegnuti k sebi, uztegnuti,* p. ristrin- gere, raggrinzire - *stisni- ti, stisnuti, izužiti, použi- ti;* np. p. restringersi -

stisniti se, stisnuti se, zgèrčiti se. V. Congiungere.

Contrasenso - *protusmisao.*

Contrassegnare, segnare a
riscontro - *uzbilježiti, zabilježiti, naznameniti, nazlameniti,* p. sottoscrivere - *podpisati, uzpodpisati.*

Contrassegnatura - *protu
podpis, uzpodpis, uzpod-
pisak.*

Contrassegno, segno per riconoscere - *znak, znamen,
zlamen, znamenka, zlamen-
ka, znamenje, zlamenje;* p.
pegno, testimonianza -
znak, věra, svědočba; in
contrassegno d' amore -
u znaku ljubavi.

Contrastare - *suprotstati,
protiviti se, suprotiviti se,
upirati se, prepirati se,
prigovarati, prigovarati se,
karati se, pèrkositi.* V.
Contendere.

Contrasto, il contrastare -
*suprotstanje, protivljenje,
suprotivljenje, upiranje,
prepiranje, prigovaranje,
karanje, pèrkosenje;* p.
disputa - *pregovor, prigo-*

*vor, pregovaranje, prigo-
varanje, karba.* V. Com-
battimento.

Contrattare - *pogadjati se.*

Contratto st. scrittura oblig.
pogodba, ugovor; contratto di mutuo - *pogodba
(ugovor) zajma* v. *zajamna
pogodba,* di compra e
vendita - *kupo-prodajna
pogodba* v. *pogodba kupi-
la i prodaje,* di permuta
- *pogodba proměne,* di
sorte - *ugovor srěće,* contratto scritto - *pismena
pogodba,* vocale - *ustmena
pogodba,* unilaterale - *jednostrana pogodba,* bilaterale - *dvostrana pogodba.*

Contravveleno - *prilěk, sutuk,
premaotrov, protiotrov, pro-
tuotrov.*

Contravvenire, venir contro
- *suprotdoći,* p. disubbidire alla legge - *prekèršiti*
v. *prestupiti zakon.*

Contravventore - *prekèršnik,
prestupnik.*

Contravvenzione tl. *prekèr-
šaj, (narušaj).*

Contribuire - *pomoći (u če-*

mu), sudělovati.

Contributo - *prinesak, dobro-voljnî prinesak.*

Contribuzione, concorrimento e ajuto a checchessia - *sudělovanje, pomoć,* p. gravezza pubblica - *porez, štibra, harač, javna daća.*

Contrizione, stritolamento - *strenenje, smèrvenje, starenje, potarenje,* p. dolore delle colpe - *skrušenje, pokajanje;* atto di contrizione - *dělo od skrušenja.*

Contro - *proti, protu, suprot, prama, napram, naprama* (dat.); contro l'incolpato - *proti okrivljeniku.* V. Incontro.

Controconcludere - *protuzaglaviti.*

Controconclusionale - *protuzaglavnica, protuzaglavni spis.*

Controdeduzione - *protuizvedenje.*

Controfirmare - *podpisati, uzpodpisati,* met. *potvèrditi.*

Controgravame - *protutegoba, protužalba.*

Controllare - *prigledati, kontrolirati.*

Controlleria - *prigled, kontrola.*

Controllore - *protustavnik, priglednik, kontrolor.*

Contrordine - *oporeka, poreka, protunalog.*

Controversia - *razpra, prepirka;* controversia sopra religiosi principj - *razpra vèrhu věrozakonskih načelah.*

Controverso ag. contrario - *protivan, uzprotivan;* p. messo in controversia - *preporan, parben, pravden;* diritto controverso - *preporno pravo.*

Contumacia, disubbidienza ai precetti del giudice - tl. *ogluha, oglušak,* p. ostinazione - *okornost, tvèrdokornost, neposluh,* p. contumacia a cagione di provenienza sospetta - *kondumacia, zdravstvena stega.*

Contumaciale ag. - *oglušan, okoran, tvèrdokoran, kondumacialan* (V. Contumacia); sentenza con-

tumaciale - *oglušna pre-*
suda v. presuda iz ogluhe.

Contumelia - *psovka, pogèr-*
da, nagèrda, naružba, o-
ružba.

Contutore - *sututor, sukril-*
nik, suzakrilnik.

Contuttochè. V. Quantun-
que.

Contuttociò - *ništanemanje,*
ništamanje, sa svim tim,
vendar.

Convalescente - *ozdravnik.*

Convalescenza - *ozdrava.*

Convalidare va. - *nadjačiti,*
objačiti, utvèrditi, uteme-
ljiti; np. objačiti se, ecc.

Convalidazione - *nadjačenje,*
objačenje, utvèrdjenje, ute-
meljenje p. conferma - *po-*
tvèrda.

Convegno - *sastanak, dogo-*
vor.

Conveniente - *primĕran, pri-*
stojan, priličan, podoban,
pripodoban.

Convenire vn. accordarsi
nel pensare - *biti istoga*
mnĕnja, složiti se, slagati
se, p. essere conveniente,
confarsi - *pristojiti, pri-*

stojati, pristojiti se, pri-
stojati se, priličiti, priliči-
ti se, ugadjati, ugadjati
se; va. p. chiamare in
giudizio - *tužiti (pozvati)*
koga pri sudu.

Conventicola - *saborica.*

Convento - *mostir, manastir,*
samostan; convento del-
le Benedettine - *samostan*
duvnah svetoga Benka.

Convenzionale - *ugovoran,*
pogodben; pena conven-
zionale - *ugovorna kazan*
v. *globa.*

Convenzionare, venire a
convenzione - *sklopiti* v.
utanačiti pogodbu, pogo-
diti se, p. patteggiare -
pogadjati se.

Convenzione - *nagodba, po-*
godba; convenzione giu-
diziale - *sudbena nagodba.*

Conversazione - *pogovaranje,*
pogovor.

Conversione - *obratjenje,* p.
trasmutamento - *preobèr-*
njenje, preobraženje.

Convertire va., trasformare
- *preokrenuti, preobražiti,*
pretvoriti, preobèrnuti, p.

far cangiare volontà - *za-* *vesti, svratiti, obèrnuti, (ko-* *ga*), p. mutar modi di male in bene - *obratiti,* *preobratiti, poboljšati;* p. ridurre all' obbedienza - *upokoriti, napeljati* v. *privesti na dobar put (ko-* *ga);* p. svolgere - *svèr-* *nuti.* V. Impiegare. Dirizzare; np. p. ravvedersi - *obratiti se* v. *obèrnu-* *ti se (na dobar put), doći* *u spoznanju,* p. emendarsi - *poboljšati se.*

Convesso ag. - *ugnutast, u-* *gnut.*

Convincere va. provare altrui il suo fallo – *pi edobiti* v. *obsvĕdočiti koga;* np. convincersi - *obsvĕdočiti* *se, uvĕriti se.*

Convincimento - *predobije-* *nje, obsvĕdočenje, uvĕrenje.*

Convinto - *predobijen, obsvĕ-* *dočen, uvĕren.*

Convito, banchetto - *štov.*

Convivere - *živĕti zajedno* v. *skupa, skupnoživĕti.*

Convocamento - *sazvanje.*

Convocare - *sazvati, skupiti.*

Cooperamento - *sudĕlanje,* *sudĕlovanje, pomoženje, po-* *maganje.*

Cooperare - *sudĕlati, sudĕ-* *lovati, pomoći, pomagati,* *pružiti pomoć* v. *ruku.*

Cooperazione - *sudĕlatba,* *pomoć.* V. Cooperamento.

Coordinare - *urediti, izre-* *diti, izporediti, složiti.*

Coordinato - *uredjen, izre-* *djen, izporedjen. složen.*

Coordinazione - *uredba, slož-* *ba, uredjenje, složenje.*

Coperchio - *pokrov, pokro-* *vac, poklop.*

Coperta, cosa che copre - *pokrivalo, pokrivka, po-* *krivač, pokrivača;* p. sopracoperta da lettere - *za-* *vitak, zamotaj, omotak,* *omotnicu, pokritnica.* V. Pretesto.

Copertojo (da letto) - *kèrpa-* *tur.* V. Coperta.

Copia, abbondanza - *obilnost,* *obilatost, sila,* p. esemplare (di libro) - *primĕrak,* (di scritto) *parica, isto-* *pis,* p. cosa copiata - *pre-* *pis,* in copia - *u prepisu,* copia autentica - *vĕrodo-stojni prepis*.

Copiare - *prepisati, prepisivati*.

Copiatura, azione del copiare - *prepisanje, prepisivanje*, p. cosa copiata - *prepisalo, prepisivalo*. V. Copia.

Copista - *prepisalac*.

Coppia, pajo - *par, dvojica*.

Coprire va. (con coperta) ecc. - *pokriti, pokrivati, zagèrnuti, ogèrnuti* (con coperchio) - *poklopiti, pokroviti, pokriti*, (con terra) - *zagèrnuti, pogèrnuti, zaprećati, pokopati, posipati, zasuti* (coprire intorno con terra) - *obgèrnuti, obgraćati, obsipati;* p. nascondere - *skriti, sakriti, sakrivati*, met. *pokriti, pokrivati;* V. Riparare; np. mettersi in capo il cappello ecc. - *pokriti se, poglaviti se, zaglaviti se*.

Copula, unione - *združenje*. V. Copulativa. Concubito.

Copulare - *sdružiti*.

Copulativa, congiunzione (in gram.) - *veznik*.

Coraggio - *bezbĕdnost, hrabrost, hrabrenost, sèrčanost, sèrce;* egli ha avuto il coraggio - *on se je usudio v. postupio*, tu non hai coraggio - *ti nĕmaš sèrca;* p. arditezza - *smionost, smĕlost*. V. Avventurare.

Coraggiosamente - *hrabro, hrabreno, bezbĕdno, sèrčeno, snažno, odvažno, odlučno*.

Coraggioso - *hrabren, hrabar, bezbĕdan, odvažan, odlučan, sèrčan*, p. ardito *smion, smionast, smĕl*.

Corallo - *koralj, koral*.

Corame (in genere) - *koža*, p. tomaja - *naplat*, p. suola - *poplat*.

Corbezzolo, arbusto della famiglia delle eriche - *planika, planik*.

Corda - *konop, konopac*.

Cordiale ag. affettuoso - *sèrdačan, oduševan, ljubezan*.

Cordialmente - *sèrdačno, sèrčano, oduševno, ljubezno*.

Cordoglio, doglia del cuore - *tuga, žalost, sèrcobol*.

Coreggia, striscia di cuojo - *remik, remen, remenik*.

Coreografia - *tancoslovje.*

Coreografo - *tancoslovac.*

Corista, capo del coro - *glasovladnik, glasovladac,* p. arnese p. intonare gli strumenti - *pokliknik.*

Cornacchia - *vrana, ćolka, ćola.*

Corneo ag. - *rogav, od roga.*

Cornice - *okvir, obložak, okružica.*

Corniola, frutto del corniolo - *drenjula,* p. pietra dura di colore per lo più rosso sanguigno - *kornjola.*

Corniolo, cornale, pianta - *dren.*

Corno - *rog.*

Cornuto - *rogat, rogast;* animali cornuti - *rogata marva, rogonoše.*

Coro, adunanza di uomini in cerchio - *kolo,* p. adunanza di cantori - *pěvaostvo, pěvaličtvo,* p. luogo dove si canta - *pěvalište,* p. semicerchio dietro l'altare maggiore - *hor, ohor,* p. cori degli angioli - *andjelski* v. *andjeoski redovi.*

Corona, ornamento di cui si cingono la testa i re - *kruna,* p. ghirlanda - *věnac,* p. pallottoline che compongono il rosario - *krunica,* p. segno musicale - *kruna ustatba,* p. sorta di moneta germanica - *krunaš,* mezza corona - *polukrunaš.* V. Cerchio.

Coronamento - *krunjenje, okrunjenje, věnčanje, ověnčanje, postavljenje krune (věnca).* V. Corona.

Coronare va. porre altrui la corona - *kruniti, okruniti, věnčati, ověnčati (koga);* np. *okruniti se, ověnčati se, učiniti se (dati se) okruniti* v. *ověnčati.* V. Corona.

Coronato st. testa incoronata - *okrunjenik, ověnčanik;* ag. *okrunjen, ověnčan.* V. Corona.

Corpo - *tělo,* dim. - *tělce,* aum. - *tělino;* corpo d'armata - *vojničko tělo,* di osservazione (milit.) - *motěrna vojska,* corpo di delitto - *predmet (znak, dokaz) zločinstva.* V. Cadavere. Corporazione.

Corporale st. pannicello di lino p. posarvi la sacra ostia - *telesnik*, ag. che ha corpo ecc. - *tělesan; cosa* corporale - *tělesna stvar*, enti corporali ed incorporali - *tělesna i netělesna bitja.*

Corporatura - *uzrast, kip.*

Corporazione - *zbor, družba, skupština, spravište*; corporazione diplomatica - *zbor diplomatički.*

Corporeo. V. Corporale.

Corpulento ag. grasso - *debeo, debel, debljinast*; uomo corpulento - *debeli cověk, debeljan, debeljko, debeljak*; p. di grande corpo - *krupan, krupninast, krupnostan.*

Corpusdomini, corpo del Signore - *tělo Gospodinovo, tělo gospodina Isusa*, p. festa in memoria del SS. Sacramento dell'altare - *tělova.*

Corredare, fornire di corredo - *obskěrbiti, providěti, obložiti*, p. afforzare, avvalorare - *ukrěpiti, utvèr-*

diti, utemeljiti, p. adornare - *uresiti, nakititi.*

Corredato - *obskèrbljen, providjen, obložen, ukrěpljen, utvèrdjen, utemeljen, uresen, nakitjen*; corredata instanza - *obložena molba.*

Corredo, fornimento - *sprav*, p. corredo di atti - *spisi, patrěbni spisi.* V. Convito.

Correggere va. con amonizioni - *karati, pokarati, koriti, ukoriti, svěstiti, nagovarati*, con castighi - *kazniti, peděpsati*; p governare - *popraviti, popravljati, ponapraviti, ponapravljati, poboljšati, načiniti*; p. purgare dagli errori, parlandosi di scrittura - *popraviti, izpraviti*; np. V. Emendarsi.

Correggio. V. Coreggia.

Correggimento, il correggere - *karanje, pokaranje, korenje, ukorenje, svěstjenje, nagovaranje, kaznenje, popravljenje, popravljanje, izpravljenje, ponapravljenje, poboljšanje, načinjenje.*

Correlazione - *uzajemni* v. *uzaměniteljni odnošaj.*

Correre – *teći, tèrčati, tèrčiti,* p. scorrere - *teći, izteći, točiti;* anno corrente - *tekuća* v. *tečeća godina.*

Correspettivo - *odgovarajuć, dotičan, odnosan;* correspettivo prezzo - *odgovarajuća cěna.*

Correzionale - *kaznen, karan;* tribunale correzionale - *kazneni* v. *karni sud.*

Correzione, ammenda - *popravka, poprava, izpravak, popravljenje, popravljanje, ponapravljenje, popravljivanje;* p. castigo - *kazan, peděpsa;* p. riforma di costumi od altro - *poboljšanje.*

Corridojo - *prolaznica, prošetnica.*

Corriere, chi porta lettere - *listonoša,* p. messaggiere - *glasonoša,* p. messo – *bèrzoteća, ulak.*

Corrispondente, st. colui col quale si ha commercio di lettere - *dopisnik, dopisatelj;* ag. p. proporzionato - *razměran, priměren, pri-*

měran, odgovarajuć, priličan, pristojan.

Corrispondenza, accordo - *skladnost, složnost,* p. convenienza - *razměrnost, razměrenost, razměrje, priměrnost, priměrenost,* p. conformità - *suglasje, suglasnost, odnosnost, odnošenje,* p. scambio di lettere - *dopisivanje.*

Corrispondere - *odgovarati, sudarati, skladati se, slagati se,* p. carteggiare - *dopisivati,* p. contraccambiare - *izkazati sèrdce, odgovarati, odgovoriti, vratiti, vratjati, uzvratiti, uzvratjati.*

Corroborare - *krěpiti, ukrěpiti, okrěpiti, objačiti, uhrabreniti, ohrabreniti.*

Corrodere va. *glodati, gristi* np. p. struggersi - *glodati se, gristi se, ići na manje, izmanjkivati.*

Corrodimento - *glodanje, grizenje, izmanjkivanje.*

Corrompere, guastare - *skvariti, izkvariti, pokvariti* met. *izopačiti,* p. corrompere con donativi ecc. - *podkupiti, podmititi*. V. Depravare. Violare.

Corrotto st. lutto - *žalost;* ag. da corrompere - *skvaren, izkvaren, pokvaren, izopačen, podkupljen, podmitjen*. V. Corrompere. Depravare. Violare.

Corsa, movimento impetuoso, corso - *tek, tèrk, potek, tečenje, tèrčanje*.

Corsaro - *gusar, kursar*.

Corseggiare - *gusariti, kursariti*.

Corsiere - *bedev, oholi* v. *ponositi konj*.

Corso, moto affrettato di chi corre - *tečenje, tèrčenje, tèrcanje;* p. direzione naturale di certe cose - *hod, hodenje, tek, tečenje;* corso delle stelle - *hodenje zvězdah;* p. ispazio di tempo, ed allusiv. a monete - *tečaj;* nel corso di questo mese - *u tečaju* v. *tečajem ovog měseca,* primo corso - *pèrvi tečaj,* moneta fuori di corso - *novac izvan te-*

čaja; allus. a liquidi - *tek, tečenje, točenje, livanje;* p. il corseggiare - *gusarenje, kursarenje,* p. luogo di pubblico passeggio - *šetalište,* p. istrada - *cesta, put*. V. Flusso.

Corte, p. luogo d'abitazione del principe, p. corteggio e suo seguito, p. tribunale supremo - *dvor;* p. parte non coperta della casa - *dvor, dvorište, pridvorje;* corte imperiale - *cesarski (carski, cesarevi) dvor,* suprema corte di giustizia e cassazione - *vèrhovni (najvišji) sudbeni i ukiniteljni (ukidateljni, uništiteljni, kasacionalni) dvor, vèrhovno sudište (sud),* corte d'assise - *porotni dvor,* corte di giustizia - *zamaljski sud (sudište);* p. famiglia del principe - *cesarska (carska kraljevska) porodica*. V. Corteggiare.

Corteccia, strato superiore delle piante - *kora,* p. guscio (epidermide) di mandorle, noci ecc. vegetanti o appena spiccate - *ljuska*, di noci ecc. già stagionate - *kora*, p. buccia delle uve, fichi ecc. - *koža*.

Corteggiare, far corteggio - *dvoriti, podvoriti, pratiti, sprovoditi*, p. vagheggiare, far la corte - *milomatrati, milomotriti, laskati*.

Corteggio, accompagnamento ai gran signori per onorarli - *dvorba, podvorba, pratnja, pratba, provod, sprovod*.

Cortese, liberale - *blagodaran, blagodariv, blagoljuban, blagostiv, blagotan, dobrostiv, dobrostivan, dobrotan*, p. compiacente - *udvoran, uljudan*.

Cortesemente. V. Cortesia.

Cortesia, disposizione d'animo a far benefizio - *blagodarnost, blagodarivost, blagoljubnost, blagostivost, blagost, dobrostivost, dobrostivnost*; p. gentilezza di atti ecc. - *skladnost, skladnoća, udvornost, uljudnost*.

Cortile. V. Corte.

Cortezza - *kratkoća*.

Corto, ag. - *kratak*.

Corvo - *kavran, gavran*; p. grossa tanaglia - *kljěščina*.

Cosa - *stvar, bitje*; diritto sulla cosa - *pravo na stvar*, cosa a nessuno appartenente - *stvar ničija*, - corporali ed incorporali - *stvari tělesne, i netělesne*, mobili e immobili - *stvari pokretne i nepokretne*, fungibili e non fungibili - *stvari potrošne (potrošive) i nepotrošne (nepotrošive)*, stimabili ed inestimabili - *stvari procěnive i neprocěnive*, cosa accessoria - *prirastna (dodatna, pridatna) stvar*, sostanza della cosa - *sućanstvo stvari*; in senso interrog. - *šta, što, ča, ta?* cosa vuoi? - *šta ćeš (hoćeš)?* cosa credete voi? - *šta (što, ča, ta) vi mislite?*; la qual cosa - *što, šta, koja* v. *kojano stvar*.

Coscetto - *stegno*, dim. *stegance*, aum. *stegnino, stegnetino*; un coscetto di carne - *stegno mesa.*

Coscia - *stegno, bedro,* dim. *stegance, bedarce,* aum. *badrino.* V. Coscetto.

Coscienza, conoscimento di sè medesimo e delle proprie azioni - *duševnost, ravnodušnost, ravnodušje,* senza coscienza - *bezdušno;* p. cognizione certa - *svěst, savěst.*

Coscienziosamente - *duševno, ravnodušno, sduševno.*

Coscienzioso - *duševan, ravnodušan, sduševan.*

Così - *tak, tako, ovako, na ov način, na taj* v. *na ti način.*

Cosmografia - *světoslovje.*

Cosmografico - *světoslovan.*

Cosmografo - *světoslovac, učitelj světoslovja.*

Cosmologìa - *světoznanstvo.*

Cosmologico - *světoznanstven.*

Cosmopolita - *světoljub.*

Cosmopolitico - *světoljuban.*

Cosmopolitismo - *světoljubstvo.*

Cosmorama - *světovid.*

Cospergere - *kropiti, škropiti, škrapati, poškrapati, poškropiti.*

Cospicuo. V. Celebre.

Cospirare, accordarsi per riuscire insieme ad un fine - *porazuměti se.* V. Congiurare.

Cospirazione, congiura - *urota, okletva, kovarstvo.*

Costa st. costola - *rebro,* p. lato - *stran, strana,* p. spiaggia - *kraj,* p. salita di collina - *bok, brěg.*

Costà av. - *tam, tamo;* da costà - *od tud, od tuda, odotud, odotuda, odotle, stoga města.*

Costante - *tvěrd, tvěrdan, stanovitan, neprikloniv, nepomičan, stalan.*

Costanza, fermezza - *nepomičnost, stalnost, nepriklonivost, postojanstvo, stanovitost;* p. perseveranza nel bene - *naprědovanje u dobru.*

Costare, valere - *valjati, vrěditi,* p. essere di gran danno - *biti od velike štete, mnogo koštati,* p. durar fatica - *biti mučno* v.

trudno, p. esser compo-
sto - *sastojati, biti sastavljen* v. *učinjen*; p. constare - *biti znano* v. *poznano*.

Costato - *bok*.

Costeggiare - *ploviti (brodi-
ti, brodariti, jadriti) uz
kraj* v. *blizu kraja, dèržati se kraja*.

Costei - *ova*.

Costernarsi - *izgubiti se, snebiti se, zapustiti se, zapušćati se, ožalostiti se,
razžaliti se, tugovati se*.

Costernazione - *snebjenje, izgubljenje, zapuštenje, žalost, razžaljenje, ožalostjenje, tugovanje*.

Costì. V. Costà. Là.

Costiera - *kraj, žal*.

Costituire va. ordinare - *u-
rediti, stavi* v. *postaviti u
redu, složiti, slagati, sastaviti, sastavljati*; p. stabilire - *ustanoviti, utemeljiti*; np. p. stabilirsi - *u-
stanoviti se, utemeljiti se*.

Costituito ag. – *uredjen, stavljen* v. *postavljen u redu
složen, sastavljen, ustano-*

vljen, utemeljen.

Costituto st. esame - *saslušak, izpit*.

Costituzionale ag. - *ustavan;*
legge costituzionale - *u-
stavni zakon*; st. p. partigiano della costituz. -
ustavnik.

Costituzione, statuto - *ustav;*
a modo di costituzione -
ustavno; p. creazione -
*sačinjenje, tvorenje, stvo-
renje*, p. fondazione - *sastavljenje, ustanovljenje, u-
temeljenje*.

Costo, spesa - *trošak, potrošak*; a suo costo (a suo
danno) - *na svoj trošak, na
svoje troškove*; p. mantenimento (in uso) - *hrana*.

Costola - *rebro*; fornito di
costole - *rebrast*; p. doga
della botte - *duga*.

Costolame - *rebra*, p. doghe
- *duge*.

Costoso - *drag, skup, skupan*.

Costretto - *prisiljen, usiljen,
nagnan, primaren, primo-
ran, prinudjen, stisnut*.

Costringere, sforzare - *prisiliti, usiliti, nagnati, pri-*

mariti, primorati, prinu-
diti; p. stringere insie-
me - *stisnuti*.

Costringimento - *prisiljenje,
usiljenje, nagnanje, primo-
ranje, primarenje, prinu-
djenje, stisnenje*.

Costruire, fabbricare (con
pietre ecc.) - *zidati, zazidati, graditi, zgraditi,
zagraditi,* (opera di legno
ecc.) *graditi, zgraditi, zagraditi sastaviti;* p. ordinare le parti del discorso - *skladati, slagati, složiti (česti govora)*.

Costruttore - *gradilac, graditelj;* costruttore navale
brodograditelj.

Costruzione, fabbricazione
- *gradjenje, zgradjenje, zagradjenje, zidanje, zazidanje, sastavljenje,* p. ordinamento del discorso se-
condo le regole - *slog,
skladba, slaganje,* p. fabbricazione delle navi -
gradjenje, brodogradjenje.

Costui - *ov, ovaj, ovi, ta,
taj, ti*.

Costumato, di buoni costu-

mi - *ćudoredan, dobroga
ponašanja*.

Costume - *navada, običaj,
običajnost, nauk, nauka;*
costume antico - *stari o-
bičaj*. V. Massima.

Cotanto - *toliko, toli;* p. solamente - *jedino*.

Cotidiano - *sagdanji, sakidanji*.

Cotogno - *kunja, dunja*.

Cotone - *bunbak*.

Cotonina - *bumbažina*.

Cotornice, pernice - *jarebica, orebica*.

Coupons, tagliando - *kamatni
odrezak*.

Cova, covo, luogo dove riposa l'animale (volatile)
- *sědilo, sědalo* (quadrupede) *ležišče, ležište,* p.
tempo della covatura -
vrěme nesenja.

Covaccio, covacciolo, p. luogo
dove riposa l'animale. V.
Cova; p. letto misero -
posteljica, met. *bèrlog*.

Covare va. lo stare degli uccelli in sull'uova per riscaldare - *kocati, sěditi na
jaja;* mettere la gallina a

covare - *nasaditi kokoš*, p. riscaldare - *tepliti*, p. nutrire vendetta – *mislěti na osvětu, gojiti osvětu, imati zlo sèrdce v. biti jedan na koga;* vn. p. stare acquattato – *biti skrijen v. sakrijen (potuljen, ležen, položen).*

Covile. V. Covaccio.

Covone, grosso fascio di paglia legata - *snop.*

Cozzare va. percuotere colle corna - *badati v. podbadati rozima;* cozzare insieme come fanno i buoi - *boriti se, rogoboriti se,* cozzare, dare delle cozzate (a piè fermo) - *badati, podbadati,* (scagliandosi) *sunuti, suvati,* darsi a vicenda delle cozzate - *badati se, podbadati se, suvati se;* p. urtare - *sunuti, suvati,* p. contendere - *boriti se, èrvati se;* np. p. urtarsi - *sunuti v. bubnuti jedan u drugoga.*

Cozzata - *podbodak, podbadak, rožji udarac;* dare una cozzata (a piè fermo) - *podbosti, udariti rozima* (scagliandosi) *sunuti (koga), sunuti se (u koga).* V. Cozzare.

Cranio - *těmenica, moždanica,* met. *tikva, hèrb.*

Crapula - *žderanje i lokanje (pijenje).*

Crapulare - *žderati i lokati (piti).*

Creanza - *skladnost, otesanost, uljudnost.*

Creanzato - *skladan, otesan, uljudan.*

Creare, trarre dal nulla - *tvoriti, stvoriti,* p. eleggere - *izbrati, imenovati, naimenovati.* V. Allevare.

Creatore - *tvorac, tvorioc, stvorac, stvorioc, tvoritelj, stvoritelj;* creatore del cielo e della terra - *stvoritelj neba i zemlje.*

Creatura, ogni cosa creata - *tvor, stvor, tvorenje, stvorenje;* creatura di Dio - *stvorenje božje,* p. bambino - *děte.*

Creazione, il creare - *tvorenje, stvorenje,* p. elezione - *izabranje, imenovanje, naimenovanje.*

Credente ag. che crede - *věrovatelj,* st. chi crede - *věrnik.*

Credenza (nella fede) - *věra, věrovanje,* p. opinione - *mněnje, misal,* p. stima - *cěna, zaufanost, pověrenje,* p. credenza d' un importo dovuto - *věresia, poček;* vendere in credenza - *prodati, (prodavati) na poček* v. *na věresiu,* p. stanza o armadio ove si ripongono le cose da mangiare - *jestbionica, jistbionica, jestilnica.*

Credere - *věrovati, imati pověrenje* v. *zaufanost u koga,* p. stimar bene - *suditi, mněti, mislěti.*

Credibilità - *věrovatnost.*

Credito - *věresia, tražba, tražbina;* credito liquido - *izpravna* v. *pripoznana věresia,* illiquido - *neizpravna* v. *nepripoznana věresia;* p. riputazione - *pověrenje, zaufanost.* V. Credenza.

Creditore - *věrovnik;* preteso creditore - *tobožni* v. *tobožnji věrovnik* - con pegno - *založni věrovnik,* delegazione dei creditori - *odred věrovnikah,* classificazione dei creditori - *razreda (razredjenje) věrovnikah.*

Credo, simbolo degli Apostoli - *věrovanje.*

Credulità - *lakověrnost, lahkověrnost.*

Credulo - *lakověran, lahkověran.*

Crema, fiore di latte - *škorup od mlěka, škorupić;* p. composto di latte, tuorli d' uova, farina e zucchero - *krema, jajomlěčnik.*

Cren - *hren.*

Crepacuore - *razcvilnost, tuga, žalost, sěrcopucanje.*

Crepare, spaccarsi - *puknuti, pucati, razpuknuti se, razpucati se, razcěpiti se, otvoriti se, razvreskati se;* fig. crepare di rabbia - *puknuti od jada;* p. morire dei bruti - *cěrknuti, ščeznuti, puknuti,* p. crepare molti ad un tratto, od in poco tempo - *pocèrknuti, pošćeznuti, popucati.*

Crepitacolo - *škrepetalo, škrepetalnica.*

Crepitare, scoppiettare del fuoco, e dei sali gettativi - *praskati, pucati,* dell' armi - *pucati, puknuti,* met. *gèrmiti, roštati.*

Crepito - *škripanje.*

Crepolare. V. Screpolare.

Crepuscolo, luce avanti il levare del sole - *prozorje, osvětak, zora,* luce dopo il tramontare del sole - *primrak, primračje, predmrak, predmračje, sumrak.*

Crescere vn. - *rasti,* va. p. aumentare - *povišiti, uzvišiti;* crescere il prezzo - *povišiti cěnu;* p. moltiplicare - *umnožiti.* V. Generare. Allevare.

Crescimento - *rastenje, povišenje, uzvišenje, umnoženje.*

Cresciuto ag. - *narastjen, obrastjen, povišen, uzvišen, umnožen.*

Cresima, sacram. - *berma, krizma,* p. olio sacrato - *sveto krizma, ulje sveto.*

Cresimare - *bermati, krizmati.*

Cresimatore - *bermaoc, bermalac.*

Cresta, dei galli ecc. - *huhor, rožica;* cresta della gallina - *huhor* v. *rožica od kokoše, kokošji huhor* v. *rožica,* fig. p. cima - *vèrh, věršić, vèrhunac,* p. abbigliamento che portano in capo le donne - *glavji ures* v. *nakit;* p. capo - *glava;* alzar la cresta - *pooholiti se, izoholiti se, dignuti glavu.*

Creta - *ilovača, gnjilovača.*

Cretaceo - *ilovačan, gnjilovačan.*

Cribrare - *rešetati, strojiti,* cribrare un poco - *porešetati, postrojiti,* - da nuovo - *prerešetati, prestrojiti,* finire di crib. - *izrešetati, izstrojiti, dorešetati,* cribrar tutto - *porešetati, postrojiti.*

Cribrazione - *rešetanje, pro-*

rešetanje, prerešetanje, iz-rešetanje, dorešetanje.

Cribro - *rešeto.*

Criminale, di causa, tribunale, giudice - *kaznen, karan, kriminalan;* causa criminale - *kaznena* v. *karna pravda;* che si riferisce a crimine. V. Criminoso.

Criminalista - *kriminalist, kriminalista, kaznoznanac.*

Criminalmente - *kriminalno, karno, karbeno, kazneno.*

Crimine - *zločin, zločinstvo;* crimine di furto - *zločin kradnje,* consumato crimine - *izvedeni* v. *izveršeni zločin.*

Criminoso - *zločinstven, zločinski;* azione criminosa *zločinstveno dělo.*

Crine, pello ruvido del collo e coda del cavallo - *grive,* p. capelli del capo dell' uomo - *vlasi, kose.*

Crinolino - *napuhnica.*

Crisi - *preobraza.*

Cristianesimo - *kerstjanstvo, kerstjani,* p. religione di Cristo - *věrozakon (věra)*

kerstjanski.

Cristianità - *kerstjanstvo, hriśćanstvo.*

Cristiano st. - *kerstjan, hristjan, kerśćanin, hristjanin, kerštjenik;* ag. *kerstjanski, hristjanski.*

Cristo, unto del Signore - *Isukerst, Kerst;* Gesù Cristo - *Isus Isukerst,* di Cristo - *Isukerstov, Hristov;* p. divino redentore - *Spasitelj.*

Criterio - *razsudje, razsudba, razbor;* criterio del giudice - *sudačko razsudje.*

Critica - *prosudba,* p. censura - *prosuda, razsuda, cenzura.*

Criticare, notare le bellezze ed i difetti nelle opere - *prosuditi, prosudjivati, protresti, protresati, pretresati, pretresivati;* p. censurare - *razsuditi, razsudjivati.* V. Biasimare.

Criticato - *prosudjen, prosudjivan, razsudjen, razsudjivan.*

Critico st. chi prende a esaminare e a dar giudizio di un' opera - *prosudnik, prosudioć, protresalac*; ag. che appartiene alla critica - *prosudben, prosudan, razsudan*; che appart. alla crisi - *preobrazan*; p. tristo - *nevoljan, koban*, p. pericoloso - *opasan, pogibeljan*; tempi critici - *opasna vrěmena*.

Crittogamo, malattia cui va soggetta l' uva - *lug, grozdobol, grozdja bol*.

Crivellajo - *rešetar*.

Crivellare, passare per crivello - *rešetati, strojiti*, p. buccare a modo di crivello - *proškuljati v. prošupljati kao rešeto, obratiti u rešeto*, p. censurare amaramente - *kuditi, prorešetati*. V. Cribrare.

Crivellatore - *rešetalac, strojalac*.

Crivellatura - *ustrojak*.

Crivellazione - *rešetanje, strojenje, proškuljenje, proškuljanje, prošupljanje, prošupljanje kao rešeto, obratjenje u rešeto, prore-*

šetanje, kudenje. V. Crivellare.

Crivello - *rešeto*.

Crocco, gancio od uncino di ferro - *drakmar, dèrkmar*.

Croce, due legni attraverso l' uno dell' altro - *križ*, p. patibolo su cui antic. si facevano morire i malfattori - *propelje, propelo, razpelje, križ*, p. segno di croce - *križ, kèrst, znamenje križa*, fare la croce - *prekrižiti se, prekèrstiti se*, croce del merito - *križ zasluge*, far croci o crocette (non aver da mangiare) - *postiti, činiti križiće, staviti (postaviti, metnuti) zube na polici*. V. Tormento.

Crocesegnare, va. segnar colla croce - *prekrižiti, prekèrstiti*; np. farsi crociato - *križariti se, kèrstašiti se, okrižariti se, okèrstašiti se*.

Crocesegnato, che porta la croce sul petto - *križom naresen v. uresen*, p. crociato - *križar, kèrstaš, križobojnik.*

Crociata, lega dei crociati - *križata vojska,* p. luogo ove attraversano le strade - *razkriž, razkrižje.*

Crociato. V. Crocesegnato.

Crocidare - *grakati.*

Crocifero, chi porta la croce nelle processioni - *križonoša.*

Crocifiggere - *propeti, razpeti, pribiti na križ (koga).*

Crocifissioue - *propetje, razpetje.*

Crocifisso st. immagine di G. C. - *propelo, propelje, razpelo, razpelje, križ;* ag. posto in croce - *propet, razpet.* V. Tormentato.

Crocione, grossa croce - *veliki križ,* p. moneta d' argento, crociato - *križevalj, križar.*

Cronaca, cronica, storia - *vrěmenopověst, dogodopisje, zgodopisje.*

Cronico ag. - *dugotrajan;* malattia cronica - *dugotrajna bolest.*

Cronista - *vrěmenopověstnik,*

dogodopisac, *zgodopisac.*

Cronografia - *dobopisje.*

Cronologìa - *vrěmenoslovje, vrěmenoznanstvo.*

Cronologico - *vrěmenoslovan, vrěmenoznanstven.*

Cronologista - *vrěmenoslovac, vrěmenoznanac.*

Cronometro - *vrěmenoměrac, vrěmenoměrje.*

Cronoscopo - *sunčana ura, sunčani sat.*

Crosciare, piovere a dirotta - *livati, padati na kable,* p. percuotere coh gran forza - *mlatiti, zamlatiti, bubati, bubnuti, zabubati, zabubnuti.* V. Crepitare.

Crosta, materia sierosa o purulenta disseccatasi alla superficie di una piaga - *hrasta,* p. crosta del pane ecc. - *kora.*

Crudele - *nemil, nemio, nemilan, nemilostan, nemilòstiv, nemilostivan, nemilòsèrdan, zlosèrdan, krutosèrdan.*

Crudelmente - *nemilo, nemiloma, nemilostno, nemilo*

stivo, *nemilosèrdno, zlo-sèrdno, krutosèrdno.*

Crudeltà - *nemilost, nemilo-ća, nemilostivost, nemilo-stivnost, nemilosèrdnost, zlosèrdnost, krutosèrdnost.*

Crudo, non cotto - *presan, sirov.* V. Acerbo; fig. p. inumano - *nečověčan, ne-blagoljuban, krut.*

Cruna - *uho od igle.*

Cruore - *kèrvačina, gnjojina.*

Crusca, buccia delle biade macinate - *mekine,* p. accademia di questo nome, e di un dizionario - *kruška.*

Cucchiajo – *žlica.*

Cucina - *kuhinja,* p. vivanda - *jesbina, jisbina, jestbina, jistbina,* p. arte del cucinare - *kuhanje.*

Cucire - *šiti, zašiti, šivati.*

Cucito, cucitura - *šav,* p. lavoro che si cuce - *šitba.*

Cucitura, il cucire - *šijenje, šivenje,* p. arte od atto di cucire - *šidba,* p. modo con cui una cosa è cucita - *način zašijenja.*

Cuculo, uccello - *kukuvača.*

Cucurbitaceo ag. - *tikvast.*

Cugino - *bratučed.*

Culminante - *najvišji.*

Culmine - *vèršić, vèrhunac, vèrh, vis.*

Culo - *pèrkno, guzica, rit;* dare un calcio nel culo - *dati nogom u pèrkno;* p. fondo - *dno.*

Culto st. (verso Dio) - *bo-goštovje, čast prama Bo-gu, štovanje Boga, služe-nje Bogu, nastava;* culto divino - *služba božja,* culto cristiano - *kèrstjanska nastava.* V. Ministero. Coltura; ag. p. addottrinato - *naučen, naučan, izo-bražen, prosvětjen,* p. elegante - *krasan.*

Cumulare - *kupiti, kupljati, skupiti, skupljati, nakupi-ti, nakupljati, nagomilati, nagomilavati.*

Cumulativamente - *ukupno, skupno.*

Cumulativo - *kupiv, kupljiv, skupljiv, nakupiv, nakup-ljiv, nagomilav.*

Cumulazione - *kupljenje, sku-pljenje, skupljanje, naku-*

pljenje, nakupljanje, naku-
pljivanje, nagomilanje, na-
gomilavanje.

Cumulo - *kup, gromada, gromača, gomila.*

Cuna, culla - *zibka, ziba,
koljevka.*

Cuoca - *kuharica.*

Cuocere - *kuhati, variti, iz-
kuhati, izvariti;* p. dis-
seccare scaldando (del
sole) - *sušiti, osušiti,* p.
rendere duro col fuoco,
parlandosi di mattoni -
peći, izpeći.

Cuoco - *kuhar.*

Cuojo - *koža, strojna koža.*

Cuore, core - *sèrce, sèrdce,*
fig. V. Centro. Coraggio.
Pensiero.

Cupidigia, cupidità - *pohlĕpa,
pohlĕpivost, pohlĕpnost.*

Cupido, nume favoloso - *ku-
pido.*

Cura, pensiero - *skèrb, briga, navar, marljivost, brinutje, pobrinutje, njega.*
V. Sollecitudine; p. cu-
ra d'anime - *duhovničtvo,
dušebrižničtvo,* p. cura medica - *lĕčenje, vračenje.*

Curare, aver cura - *skèr-
biti, mariti, njegovati, briniti se, pobriniti se, pomnjiti, imati navar* v. *pomnju;* p. medicare - *lĕčiti,
vračiti,* p. imbiancare nettare panni e lini - *obĕliti,
čistiti, očistiti, snažiti, o-
snažiti.* V. Procacciare.

Curatela - *skèrbničtvo, ob-
skèrbničtvo, navarničtvo;*
curatela uffiziosa - *službeno skèrbničtvo.*

Curatelare tl. - *obskèrbiti,
obskèrbljivati, imati navar*
v. *brigu.*

Curatella, coratella - *otrobica.*

Curato st. pastore d'anime
- *pastir duhovni, duhovnik,
dušebrižnik.*

Curatore, chi ha cura -
*skèrbnik, obskèrbnik, na-
varnik.* V. Medico. Fat-
tore.

Curazia, cura d'anime ap-
partenente al curato - *pastirstvo duhovno, pastir-
stvo, duhovničtvo.*

Curiosità, desiderio di sapere le novità ed i fatti
altrui - *pitljivost, ljubo-*

pitnost, popitivost. V. Rarità.

Curioso ag. mosso da curiosità - *pitljiv, ljubopitan, ljubopitiv, popitiv;* st. (uomo curioso) *ljubopitac, razpitàlac;* che eccita curiosità (oggetto) - *osobit, neobičan, izvanredan.*

Cursore, colui che corre - *teča, tečalac, tèrčalac,* p. messo dei tribunali - *podvornik, sudbeni poslužitelj,*

Curvare - *ugnuti, ugibati, prignuti, prigibati, uvinuti, skloniti, sklanjati.*

Curvatura - *ugibnost. ugibivost, prigibnost, prigibivost.*

Curvo ag. - *ugnut, uvinut, prignut, sklonjen.*

Cuscino imbottito per adagiarvi il capo - *podglavje, uzglavje, uzglavnica, blazina;* per sedervi sopra - *podsèdalo, podsèdje, blazina.*

Custode, persona che custodisce - *čuvar, čuvalac, stražar;* custode degli

arresti - *tamničar,* capocustode - *nadtamničar.*

Custodia, arnese per custodire cose di pregio e facili a guastarsi - *pohrana, sahrana, shranionica;* custodia giudiziale - *sudbena pohrana;* p. cura, guardia - *straža, opaza, opaznost, pažnja, navar, čuvanje, nadgledanje;* ml. custodia preventiva dell' incolpato - *predbèzni zatvor okrivljenika*

Custodire, guardare - *čuvati, občuvati, sačuvati, počuvati, prigledati, obgledati, nadgledati. imati navar, paziti.*

Cutaneo - *kožan.*

Cute - *koža.*

Cux, recte kux, una delle 128 parti dell' impresa pello scavo d' una miniera - *rudokus.*

Czar, titolo dell' imperat. delle Russie - *car, ruski car* v. *cesar.*

D.

Da, dal, dalla, dallo - *od, oda, iz, s, sa* (gen.); dal medesimo - *od istoga*, dall'acqua - *iz vode*, dalla pietra - *s kamena*.

Dabbenaggine, semplicità - *prostota, prostoća, prostodušnost*, p. sciocchezza - *budalašćina, budalost, ludost*

Dabbene - *vrědan, pošten, dobar*; uomo dabbene - *vrědni cověk*.

Dacchè, cong. giacchè - *jer, er, jere, jerbo, zač, zašto, budući, budući da, s uzroka, iz v. zbog uzroka*. V. Dappoichè.

Daddovero, da senno - *zbilja, zbilj*, p. in verità - *do istine, doisto, zaisto, do duše, bez šale, za sprave*.

Dadeggiare, giuocare ai dadi - *kockati, kockati se*.

Dado - *kocka*.

Daga - *mač*. V. Spada.

Daino - *rogata sèrna, sèrnorog, sèrnjak*.

Dama, donna nobile - *gospòja, velikašića, plemkinja*. p. donna amata - *ljuba, ljubka*, p. sorta di giuoco - *dama*

Damerino - *ženar, ženogizdala, ženogizdalac*.

Damigella, giovanetta - *gospodična*, p. damigella di corte - *dvorkinjica, plemica*.

Damma. V. Daino.

Damo - *ljuba*.

Danaro, moneta - *novac, pěnez, beč, jaspra*, denari - *novci, pěnezi, beči, jaspra*, p. uno dei quattro segni delle carte da giuoco, e pella viges. quarta parte di un'oncia - *dinar*.

Dannabile - *odsudiv, obsudiv, osudiv*. V. Biasimevole.

Dannare va. V. Condannare. Biasimare. Guastare; p. cancellare, parlandosi di conti e partite - *izbrisati, pobrisati, prekrižiti*; np p. andare in luogo di perdizione - *osuditi se, osuditi se za uvěk, ići u paklu v. u mukah paklenih*.

Dannazione, condanna - *od-suda, osuda, obsuda,* p. perdizione eterna - *osu-djenje, obsudjenje, odsu-djenje.*

Danneggiamento - *štetjenje, oštetjenje, škodenje, naško-denje, uškodenje, učinjenje* v. *nanesenje kvara;* malizioso danneggiamento - *zlobno oštetjenje.*

Danneggiante st. - *oštetlji-vac, oštetilac.*

Danneggiare va. far danno - *štetiti, oštetiti, škoditi, naškoditi, uškoditi, nane-sti* v. *učiniti kvar (štetu, škodu)*; np. rimaner dan-neggiato - *oštetiti se, uško-diti se, učiniti (naněti, na-nesti) sam sebi kvar (šte-tu, škodu), nauditi (sebi).*

Danneggiato st. - *oštetjenik,* ag. *oštetjen. škodan, na-škodjen, uškodjen.*

Danno - *šteta, škoda, kvar, ustèrb,* p. discapito - *gu-bitak;* danno emergente - *šteta izlazeća (narasla),* - emergente e lucro ces-sante - *šteta izlazeća i ko-*

rist izmakla, - con colpa - *krivična šteta.* V. Scia-gura. Offesa.

Dannosamente - *štetno, oštet-no, oštetljivo, škodno, ško-dljvo.*

Dannoso - *štetan, štetljiv, ško-dan, škodljiv, ustèrban;* p. nocivo - *naudan.*

Dante ag. che dà - *datelj, podatelj,* p. pelle di dante - *jelenokoža, koža od jelena, sèrnorožna koža, koža od sèrnjaka;* p. il poema di Dante - *divospěv Danta.*

Danteggiare, imitar Dante - *dantovati, dantiti.*

Dantesco - *dantov, danta.*

Da nulla, da niente - *niš koristi, nevrědan, zločest, od nijedne koristi* v. *važnosti.*

Danza - *tanac, ples, tanca-nje, plesanje, skakanje.*

Danzare - *tancati, plesati, skakati.*

Da per tutto - *svud, svuda sagděr, po svud, po svu-da, odasvud, odasvuda, vazdě, po sve strane, od svake strane, od svěh stra-nah, oda svěh stranah, sa svěh stranah, na sve strane.*

Dappocaggine - *malovrědnost, nevrědnost, zločestaria.*

Dappoco - *malovrědan, nevrědan, zločest.*

Dappoi - *potlě, potom, potom toga, zatim, pak, paka.*

Dappoichè, dopo che - *čim, iza kako, od kad, od kada, poslě kako, poslě kada, poklě, potom toga.*

Dappresso - *bliz, blizu, kod, kraj, pakraj, polak, mimo, pored, oko, okolo, naokolo* (gen), *uz uza, nuz* (ac.), *pri* (loc.); **dappresso il mare** - *blizu mora.*

Da quì, da questo luogo - *odovud, odavde, odovde, od ovog města;* p. **da questo tempo** - *od sad, od sada, odsele, od seg dob, od sad unaprěd.*

Dardeggiare - *strěljati, striljati.*

Dardiero, uomo armato di dardo - *strěljar, striljar, strěljarac.*

Dardo, freccia - *strěl, stril, strěla, strila.*

Dare - *dati, podati, zadati, davati, dajati, podavati, podajati, zadavati, pružiti, pružati,* p. conferire, parlandosi di cariche ecc. - *poděliti.*

Darsena - *nutarnja strana luke, pristanište.*

Data - *data, datak, datum, datovanje,* p. colpo che si dà alla palla nel giuocarla - *plesk, udarac*

Datare, notare la data - *datirati, datovati.*

Dativo ag. che dà - *dateljan, podateljan, zadateljan, zadavateljan, davateljan, dajateljan, podavateljan, podajateljan, pružiteljan, pružateljan,* p. terzo caso (dei nomi) - *dateljni padež.*

Dato, ag da dare - *dan, dajen, podajen, zadajen, davan, podavan, zadavan, pružen, pružan, poděljen,* p. determinato - *ustanovljen, opreděljen;* st. p. quantità cognita - *stanoviti broj;* tl. p. sintomo - *znak, datak, podatak;*

dati certi - *stanoviti znaci* v. *podatci*; p. supposto (colla parol. caso)-*dèržeći, postavivši, uzamši (slučaj)*.

Dattero, dattilo, frutto - *datala*.

D'attorno. V. **Intorno.**

Davante. Davanti. V. **Innanzi.**

Davanzo, d'avanzo - *od više, odveć, prěko měre, već nego dosta, dosta i saviš*, p. pur troppo - *osim što, preko što*.

Davvantaggio - *veće nego dosta, odviše, saviše, od veće, dosta i odviše*.

Davvero. V. **Daddovero.**

Daziare - *carinati, (carinjati), ocarinati, maltovati*; il daziare - *carinanje, ocarinanje, maltovanje*.

Daziario *carinski, mitnički, mitničan, maltovan, tridesetnički*; uffizio daziario - *mitnički, (maltovni, tridesetnički, carinski) ured, tridesetnica*.

Daziere - *tridesetnik, carinar, mitničar, maltar*.

Dazio - *carina, mitnica, malta, maltovina*.

Dea - *božica*.

Debellare. V. **Espugnare.**

Debile. V. **Debole.**

Debilitare va. - *oslabiti, razslabiti, omlohaviti, obnemoći, iznemoći (koga)*; np. divenir debole - *oslabiti, omlohaviti onemoći ecc.*

Debilitazione - *oslabljenje, razslabljenje, omlohavjenje, obnemoženje, onemoženje, iznemoženje*.

Debitamente - *pravo, upravo, pravedno, pravilno, shodno*.

Debito, (di dare o restituire) - *dug*, (di fare o di dire) *dužnost*. V. **Debitore.**

Debitore - *dužnik*, condebitore - *sudužnik*; debitore solidario - *uzajamni* v. *zajednički dužnik*, essere debitore - *dužiti, dugovati, biti dužan*.

Debitoriale st. - *zadužnica, obveznica*.

Debole ag. - *slab, mlohav, mlitav, nejak, nesnažan*; debole cognizione - *mlohava znanost*, debole d'intelletto - *slaba uma* v. *ra-*

zuma, st. *slaboumnjak, maloumnjah*, ag. *slabouman, malsuman.*

Debolezza - *slaboća, slabost, mlohavost, mlitavost, nejakost, nesnaga, nesnažnost.*

Debolmente - *slabo, mlohavo, mlitavo, nesnažno.*

Decadenza - *odpadnost, odpadnutje, propadnost, propadnutje.*

Decadere - *propasti, propadati, propadnuti, propanuti, opasti, odpasti, opanuti.*

Decadimento - *propadenje, propadanje, opadanje, odpadanje, opanenje.*

Decaduto - *propadnut, propanut, opadjen, odpadjen, opanut.*

Decalogo - *deseteroslovje, deseterozapovĕdje.*

Decampare. V. **Desistere.**

Decanato - *predstavničtvo, nadstojničtvo, nadstavničtvo, dehanat, ured cèrkovnog predstavnika.* V. **Decano.**

Decano, capo di diversi ordini di persone - *predstav-*

nik, nadstojnik, nadstavnik; p. titolo di dignità ecclesiastica - *cèrkovni predstavnik, dehan.*

Decantare. V. **Celebrare.**

Decapitare - *odsĕći glavu.*

Decapitazione - *odsĕčenje glave.*

Decasillabo ag. - *deseteroslovan,* st. p. verso decas. - *deseteroslovni stih (stroka).*

Decedere, partire - *odići, odlaziti.* V. **Allontanarsi.**

Decembre - *prosinac.*

Decennale ag. - *desetolĕtan, deseterolĕtan.*

Decennario ag. - *desetan.*

Decenne ag. V. **Decennale.**

Decennio st. - *desetolĕtje, deseterolĕtje,* ag. V. **Decennale.**

Decente - *pristojan, prikladan, podoban, zdoban, dičan.*

Decenvirato - *desetorica, stol desetorice.*

Decenza - *pristojnost, prikladnost, podobnost, zdobnost,* p. decoro - *dika, dičnost.*

Decidere, troncare - *preki-*

nuti, prekidati, ukinuti, u-
kidati, p. tagliare - *odsĕči,*
presĕči, odrezati, p. giudicare - *odlučiti, odsuditi,*
presuditi.

Decima - *desetina, desetak;*
pagare la decima – *platiti*
desetinu.

Decimare, mettere la decima
sopra i beni - *desetinovati,*
postaviti v. *metnuti de-*
setinu; p. riscuotere la decima - *pobirati desetinu;*
p. ucciderne d' ogni dieci
nno - *desetkovati, deseto-*
vati, desetariti.

Decimo st. - *deseti dio* v. *dĕl,*
desetina; ag. numero or-
dinal - *deseti.*

Decina st. - *desetak.*

Decisione - *odlučenje, rĕše-*
nje, odsudjenje, presudje-
nje; astratto di cosa de-
cisa (decret.) - *odluka, rĕ-*
šitba, (conchiuso) *zaklju-*
čak, (sentenza) *presuda,*
odsuda, osuda, izreka.

Decisivo - *odlučiv, odluči-*
teljan, odlučan, rĕšiv, rĕši-
teljan; circostanza deci-
siva - *odlučiva okolnost.*

Deciso st. V. Decisione.
Conchiuso, ag. - *odlučen,*
rĕšen, presudjen, odsudjen;
oggetto deciso - *odlučeni*
v. *rĕšeni predmet.*

Decisore st. - *odlučilac.* V.
Arbitro. Giudice.

Decisorio. V. Decisivo. Giuramento.

Declinabile, mutabile - *pro-*
mĕniv, preinačiv, (in gram.
allus. a nome) - *skloniv,*
skloniteljan.

Declinare, va. abbassare -
snižiti, ponižiti, prikloniti,
pokloniti, p. schivare - *u-*
kloniti, ukljanjati, odstra-
niti, odalečiti, udaljiti, od-
biti, p. declinare i nomi -
sklanjati, skloniti. V. Calare. Deprimere, vn. p.
decadere - *odpasti, odpa-*
dati, propasti, propadati;
p. scemare di forze -
smanjkati, smanjkavati,
smanjkivati, pomanjkivati,
uzmanjkivati, uzmanjkati,
ici v. *hoditi na manje.* V.
Piegare.

Declinazione, abbassamen-
to - *sniženje, poniženje, pri-*

klonjenje, poklonjenje, p. scemamento - *smanjkanje, smanjkivanje, pomanjkivanje, uzmanjkanje, uzmanjkivanje*; p. serie dei casi nei nomi - *sklonitba.*

Declive - *nizbèrdit.*

Declivio. V. Pendìo.

Decollare - *odsěći vrat v. glavu.*

Decollazione - *odsěčenje vrata v. glave.*

Decomporre. V. Scomporre.

Decorare - *naresiti, uresiti, nakititi,* met. *odlikovati.*

Decorazione, ornamento - *nares, ures, nakit, nakitjaj,* met. *odlika.*

Decoro - *dika,* p. dignità - *čast.*

Decorrere - *teći, izteći, izaći, proći, minuti.*

Decorso - *iztečen, izajden, prošal, prošast, minut.*

Decrepitezza - *prestarost, velika starost.*

Decretare - *narediti, odřediti, naložiti, odlučiti, zapovědati;* decretare l' arresto - *odlučiti zatvor.*

Decreto, ordine - *naredba,*

odredba, *nalog, naloga,* odluka, odlučnica, zapověd, decreto compiegato - *privijena odluka,* gravato - *napadnuta odluka,* in seguito al decreto - *uslěd odluke,* ordinare ex primo decreto - *naložiti pèrvomašnom v. pèrvom odlukom v. iz pèrvomašne 'odluke.* V. Ordine; p. atto della volontà divina - *božja volja, sud božji;* p. libro di leggi canoniche - *knjiga svetoga pisma, knjiga svetopismenog ustava,* p. dottrina della legge ecclesiastica - *nauk zakona crikvenoga.*

Decubito - *ležanje, bolovanje, trajanje bolesti.*

Decuplo ag. - *deseterostručan, deseteroguban.*

Dedica - *posveta, poklon, dar, prikaza.* V. Dedicazione.

Dedicare va. - *posvetiti, pokloniti, darovati, prikazati, zavěriti;* dedicare l' opera - *posvetiti dělo;* np. p. offerirsi - *posvetiti se, zavěriti se, darovati se (komu).*

Dedicatoria - *posvetnica, poklonica.*

Dedicazione, offerta o consacrazione, d'un tempio, altare ecc. - *posvetjenje, poklonenje, darovanje, prikazanje, zavěrenje.* V. Dedicatoria. Dedica.

Dedizione - *podanje, podstavljenje, dobrovoljno podloženje* v. *podstavljenje.*

Dedurre, condur via - *odvesti, odnesti, odněti, izvesti,* p. trar fuori - *izvaditi, izvesti,* p. produrre o far valere le proprie ragioni in giudizio - *navadjati, navesti, izvesti, dokazati.* V. Applicare. Inferire. Allegare.

Deduzione, conclusione del discorso - *izvod, izvedenje, zaključenje,* controdeduzione - *protuizvod, protuizvedenje;* finali deduzioni - *konačna izvedenja;* p. conseguenza - *poslědak, poslědnost, doslědnost, poslědica.*

Deferenza - *ugodjenje, zadovoljenje, privoljenje.*

Deferire vn. - *ugoditi, zado-*

voljiti, privoljiti (komu), odobriti čije mnenje, složiti se, slagati se, va. V. Denunziare. Giuramento.

Deficit - *manjak.*

Definire, dare una definizione - *tomačiti, raztomačiti, razbistriti, razjasniti;* p. risolvere questioni ecc. *odlučiti, rěšiti, odsuditi, presuditi, konačno rěšiti* v. *razpraviti (posao, stvar).*

Definitivamente - *konačno, stalno, odlučno, rěšiteljno.*

Definizione, breve esposizione - *tomačenje, raztomačenje, razjasnenje, razbistrenje;* p. decisione, risoluzione - *odlučenje, rěšenje, odsudjenje, presudjenje, konačno rěšenje* v. *razpravljenje (stvari, posla).*

Deflorare - *oskvěrnuti, oskvěrniti.*

Deflorato - *oskvěrnut, oskvěrnjen.*

Deflorazione - *oskvěrnutje, oskvěrnba, oskvěrnjenje.*

Deformare - *oružiti, ogèrditi, nagèrditi, pogèrditi, izgèrditi.*

13

Deformazione - *oruženje, o-gèrdjenje, nagèrdjenje, pogèrdjenje, izgèrdjenje.*

Deforme. V. Brutto ecc.

Defraudare - *varati, prevariti, privariti, prevarivati, prihiniti.*

Defraudazione - *varanje, prevarenje, privarenje, prevarivanje, prihinjenje.*

Defunto st. morto - *pokojnik,* defunta - *pokojnica;* ag. *pokojan, umèrši, umèrl, preminuvši;* il defunto padre - *pokojni otac.*

Degenerare, mostrarsi da meno dei genitori - *ne priličiti svojim roditeljem* v. *otcu i materi, ne uvèrći se u roditelje* v. *u otca i matèr;* p. tralignare - *izroditi se, odroditi se, odalečiti se od svojega stabla* v. *roda.*

Degenerazione - *izrod, izrodjenost, izrodjenje, nepriličenje svojemu rodu* v. *otcu i materi.*

Degnare va., mostrare di apprezzare altrui, o di gradire le sue offerte - *izkazati obzir prama komu,* *blagodostojati koga, vrèdnim* v. *dostojnim koga izgledati, za vrèdna* v. *dostojna koga dèržati (imati), učiniti dostojna (koga);* np. p. compiacersi per cortesia o benignità - *dostojati se, udostojati se;* degnarsi graziosamente - *blagodostojati se, blagonaklono dostojati se.* V. Compiacersi.

Degnevole - *uljudan, udvoran, skladan, blagostan, blagostivan.*

Degnevolezza - *uljudnost, udvornost, skladnost, blagost, blagostivost.*

Degno - *vrèdan, dostojan.* V. Eccellente. Ragguardevole.

Degradare va. - *ponižiti* v. *potisnuti (koga), smaknuti (odmaknuti, odalečiti, udaljiti) od časti* v. *dostojanstva (koga);* np. p. scendere poco a poco - *ponižiti se, odpadati,* p. sminuire di pregio - *gubiti od svoje časti.*

Degradazione - *poniženje, potisnjenje.*

Deh, interiez. - *daj! deh!*

Deicida - *bogoubojica.*

Deicidio - *bogoubojstvo.*

Deità - *božanstvo, božanstve-nost.*

Delatore. V. Spia.

Delazione, accusa segreta - *odaja, tajna* v. *potajna ob-tužba, potajno obtuženje;* sl. delazione di arma proibita - *nošenje zabranjena oružja.*

Delegare, mandare alcuno con facoltà di fare ecc. - *odaslati, izaslati.* V. Depu-tare, p. deputare - *odrediti, opreděliti.*

Delegato sl. - *odaslanik, iza-slanik, pověrenik, odredje-nik, opredělenik;* ag. *iza-slan, odaslan, opověren, o-predělen;* commissario de-legato - *izaslani pověrenik* V. Nunzio.

Delegazione, uffizio e giu-risdizione del delegato - *poslaničtvo, izaslaničtvo, odaslaničtvo;* p. deputa-zione - *odred, oprědela;* delegazione dei creditori - *odred věrovnikah.*

Delfino, animale cetac. - *du-pin, pliskavica,* p. primo-genito re di Francia - *delfin.*

Delibamento - *okusenje, po-kusenje.*

Delibare - *okusiti, pokusiti.*

Delibera, (aggiudicazione) - *dosudba,* (risolvimento) - *odlučba;* prezzo di deli-bera - *dosudbena (odlučna, odlučbena, dražbena) cěna.*

Deliberare va. V. Discutere. Concedere; p. risolvere - *odlučiti, rěšiti,* p. stabilire - *ustanoviti, odrediti,* p. ag-giudicare - *dosuditi;* np. Risolversi.

Deliberatamente - *odlučno, namišljeno, nakanivo, na-kanom.*

Deliberatario (d' incanto) - *najkoristniji ponudioc (po-nudilac, ponuditelj), draž-borěšitelj, dražbeni kupac.*

Delicatezza, riservatezza nei tratti e nel discorso - *uzdèrživost, pridèrživost otesanost, blagost.* V. Mo-derazione. Leggiadria. Morbidezza.

Delineare - *cèrtati, opisati.*

Delinquente st. - *prestupnik, zlotvorac, zločinac.* V. Malfattore.

Delinquere - *prestupiti, zlotvoriti, učiniti zlo* v. *zlo dělo*; egli è capace di delinquere - *on je kadar učiniti zlo* v. *prestupiti.*

Deliquio - *čeznuće.*

Delirio, alienazione di mente - *izumnjenost, bezumnost,* p. vaneggiamento - *snebjenje,* p. stoltezza - *budalost, budalašćina, ludost.*

Delitto - *prestupak, (zlotvora)*; patrato delitto - *počinjeni prestupak.*

Delittuoso ag. - *zlotvoran, zločinstven.*

Delizia - *razkoša, razkošje, sladkoća, naslada, radost.*

Deliziare va. rendere delizioso - *razkošiti, razsladiti, nasladiti, uzradovati*; np. p. godere deliziosamente di checchessia - *razkošiti se, radovati se, razveseliti se.*

Delizioso - *razkošan, sladak, slastoljubiv, radostan.*

Del tutto - *po sve, sasma, sa svim, podpuno, podpunoma, u svemu i po svemu,* p. ad ogni modo - *na svaki način, po svakom putu, svakako, u svakom slučaju.* V. Assolutamente.

Deludere - *varati, prevariti, rugati se, porugati se (s kim), neizpuniti čije očekivanje.*

Deluso - *varan, prevaren, porugan.*

Delusorio - *varljiv, prevariv, rugiv, porugiv.*

Demandare, commettere (dicesi solo di causa commessa ad altro giudice) - *odstupiti (čijoj nadležnosti).*

Demaniale - *kraljevski, komorski dèržavan, fiškalan.*

Demanio, regio patrimonio - *kraljevska (komorska, dèržavna, fiškalna) dobra, fiškuš.*

Demarcare, por limite - *ograničiti, omedjašiti.*

Demarcazione - *ograničenje, omedjašenje*; linea di demarcazione - *medjašni* v.

granični potez.

Demente ag. pazzo - *mahnit, manenit, munjen, nor.*

Demenza - *mahnitost, manenitost, neumnost, munjenost.*

Democratico - *pukovladan.*

Democrazìa - *pukovladje.*

Demolire. V. Atterrare ecc.

Demonio - *vrag, djavao, djavo, hudoba, sotona.*

Demoralizzare. V. Depravare.

Denaro. V. Danaro.

Denegamento - *někanje, něčenje, zaněkanje, tajenje, tajanje.*

Denegare - *někati, něčiti, zaněkati, tajiti, tajati.*

Denigrare - *cèrniti, ocèrniti, pocèrniti, izcèrniti, mèrčiti, omèrčiti, pomèrčiti.* V. Infamare.

Denigrazione - *cèrnjenje, ocèrnjenje, pocèrnjenje, izcèrnjenje, mèrčenje, omèrčenje, pomèrčenje.* V. Infamazione.

Denominare va. - *nazvati, nazivati, naimenovati, prozvati, postaviti v. dati*

ime (komu); np. uzeti v. postaviti si ime, zvati se, nazvati se, nazivati se, naimenovati se.

Denominazione - *nazvanje, nazivanje, imenovanje, naimenovanje.*

Denotare, mostrare - *kazati, pokazati,* p. significare, contrassegnare - *označiti, značiti,* p. distinguere segnatamente - *zlamenovati, zlameniti, zabilježiti.*

Denotazione, significazione - *kazanje, pokazanje, značenje, označenje;* p. contrassegno - *znaka, oznaka.*

Densare. V. Condensare ecc.

Dentale st. pesce - *zubat, zubac;* ag. *zuban;* consonanti dentali - *zubni suglasnici.*

Dentame st. - *zubi, zubje.*

Dentata, colpo di dente - *uzubak, ugrizak, ugrizenje zubima.*

Dentato ag. - *zubast, zubav.*

Dentatura. V. Dentame.

Dente - *zub;* male di denti - *bol od zubi,* scricchiolare coi denti - *škripati zu-*

bima, digrignare i denti (p. minac.) - *kazati zube, izkesiti zube*, mostrare i denti (ridendo) - *ciriti se*, dente doppio - *dupal zub*, canino - *pasji zub.*

Dentista - *zubnik, zubar, zubovadac, zubovadalıc.*

Dentro - *nutri, nutar, unutar, unutra,* dal di dentro - *iznutra,* fuori e dentro - *vani i nutra.*

Denudamento - *svučenje, sučenje, golenje, ogolenje.*

Denudare va. - *svući, sući, slići, goliti, ogoliti;* fig. p. manifestare - *odkriti, povědati, objaviti, dojaviti, kazati.*

Denunzia, accusa - *prijava, odaja,* p. notificazione, *prijava, dojava, objava, denunzia* di lite - *objava* v. *navěštjenje, pravde.*

Denunziamento - *prijavljenje, dojavljenje, objavljenje.*

Denunziante st. - *prijavitelj, odatelj.*

Denunziare, manifestare accusando - *prijaviti, odati,* p. notificare - *prijaviti, objaviti, dojaviti.* V. Denunzia.

Denunziato st. - *prijavljenik, odajnik;* ag. *prijavljen, odajen, dojavljen.*

Depauperare - *oubožiti.*

Depennare - *brisati, pobrisati, izbrisati, prekrižiti.*

Deperire. V. Deteriorare ecc.

Deplorabile - *požaliv, žalostan, bědan, jadan.*

Deplorare. V. Compiagnere.

Deponente tl. chi o che asserisce - *izpovědalac, izpovědatelj, svědok.* V. Depositante.

Deporre, por giù - *postaviti, staviti dolě.* V. Calare; p. spogliarsi - *svući se,* met. *izbaviti se, rěšiti se (česa);* p. privare alcuno di dignità ecc. - *lišiti koga svoje časti;* p. dichiarare in giudizio - *izpovědati, oćitovati, svědočiti, povědati, kazati, izjaviti se, izraziti se, izreći se;* p. depositare - *položiti, polagati, ostaviti;* deporre la cauzione - *položiti jamčevinu.*

Deportare. V. Bandire.

Deportazione. V. Bando.

Depositante, chi deposita st. tl. - *položilac, položitelj, ostavilac, ostavodavac.*

Depositare - *položiti, polagati, ostaviti, izručiti, uručiti (komu v. u čijih rukah).* V. Deporre.

Depositario, colui presso il quale si deposita - *položnik, čuvar, ostavoprimac.*

Deposito, cosa depositata, per essere restituita - *polog, poklad, poklada, položnina, ostava;* deposito giudiziale - *sudbeni polog,* contratto di deposito - *položna* v. *ostavna pogodba;* p. atto del depositare. V. Deposizione. V. Urna. Magazzino.

Deposizione, consegna - *položenje, polaganje, ostavenje, izručenje, uručenje,* p. testimonianza o attestazione fatta in giudizio - *izpovědanje, očitovanje, svědočenje, posvědočenje, povědanje, kazanje, izjavljenje, izrazenje;* de-

posiz.testimoniale - *izpovědanje svědokah,* p. ammasso di materie, che lasciano le acque - *nanos, nanes,* p. abbassamento di cosa da luogo alto - *sniženje, poniženje, prignenje, poklonenje, obalenje.*

Depravare, corrompere - *pokvariti, pobluditi, sopačiti, izopačiti, napeljati na zlo, ozloćuditi;* fig. p. infamare - *ozlobiti.*

Depravazione - *pokvarenje, pobluđenje, sopačenje, izopačenje, ozloćuđenje.*

Depredamento - *poharanje, poroblenje, oplěnjenje.*

Depredare - *poharati, porobiti, oplěniti.*

Deprimere, tener basso, abbassare - *tlačiti, potlačiti, gaziti, sniziti, poniziti, uzponiziti, pritisnuti, umaliti.* V. Opprimere. Soffogare.

Depurare - *čistiti, očistiti, izčistiti, snažiti, osnažiti.*

Depurazione - *čišćenje, očišćenje, izčišćenje, snaženje, osnaženje.*

Deputare, eleggere alcuno con mandato spec. a qualche incomb. - *odabrati, izabrati (koga)* p. incaricare - *opověriti, opunomoćiti, opunovlastiti (koga za koj posao), naložiti (komu štogod),* p. assegnare, parlandosi di tempo e luogo - *opreděliti, ustanoviti, ureći, nareći.*

Deputato st. - *poslanik, odaslanik, izaslanik;* deputato dietale - *saborski poslanik.* V. Delegato.

Deputazione, missione dei deputati - *odaslaničtvo, odaslanstvo, poslanstvo;* p. corpo dei deputati - *odbor odaslanički,* v. *poslanički odbor (tělo),* p. autorità amministrativa d'un comune - *obćinski odbor (tělo).*

Derelitto - *zapušten.*

Derelizione - *zapuštenje.*

Deretano - *zadnjica, guzica.*

Deridere - *posměhati, posměhavati, osměhati, osměhavati, porugati (koga), smia-*

ti *se, rugati se (komu).*

Derisibile - *posměhiv, osměhiv, porugiv.*

Derisione - *posměha, posměhanje, posměhavanje, směh, rug, ruglo.*

Derisivo - *směšan.* V. Derisibile.

Deriso st. V. Derisione; mettere in deriso. V. Deridere.

Derivare, trarre origine - *izhoditi, izhajati, izlaziti, izteći, iztěcati, izvirati, proizhoditi, proizhajati, proizlaziti, proizteći, proizticati, proizići.* V. Dedurre. Dipendere.

Derivazione, origine - *izhodenje, izhajanje, izlazenje, iztěčenje, izviranje, proizhodenje, proizhajanje, proizlazenje, proiztečenje, proizticanje, proizidenje.* V. Sviamento.

Deroga. V. Derogazione.

Derogare, togliere qualche cosa ad una legge - *skratiti* v. *stisnuti moć (krěpost) zakona, ublažiti strogost zakona, oduzeti poně-*

što krěposti zakonu, pre-
inačiti zakon; p. sottrarsi ad un obbligo rěšiti
se v. izbaviti se dužnosti.

Derogazione, atto con cui
si annulla un atto pre-
cedente - ukinba, dokinba,
ukinjenje, dokinjenje, p.
parziale modificazione -
strano v. jednostrano, preinačenje.

Derrata - proizvod, proizvod
zemlje, p. porzione di
qualsivoglia cosa - děl,
dio.

Derubare - krasti, pokrasti.
V. Depredare.

Desalare, purgar dal sale
- odslaniti, odsoliti, razsoli-
ti, uzeti v. oduzeti sol.

Desco - tèrpeza, stol, jestbin-
ski stol.

Descrivere - opisati, opisivati, preopisati, preopisi-
vati; p. registrare, pi-
gliar nota - zabilježiti, p.
scrivere - pisati, pisivati,
prepisati, prepisivati; p.
segnar con linee - cèrta-
ti, nacèrtati.

Descrizione - opis, opisanje,

opisivanje, preopisanje,
preopisivanje, nacèrtanje.
V. Leva.

Deserto st. - pustinja, pustoš, pustoša, samina; ag.
zapušten, ošamjen, p. ab-
bandonato, incolto - pust,
neobdělan, neobradjen, zapušten.

Desertore. V. Disertore ecc.

Desiare. V. Desiderare.

Desiderabile - želiv, poželiv,
žudiv, požudiv.

Desiderare - želiti, poželiti,
žuděti, požuděti.

Desiderio - želja, zaželja,
težnja, žudnja, požuda;
desiderio disordinato -
pohlěp, pohlěpa.

Desideroso - željan, voljan,
žudan.

Designare, proporre - predložiti, predlagati. V. Eleggere.

Designazione, proposta -
predloženje, predlaganje.
V. Elezione.

Desinare vn. - obědvati, obědovati, st. p. pranzo -
oběd.

Desinente - svèršujuć, dospijuć, dokončajuć.

Desinenza - *svèršetak, svèršenje, okončanje, dokončanje.*

Desìo. V. Desiderio. Diletto.

Desioso. Desideroso.

Desistenza - *odustaja, odustanje;* di desistenza - *odustajan;* conchiuso di desistenza - *odustajni zaključak* v. *odustajna odluka.*

Desistere - *odustati, odustajati;* desistere da ogni ulteriore inquisizione - *odustati od svake dalje iztrage.*

Desolare, rendere solitario o disabitato - *opustošiti; opustiti, razpustošiti, u pustoš obratiti poharati, zatèrti, potèrti.* V. Distruggere.

Desolazione - *opustošenje, opustenje, razpustošenje, obratjenje u pustoš, poharanje, zatarenje, potarenje.* V. Distruzione.

Despota - *samovladac, samovladalac, samovlastnik, go-* *spodar;* despota e tiranno - *samovladac i samosilnik.*

Despoteggiare - *samovladati, gospodariti, gospodarovati.*

Despotico - *samovladan, gospodaran.*

Despotismo - *samovladnost, gospodarstvo.*

Despumare - *opěniti.*

Despumazione - *opěnjenje.*

Desso, pron. - *on isti, onaj isti,* p. colui che - *onaj koji.*

Destamento - *budjenje, izbudjenje, zbudjenje, probudjenje, uzbudjenje.*

Destare va. risvegliare - *buditi, zbuditi, izbuditi, probuditi, uzbuditi;* np. destarsi - *zbuditi se, izbuditi se* ecc.

Destinare - *odrediti, oprěděliti, ustanoviti, odlučiti, nareći, naměniti, namislěti, naumiti.* V. Assegnare. Eleggere.

Destinazione - *odredjenje, opreděljenje, ustanovljenje, odlučenje, naměnjenje, naumljenje, namišljenje.*

Destino - *sudbina, sud.*

Destituire. V. Abbandonare; p. privare - *lěšiti (koga česa), oduzeti, ustegnuti (komu što);* p. licenziare - *odpraviti, udaljiti, odaljiti, odalečiti.*

Destra, mano - *desna, desnica;* mano destra e sinistra - *ruka desna i lěva,* dalla parte destra - *iz desne strane.*

Destramente, con agilità - *hitro, živahno,* con accortezza - *mudro, šegavo, opazno, pozorno, smotreno.*

Destrezza, agilità - *hitrost, hitrenost, živahnost,* fig. p. accortezza - *domišljenost, mudrost, šegavost, opaznost, pozornost, smotrenost.*

Destriere - *konj junaški (vitežki, plemeniti), bedev.*

Destro st. opportunità - *podoba, podobnost,* per occasione favorev. - *povod, prigoda;* cogliere il destro - *uzeti povod;* ag. p. agile - *lak, hitar, živahan.* V. Destramente.

Desumere - *izvesti, izvaditi,* izvadjati, izvoditi, p. congetturare - *mněti, mislěti, suditi, slutiti.*

Dessunto, dedotto - *izveden, izvodjen, izvadjen.*

Detenere, trattenere - *zadèržati, pridèržati, uzdèržati,* p. tenere in carcere - *zatvoriti, utamničiti, uapsiti,* p. tenere presso di sè cose proibite - *imati* v. *deržati pri sebi, posědovati.*

Detentore, che detiene - *dèržac, dèržalac,* detentore dell' altrui roba - *dèržalac tudje stvari.*

Detenuto ag. rattenuto - *zadèržan, pridèržan, uzdèržan;* st. p. carcerato - *zatvorenik, uznik, apsenik,* ag. *zatvoren, utamničen, uapsen.*

Detenzione - *zadèržanje, pridèržanje,* p. il tenere in carcere - *zatvorenje, utamničenje, uapsenje.*

Deterioramento - *pogoršaj, pogoršanje.*

Deteriorare va. *pogoršati,* np. *pogoršati se, postati gorji.*

Determinare, porre termine - *ustanoviti, opredĕliti,* p. porre i limiti - *ograničiti, omedjašiti,* p. giudicare in modo fisso o preciso - *suditi, razsuditi, rĕšiti;* fig. p. risolvere - *odlučiti, odrediti, namislĕti, odabrati, izabrati.* V. Specificare. Assegnare.

Determinazione, definizione - *opredĕljenje, ustanovljenje,* p. deliberazione, proponim. - *odredjenje, odlučenje, namišljenje, odabranje, izabranje,* p. decisione d' una questione - *rĕšenje odlučenje, razsudjenje.*

Detestare. V. Abbominare ecc.

Detrarre, diffalcare - *oduzeti, ustegnuti, odbiti, dignuti;* p. nuocere altrui con discorsi - *ozloglasiti, oklevetati, razklevetati (koga), zlogovoriti, zloreći (od koga).*

Detrattore, maldicente - *zloglasnik, klevetnik, klevetulia, opadnik;* V. Ladro.

Detrimento. V. Danno.

Detronizzare - *izpristoljiti, pognati* v. *odalečiti od pristolja, lĕšiti kraljestva (koga).*

Dettagliare - *opisati, opisivati, potanko* v. *podrobno opisati* v. *naznačiti.*

Dettaglio - *podrobnost, potankost, potanko* v. *podrobno opisanje.*

Dettame - *nadahnutje, ponuka, svĕst.*

Detto st. parola - *rĕč, besĕda,* p. motto - *poslovica, rĕči, besĕde;* p. nominato, esposto - *rečen, imenovan, naveden, naznačen;* il suddetto - *gorerečen, goreimenovan* ecc.; detto fatto av. - *odmah, namah, dilj, dilje, udilj.*

Devastare. V. Desolare ecc.

Deviare, uscir dalla dritta via - *svratiti se, zahoditi, stranputičiti, udaljiti se s puta (iz pravoga puta), odaljiti se, odalečiti se, odvratiti se.*

Deviazione - *svratjenje, zahodenje, stranputenje, oda-*

ljenje, udaljenje, odalečenje.

Devoluto ag. ricaduto - *pripadajuć, dopadajuć;* il devoluto diritto - *pripadajuće pravo;* p. venuto in
potere – *postignut, zadobljen,* p. passato in altri
- *prenosen, prenesen, pro-
lazen.*

Devoluzione, trasferimento
di diritto - *ošastnost, prenosenje (prenesenje, prolazenje) prava.*

Devolvere va. far passare
in altri un diritto - *dosuditi, dopitati, doznačiti,*
np. p. ricadere o il pas-
sare che fa il diritto da
una ad altra persona -
*pripasti, pripadati, dopa-
sti, dopadati, prolaziti.*

Devoto, dedito alla pietà
religiosa - *pobožan, bogo-
moljan, bogoljuban;* p. offerto in voto o in sa-
crifizio - *zavećan, zavĕren,*
p. molto applicato, affe-
zionato - *priklonjen, pri-
stašan.*

Devozione, pia dimostraz.

verso Dio - *pobožnost, bo-
gomoljnost, bogoljubnost.*
V. Ossequio. Ubbidienza.

Dì. V. Giorno.

Diabolico, di diavolo e fig.
p. pessimo - *vražji, vra-
gometan, djavalski, hudo-
ban, sotonski.*

Diaconato, secondo degli
ordini sacri maggiori -
djakonstvo, red vandjelja.

Diaconìa e diaconato, ti-
tolo e dignità di diacono
- *djakonia, djakonstvo.*

Diacono - *djakon.*

Diadema, corona - *kruna,*
diadema reale - *kraljevska
kruna,* p. cerchio che si
dipinge sul capo delle
sacre immagini - *vĕnac,
sjajna okolina*

Diagonale, linea - *poprečni-
ca, srĕdopotez.*

Dialetto - *narĕčje, izgovor.*

Dialogo - *razgovor, pogovor,*
(fra due persone, anche)
dvogovor, dvogovorje.

Diamante - *diumant, almaz.*

Dianzi - *maloprie.*

Diario. V. Giornale.

Diarrea - *lijavica, driskalica,*

otvorenje těla.

Diaspro - *djaspar.*

Diavolo - *djaval, djavo, sotona, vrag, hudoba, nepriatelj, duh nečisti,* p. spirito fol. - *malić, malik.*

Dibattimento - *razprava, protresanje;* finale dibatt. - *konačna razprava,* pubblico orale dibattimento - *javna ustmena razprava.* V. Aprire.

Dicastero - *oblast, dikasterium.* V. Aulico.

Dicembre - *Prosinac.*

Diceria, discorso stucchevole - *pekljania, bèrblja,* p. notizia incerta - *izmišljenost, izmišljotina.*

Dichiarare va. far chiaro - *izjasniti,* p. esporre - *očitovati, izjaviti, izreći, izpovědati,* p. spiegare, chiarire - *razjasniti, tomačiti, raztomačiti, razbistriti* p. manifestare - *odkriti, objaviti.* V. Definire. Eleggere; np. sl. dichiararsi *očitovati se;* dichiararsi erede - *očitovati se baštnikom.* V. Erede; p. ri-

conoscere, manifestare apertam. - *izpoznati, pripoznati, proglasiti;* egli venne dichiarato colpevole - *on bi krivcem izpoznan* v. *proglašen.*

Dichiarazione, esposizione - *očitovanje, izreka, izrazenje, izjavljenje; izpovědanje;* p. spiegazione - *razjasnenje, izjasnenje, raztomačenje, iztomačenje;* p. deliberazione giudiziale - *proglašenje, izpoznanje, pripoznanje.*

Diciannove - *devetnaest* (gen. pl.)

Diciannovesimo - *devetnaesti.*

Diciassette - *sedamnaest* (gen. pl.)

Diciassettesimo - *sedamnaesti.*

Diciottesimo - *osamnaesti.*

Diciotto - *osamnaest* (gen. pl.).

Dicitura - *govor, govorenje, izgovaranje, jezikoslovje.*

Dieci - *deset* (gen. pl.); dieci cavalli - *deset konjak.*

Diecimila - *deset tisućah (deset tisuć), deset hiljadah*

(deset hiljad), *deset jeze-rah (deset jezer)*.

Dieciotto. V. Diciotto.

Diècisette. V. Diciassette.

Diesis, crocetta in musica, che fa accrescere la nota di un semitono - *diesis (diežiš)*, met. *poluglasnik*.

Dieta, regola di vitto durante la malattia ecc. - *polupost, jelouzdèržje, navar u jelu i pitju*; p. adunanza di persone rispettabili per deliberare su faccende politiche, o d'interesse nazionale - *sabor*; membri della dieta - *članovi sabora, saborski poslanici*, dieta croato - slavona - *hèrvatsko-slavonski sabor*; di dieta, dietale - *saboran, saborski*; articoli dietali - *saborni članci*; td. p. competenza - *nadnevnica*, classe di diete - *nadnevnički razred*.

Dietreggiare, dare addietro - *vratjati se, vratiti se, stučiti se*, p. ritirarsi - *odstupiti, odstupljati*.

Dietro, dopo, indietro - *za* (istr.); colla pancia dietro il panetto - *tèrbuhom za kruham*, dietro di lui - *za njim; nakon, poslè, iza* (gen.); dopo il contradditorio - *nakon ročišta*; p. a tergo - *zad, zada, nazad, nazada, natrag*. V. Dopo.

Difendere va. salvare da pericoli ecc. - *braniti, obraniti*; p guardare, custodire, riparare - *gledati, obgledati, čuvati, učuvati, občuvati, sačuvati, štititi, zaštititi, (koga), paziti (na koga)*; np. p. farsi riparo - *braniti se, obraniti se, gledati se* ecc.

Difensore - *branitelj, obranitelj*, p. avvocato - *odvětnik*, met. *zastupnik*, p. protettore *štititelj, štitnik, zaštititelj, zaštitnik*.

Difesa - *obrana, obranba, zaštita*; difesa necessaria - *nuždna obrana*.

Difettare, aver difetto - *potrěbovati, imati potrěbu, neimati*; p. commettere errore. V. Fallare.

Difetto, mancamento, imperfezione - *mana, manjkavost, nedostatnost, nedostatak, nesavèršnost,* p. colpa, errore - *grĕk, pogreška,* p. fogli mancanti o laceri - *manjkavi (nedostatni, nesposobni) tabaci.* V. Scarsità. Danno.

Difettoso - *manjkav, nedostatan, nesavèršen.*

Diffalcare - *odbiti, oduzeti, odnĕti, dignuti, ustegnuti.*

Diffalcato ag. - *odbijen, oduzet, odnĕt, dignut, ustegnut.*

Diffalco st. - *odbitak, oduzetje, ustegnutje.*

Diffalta, errore, colpa - *zahod, sagrĕška, krivnja, krivina, krivica,* p. mancanza, privazione - *uzmankanje, potrĕba, potrĕbnost,* p. mancamento di promessa - *vĕrolomje, vĕrolomstvo, vĕrolomnost, iznevĕra.*

Diffamare - *ozloglasiti, razklevetati, oklevetati, napasti, huliti (koga), zlogovorĕti (od koga), pogèrditi čije ime (čast, poštenje).*

Diffamatore - *zloglasnik, zlogovornik, klevetnik, oklevetnik.*

Diffamazione - *ozloglasenje, oklevetanje, razklevetanje, napadanje, hulenje, zlogovorenje.*

Differente - *različit, različan, nesličan, drugač;* differenti opinioni - *različita mnenja.*

Differenza, diversità - *razlika, razlikost, različnost, nesličnost, razluka;* p. varietà - *raznost.* V Controversia. Lite.

Differenziare va. far differenza fra più cose - *različiti, razlučiti;* vn. p. essere diverso o dissomigliante - *nesličiti, nepriličiti, ne biti sličan* v. jednak, biti različan.

Differimento (procrast.)-*produljenje, produženje, odvlačenje, protezanje, odlaganje, odloženje,* (differenz.) *nepriličenje, različenje, neslaganje, nesudaranje.*

Differire va. rimettere ad

altro tempo il fare ecc. - *produljiti, produžiti, odgoditi, odgadjati, odvlačiti, protegnuti, protezati, odlagati, odložiti;* p. essere differente- *nesličiti, nepriličiti, ne biti sličan* v. *priličan, biti različan, neslagati se, ne sudarati.*

Difficile, malagevole - *težak, mučan, trudan, tegotan.* V. Bisbetico.

Difficilmente - *težko, mučno, trudno.*

Difficoltà - *težkoća, potežkoća, muka, mučnost, trud, trudnost.*

Difficoltare - *otegotiti, otežkotiti, otežiti, potegotiti, potežkotiti, potežiti.*

Diffidamento - *neuzdanje, neufanje, nezaufanje, nepouzdanje, nevěrovanje.*

Diffidare - *neuzdati se, neufati se, nepouzdati se, nevěrovati.*

Diffidente ag. che diffida - *neuzdajući se, neufajući se, nepouzdajući se, nevěrujući;* p. sfiduciato - *neuzdan, nepouzdan, nezaufan.*

Diffidenza - *neuzdanost, neufanost, nezaufanost, nevěra.*

Diffondere va. spargere largam. - *razprostraniti, širiti, razširiti, razsipati,* (una notizia) *razglasiti, proglasiti,* (strombettare) *raztrubiti, raznositi glas,* np. p. dilatarsi - *razprostraniti se, širiti se, razširiti se,* p. diffondersi nel dire - *obširno govoriti (divaniti, opisati stvar* v. *čin).*

Diffusamente - *obširno, prostrano, na široko.*

Diffusione - *razprostranjenje, širenje, razširenje.* V. Dissipazione.

Diffuso ag. sparso - *razprostranjen, razširen, razsipan, razglašen, proglašen, raztrubljen, raznosen.* V. Diffondere; p. prolisso - *predug, obsežan.*

Difilare va. muovere checchessia con velocità verso alcuno direttamente - *obèrnuti* v. *poslati ravno (štogod) komu* v. *prama komu;* np. *krenuti (poći, ići, teći, tèrčati) ravno ko-*

14

mu v. *prama komu.*

Difilato ag. - *hitar i ravan;* av. *hitro i ravno.*

Diga - *obzida* v. *obgrada mora (rěke).* V. **Riparo.**

Digamia. V. **Bigamia.**

Digamo. V. **Bigamo.**

Digerire (il cibo) - *probaviti, probavljati;* p. disaminare attentamente - *izpitati potanko, promozgati, promotriti, promatrati, razmatrati, razmišljati, promišljati (stvar* v. *predmet);* met. p. sopportare - *podnositi, podnašati, pogutati, probaviti.*

Digestione - *probava, probavnost, probavljenje, izpitanje, promozganje, promotrenje, promatranje, razmišljanje, promišljanje, podnosenje, podnašanje, pogutanje.* V. **Digerire.**

Digiogare - *odjarmiti, izjarmiti, razjarmiti, odpreči.*

Digiunare - *postiti;* digiunare a pane ed acqua - *postiti pri kruhu i vodi.*

Digiuno - *post;* condannato al digiuno di tre giorni - odsudjen na trodnevni post, pena inasprita col digiuno due volte per settimana - *kazan pooštrena dvokratnim postom svakog tědana.*

Dignità, nobile gravità nei tratti ecc. - *otesanost, uljudnost, udvornost, pristalost;* p. grado o uffizio elevato - *dostojanstvo, čast.*

Dignitario - *častnik, dostojanstvenik, dostojnik.*

Dignitoso - *otesan, uljudan, udvoran, pristojan;* procedere dignitoso - *otesano postupanje.*

Digressione, discorso fuori del soggetto principale - *uzgovor, mimogredni* v. *uzgredni govor;* p. discostamento dal solito cammino - *stranputje, svratjenje.*

Digrignare i denti - *kazati* v. *izkesiti zube.*

Digrossare, assottigliare, dar la prima mano alla forma d'un lavoro - *otesati, izstrusniti;* fig. p. ammaestrare la gente rozza - *izdivljiti, izdivljačiti, izstrusniti, izobražiti*; p. ingentilire - *oplemeniti*.

Diguazzare - *hljemutati, pljahati, ohljemutati, opljahati*. V. Agitare.

Dilagare, allagare – *poplaviti, potopiti*.

Dilaniare va. sbranare - *razkidati, razkinuti, razderati, razdrěti, raztěrgati, razkomadati*, fig. V. Infamare; np. p. sbranarsi - *razkidati se, razderati se* ecc.; p. svellersi (per lo più dei capelli) - *razčupati si, izčupati si, počupati si, izskubsti si, izguliti si, iztěrgati si (vlase)*.

Dilapidare. V. Scialacquare ecc.

Dilatare, allargare - *širiti, razširiti*. V. Ampliare. Divulgare; np. *širiti se, razširiti se, razprostraniti se*. V. Diffondersi.

Dilatorio - *odgodan, odgoditeljan*.

Dilavare - *izprati, izumiti, izumivati*.

Dilazionare - *odgoditi, od-*

gadjati, odvlačiti, produžiti, produljiti; il dilazionare-*odgodjenje, odgadjanje, odvlačenje* ecc. V. Ritardare. Indugiare.

Dilazione - *odgoda, odvlaka, produžba*; dilazione del termine - *odgoda (odgodjenje) roka*; istanza di dilazione - *rokovnica*. V. Ritardo. Indugio.

Dileggiare - *izrugati, ruglu izvěrći, izsmijati (koga), rugati se (komu)*. V. Beffeggiare.

Dileggio - *ruglo, ruganje, izruganje, izsmijanje, izsměhanje*.

Dileguamento - *razpèršenje, razpèršanje, uništenje, utamanenje, raztalenje, raztopljenje*.

Dileguare va. distruggere - *razpèršiti, razpèršati, uništiti, utamaniti*; np. p. allontanarsi con gran prestezza, e quasi sparire - *razpèršiti se, razpèršati se, uništiti se*, p. sciogliersi, liquefarsi - *raztaliti se, raztopiti se*.

Dilemma - *dvopredlog (a)*, *dvopredloga (e)*.

Dilettante ag. che diletta - *nasladiv, uslastiv, usladiv, povoljan, razveseliv, blagoradiv, uzradiv;* st. p. colui che si esercita in un' arte solam. per diletto - *ljubimac, ljubovnik, ljubeznik, prijatelj, poznalac (česa)*.

Dilettare va. e n. apportar diletto o piacere - *nasladiti, radovati, uzradovati, obradovati, veseliti, razveseliti, uzveseliti, zabavljati;* np. p. ricever diletto - *radovati se, uzradovati se* ecc.

Dilettevole ag. che diletta. V. Dilettante.

Diletto - *naslada, nasladnost, sladkost, ugodnost. razkoša, zabava, uživak*.

Dilezione. V. Benevolenza.

Diligente - *marljiv, revan, nastojan*.

Diligentemente - *marljivo, revno, nastojno*.

Diligenza, zelo - *marljivost, revnost, nastojanje;* servi-re con diligenza - *služiti marljivo ;* p. carrozza postale - *poštarska kola, velika kola, dilijenca*.

Diligere - *zaljubiti, preljubiti, veleljubiti (koga)*.

Dilucidare - *razjasniti, izjasniti, razbistriti, iztomačiti, raztomačiti*.

Dilucidazione - *razjasnenje, izjasnenje, razbistrenje, raztomačenje, iztomačenje*.

Diluculo, alba - *danak, zora*.

Dilungamento, allontanamento - *odaljenje, odalečenje, odstranjenje,* p. prolungamento - *produljenje, produženje, odvlačenje, odgodjenje, natezanje.* V. Dilazione.

Dilungare va. far più lungo, prolungare - *produljiti, produžiti,* p. allontanare da sè - *odaljiti, odalečiti, odstraniti,* vn. p. allungarsi - *produljiti se,* np. p. andar lungi - *ići daleko* v. *na daleko,* p. dipartirsi dalla materia di cui si tratta - *odalečiti se, odaljiti se, ići* v. *poći*

izvan polja, udariti dru-
gom stazom.

Diluvio, trabocco smisurato
di pioggia - *potop, poto-*
pje, poplav, povodnja, na-
plav, p. quantità - *množina,*
sila. V. Invasione.

Dimagrare va. render ma-
gro - *smèršaviti, omèršavi-*
ti, smlediti (koga) vn, divenir magro - *pomèršiti,*
pomèršaviti, omèršiti, o-
mèršaviti, omlediti, pomle-
diti, smlediti, osušiti.

Dimanda, propos. con cui
si chiede qualche cosa -
tražba, zahtěv, pitanje, za-
iskanje, zahtěvanje, potra-
ženje; (con cui s'interro-
ga) *upit, zapit, zapitanje.*

Dimandare va. interrogare
pitati, zapitati, upitati,
p. chiedere - *pitati, zah-*
těvati, tražiti, potražiti
iskati; np. chiamarsi -
zvati se, nazivati se.

Dimane, il principio del dì -
jutro, ujutro, sjutra.

Dimenare. V. Agitare.

Dimensione - *protega, pro-*
storia, prostor, prostranost,

obširnost, obširnoća.

Dimenticaggine, dimenti-
canza - *zaborav, zaborava,*
zabitje.

Dimenticare - *zaboraviti, za-*
biti, pozabiti. V. Abbandonare.

Dimenticabile - *zaboraviv, za-*
biv, pozabiv.

Dimentichevole - *zaboravljiv,*
zabljiv, pozabljiv.

Dimentico ag. - *zaboravan,*
nedosětiv, nesětiv. V. Dimentichevole.

Dimesticare va. rendere dimestico - *upitomiti, spito-*
miti, spitomniti, odomaćiti,
razdomaćiti; p. fare amico - *upriateljiti, spriateljiti,*
popriateljiti, učiniti si pria-
telja (koga); np. p. divenir famigliare - *opitomi-*
ti se, spitomniti se, obi-
knuti se, spriateljiti se.

Dimestichezza, famigliarità
pitomnost, p. accoglienza
amorevole - *priateljstvo,*
prijaznost.

Dimestico, famigliare - *ku-*
ćan, priateljan, domać (allus. ad animali, piante

ecc.) *pitoman, domać,* p. mansueto - *krotak, miran.* V. Casalino.

Dimettere va. lasciare da parte, abbandonare - *ostaviti, zaostaviti, pustiti, puščati, odpustiti, odpuščati, mimoići, propustiti, staviti* v. *postaviti na stran (koju stvar) nehajati (za koju stvar)*; p. deporre il pensiero - *zabiti, pozabiti, zaboraviti, nesěćati se,* tl. p. deporre, presentare - *predati*; dimettere gli scritti - *predati spise.* V. Concedere. Condonare; np. p. abbassarsi, avvilirsi - *ponižiti se, uzponižiti se, potištiti se, potlačiti se, pohuliti se*; dimettersi dal servizio - *odreći se službe, ostaviti službu.*

Dimezzamento - *razpolovljenje, razpolovičenje, razpolučenje, razdvojenje.*

Dimezzare - *razpoloviti, razpolovičiti, razpolučiti, razdvojiti.*

Diminuire va. - *umanjiti, u-maljiti, smanjiti, omanjiti*; np. *umanjiti se, umaljiti se* ecc.

Diminuzione - *umanjenje, u-maljenje, smanjenje, omanjenje.*

Dimissionario, chi si è deposto, o che fu rimosso da un impiego - *odpuščenik.*

Dimissione td. - *ostavka*; egli ha dato la sua dimissione - *on je predao svoju ostavku*; tl. *odstupljenje, odaljenje*; dimissione dal possesso - *odstupljenje od posěda.*

Dimissoria - *redovnica, redovna svědočba, odpustnica.*

Dimora, tempo che si passa in un dato luogo - *boravenje, boravljenje, prebivanje, pribivanje, stanje,* p. fermata - *ostanak, zaostanak*; p. luogo ove si dimora - *boravište, prebivalište, pribivalište, stanište.* V. Indugio.

Dimorante - *boraveći, prebivajući, stanujući.*

Dimorare - *boraviti, prebiva-ti, pribivati, stanovati, stati.*

Dimostrare va. far palese, manifestare - *odkriti, ja-viti, objaviti, očitovati;* p. mostrare - *kazati, pokaza-ti, skazati,* p. far parere *činiti vidět, prikazati, pri-kazivati, predstavljati, predstavljivati,* p. pro-vare con ragionamenti la verità d' un fatto - *dokazati, razložiti, o-brazložiti;* p. dimostrare a tutta evidenza - *obělo-daniti;* np. p. far mostra di sè - *kazati se, izkazati se, ukazati se, ukazivati se.*

Dimozzamento - *kusanje, o-kusanje, odsěčenje, odre-zanje.*

Dimozzare - *kusati, okusati, odsěći, odrezati.*

Dimugnere - *smusti, izmusti, pomusti.*

Dimunto - *smuzen, izmuzen, pomuzen.*

Dinamica - *siloznanstvo, di-namika.*

Dinanzi. V. Innanzi.

Dinastìa - *vladarska (cesar-ska, kraljevska) porodìca, vladarsko pleme (rod, ro-dovina, kuća).*

Diniego - *zaněkanje.*

Dinodare - *oduzlati, razu-zlati, odvezati, razvezati.*

Dintorno prep. e av. V. Intorno; st. p. vicinanza - *bližina, okolica, okolina;* nei dintorni di questa città - *u okolici ovoga grada.*

Dinunzia, protesta - *odkaz, odkaza, prosvěda* p. no-tificazione - *napověd, ob-znana, obznanjenje, objava, objavljenje;* dinunzia di matrimonio - *napověd že-nitbe;* p. intimazione - *na-věštjenje;* dinunzia di guer-ra - *navěštjenje rata.* V. Denunzia.

Dinunziare, protestare - *od-kazati, odkazivati, prosvě-dati;* p. notificare - *na-povědati, obznaniti, obja-viti,* p. intimare (la guer-ra) - *navěstiti (rat).* V. Denunziare.

Dio, Iddio – *Bog, stvoritelj neba i zemlje, neizměrno*

dobro, otac nebeski, sve-
mogući i věčni Bog; a
Dio, addio (saluto) - s Bogom, Bog s tobom, Bog
svami, buon Dio - dobri
Bože, Dio guardi - Bog
sačuva, Bože sačuvaj, af-
fè di Dio - bogami, tako
mi Boga, Dio non voglia
- (in uso) ne daj Bog, sačuvaj v. očuvaj Bog, co-
sì Dio mi ajuti - tako mi
Bog pomogao (in uso) tako
me Bog pomogao v. pomo-
gal, sia fatta la volontà di
Dio - neka bude volja Božja,
neka se volja Božja izpuni.

Diocesano ag. - biškupijski,
eparhijski; st. V. Vesco-
vo. Diocesi.

Diocesi (giurisdiz. di vescovo cattolico) - biškupia,
biskupia, (greco) eparhia.

Diottrica st. - světloznanstvo.

Diottrico ag. - světloznan-
stven.

Dipanare - zaklupkati, zaklu-
piti, omotati, smotati, zamotati, sviti, svijati.

Dipartenza, partenza - odlazak, pošastje, prošastje, od-

lazenje, p. separazione -
razstanak, razšastje, razděljenje, oděljenje.

Dipartimento. V. Partenza;
p. divisione, scomparti-
mento - odsěk, oděl. V.
Provincia.

Dipartire va. dividere - razděliti, porazděliti, p. separare - razlučiti, odlučiti.
V. Distribuire; np. p.
partirsi - odići, otići, odlaziti; p. farsi più lonta-
no - udaljiti se, odaljiti
se, odalečiti se; p. non
accordarsi con taluno -
ne slagati se (s kim v. s
čijim mnenjem). V. Dilun-
gare.

Dipartita. V. Dipartenza.

Dipelare. V. Pelare.

Dipellare, levar la pelle -
oguliti, izvaditi kožu, p.
scorticare - oderati, odrěti. V. Spellare.

Dipendente ag. che dipen-
de - zavisan, odvisan; p.
subordinato - podložan,
podstavljen, podstavan.

Dipendere, trarre l'origine,
derivare - izvirati, izlaziti,

izhoditi, izhądjati; p. essere soggetto - *biti, podložan (komu), visiti, za-
visiti (od koga);* questo
dipende da me - *to zavisi
od mene* v. *to stoji u meni.*

Dipennare, depennare, cancellare - *brisati, izbrisati,
pobrisati, križati, prekrižiti;* fig. V. Abolire.

Dipignere, dipingere - *slikati, slikovati, naslikati, bojadisati, malati, namalati.*
V. Descrivere.

Dipinto st. - *slika, bojadisaj;*
ag. *slikan, slikovan, na-
slikan, bojadisan, malan,
namalan;* p. azzimato,
sparso di vari colori -
*raznobojan, šar, šaran,
šaren.*

Dipintore, pittore - *slikar,
bojadisar, malar.*

Dipintura, cosa rappresen-
tata per via di colori. V.
Dipinto; p. arte del di-
pingere - *slikanje, bojadisanje, malanje.*

Diploma - *povelja, zavĕrnica;*
diploma inaugurale - *kraljevska zavĕrnica.*

Diplomatica - *diplomatika,
diplomacia.*

Diplomatico - *diplomatički;*
corpo diplomatico - *diplomatički zbor (tĕlo).*

Diplomazia. V. Diplomatica.

Dipopolare. V. Spopolare.

Diportamento. V. Contegno.

Diportarsi - *zabavljati se,
proći se.* V. Divertirsi.

Diporto. V. Passatempo.
Spasso.

Dipresso, a un dipresso -
po prilici, blizu, okolo.

Diradare va. far meno spesso - *razrediti, razredkati,*
p. allargare - *širiti, razširiti,* fig. far più di rado - *učiniti redje;* p. divenir rado - *postati redak.*

Diradicare. V. Sradicare.

Diragnare - *čistiti (izčistiti,
osnažiti, posnažiti) pau-
žine.*

Diramare va. troncare i
rami - *kaštrati, okaštrati,
pokaštrati, sĕći* v. *odsĕći
kite (grane), razgraniti,*
np. p. dividersi parlan-
dosi di fiumi - *razgranati
se, razgraniti se, razdĕliti*

se; sd. p. diramare circolari - *poslati* v. *pošiljati na okolo, razposlati* v. *razpošiljati (okružnice).*

Dire, manifestare il pensiero colle parole - *reći, reknuti,* p. parlare semplicemente - *govorěti, divaniti, veliti, besěditi,* p. notificare - *obznaniti, oglasiti,* p. narrare - *praviti, pravljati, povědati, poviti, pripovědati, spovědati;* p. rispondere - *odgovoriti, odgovarati;* p. far vedere, dinotare - *kazati, kazivati, skazati, skazivati, pokazati, pokazivati, izkazati, izkazivati;* p. nominare - *imenovati,* p. chiamare - *zvati, zazvati, zazivati, pozvati, pozivati,* p. affermare - *tvèrditi, potvèrditi;* p. proferire - *izustiti, izreći, izricati;* p. dire recitando - *sgovarati;* p. dire alcunchè senza riflessione - *buhnuti;* p. dire uno sproposito - *špèrdnuti;* p. dire fra i denti - *zašvelj-*

kati, dire senza farsi comprendere - *zabèrbljati;* dire mormorando - *mèrmljati, zamèrmljati, pomèrmljati;* dire nell' orecchio - *šaptati, šapićati, pošaptati, prišaptati;* non dir parola - *ne pihnuti, ne progovoriti* v. *progovoriti, mučati, šutiti;* si dice - *govori se, divani se, veli se, kaže se, glasa se, ljudi govore (divane, kažu);* ciò è a dire - *to jest, to bi reći,* converrebbe dire - *bi reći, reći bi;* che dici? - *šta govoriš (divaniš, veliš)?* dimmi tu, è lui davvero? - *kažimi* v. *recimi ti, jeli zbilja on?* dimmi, come va per il mondo? - *jeli, (kažimi, recimi) kako idje po světu?* dite (oelà)? - *jelte, recite?* ditemi o signore? - *jelte gospodine?*

Direttamente - *ravno, izravno, uprav, upravo, neposrědno.*

Diretto - *ravan, izravan, upravan, neposrědan;* steura diretta - *izravni porez,* indiretta - *neizravni porez.*

Direttorato. V. Direzione.

Direttore - *ravnatelj, ravnitelj;* - degli uffizj d' ordine - *ravnatelj pomoćnih uredah.* V. Polizia.

Direzione, linea del cammino retto - *put, putovanje,* p. condotta - *ravnanje, vladanje;* direzione del naviglio - *ravnanje broda;* p. regola - *pravilo;* p. direttorato, uffizio del direttore - *zavnateljstvo.* V. Direttore.

Dirigere, indirizzare - *upraviti;* p. condurre - *ravnati, voditi, peljati.* V. Comportarsi. Incamminarsi.

Dirimere. V. Dividere. Spartire.

Dirimpetto, di rimpetto - *suprot, suproć, suproti, pram, prama, prema* (dat.).

Diritta. V. Destra.

Dirittamente. V. Direttamente.

Diritto, dritto st. il giusto, facoltà di fare, godere, disporre ecc. d' una cosa - *pravo;* diritto personale - *osobno pravo,* reale - *stvarno pravo,* sulla cosa - *pravo na stvar,* privato - *pravo posebničko,* speciale *pravo osobito,* innato - *pravo prirodjeno,* civile - *pravo gradjansko,* acquisibile - *pravo stečivo,* sperativo - *nadano v. zaufano pravo,* di matrimonio - *pravo ženitbeno,* vantato - *podičeno pravo,* prevalente - *prednje pravo,* di pegno - *pravo zaloga v. založno pravo,* civile e canonico - *pravo gradjansko i cěrkveno.* V. Tassa. Dazio. Tributo. Podestà; p. contrario di rovescio ag. - *prav,* av. *naprav;* p. dirittura, o linea retta - *ravno, upravo;* diritto là - *upravo onamo;* ag. p. rivolto direttamente - *ravan;* diritto come un fuso - *ravan kao vreteno.*

Dirittuario tl. - *pravoimac,* condirittuario - *supravoimac.*

Dirizzare - *ravnati, porav-*

nati, izravnati; fig. p. racconciare - *načiniti, popraviti;* p. vogliere il pensiero - *pomislěti,* met. *svèrnuti okom (na što);* p. mettere sulla buona strada - *uputiti, staviti na dobar put.*

Dirizzatojo, strumento per separare i capelli in due parti - *razděljač,* p. strumento da raddrizzar checchessia - *poravnač, poravnioc.*

Disabbellire - *izgèrditi, pogèrditi, izlěpiti,* met. *okaljati.*

Disabitare va. - *opustiti, opustošiti, osamiti;* np. *opustiti se, opustošiti se.*

Disaccendere - *ugasiti.*

Disaccentare - *iznaglasiti.*

Disaccettare - *neprimiti, neprijeti, neuzeti.*

Disacconcio. V. Sconcio.

Disaccordare - *neslagati, nesložiti, neskladati, nesudarati, izsložiti, razsložiti.* V. Discordare.

Disaccerbare va., levare l'acerbezza - *izljutiti;* fig. p.

addolcire, mitigare - *osladiti, ublažiti.*

Disadatto, non atto - *nepodoban, neprikladan, nesposoban.*

Disadornare - *razresiti, oduresiti.*

Disadorno, privo d'ornamento - *neuresen, neukrasen;* fig. p. trascurato - *zapušten, zanemaren.*

Disaggradevole - *neugodan, nepovoljan, dosadan.*

Disagio, p. difetto di sanità - *nezdravje.* V. Incomodo. Carestia.

Disalberare - *izvaditi jambore v. jedèrne panje.*

Disamabile - *neljubiv, neljubezan, neljubezljiv.*

Disamare – *odljubiti, razljubiti, ustegnuti ljubav.*

Disameno - *neugodan, nepovoljan,* p. scortese - *neljudan, neudvoran.*

Disamicizia - *nepriateljstvo.* V. Odio.

Disamina - *razvidjenje, izvidjenje, izpitanje, propitanje, izkušanje.* V. Discussione.

Disaminare - *razviděti, izviděti, izpitati, propitati, izkušati.* V. Discutere.

Disanimare va., uccidere - *ubiti,* p. scorare - *prestrašiti, uplašiti, razufati;* np. *prestrašiti se, uplašiti se, prepanuti.*

Disapprovare - *neodobriti, nepriznati, nepotvěrditi, nehvaliti, nepohvaliti.*

Disapprovazione - *neodobrenje, nepriznanje, nehvaljenje, nepohvaljenje.* V. Biasimo.

Disarmamento (il privar d'armi) - *razoružanje, odoružanje, izoružanje, otmenje oružja,* (allus. a nave) - *razpremenje, razpremanje, razpuštjenje (broda).*

Disarmare va. tor via le armi - *razoružati, odoružati, izoružati, oteti* v. *uzeti oružje (komu);* p. disarmare una nave - *razpremiti, razpremati, razpustiti (brod).*

Disarmo. V. Disarmamento.

Disarmonico - *neskladan, nesložan.*

Disarmonizzare vn. - *neskladati, neslagati, nesložiti.*

Disastro - *nezgoda, nepogoda, nesrěća, zlosrěća.*

Disastroso - *nezgodan, nepogodan, nesrěćan, zlosrětan.*

Disattento - *nepoman, nepomnjiv, nepomljiv, nepozoran.*

Disattenzione - *nepomnja, nepomnost, nepomnjivost, nepomljivost, nepozornost.*

Disautorare - *izvlastiti, razvlastiti.*

Disavvantaggiare va. - *oškoditi, uškoditi, oštetiti (koga), naškoditi, uzrokovati, (uzročiti, prouzrokovati, prouzročiti) kvar* v. *štetu (komu);* vnp. *těrpiti* v. *pretěrpiti kvar* v. *štetu, izgubiti korist, izgubi od svoga, kvarovati.*

Disavvantaggio. V. Svantaggio.

Disavvedutezza - *nepozornost, nesmotrenost, nepomnost, nepomnja.*

Disavveduto - *nepozoran, nesmotěrn, nesmotren, nepoman.*

Disavvenente - *neskladan, neuzorit, neudvoran, neuljudan.*

Disavvenenza - *neskladnost, neuzoritost, neudvornost, neuljudnost.*

Disavventura - *nesrěća, zlosrěća, nezgoda, nepogoda.*

Disavventurato - *nesrěćan, zlosrětan, nezgodan.*

Disavvertenza - *nepomnja, nepomnost, nesmotrenost.*

Disavvezzamento, il disavvezzare *odučenje, izobičajenje,* p. disusanza - *iznavada.*

Disavvezzare - *odučiti, odobičajiti.*

Disbarcare. V. Sbarcare.

Disbrigare va. trarre di briga o d' impaccio - *izbaviti (osloboditi, rěšiti) skěrbi* v. *posla;* fig. p.terminare speditamente - *svěršiti, izvěršiti,* np. *izbaviti se, (rešiti se, osloboditi se) brige* v. *posla.*

Disbrigo - *izbavljenje, svěršenje, dověršenje, izvěršenje, dokončanje.*

Discacciamento - *iztěranje,* protěranje, izagnanje, odgnanje, odagnanje, pognanje.

Discacciare - *iztěrati, protěrati, izgnati, izagnati, odgnati, odagnati, pognati.*

Discalzo - *bosonog, izut.*

Discapitare. V. Disavvantaggiare.

Discapito - *gubitak, kvar, šteta, škoda, nekorist.*

Discaricare. V. Scaricare.

Discaro - *nedrag, nemil, nemio, nemilen.*

Discatenare - *odverugati, izverugati, razverugati, razkovati, odkovati.*

Discavalcare. V. Scavalcare.

Discendentale - *nizhodan;* linea discendentale - *nizhodna loza.*

Discendente ag. che discende - *sideći, slazeći,* p. nato, disceso da cosa o persona - *rodjen, izlazeći, izhodeći, dolazeći, potečeći, potekavši;* p. successore *potomak, naslědnik.* V. Erede.

Discendenza - *rod, porod,*

porodjaj, rodovina, potom-stvo, potomština, potomci, kèrv, pleme. V.; Stirpe.

Discendere, scendere - *siti, saći, slažiti, nizići, niz-hoditi, doći niže,* p. trar-re origine e nascimento - *izlaziti, poteći, izteći, poroditi se, izhoditi, doći, dolaziti (od koga),* V. De-clinare.

Discepolo, scolare - *učenik, odgojenik.* V. Seguace.

Discernere - *poznati, izpoznati, pripoznati, razpoznati, razmatrati, izvidĕti,* p. distinguere - *razlučiti;* p. giudicar bene la differenza delle cose - *prosuditi, razsuditi.*

Discernimento, il discerne-re - *poznanje, izpoznanje, pripoznanje, razpoznanje, razmatranje, izvidjenje, razlučenje, prosudjenje, razsudjenje,;* fig. p. facoltà di giudicare sanamente - *razum, razbor, pamet.*

Discesa, atto del discende-re - *sidenje, slazenje, ni-zidenje, nizhodenje;* p. luo-

go per lo quale si di-scende - *bok, nizdolje, niz-dolica, obronak, nizbèrdi-ca, nizbèrdoća.*

Dischiavare va. aprir con chiave - *odklopiti, odkla-pati, razklopiti, razklapati, odključiti, odključati;* p. cavar di schiavitù - *izšuž-njiti, odšužnjiti, odrobiti, osloboditi od robstva* v. od *šužanstva;* np. p. liberar-si, sprigionarsi - *oslobodi-ti se, iztamničiti se.*

Dischiodare - *odčavlati, raz-čavlati.*

Dischiudere - *odprĕti, otvo-rĕti.* V. Manifestare. E-scludere.

Disciogliere va. levare i le-gami - *odvezati, razvezati.* V. Separare; fig. V. Dis-impegnare; np. p. lique-farsi - *raztopiti se, razta-lĕti se,* p. liberarsi da un obbligo - *izbaviti se (rĕšiti se, osloboditi se)* po-sla v. *dužnosti.*

Disciplina, insegnamento - *nauk,* p. artifizio, mae-stria - *umĕtnost,* p. regola, modo di vivere a norma delle leggi di un istituto ecc. - *zapt*, *podložnost*, *obvezanost*; p. sferza con cui uno si percuote per far penitenza - *bič*, *pokora*, p. correzione - *pokarba*, *pokaranje*, p. castigo - *kazan*, *pedĕpsa*; domestica disciplina - *domaći zapt*.

Disciplinare va. V. Ammaestrare; p. percuotere colla disciplina - *bičevati*, p. castigare - *pedĕpsati*, *kazniti*; p. tenere in disciplina - *zaptiti*; ag. di o da disciplina - *karnostan*, *zaptan*. V. Inquisizione.

Disco st. cosa rotonda - *oblina*, *okolovina*, *krug*, *kruglo*, *okruglo*; p. esercizio ginnastico degli antichi - *nišan*; p. sfera visibile dei pianeti - *kolubar*, *kolumbar*, *kolobar*.

Discolo st. *zapušćenac*, *razpušćenac*, ag. *razpušćen*, *opak*, *pakostan*, *zločest*. V. Vagabondo.

Discolpa - *opravda izgovor*, *opravdanje*, *izpričanje*, *razkrivljenje*.

Discolpare - *opravdati*, *izpričati*, *razkriviti*; np. *opravdati se*, *izpričati se*, ecc.

Discontento ag. - *nezadovoljan*, *nezadovoljen*.

Disconvenire - *nepristojati se*, *nepristojiti se*, *neprikladati se*.

Discoprimento -- *odkrijenje*, *razkrijenje*.

Discoprire - *odkriti*, *razkriti*.

Discordanza, il discordare - *neskladanje*, *nesloženje*, *neslaganje*, *nesudaranje*, *nepogadjanje*; p. sconcordanza - *nesložba*, *nesklad*, *neskladnost*, *raznoglasnost*.

Discordare, va. rompere l'accordo - *razmiriti*, *razmirivati*, *iznemiriti*, *smutiti mir*, vn. p. non essere d'accordo, e dicesi di voci ecc. - *neslagati*, *nesložiti*, *neskladati*, *nesudarati*, *nepogadjati*, *raznoglasiti*.

Discorde - *nesložan*, *neskladan*, *raznoglasan*.

Discordia - *nemir*, *nemirje*, *razmirje*, *razmirica*, *neslo-*

ga, svadja, svadba, zava-
da, smutnja.

Discorrere, correre intorno - *teći* v. *tèrčati okolo,*
obtěcati, obtèrkivati met.
vèršiti; V. Vagabondare.
Discendere; fig. p. ragionare conversando - *go-*
vorěti, pogovarati se, di-
vaniti, sboriti, p. cominciare a discorrere - *poče-*
ti v. *započeti govor, pro-*
sboriti, progovorěti. V.
Esaminare. Discutere.

Discorso - *govor, divan, po-*
govor, p. sined. *rěč;* for-
bito discorso - *blagorěčje;*
il libro in discorso - *knji-*
ga u govoru v. *u govoru*
stojeća knjiga.

Discostamento - *maknenje,*
odmaknenje, odmicanje, od-
daljenje, odaljenje, odale-
čenje, odstranjenje.

Discostare va. - *maknuti, od-*
maknuti, odmicati, oddalji-
ti, odaljiti, odalečiti, od-
straniti; np. *maknuti se,*
odmaknuti se ecc.

Discosto ag. lontano - *da-*
lek, odstranjen, p. alieno

- *tudj, stran, nepristran;*
av. lungi, lontano - *daleko.*

Discreditare. Diffamare.

Discredito - *zloglasje.*

Discrepanza, diversità di
parere - *inoglasje, inoglas-*
nost, raznoglasje, razno-
glasnost; p. divario fra
due o più cose - *nesklad,*
neskladnost, razlika.

Discrepare - *inoglasiti, raz-*
noglasiti, neskladati, ne-
složiti, neslagati se.

Discrezione, giudizioso pro-
cedimento - *razboritost,*
skromnost, čednost, p. discernimento -*razsuda, raz-*
bor; p. balìa - *samovolja,*
volja.

Discucire, disfare il cucito
- *razšiti, odšiti;* p. sdru-
scire -*razparati, razkrajati.*

Discussione - *pretres, pretre-*
sanje, potanko izpitanje,
razglabanje, rešetanje, raz-
govor, p. dibattimento -
razprava, debata.

Discutere, esaminare e considerare diligent. - *pretre-*
sati, pretresivati, potanko
izpitati, razglabati, rešetati,

15

prorešetati, p. dibattere - *razpravljati*.

Disdetta, rifiuto di fare, o continuare una cosa promessa - *odkaza, odpovĕd*; disdetta del capitale - *odkaza glavnice*, dare la disdetta - *navĕstiti odkazu*. V. Disgrazia.

Disdetto ag. - *odkazan, porečen, oporečen, opozvan.*

Disdicevole - *nepristojan, nepodoban.*

Disdicevolezza - *nepristojnost, nepodobnost.*

Disdicevolmente - *nepristojno, nepodobno.*

Disdire, va. negare la cosa chiesta - *uskratiti, zanĕkati;* p. vietare - *braniti, zabraniti;* p. ritrarre la parola data - *pozvati v. opozvati reč.* V. Rinunziare; np. p. dir contro a quello che si era detto avanti - *poreći se, poricati se, oporeći se, oporicati se,* vn. p. essere sconvenevole - *nepristojiti se, nepriličiti se.*

Disdoro - *nepoštenje, sramota.*

Diseccamento, atto od effetto del diseccare - *sušenje, osušenje, izsušenje,* p. mancanza d'umore - *suhoća.*

Diseccare va. - *sušiti, osušiti, posušiti, izsušiti;* np. p. divenir secco - *osušiti se, posušiti se* ecc.

Disegnamento - *risanje, cèrtanje, nacèrtanje.*

Disegnare, rappresentare con segni o lineamenti - *risati, cèrtati, nacèrtati,* p. descrivere con parole - *opisati, opisivati;* p. far conto - *računati.* V. Imprimere. Eleggere; fig. p. ordinare nel pensiero - *osnivati, osnovati, nacèrtati, naumiti, namislĕti.*

Disegno, rappresentazione di un soggetto con segni o lineamenti - *risanje, naris, narisanje, cèrtanje, nacèrtanje;* p. arte che vel'insegna - *risanje;* fig. p. intenzione o pensiero - *namišljaj, namišljenje;* p. ordinamento delle parti d'un opera - *nacèrt, osnova,* p. minuta del parere di giureconsulti - *odvětnica, odvětničko mnenje.*

Disellare - *odsedlati, razsedlati.*

Disenteria. V. Dissenteria.

Diseppellire - *odkopati, izkopati.*

Diseppellimento - *odkopanje, izkopanje.*

Disequilibrio - *nepravomērje.*

Diseredamento - *izbaštenje.*

Diseredare - *izbaštniti, izbaštiniti.*

Diserede - *izključeni baštnik.*

Disertamento - *opustenje, opustošenje, zatarenje, potarenje, razorenje,* (dalla milizia) - *uskočenje, odběžanje.*

Disertare, va. ridurre quasi a deserto - *opustiti, opustošiti;* p. rovinare - *zatèrti, potèrti, razoriti.* V. Spogliare. Abbandonare; vn. p. lasciare la milizia fuggendo - *uskočiti, odběžati.*

Disertazione. V. Esterminio.

Disertore - *běgunac, uskok, odběžanik.* V. Fuggiasco.

Diserzione - *uskočenje, odběžanje.*

Disfatta. V. Sconfitta.

Disfida - *pozov v. pozvanje na mejdan v. megdan.*

Disfidare, va. chiamare l'avversario a battaglia — *pozvati na mejdan v. megdan;* p. aver p. disperato, parlandosi di malato - *dvojiti o zdravju nemoćnika;* p. diffidare - *dvojiti, dvoumiti, nevěrovati.*

Disfigurare - *izgèrditi, ogèrditi, izopačiti.*

Disfigurazione - *izgèrda, ogèrda, izopačenost, izgèrdjenje, ogèrdjenje, izopačenje.*

Disfortunato - *nesrećan.*

Disgiungere, separare le cose congiunte - *razstaviti, odčěpiti, razděliti;* p. levare il giogo ai buoi - *odpreći, odjarmiti (volove).* V. Dividere.

Disgrazia, perdita dell'altrui grazia o favore - *nemilost, izgubljenje tudje milosti;* p. infortunio - *nesrěća, nezgoda.*

*

Disgraziatamente - *nesrěćno, po nesrěći, zlosrětno, nezgodno.*

Disgraziato - *nesrěćan, nesrětan, zlosrětan, tužan, brižan;* p. malaugurato - *koban, neugodan, nezgodan, žalostan.*

Disgroppare - *oduzlati.*

Disgusto - *neugodnost, nepovoljnost, neprijatnost.*

Disgustoso - *neugodan, nepovoljan, neprijatan.*

Disigillare. V. Dissuggellare.

Disimparare - *odučiti, zaboraviti, zabiti v. pozabiti naučena.*

Disimpegnare va. trarre dall'impegno - *odrěšiti, odbaviti, izbaviti;* td. p. eseguire l'impegno - *obnašati (ovèršiti, ovèršivati, ovèršavati) zadaću (posao, dužnost);* np. liberarsi dall'impegno - *rěšiti se (odbaviti se, osloboditi se) posla.*

Disimpegno. V. Esecuzione.

Disinteressato - *nepristran.* V. Interessato.

Disinteresse - *nepristranost.*

Disinvolto - *odpèrt, nestidan.*

Dislegare va. - *odvezati, razvezati;* p. liberare - *osloboditi, izbaviti;* np. p. liberarsi dai legami - *odvezati se, razvezati se.*

Dislocare va. - *razměstiti, směstiti, odměstiti, preměstiti, dignuti v. izvaditi od města;* np. p. slogarsi - *ići od města, preměstiti se.*

Dislogamento - *razměštaj, razměštenje, směštenje, odměštenje, dignenje v. izvadenje od města, preměštenje.*

Disloggiare - *preseliti se.*

Dismesso - *izobičajen* met. *zapušćen, zaboravljen.*

Dismontare (da cavallo) - *odjahati, odjahati od konja,* p. approdare - *prispěti, doći.*

Disnidare - *izgnjazliti, odgnazliti.*

Disobbediente. V. Disubbidiente ecc.

Disoccupato - *bezposlen.*

Disonestà - *nepoštenje, nepoštenost.*

Disonesto - *nepošten.*

Disonorare - *pogèrditi, izopošteniti.*

Disenore - *nepoštenje, nepoštenost, bezpoštenje, bezpoštenost, sramota, nečast, prèkor.*

Disopra, di sopra - *zgor, odzgor, zgora, od zgora, odozgor.*

Disordine -*nered, metež;* grave disordine – *strašni nered.*

Disotterrare. V. Dissotterrare ecc.

Dispaccio, lettera di negozj di stato - *popèčiteljni v. ministerialni odpis, pospèšnica* (in uso anche) *depeša;* dispaccio telegrafico - *bèrzojavak, bèrzojavna vèst.*

Disparere st. contrarietà di opinioni - *prepor;* p. discrepanza - *raznoglasje, nesklada.*

Disparità, disuguaglianza - *nejednakost;* disparità di voti - *nejednakost glasovah.* V. Disparere. Diversità.

Disparte av. - *posebno, posebi, osebno, napose, na stran;* mettere in disparte - *staviti v. postaviti na*

stran, odstraniti, odmaknuti.

Dispendio - *trošak, potrošak.*

Dispendioso - *drag, skup.*

Dispensa, distribuzione - *razdèljenje, porazdèljenje;* p. privilegio, o derogazione da una legge, usi ecc. - *oprost, oproštenje.* V. Età. Credenza.

Dispensare, va. dare a ciascuno la sua parte - *dèliti, podèliti, porazdèliti, razdèliti, razdati, razdavati;* p. sollevare, abilitare, concedere - *oprostiti, rèšiti, izbaviti, osloboditi;* p. liberare dagl'impedimenti delle leggi eccles. - *rèšiti, odvezati;* np. p. dispensarsi dall' obbligo - *rèšiti se, izbaviti se, osloboditi se (dužnosti).*

Disperare, va. - *uzeti ufanje (komu), odufati koga;* np. p. perdere la speranza - *izgubiti ufanje, ne ufati, ne ufati se, ne imati ufanja, bezufati;* p. darsi alla disperazione - *zapustiti se, zapušćati se, očajati.*

Disperato, fuor di speranza, che non dà sper. - *beznadan, bezufan, očajan, bez ufanja, neufav, odufav;* p. arrabbiato - *goropadan, běsan.*

Disperazione - *bezufanje, beznada, očajnost, očajanje.*

Disperdere, va. mettere in perdizione - *satěrti, potěrti, pogubiti, utamaniti, unštiti,* np. p. andar in perdizione - *satěrti se, pogubiti se* ecc. V. Dispergere.

Disperdimento - *satarenje, potarenje, pogubljenje, utamanenje, uništenje.*

Dispergere va. spargere - *razsipati, razsipljati, razsuti, raztresti, raztresati;* p. sbaragliare, mettere in rotta - *raztěrkati, razpěršati, razpěršiti.* V. Scialacquare. Confondere; np. *razsipati se, razsipljati se, raztěrkati se* ecc.

Disperso - *razsipan, razsipljen, razsut, raztresen, raztresan, raztěrkan, raspěršan, razperšen.*

Dispetto, offesa volontaria fatta altrui affine di dispiacergli - *pěrkos,* p. noja che muove a sdegno - *rug, rugota, poruga,* p. dispregio - *sramota, prěkor, prekor;* a tuo dispetto - *na tvoju sramotu.* V. Onta.

Dispettoso ag. - *pěrkosan, pěrkosit, porugiv* p. scortese - *neudvoran, neuljudan,* p. altero, intrattabile - *ponosit, jogunast.*

Dispiacere st. - *neprijaznost, neugodnost;* vn. non piacere, recar disgusto - *nedopadati, nebiti po volji v. ugodan, dosaditi, dosadjivati (komu).*

Dispiacevole - *neprijazan, neugodan, nepovoljan.*

Dispiumare, va. - *perušati, operušati.*

Disponente ag. - *odredjujuć, razpoložujuć;* p. testatore - *oporučitelj.*

Disponibile - *razpoloživ, razpoložan.*

Disponibilità - *razpoloživost, razpoloženje.*

Disporre, mettere in buon ordine - *urediti, staviti u redu, razrediti, izrediti, odrediti, složiti, načiniti;* p. preparare - *pripraviti, pripravljati, prirediti;* p. fare alto e basso - *razpolagati, razpoložiti, razlagati, gospodariti (čime).*

Disposizione, compartimento ed ordine delle parti - *red, razreda, odreda, uredba, razložba, razredjenje, uredjenje, odredjenje;* p. arbitrio, deliberazione *volja, razpoloženje, naredba, naredjenje;* p. intenzione - *misao, namisao, nakana, naměna;* p. inclinazione a fare una cosa - *nagnutje, prignutje, privèrženost, želja;* p. operazione che nasce dall'abito già fatto - *nagon.* V. Condizione. Testamento. Libero.

Dispoticamente - *samovladno gospodarno.*

Dispotico - *samovladan, gospodaran.*

Dispotismo - *samovladnost,*

neograničena vlada, neograničeno vladanje.

Dispregiare, avere o tenere a vile - *tlačiti, potlačiti, pogèrditi, huliti, pohuliti, necěniti;* p. non curarsi - *nemariti, nehajati.* V. Biasimare.

Dispregio, disistima di cosa, persona - *tlačenje, potlačenje, pogèrda, pogèrdjenje, hulba, hulenje, necěnivost.* V. Avvilimento.

Disprezzare. V. Dispregiare.

Disprezzo. V. Dispregio.

Disprigionare - *odtamničiti, pustiti* v. *osloboditi* ed *tamnice.*

Disputa - *pregovor, prigovor, prepirka, preganjanje.*

Disputare - *pregovarati se, prigovarati se, preganjati se, pravdati se.* V. Discutere.

Disquisizione. V. Esame.

Disradicare - *guliti, izguliti, zguliti, poguliti, skubsti, izkubsti, izžiliti, iztèrgnuti, iztèrgati.*

Disrotolare, tl. - *rauzkladati.*

Disrotolazione tl. - *razuzkla-*

da; - degli atti - *razuzkla-da spisah.*

Dissapore - *nesporazumljenje, nesloga.*

Disseminare - *posiati na o-kolo v. simo i tamo, raz-siati.* V. Diffondere.

Dissensione - *razmirica, ne-mir, nesklad, nesloga, ne-pogoda.*

Dissenteria - *griža.* V. Diar-rea.

Dissentire - *neslagati se, ne-složiti se, biti drugoga mnenja.*

Dissenziente - *neslagajući se.*

Dissidio. V. Dissensione.

Dissimigliante - *nesličan, ne-priličan.*

Dissimigliare - *nesličiti, ne-priličiti.*

Dissimile - *nesličan, neprili-čan.*

Dissimulare - *podmučati, hi-niti, tajati, tajiti, sakri-vati svoju misao, pokri-vati, činiti se.*

Dissimulazione - *podmuče-nost, podmučenje, hinba, himba, hina, sakrivanje misli.*

Dissipare va. disperdere - *razpèršati, razsipati, ra-suti;* p. consumare i de-nari ecc. (come sopra, e) *raztepsti, petepsti, razpa-čati, potratiti, opaliti, po-jěsti.* V. Distruggere. Con-sumare. Disperdere.

Dissipatore - *razsipnik, raz-sipalac, razpačljivac,* met. *palikuća, raztepikuća.*

Dissipazione, il dissipare i denari ecc. - *rasutje, raz-pèršanje, razsipanje, raz-tepanje, potepanje, razpa-čanje, potratjenje, opale-nje, pojědenje.*

Dissolubile, atto ad essere slegato - *odveziv, razveziv,* met. *odrěšiv;* p. atto ad essere liquefatto - *razto-piv, raztaliv.*

Dissolubilità - *odvezivost, razvezivost, raztopivost, raztalivost.* V. Dissolubile.

Dissolutezza - *razpuštenost, razpuštenje.* V. Disonestà.

Dissoluto ag., sciolto - *od-vezan, razvezan;* p. stem-perato - *raztopljen, razta-ljen;* fig. p. licenzioso, disonesto - *razpušten, nepošten;* uomo dissoluto - *razpuštenjak.*

Dissomigliante. V. **Dissimigliante** ecc.

Dissonante, che dissuona - *nesložan, neskladan;* che non corrisponde - *neodgovarajuć.*

Dissonanza - *nesložnost, neskladnost;* p. diversità - *razlikost, različnost.*

Dissonare - *nesložiti, neslagati, neskladati.*

Dissotterramento - *odkopanje, izvadenje iz v. izpod zemlje.*

Dissotterrare - *odkopati, izvaditi iz v. izpod zemlje.*

Dissuggellare - *odpečatiti, razpečatiti, dignuti pečat (pečate).*

Distaccare va. separare cose, che sono attaccate insieme - *odcěpiti, razděliti, razstaviti, razdružiti, odlěpiti,* (distaccare con violenza) *skinuti, odkinuti;* p. rimuovere alcuno da una cosa ecc. - *odalečiti, odstraniti;* np. p. disgiungersi - *razstati se,*

razstajati se, razděliti se, odcěpiti se, razdružiti se, p. allontanarsi - *udaljiti se, odalečiti se.*

Distacco, atto del distaccarsi - *odcěpljenje, razděljenje, razstavljenje, razdruženje, odlěpljenje, skinjenje, odkinjenje;* p. separazione - *razstanak, razstava;* p. allontanamento - *odaljenje, odalečenje.*

Distante ag. - *dalek.*

Distanza - *daljina, odaljenost, razstoj.*

Distavolare, cancellare l'intavolazione - *izknjižiti, izbrisati uknjižbu.*

Distavolato - *izknjižen, izbrisan, izbrišen.*

Distavolazione - *izknjižba, izknjiženje, brisanje v. izbrisanje uknjižbe.* V. **Intavolazione.**

Distinguere va. distintamente ravvisare - *viděti, spoznati, spoznavati, razabirati, razabrati;* p. distintam. conoscere - *poznati, poznavati, razpoznati, razpoznavati,* distint. comprendere - *razuměti;* distint. dichiarare - *pripoznati, pripoznavati, izpoznati, izpoznavati,* p. considerare minut. - *razmatrati, razmisléti, razmišljati;* p. differenziare - *različiti, razlikovati, razlučiti, razlučivati;* np. sd. p. segnalarsi - *odličiti se, odlikovati se.*

Distinta sd. nota - *izkaz, pregled.*

Distintamente, separatam. - *razlučno, razlučivo, različito* sd. p. egregiamente - *izvèrstno, izvèrstnim načinom, odlično, odličnim načinom.*

Distintivo st. - *odlika, odlikovanje, odlični znak;* ag. *odličiv.*

Đistinzione, separazione delle cose - *razlika, razluka, razlučenje, odlučenje.*

Distogliere va. - *odgovarati, odvratiti, odvratjati, odbiti, primamiti (koga),* np. p. scostarsi - *odaljiti se, odalečiti se,* p. tralasciare di fare - *pustiti, osta-*

viti, zaostaviti, metnuti v. *postaviti na stran.*

Distoglimento - *odgovaranje, odvratjenje, odvratjanje, odbijenje, primamljenje.*

Distolto - *odgovaran, odvratjen, odbijen, primamljen.*

Distonare - *nesložiti, neslagati, neskladati, škvèrliti.*

Distornare - *svratiti, odvratiti, svèrnuti.*

Distorre. V. **Distogliere.**

Distrazione, svagamento dello spirito - *nepomnja, nepomnjivost;* p. disperdimento - *razsipanje, razpèršanje, raztresenje, raztèrkanje.*

Distretto st. parte di una provincia - *kotar, područje,* p. contado - *okolica, okolina, okoliš;* ag. p. serrato - *zapèrt, zatvoren,* p. angustiato - *stisnut,* p. intrinseco - *najbližnji.*

Distrettuale ag. - *kotarski, područan;* - uffizio - *kotarski ured.*

Distribuire, dare a ciascuno la sua porzione - *razděliti, porazděliti, poděliti,* razdati, razdavati, razpačati; p. disporre in ordine - razrediti, urediti, srediti.

Distribuito - razděljen, porazděljen, poděljen, razdan, razdavan, razpačan, p. ordinato - razredjen, uredjen, sredjen.

Distruggere - uništiti, utamaniti, zatèrti, potèrti, skončati, streniti, raztvoriti, poharati, (riferib. a case ecc.) razoriti, porušiti, razrušiti, obaliti, razvaliti, povalati, razkopati. V. Liquefare.

Distruggimento - uništenje, utamanenje, zatarenje, potarenje, skončanje, strenenje, raztvorenje, razorenje, porušenje, razrušenje, obalenje, razvaljenje, povaljenje, razkopanje. V. Distruzione.

Distruzione - razor, poraz, razsutje, pohara.

Disturbare, recar disturbo - uznemiriti, smetati, smutiti, smutjevati. V. Nojare.

Disturbatore - smetalac. V. Confusionario.

Disturbo - uznemirje, smetanje, neprilika, nepriličnost.

Disubbidiente - neposlušan, nepokoran.

Disubbidientemente - neposlušno, nepokorno.

Disubbidienza - neposluh, neposlušnost, nepokornost.

Disubbidire - neposlušati, neslušati, neslišati, prekèršiti zapověd.

Disudire - nečuti, neslušati.

Disuggellare. V. Dissuggellare.

Disuguaglianza - nejednakost, p. differenza - razlika.

Disuguale, ag. che non è uguale - nejednak; p. non appianato di superficie - neizjednačen, neravan, neizravnan.

Disumanare va. - izčověčiti, odčověčiti, np. izčověčiti se, odčověčiti se, postati živina.

Disumano - nečověčan, nečověčanski.

Disumare - odkopati, odrakviti.

Disumazione - *odkopanje tĕla, odrakvenje.*

Disunione, separazione di persone o cose - *razstava, razstavljenje, odĕljenje, odlučenje;* fig. p. discordia - *nesloga.*

Disunire - *razstaviti, razstavljati, razdĕliti, odlučiti, razlučiti.*

Disusanza, mancamento di uso - *neobičaj, neobičnost, neobičajnost;* p. perdita di uso - *odnauka, iznauka, odnaučenje.*

Disusare va. - *odučiti, odnaučiti,* p. dismettere l'uso - *odobičajiti, izobičajiti, staviti izvan navade* v. *običaja, razmetnuti.*

Disuso. V. Disusanza. Disusare.

Disutile - *nehasniv, nehasnit, nehasnovit, nekoristan.*

Disutilità - *nehasnoća, nekoristnost.*

Disvantaggio - *nekorist, štĕta, škoda, kvar.*

Ditale - *napèršnjak, napèrstnjak.*

Dito - *pèrst;* accennare col

dito - *kazati pèrstom,* offeso nel dito - *osakatjen, u pèrstu.*

Ditta, società di negozio - *tvèrdka, tvèrtka;* ditta commerciale - *tèrgovačka tvèrdka.*

Dittongo - *dvoglasnik.*

Diurnista, st. scrittore salariato a giornata - *nadničar, dnevničar.*

Diurno st. salario di scrittore pagato a giornata - *nadnica;* ag. p. del giorno - *dnevan,* p. giornaliero - *sagdanji, svakidanji.*

Diuturnamente - *dugotrajno.*

Diuturnità - *dugotrajnost.*

Diuturno - *dugotrajan.*

Diva, dea - *božica.* V. Dama.

Divampamento - *planenje, zaplanenje, užganje, zapalenje, gorenje, izgorenje, plansanje.*

Divampare, va. avvampare - *planuti, planiti, zaplanuti,* p. infiammare - *užgati, zapaliti,* p. ardere - *gorĕti, izgorĕti, plansati,*

Divano, consiglio de' ministri del Sultano - *divan.*

Divanzare - *predići, predhoditi.*

Divariare - *měnjati.*

Divario - *razlika, različnost, razlikost.*

Divecchiare - *pomladiti, odstariti, odstarati.*

Divedere, dare a divedere - *kazati, dati razuměti, činiti vidět.*

Divenire, venire a stato diverso da quello che è od era prima - *postati, činiti se, stvoriti se;* egli è divenuto un uomo - *on je postao čověk;* p. accadere - *zgoditi se, dogoditi se, pripetiti se, slučiti se,* p. venire - *doći;* sl. divenire ad un accomodamento - *poravnati se, pogoditi se, načiniti se.*

Diventare - *okrenuti se, preokrenuti se, pretvoriti se, preobražiti se.* V. Divenire.

Diverbio - *pregovaranje, prehtanje, karanje.*

Divergente - *nesložan, različit, različan.*

Divergenza - *nesložnost, raz-*

likost, *različnost.*

Divergere - *neslagati, nesložiti, neslagati se, nesložiti se, nesudarati, biti različan.*

Diversamente, con diversità - *različno;* p. altramente - *ino, inako, inače, drugako, drugače, drugčie.*

Diversità - *raznost, razlikost, različitost, različnost,* p. differenza - *razlika, razluka.*

Diverso, che non è simile - *drugač, drugak, inak, nejednak;* p. differente - *različit, različan, nesličan;* p. vario - *razan.* V. Crudele. Orribile. Diversamente.

Divertimento, allontanamento - *udaljenje, odalečenje;* p. trattenimento piac. - *zabava, razkošje, razkoša.*

Divertire, va. rivolgere altrove - *svratiti, svèrnuti, krenuti;* p. spassarsi - *zabavljati se, proveseliti se, obveseliti se, razkošiti se.* V. Frastornare. Impedire. Deviare.

Dividere, separare l'una parte dall'altra - *razlučiti, odlučiti, razstaviti, razdružiti, odcěpiti,* p. scompartire - *děliti, razděliti,* fig. *razkomadati,* (dividere in due parti) - *razdvojiti, razpoloviti, razpolovičiti;* dividere l'opinione di alcuno - *biti čijega mnenja.*

Divietare - *zabraniti, prepovědati.*

Divieto - *zabrana, zabranjenje, prepovědanje.* V. Censura.

Divinamente, in modo divino - *božanstveno,* p. eccellentemente - *izvèrstno, priverlo, vèrlo dobro (lěpo).*

Divinare. V. Indovinare.

Divinità - *božanstvo, božanstvenost.* V. Dio.

Divinizzare - *pobožanstviti, pobožanstveniti.*

Divino, che appartiene a divinità - *božji,* che partecipa di essa - *božanstven;* tre divine persone - *tri božanstvene osobe;* p. sommamente eccellente - *veleizvèrstan, neizměran.*

Divisa. V. Divisione, p. assisa, vestimento - *odora, oprava.*

Divisamento, il divisare - *nakanjenje, namišljenje, naměnjenje;* p. pensiero, disegno - *nakana, namisao, naměna.* V. Distinzione.

Divisare, immaginare - *nakaniti, namislěti, naměniti;* p. ordinat. narare - *razložiti, razlagati.* V. Distinguere. Disporre.

Divisibile - *razděliv, razdvojiv, razcěpiv.*

Divisibilità - *razdělnost, razdělivost, razdvojivost, razcěpivost.*

Divisione, distribuzione di un tutto in diverse parti - *razděljenje, razkomadanje,* (in due parti) *razpolovljenje, razdvojenje;* p. la quarta operaz. dell'aritmet. - *razdělba, razděljenje;* p. parte dell'esercito composto di cavall., fant. ecc. - *oděl vojske,* p. due compagnie di soldati - *dvosatnia, dvě satnie,* p. numero di navi armate -

vojno-pomorska četa. V. Discordia.

Divorare - žerati, žderati, požerati, prožderati. V. Consumare. Distruggere.

Divorzio - razpust.

Divulgare, far noto - razglasiti, proglasiti; p.far noto come suol dirsi, a popolo e comune - raztrubiti, raztrubljivati, razklevetati, raznositi, raznašati, razklepetati.

Dizionario - rečoslovnik. V. Vocabolario.

Dizione, vocabolo - reč, besěda; p. unione di parole esprimenti un senso - govor, govorenje. V. Giurisdizione.

Dobblone, moneta - dublon, doblon.

Docile, atto ad imparare - naučiv; p. pieghevole - mehkouman, skloniv.

Docilità - naučivost, p. pieghevolezza - skloninost, mehkoumje, mehkoumnost.

Documentare. V. Comprovare.

Documento, scrittura che

prova la verità d' un fatto - izprava, pismo, dokaznica, dokaz; - pubblico - javna izprava, - privato - posebna izprava, - originale - izvorna izprava, - autentico - věrodostojna (věrodajna, istovětna) izprava. V. Prova. Insegnamento.

Dodecaedro st. - dodekaedar, dvanaesteropeterokut, dvanaesteropeteronuglo.

Dodecagono, st. - dvanaesterokut, dvanaesteronuglo.

Dodicesimo - dvanaesti.

Dodici - dvanaest (gen. pl.)

Dodicina - dvanaestorica.

Doga - duga.

Dogana (uffizio dogan.) - tridesetnica, divona, mitnički (carinski, tridesetnički maltovni) ured; capodogana - glavna tridesetnica v. divona, glavni mitnički (ecc.) ured. V. Dazio.

Doganale - tridesetnički, mitnički, maltovan, divonički; - provento - mitnički dohodak v. proizvod.

Doganiere - tridesetnik, mitničar, mitnički činovnik.

Dogaressa, moglie d'un doge - *duždica.*

Dogato - *duždinstvo.*

Doge - *dužd*; del doge di Venezia - *dužda bnetačkoga* v. *mletačkoga.*

Doglia, nel pl. p. dolori del parto - *trudi, trudovi.* V. Dolore.

Doglianza - *žalba, tuga, tugovanje.*

Dogma, principio stabilito in materia di religione - *věroizpovědno pravilo,* (in materia di scienza) - *znanstveno pravilo,* (p. ambi i sensi, anche) *pravilo.*

Dolce, st. dolcia, sangue di porco - *kěrv od prasca, svinjska kěrv.* V. Dolcezza. Confetti; ag. - *sladak, slastan, meden,* p. grato - *ugodan, povoljan, mio, mil, milen, priatan, prijazan;* p. soave - *blag.*

Dolcemente - *sladko, slastno, sladosno, nasladno,* met. *medeno;* p. affettuosamente - *ljubezno, ljubivo, ljubezljivo,* p. soavemente - *blago.* V. Leggiadramente.

Dolcezza, sapore delle cose dolci - *slast, sladost, sladkost, sladkoća, slastnost;* p. soavità di canto ecc. - *sladkost, ugodnost;* p. affabilità - *prijatnost, prijaznost, uljudnost.* V. Gusto.

Dolcia. V. Dolce.

Dolcigno ag. - *sladkast, sladast.*

Dolere, vn. sentir dolore - *bolěti, ćutiti* v. *čuti bol,* (incominciar a dolere, o sentir un assalto di dolore) - *zabolěti,* p. sentir dispiacere - *ćutiti* v. *čuti žalost;* p. aver compassione - *milovati, pomilovati, žaliti, žalovati, požaliti, požalovati (koga),* np. p. lagnarsi - *tužiti se, potužiti se, jadikovati se, jadati se.*

Dollaro, moneta - *dolar.*

Dolo - *himba, hina, prevara.*

Dolore, sensazione spiacente che affligge il corpo - *bol, bolest,* (che affligge l'animo, come sopra, e) *žalost, muka.*

Doloroso, che duole - *bolěz-*

ljiv, bolezniv, bolestniv, bolan, bolestan, che apporta
dolore - bolonosan, p. afflitto, infelice - žalostan,
kukavan, jadan, tužan. V.
Calamitoso. Malvaggio.

Dolosità - himbenost, prevar-
benost, prevara.

Doloso - himben, prevaran,
prevarben; azione dolosa
- himbeno v. prevarno dèlo.

Domabile - ukrotiv, upito-
miv, mek, mehk, mekosèr-
čan.

Domanda. V. Dimanda.

Domandare. V. Dimandare.

Domani - sutra, sutradan,
jutro, jutrašnji dan; do-
po domani - preko sutra.

Domattina - sutra u jutro,
jutra u jutro.

Domare, va. far mansueto -
krotiti, ukrotiti, uzkrotiti,
skrotiti, okrotiti, upitomiti;
fig. p. mortificare gli af-
fetti - moriti želje (napa-
stovanja) p. soggiogare -
uzpreći, uzpregnuti, pod-
staviti, podmetnuti, p. am-
mollire - umekšati, pomekšati, ublažiti; domare il

pane - měsiti, směsiti, umě-
siti (kruh), np. p. domar
sè stesso - uzdèržati se,
pridèržati se.

Domeneddio - Bog; andar
a Domeneddio - umrěti,
preminuti.

Domenica - nedělja; dome-
nica prima di quaresima
- čista nedělja - della passione - gluha nedělja, delle
palme - nedělja maslinska,
velika nedělja, in albis -
cvětnica, cvětna nedělja.

Domenicale, del signore -
gospodinov, p. festivo -
blagdanji, blagdanjski; o-
razione domenicale, pater
noster - otče naš, lettera
domenicale - nedèljno v.
domenikalno slovo.

Domenicano - domenikanac.

Domesticale td. - domaci;
cassa - domaća blagajna.

Domiciliarsi - nastaniti se,
naměstiti se, naseliti se.

Domicilio - prebivalište, pribivalište, stanište, stan.

Dominante, che domina -
vladajuć, gospodarujuć, p.
città principale d'uno sta-

16

to - *glavni grad*, (se vi ri-siede il sovrano, come sopra, e) *stolni grad*.

Dominare, signoreggiare - *gospodariti, gospodarovati, vladati*; p. soprastare come un monte ecc. - *nadstati, vèrhunčiti, vladati*.

Dominio, signoria - *gospodština, gospoština*, p. proprietà - *vlastničtvo, vlast*, p. dominio della corona - *krunovina*.

Domo, ag. domato - *ukrotjen, skrotjen*, p. addomesticato - *odomaćen, udomaćen, u-pitomnjen*, (allus. a pane) - *smĕšen, umĕšen*.

Donamento, il donare - *darovanje*, p. dono - *dar*.

Donante, st. chi dona - *darovnik, darodavac, darovatelj*; ag. che dona - *da-rujuć, darivajuć*.

Donare - *darovati, pokloniti*. V. Dare. Dedicare.

Donatario - *daroprimac, daroprimalac*.

Donazione - *darovanje*, di donazione - *darovan*; atto (documento) di donazione - *darovno pismo, darovnica*, contratto di - *darovna pogodba*.

Donde, di o da qual luogo - *skud, skuda, odkud, odkuda, odakle, odkle, od kojeg mĕsta*; p. di che, per lo che - *česa radi, radi česa, s česa*.

Dondechè - *odkudgodi, odkudgodir, iz kojega mĕsta, iz kojega budi mĕsta, iz kojega godir mĕsta*.

Dondolare va. girare in quà e in là una cosa sospesa - *lunzati, ljuljati, čuljati*; vn. *lunzati se* ecc. np. fig. p. consumare il tempo senza far nulla - *plandovati, dangubiti*; p. dimenare con istudiata affettazione la propria persona - *lunzati se, ljuljati se*.

Donna - *žena, ženska glava*; - disonesta - *nepoštenica, nepoštena žena*, met. *krava, kurba*; p. padrona - *gospodarica, gazdarica*.

Donnajo - *ženar*.

Donnesco, da donna - *žen-ski*, p. signorile - *gospod-ski*.

Donnola, mammifero - *lasi-ca, viverica*.

Dono - *dar, darovanje, po-klon;* donò mattutino - *ju-tarnji dar, jutèrnjica*.

Donzella - *děvojka, cura, mlada, děvica, děvičina, goličina;* leggiadra don-zella - *gizdava děvojka*.

Dopo - *poslě, potlě, potlam, nakon, iza* (gen.), *zatim;* dopo ciò - *poslě toga,* do-po cena - *nakon věčere, po* (loc.); dopo pranzo - *po obědu,* dopo di - *pošto, nakon što,* dopo d' essere stato condannato - *pošto* v. *nakon što bi osudjen; za* (istr.); dopo il fatto - *za činom*.

Doppiamente, altrettanto - *duplo, dvostruko, dvogubo, dvojno, dvojeno;* p. fin-tamente - *dvolično, pod-muknjeno, himbeno*.

Doppiere - *duplir*.

Doppiezza - *dvoličnost, pod-muknjenost, himbenost,* himba.

Doppio, due volte tanto - *dupal, dvoj, dvojan, dvo-jat, dvogub, dvoguban,* p. biforme - *dvoličan, dvo-obrazan;* p. di due for-me o sorte - *dvostruk, dvostručan;* p. finto - *dvo-ličan, podmukal, himben*. V. Duplicato.

Doramento. V. Indoramen-to ecc.

Dormente, dormiente - *spa-vajući, špeći*.

Dormigliare, dormicchiare - *drěmati, klimati, spavka-ti;* p. incominciare a dor-migliare - *zadrěmati, za-klimati*.

Dormire - *spati, spavati;* p. incominciar a dormire addormentarsi - *zaspati, usnuti, usniti;* p. posare, star fermo - *stati, ustati, zaustati, zaostati*.

Dormitorio - *spavalište*.

Dorso. V. Dosso.

Dose - *kolikost, kolikoća, ko-ličina*.

Dosso, dorso - *ledja, hèrbat,* p. sined. *pleća;* dare il

dorso - *obèrnuti* v. *okre-nuti ledja* v. *pleća.*

Dotale - *mirazan.*

Dotare, dare o assegnare la dote - *miraziti, umira-ziti, obskèrbiti mirazom,* lei venne dotata - *ona bi umirazena;* p. assegnare una rendita per mante-nimento di chiese e si-mili - *utemeljiti zakladu, obskèrbiti, providěti,* p. pri-vilegiare di qualche pre-gio - *nadariti, providěti, obskèrbiti.*

Dotazione - *mirazenje, umi-razenje, obskèrbljenje mi-razom.*

Dote, porzione di beni co-stituita dal padre od al-tri alla figlia - *miraz,* con-traddote - *nadmiraz, pro-tumiraz;* fig. p. patrimo-nio costituito p. causa pia - *zaklada, dar, nada-renje, obskèrba, oskèrba, obskèrbljenje,* p. preroga-tiva d' ingegno ecc. - *na-darenje, obskèrbljenje, pro-vidjenje.*

Dotto - *učen, naučen, mudar;*

uomo dotto - *učeni cověk, učenjak, naučenjak, mu-drak.*

Dottorato - *doktorstvo.*

Dottore, chi insegna - *nau-čitelj, naukodatelj, učenjak, mudrak;* p. chi fu orna-to del dottorato - *doktur,* - di diritto - *doktur prava,* di teologia - *doktur bogo-slovja,* di filosofia - *dok-tur mudroznanstva* v. *mu-droznanja.* V. Medico.

Dottrina, cognizione di mol-te cose imparate con i-studio - *nauk, nauka, zna-nost, mudrost;* p. libretto contenente gli articoli della religione cristiana - *nauk kèrstjanski, knjižica nauka kèrstjanskoga, saltir.*

Dottrinario - *kalvinista, kal-vinist.*

Dove, ove - *kamo, kadě, gdě, u kojem městu, na koju stra-nu,* per dove - *kud, kuda,* da dove - *odklě, odaklě, od-kud, odkuda,* fino dove - *doklě, dokud, do kuda,* per ogni dove - *svestrano, po svud, po svuda,* oda-

svuda; p. dovunque - *svakamo, svakud, svakuda, kamogod, kamogodir, kamogodĕr, kamoti drago, kud god* v. *kuda god hoćeš, kuda god ti drago, svakud, posvuda*; p. quando - *kad, kada*; p. se mai - *ako, ako ikad.*

Dovechè, dovunque, dove che sia - *svakud, svakuda, svakamo, posvud, posvuda, u svakom* v. *u pojedinom mĕstu*; p. laddove, quando - *dočim, kad*, p. quantunque oltrechè - *akoprem, ako i, preko, prekošto, premako.*

Dovere va. essere debitore - *dužiti, dugovati, biti dužan, biti dužnik*; vn. essere obbligato - *morati, biti usiljen, biti dužan, biti u dužnosti, biti dĕržan*; si deve, p. essere necessario - *mora se, od potrĕbe je*, (conveniente) *pristojno* v. *prilično je*, (utile) *koristno je, od koristi je.*

Dovere, obbligo di opera-

re ecc. *dužnost*, p. debito - *dug*, p. convenienza - *pristojnost*; a dovere, giustamente - *kao je pravo* v. *pravedno, kao se pristoji, po razlogu, polag dužnosti* v. *pravice*; io ho fatto più del mio dovere - *učinio san prĕko moje dužnosti*, (*već neg mi je bila dužnost, već nego se pristoji*) adempire il proprio dovere - *izpuniti* v. *izvĕršiti svoju dužnost.*

Dovizia, ricchezza - *bogastvo, bogatstvo*; p. abbondanza - *obilnost, obilatost.*

Dovizioso, ricco - *bogat*, p. abbondante - *obilan, obilat.*

Dovunque - *svakud, svakuda, svakamo, posvud, posvuda, kamogod, kamogodir, kamogodĕr, kamoti drago, kudgod* v. *kudagod hoćeš, kudagod ti drago.*

Dozzina - *dvanaestorica, dvanajstorica, dvanaesterica.*

Dragomano - *dragoman.*

Dragone, drago - *zmaj, dra-*

kun, dragun.

Dramma, ottava parte di un' oncia - drakma, drama; fig. p. minima particella - mèrvić; p. componimento poetico, da rappres. in teatro - igrokaz.

Drammatico - igrokazan.

Drammaturgia, trattato sopra le composiz. dram. - igrokazstvo, p. catalogo di drammi - imenik (izkaz, pregled) igrokazah v. igrokazni imenik ecc.

Drappello - četa, čopor, hèrpa.

Drappo, vestimento di seta - svilenica, svilno ruho, svilna oprava, p. vestito di lana o lino - ruho.

Dritto. V. Diritto.

Drizzare. V. Dirizzare.

Droga - mirodia.

Drogheria, quantità di droghe - mirodie, p. fondaco di droghe - mirodionica, bottega di - mirodnica, dućan mirodiah.

Droghiere - mirodioc, mirodiar.

Dromedario - dromedar.

Druda - nepoštenica, nepoštena žena, zaljubnica, priležnica, bludnica.

Drudo - zaljubnik, priležnik, nepoštenjak, bludnik.

Duale ag. - dvobrojan; numero duale - dvobroj.

Dualismo - dvojnost, dualizam.

Dubbio, esitazione - dvojba, dvoumnost, sumnja; senza dubbio - bez dvojbe v. bez sumnje, non v' ha dubbio - něma dvojbe, nedvojbeno je. V. Tema; ag. V. Dubbioso.

Dubbiosità - dvojbenost, neizvěstnost, sumnjivost.

Dubbioso - dvojben, neizvěstan, nestanovit, sumnjiv; p. perplesso - dvouman. V. Terribile. Equivoco.

Dubitare, stare in dubbio - dvojiti, dvoumiti, dvoumnjati, p. aver sospetto - sumnjiti, sumnjati, sumnjicati; p. temere - bojiti se, bojati se.

Duca, capitano e conduttore di eserciti - vojvoda,

vodja, kapetan, p. titolo
di principato e nobiltà -
vojvoda, hèrceg, èrceg,
granduca - veliki vojvoda,
velevojda, veovojvoda, ve-
leèrceg, arciduca - nadvojvoda, nadèrceg.

Ducale - vojvodski, hèrcegov-
ski, èrcegovski.

Ducato, titolo dignit. del
duca - vojvodstvo, p. paese compreso sotto il do-
minio del duca - vojvodi-
na, vojvodia, èrcegovina,
hèrcegovina; granducato -
velika vojvodina, veovojvo-
dina, arciducato - nadvoj-
vodina; p. moneta - du-
kat.

Duce. V. Duca; p. guida
- vodja, vodionik, p. scorta - pratioc, pratilac.

Ducento - dvèsto (gen. pl.).

Duchea. V. Ducato.

Duchessa - vojvodinja, voj-
vodinica, èrceginja.

Due - dva, dvè (nom. d.);
due uomini - dva čovèka,
due libri - dvè knjige, due
a due - dva po dva, tutti
e due - oba, ambidue - o-

bojica, oba dva.

Duellante. V. Duellista.

Duellare va. - dvobojiti se,
biti se na mejdan.

Duellario - dvobojan.

Duellista - dvobojnik.

Duello - dvoboj, mejdan.

Duemila - dvè tisuče, dvè
hiljade, dva jezera (gen. pl.)

Duennale - dvolètan, dvogo-
dišnji.

Dugento. V. Duecento.

Duista. V. Dualista.

Dunque - dakle, stoga, p.
perciò - toga radi, radi
toga.

Duodecimo - dvanaesti.

Duodecuplo - dvanaesterogu-
ban, dvanaesterostruk.

Duolo, dolore - bol, bolest,
p. pena, passione - muka,
žalost, tuga; p. lamento
jauk.

Duomo, chiesa, cattedrale -
stolna cèrkva, (in uso anche)
vela v. velika cèrkva.

Duplica tl. - drugotnica, pro-
tuopetka.

Duplicare tl. - drugotiti, pro-
tuopetovati, predati dru-
gotnicu v. protuopetku.

Duplicato st. - *dvogub, dvoguba, suguba, sugubka, sugub;* duplicato della petizione - *dvoguba tužbe;* ag. *dvoguban, suguban, sugub.*

Duplice - *dvoj, dupal.*

Duplo. V. Doppio. Duplicato.

Durabile - *trajiv, dugotrajiv.*

Durabilità - *trajnost, dugotrajnost;* p. stabilità - *stalnost, neprestanost, nepomičnost.*

Durabilmente - *trajno, dugotrajno, potrajno,* p. stabilmente - *stalno, neprestano, nepomično.*

Duramente, aspramente - *oštro, kruto, ljuto,* p. difficilmente - *težko.*

Durante, che dura - *trajuć,* p. durando - *těčajem, trajanjem, u těčaju, u vrěmenu, vladajući, obstojeći, neprestajući;* durante il mese di Febbrajo - *těčajem v. u těčaju měseca Veljače.*

Durare vn. andar in lungo - *trajati;* p. persevera-re - *neprestati, neustati, naprědovati,* p. resistere - *obstati, obstojati, vladati,* p. mantenersi - *uzděržati se;* va. p. sopportare una fatica ecc. - *podnašati, podnesti, uzděržati, uzděržavati.*

Durata - *trajnost, trajanje, neprestanak, neprestanje, neustanak, neustanje;* durata della legge - *trajanje (trajnost) zakona;* lunga durata - *dugotrajnost, dugotrajanje;* p. stabilità, permanenza - *obstojanost, obstojanje, obstojenje, postojanstvo, postojanje.*

Durevole - *dugotrajan,* p. stabile - *stalan, nepomičan.*

Durezza - *tvèrdost, tvèrdina, tvèrdoća;* fig. p. rigidezza, asprezza nelle parole ecc. - *oštroća, oštrina, krutost, surovost.* V. Ostinazione.

Duro st. V. Durezza; ag. *tvèrd;* fig. p. caparbio - *tvèrd, tvèrdokoran, tvèrdoglavan,* p. inesorabile, crudele - *nemil, nemio, neprikloniv;* p. rozzo - *sur, surov;*

p. malagevole - *težak, tego-tan.* V; Gagliardo. Do-lorosc.

E.

E, cong. - *i, te, tèr, pa;* nero e bianco - *cèrno i bělo,* e perciò si deve - *te stoga mora se;* è v. aus. *je, jést;* egli è un uomo - *on je čověk,* è lui? è - *jeli on? jest.*

Ebano - *eban, revan.*

Ebbrezza - *pijanost, pijan-stvo, opivstvo.*

Ebbro, ebrio - *pijan, opijen.*

Ebdomada - *tědan.*

Ebraico - *židovski, hebrejski.*

Ebreo st. *žid, hebrej.*

Eccedente - *prěkorědan, prě-koměran, prěkoračeć, pro-mašeć; prěkoročiv* ecc.

Eccedentemente- *prěkorědno, prěkoměrno, prěkoračno, prěkoračivo, prěkomašno, izgredno.*

Eccedenza. V. Eccessività.

Sopravanzo.

Eccedere, passare i dovuti limiti - *prěkoračiti, pro-mašiti, ići* v. *poći izvan granicah;* eccedere la competenza - *prěkoračiti* v. *promašiti nadležnost.*

Eccellente - *izvèrstan, vèrl, privèrl.*

Eccellentemente - *izvèrstno, vèrlo, vèrlo dobro (lěpo), privèrlo.*

Eccellentissimo - *preizvèr-stan, privèrl.*

Eccellenza, astr. di eccel-lente - *izvèrstnost, izvèrst-noća, vèrlost, privèrlost;* p. titolo d' onore - *preuz-višenost;* Vostra v. Sua Eccellenza! - *Vaša Preuz-višenost!*

Eccellere, sorpassare in al-tezza - *nadvisiti, nadviso-čiti, biti višji od druzih,* p. essere eccellente - *biti izvèrstan.*

Eccelso - *visok, privisok, pre-visok, previšnji, velesla-van;* eccelso governo - *visoko* v. *veleslavno namě-stničtvo;* eccelso ministero - *previsoko (visoko)* v. *previšnje popěčiteljstvo* v. *ministarstvo.*

Eccentricamente - *izsrědno, izsrědotočno, izvansrědno.*

Eccentricità - *izsrědnost, izsrědotočje, izvansrědnost.*

Eccentrico, che ha diverso centro - *inosrědan;* fig. p. fuori di centro - *izvansrědan, izrědotočan.*

Eccepimento tl. - *izključenje, odklon;* - del giudice - *izključenje* v. *odklon sudca.*

Eccepire tl. - *izključiti, odkloniti;* p. objettare - *prigovoriti, prigovarati.*

Eccepito - *izključen, odklonjen, prigovaran, prigovoren.* V. Eccepire.

Eccessivamente - *izgredno, pretěrano, prěkomĕrno, prěkoredno, izvanredno, nepravilno.*

Eccessività - *izgrednost, pretĕranost, prěkomĕrnost, prěkorednost, izvanrednost, nepravilnost.*

Eccessivo - *izgredan, pretěran, prěkomĕran, prěkoredan, izvanredan, nepra-*

vilan.

Eccesso, parte per cui una quantità è maggiore di un altra - *odvišnost, prekomĕrnost, prěkoračivost,* p. ciò che eccede i limiti della ragione ecc. - *izgred, izgredak.* V. Misfatto.

Eccetto, fuorchè, prep. - *van, izvan, osim, okrom, osvem, razma, razmi* (gen.) av. *izključivši, izuzamši, nebrojeći;* ag. V. Eccettuato.

Eccettuare - *izključiti, izuzeti, iznĕti, oduzeti;* eccettuando - *izključivši (izključiv), izuzemši, iznemši, oduzemši.*

Eccettuato - *izključen, izuzet, iznet, oduzet, nebrojen;* eccettuato l' errore di calcolo - *izuzeta računarna pogreška.* V. Eccetto.

Eccezionalmente - *iznimice, iznimno, izključno, izključivo.*

Eccezione, eccettuazione - *iznimka, izključnost, izključivost;* ognuno, senza eccezione - *pojedini, bez iznimke* v. *svi, od pèrvoga do zadnjega*, senza eccezione - *bez iznimke*, coll' eccezione - *s iznimkom* ; p. obiezione - *prigovor.* V. Eccepimento.

Eccidio. V. Strage. Rovina.

Eccitamento - *nagen, potaknutje, nukanje, ponukanje, nagovaranje, podurkanje, potaknjenje, potakivanje, poticanje, zbudjenje, probudjenje, prinudjenje, navučenje, navedenje, navabjenje, namamljenje.* V. Instigamento.

Eccitare - *nukati, ponukati, nagovarati, podurkati,* p. suscitare - *potaknuti, potakivati, poticati,* p. destare - *zbuditi, probuditi,* p. far venir voglia - *prinuditi, navuci, navesti, navabiti, namamiti.* V. Instigare.

Ecclesiaste, uno dei libri della S. Scrittura - *eklesiastes, mudrak (knjiga) Salamuna* v. *mudrak Salamunov.*

Ecclesiastico st. uno dei li-bri del vecchio Testamento - *eklesiastik,* p. uomo dedicato alla chiesa - *cèrkvenjak, cèrkovnik;* ag. di chiesa - *cèrkovan, crikven, cèrkven.*

Ecco, av. (mostrando o signific. in vicinanza) *evo, eto, oto,* (in distanza) *eno, nut;* eccomi - *evome, etome, otome, enome, nutme;* eccoti - *evoti, etoti, ototi, enoti, nutti;* eccoci (dat.) - *evonam, etonam, otonam, enonam, nutnam;* eccoci (accus.) - *evonas, etonas,* ecc.; eccovi - *evovam, etovam, otovam, enovam, nutvam;* eccoli - *evojih, etojih, otojih, enojih, nutjih;* eccolo - *evoga* ecc. eccola *evoju* ecc.; poi ecco - *pak* v. *pa eto,* eccovi il libro - *evovam knjige.*

Echeggiare - *jekati, odgovarati, odglasiti.*

Eclissamento - *pomèrčenje, pomračenje, potamnenje.*

Eclissare va. - *pomèrčiti, pomračiti, potamniti;* np. *pomèrčiti se* ecc.

Eclisse, eclissi - *pomèrčina, pomèrčenje;* eclissi del sole - *pomèrčina* v. *pomèrčenje sunca.*

Eco -*jek, oglas, oglasje, odglas.*

Economato - *ekonomat, upraviteljstvo.*

Economia, arte di ben amministrare gli affari domestici - *gospodarstvo, kućanstvo, domaće upravljanje;* p. risparmio - *šparanje, prišparanje;* economia pubblica - *javno upravljanje.*

Economica. V. Economia.

Economo, chi amministra gli affari d'una famiglia - *gospodar, kućanik, gazda, kućni upravitelj,* d'un stabilimento - *upravitelj, poslovodja;* chi ha cura dei beni ecclesiast. - *cèrkveni* v. *cèrkovni upravitelj;* p. chi risparmia - *štedionik, šparac.*

Ectolitro, ettolitro - *stolitar.*

Ed. V. E.

Eden - *raj zemaljski.*

Edera - *bèršljan, bèrštan.*

Ederaceo - *bèršljanast, bèrš-*

tanast.

Ederoso - *nabèršljanjen, nabèrštanjen.*

Edicola - *kućica,* sacra edicola - *cèrkvica, kapelica.*

Edificare, costruire un edifizio - *graditi, zagraditi, sagraditi, zidati, zazidati, podignuti (kuću);* p. dare buon esempio - *kazati (izkazati, dati) dobar izgled.*

Edificazione, atto dell'edificare - *gradjenje, sagradjenje, zagradjenje, zidanje, zazidanje, podignjenje (kuće);* p. buon esempio - *dobar izgled.*

Edifizio, fabbrica - *zgrada, zdanje, kuća;* materiali p. l'edifizio - *gradivo za zdanje.* V. Insidia.

Edile ag - *gradjevni, graditeljni;* uffizio edile - *gradjevni ured,* direzione edile - *gradjevno ravnateljstvo.*

Editore - *izdatelj, izdavatelj,* - d'un libro - *izdatelj knjige.*

Edittale ag. di editto - *izročben;* scritto editale - *izroč-*

beni *spis;* riferib. a concorso credit. - *stečajan;* processo edittale - *stečajna razprava.*

Editto - *izrok, proglas, oglas, razglas;* - d'incanto - *oglas dražbe,* - concursuale - *stečajni izrok.*

Edizione - *izdanje.*

Edotto ag. - *ubavěstjen, obavěstjen, obznanjen.*

Educare, sviluppare le facoltà fisiche - *odgojiti,* (le facoltà morali) - *prosvětiti, prosvětliti;* p. insegnare le regole della civiltà - *izobražiti.*

Educazione - *odgoj, odgojenje, prosvětjenje, prosvětljenje, izobraženje;* istituto di - *odgojilište, odgojiteljni zavod.* V. Educare.

Effabile - *izreciv.*

Efferatamente - *zvěrski, divljački.* V. Crudelmente.

Efferatezza - *divljačtvo, krutosèrdnost.* V. Crudeltà.

Efferato, d'animo o maniere di fiera - *zvěrski, divljački, krutosèrdan.* V. Crudele.

Effettivamente - *stalno, zai-*

sto, *zaista, do ista, do istine, bez dvojbe, zbilja, ozbiljno, činotvorno.*

Effettività - *stalnost, bezdvojbenost, ozbiljnost, činotvornost, uspěšnost.*

Effettivo st. V. Contante; p. positivo - *stalan;* impiegato effettivo - *stalni činovnik;* p. che fa o che produce effetto - *činotvoran, uspěšan.*

Effetto, ciò che è prodotto, o che procede da una cagione - *uspěh;* p. successo - *plod, porod, proiztok, naslědak,* p. fine - *svèrha;* con buon effetto - *dobrim uspěhom,* con effetto - *uspěšno,* senza effetto - *bezuspěšno;* nel pl. p. beni - *dobra, stvari;* effetti mobili - *pokretna dobra.*

Effettuare - *udělotvoriti, uživotvoriti, izvesti, činiti, učiniti,* p. eseguire - *ovèršiti, izvèršiti, obaviti, izpuniti;* p. produrre l'effetto - *uroditi, uploditi,* p. effettuarsi - *slěditi.*

Effettuato - *udělotvoren, uži-*

votvoren, izveden, činjen, učinjen, overšen, izveršen, obavljen, izpunjen.

Effettuazione - udělotvorenje, uživotvorenje, izvedenje, činjenje, učinjenje, overšenje, izveršenje, obavljenje, izpunjenje, urodjenje, uplodenje.

Efficace - moćan, možan, moguć, krěpostan, vrědan; grazia efficace - krěpost.

Efficacemente - moćno, možno, mogućno, krěpostno.

Efficacia - moć, mogućnost, krěpost, vrědnost; - legale - pravna moć. V. Potere.

Effimero. V. Passeggiero.

Effusione - prolitje, politje, izlitje, prolijenje, polijenje, izlijenje; - di sangue - prolijenje kěrvi.

Egemonia. V. Supremazia.

Egestione, evacuazione degli escrementi - izsranje, sranje, izbacenje, izmetanje; p. sterco - govno, drek.

Egida - obrana, obramba.

Egli - on, onaj, oni, eglino - oni, ella - ona, elleno - one.

Egloga - egloga, pastirna pěsan.

Egoismo - sebičnost, sebeljubstvo, samoživstvo.

Egoista - sebičnik, sebičnjak, sebeljubnik, samoživnik.

Egoistico, ag. - sebičan, sebeljuban, samoživan.

Egregio, eccellente - izvěrstan, věrl, privěrl, vrědan.

Egritudine - bolest, bolezljivost.

Egro, ammalato - bolan, bolezljiv, nemoćan, p. afflitto - žalostan, tužan. V. Languido.

Eguaglianza - jednakost, jednačak. V. Uguaglianza.

Eguagliare - jednačiti, sjednačiti, izjednačiti, poravnati, izravnati.

Eguale - jednak. V. Equo. Imperturbabile.

Egualmente - jednako.

Eh, interjez. - e, eh, o, oh; p. così così - tak tak, tako tako.

Ehi, interjez. V. Eh; p. interrogat. - ehi (oelà)? jeli? čuj? nut? jelte? čujte?

Elà. V. Olà.

Elaborare - izraditi, pomno v. pomnjivo izraditi.

Elaborato ad. - *izradjen, pomno* v. *pomnjivo izrad-jen;* st. p. tema, compito - *izradak.*

Elafà (t. m.) - *elafà.*

Elami (t. m.) - *elami.*

Elargire. V. Largire.

Elasticità - *jagmivost, stez-nost, nateznost, pružnost.*

Elastico - *jagmiv, steziv, na-teziv, pruživ,*

Elce, elice, pianta giandi-fera - *cèrnika.*

Elefante - *slon, filj;* fem. *slo-nica, filja.*

Elefantesco - *slonski, slo-novni, filjski.*

Elegante - *krasan, lĕp, giz-dav, uzorit;* elegante di-scorso - *blagorĕčje.*

Elegantemente - *krasno, lĕ-po, gizdavo, uzorito.*

Eleganza - *krasota, krasnoća, lĕpota, gizdavost, uzoritost.* V. Elegante.

Eleggere - *odabrati, odabira-ti, izabrati, izabirati, iz-birati, proizbirati, imeno-vati, naimenovati.*

Elegia - *elegia.*

Elegiaco - *elegiački.*

Elementare - *početan, elemen-taran;* scuola - *početna (za-početna elmentarna)* u-*čiona.*

Elemento, corpo semplice - *stuhaj, stuhje, stihje, ži-valj, element;* p. principio d' una scienza o arte - *početak, poč0etje, počelo.*

Elemosina - *milostinja, al-mustvo.*

Elenco - *naznaka, imenik;* elenco degli atti - *nazna-ka spisah.* V. Prospetto.

Elettivo - *izboran.*

Eletto ag. singolarmente eccellente - *preizvèrstan;* p. nominato - *odabran, i-zabran, imenovan, naime-novan,* p. predestinato all' eterna beatitud. - *oda-bran, izabran;* molti so-no i chiamati, e pochi gli eletti - *mnogi su zvani a malo odabrani.*

Elettorato - *izabranstvo.*

Elettore, chi elegge o ha la facoltà di eleg. - *izbor-nik, izbiratelj, izbirač;* p. titolo dei principi - *e-lektor.*

Elettricismo - *munjivost, e-lektricizam.*

Elettricità - *munjivo, električ-nost.*

Elettrico ag. - *munjevan, e-lektrički;* macchina elettrica - *munjilo,* boccia - *munjevnica,* conduttore - *munjovod;* st. V. Elettricismo.

Elettrizzamento - *omunjenje, namunjenje.*

Elettrizzare va. comunicare la virtù elettrica - *omunjiti, namunjiti;* np. prendere la virtù elett. - *omunjiti se, namunjiti se.*

Elettroforo - *munjonoša.*

Elettrometro - *munjomĕr.*

Elevamento. V. Innalzamento.

Elevare va. - *dignuti, podignuti, uzdignuti, nadignuti,* p. esaltare, promuovere a dignità - *uzvišiti.*

Elezione, atto o facoltà di eleggere - *izbor, odabranje, odabiranje, izabranje, izabiranje, izbiranje, proizbiranje, imenovanje, paimenovanje;* diritto di ele-

zione - *pravo odabranja.* V. Predestinazione.

Elica, elice - *zavojica.*

Elleboro - *čemerika.*

Elogio - *pohvala.*

Elucubrare - *promozgati, razmozgati.*

Elucubrazione - *promozganje, razmozganje.*

Emanare, venir fuori - *proiz-hoditi, izaći, izići, izteći, proizteći.* V. Derivare.

Emanato - *iztečen, proiztečen, izidjen, proizajden,* riferib. a sentenza ecc. - *iz-dan, izrečen, izusten;* sentenza emanata - *izustena (izrečena, izdana) presuda.*

Emanazione - *proizhod, izte-čenje, proiztečenje, izidenje,* riferib. a sentenza ecc. - *izustenje, izdanje, izrečenje.*

Emancipare va. liberare dalla podestà paterna - *sudbeno razvezati, rĕšiti od otčinske vlasti,* p. mettere un minore iu istato di godere liber. dei suoi beni - *povlastiti (koga) na razpoloženje (razpolaganje) sa svojim imetkom;* np. p.

liberarsi dall' altrui indipendenza - *postati nezavisnim, izbaviti se v. rěšiti se tudjeg nadzora*, p. liber. dalla schiavitù - *osloboditi se od robstva v. sužanstva.*

Emancipazione - *sudbena razveza, sudb. razvez*; emancipazione dei figli - *sudbena razveza sinovah.*

Emblema - *znamenka, zlamenka.*

Embrione, primo rudimento d' un corpo organizzato *zametak* p. primo concetto - *začetak*, p. pensiero informe, abbozzo - *nacèrt.*

Emenda, riforma di costumi - *poboljšanost, poboljšanje*; p. pena dell' errore commesso - *naknada, nadoměštaj, kazan.*

Emendare, va. correggere e purg. dall' errore - *popraviti, ponapraviti, izpraviti, načiniti, ponačiniti*; p. rifare il danno V. Ammendare; np. p. correggersi - *poboljšati se.*

Emendazione, (riferib. a costumi) - *poboljšanje*; p. correzione di altri difetti - *popravljenje, ponapravljenje, izpravljenje, načinjenje, ponačinjenje.*

Emerito - *začastan, izslužen, izslužan*; canonico emerito - *začastni kanonik.*

Emettere - *izdati, izdavati*; emettere lo spirito - *umirati, umrěti, preminuti.*

Emigrare - *izseliti se, izseljivati se.*

Emigrato st. fuoruscito - *izseljenik*, ag. *izseljen*; colonia di emigrati - *naselbina, izseljenici.*

Emigrazione - *izselitba, izseljenje, izseljivanje.*

Eminente ag. che si mostra sopra gli altri - *odličan*; che sopravanza gli altri - *najvišji, najveći.*

Eminentissimo, titolo che si dà ai Cardinali, al Gran Maestro di Malta - *uzorit.*

Eminenza, luogo eminente - *višina, vèrh, vèrhunac, vèršić, vis*; p. titolo dei Cardinali - *uzoritost*, p.

17

gonfiezza - *nadutost, nadutilo;* p. calcolo della classe - *izvèrstnost, odličnost;* con o per eminenza - *izvèrstno, odlično, najboljim uspěhom.*

Emiro - *emir.*

Emissario, stallone da razza - *pastuh, angir;* p. esploratore - *uhoda, izposlanac, izaslanac.*

Emissione - *izdanje, izdavanje.* V. Salasso.

Emolumento - *pristojba, plaća.*

Emozione. V. Entusiasmo.

Empiastro - *takamak.*

Empiere, empire (un vaso) - *napuniti.* V. Compiere. Adempire. Supplire.

Empietà - *bezbožnost, opakost, opačnost, tamnost.* V. Crudeltà.

Empio - *bezbožan, opak, taman.* V. Crudele.

Empire. V. Empiere.

Empireo st. - *nebo,* ag. *nebeski.*

Empirico st. - *nadriléčnik.*

Empirismo - *izkustvo.*

Emporio - *tèrgovište, sajam, pazar.*

Emugnere - *musti, zmusti, pomusti, izmusti.*

Emulare - *natěcati se.*

Emulazione - *natěcanje.*

Emulo - *natěcatelj, takmac.*

Enarrare. V. Narrare.

Enciclica - *poslanica.*

Enciclio - *kolubar, kolumbar.*

Enciclopedia - *raznoznanstvo, občznanstvo, enciklopedia;* vocabolario enciclopedico - *raznoznanstveni rěčnik v. imenik.*

Enciclopedico ag. - *raznoznanstven, občznanstven, enciklopedički;* st. *naučenjak.*

Enclitico ag. - *enklitički.*

Encomiare - *hvaliti, pokvaliti, hvališati, slaviti, proslaviti.*

Encomio. V. Lode.

Endecagono - *jadanaesterokut, jedanaesteronuglo.*

Endemia - *domaća v. endemička bol.*

Endemio, endemico ag. - *endemički.* V. Endemia.

Energia - *krěpkoća, krěpkost, hrabrenost, ozbiljnost.*

Energicamente - *krěpko, hra-bro, hrabreno, ozbiljno.*

Energico - *krěpak, hrabren, ozbiljan.*

Enervare - *onemoći, iznemo-ći, oslabiti.*

Enervazione - *onemoženje, iznemoženje, oslabjenje.*

Enfiteusi - tj. *naslědna daća, naslědni v. dedinstveni zakup.*

Enfiteuta tj. *naslědni v. de-dinstveni zakupnik.*

Enfiteutico ag. - *naslědokupan, dedinstvenokupan.*

Enigma, detto oscuro - *tmio-nost;* p. indovinello - *za-gonetka, gonetka.*

Enigmatico - *tmion, tmionast, zagonetan.* V. Enigma.

Enometro - *vinoměr.*

Enorme - *izvanredan, prěko-redan, neizměran.* V. Ne-fando.

Enormità - *izvanrednost, prě-korednost, neizměrnost.*

Ente - *bitje.*

Entità, ciò che costituisce l' ente - *sućnost, bitstvo, bitnost,* p. importanza - *važnost.*

Entrambi - *oba, obadva, je-*

dan i drugi.

Entrare, andare dentro - *u-laziti; unići, uniti, ulěsti, ući;* p. aver che fare - *dolaziti, doći, pačati se, zabiti nos (u čemu);* p. co-minciare - *početi, započeti, stupiti u život;* questo m' entra (mi persuade) - *to me obsvědočuje.*

Entrata, luogo per cui si entra - *ulaz, ulazak, u-laznica, uhod, uhodište,* p. atto d' entrare - *ula-zenje, unidenje, unidjenje, ulizenje, udjenje;* p. atto di fare solenne ingresso in una città ecc. - *dolaz, dolazak;* p. rendita - *do-hod, dohodak, prihod, pri-hodak, lětina;* entrata e uscita (spesa) - *dohodak i razhodak;* dazio d' entra-ta - *ulazina;* p. principio, parlandosi di tempo e di suonate d' istrum. - *poč-menje, započmenje.* V. Proe-mio.

Entro, nel, in - *u, vu, va.* (ac. alla domanda „do-ve, in chè„ con moto;

loc. alla domanda „do-
ve, in che" con quiete);
alla domanda „quando,
fino a quando, nel tempo
di" - *u* (loc.), *do, za,*
(gen.); entro il termine
di quattordici giorni - *u
roku od četĕrnaest danah,
do* v. *za četĕrnaest danah.*
V. Dentro. Sopra. Oltre.
Tra.

Entusiasmare. V. Entusia-
stare.

Entusiasmo - *zanes, zanešê-
nje, uzhit, uzhitjenje.*

Entusiasta st. - *zanešenik.*

Entusiastare va. - *zanesti,
zanĕti, uzhititi, užgati, začuditi,* np. essere preso
da entusiasmo - *biti za-
nesen* v. *uzhitjen, zaplam-
titi, užgati se, začuditi
se.*

Entusiastato ag - *zanešen,
uzhitjen, uzplamtjen, už-
gan, začudjen.*

Enumerare - *pobrojiti, brojiti, izbrojiti.*

Enumerazione, atto di enumerare - *pobrojenje, brojenje, izbrojenje;* p. tota-

le delle cose enumerate
- *broj.*

Epa - *tĕrbuh, utroba.*

Epico ag. - *epički.*

Epidemìa - *pomor, pošast,
rednja. epidemia.*

Epidemico ag. - *pomoran,
pošastan, epidemički.*

Epifanìa - *vodokĕrst, vodo-
kĕrstje.*

Epigrafe - *napis, epigrafe.*

Epilessia, mal caduco - *padavica.*

Epilettico st. soggetto al-
l' epilessia - *padavac,* fem.
padavica; ag. *padavičav.*

Epilogo - *pogovor, zaključak,
zaglavje.*

Episcopale - *biškupski, biskupski, biškupijski.*

Episcopato - *biškupia, biskupia* (grec.) *eparhia.*

Episodio - *mimogovor, mimogredni* v. *uzgredni govor.*

Epitassi - *kapanje kĕrvi od
nosa.*

Epitafio - *nadgrobnica.*

Epiteto - *pridavnik.*

Epizoozia - *marvinska* v. *ži-
vinska pošast.*

Epoca - *doba, vrĕme.*

Equabile - *ravnoprav.*

Equabilità - *ravnopravost.*

Equanimità - *blagodušnost, ravnodušnost.*

Equestre ag. (di chi cavalca) - *konjanički,* p. dell'ordine dei cavalieri - *vitežki.*

Equiangolo ag. - *ravnokutan, ravnonuglast.*

Equidistante ag. - *ravnodalek.*

Equidistanza - *ravnodaljnost.*

Equilatero ag. - *ravnostranast, ravnobočan.*

Equilibrare va. - *ravnověsiti, ravnostaviti, izjednačiti;* np. mettersi in equilibrio - *ravnověsiti se, ravnostaviti se, izjednačiti se.*

Equilibrio - *ravnověsje, ravnostavnost, jednakost.*

Equipaggio, ciò che bisogna per viaggiare - *putna sprav,* p. equipaggiamento - *sprav;* p. ciurma - *družbina, družina.*

Equiparare. V. Comparare.

Equità - *pravednost, pravota, pravost, pravičnost.*

Equitare. V. Cavalcare.

Equivalente ag. che equivale - *jednačan, ravnovrědan, istovrědan;* st. p. equivalenza - *jednakost, jednačak.*

Equivalere - *biti jednak, istovrěditi, ravnovrěditi.*

Equivoco st. - *dvoznačnost, dvoznačivost, raznoznačnost;* ag. (che ha due significati) - *dvoznačan, dvoznačiv;* (che ha più significati) *raznoznačan;* p. dubbioso - *dvojben, suman, sumnjiv.*

Equo - *pravedan, pravičan, prav.*

Erario - *erar, děržava.*

Erba - *trava.*

Erbacia - *travina.*

Erbaceo - *travan, travast.*

Erede - *baštnik, baštenik, naslědnik;* coerede - *subaštnik, subaštenik, sunaslědnik;* preteso erede - *tobožnji baštnik,* legittimo - *zakoniti baštnik,* necessario - *nuždni baštnik,* erede discendente - *potomac, potomak, potomni baštnik, naslědnik,* - ascendente -

predak, prednji v. predni baštnik, dichiararsi erede - očitovati se baštnikom (col benefizio legale dell'inventario - zakonitim dobročinstvom popisa, senza il benefizio dell'invent. - bez dobročinstva popisa), dichiarazione di erede - baštničko očitovanje v. očitovanje baštnika, dichiarazione d' erede assoluta - bezuvětno očitovanje baštnika, condizionata- uvětno očitovanje baštnika.

Eredità, diritto di successione - pravo naslědstva v. naslědovanja, p. sostanza lasciata da chi muore - baština, baštinstvo, zaostavština; eredità vacante - ošascna baština, zaostavština bezbaštnička.

Ereditare - postiči v. zadobiti baštinu, naslěditi; disereditare - izbaštiti, izbaštiniti (koga); figlio disereditato - izbašteni sin.

Ereditario - baštinski, naslědan, naslědnički; diritto eredit. - baštinsko (bašt-

ničko, naslědno) pravo.

Eremita - pustinjak, samoživac, samotnik.

Eremitico - pustinjački, samotinski.

Eremo, abitazione solitaria in luogo deserto - pustara, pustoša, pustinja; p. luogo sterile - pustoš, pustošina.

Eresia - poluvěrstvo, poluvěrnost, krivověrnost.

Eresiarca - nadkrivověrnik, krivověrni poglavica, poglavica krivověrstva v. poluvěrstva.

Ereticale - poluvěrnički, krivověrnički.

Eretico st. - poluvěrac, poluvěrnik, krivověrnik, ag. poluvěran, krivověran.

Erezione, atto di erigere - podignutje, zdignutje, uzdignutje, podignjenje, zdignjenje, uzdignjenje, nadignjenje; p. fondazione - zametnutje, utemeljenje; sl. p. estendere - zametnuti, sastaviti, sačiniti.

Ergastolo - robionica, tezka tamnica.

Ergere - *podignuti, zdignuti, uzdignuti, nadignuti.*

Erigere. V. Ergere.

Ermafrodito st. - *dvospolnik, dvospolac, polusamac.*

Ermellino. V. Armellino.

Eroe - *junak, delia, vitez,* met. *sokol;* nido di eroi - *gnjezdo sokolovah.*

Eroicamente - *junaški, junački, hrabreno, delijski, vitežki, po junašku (delijsku, vitežku).* V. Eroico.

Eroico - *junaški, hrabren, delijski, vitežki, sokolovan.* (allns. a poema) *herojkomički.*

Eroismo - *junaštvo, junačtvo, hrabrost, hrabrenost, delijstvo, vitežtvo.*

Erompere - *provaliti, prodrěti, proděrati, buknuti, sunuti, udriti, udariti, prasnuti, skočiti, iskočiti.*

Erpete - *lišaj, lišanj.*

Erroneo - *pogrešan, kriv.*

Errore - *pogrěška, bludnja, blud, mana.*

Erta, lnogo per cui si sale · *bok, uzbèrdica, uzgorica;* stare all' erta - *biti v. sta-*

ti *pripravan* v. *na stražu, stražiti, bditi, paziti.*

Eruzione - *provala, buknutje, predor, pojava, nastanak.*

Esacerbare - *pokrutiti, okrutiti, ogorčati, pogorčati, razjariti, pooštriti, razljutiti;* esacerbare la pena - *pooštriti kaznu* v. *peděpsu.*

Esacerbazione - *pokrutjenje, okrutjenje, ogorčanje, ogorčenje, pogorčanje, razjarenost, razjarenje, pooštrenje, razljutjenje.*

Esaedro - *šesteroličje, šesteroličak.*

Esagerare - *pretěrati, pretěravati.*

Esagerazione - *pretěranost, pretěranje.*

Esagitare - *uzkolebati, smutiti, poremetiti, uznemiriti.*

Esagitazione - *uzkolebanje, smutjenje, poremetjenje, uznemirenje*

Esaltare va. levare in alto -- *uzvišiti, uzdignuti, uzdvignuti, podignuti, uznositi;* p. innalzare con lodi - *slaviti, proslaviti, ko-*

vati u zvězde (koga); p.
innalzare conferendo o-
nori ecc. - *uzveličiti, uzdignuti, podignuti*; np. p.
invanirsi - *ponositi se, o-
holiti se, izoholiti se*; p.
aggrandirsi - *poveličiti se,*
p. elevarsi - *podignuti se,
uzvišiti se, uzdignuti se*;
p. allegrarsi - *radovati se,
uzradovati se, veseliti se,
razveseliti se.*

Esaltazione - *uzvišenje, uzdignutje, uzdvignutje, uzdignjenje, uzdvignjenje, podignjenje, uznesenje, proslavljenje, kovanje u zvězde, uzveličenje, ponos, iz-
oholjenje, poveličenje.*

Esame, ricerca esatta - *izpit,
izpitanje, razpitanje, propitanje*, (allus. a testimonj)
*izpitanje, saslušak, saslu-
šanje*, esame de' testimonj - *izpitanje* v. *saslušanje, svědokah*; p. atto
d' interrogare sulle cose
studiate - *izpit*; p. perizia - *prosudjenje*. V. Memoria.

Esaminando st - *izpitavnik,*

izpitati v. *saslušati se i-
majući.*

Esaminare, discorrere con-
sideratam. - *razglabati,
pretresti, pretresati, protresti, protresati, razmatrati*; p. cimentare - *izkušati, izkušavati, izkušivati,*
p. interrogare giudizial.
- *izpitati, saslušati*; p.
guardare con attenzione
- *razpitati, propitati, izpitivati, iskati, proiskati,
iziskivati, raziskati, raz-
iskivati, proučiti, izviděti,
razviděti.* V. Discutere.

Esaminato st. tl. - *izpitanik,
saslušanik, saslušanac*; ag.
*razglaban, pretresan, pro-
tresen, protresan, razma-
tran, izkušan, izkušavan,
izkušivan, izpitan, saslu-
šan, razpitan, propitan,
izpitivan, proiskan, iziski-
van, raziskivan, proučen,
izvidjen, razvidjen.* V. E-
saminare.

Esaminatore - *izpitnik.*
Esangue - *bezkèrvan*, p. semivivo - *duhat, polumèrt,
poluživ*; p. sparuto - *blěd,*

poblědjen, mled, mledan,
p. morto - *mèrt, mèrtav.*

Esanime - *duhat, polumèrt,
poluživ.*

Esattamente - *točno, pravilno;* eseguire esatt. - *točno
izvèršiti.*

Esattezza - *točnost, pravilnost, pravilnoća, izprav-
nost.*

Esatto, puntuale - *točan, pravilan, izpravan;* ag. e part.
V. Esigere.

Esattore, chi esige chec-
chessia come dovuto - *iz-
těralac, iztěraoc, pobirač,
pobiratelj, tražioc;* p. colui che riscuote le ga-
belle - *poreznik.*

Esattorìa - *porezni ured.*

Esaudimento - *uslišaj, usli-
šenje, uslišanje, uva-
ženje.*

Esaudire, concedere ciò che
fu chiesto - *uslišiti, usli-
šati, uslišiti* v. *uvažiti mol-
bu, dati města molbi (u-
moljenju).* V. Ubbidire.

Esauribile - *izcèrpiv, spraz-
niv, izprazniv, strativ, po-
trativ.*

Esaurimento - *izcèrpljenje,
spraznenje, izpraznenje,
stratjenje, potratjenje;* td.
obavljenje, ovèršenje.

Esaurire, attingere, levare
un liquido da un pozzo
ecc. - *cèrpati, izcèrpati, izcèrpiti, izpraznuti, izprazniti,* p. consumare - *stratiti, iztratiti, potratiti;* td.
p. spacciare - *obaviti, o-
bavljati, ovèršiti, izvèršiti.*

Esausto - *izcèrpljen, izcèrpan,
prazan, suh.*

Esazione - *iztěranje, iztěri-
vanje, pobiranje, pobranje,*
esazione delle imposte -
iztěranje poreza.

Esborsare - *platiti, izplatiti,
brojiti, izbrojiti, izkesiti.*

Esborso - *platjenje, izplatjenje, izbrojenje, izkesenje.*

Esca, cibo onde si prendo-
no gli uccelli, pesci ecc.
mama, namama, obrum;
p. materia onde far fuo-
co - *guba, praha;* p. stimolo - *nagon;* p. allimen-
to - *hrana.* V. Allettamento. Fomite

Esclamare - *vapiti, vapijati,*

zavapiti,zavapijati, zavikati, zaviknuti, kliknuti, kli-
kovati, zakliknuti, uzkliknuti, zakričati.

Esclamazione, atto dell' e-
sclamare - *vapijenje, vapijanje, zavapijenje, zava-
pijanje, zavikanje, zaviknenje, zavičenje, kliknenje,
klikovanje, zakliknenje, za-
kričanje;* p. grido di gioja,
di sorpresa - *uzklik*, p. grido di dolore - *vapaj.*

Escludere, chiudere fuori -
izključiti, pustiti van v. *vani, izpustiti, ostaviti, izostaviti;* p. mandare o cacciar via - *ukloniti, ukljanjati, izagnati,* p. rigettare
- *odbaciti, odvèrći, izvèrći,
odbiti,* p. non ammettere -
*neprimiti, neprijeti, izklju-
čiti, izklopiti;* p. negare
il diritto di far checchessia - *zanĕkati pravo, nedopustiti, nedozvolĕti.*

Esclusione - *izključenje, iz-
pušćenje, izostavljenje, u-
klonjenje, uklanjanje, izagnanje, odbacenje, odvèr-
ženje, izvèrženje, odbijenje,*

neprimenje, neprimljenje,
izključenje, izklopljenje, za-
nĕkanje prava, nedopušte-
nje, nedozvoljenje. V. Rimuovimento. Escludere.

Esclusivamente - *izključivo,
izključno, izklopno, bezu-
vĕtno.*

Escremento (dell' uomo) -
govno, (del cane e simili) *drek, govno,* (del bue
ecc.) *lajno* (della pecora)
brabonjak, (in genere) iz-
met, izmetina.

Esecutante - *ovèrhovoditelj,
obèržbovoditelj.*

Esecutare - *ovèržbiti, voditi
ovèržbu* v. *ovèrhu.*

Esecutato - *ovèržbenik, izvèr-
žbenik.*

Esecutore - *izvèršnik, izvèr-
šilac, ovèršilac, udĕlotvo-
rac, uživotvorac, izvèršitelj, ovèršitelj, udĕlotvori-
telj, uživotvoritelj;* esecutore testamentario - *opo-
ručni izvèršitelj.* V. Birro.

Esecuzione - *ovèrha, ovèržba,
izvèržba, izvèrha;* istanza di
- *ovèržbena molla,* spese di
- *ovèržbeni troškovi,* esecu-

zione capitale - *poguba, pogubljenje,* p. effettuazione - *izvèršenje, ovèršenje, uživotvorenje, udělotvorenje;* mettere in esecuzione - *uživotvoriti, udělotvoriti, u život uvestí* v. *postaviti.*

Eseguibile - *izvèršiv, ovèršiv, obavèršiv, izvestiv, udělotvoriv, uživotvoriv, obaviv, izpuniv, opremiv, opraviv.*

Eseguire - *izvèršiti, ovèršiti, obavèršiti, dovèršiti, izvesti, udělotvoriti, uživotvoriti, postaviti u život, obaviti, izpuniti, opremiti, opraviti.*

Esempigrazia - *na priliku, na primĕr.*

Esempio - *izgled, primĕr, prilika;* dare buon esempio - *dati dobar izgled,* per esempio - *na primĕr, na priliku.*

Esemplare st. modello - *izgled,* p. copia (di libro o di stampato) *primĕrak,* (di scritto) *parica, istopis, prepis;* ag. p. tanto eccellente da essere notato p. esempio - *izgledan,*

izvèrstan, odličan; uomo esemplare - *odlični čovĕk;* p. che procede in via d' esempio - *izgledan, primĕran, priličan.*

Esemplarità - *izglednost.*

Esemplarmente - *izgledno.*

Esentare va. - *rĕšiti, osloboditi, izbaviti, oprostiti, lišiti;* np. farsi esente - *rĕšiti se, osloboditi se, izbaviti se, lišiti se.*

Esente, libero - *prost, oprošten, slobodan, rĕšen;* p. escluso - *izključen, oslobodjen, izbavljen, oprošten, lišen.*

Esenzione - *oprost, oproštenje, rĕšenje, oslobodjenje, izbavljenje.*

Esequie - *sprovod.*

Esercitare va. ammaestrare - *učiti, vaditi, vĕžbati, naučiti, naučavati, navaditi, uvĕžbati;* p. mettere in opera - *upotrĕbiti;* p. praticare, parlandosi di arti - *tĕrati (zanat);* np. p. assuefarsi a fare - *učiti se, vaditi se, naučiti se, naučavati se, na-*

vaditi se, uvěžbati se, p. industriarsi - baviti se, zabavljati se, (čim), p. muoversi per far esercizio - vēžbati se, okretati se.

Esercito - vojska, p. gran quantità di persone - množina, množtvo, sila, hèrpa.

Esercizio, pratica d' un' arte - nauk, dělatnost, poslovanje, zabava, služba, službovanje; p. atto ed arte di maneggiare l' arme - vēžbanje; piazza d' esercizj - vēžbalište, p. moto della persona - kretanje, okritanje; esercizj spirituali - duhovna ramišljanja, duhovne zabave.

Esibente td. - predajnik, predavalac, donesnik.

Esibire, presentare - predati, p. porgere - dati, uručiti, p. offrire - nuditi, ponuditi, p. presentare le scritture in giud. - predati, podněti, podnesti, uručiti (spise).

Esibito st. scritto che si presenta in giudizio ecc. - podnesak.

Esibitore. V. Esibente.

Esibizione, atto di esibire predanje, predavanje, podnesenje, uručenje; p. offerta - ponuda, ponudjenje.

Esigentè - zahtěvajuć.

Esigenza - zahtěv, zahtěvanje. V. Bisogno.

Esigere, riscuotere per via di giustizia - těrati, iztěrati; l' esatta contribuzione - iztěrani porez; p. richiedere con autorità - zahtěvati, tražiti, potražiti, potěrati.

Esiglio. V. Bando.

Esilarare - veseliti, uzveseliti, radovati, uzradovati.

Esiliare - protěrati, protěravati, prognati progoniti, proganjati.

Esiliato st. - protěranac, prognanac, prognanik; ag. protěran, prognan, progonjen.

Esilio, atto dell' esiliare, sbandeggiamento - progon, prognanje, progonjenje, proganjanje, protěranje, protěravanje; p. stato dell'esilio - *progonstvo*, *prognanstvo*.

Esimere, segregare - *odlučiti*, p. esentare, eccettuare - *oprostiti, izbaviti, rěšiti, izključiti*.

Esimio, eccellente - *izvěrstan, věrl.* V. Singolare.

Esistente - *obstojeći, bivajući*.

Esistenza, stato di ciò che esiste – *obstojanstvo, obstojateljstvo*; p. essere in atto - *obstojanost, obstanak, bitnost*.

Esistere, essere attualmente - *biti, bivati*; p. aver l'essere – *obstati, obstojati*; esistente - *obstojeći, bivajući*, esistito - *bivši, obstojavši*. V. Preesistito.

Esitamento, esitazione - *dvojenje, dvoumjenje, stidenje*; p. incertezza - *nestalnost, neizvěstnost*. V. Esitazione.

Esitare vn. essere perplesso - *dvojiti, dvoumiti, stiditi se*, p. vendere - *prodati, prodavati, razprodavati*.

Esitazione - *dvojnost, dvoumnost, stidnost*.

Esito, uscita - *razhod, razhodak*, p. vendita - *prodaja, prodanje, prodavanje, razprodanje, razprodavanje*; p. evento - *uspěh, plod, poslědak, naslědak*; p. scioglimento d'un dramma - *razrěšenje čina*.

Esofago - *gèrkljan*, p. gola - *gèrlo*.

Esorabile, che può pregarsi *umoliv, izmoliv, izprosiv*; p. benigno, arrendevole - *blag, prikloniv, skloniv*.

Esorare - *prositi. sèrdačno moliti v. prositi.*

Esorbitante - *prěkoredan, prěkoměran, pretěran.*

Esorbitanza - *prěkorednost, prěkoměrnost, pretěranost.*

Esorbitare - *prekoračiti, premašiti, poči v. ići izvan granicah.*

Esorcismo – *zakletva.*

Esorcizzare – *zakleti, zaklinjati.*

Esorcizzazione - *zaklinjanje*

Esordiare - *početi v zapo-.*

četi govor, *predgovoriti, progovorěti.* V. Esordire.

Esordio - *predgovor.*

Esordire - *prozboriti, početi v. započeti govor.*

Esortare - *nagovarati, opominjati, naganjati, nagoniti, nukati, ponukati.*

Esortazione - *nagovaranje, opomena, opominjanje, naganjanje, nukanje, ponukanje.*

Espandere. V. Spandere.

Espediente st. - *način,* ag. p. utile - *prudan, koristan, hasnovit.*

Espeditamente - *bezodvlačno, bez odvlake, neoklevno, bez oklevanja* v. *kèrzmanja, nenatezno, čim prie.*

Espellere - *iztěrati, potěrati, protěrati, izgnati, izagnati, sagnati.*

Esperienza - *izkus, izkustvo.*

Esperimentare, conoscere mediante lungo uso - *skusiti, izkusiti;* p. far prova - *kušati, okušati, pokušati.*

Esperimento - *skusenje, izkusenje, kušanje, okušanje, pokušanje.*

Esperire. V. Esperimentare.

Esperto, che ha esperienza - *izkusan;* p. provato - *izkusen, okušan, pokušan.*

Espettorare - *izkašljati, prokašljati.*

Espettorazione - *izkašljanje, prokašljanje.*

Espiare, purgare la macchia - *očistiti, izčistiti, podnesti pokoru;* ml. espiare la pena - *potèrpiti* v. *podnesti peděpsu.* V. Esplorare.

Espiazione - *očištjenje, izčištjenje, podnesenje pokore;* espiazione della pena - *potèrpljenje* v. *podnesenje peděpse.*

Esplicare. V. Spiegare.

Esplicitamente - *jasno, izrazito, izrično.*

Esplicito - *jasan, izrazit, izričan.*

Esplorare - *izviděti, razviděti.*

Esploratore - *uhoda.* V. Emissario.

Esplorazione - *izvidjenje, razvidjenje.*

Esporre, dichiarare il significato - *izjasniti, razjasniti,*

tomačiti, raztomačiti, izto-
mačiti; p. mettere in vista
- *izložiti, izlagati, izpolo-*
žiti; p. porre all'aria - *sta-*
viti (metnuti, postaviti) na
zrak; p. riferire - *nazna-*
čiti, povědati, praviti, na-
věstiti, javiti, objaviti. V.
Esposizione.

Esposizione, atto di esporre
checchessia alla pubblica
vista - *izlog, izložba, izlo-*
ženje; esposizione d'infante - *izložba (izloženje)*
dĕteta, – alla berlina - *iz-*
log v. *izložba na ružište;* p.
spiegazione - *izjasnenje,*
razjasnenje, tomačenje, raz-
tomačenje, iztomačenje; p.
riferimento - *povědanje,*
pravljenje, naznačenje, na-
věštjenje, javljenje, objav-
ljenje; p. mettere le cose
sacre alla pubblica vista -
prikazanje.

Espressamente, in modo espresso - *izrično, izrazito,*
izrekom; espressamente o
tacitamente - *izrekom, ili*
mučke; p. manifestamente
- *očito, javno,* p. chiara-

mente - *jasno, bistro, bě-*
lodano, md. p. a bella posta - *naročito.*

Espresso st. corriere stra-
ord. - *narok, štafeta;* ag.
di esprimere - *izrazen, iz-*
rečen, očitovan, očitujen,
izusten; p. chiaro - *jasan,*
bistar, bělodan, očit;
md. p. apposito - *naro-*
čit.

Esprimere, spremere - *už-*
miti, užimati; p. manifestare, significare - *izreči,*
izraziti, očitovati, izustiti,
progovorěti, p. rappresentare al vivo le passioni
ecc. - *izkazati, opisati;*
esprimersi in lingua na-
zionale - *izraziti se narod-*
nim jezikom, discorrere in
lingua ecc. - *govorěti, (di-*
vaniti, sboriti) narodnim
jezikom.

Espropriare va. - *izvlastiti,*
razvlastiti; np. *izvlastiti*
se.

Espropriazione - *izvlastba,*
razvlastba, izvlaštjenje,
razvlaštjenje.

Espugnabile - *predobiv, nad-*

vladiv.

Espugnare - *silom uzeti* v. *oteti, predobiti, nadvladati.*

Espugnazione - *predobijenje, nadvladanje.*

Espulsione - *protěranje, iztěranje, prognanje, progonenje, odgnanje, izagnanje, sagnanje.*

Espulso - *protěran, iztěran, prognan, progonjen, odgnan, izagnan, sagnan.*

Espugnere - *izbrisati, pobrisati, prěkrižiti.*

Espunzione - *izbrisanje, pobrisanje, prěkriženje.*

Espurgare - *izčistiti, očistiti, izsnažiti, oprati.*

Espurgazione - *izčištenje, očištenje, izsnaženje, opranje.*

Essendochè - *buduci da, jěr, jere, jěrbo, èr.*

Essenza - *sućanstvo, bitje, bitnost,* p. realtà - *istina, istinitost.*

Essenziale - *bitan,* p. necessario - *najpotrěbniji, najpotrěbitiji, najnuždniji.*

Essenzialità - *bitnost, potrěbnost, nuždnost.*

Essere v. aus. *biti, bivati,* p. aver esistenza - *obstojati, nahoditi se, nahadjati se;* essere infelice - *biti nesrěćan,* essere debitore - *biti dužan;* st. p. essenza, esistenza - *bitje;* Pasquale è un essere infelice - *Vazmoslav je nesrětno bitje,* p. condizione, stato - *stališ, stalež, stanje, položaj.*

Essiccare - *sušiti, osušiti, izsušiti.*

Essiccazione - *sušenje, osušenje, izsušenje.*

Esso - *isti, on;* con esso - *šnjim, šnjime.*

Estasi - *uzhit, uzhitjenje.*

Estate - *lěto;* durante l'estate - *u lěti.*

Estemporaneità - *izvandobnost, nenadnost.*

Estemporaneo - *izvandoban, nanadan.*

Estendere va. - *širiti, stezati, protezati, produljiti;* estendere la giurisdizione - *stezati dělokrug;* np. estenderei - *širiti se, stezati se, protezati se, dopirati, do-*

prěti, prostirati se, raz-prostirati se, razprostra-niti se.

Estensione – *prostor, pro-storia, prostoritost, širina,* tl. *obseg* ; - della legge - *obseg zakona.* V. Am-piezza.

Estenuare va., dimagrare a poco a poco - *omlediti, o-měršaviti,* met. *musti, iz-musti,* p. indebolire per effetto di magrezza - *o-slabiti, poslabiti, cnemoći, iznemoći;* np. p. consu-marsi - *tratiti se, potratiti se, skončivati se, skonča-vati se, skončati se.*

Estenuazione, dimagrazio-ne - *omledenje, oměršave-nje,* met. *muzenje, izmu-zenje;* p. indebolimento per effetto di magrezza - *oslabjenje, poslabjenje, o-nemoženje, iznemoženje.*

Esteriore ag. - *vanjski, izvanj-ski;* st. *vanjščina,* met. *lice, obraz.*

Esterminare. V. Stermina-re. Distruggere. Gua-stare.

Esterminio - *poraz, pohara, razor, razorenje.*

Esternare va. - *izjaviti, iz-raziti, očitovati, izreći, iz-kazati, prikazati;* np. *iz-javiti se, izraziti se, oči-tovati se, izkazati se.*

Estero st. - *inozemstvo, ino-stranstvo;* ag. *inozeman, inostran;* individuo este-ro - *inostranac, inozemac, inostrana* v. *inozemna o-soba.*

Esterrefatto - *prestrašen, raz-strašen, razplašen, uplašen, prepanut.*

Esteso - *prostran, širok, ob-sežan.*

Estetica - *lěposlovje.*

Estetico - *lěposlovan.*

Estimare. V. Stimare ecc.

Estinguere, spegnere - *gasi-ti, ugasiti, pogasiti, zaga-siti, těrnuti, utěrnuti, du-nuti;* ml. estinguere i di-ritti ed obblighi - *ukinuti prava i obveze,* il diritto fu estinto - *pravo je pre-stalo* v. *utěrnulo.* V. Di-struggere. Uccidere. Pa-gare.

Estinto ag. di estinguere - *ugašen, pogašen, zagašen, utèrnut, dunut*; p. morto *mèrt, mèrtav*, met. *usnut*, p. pagato - *platjen, izplatjen, namiren*; cambiale estinta - *izplatjena mĕnica.*

Estinzione, di estinguere - *gasenje, ugasenje, pogasenje, zagasenje, tèrnjenje, utèrnjenje, dunenje, prestanje*; p. stato di ciò che sta per estinguersi, o è estinto - *ugasnutje, utèrnutje*, met. *prestanak, iztĕčaj.*

Estirpamento - *izkorenjenje, izžilenje, skubenje, izkubenje, pokubenje, skubanje, izkubanje, pokubanje, zgulenje, zguljenje, izguljenje, poguljenje, zatarenje, potarenje.* V. Distruzione.

Estirpare - *izkoreniti, izžiliti, skubsti, izkubsti, pokubsti, skubati, izkubati, pokubati, zguliti, izguliti, poguliti. zatèrti, potèrti.* V. Distruggere.

Estivo - *lĕtan.*

Estorcere, estorquere - *si-lom oteti* v. uzeti, *pograbiti, globiti, guliti.*

Estorsione - *silovito otmenje, pograbljenje, globljenje, gulenje.*

Estorto - *silom otet* v. uzet, *pograbljen.*

Estradare - *dati, izdati, uručiti, izručiti*; estradare copia d'un documento - *izdati prepis isprave.*

Estradato - *dajen, izdan, izdajen, uručen, izručen.*

Estragiudiziale - *izvansudan, izvansudben.*

Estraneo st. straniero - *tudjinac, inostranac*; ag. *tudj, stranjski, inostran*; p. diverso - *različit, in.*

Estraordinario - *izvanredan, neredovit, neobičan, izobičan.*

Estrarre, cavar fuori - *iznĕti, iztegnuti*, p. levare, parlandosi di cosa contenuta rispetto a quella che la contiene - *vaditi, izvati, cèrpiti, izcèrpiti*; estrarre la sorte - *žrĕbati.*

Estratto st. essenza di fiori ecc. - *sućnost, izvadina*;

p. vincita al giuoco del lotto - *pèrvi izvadak, extrakt;* p. ristretto sommario - *izvadak;* estratto tavolare - *gruntovni izvadak,* dei libri. pubblici - *izvadak javnih knjigah,* in estratto - *u izvadku;* ag. da estrarre - *iznet, iztegnut, vadjen, izvadjen, cèrpljen, izcèrpljen.*

Esuberante - *obilan, obilat.*

Esuberantemente - *obilno, obilato*

Esuberanza - *obilnost, obilatost, obilatnost.*

Esuberare - *obilovati.*

Esule st. - *prognanik, prognanac, izagnanik, izagnanac, progonjenik, protĕranac;* ag. *prognan, progonjen, izagnan, protĕran.*

Esultanza. V. Esultazione.

Esultare - *uzigrati, skočiti (skakati) od veselja v. radosti, uzklikovati, uzkliknuti, radovati se, veseliti se, obradovati se, obveseliti se.*

Esultazione - *uzigranje, skočenje (skakanje) od vese-*

lja v. *radosti, uzklik, uzkliknenje, uzklikovanje, veselje, radost, radovanje.*

Esumare - *odrakviti, odkopati tĕlo.*

Esumazione - *odrakvenje, odkopanje tĕla.*

Età - *doba, vrĕme;* minore di età - *malodoban, malolĕtan,* maggiore di età - *punodoban, punolĕtan,* dispensa (venia) di età - *oprost dobe,* nell' età di sei anni - *u dobi od šest godinah.*

Etere, parte più sublime dell' aria - *nadzrak, nebo,* p. prodotto della distillazione d' un liquido composto da alcool e da acidi - *para, uzduh.*

Eternamente - *vĕkovito, vĕkovĕčno, u vĕke, za uvĕk, do vĕke, na vĕke, po sve vĕke, za vazda, bez konca, bezkonačno.*

Eternare va. - *uvĕkovĕčiti;* np. *uvĕkovĕčiti se.*

Eternità - *vĕčnost, vĕkovĕčnost, vĕkovitost.*

Eterno - *vĕčan, vĕkovĕčan,*

věkovit; o Eterno Iddio ! - o *věkověčni Bože !*

Etimologia - *rěčoslovje.*

Eucaristia - *pričest, pričeštjenje.*

Eunuco - *hadum, uškopljenik, uškopljenjak.*

Evacuare - *sprazniti, izprazniti, očistiti.*

Evadere, fuggire - *uskočiti, poběgnuti, izběgnuti, ući;* p. liberarsi - *osloboditi se, izbaviti se, rěšiti se,* p. sottrarsi senza farsi vedere - *ofuknuti se, pobrati se, očistiti se;* p. adempiere, spacciare - *rěšiti, obaviti, odpraviti, odpremiti, opremiti izvěršiti,* p. rispondere - *odgovorěti;* evadere gli atti - *rěšiti spise,* evadere l' ordine - *rěšiti nalog,* evadendo la pregiata nota - *rěšavajući cěnjeni dopis.*

Evangelico - *evandjelski.*

Evangelio - *evandjelje.*

Evangelista - *evangelist, evangelista.*

Evasione, l' evadere - *uskočenje, poběgnutje, izběgnu-* tje, *poběgnjenje, izběgnjenje, ujdenje, oslobodjenje, izbavljenje, rěšenje, ofuknjenje, pobranje, očišćenje;* p. adempimento d' uu ordine - *rěšitba, rěšenje, obavljenje, izpunjenje;* in evasione dell' ordine - *u rěšenju naloga.* V. Evadere.

Evasivamente td. - *rěšiteljno, rěšitbeno;* p. precisamente - *uprav, upravo.*

Evento, caso - *dogodjaj, slučaj, slučajnost, možebitnost;* evento fortuito - *slučajni dogodjaj.*

Eventuale - *slučajan, možebitan;* eventuale pagamento - *slučajno izplatjenje.*

Eventualità. V. Evento.

Eventualmente - *slučajno, možebitno.*

Evidente, che si vede distint. - *očevidan, bělodan,* p. che non si può mettere in dubbio - *nedvojan, nedvojben, nesumnjiv.* p. chiaro - *jasan, bistar.*

Evidenza - *očevidnost, bělodanost;* tenere in eviden-

za - dèržati u očevidnosti;
p. chiarezza - jasnost, bistroća, bistrost.

Evincere, ripetere il suo
posseduto dagli altri -
potražiti, zaiskati; tl. p.
dimostrare - dokazati, p.
provare - svědočiti, obsvědočiti, p. risultare - izlaziti, izhadjati, izvirati.

Evitabile - ukloniv, izběživ,
preprěčiv, odoliv.

Evitare, sfuggire - ukloniti,
preprěčiti, preduprěditi,
predusrěti, p. scampare -
izběći, izběgnuti, pobeći,
pobegnuti, ugnuti se; evitare il male - preprěčiti
zlo v. doskočiti zlu. V.
Stornare.

Evizione tl. - jemstvo, osěguranje, pravna odgovornost.

Evoluzione - okritanje, věžbanje.

Ex - bivši, něgdašnji, někadašnji, onodobni, obstojavši; ex ministro - bivši mi-
nistar, l' ex giudizio -
bivši (něgdašnji ecc.)
sud.

Exabrupto - iznenada, naznuk.

Eziandio, ancora - još, jošte,
jošter, takodjer, prěko. V.
Avvegnachè. Ostante.

F.

Fabbisogno t. tec. - proračun, predběžni račun. V.
Materia.

Fabbrica, costruzione - gradja, graja, zgradja, zid-
nja; p. cosa fabbricata -
zgrada, zdanje; p. luogo
dove si lavorano oggetti
d' arte - tvornica, tvorionica; fabbrica di tabacco
- tvornica duhana. V. Ar-
ma.

Fabbricare (muraglie) - zidati, zazidati, graditi, zagraditi, sagraditi, zgraditi,
podignuti (opere di legno)
graditi, sagraditi, zagraditi, sastaviti, složiti, p.
formare processi - podi-
gnuti, podići, zametnuti
(pravdu), p. formare ca-
lunnie - kovati; np. inventare - izmislěti, pronaći.

Fabbreria - *kovačija.*

Fabbricatore - *gradjevnik, graditelj.*

Fabbricazione - *zidanje, zazidanje, gradjenje, zagradjenje, sagradjenje, sastavljenje, podignenje, složenje, zametnjenje, kovanje, izmišljenje.* V. Fabbricare.

Fabbrile, di fabbro - *kovački;* p. di arte manuale - *majstorski, meštarski.*

Fabbro, lavoratore di ferramenti in grosso - *kovač.* V. Inventore. Maestro. Artefice.

Faccenda, cosa da farsi - *posao, posal, poso, učiniti se imajuća stvar;* p. cosa - *stvar.*

Facchinaggio - *bastažina, brěmenarnica.*

Facchino - *bastaž, brěmenoša, brěmenar.*

Facchineggiare - *bastažiti, brěmenariti, turiti v. nositi brěmena.*

Faccia - *obraz, lice, obličje.*

Facciata, prospetto - *obrazak,* p. banda del foglio - *stran.*

Face - *baklja, luč;* fig. lume, splendore - *svěća, světlost, jasnost.*

Facetamente - *šalno, šalivo, směšno.*

Faceto - *šaliv, šalan, směšan*

Facile, agevole - *lak, lahk, lasan, udoban;* p. verisimile, probabile - *věrojatan, probitačan.*

Facilità - *lakost, lahkost, lakoća, lahkoća, lasnost, lasnoća, beztrudnost, udobnost.*

Facilitare - *olakšati, oblakšati, polakšati, olahkotiti, olakotiti, ulasniti.*

Facilitazione - *olakšanje, oblakšanje, polakšanje, olahkotjenje, lakost, lahkost, lakoća, lahkoća, udobnost.*

Facilmente - *lako, lahko, lasno, udobno, beztrudno,* p. probabilmente - *věrojatno, probitačno.*

Facinoroso. V. Scellerato.

Facoltà, attitudine d' operare - *krěpost, moć, jakost;* p. privilegio di poter dire o fare qualche cosa - *vlast, vlastitost, moć, svojstvo, dar, osobitost;* p. beni di fortuna - *imetak, imitak, imanje, imovina, imućtvo;* facoltà massale - *gromadni imetak,* - ereditaria - *baštinski imetak,* - relitta - *zaostavljeni* v. *ostavljeni imetak, zaostavština;* p. nome delle arti o scienze universitarie, come facoltà juridica - *pravoznanstvo, pravoznanost, pravosudje, pravosudnost* ecc.

Facoltizzare - *povlastiti, opunovlastiti, opunomoćiti (koga), dati vlast (komu).*

Facoltoso - *bogat, imućan, mogućan.*

Facondia - *blagoizgovor, sladnoglasje,* met. *zlatoustje.*

Facondo - *blagoizgovoran, sladnoglasan, zlatoustan.*

Fac-simile - *istopis, parica.*

Faggio, albero - *bukva.*

Fagiano, uccello - *bazian, gnjeteo;* p. sciocco - *budala, ludjak.*

Fagiuolo - *pošanj, fažol, bažul.*

Faina - *kuna, kunica.*

Falce, strumento per segare le biade - *sèrp,* p.

strumento onde potare le viti - *kosir, koser;* p. falce da segare il fieno - *kosa.*

Falcetto - *sèrpić, kosirić, kosica.* V. Falce.

Falciare (il fieno) - *kositi,* (le biade) - *žeti (žanjem).*

Falcidiare. V. Diffalcare.

Falco, uccello e p. uomo accorto, lesto - *sokol.*

Falegname - *tišljar, teslar, dèrvodělac.*

Fallace - *himben, lažan, laživ, kriv.*

Fallacia - *himba, himbenost, lažljivost, prevarba, prevara.*

Fallimento (p. debiti) - *propast, propadstvo, prezaduženost, prezaduženje, stečajnost;* - colposo - *krivična prezaduženost, krivična propast.* V. Errore. Fallo.

Fallire, fallare, cessare dai pagamenti - *propasti, prezadužiti se, pasti pod stečaj;* p. commettere fallo - *sagrěšiti, pogrěšiti, zabluditi, uzmanjkati,* p. non cogliere nel segno - *nezgodi nepogoditi, nesrětiti.*

Fallito st. - *propalica, pre-zaduženik, stečajnik;* ag. *propalan, prezadužen, ste-čajan;* fallita massa - *preza-dužena* p. non colto - *nezgo-djen, nepogodjen, nesrětjen.*

Fallo, errore - *pogrěška, sa-grěška, bludnja;* p. man-canza - *mana, nedostatak, nedostatnost;* p. colpa - *krivnja, grěh;* senza fallo, certo - *bez dvojbe, stalno, za stalno.*

Falsamente - *krivo, krivoma, kriomice.*

Falsare, corrompere la sin-cerità di una cosa con cattivi ingredienti - *skva-riti, pokvariti,* p. far ve-dere falsamente - *izlagati, prilagati, prišiti, izmislěti se.* V. **Contraffare.** Con-travvenire.

Falsariga - *pisokaz, priredka.*

Falsario (di monete e me-talli) *krivotvorac, krivo-tvornik,* (di documenti) *pričinjalac, panačinjalac, pričinitelj, izkrivljenik, izo-pačnik.*

Falsificamento. V. **Falsifica-zione.**

Falsificare (monete e me-talli) - *krivotvoriti, krivo-tvorati,* (documenti) *izkri-viti, izkrivljati, pričiniti, pričinjati,* met. *izopačiti.* V. **Falsare.**

Falsificatore. V. **Falsario.**

Falsificazione - *krivotvorje, izopačnost;* p. il falsifi-care - *krivotvorenje, kri-votvaranje, izkrivljenje, iz-krivljanje, pričinjenje, pri-činjanje, izopačenje;* - di monete - *krivotvorenje no-vacah,* - di obbligazioni di Stato - *izkrivljenje v. pri-činjenje děržavnih obvezni-cah,* - di carte di pubblico credito - *izkrivljenje javnih věresnih papirah,* - di ban-conote - *bankah,* - di pub-blici documenti - *javnih izpravah.*

Falsità, vizio di chi dice una cosa, e ne fa un'al-tra - *podhibnost, himbenost,* p. cosa falsa - *neistinitost, laživost, laž.* V. **Falsifi-cazione.**

Falso st. detto non conforme alla verità - *neistinitost, laž, laživost;* p. cosa che mostra di essere quel che non è - *himbenost, podhibnost;* ag. *neistinit, lažan, laživ, lažljiv, lažben, kriv, himben, podhiban;* falsa moneta - *krivi* v. *krivotvoreni novac.* V. Falsamente. Giuramento.

Fama - *glas;* buona fama - *dobar glas.*

Fame - *glad.* V. Avidità. Carestia.

Famigerato, famoso - *glasovit, na glasu, poznan,* (in senso sinistro) *strahovit, strašan.*

Famiglia - *obitelj, porodica;* padre di - *otac obitelji.*

Famiglio - *sluga.* V. Birro.

Famoso, di gran fama - *glasovit, uzglašen, na glasu, slavan, slavovit, zlamenit, znamenit,* p. noto - *poznan,* p. chiaro - *jasan, sjajan.* V. Infame.

Fanale - *světnjak, světilnik, světionik.*

Fanatico st. - *zanešenik;* ag. *zanešen.*

Fanatismo - *zanešenost, zanešenstvo.*

Fanciulla – *děvojčica, děklica, curica, mala děvičina, goličina, děte.*

Fanciullaggine - *dětinstvo, otročtvo.*

Fanciulleggiare - *dětiniti, otročariti.*

Fanciullescamente - *dětinski, otročki, po dětinsku, po otročku.*

Fanciullesco - *dětinski, otročki.*

Fanciullezza - *dětinstvo, maljahnost.*

Fanciullo - *děte, dětić, otrok, fantić.*

Fango - *blato, kaljuga, kaljuža, kalina;* imbrattare di fango - *okaljati.*

Fangoso - *blatan, izblatjen, okaljan, okaljužen.*

Fantasticare - *razmišljati, namišljati, promozgati.*

Fanteria - *pěšačtvo.*

Fantesca - *služkinja, sluga, děvica, děkla, raba.*

Fantolino - *dětić, děte.*

Fardello - *zamotaj, brěme.*

Fare - *činiti, učiniti, dělati,* p. creare - *tvoriti, stvoriti;* p. comporre, formare - *sastaviti, složiti;* p. eseguire - *izpuniti, ovèršiti, izvèršiti, udělotvoriti.* V. Fabbricare. Eleggere. Formare.

Farfalla - *lěpir, věšča.*

Farina - *muka, brašno, melja;* fior di farina - *cvět od muke,* pane di tutta farina - *svemučni kruh.*

Farinata, vivanda d'acqua e farina (non molto densa) - *kaša, kašica,* (assai densa) – *palenta.*

Farinoso - *mučast, brašnast.*

Farmacia - *lěkarna, lěkarnica.*

Farmacista - *lěkar, lěkarnik.*

Farmaco - *lěkaria, lěk.*

Farmacologìa - *lěkoslovje.*

Farmacopea - *lěkotvorje.*

Farmacopola, chi vende med. - *lěkoprodalac,* p. speziale - *lěkar, lěkarnik.*

Fascia, striscia di pannolino, lunga e stretta che si avvoglie a checchessia - *zavoj, zavijač,* p. fascia in cui si avvolgono i bambini - *povoj, povitak;* p. qualunque cosa che giri intorno ad un oggetto, e che nei due capi s'incontri, e p. fascia di pelle, lana ecc. che alcuni maschi portano intorno al fianco - *pas, pojas,* p. fascia che portano alcune femmine - *kanica, tkanica;* p. via circolare in forma di fascia e p. cerchio dei cieli - *pas, pojas, kanica.*

Fasciare - *zaviti, zavijati, obaviti, obavijati, priviti, privijati, sviti, svijati,* (i bambini) *poviti, povijati.* V. Circondare.

Fascicolo, piccolo fascio - *zavitak, svitak, obavitak, privitak, omatak, smotak,* (di legna) *brěmce, brěmešce;* p. complesso di scritture o d'atti che si riportano ad una stessa materia, e p. parte di un'opera (dispensa) - *svezak, svežčić.* V. Fascina. V. Plico.

Fascina, fascetto di legne minute - *brěmce* v. *brěmašce děrvcah*, (di sermenti) *brence ošiškah*; p. fascio di legne legate ai due capi, con cui innalzansi opere di fortificazione ecc. - *brěme prutja*.

Fascio (di legne ecc.) *brěme* (di biade segate) *snop*, (p. manipolo di queste) *rukovet, rukavet*. V. Fascicolo.

Fassione - *volovnica*.

Fastidiare - *dosaditi, dosadjivati, biti na nos, dodiati, smetati, zanovětati (komu)*.

Fastidio - *dosada, doděvanje, dodianje, zanovět, zanovětanje, oměrznutje*.

Fastidioso - *dosadan, dosadiv, dosadljiv, zanovětan*.

Fastidire. V. Fastidiare.

Fasto, pomposa grandezza *veličanstvo*, p. alterìa - *ponositost, uznositost, oholost*.

Fastoso - *veličanstven, ponosan, ponosit, uznosan, uznosit, ohol*. V. Fasto.

Fata, donna favolosa, finta immort. - *vila*; p. maga - *čarovnica, věšću, věška*.

Fatale, aggiunto di cosa che viene dal fato - *koban, udesan*; p. funesto - *zlosrětan, nesrětan, neugodan*, p. mortifero - *směrtonosan*.

Fatalità - *kobnost, udesnost, zlosrětnost, nesrěća, nesrětnost, neugodnost*.

Fatalmente - *kobno, udesno, zlosrětno, nesrětno, neugodno*.

Fatica, pena che si sente nell' operare - *trud, trudnost, trudnoća, muka*, (dopo l' operare) *trud, umor*; p. lavoro qualunque - *radnja, rabota*.

Faticare - *truditi, truditi se, mučiti se, raditi, dělati, poslovati*.

Faticoso - *trudan, mučan*, p. difficile - *težak*.

Fato - *sudbina, udes*.

Fattezza, forma esteriore di alcuna cosa - *lice, obraz*; nel pl. p. lineamenti del volto - *obličje, lice*.

Fattibile, che può farsi -

činiv, učiniv, tvoriv; p. possibile a farsi - *mogućan, lak.*

Fatto st. azione da fare - *dělo, posao, posal* (p. cosa fatta, come sopra e) *čin, učin, učinba;* riconoscimento del fatto - *spoznanje čina;* p. faccenda, negozio - *stvar, posao, posal, predmet;* ag. da fare - *činjen, učinjen, dělan, tvoren, stvoren, sastavljen, složen, izpunjen, izvěršen, udělotvoren.*

Fattore, chi fa - *činitelj,* p. creatore - *tvorac, tvorioc, tvoritelj, stvoritelj;* p. agente - *poslovodja, opravnik.* V. Autore. Castaldo.

Fattorìa, ministero del fattore - *poslovodstvo, upravničtvo, opravničtvo;* p. luogo ov' egli risiede - *upraviteljstvo.*

Fattucchiera - *čarovnica, čaralica, prisudbenica.*

Fattuccherìa *čaranje, začaranje, čarolia, prisudbina.*

Fattucchiero st. - *čarovljivac, čarovnik, prisudbenik.*

Fattura, operazione - *dělo, posao, posal, radnja, rabota, oprava, trud,* p. cosa operata - *dělo, stvar opravljena* v. *učinjena, učin, učinba;* p. manifattura - *rukotvor, rukotvorenje, izvěršenje, izradjenje, učinjenje;* p. mercede dell' opera - *zaslužba, platja, izplatjenje;* p. nota delle merci che si commettono ecc. - *račun, naznaka;* p. malìa - *čarovia, čarolia, čaranje, začaranje.*

Fatturare, nuocere con fattura, malìa - *čarati, začarati, ureći, podati uroke;* p. adulterare, falsificare il vino ecc. - *načiniti, pričiniti, měšati.*

Fatuo, stolido - *lud, bedast, benast, budalast;* p. leggiero di giudizio - *lakouman;* fuoco fatuo - *ludoplam, ludoplamen,* met. *krinka, pustolovina, noćna pustolovina.*

Fauci - *žvale, čeljusti, čeljupine;* aprire le fauci - *razglobiti* v. *otvoriti žvale*

p. luogo stretto - *klanac, zvaoce (ca).*

Fausto - *radostan, srěćan, zgodan,* p. di buon augurio - *dobrokoban.*

Fautore, chi favoreggia - *podupiratelj, podupirač,* p. che protegge - *štitnik, zaštitnik, pokrovitelj, branitelj, obranitelj.*

Fava - *bob.*

Favella, facoltà che ha l'uomo di esprimersi con parole - *govor, govorenje;* p. linguaggio - *jezik.*

Favellare - *govorěti, divaniti, zboriti, glagolati, besěditi.*

Favilla - *iskra.*

Favo, cera lavorata dalle api - *sat.*

Favola - *pripovědka, pripověst.*

Favoloso - *izmišljen, neistinit,*

Favore - *milost, ljubav, ugodnost, blagodarje, blagodarnost, blagodanje.*

Favorevole - *ugodan, zgodan, povoljan.*

Fazzoletto (da naso) - *rubac* (da collo, come sopra, e) *mahrama.*

Febbrajo - *Veljača.*

Febbre - *groznica, zimica, ognjica, febra;* p. furore *běsnoća, běsnilo, sèrditost.*

Febbrile - *grozničan, zimničan, od groznice* ecc. p. furioso - *běsan, sèrdit.*

Febea, luna - *měsec.*

Febo, sole - *sunce.*

Fede, virtù pella quale si crede alle verità rivelate e p. lealtà - *věra;* a buona fede - *na dobru věru,* in mala fede - *na zlu věru,* aggiustar fede - *věrovati,* in fede mia - *věre mi, tako mi věre;* p. credenza - *věrovanje;* p. fidanza o fiducia - *pověrenje, zaufanost, zaufanje;* p. testimonianza - *svědočba, svědočenje, posvědočenje;* fede battesimale - *kèrstni list (svědočba).* V. Religione.

Fedecommessario ag. - *pověrbinski,* st. *pověrbenik.*

Fedecommesso - *pověrba, pověrbina;* fondatore del - *zametnik* v. *utemeljitelj pověrbine,* istituire il - *u-*

temeljiti povĕrbinu.

Fedecommettere - *povĕriti, povĕrbiti.*

Fededegno - *vĕrodostojan, dostovĕran, vĕrojatan.*

Fedele ag. che osserva fede ecc. - *vĕran, uzdan, pouzdan;* st. *vĕrnik, uzdanik, pouzdanik;* fedeli cristiani - *vĕrni* v. *pravovĕrni kèrstjani,* fedele servo - *vĕrni sluga;* p. conforme al vero - *vĕrodostojan, dostovĕran, vĕrojatan, istovĕtan, pravotan.*

Fedelmente - *vĕrno.*

Fedeltà - *vĕrnost,* p. sincerità - *iskrenost,* p. esattezza - *točnost.*

Fegato - *jetra, žigerica, džigerica.*

Felce, pianta - *paprat, praput.*

Felice, che possiede ciò può contentare - *pokojan, uspokojen, blagovit;* p. fausto, fortunato - *srĕćan, čestit;* felice te! - *blago tebi!* - me! - *blago meni!* V. Glorioso.

Felicità - *pokoj, blagostanje,* blagovitost, čestitost.

Felicitare va. - *uspokojiti, o- srĕćiti, srĕćna* v. *zadovoljna učiniti (koga);* vn. p. divenir felice - *srĕćnim postati.* V. Dilettare.

Fellone, ribelle al suo signore - *vĕrolomnik, nevĕrnik.* V. Scellerato.

Fellonìa, ribellione agli ordini del suo signore - *vĕrolomnost, vĕrolomstvo, nevĕrnost,* tl. *feudna nevĕra.* V. Scelleraggine.

Feluca, barca - *filjuga, feljuga.*

Femmina (allus. a donna) - *ženska,* (allus. ad altri animali) *samica,* met. *ženska,* p. donna - *žena.* V. Moglie.

Femmineo. V. Femminile.

Femminile - *ženski;* genere femminile e maschile - *ženski i mužki spol.*

Femore - *bedrokost,* p. si- ned. *bedro.*

Fendente st. - *zasĕk, zasĕčenje;* ag. che fende - *razcĕpajuć, razplatjujuć, raz-*

plateć, razdvojeć, razdělju-
juć.

Fendere, dividere per lo
lungo - *razcěpiti,' razplatiti, razpoloviti, razdvojiti;
presěći na dva komada;*
p. dare la prima aratura
al campo - *těžiti, oborati,
oborivati* V. **Dividere.**
Traversare. Screpolare.

Fenile - *sěniste.*

Fenomeno (che appar. in
cielo) *prozračna, (nebesna,
neobična, izvanredna) prikaza,* (che appar. sulla
terra) *neobična v. izvanredna prikaza.*

Ferace. V. **Fertile.**

Ferale ag. mortifero - *směrtonosan, usměrtiv,* p. di sinistro augurio - *zlokoban,
zloudesan.* V. **Animalesco.**

Feretro. V. **Bara.**

Feria, festa - *blagdan, praznik,* p. ferie giudiziali -
sudbeni praznici, p. giorno non festivo - *sagdan,
dan sagdanji.* V. **Feriale.**

Feriale, di lavoro (giorno)
*dělatan, radan, radiv, te-
žačan, težatan;* giorno fe-

riale - *dan dělatni (radni*
ecc.).

Ferimento - *ranjenje, ozledjenje.* V. **Lesione.**

Ferino - *zvěrski, divlji, divljački.*

Ferire, percuotere col ferro ecc. infino a sangue
raniti, ozlediti. V. **Percuotere.**

Ferita - *rana, ozleda;* ferita
guaribile - *izlěčiva rana.*
V. **Lesione.**

Ferito ag.- *ranjen, ozledjen;*
st. persona ferita - *ranje-
nik, ozledjenik, ranjena v.
ozledjena osoba.* V. **Leso.**

Feritore - *ranitelj, ozleditelj.*

Fermaglio - *kopča, zabodač.*

Fermamente, con fermezza
- *stalno, stanovito,* p. senza dubbio - *jamačno, bez-
dvojbeno, nedvojbeno, za
sěguro, za sěgurno.*

Fermare va. rattenere il
moto - *obustaviti, obustavljati, zaustaviti, zaustavljati, uzděržati, uzděržavati, priděržati, priděrža-
vati;* sl. p. prendere -
uhvatiti, uhititi, uloviti.

V. Confermare. Conchiudere. Approvare; np. p. cessar di muoversi - *stati, ustati, prestati, stanuti;* fermati! - *stani!*

Fermata, posata, pausa - *prestanak, pristanah, fermata* t. mus. - *ustatba, ustanak;* p. cessazione dal marciare - *ustanak, ustanje, prestanak, prestanje,* p. luogo di riposo - *počivalište.*

Fermentare - *kvasiti, kiseliti, kisati.*

Fermento, lievito - *kvas;* p. esaltamento di animi - *vreva, uzbuna, razigranje.*

Fermezza - *stalnost, nepomičnost, tvèrdost.*

Fermo, ag. senza moto - *miran, nepomičan, tih;* p. costante - *stalan, tvèrd;* ferma intenzione - *tvèrda nakana;* p. immutabile - *neproměniv;* st. ml. fermo dell' incolpato - *uhvatjenje (uhitjenje, ulovjenje) okrivljenika.*

Feroce, crudele - *zvěrski, sèrdit, krut, krutosèrdan, ne-* mio, *nemil,* p. terribile - *strahovit, strašan,* p. intrattabile - *divji, diblji;* animale feroce - *zvěr,* animali feroci - *zvěrad.*

Ferrajo - *kovač.*

Ferramento, insieme di tutti i ferri per ferrare un cavallo - *podkove i čavli;* p. armare un lavoro - *želazaria, gvozdje.*

Ferrare (i cavalli ecc.) - *kovati, tkovati, podkovati,* p. munire di ferro (come sopra e) - *ogvozditi, oželezati, prikovati, prigvozditi, priželeziti, obgvozditi, obželezati.* V. Inchiodare.

Ferreo ag. di ferro - *železan, gvozden, gvozdovit, od železa, od gvozdja;* p. saldo - *nepomičan, nepomakniv, od zida (biti).*

Ferreria - *železaria, gvozdje.*

Ferro - *železo, gvozdje;* più duro del ferro - *tvèrdji neg železo, tvèrdji od železa.*

Ferrugine - *èrja, erdja, hèrdja.*

Ferrugineo, ferruginoso, che partecipa della natura del ferro - *železast, železav, gvozdovit;* p. che è del color del ferro - *železobojan, gvozdobojan.*

Fertile, che produce frutta in abbond. - *plodan, plodonosan, rodan;* p. copioso - *obilan, obilat.*

Fertilezza, fertilità - *plodnost, plodovitost, plodnovitost, rodnost, obilnost, obilatost.* V. Fertile.

Festa - *blagdan, praznik, dan svetačni, svetčani dan, svetkovina;* santificare la festa - *svetkovati blagdan, blagdanovati,* feste mobili ed immobili - *pomični i nepomični blagdani* v. *praznici,* festa comandata - *blagdan zapovědani* v. *zabranjeni;* fig. p. giubilo - *radost, veselje;* far festa a taluno - *radovati se, veseliti se (komu).*

Festeggiamento - *svetkovanje, svetčanovanje, blagdanovanje.*

Festeggiare, far festa - *blag-*

danovati, blagdaniti, činiti v. *učiniti blagdan, počivati;* p. solennizzare una festa - *svetkovati, svetčanovati, slaviti, proslaviti;* p. far lieta accoglienza - *radovati se, veseliti se (komu);* p. venerare - *štovati, poštovati.*

Festività, giocondità - *radost, veselje;* p. giorno festivo - *svetčanost.* V. Festa.

Festivo, di o da festa - *blagdanjski, svetčan;* giorno festivo - *svetčani dan;* p. allegro - *radostan, vesel, veseo.*

Fetido, puzzolente - *smèrdljiv, smèrdiv;* p. sporco - *smradan, smradljiv, gnjusan, ognjusen, okaljan.*

Feto - *čedo.*

Fetore - *smèrdež, smèrdljavina.*

Fetta - *landa,* dim. *landica;* - di pane - *landa kruha.*

Feudale - *feudalan.*

Feudalismo - *feudalizam.*

Feudatario st. - *feudatar.*

Feudo - *feud.*

19

Fiaccare, fracassare con violenza - *stèrmoglaviti, stèrti, skèršiti;* p. indebolire - *oslabiti, onemoći.*

Fiaccola *baklja, luč.*

Fiamma - *plamen, plamik plam.*

Fiammeggiare - *plansati, plamenovati, plamiti;* scintillare a guisa di fiamma - *laskati, lašćiti, svêtliti.*

Fianco, parte del corpo - *bok,* p. lato, banda - *bok, stran;* aver la spada al fianco - *imati sablju pri boku.*

Fiata. V. Volta. Tempo. Circostanza.

Fiatare - *dihati, zdisati, odihati, odisati, pêhati,* cessare di fiatare, morire - *uzdahnuti, preminuti, usnuti.*

Fiato - *dih, dah, duh, pêh, dihaj, odihaj, para.* V. Aura.

Fibbia - *preglica, kopča.*

Fibbiajo - *pregličar, kopčar.*

Fibbiare - *zapregliti, kopčiti, zakopčiti, uskopčiti.*

Fibra - *žilica,* met. *vlas.*

Ficcare va. - *zabiti, zabijati, zabosti, zabodsti, zabadati,* met. *zatuči, zavèrtati;* np. cacciarsi dentro - *zabiti se,* ecc.; p. intromettersi, non richiesto in una faccenda - *zabiti (zabosti, metnuti, staviti) nos u čemu;* ficcare lo sguardo - *zaviriti, zavirnuti.*

Fico - *smokva.*

Fidanza, fiducia che si ha nell' altrui fede - *povèrenost, povèrenje, uzdanje, pouzdanje, ufanje, zaufanje, zaufanost,* p. fede promessa - *vèra.* V. Sicurtà.

Fidanzare, assicurare - *osègurati, ujamčiti,* p. promettere in matrimonio - *zavèriti, zaručiti,* p. dar fede di sposo - *zavèriti se zaručiti se.*

Fidanzato - *zaručnik, zavèrnik.*

Fidare va. affidare all' altrui fede - *povèriti, povèravati, preporučiti, priporučiti, naručiti, oporučiti,* np. p. aver fiducia - *ufa-*

ti, *poufati, ufati se, poufati se, uzdati se, pouzdati se (u koga), spušćati se (na koga).*

Fidecommessario. V. **Fedecommissario** ecc.

Fidejussione - *poručanstvo;* fidejussione succedanea - *uzporučanstvo, podporučanstvo.* V. **Garanzia.**

Fidejussore - *poruk;* - succedaneo, collaudatore - *uzporuk, podporuk.*

Fidejussorio ag. - *poručanstven.*

Fido, (aspettativa) - *poček, veresia;* dare a fido - *dati na poček* v. *na veresiu.* V. **Fedele.**

Fiducia, speranza - *ufanje, ufanost, zaufanje, zaufanost;* p. abbandono d'animo - *pouzdanje, pouzdanost, povĕrenje, povĕrenost;* aver fiducia - *ufati, ufati se, zaufati se (u koga).*

Fiduciario - *pouzdanik, povĕrenik.*

Fiducioso - *pouzdan, povĕrljiv, zaufan.*

Fiele - *žuč,* p. amarezza d'a-

nimo - *jad, jed, jarost.*

Fienile. V. **Fenile.**

Fieno - *seno.*

Fiera, animale selv. - *zvĕr,* fiere - *zvĕrad,* serraglio di fiere - *zvĕrinjak;* p. mercato - *sajam, važar, pazar, tĕrg.*

Fierezza - *krutost, okrutnost, krutosĕrdnost,* p. selvatichezza – *divost, divljačtvo.* V. **Crudeltà.**

Fiero ag. di natura di fiera - *zvĕrski, krut, okrutan, krutosĕrdan, divji, divlji;* p. sommamente spiacevole - *mĕrski, gĕrdoban;* p. spaventevole - *strahovit, strašan, grozovit.* V. **Crudele. Altero. Intrepido.**

Fievole V. **Debole** ecc.

Figlia - *hći, hćer, kćer.* V. **Figlio.**

Figliale – *sinovan.*

Figliare, far figli (delle bestie) - *kotiti, okotiti, leći, zleći, izleći, činiti.*

Figliastra - *pastorka, pastorkinja.*

Figliastro - *pastorak, pastork, pastorče (četa).*

FIG — 292 — FIL

Figlio - *sin, děte, porod;* figlio adottivo - *posinac, posinak, posinče,* figlia adottiva - *pocèrka,* pareggiamento dei figli - *izjednačenje sinovah,* - legittimo - *zakoniti sin,* - illegittimo - *nezakoniti sin,* acquistare un figlio - *dobaviti se v. imati sina.* V. Postumo.

Figlioccio - *piljun,* (in alcuni luoghi anche) *kumče, kumčeto.*

Figliuolanza - *děca, dětca, sinovi.*

Figliuola. V. Figlia.

Figliuolo. V. Figlio.

Figura - *slika, prilika, podoba.*

Fila st. - *red.*

Filamento. V. Fibra.

Filantropia - *čověkoljubje, čověkoljubivost.*

Filantropo - *čověkoljuban, čověkoljubiv.*

Filare st. - *red;* filare di alberi - *red stablah.*

Filare va. - *presti, predsti,* p. finir di filare - *spresti, upresti.*

Filarmonico st. - *glasboljub-*

nik, ag. *glasben.*

Filato st. cosa filata - *prelo,* p. atto del filare - *predenje;* ag. *preden, spreden, upreden.*

Filatojo, luogo ove si fila - *prelište,* p. strumento da filare - *vitlo.*

Filatore - *prelac.*

Filatrice - *prelica.*

Filatura - *predenje.*

Filippica - *filipika.*

Filo, ciò che si trae filando - *konac, prelo, preja,* p. filo metallico - *žica;* passare a filo di spada - *posěci.*

Filodrammatico ag. - *filodramatički,* st. *filodramatik.*

Filologìa - *jezikoslovje, filologia.*

Filologico - *jezikoslovan, filologički.*

Filologo - *jezikoslovac, filolog.*

Filosofare - *mudrosloviti, mudrozboriti, mudrovati, mudračiti.*

Filosofessa - *mudroznanica, mudračica.*

Filosofia - *mudroznanje, mudroznanstvo, mudroljubje,*

filozofia.

Filosoficamente - *mudroljubno, mudroznanstveno, filozofički.*

Filosofico - *mudroljuban, mudroznanstven, filozofički;* assolvere gli studj filosofici - *izvèršiti mudroljubne (mudroznanstvene, filozofičke) nauke.*

Filosofo - *mudroznanac, mudrac, filozof,* dim. *mudroznančić, mudračić.*

Filugello - *buba.*

Finale ag. - *konačan, zadnji, skrajan, poslèdan, stražnji, potonji;* -scioglimento - *konačna razstava,* - dibattimento - *konačna razprava,* - evasione - *konačno rèsènje;* p. ciò che dà fine ad una cosa - *zaključak, zaglavak.*

Finalmente - *napokon, konačno, najzad, najzada, najposlè, poslèdno.*

Finanza - *dohodarstvo, financia;* direzione di fin. - *dohodarstveno v. financialno ravnateljstvo,* ministero di - *dohodarstveno popèčitelj-*

stvo (mistèrstvo, ministarstvo, ministerium), ispettorato di - *financialno nadzorničtvo.* V. **Ispezione.**

Finanziale - *dohodarstven, financialan.*

Finanziario. V. **Finanziale.**

Finanziere, chi amministra la finanza - *dohodarnik,* p. guardia di finanza - *financialni štražar (straža).*

Finca, colonna - *stupac, razdèlak, red.*

Finchè - *dok, doklè, dokli, doklam, doklègod, doklègodèr, do onog vrèmena dokle.*

Fine, termine - *konac, kraj, skrajnost, svèršetak, svèrha, dospètak, svèršenje, zaglavjenje, dokončanje;* fine dell' opera - *konac dèla,* alla perfine - *napokon, najzad,* in fine, alla fine - *na kraj, nakraj* (gen.) in fine del mondo - *na kraj svèta;* p. iscopo - *svèrha, cilj.* V. **Morte. Confine. Finalmente. Che. Fino.**

Finestra - *prozor, oblok, okno;*

diritto di finestra - *pravo prozora.*

Finezza, stato e qualità di ciò che è sottile - *tankost, tankoća, tančina;* di ciò che è eccellente - *izvèrstnost, izvèrstnoća,* di ciò che è minuto - *sitnost, sitnoća, drobnost, drobnoća,* p. grande accoglienza - *svetčani v. ljuski prijetak,* p. atto di cortesia - *uljudnost, udvornost, otesanost, skladnost,* p. finitezza di lavoro - *plemenitost, krasota, izvèrstnoća.*

Fingere, inventare - *izmislěti, iznaći, izhitriti,* met. *skovati, izkovati;* p. rappresentare - *varati, lagati, hiniti, kazati, prikazati, dati razuměti, činiti viděti.* V. Comporre. Dissimulare.

Finire va. dar compimento - *svèršiti, izvèršiti, dovèršiti, zgotoviti, dogotoviti, dospěti, dokončati, zaglaviti, finiti, dofiniti, doći na kraj v. do kraja (konca, svèršetka);* p. uccidere - *ubiti, skončati, smaknuti;*

egli venne finito - *on bi smaknut,* met. *pojěde ga tamna noć;* vn. p. cessare - *prestati, ustati, odustati, minuti.* V. Appagare. Pagare. Morire.

Finitezza. V. Finezza.

Finitimo. V. Confinante.

Fino, pr. infino a - *do* (gen.) fino al fine - *do konca (kraja, svèršetka);* averb. *tja, čak, ćak;* fino al mare - *tja (čak, ćak) do mora; doklě, doklan, doklen, dokol;* fino che puoi - *doklě, možeš, doklěgod možeš,* fino dove? - *dokle? do kojeg města? dokud?* fino a quando? - *do kad? do kada, do koje dobe? do kojeg vrěmena? do v. za koliko?* fino oggi - *do danas* v. *do danaska.* V. Finora.

Fino, fine, ag. sottile - *tanak, tanačan,* p. minuto - *sitan, droban,* p. eccellente - *izvèrstan, vèrl;* p. scaltro - *šegav, mudar, hitar.*

Finocchio - *koromač.*

Finora - *dosad, do sad, do sa-*

da, do ovo doba, do danas, doslě, do sele.

Fintantochè - doklěgod, doklam, doklě, doklěgoděr.

Finto, non sincero - himben, šaren, šarovit, lažljiv, lukav, licuměran, liceměran. V. Fittizio. Contraffatto.

Finzione, il fingere - varanje, laganje, laženje, hinjenje, prikazanje; p. doppiezza - himba, himbenost, šarovitost, lukavstvo, lukavština.

Fionda - praća.

Fiondatore - praćar.

Fiorame - cvětje, rožice.

Fiorato – nacvětjen, ucvětjen, pocvětjen, rožicami v. cvětima uresen (nakitjen), napingan.

Fiore, produzione dei veget. - cvět, cvat, rožica, p. parte migliore d'una cosa - cvět; fiore di farina - cvět od muke.

Fiorente - cvateć, cvatujuć, biti u cvětu.

Fiorino - forint, fiorin.

Fiorire, produrre fiori - cvatiti, cvasti, cvětati, cvěsti,

biti u cvětu; p. buttar fiori, cominciar a fiorire -procvatiti, procvětati, procvasti, otvarati se, otvoriti se, p. finir di fiorire - izcvatiti, izcvasti; p. incanutire – oběliti, osediti, p. ornare - nakititi, naresiti, uresiti, nacvatiti.

Fiorito - ocvatjen, ocvětjen, nacvaten, nacvětjen, napingan, p. adorno - nakitjen, naresen, uresen, p. scielto - izbran, izabran, p. pulito - otesan, p. elegante - krasan, gizdav.

Fioritura - cvatnja, cvatjenje.

Firma, sottoscrizione - podpis; legalizzare la firma uvěrodostojiti podpis; p. firma di negoziante, ditta - tvěrdka, tvěrtka; protocollare la firma - ubilježiti v. zapisati tvěrdku, protocollazione d'industria e rispettiva firma - ubilježenje obertnosti i dotične tvěrdke.

Firmamento, cielo stellato - nebozvězdje, zvězdište. V. Fondamento.

Firmano - *ferman.*

Firmare - *podpisati, podpisivati,* met. *potvèrditi.*

Fisare - *gledati, zagledati, paziti.*

Fiscale st. - *dèržavni* v. *komorski odvětnik, fiškal,* - comitatense - *županjski odvětnik;* ag. *dèržavan, komorski.*

Fischiamento - *zviždanje, švikanje, švičenje, izzviždanje, izšvičenje, izšvikanje.*

Fischiare - *zviždati, švikati, fučkati;* fischiare completamente - *izzviždati* ecc.

Fischiata - *zviždanje, zazviždanje, švikanje, zašvikanje, fučkanje, zafučkanje;* dare una fischiata - *zazviždati* ecc. V. Fischio.

Fischio - *zvižd, švik, fuka, zviždanje, švikanje.*

Fischiotto - *zviždalica, zviždala, švikalica, švikala.*

Fisco - *erar, dèržava, fiškuš.*

Fisica st. - *naravoslovje, fizika.*

Fisicamente - *naravoslovno, naravno, fižički.*

Fisico st. dotto nella fisica

- *naravoslovac, fizik;* p. medico - *lěčnik;* ag. *prirodan, naravan, naravoslovan, fižični, fižički.*

Fisiologìa - *prirodoslovje, fiziologia.*

Fisiologico ag. - *prirodoslovan, fiziologički.*

Fisiologo st. - *prirodoslovac, fiziolog.*

Fisolo, uccello acquat. - *kovačić.*

Fisonomìa, espressione della faccia - *obličje, oblik, lice;* p. arte che insegna a conoscere l'indole - *licoslovje, fiziognomia.*

Fisonomista - *licoslovac, fiziognom.*

Fissare. V. Fisare. Determinare. Stabilire.

Fissazione, pensamento fisso - *zamišljenje;* p. attenta applicazione della mente - *pomnja, pomnjivost, pažnja, pažljivost.*

Fitologìa. V. Botanica ecc.

Fittajuolo - *zakupnik.*

Fittereccio - *zakupan.*

Fittizio, fittivo - *lažan, laživ, lažliiv, kriv, podhiban;* p.

artifiziale - *umětan, izhitren, izmišljen, pričinjen.*

Fitto st. affittanza (d' un fondo rustico) - *zakup;* contratto di fitto - *zakupna pogodba, pogodba zakupa;* p. cosa data a fitto - *uporabština,* p. prezzo che si paga dai fittajuoli - *zakupnina;* ag. p. ficcato - *zabijen, zatučen, zaboden;* p. folto - *gust, gajiv, gajan, gajast.* V. Pigione.

Fiumana st. - *povodnja, poplav, poplavica, potop.*

Fiume - *rěka, potok.*

Fiutare - *dušiti, njušiti, vonjuhati, podušiti, povonjuhati, zadušiti, zavonjuhati;* p. sperimentare - *kušati, pokušati.* V. Odorare.

Fiutata - *dušenje, njušenje, vonjuhanje, podušenje, povonjuhanje, zavonjuhanje.*

Flagellamento - *bičevanje, bičenje, mlatjenje, mučenje, morenje.*

Flagellare, percuotere con flagello - *bičevati, bičiti, mlatiti;* fig. p. travaglia-

re - *mučiti, moriti.*

Flagellazione. V. Flagellamento.

Flagello, strumento con cui si flagella - *bič;* p. tormento del flagellare - *muka, mučenje;* p. sferza - *bič, korbač, karbač;* met. p. sciagura - *velika nevolja;* p. mortalità - *pomor, pošast, umiranje.* V. Strage.

Flagranti (in) sul fatto - *u činu, u dělu;* cogliere in flagranti - *zateći u činu v. u dělu (koga).*

Flagrare - *gorěti, plansati, plamati.*

Flanella - *fanela, vunica.*

Flato, gas sviluppatosi negl' intest. ecc. - *nadimak, flat;* p. emissione di esso gas (dalla bocca) - *odriganje* (dall' ano) - *pazdak.*

Flauto, strum. mus. - *duduk, milopojka, flauta.*

Flebile - *plačan, plačiv, cvilan, mio, mil, milen;* flebile suono - *plačivi glas, miloglas, miloglasje, mili glas* ecc.

Flessibile. V. Pieghevole.

Floridezza - *cvatnost, cvat-nja, cvětnja.*

Florido - *cvateći, cvětajući; florida* età – *cvateća doba.*

Florilegio - *cvětoslovje.*

Floscezza - *loćkavost, mloha-vost, uvehlost, uvenutost.*

Floscio - *loćkav; mlohav, slab, zavenut, uvenut.*

Flotta, (di navi armate) - *pomorska sila (četa vojska)* (di navi mercant.) *četa brodovah.*

Fluido st. - *tecivo, točivo, tečnost, žitak;* ag. *teciv, točiv.*

Flussione, afflusso di umori, causato da irritaz. della membrana delle narici - *nahlada, nazeba;* p. enfia-zióne della guancia - *na-dutilo, nadutost, nadmenje.*

Flusso st. scolo - *odtok, od-tek;* p. moto periodico del mare - *plima;* flusso e riflusso - *plima i od-plima, plima i osěka;* p. flusso di ventre con san-gue - *griža, lijavica,* ag. p. transitorio - *prolazan, nestalan, opadan, opadiv.*

Flutto - *val, valov, talas.*

Fluttuare. V. Ondeggiare ecc.

Fluviale - *rěčki, rěčan, po-točan, potočki.*

Foca - *morsko tele, morski telac.*

Focaccia - *pogača,* p. focac-cia che suol farsi pelle feste d' Epifania - *oblia.*

Focaja, pietra focaja - *kre-men, kremik.*

Foce, (allus. a fiume) - *usta,* p. gola di monte - *vrata.*

Focolare, luogo dove si fa il fuoco e met. p. ca-sa, famiglia - *ognjište, o-gnjilište.*

Focosamente - *ognjeno, ognje-vito, ognjenito, vatreno;* p. intenso desiderio - *i-skreno, toplo, teplo, vruće.* V. Violentemente.

Focoso - *ognjen, ognjevit, o-gnjenit, vatren;* p. pieno d' intenso desiderio - *i-skren, topal, tepal, vruć.* V. Impetuoso.

Fodera - *podstava, postava, fudra.*

Foderare, mettere la fode-ra - *podstaviti, podšiti, fu-*

drati, metnuti v. *zašiti* podstavu v. *fudru*; p. rivestire la nave con lamine di rame ecc. - *obakriti* (ecc.) v. *obkovati brod.*

Fodero, guaina - *nožnica.*

Foggia, maniera - *način, prilika.* V. Usanza.

Foglia, di pianta - *list, pero, perje.* V. Fogliame.

Fogliaceo ag. - *listav, perast, perastan, od lista, od pera.*

Fogliame - *listje, perad, pera.*

Foglietto, piccolo foglio - *listić, tabačić, arčić.* V. Gazzetta.

Foglio - *list, tabak, arak;* mezzo foglio - *poluarak, polutabak, polulist,* - di carta - *list* (ecc.) *papira* v. *harte,* - pagatorio - *izplatni* (*izplatiteljni, platežni*) *list,* - d'intimazione - *uručbeni* (*uručiteljni, dostavni*) *list.*

Folaga - *liska.*

Folgorare, cader dal cielo la folgore - *gromom udariti, strěljati, zastrěljati, zamunjiti, zakresati, zatrěskati;* p. splendere come

folgore - *sěvati, bliskati, blištati, zabliskati, laštiti, zalaštiti,* p. andare o scorrere come folgore - *trěskati, zatrěskati, zalětiti kao grom.*

Folgore - *grom, strěl, munja.*

Folla - *množtvo, množina, sila, navala, hèrpa.*

Follare, premere il feltro - *valjati,* p. ammostare - *mastiti.*

Follatura - *valjanje, mastenje.*

Folletto (spirito) - *malić, malik;* p. anima dannata - *duša odsudjena.*

Foltezza - *guščina, guščavina.*

Folto - *gust.*

Fomentare, applicare il fomento - *tepliti, grijati, podtepliti, podgrijati, oblagati;* p. incitare - *naganjati, nagoniti, nagnati, poticati, podbadati.*

Fomento, (pei malati) - *oblog,* p. incitamento - *nagon, nagunjanje, poticanje, podbadanje.*

Fomite, esca da far fuoco

- *guba, praha;* p. altra materia che facilmente si accende - *užeživo;* p. incentivo - *nagon, potaknutje, uzrok.* V. Fomento.

Fondaco - *skladište.*

Fondamentale, che serve di fondamento ad un edifizio - *podzidan, podstavan, pokladan, gruntovan;* che serve di principio o sostegno alle azioni - *temeljan, temeljit, glavan, poglavit, poglavan.*

Fondamento, muro o terreno sodo su cui posano gli edifizi - *podzidak, podstava, podstavak, podstavka, podklad, grunt;* p. base o sostegno alle azioni - *temelj, osnutak, osnov, osnova, pravac.*

Fondare, fare o gettare i fondamenti - *zametnuti* v. *postaviti zid;* p. fare una fabbrica - *graditi, sagraditi, zagraditi,* p. istituire per la prima volta - *zametnuti, zavèrći, zavèrgnuti, osnovati, osnivati, zavesti, narediti;* p.

porre in sul sodo - *utemeljiti, utvèrditi, učvèrstiti;* p. far capitale - *oslanjati se, osloniti se, naslanjati se, nasloniti se (na koga), ufati (u koga), imati povèrenje* v. *zaufanost (u koga).*

Fondatore, chi istituisce - *utemeljitelj,* p. chi dà principio ad una cosa - *zametnik.*

Fondazione, atto di fondare - *zametnutje, postavljenje, gradjenje, sagradjenje, zagradjenje, osnovanje, osnivanje, utemeljenje, utvèrdjenje, učvèrstjenje, oslanjanje, oslonjenje, naslanjanje, naslonjenje, ufanje.* V. Fondare.; p. istituzione di spedali ecc. - *utemeljenje,* p. cosa pia istituita - *zaklada, zadužbina;* fondazione pia - *blagotvorna* v. *blagodatna zaklada, nabožni zapis,* p. istituto - *zavod;* fondazione pia - *blagotvorni zavod.*

Fondere va. liquefare - *to-*

piti, stopiti, raztopiti, taliti, iztaliti, raztaliti, izliti, stočiti. V. Scialacquare. Diffondersi.

Fonderia, luogo dove si fonde - *topionica, lěvaonica, izlěvaonica, talionica;* - di metalli - *kovotopionica, rudotopionica;* p. luogo dove si stillano i liquori ecc. - *cědionica.*

Fondiario - *gruntovni, zemljišni.* V. Libro.

Fonditore, chi fonde - *topionik, topioc, lěvaonik, lěvaoc, izlěvaonik, izlěvaoc, talionik, talioc;* p. fromboliere - *praćar,* V. Scialacquatore.

Fondo st. bene stabile - *grunt, zemljište, zemlja;* p. assegnamento (nel pl.) - *novci;* p. macina sulla quale gira quella che dicesi coperchio - *podžěrvan,* p. pezzo di legno incassato in un altro e p. profondità - *dno,* nel fondo - *na dno, nadno* (gen.); nel fondo del mare - *na dno mora,* an-

dare a fondo - *ići na dno, tonuti, potonuti, utopiti se, potopiti se,* dar fondo all' ancora - *surgati, osidrati se, usidriti se,* p. parte più intima e più celata - *dno,* p. parte più lontana, parlandosi d' un luogo - *kraj;* in fondo al bosco - *na kraj šume,* siamo a fondo (d' una cosa consumata) *smo na dno, potratili* v. *potrošili smo.* V. Fondazione.

Fondo ag. profondo - *dubok;* p. spesso, folto - *gust.*

Fondura - *dolina, potok.*

Fonte - *izvor, izvir,* p. principio, origine (come sopra, e) *početak.*

Foraggio, vettovaglie - *hrana;* p. quantità di fieno ecc. - *marvinska hrana, sěno, trava.*

Forame, piccolo buco - *škuljica.* V. Apertura.

Foramento - *vèrtanje, zvèrtanje, izvèrtanje, prošupljanje, proškuljanje.*

Forare (colla verigola - *vèrtuti, zvèrtati, izvèrtati,*

provèrtati, (colla verig. o con altro strumento) *pro-šupljati*, *prošupljiti*, *pro-šupiti*, *proškuljati*, *prošku-ljiti*, (con ago, spada ecc.) *probosti*, *probodsti*, *pro-bodnuti*.

Fórbice, strumento di due lame per tagliar tele ecc. - *škare*, dim. *škarice*; p. branche degli scorpioni ecc. - *klěšća*, *škare*, dim. *škarice*, *klěšćica*; tagliare colle forbici - *strići*, *ostrići*, *prestrići*, (tagliar via un pezzo colle forb.) - *odstrići*.

Forbire - *otèrti*, *iztèrti*, *oči-stiti*, *izčistiti*, *snažiti*, *osna-žiti*; p. lustrare - *světlati*, *osvětlati*, *izsvětlati*; p. a-sciugare parlandosi di occhi lagrim. - *otèrti (suze)*.

Forca, bastone lungo con due o tre rebbii p. am-montar paglia ecc. - *vila*, *vile*, *roglje*, p. strada che si spartisce in due - *raz-putje*, *razputica*, p. ogni cosa biforcuta - *soha*, *raz-soha*, p. insetto di que-sto nome - *klješćarica*, p.

legno che serve di timo-ne al carro - *ojić*, *oje*, p. tridente da infilzar il pe-sce - *osti*; forca (di uomo) - *oběšenjak*. V. Patibolo.

Forchetta, piccola forca - *vilica*, *vilice*, *rogljica*, *so-hica*, *razsohica*, *rasošica*, *klěšćaričica*, *ojičić*, *ostići*. V. Forca; p. strumento da infilzar vivande - *vili-ca*, *vilice*, *pinjur*, *pirun*.

Forcola - *soha*.

Forcuto - *sohast*, *sohat*.

Foresta - *šuma*, *lug*. V. Bosco.

Forestale - *šumarski*, *šumski*; uffizio forestale - *šumar-ski v. šumski ured*.

Forestiere st. - *tudjinac*, *tu-djanin*, *tudjozemac*, *pri-došalac*, *pridošlica*, *inostra-nac*; ag. - *stranjski*, *ino-stran*, *stran*, *tudj*, *tugj*, *tudjevan*.

Foresto ag. salvatico – *div-lji*, *divji*; p. disabitato - *pust*, *opustošen*, *opustjen*, *osamljen*. V. Forestiero.

Forfora - *pèrhut*; testa pie-na di forfora - *glava pu-na pèrhuta*.

Forforaceo ag. - *pèrhutast, perhutav, perhutan.*

Foriera st. - *predhodnica.*

Foriere st. chi precede - *predteča, predhodnik;* p. basso uffiziale che prepara i quartieri - *konakdžija;* p. indizio di cosa che sta per accadere - *znamen, zlamen, opomena.*

Forma, disposizione che pigliano le parti di una cosa, sembianza - *oblik, obličje, slika, prililka, podoba,* p. foggia - *način;* p. modello - *tvorilo, kovotis, kovotisak, obris, kalup;* p. forma da calzolajo - *kopito.* V. Formato.

Formaggio, cacio - *sir.*

Formajo - *kopitar.*

Formale - *formalan.*

Formalità - *formalnost.*

Formalizzare, va. definire - *ustanoviti, odrediti;* np. badar troppo per sottile alla forma delle cose - *tražiti dlaku u jaje, formalizirati.*

Formalmente - *formalno.* V. Espressamente.

Formare va. dar la forma e l'essere - *činiti, učiniti,* (met.) *krojiti, skrojiti, stesati, utesati, kovati, skovati, izkovati;* p. gettar la forma - *uliti, zliti, izliti, zlivati, izlivati;* p. comporre - *složiti, slagati, sastaviti, sastavljati, zametnuti, napraviti, načiniti;* p. creare - *tvoriti, stvoriti, tvarati, stvarati;* p. produrre - *izvesti, izraditi;* p. concepire nella mente - *naumiti, namislěti, začeti;* np. p. generarsi - *stvoriti se, činiti se, učiniti se;* p. esser prodotto - *biti učinjen, skrojen, skovan* ecc. V. Fabbricare. Ammaestrare.

Formato st. - *sastav, sastavak, krojilo;* ag. - *činjen, učinjen, krojen, skrojen, stesan, utesan, skovan, skujen, izkovan, izkujen; složen, sastavljen, zametnut, napravljen, načinjen, stvoren, izveden, izradjen, činjen, učinjen; naumljen, namišljen, začet.* V. Formare.

Formento, frumento - *šenica, pčenica,* met. *žito.*

Formentone - *kukuruz, fèrmentun,* (di qualità piccola) *cinkvantin, fèrmentin;* farina di formentone - *kukuruzna muka* v. *melja.*

Formica - *mrav,* dim. *mravić, mravac;* formica alata - *mravinac.*

Formicajo - *mravinjak, mravinjac.*

Formicolare - *vèrvěti, vèrvljiti.*

Formicolìo, sensazione come di formiche che camminassero per entro le membra - *zdèrh;* p. brulichìo - *vèrvljenje, zavèrvljenje.*

Formicone - *mravina, mravčina, veliki mrav.*

Formidabile - *strašan, strahotan, strahovit, strašljiv.* V. Tremendo.

Formidabilità - *strahoća, strašnost, strašnoća, strahovitost, strašljivost.*

Formola (d' uno scritto) - *izgledka;* p. esempio - *izgled, primĕr;* p. modo di e-

sprimersi - *izrazka;* formola di giuramento - *prisežna* v. *zakletna izrazka.* V. Formulare.

Formosità - *lěpota, krasnoća.*

Formoso - *lěp, krasan.*

Formulare - *pregledalica, izgledak, izgledka, obrazac.*

Fornace (da calcina) - *japnenica, vapnenica,* (da carbone) - *ugljenarnica, ugljevarnica,* (in genere) *peć.*

Fornajo - *pekar, pećar, pek;* fornaja - *pećarica, pekarica;* del fornajo - *pećarev, pećarski,* della fornaja - *pećaričin.*

Fornata - *peć kruha.*

Fornerìa - *pekarstvo, pećarstvo.*

Fornicare, congiungersi di uomo e donna non legati in matrim. - *sagrěšiti bludno* v. *puteno, bluditi, bludovati, zabluditi.*

Fornicazione - *bludno* v. *puteno sagrěšenje, bludjenje, bludovanje, zabludjenje.*

Fornimento, ciò che fornisce - *sprav;* - di cavallo - *konjska sprav;* p. addobbo da camera - *pokućtvo, pokućština,* p. servizio da tavola - *stolna sprav.* V. Fine.

Fornire va. munire - *obskèrbiti, priskèrbiti, providěti, pribaviti.* V. Finire. Eseguire. Cessare. Stabilire. Ornare; np. p. provvedersi - *providěti si, pribaviti si, dobaviti si, nabaviti si, priskèrbiti si.*

Fornitura, fornimento - *obskèrbljenje, priskèrbljenje, pribavljenje, nabavljenje, providjenje.* V. Ornamento.

Forno, luogo per cuocere il pane - *peć;* bocca del forno - *vrata od peći, pećna vrata;* mettere il pane nel forno - *staviti kruh u peć,* sbraciare il forno - *razžariti peć,* pertica che serve p. sbraciare - *žežalj,* strumento che serve per mettere il pane nel forno - *lopata,* p. tirare a sè le brace dal forno - *kagarica, lopata;* pagare la tassa del forno - *plati-*

ti v. *izplatiti pećarinu;* p. bottega dove è il forno - *pećnica.*

Foro, buco - *škulja;* p. apertura - *otvor, vrata;* p. luogo dove si giudica - *sud, sudište, sudbena nadležnost;* p. piazza - *tèrg, tèrzište.*

Forse, per caso - *morda, možda, slučajno, po slučaju;* per sorte - *po srěći,* cosa forse? *šta* v. *što možda?* jeli (al, ali) *možda?* zar? forse è lui? - *morda je on?* forse non lo conoscete? - *morda* v. *zar ga nepoznate?* što *možda (jeli možda, al* v. *ali možda) ga nepoznate,* se forse - *ako morda* v. *možda,* se mai - *ako ikad.*

Forsennatamente - *mahnito, maneno, manenito, noro, munjeno, munjenito, nesvěstno.*

Forsennato - *mahnit, manen, manenit, nor, munjen, munjenit, nesvěstan.*

Forsennatezza - *mahnitost, manenost, manenitost, mu-*

njenost, munjenitost, ne-
svěst, pomama.

Forte st. luogo fortificato -
kula, šanac; p. punto
principale - jakost; ag.
jak, jakostan, krěpak, snažan, moćan, silan, čvèrst,
čvèrstan, p. bravo, ga-
gliardo - hrabren, hrabar,
junaški, viteški; p. acido
- ljut, žestok. V. Corag-
gioso. Rigoglioso. Bra-
vo. Pericoloso; av. con
forza, gagliardamente -
krěpko, snažno, čvèrsto,
žestoko, moćno, silno; p.
ad alta voce - na glas,
na vas glas, jako. V. Assai.

Fortemente, con fortezza -
krěpko, snažno, čvèrsto,
žestoko, moćno, silno, jako,
jakostno. V. Coraggiosa-
mente. Grandemente.

Fortezza, astratto di forte
- jakost, snaga, snažnost,
krěpost, krěpkoća, moć;
p. virtù morale - krěpost,
moć, jakost; p. cittadella
munita - tvèrdjava, tvèr-
dja, grad; p. sapore a-
cuto - ljutina, ljutilo, lju-

tost; p. contraforte - podpor, premapodpor, podsta-
va. V. Difficoltà.

Fortificare va. render forte
- objačiti, utvèrditi, ukrěpiti, pokrěpiti, okrěpiti,
usnažiti; p. rassodare u-
na fortezza ecc. - utvèr-
diti, obtvèrditi, objačiti;
np. objačiti se, utvèrditi
se ecc.

Fortificazione, il fortificare
- objačenje, utvèrdjenje, u-
krěpljenje, pokrěpljenje, o-
krěpljenje, usnaženje. V.
Fortezza.

Fortilizio st. - kulica, šančić.

Fortino. V. Fortilizio.

Fortore, sapore, odor forte
acido - ljutilo, žestina.

Fortuitamente - slučajno, nenadno, iz nehote, nehotno.

Fortuito - slučajan, nenadan,
nehotan; caso fortuito -
nenadni slučaj.

Fortume. V. Fortore.

Fortuna, avvenimento ca-
suale - sréća; buona for-
tuna! - dobra sréća! Bog
dao (Bog dal, Bog daj)
sréću! p. condizione - po-

ložaj, stanje, stališ, stalež.
V. Tumulto. Fortunale.

Fortunale st. burrasca - *o-luja*; terribile fortunale - *strašna oluja*; ag. di o da fortuna - *srĕćan, srĕtan.*

Fortunatamente, con fortuna - *srĕćno, srĕtno,* per fortuna - *po srĕći, srĕćno, srĕtno, zgodno.*

Fortunato ag. - *srĕćan, srĕtan.*

Forza - *moć, jakost, krĕpost, snaga, vlast;* forza legale - *zakonita moć,* - giuridica - *pravna moć,* - armata - *oružana moć,* in forza del conferito potere d'uffizio - *krĕpostju podĕljene uredovne vlasti,* a forza - *silom, siloma, silomice, silovitom rukom, silovitim načinom* v. putem; p. penetrazione - *dopiranje, razumivost.* V. Sferzare. Violentare.

Forzare. V. Sforzare.

Forzatamente - *silom, siloma, silomice.* V. Forza.

Forzato st. condannato (ai lavori pubblici) - *robionik,*

teški osudjenik v. *odsudjenik,* (alla galera) - *galiot;* ag. *usiljen, usilovan, primaren, primoran, prinudjen.*

Forziere. V. Baule.

Foscamente, oscuram. - *tamno, tmasto, mèrklo, gèrdo;* p. burberamente - *surovo, neotesano.*

Fosco ag. di color quasi nero - *tmast, taman, mèrkli,* met. *gèrd;* p. nebbioso - *oblačan;* fig. p. tristo - *žalostan, tužan, nevoljan;* st. p. tenebre - *tmina, tmica, tamnost, mèrklina, škurina, škuravina.*

Fosforico - *žežav, žežan, planiv, plameniv, fosforički.*

Fosforo - *žeža, planik, fosfor.*

Fossa, bucco scavato in terra - *rov, rupa, jama;* p. bucco da sepoltura - *grob, jama.*

Fosso - *jamina, jama;* p. canale - *jarak, potok.*

Fotografia - *fotografia.*

Fotografico - *fotografički.*

Fotografo - *fotograf.*

Fra, tra - *med, medju,* (ist. e ac.) *izmed, izmedju* (gen.) fra il nodo - *med uzlom,* fra i piedi - *med noge,* fra i guffi - *medju sove;* fra poco - *doskora, do mala, za malo vrémena, za čas.* V. Mezzo; p. fra, frate - *fra, otče, oče* (ai due ultimi che si adoprano col solo vocativo non suol aggiugnersi il nome); fra Giacomo (nom. o acus.) *fra Jakov,* fra Giacomo (voc.) - *fra Jakove! otče!*

Fracassare va. - *skèršiti, skèršati, pokèršiti, pokèršati, smèrviti, razkomadati, raztreskati, streniti:* p. mettere in rovina, in conquasso - *porazbiti, porazbijati, pokèršati, potuci, polupati;* vn. p. rovinare - *razrušiti se, porušiti se, povaljati se, razvaljati se;* p. cadere con fracasso - *stèrmoglaviti, oboriti.*

Fracassìo, fracasso continuato - *kèršanje;* p. frastuono del fracasso - *za-*stuono del fracasso - *zakèršanje, zakèrhnenje, zaroštanje.*

Fracasso, rumore di cose che violent. si rompono - *kèrhnenje,* p. strepito grande simile a quello che produce il fracassare - *kèršanje, zakèršanje;* p. grido strep. - *urnebes.* V. Fama.

Fracido, estremam. molle - - *gnjio, gnjil, sagnjilen;* p. putrefatto - *smèrdljiv, smèrdiv.*

Fragola - *jagoda.*

Fragranza - *miris.*

Frammezzare - *medjustaviti, uložiti.* V. Interporre.

Francamente - *prostodušno.*

Francescano - *fratar reda S. Franje* v. *Frana.*

Franco - *slobodan, prost.*

Frantumare - *smèrviti, razmèrviti, raztreskati.*

Frapporre. V. Interporre.

Frassino - *jesen, jasen.*

Frate - *fratar.*

Fratellanza - *bratinstvo,* p. amicizia - *priateljstvo.*

Fratellastro - *polubrat, brat polovni,* (se fratello p. parte di padre, anche) brat po otcu, (p. parte di madre) *brat po materi.*

Fratello - *brat,* dim. *bratac,* vez. *brajno, brajne, brajko, brajo;* p. fratellino - *bratić;* fratello naturale - *naravni brat,* - uterino - *utrobni brat, brat po materi,* fratello di padre e non di madre - *brat po otcu,* fratello cugino - *bratučed;* vivere da fratelli - *živěti bratinski* v. *kao bratja (brati);* fig. p. compagno, intimo amico - *brat, brajno, brajko, brajo, pajdaš, komdžija;* caro amico, fammi il piacere - *dragi brate (brajne ecc.) činimi ljubav;* p. simile - *jednak.*

Fraternità. V. **Fratellanza.**

Fraterno - *bratinski;* amor frat. - *bratinska ljubav.*

Fratesco - *fratarski.*

Fratismo - *fratarstvo.*

Fratricida - *bratomornik, bratomorac.*

Fratricidio - *bratomorstvo.*

Fratta, luogo intrigato da pruni, sterpi ecc. - *plot,* *plotje, kupine;* p. macchia - *gèrm, gèrmlje;* p. discorso imbrogliato - *zapleteni (zamèršeni, nerazumivi) govor.*

Frattanto - *medjutim, tentoga, u to doba.*

Fraudare. V. **Defraudare.**

Fraude - *prevara, prevarba, slěparia, vuhva, vuhvenost.*

Fraudolentemente - *prevarno, prevarbeno, vuhveno.*

Fraudolento - *prevaran, prevarben, slěparski, vuhven.*

Fraudolenza. V. **Fraude.**

Frazionare - *zlomiti, odlomiti, razlomiti, zlamati, odlamati, razlamati, razkomadati.*

Frazione, atto di frangere - *zlomljenje, odlomljenje, razlomljenje, zlamanje, odlamanje, razlamanje, razkomadanje;* p. frattura - *razbijenje, skèršenje;* p. parte di una unità - *odlomak.*

Freccia - *strěl, strěla.*

Frecciare - *strěljati, strěljiti.*

Freddamente - *studeno, mèrzlo, hladno;* p. senza spirito - *mèrtvo, krepano.*

Freddezza, qualità di ciò che è freddo - *studenost, studenilo, mèrzlost, mèrzlina.* V. Pigrizia. Freddo.

Freddo st. contrar. di caldo - *zima, studen (eni), mèrzlina, mèrzlost;* tremare dal - *dèrhtati* v. *trepetati od zime,* sentire o aver freddo - *ćutiti* v. *ćuti zimu,* divenir freddo - *omèrznuti,* intirizzito dal freddo - *utèrnut od zime,* agghiacciarsi pel freddo - *smèrznuti, smèrznuti se od zime,* il freddo è cessato - *zima je prestala.*

Freddo ag. - *mèrzal, mèrzao, studen;* l'acqua è fredda *voda je mèrzla* v. *studena.* V. Pigro.

Freddura, freddo grande - *mèrzlina, studenilo, studenost;* p. infreddatura - *namor, nahlad, nahlada.*

Frega, fregagione - *tarenje, trenje, protarenje;* p. voglia spásimata - *ožuda, pohlěpa, želja;* p. frega dei pesci - *otiranje.*

Fregagione. V. Frega.

Fregare, stropicciare legger. - *tèrti, protèrti, otèrti, obtèrti, iztèrti;* p. fregarsi attorno ad uno (p. ottener favori) *gnjesti se, lizati se, mazati se (oko* v. *okolo koga).*

Fregata, nave da guerra - *fregada.*

Fregiamento - *uresenje, naresenje, nakitjenje.*

Fregiare - *uresiti, naresiti, nakititi.* V. Abbellire.

Fregio - *nares, nakit, nakitjaj.*

Fremere, (delle fiere e dell'uomo) *urlati, ruliti, urlikati, vijati, tuliti,* (del mare) *bučiti, hučiti;* p. rattenersi - *pucati od jada, silom uzdèržati se, škripati;* p. nitrire - *hunjikati, njištati.*

Fremito, rumore aspro di voce racchiusa tra le fauci e mossa da passione - *urlanje, rulenje, tulenje, urlikanje, vijanje;* fig. p. strepito o voce (di vento) - *šumenje, svičenje, žviždanja* (di mare burrasc.) *bučenje, hučenje*, (di animali fer.) *rulenje* ecc. (come primo senso) (di moltitud. di gente) *buka, huka, žamor*.

Frenare, mettere in freno *zauzdati, obuzdati, ožvaliti;* fig. rattenere l'impeto - *uzpreći, uzpregnuti, uzdèržati, pridèržati*.

Frenesìa - *běs, běsnilo, běsnoća, běsomučnost, izvansebnost*.

Frenetico - *běsan, běsomučan, izvan sebe*.

Freno, morso dei cavalli - *žvalo, zažvalo, žvalnjak, zažvalnjak;* p. briglia - *uzdo;* p. ritegno - *uzpregnutje, uzprežanje, uzdèržanje, pridèržanje;* tenere in freno - *dèržati pod uzdo (pod posluh, u tesno)*.

Frequentare - *polaziti, dolaziti;* - la scuola - *polaziti učionu*.

Frequentazione - *polazenje, dolazenje*.

Frequente, che si fa od accade spesso - *čest, gust;*

p. abbondante - *obilan, obilat*.

Frequentemente - *često, čestokrat, mnogokrat, mnokrat, mnogo putah, gusto*.

Frescamente, con freddo moderato - *hladno;* p. da poco tempo - *od mala, od malo vrěmena, nedavna, malo prie, malo pèrvo*.

Freschezza, freddo moderato - *hladnost, hladnoća,* p. rigoglio di gioventù - *krěpkoća, krěpkost, jakost;* p. vivacità - *živahnost,* p. l'essere nuovo - *friškoća, novost, novota*.

Fresco st. freddo temperato che rallegra e ristora - *hlad,* ag. che ha freschezza - *hladan, studen;* p. rigoglioso - *krěpak, jak, ohol;* p. recente - *nov, novotan, mlad, nedavan;* (allus. a carne, pane ecc.) *frižak,* (ad erbe ecc.) *zelen,* di fresco, poco fa - *malo prie, malo pèrvo, ne odavna*.

Frescume - *zelenje, zelenilo*.

Fretta - *preša, prešnost,* hitrost, *hitnja, hitrina, bèrzoća;* p. gran prestezza - *naglost;* in fretta - *hitro, bèrzo, naglo, prešno.*

Frettoloso - *hitar, hitren, prešan, nagal.*

Friggere - *frigati, podfrigati, pofrigati.*

Friggimento - *friganje, podfriganje, pofriganje.*

Fringuello - *šćikun, snižar, snižarić.*

Frittata - *fritalja.*

Fritto st. vivanda fritta - *frigano;* ag. *frigan.*

Frittura, atto e modo del friggere - *friganje, podfriganje, pofriganje;* p. cosa da esser fritta - *frigati (podfrigati, pofrigati) se imajuća stvar.*

Frivolezza - *malovažnost, malenkost, neznatnost, bezobzirnost.*

Frivolo, di poca importanza - *malovažan, neznatan, bezobziran.*

Frodáre - *varati, hiniti, prevariti, prevarivati.*

Frode - *prevara, prevarba.*

Frombola, fionda - *praća;* p. ciotto - *golut.*

Frombolare - *praćati, praćariti.*

Fromboliere - *praćar.*

Fronda - *kita, grana,* dim. *kitica, granica.*

Frondoso - *kitast, kitan, granast.*

Fronte - *čelo;* a fronte scoperta (senza rimorsi) - *vedrim v. otvorenim čelom;* a fronte (di rimpetto) *suprot, prama, napram, naprama, prema* (dat.); far fronte - *protiviti se, suprotiviti se.*

Frontiera - *kraina, pokraina, granica.*

Frontispizio - *lice, načelo, obrazak.*

Frugare - *proiskati, proiskivati.* V. Incitare.

Fruire - *uživati, užiti.*

Fruizione - *uživanje.*

Frumento. V. Formento.

Frumentone. V. Formentone.

Frusta, sferza - *šiba, šibka, bič;* p. strumento con cui si battono i cavalli ecc. - *korbač, kurbač, bič.*

Frustare, percuotere con frusta - *šibati, šibkati, bičevati*; p. logorare, consumare - *razdrapati, razkidati, raztèrgati.* V. Vagabondare.

Frustraneo, inutile - *neprudan, nekoristan*; p. vano - *lud, uzalud.*

Frutta, frutti - *voće, voća.*

Fruttajuolo - *voćar.*

Fruttare, fare o render frutto - *roditi, uroditi, ploditi*; p. essere utile - *pruditi, hasniti, hitati, bacati, biti koristan, pridonašati.*

Fruttevole - *plodonosan, plodan, koristan.*

Fruttifero - *plodonosan, plodorodan, voćan*; albero fruttifero - *voćka,* luogo piantato ad alberi fruttif. - *voćnjak*; p. fecondo - *plodan.*

Fruttificare. V. Fruttare.

Frutto, frutta, (proven. dall' albero) - *voće*; p. albero fruttifero - *voćka*; p. ogni prodotto della terra - *plod, rod*; merce-

de in frutti - *plodovna daća, daća u narav*; fig. p. rimunerazione - *nadarenje, nadarenost, naplata, naplatjenje*; p. rendita annuale - *lětina, godišnji dohodak*; dare il capitale a frutto - *ukamatiti* v. *uzajmiti glavnicu*, pagare i frutti (interessi) *platjati kamate*, p. utile - *korist*; frutto del ventre o del matrimonio - *rod, porod, plod.*

Fucilare - *strěljati, strěljiti, ustrěljati, ustrěljiti.*

Fucilata. V. Archibugiata.

Fucilazione - *strěljanje, ustrěljanje, strěljenje, ustrěljenje.*

Fucile. V. Archibugio.

Fuciliere - *puškar, puškarac.*

Fucina, luogo dove i fabbri bollono il ferro - *kovačia, železnara.*

Fuga, scampo - *běg, poběg, poběga, běgstvo, izběg*; il fuggire - *poběgnjenje, izběgnjenje, uskočenje*; fuga dall' arresto - *uskočenje iz zatvora,* - dell' arrestato -

uskočenje zatvorenika.

Fugace, che fugge - *bèživ.*
V. **Fuggente**; p. di breve durata - *netrajan, prolazan, prolaziv, tekuć.*

Fugare - *potèrati, protèrati, otèrati, raztèrati, razgoniti, pognati, splašiti, poplašiti, uplašiti, raztèrkati, razpèršati.*

Fuggente - *bèžeći, bèžajući, bèživ.*

Fuggiasco st. - *bèžanac, sakrivalac,* (p. recluta fuggit. come sopra, e) *novački bèžanac.*

Fuggire, partire rattamente - *pobègnuti, pobèći, izbègnuti, izbèći, uskočiti,* vez. *očistiti pete, očistiti se, osnažiti se, ofuknuti se, pobrati se;* p. evitare - *ukloniti, odstraniti, izbègnuti, izbèći, preduprèditi, predusrèti.*

Fuggita - *pobègnutje, izbègnutje, uskočnja.*

Fulgente - *sjajući, sèvajući, blèskajući, svètljujući.*

Fulgere - *sjati, sèvati, blèskati, svètliti.*

Fulgidezza - *sjajnost, svètlost.*

Fulgido - *sjajan, svètal.*

Fulgore - *sjajnoća, svètljavina.*

Fuliggine, materia nera e densa che lascia il fumo su pei camini - *saje, čadja, ćadina;* p. malattia delle biade - *snit, snèt.*

Fuligginoso - *sajan, čadav, čadast, čadljiv, očadljiv; snitan, snètan.* V. **Fuliggine.**

Fulminante ag. che fulmina - *strèljajuć, trèskajuć, munjeć;* p. che scoppia con rumore simile a quello del fulmine - *gromovit, gromovan;* p. che uccide all' istante - *smèrtan, usmèrtan, smèrtovan, smèrtonosan;* colpo fulm. - *smèrtni (smèrtonosni* ecc.) *udarac;* st. p. capsula - *kapšul, kapšula;* p. stecchetto fosfor., zolfanello - *žežica.*

Fulminare, percuotere col fulmine - *strèljati, strèljiti, ustrèljiti, gromom uda-*

riti trěskati, zatrěskati;
p. battere con tiri di cannone - *strěljati, strěljiti,*
topovima udarati; p. adi-
rarsi oltre misura - *raz-*
ljutiti se, razjariti se, ša-
gradati.

Fulmine - *grom, strěl, strěla,*
munja, trěs, trěsk.

Fumare, fare o mandar fu-
mo - *dimiti, kuriti,* p. incominciar far fumo - *za-*
dimiti, zakuriti; p. fumare il tabacco - *pušiti, pa-*
liti, zapušiti, zapaliti; fumare tabacco - *pušiti du-*
han v. *tabak,* fumare la
pipa - *pušiti* v. *paliti*
lulu.

Fumatore - *pušilac.*

Fumo, vapore che esala
da materie che abbrucia-
no, o che sono calde, e
fig. p. superbia - *dim.*

Funambolo – *konopoigralac,*
konopohodac.

Fune - *konop, konopac;* p.
fune` di corteccia d'albe-
ro - *ličina.*

Funebre - *posmèrtan, zadu-*
šan, žaloban; orazione

funebre - *posmèrtni govor*
posmèrtnica.

Funerale - *sprovod, pogreb,*
posmèrtnica, zadušnica,
žalobna svetčanost; spese
del fun. - *posmèrtni* v. *za-*
dušni troškovi; ag. V. Funereo.

Funereo - *sprovodan, pogre-*
ban, mèrtvački, posmèrtan.

Funesto - *zlosrětan, zlosrěčan,*
nesrětan, nesrěčan, udesan,
neugodan, koban.

Fungere - *služiti, službovati,*
těrati službu; - come impiegato - *služiti kao činov-*
nik. V. Funzionare.

Fungibile. V. Cosa.

Fungo - *pečurka, pičurka,*
pečurva, pičurva, pečurak,
pičurak.

Fungoso - *pečurast, pečur-*
kast, pečuran, pičurast,
pičurkast, pičuran.

Funzionare - *služiti, službo-*
vati, uredovati, poslovati.

Funzionario - *činovnik, služ-*
benik, službovnik, urednik,
uredovnik; pubblico funz.
- *javni činovnik.*

Funzione, incombenza - *po-*

slovanje, služba, službovanje, dělatnost, uredovanje; funz. giudiziaria - sudbeno poslovanje; p. solennità eccles. - služba božja; p. cerimonia solenne - svetčanost, svetkovina, svetkovanje; p. funzione organ. - gibanje, kretanje.

Fuoco - oganj, vatra; p. fuochi che sogliono farsi in campagna durante alcune festività - kres.

Fuocoso - ognjevit, ognjenit, vatren, plamteć.

Fuora, opposto di dentro - van, vani, vanka, izvan, na dvor, na polje; cacciar fuori di casa - iztěrati izvan kuće; p. oltre - prěko, osim, izvan, razma, razmi (gen.); fuori del bene - osim dobra, fuori del male - izvan zla; av. p. nella parte eterna - vani, van, vanka, izvana. V. Contro.

Fuorchè. V. Eccetto.

Fuoruscito - izseljenik.

Furberia. V. Malizia.

Furbo. V. Astuto.

Furfante st. persona di mall'affare - lopov, zlobnik, huncut, oběšenjak; p. mendace - varalica, varalac, slěpac. V. Vile.

Furfanteria, azione da furfante - lopovština, zlobnost, huncutaria, slěparia.

Furia, veemenza impetuosa - běsnoća, běsnilo, běs, mahnitost; p. smania eccess. - pojěd, pojědljivost; p. gran fretta - naglost, prešnost, prešnoća, hitrost, hitrina; p. furie infernali - sěrde paklene.

Furibondo - mahnit, běsan.

Furioso, pieno di furia - běsan, mahnit; p. bestiale - živinski, životinski, divlji; p. impetuoso - nagal.

Furore, rabbia - běs, běsnilo. běsnoća, mahnitost; p. ardore eccessivo nell'operare - naglost, p. somma velocità - velika prešnost v. prešnoća, hitrina, hitrost; p. amore veemente - strašna ljubav, met. febra, ljubomor.

Furto - kradnja, kradbina,

tatbina; crimine di furto - *zločin kradnje.*

Fuscello - *bèrstina,* dim. *bèrstinica, trun, trunak.*

Fusibile - *topiv, stopiv, iztopiv, taliv, staliv, iztaliv, raztopiv, raztaliv, izlěvan, stočiv.*

Fusione - *topljenje, stopljenje, iztopljenje, talenje, stalenje, iztalenje, raztopljenje, raztalenje, izlijenje, izlěvanje, razlijenje, stočenje.*

Fuso st. - *vreteno;* ag. p. liquefatto - *stopljen, iztopljen, staljen, iztaljen, raztopljen, raztaljen, izlijen, stočen.*

Fusto (d' albero) - *panj, koren, stup, trup;* p. estremità della gola del camino - *dimnjak, dimnik, dimnica.* V. Corporatura.

Futile. V. Frivolo.

Futilità. V. Frivolezza.

Futuro ag. - *buduć, dojduć;* futuro contratto - *buduća pogodba,* tempi futuri - *dojduća* v. *buduća vréme-*

na; i futuri, i posteri - *potomci.*

G.

Gabbamento – *varanje, prevarenje.*

Gabbamondo - *varalac, varalica, slěpac, slěparac.*

Gabbano - *kabanica, kaban.*

Gabbare va. - *varati, prevariti;* vn. p. burlare - *rugati se.*

Gabbia, arnese p. rinchiudervi uccelli vivi - *gajba, kajba,* dim. *gajbica, kajbica,* aum. o vecchia gabbia - *gajbina, kajbina,* p. strumento di corda d' erba in cui si mettono le olive infrante p. istringerle *športa;* p. gabbia che si adatta al capo dei giumenti ecc. - *košić, nagubnjak,* p. gabbia della nave - *gabia.*

Gabbiere - *gabir.*

Gabella. V. Dazio.

Gabinetto, stanzino da scrivere - *pisaonica, pisarnica*; p. stanzino da studio o lettura - *čitaonica*; p. armadietto da conservare cose preziose - *shranionica*; p. segretaria di Stato, o Ministero - *ministarstvo, ministèrstvo, popěčiteljstvo*.

Gagliardamente - *hrabro, hrabreno, duševno, junaški, junački, mužki, muški.*

Gagliardìa - *hrabrost, hrabrenost, muževnost, duševnost,*

Gagliardo - *hrabar, hrabren, duševan, junaški, junački.*

Gajezza - *veselje, radost.*

Gajo, ilare - *vesel, veseo, radostan*; p. vivace - *živahan, živ.*

Galante, manieroso nel conversare, e p. piacevole, grazioso - *otesan, uljudan, udvoran*; p. vestito con ricercatezza - *gizdav, nagizdan, nakitjen, naresen*; p. fatto con grazia - *krasan, uzorit.*

Galanteria, garbo e gentil. nel tratto - *otesanost, uljud-*
nost, udvornost; p. civetteria - *gizdavost, nagizdavost*; p. mercanziuola di lusso ecc. - *kitnica, nakitnica, naresnica.*

Galantuomo, uomo onesto ecc. - *poštenjak, pošten čověk.*

Galateo, libro che insegna civili costumi - *galatej*; p. le buone creanze stesse - *otesanost, uljudnost, udvornost.*

Galea. V. Galera.

Galeotta - *yalijica.*

Galeotto, condan. alla galera - *galiot.* V. Nocchiere.

Galera - *galia, katarga*; condannare alla galera - *osuditi na galiu* v. *na veslo.*

Galleggiamento - *plivanje, plavanje, plovenje.*

Galleggiante - *plivajuć, plavajuć, ploveć.*

Galleggiare - *plivati, plavati, ploviti.*

Galletto dim. di gallo - *petešić, pěvčić, kokotić.*

Gallicano, aggiunto del clero e della chiesa di Fran-

cia - *galički, galikaņski.*
V. Gallico.

Gallicismo - *francuzstvo.*

Gallico - *francuzki, franceski.*

Gallina - *kokoš,* dim. *kokošica,*
gallina giovine - *piplica,*
puljica, kokošica, mlada ko-
koš, gallina grande, e vecchia gal. - *kokošina ;* della gallina - *kokošji, koko-*
še, kokošice, puljice ; uovo
di gallina - *jaje od kokoše,*
jaje kokošje v. *kokoševo,* la
gal. chioccia - *kokoš škljoca*
v. *kvoćka,* la gal. fa l'uovo
- *kokoš nese,* ha fatto l'uovo - *kokoš je nesla,* la
gal. è sulle uova - *kokoš*
je na sědilu v. *na jaja,*
cantare della gal. dopo
fatto l' uovo - *kokodakati,*
kokodekati, il cantare - *ko-*
dakanje, kokodačenje, ko-
kodekanje, kokodečenje, voce colla quale si caccia-
no via le gal. - *uš, iš, š,*
colla quale si chiamano
- *ti ti ti, pi pi pi, ćuk*
ćuk, ćuk.

Gallinaccio - *puran, purman,*
pura, tuka.

Gallinajo - *kokošišće, kokoš-*
njak, kokošar, kokošarni-
ca, kotac.

Gallinella - *kokošica.*

Gallo - *peteh, pěteo, pěvac,*
kokot, dim, *petešić, pěv-*
čić, kokotić; gallo selvatico - *divlji* v. *diblji peteh,*
divlji kokot, voce del gallo - *kukurik, kukurikanje,*
kukuričenje, il gal. canta
- *peteh kukuriče,* cantò -
peteh je kukurikao (kuku-
rikal, zakukurikao); p. gallo d'India. V. Gallinaccio.

Gallone, guarnizione d' oro,
argento ecc. - *krag, ures;*
gal. d'oro - *zlatni krag,*
gal. d' argento - *sreberni*
krag, p. misura inglese
- *galun.* V. Fianco.

Galoppare - *paliati, ići na*
paliu, těrčati, těrčiti.

Galoppo, il galoppare - *palia-*
nje, iděnje na paliu, tèr-
čenje, těrčanje; p. corso più veloce del trotto
- *palia.*

Galvanico - *galvanički.*

Galvanismo - *galvanizam.*

Galvanizzare - *galvanizirati.*

Gamba - *noga*, p. sined. *peta*, dim. *nožica*, *petica*; aver buona gamba - *biti lak, imati lake pete*, rompere la gamba - *skèršiti v izkèršiti nogu*, slargare le gambe - *širiti v. razširiti noge*, slargarle nell' atto di cadere - *razkračiti se, razkrečiti se*; p. darla a gambe. V. Fuggire.

Gambero - *kozica, koska, gambor*.

Gambettare - *mahati nogami*, met. *kopitati, kombicati, kopèrcati, škopèrcati*.

Gambetto, dare il gambetto - *nogu podvèrći v. podmetnuti (ćiju v. komu)*. V. Danneggiare.

Gambo, stelo sul quale si reggono le foglie e i rami delle erbe - *koren, kočan*; p. termine generico del picciuolo delle foglie e del peduncolo dei fiori e dei funghi - *koren, rep*; p. asta delle lettere - *stup, stupić*.

Ganascia, mascella - *laloka*; nel pl. p. bocca d' una morsa per afferrare o stringere - *zubi*.

Gancio, (piccolo) - *kučica, kučalica, kopča* (più grande, come rampino) - *drakmar, drekmar*, (di legno) *kljuka*.

Ganghero, (delle porte e finestre) - *stožer, zglob*; p. piccolo strumento di fil di ferro adunco che serve p. affibbiare - *kopča, kučica, kučalica, ključica*; uscir dai gangheri, arrabbiarsi - *razjariti se, pobĕsniti, ići skoro izvan sebe, razljutiti se*.

Ganimede - *gizdalica, gizdala*.

Gara - *natĕcaj, natĕcanje*; entrare in gara - *natĕcati se, ići usporeda (uzpored, spored) jedan drugomu*; p. disputa - *pregovor, prigovor, pregovaranje, prigovaranje, karba, inada, inad, inat*; entrar in gara (disputa) - *pregovarati se, prigovarati se, inaditi se, inadati se, karati se, prepirati se, preganjati se.*

Garante. V. Fidejussore.

Garantìa. V. Garanzìa.

Garantire - *jamčiti, jemčiti, ujamčiti, ujemčiti, osĕgurati, dati v. podati sĕgurnost (jamstvo, jemstvo), biti poruk v. za poruka.*

Garanzìa - *jemstvo, jamstvo, sĕgurnost, jamčevina.* V. Fidejussione.

Garbare, piacere - *dopadati, dopasti, ugadjati, ugoditi, ići v. biti po volji, omiliti.* V. Gustare.

Garbo, leggiadrìa - *gizdavost,* p. delicatezza, grazia - *uljudnost, otesanost, udvornost;* aver garbo - *biti uljudan (otesan, udvoran) udvarati, udvoravati,* uomo di garbo, onorato) - *pošten čovĕk,* (compito negli atti) - *čovĕk udvoran, otesan uljudan.*

Garbuglio - *pletka, spletka, slĕparia.*

Gareggiare. V. Competere. Contendere. Gara.

Garetta - *stražnica.*

Gargarismo, liquido p. gargarizzare - *gèrgorilo,* p. l'atto del gargariz. - *gèrgotanje, gèrgoćanje, gèrgutanje, gèrgorenje.*

Gargarizzare - *gèrgotati, gèrgoćati, gèrgutati, gèrgoriti.*

Garofano - *garoful, garofal, garofao.*

Garrire (degli uccelli) *žuboriti, žuberiti.*

Garrimento (degli uccelli) *žubor, žuber, žuborenje, žuberenje,* (lo sgridare) *karanje, grozenje,* (il contendere) *prigovaranje, pregovaranje, prehtanje, prepiranje, preganjanje, inadenje, inadanje.*

Garrire (degli uccelli) *žuboriti, žuberiti, pĕvati;* p. sgridare minacciando - *karati, ukoriti, groziti se.* V. Contendere. Gara.

Garrito - *žubor, žuber, žuborenje, žuberenje.*

Garzone, fanciullo dai sette ai quattord. anni - *dečko, fantina, fantić, mladić, mladenac, podraslić;* p.

21

chi va a stare con altri p. lavorare - *dětić, kalfa, šegèrt;* garzone sarto - *krojački kalfa.*

Gas - *plin, plina.*

Gasometro - *plinomèr.*

Gasoso – *plinast, plinav.*

Gastigamatti. V. Bastone.

Gastigare. V. Castigare ecc.

Gatta - *mačka, maška,* dim. *mačica, mačkica, maškica,* aum. *mačkina, maškina, velika v. strašna maška,* del gatto - *mačji, mačkin, maškin, od mačke;* gatta cieca (giuoco fanciullesco) - *slěpi miš,* voce con cui si chiamano i gatti - *miš miš, miša miša,* (con cui si cacciano via) *šic, muis, bič,* qui gatta ci cova - *tu zec leži,* chi di gatta nasce sorci piglia - *koji se od mačke rodi, miši lovi,* comperare la gatta (il gatto) in sacco - *kupiti mačku u měhu,* guardarsi come cane e gatto - *gledati se kao pas i mačka.*

Gatto - *mačak.* V Gatta.

Gaudio - *radost, veselje.*

Gaudiosamente - *radostno, veselo.*

Gaudioso - *radostan, radosan, vesel, veseo.*

Gaz ecc. V. Gas.

Gazza, uccello - *šojka, šoja, svraka.*

Gazzella - *divlja kozica, gazela.*

Gazzetta, foglio di novelle ecc. - *časopis, novine, žurnal, gazeta;* redattore della gaz. - *urednik v učrednik časopisa* ecc., p. moneta ant. venez. – *gazeta.*

Gazzettiere. V. Giornalista.

Gelare - *polediti, zlediti, olediti, omèrznuti, smèrznuti, lediti se, polediti se, zlediti se, olediti se, omèrznuti se, smèrznuti se.*

Gelata - *poledica, poledvica.* V. Gello.

Gelatina - *žaladia.*

Gelatinoso - *žaladijski, žaladijan.*

Gelato ag. - *leden, zleden, poleden, oleden, smèrznut, omèrznut.*

Gelo, eccesso di freddo -

studen, mraz, velika zima,
p. ghiaccio - led.

Gelosìa - *ljubomor, ljubomor-
nost, ljubomorstvo, ljubo-
sumnja.* V. Invidia.

Geloso - *ljubomoran, ljubo-
morstven, ljubosumnjiv.*

Gelso - *murva, dud.*

Gelsomino - *jasomin, jasmin,
jelšamin.*

Gemebondo - *suzeći, jećajući,
jaukajući.*

Gemello st. - *dvojak;* gemelli - *dvojci;* ag. V. Doppio.

Gemente. V. Gemebondo.

Gemere, versar sottilm.
gocce d'acqua ecc. - *su-
ziti;* p. lamentarsi flebil-
mente - *jecati, jaukati;* p.
rumoreggiar del mare -
bučiti, hučiti; p. flebile
cantare di alcuni uccelli
- *milo* v. *sladko žuboriti
(žuberiti).* V. Piagnere.

Geminare - *duplati, podu-
plati, oduplati, preduplati.*

Geminazione - *duplanje, po-
duplanje, oduplanje, pre-
duplanje.*

Gemini, gemelli - *dvojci.*

Gemino ag. V. Doppio.

Gemito - *suzenje, jecanje,
jaukanje,* (del mare) *bučenje, hučenje,* (degli uccelli) *mili* v. *sladki žubor (žuber, žuborenje, žuberenje).*

Gemma, nome di tutte le
pietre preziose - *biser, dragi kamen* v. *kamik, sjanik,
adidjar;* ornar di gemme -
*obiseriti, pobiseriti, podra-
gokameniti, odragokameni-
ti;* p. occhi delle penne
del pavone - *oko;* p. bottone già sviluppato del-
le piante - *pupak;* le gemme - *pupje, pupja, pupi.*

Gendarme - *oružnik, četnik,
žandar.*

Gendarmerìa - *oružanstvo,
oružničtvo, četničtvo, žan-
darmaria.*

Genealogìa - *nalik, naličje,
rodoslovje.*

Genealogico - *naličan, nali-
čast, rodoslovan.* V. Al-
bero.

Genealogista - *rodoslovac.*

Generalato - *nadpukovničtvo,
jeneralat, gjeneralat, jene-*

ralstvo, gjeneralstvo, glav-
ničtvo.

Generale ag. che appartiene al genere - *obći, sveobći*; gen. procura - *obće
punomoćje* v. *punovlastje*;
st. p. uffiziale superiore
al colonnello - *nadpukovnik, jeneral, gjeneral, glav-
nik*; battere la generale
- *zvati na oružje*; p. generale d' un ordine (re-
ligioso) *jeneral reda*.

Generalissimo st. - *nadvojvoda, glavni nadpukovnik,
glavni jeneral, nadglavnik*.

Generalità, qualità di ciò
che è generale - *obćeni-
tost*; p. moltitudine - *množtvo, množina, veći dio*; p.
classe dei generali - *nadpukovničtvo, jeneralatstvo,
gjeneralatstvo*.

Generalmente - *u obće*, p.
secondo il costume - *na-
vadno, polag navade*.

Generare - *roditi, poroditi,
uroditi*. V. Cagionare.

Generazione, atto del ge-
nerare - *rodjenje, radja-
nje, porodjenje, urodjenje*;

p. razza - *rod, porod, rod-
stvo, rodovina, pleme, kolěno*; p. sorta, qualità -
vèrst, vèrsta, fela. V. Discendenza ecc.

Genere, st. ciò che è co-
mune a più specie, che
contiene molte specie -
obćenitost; in genere - *u
obće*; p. sorta, qualità -
vèrst, vèrsta, fela; di che
genere? - *koje vèrsti?* allus. a masch. o fem. -
spol, pleme, rod; di che
genere? - *kojega spola
(plemena, roda)?* di genere maschile e femminile
mužkoga i ženskoga spola;
genere umano - *narod čo-
věčanski, narod, ljudstvo,
ljustvo, svět*.

Generico - *obći, sveobći*.

Genero, st. - *zet*.

Generosità - *veledušnost, ve-
ledušje, velikodušnost, ve-
likodušie*. V. Liberalità.

Generoso - *veledušan, veli-
kodušan*. V. Liberale.

Genesi - *genesi*.

Gengiva - *desena*, gengive -
deseni (ih)

Genìa - *čeljadina*. V. Gentaglia.

Genio, ingegno atto a grandi creazioni - *veleum*; p.
inclinazione - *ćud, želja*;
p. divinità tutelare - *ču-
varnik*, p. spirito buono
- *duh čisti*, cattivo - *duh
nečisti*; corpo del genio
militare - *vojno-měrničko
tělo* v. *umoměrničko tělo*.
V. Natura. Indole. Ca-
rattere.

Genitale - *rodan, rodeč*; p.
nuziale - *ženitben*.

Genitivo, st. (caso) - *rodi-
teljni padež*; ag. *roditeljan*.

Genito st. - *rodjenik*, ag.
rodjen. V. Unigenito.

Genitore - *roditelj, porodi-
telj, otac*; genitori - *roditelji, poroditelji, otac i mat,
stariji*.

Genitrice - *roditeljica, poro-
diteljica, mat, mati, ma-
ter*.

Genitura - *rodjenost, rodnost,
porodjenost, porodnost*. V.
Generazione.

Gennajo, Gennaro - *Sěčanj*.

Gentaglia, infima plebe -

izmet *puka, potišćenci*. V.
Canaglia.

Gente - *narod, puk, svět,
ljudstvo, ljustvo, ljudi*.

Gentildonna - *vlastelinka,
plemkinja, velikašica*.

Gentile ag. di stirpe nob.
*plemenit, blagorodan, bla-
gorodjen*; p. manieroso,
urbano - *skladan, uljudan,
udvoran, uzorit, otesan*;
st. p. Pagano - *poganin*.

Gentilesimo - *poganstvo*.

Gentilezza, qualità di ciò
che è gentile - *plemenitost,
blagorodnost, blagorodje-
nost*; p. nobiltà di tratto
- *skladnost, uljudnost, udvornost, uzoritost, otesanost*; con uffiziosa gen-
tilezza - *službeno-uljudno,
službenom uljudnostju*.

Gentilizio ag. della famiglia - *obiteljan, obitelji*;
armi gentilizie - *gèrb, o-
biteljni gèrb*; p. dell'agna-
zione - *mužkorodan, mu-
škorodan, mužkorodjen*.

Gentilmente - *plemenito, bla-
gorodno, uljudno, skladno,
udvorno, uzorito, otesano*.

V. Gentilezza.

Gentiluomo - *vlastelin, plementaš, plemenik, plemić.*

Genuflessione, atto di genuflettersi - *klečanje, kljecenje, klečanje;* p. inginocchiamento - *kleknutje, pokleknutje.*

Genuflesso - *kleknut, pokleknut, stojeći na kolěna;* stare genuflesso - *klečati, stati na kolěna.*

Genuflettersi - *kleknuti, kljeknuti, pokleknuti, pokljeknuti.* V. Genuflesso.

Genuino – *prav, pravotan, istinit, naravan.*

Geodesia - *zemljoměrnost.*

Geografia - *zemljopisje, zemljopis.*

Geografico - *zemljopisan.* V. Carta.

Geografo - *zemljopisac.*

Geologìa - *zemljoslovje, geologia.*

Geologico - *zemljoslovan, geologički.*

Geologo - *zemljoslovac, geolog.*

Geomante - *kopnogatalac.*

Geomanzia - *kopnogatanje.*

Geometra - *zemljoměrac, zemljoměr, zemljoměrnik.*

Geometrìa - *zemljoměrje, zemljoměrnost, geometria.*

Geometricamente - *geometrički.*

Geometrico - *geometrički;* calcolo geom. - *geometrički račun.*

Geometrizzare, far da geometra - *zemljoměriti, geometrizirati;* fig. p. portarsi esattissimam. in una cosa - *točno vladati se* v. *ponašati se.*

Georgica - *georgika, poljodělstvena pěsan.*

Georgico - *georgički.*

Gerarca - *nadcěrkovnik,* supremo gerarca, Papa - *Sv. Otao Papa, Papa.*

Gerarchìa, ordine tra gli angeli - *andjeoski* v. *andjelski zbor, zbor andjelah;* p. gradi dello stato ecclesiastico - *cěrkveni zbor* v. *red.*

Gerarchico, ag. - *andjelski, andjeoski, nebeski, rajski, cěrkveni, cěrkovni.* V. Gerarchia.

Gergo, sorta di parlare o-
scuro - *kozarski govor* v.
divan; parlare in gergo
- *kozarski govorĕti* v. *dĕ-*
vaniti, kozariti.

Gerla, arnese p. portar pane dietro le spalle - *koš,*
krošnja.

Gerlino, dim. di gerla - *ko-*
šić, krošnjaca; p. arnese
da portar carbone, e
misura di quanto contie-
ne un gerlino - *koš, korba.*

Germana - *kĕrvna* v. *prava*
sestra.

Germano - *pravi brat, brat*
po otcu i po materi.

Germe, primo sviluppo della pianta - *klica, kljica,*
zametak, živalj. V. Germoglio; p. principio -
početak, začetak; p. figlio
o discendente - *sin, poto-*
mac, potomak. V. Stirpe.

Germogliare - *klicati, kljica-*
ti, niknuti, nicati, spušćati,
spušćevati, hitati v. *baca-*
ti van.

Germoglio, ramicello che
esce dalla gemma degli
alberi - *izdanak, mladica,*

omladak, roždje; p. rami-
cello che esce dalla ra-
dice d'un giovine albe-
ro - *pilić.*

Gerocomio - *zavod nemoc-*
nikah.

Geroglifico st. - *zlamenopis-*
je; ag. *zlamenopisni, ge-*
roglifečki.

Gesso - *žes, sadra.*

Gessoso - *žesav, žesast, sa-*
drav, sadrast.

Gesta, azioni grandi e memorabili - *slavni* v. *velo-*
dušni čini (dĕla), nezabo-
ravni čini, p. imprese -
poduzetja; p. fatti - *čini,*
dĕla.

Gestione - *uprava, upravlja-*
nje.

Gestire - *mahati, rukomahati.*

Gesto, atto delle membra
e principal. delle braccia
e delle mani - *mah, ruko-*
mah, rukomahanje, ruko-
micanje; p. impresa - *po-*
duzetje, p. fatto glorioso
- *slavni (veledušni, nezabo-*
ravni) čin v. *dĕlo.*

Gesù - *Isus, Isus Isukĕrst.*

Gesuita - *gezuit, gezuita, je-*

zuit ecc.

Gettare, rimuover da sè - *bititi, baciti, odbaciti, odbititi, vèrci, odvèrci*; p. formare, parlandosi di campane ecc. - *lěti, lěvati, izlěti, izlěvati*; gettare un ponte - *podignuti* v. *sagraditi most.* V. Scagliare. Vomitare. Versare. Avventarsi.

Ghiacciaja - *ledenica, ledenište.*

Ghiacciare - *olediti, slediti, polediti, smèrznuti, smèrzniti, olediti se* ecc.

Ghiaccio - *led.*

Ghiaja - *pesak.*

Ghiajoso - *peskovit.*

Ghianda - *želud.*

Ghiotto - *hlěpiv, pohlěpiv.* V. Curioso.

Ghiottone - *pohlěpljivac, požèrljivac, žděralica.*

Ghiottonerìa - *pohlěpivost, pohlěpstvo, požèrljivost.*

Ghirlanda - *věnac,* met. *kruna, krunica.*

Ghirlandare - *věnčati, ověnčati,* met. *kruniti, okruniti.*

Ghisa - *rudoželezo.*

Già, per lo passato - *jur, jurve, već, veće,* p. infino ad ora - *dosad, do ovo doba, do danas;* p. da ora - *od sad, od sada, od sele.* V. Ormai.

Giacchè. V. Dacchè.

Giacchetta - *dolama.*

Giacente, che giace - *ležeći;* p. situato - *stavljen, postavljen, nalazeći se.*

Giacere vn. stare col corpo disteso - *ležati,* met. *počivati, stati;* giacere sul fianco - *ležati na bok,* - supino (sulla schiena) - *ležati nanak (na uznak, gore tèrbuhom, na hèrbat* v. *na škinu);* np. p. adrajarsi - *leći, leći se, poleći se, protegnuti se.*

Giaciglio, luogo su cui si giace - *ležišće, ležište,* met. *počivalo, počivališće, počivalište;* p. covile - *postéljica,* met. *bèrlog.*

Giacimento - *ležanja, ležanje,* met. *počivanje, stanje.*

Giacinto, pianta e fiore - *carević, carevak,* p. pietra preziosa - *hiacint, dragi kamen.*

Giacitura - *ležanje,* met. *počivanje, stanje.*

Giacobinismo - *jakobinizam, pretěrano republikanstvo.*

Giacobino, partigiano del giacobinismo -- *jakobita, jakobinist, pretěrani republikanac;* nel pl. p. **Domenicani** - *jakobini, domenikani, domenikanci.*

Giallastro - *žutoměran, žutoměrast, grubožut, grubožutan, grubožutast.*

Gialletto - *žutav, žutjahan.*

Giallezza - *žutost, žutina.*

Giallo ag. - *žut, zlatobojan;* st. *žutilo.*

Giallognolo - *žutast, žutkast.*

Giammai - *nikad, nikada, nigda, igda, ikad, ikada, ikadar, ikadare, u nijednom vrěmenu.*

Giannizzero - *janjičar.*

Giardiniere - *věrtlar, perivojnik.*

Giardino - *vért, vèrtao, vèrtal, perivoj, voćnjak.*

Giava - *spravionica.*

Giavellotto - *strěl.*

Gigante - *oriaš,* met. *gorostaš,* fem. *oriašiza, gorostašica.*

Giganteggiare - *oriašiti, gorostašiti.*

Gigantesco - *oriašan, oriaški, gorostašan.*

Giglio, fiore - *ljiljan, liljan;* p. **candore** - *běloća.*

Gilè. V. **Giubbetto.**

Ginepra, ceccola di ginep. - *smrěkuljić, smrěkulja, smrěkinja, šmrěkuljić, šmrěkulja, šmrěkinja, borovica.*

Gineprajo - *smrěkovišta, šmrěkovišta, borovnjak.*

Ginepro - *smrěka, smrěč, šmrěka, šmrěč, borovica;* legno di ginep. - *smrěkovina, šmrěkovina, dèrvo od smrěke, borovina,* vino di ginep. - *smrěkovača.*

Ginestra - *bèrnestra, banestra.*

Ginnasio - *gimnazij, gimnasium, učilište.*

Ginnastica - *gimnastika.*

Ginnastico - *gimnastički.*

Ginocchio - *kolěno;* a nude ginocchia - *na gole v. gola kolěna.*

Ginocchione, ginocchioni -

na kolèna, klečeć, sklonje-
no, poklonjeno.

Giocare - *igrati.*

Giocolare vn. - *igralkati.*

Giocondità - *blagoradost, ra-
dostivost, radost, veselje.*

Giocondo - *blagoradostan,
blagoradan, radostivan, radostan, vesel, veseo.*

Giocoso, festevole, faceto -
šaliv, šalan, směšan, p. da
burla - *porugiv, porugljiv.*

Giogo, strumento col
quale si congiungono i
buoi, e met. p. servitù -
jaram; p. sommità dei
monti - *vèrh, vèrhunac,
vèršić (bèrdah, planinah).*

Gioire - *radovati se, uzradovati se, veseliti se.*

Gioja, ineffabile allegrezza
- *neizměrna* v. *neizrečiva
radost (veselje).* V. Giocondità; p. cosa prezio-
sa - *dragocěnost;* p. gemma - *biser, sjanik, adidjar;*
p. circolo che circonda
la bocca del cannone -
kolobar, kolumbar.

Giojelliere - *bisèrnik.*

Giojello, ornam. di più gioje

- *bisèrnjak, adidjar, sjanik;* p. persona caramen-
te amata - *ljuba, ljubak;*
met. *oko.* V. Galanteria.

Giornale st. libro nel quale
si notano dì per dì le
partite dei negozj - *dnevnik;* - di cassa - *blagajnič-
ki dnevnik,* chiudere il
gior. - *zaključiti dnevnik;*
p. libretto delle spese
di famiglia - *knjižica obi-
teljnih (kućnih, domaćih)
računah;* p. registro del
piloto (giornale di bor-
do) - *pomorski dnevnik,
knjiga pomorskih dogodja-
jah,* p. libro d'intima-
zioni - *uručbeni dnevnik,
uručna (uručiteljna, uruč-
bena) knjiga;* firmato giornale - *podpisani* v. *potvèr-
djeni dnevnik.* V. Gaz-
zetta.

Giornale ag. - *dnevan, dnev-
ski, danji.*

Giornaliere, operajo - *težak, rabotnik, rabadžija.*
V. Diurnista.

Giornaliero - *sagdanji, sakidanji.*

Giornalismo - *novinarstvo, časopistvo, žurnalizam.*

Giornalista - *novinar, časopisnik, časopisatelj, žurnalist.*

Giornalistico - *novinarski, časopisan, časopisnički, žurnalski.*

Giornalmente - *svaki dan, saki dan, svakdano.*

Giornata. V. Giorno. Battaglia.

Giorno - *dan, dnev;* entro giorni otto - *u (do, za) osam danah,* entro il termine di giorni tre - *u roku triuh dánah;* di un giorno - *jednodnevan, jednog dana v. dneva,* di due giorni - *dvodnevan,* di tre - *trodnevan* ecc.; digiono di tre giorni - *trodnevni post,* da giorno in giorno - *od dana do dana,* l' altro giorno - *něki dan,* tutto il giorno - *vas v. cěli dan,* per tutto il giorno - *po vas v. po cěli dan.*

Giovane st. giovine - *mladić, mladenac, mladac;* giovane di negozio - *šegèrt, mladić;*

ag. *mlad, mladjahan, mladostan, mladosan;* uomo giovane - *mladi cověk.*

Giovanezza. V. Gioventù.

Giovanile - *mlad, mladjahan, mladostan, mladosan;* nell' età giovanile - *u mladoj (mladjaknoj ecc.) dobi.*

Giovanotto, giovinotto - *krěpki (lěpi) mladić.*

Giovare va. dar ajuto - *pomoći, pomagati, pruditi, hasniti, dati pomoć;* vn. *biti koristan, služiti;* np. p. valersi - *služiti se, poslužiti se, upotrěbiti.* V. Dilettare.

Giovedì - *četvèrtak, čitèrtak.*

Giovenca - *junjica, junica.*

Giovenco - *junjac, junac, june (eta), junje, junčac.*

Gioventù, giovinezza - *mladost, mladjenstvo, mladičtvo, mlado doba, mladi dni, odraslost;* p. quantità di giovani - *mladež, mladoščina, omladina, mladići, mladenci.*

Giovevole - *koristan, prudan, prudiv, hasnovit, od pomoći.*

Gioviale - *ugodljiv, ugodan,*

blag, veseo, vesel, veseo i ugodan.

Giovialità - *ugodljivost, ugodnost, blagost, veselost.*

Giovine. V. Giovane.

Giovinezza. V. Gioventù.

Giraffa - *girafa.*

Giramondo. V. Girovago.

Girandola - *vèrtionica, vèrtenica, svijavica.*

Girante ag. che gira - *vèrteći, kretajući, obraćajući, obèrnjivajući,* p. girante cambiario; st. - *kretnik.* V. Indossante.

Girare, muovere in giro - *obraćati, kretati, okretati;* p. trasmutare - *obèrnuti, preobèrnuti;* p. circondare - *obkoliti, obkružiti,* p. vogliere - *krenuti, okrenuti;* girare la cambiale - *krenuti mĕnicu (na koga).* V. Indossare.

Girasole, pianta - *sunčenik, sunčenica.*

Girata, giramento - *obraćanje, krètanje, okrètanje, obèrnjenje, preobèrnjenje, obkolenje, obkruženje;* p. voltata - *krenutje, okrenutje;*

girata della cambiale - *krenutje.* V. Indossamento.

Giratario - *kretovnik.* V. Indossato.

Giravolta - *vèrtenje, zavèrtenje, okolišanje.*

Giro. V. Cerchio; p. rivoglimento - *obratjanje, obèrnjenje, kretanje, okretanje, okritjanje, okrenjenje;* p. giro della cambiale - *kret,* p. viaggio che si fa in varj luoghi - *obajdjenje, obhodjenje;* ho fatto un giro - *obašao san,* p. in giro. V. Intorno.

Giromanzìa - *krugogatanje, kruglogatanje.*

Girovago ag. - *klateći;* st. p. esercitante il commercio girovago - *kućarac;* commercio girovago - *kućarenje.* V. Vagabondo.

Gita, andata - *pošastje, odšastje, odhod;* p. viaggio di pubbl. impiegati nella loro giurisdizione - *putovanje, odputovanje.*

Gittata, il gittare - *hitjenje, bacenje, vèrženje;* una gittata di mano - *hitac.*

Giù, abbasso - *dolě, natla, na tlo;* su e già - *gorě i dolě;* p. a fóndo - *na dno.*

Giubba, vesta da uomo e da donna che anticam. si teneva di sotto - *podhaljina;* p. vesta da uomo, colle falde da dietro - *velada, frak, flajda;* p. chioma del leone - *runo,* del cavallo ecc.' - *grive.*

Giubetto, gilè - *koret, pěrsluk.*

Giubileo - *jubilej.*

Giubilante - *radujući se, uzradujući se.*

Giubilare, sommamente allegrarsi - *radovati se, uzradovati se.* V. Pensionare.

Giubilo - *radost.*

Giudaico - *žudijski, žudejski, židovski.*

Giudaismo - *žudijstvo, žudejstvo, židovstvo.*

Giudeo st. di Giudea - *žudij, žudej.* V. Ebreo.

Giudicare, decidere per via di ragione dando sentenza - *suditi, odsuditi, osuditi, presuditi, odlučiti,* krojiti v. *učiniti sud;* p. essere di parere - *suditi, mislěti, biti mnenja.* V. Condannare.

Giudicato ag. - *sudjen, odsudjen, osudjen, presudjen, odlučen;* st. p. uffizio del giudice - *sudstvo,* p. giudizio - *sud;* sent-nza passata in giudicato - *pravomoćna presuda;* passare in giudicato - *pravomoćnim postati, postići* v. *zadobiti zakonitu krěpost* v. *moć.* V. Giurisdizione.

Giudice - *sudac;* giud. inquirente - *iztražni* v. *iztražiteljni sudac,* - di pace - *sudac mira,* - curiale - *děržavni sudac,* - competente - *nadležni sudac,* - ordinario - *redoviti sudac.*

Giudiciale, giudiziale - *sudben, sudan, pravosudan, pravosudben;* sistema giudiz. - *sudbena navada,* - delegato - *sudbeni izaslanik,* commissario - *sudbeni pověrenik,* - commissione - *sudbeni odbor* v. *sudbeno pověrenstvo.*

Giudicialmente - *sudbeno, putem suda.*

Giudicio, giudizio, determinazione del ginsto e dell'ingiusto - *sud;* p. tribunale - *sud, sudište;* giudizio distrettuale - *kotarski sud,* - circolare - *okružni sud,* collegiale - *zborni sud,* appellatoriale - *prizivni sud,* superiore - *višji sud,* supremo - *vèrhovni (najviši, višnji) sud,* cassazionale - *uništiteljni (ukidateljni, kasacionalni) sud,* statario - *prèki sud,* arbitrario - *odabrani (izabrani, izborni) sud.* V. Tavola. Corte. Tribunale; p. uso di ragione - *razum, pamet, razboritost.*

Giudiciosamente - *razumno, pametno, razborito.*

Giudicioso, giudizioso - *razuman, pametan, razborit.*

Giudiziale. V. Giudiciale ecc.

Giugnere vn. giungere, arrivare in un dato luogo - *doći, dolaziti, priti, stići,* stignuti, prispěti, dospěti; met. *dokopati se, docěpati se.* V. Avvenire. Congiugnere. Accrescere.

Giugno - *Lipanj.*

Giulività - *radost, veselje.*

Giulivo - *radostan, radosan, veseo, vesel.*

Giumento - *tovar.*

Giunco - *sit, sita.*

Giunta. V. Arrivo. Aggiunta; p. magistrato o consiglio deputato a trattare un negozio. - *věće, odbor, odaslanstvo, odaslaničtvo, poslaničtvo;* giunta dietale - *saborsko věće, poslaničtvo sabora.*

Giuntare - *varati, prevariti.*

Giunteria - *prevara, prevarba, slěparia.*

Giuocare - *igrati, zaigrati;* - la testa - *igrati glavu.*

Giuoco, il giuocare - *igranje, zaigranje;* p. trattenimento piacevole - *igra;* giuoco proibito - *igra zabranjena.*

Giuramentale - *prisežan, zakletan, zakljetan.*

Giuramento - *prisega, pri-*

sežba, prisegnutje, zakletva, zakljetva, rota, priseženje, prisiganje, prisigovanje, zakunenje, zaprisežanje; giuramento falso – kriva prisega v. zakletva, krivorota, krivoročtvo, - decisorio - odlučna v. odsudna prisega, estimatorio - cěnbena (procěnbena, procěniva) prisega, suppletorio - dopuniteljna (nadopuniteljna, dopunitbena) prisega, di manifestazione - prokazna (odkritna, odkriteljna) prisega, purgatorio - očistna prisega, deporre il - položiti prisegu, priseći, zapriseći se, zakleti se, zakljeti se, zakuniti se, deferire il - naložiti prisegu (col carico della riferta - pod teret odvrate v. odrinbe), riferire il - odvratiti (uzvratiti, vratiti) prisegu, offrire il - ponuditi prisegu, adire o accettare il - prihvatiti v. primiti prisegu, rifiutare il - odbiti (odrinuti, ne primiti) prisegu, aggiudicare il - dosuditi v. dopitati prisegu, offerta del - ponuda v. ponudba prisege, riferta del - odvrata v. uzvrata prisege, - deposto - položena prisega, deferito - naložena prisega, riferito - odvratjena v. uzvratjena prisega, adito o accettato - prihvatjena v. primljena prisega, formola del - prisežna v. zakletna izrazka.

Giurare - priseći, prisegnuti, prisegnuti se, prisigati, prisigovati, prisigati se, zapriseći se, zakleti se, zakljeti se, zakuniti se; giurare falsamente - krivo priseći (zakleti se, zakuniti se).

Giuratamente - prisežno, zakletno, zakljetno; confermare giurat. - prisežno v. zakletno potvěrditi.

Giurato st. persona obbligata con giuramento - prisežnik, zakletnik, zakljetnik; p. membro d' un tribunale (giuri) - porotnik; ag. prisežan, prisegnut, zaprisegnut, zaklet, zakljet;

circostanza giurata - *prisežna v. zakletna okolnost.*

Giureconsulto - *pravozna-
nac, pravdoznanac.*

Giurì, tribunale di giurati
- *porotni sud.*

Giuridico - *pravan, pravo-
slovan, pravdoslovan, ju-
ridički;* titolo giuridico -
pravni naslov. V. Le-
gale.

Giurisdizionale - *dělokružan,
područan, nadležan, sud-
ben.*

Giurisdizione, facoltà di
render ragione - *sudbena
moć, sudbenost, sudnost,*
p. territorio in cui il giudice esercita la sua au-
torità - *dělokrug, područje,
sudbeni okoliš, nadležnost,
sudbena nadležnost;* estendere la propria giurisdi-
zione - *stezati svoj dělokrug;* p. imperio, pode-
stà - *vlast, moć, jakost.*

Giurisperito. V. Giureconsulto.

Giurisprudenza, scienza legale - *pravoznanstvo, prav-
doznanstvo;* p. sistema e

metodo delle leggi - *pravosudje.*

Giurista - *pravnik, dohtur,
prava, slušalac prava.*

Gius, corpo di leggi secondo le quali devesi ope-
rare - *zakon, pravoslovje;*
p. diritto - *pravo.*

Giusta, conforme - *polag*
(gen.), *po* (loc.).

Giustamente - *pravo, pravedno, ravno, upravo.*

Giustezza - *upravost, točnost.*

Giustificabile - *opravdiv, ob-
sv̌edočiv.*

Giustificare vn. provare con
ragioni la verità del fatto
- *opravdati, obsv̌edočiti,
obrazložiti, dokazati, dokazati istinu;* p. scolpare
- *opravdati, izpričati;* np.
p. scolparsi - *opravdati
se, izpričati se.*

Giustificazione, prova che
giustifica - *opravda, o-
pravdanje, obsv̌edočenje,
obrazloženje, dokazanje;*
giustif. di prenotazione
- *opravdanje predbilježbe.*
V. Sequestro; p. scol-

pamento - *opravda, opravdanje, izpričanje.*

Giustizia, virtù per la quale si dà a ciascuno il dovuto - *pravica, pravičnost, pravednost, pravost, pravda;* tl. *pravica, pravda;* amministrare la giustizia - *děliti* (met. e in senso sprez. - *krojiti) pravicu;* p. tribunale criminale - *pravica, kazneni v. karni sud.*

Giustiziando st. - *pogubljenik, stratjenik.*

Giustiziare, eseguir la condanna di morte sopra i condannati - *pogubiti, stratiti, izvèršiti smèrtnu kazan* v. *peděpsu.*

Giustiziere, giudice deputato - *odaslani* v. *izaslani sudac.* V. Carnefice.

Giusto st. equità. V. Giustizia; ag. *pravedan, pravičan, prav;* p. esatto, preciso - *ravan;* uomo giusto - *pravedni* v. *pravični cověk, pravednik.* V. Giustamente.

Glaciale - *leden, zleden, ó-*

leden ; mare glaciale - *ledeno more.*

Gladiatore - *zatočnik.*

Glandola - *naraslica, žljezda.*

Glandulare - *žljezdan, žljezdovan, žljezdovit.*

Gleba. V. Zolla.

Glittografia - *urězoznanstvo.*

Glittografico - *urězoznanstven.*

Globo - *kruglja, okruglo.*

Globosità - *kruglost, okruglost.*

Globoso - *krugljast, krugal, okrugal.*

Gloria - *slava;* avidità di gloria - *slavohlěpje,* amante di gloria - *slavoljubiv.*

Glorificare - *slaviti, proslaviti.*

Gloriosamente - *slavno, slavodobitno.*

Glorioso - *slavan, slavodobitan.*

Gobba - *gèrba.*

Gobbo st. - *gèrbac,* ag. *gèrbav.*

Goccia - *kap, kaplja,* dim. *kapić, kapljica.*

Gocciare - *kapati, cěditi.*

Gocciolamento - *kapanje, kapljenje, cědenje, cědanje.*

22

Gocciolare. V. Gocciare.

Godente, chi o che gode - *uživalac, uživatelj*.

Godere, i beni della vita - *uživati*, godere per molto tempo - *nauživati se;* p. pigliarsi piacere d' un bene presente - *radovati se, uzradovati se, obeseliti se;* p. darsi buon tempo mangiando - *uživati, blagovati*.

Godimento - *užitak, uživanje, radovanje, uzradovanje, obeselenje, blagovanje.* V. Godere.

Goffaggine - *budalaština, budalost, neslanost.*

Goffeggiare - *budalasiti, ludovati.*

Goffo ag. - *budalast, lud, neslan;* st. *budala, budalo, budalaš.* V. Sciocco.

Gola, parte del corpo - *gèrlo*, p. golosità - *požèrlost, požèrljivost, prožděrlost, prožděrljivost.*

Golfo - *zaton, zatonomorje.*

Golosità. V. Gola.

Goloso - *požerljiv, prožděrljiv.* V. Avido.

Golpato - *snitljiv, snětljiv, snitan.*

Golpe - *snit, snět.*

Gomena - *gumina, čelo.*

Gomito - *lakat.*

Gomitolo - *klupko, klupak.*

Gomma - *smola, smol.*

Gommarabica - *arapska smol.*

Gommoso - *smolast, smolav.*

Gomona. V. Gomena.

Gondola - *gundula, šajka, plavka.*

Gondoliere - *gundulaš, šajkar.*

Gonfalone - *vela (velika, svetčana) zastava (bandira, barjak).*

Gonfaloniere. V. Alfiere.

Gonfiamento, gonfiaggine - *nadimanje, nadmenje, otečenje, natečenje;* p. superbia - *napuhnjenost, nadmenost.*

Gonfiare va. empir di fiato - *napuhnuti, napuhati, naduvati;* p. crescere e rilevare ingrossando - *naduti se, nadimati se, oteči, nateči, nabubriti;* p. diventar vanaglorioso - *napuhnuti se, naduti se.*

Gonfiatura. V. Gonfiamento.

Gonfiezza, stato di ciò che è gonfio - *napuhnjenost, nadmenost, nadutost,* p. morboso aumento di una parte del corpo - *nadmenost, nadutilo, nadutost, otek, otečenje;* p. alterìa *napuhnjenost, nadmenost.*

Gonfio, *napuhnut, napuhan, naduvan, nadut, nadmen, otečen, natečen.* V. Gonfiare.

Gongolare. V. Giubilare.

Gonna, gonnella - *suknja, bèrhan,* p. sined. *svite.*

Gonzo. V. Sciocco.

Gordiano - *gordjanski.*

Gorgo, luogo dove l'acqua che corre, è in parte ritenuta - *duboka, dolac;* p. luogo ove l'acqua abbia maggior profondità - *jaz;* p. fiumicello - *rěčica, potok;* p. ridotto d'acqua stagnante - *lokva.*

Gorgogliare - *glogotati, klokotati.*

Gorgoglio - *glogotanje, klokotanje.*

Gorna - *gurla, cědište, cědnica.*

Governare, reggere - *vladati, upravljati.* V. Racconciare. Concimare.

Governativo - *naměstnički, upraviteljski, gubernialni.*

Governatore - *naměstnik, gubernatur, zemaljski upravitelj.*

Governo (autorità) - *naměstničtvo, gubernium, zemaljsko upraviteljstvo.* V. Amministrazione.

Gozzoviglia, il mangiare allegr. *gozba, gozbina, goštjenje, jedenje i pijenje;* p. stravizzo - *žderanje i lokanje.*

Gozzovigliare, far gozzoviglia - *gozbovati, jěsti i piti,* p. empirsi fino al gozzo - *žderati i lokati.*

Gracchia, cornacchia - *vrana;* p. uomo garulo - *tlapalac, pljeskavac, halavanja.*

Gracchiare - *grakati, krakati, grajati.*

Gracidare (dei ranocchi) - *krakatati,* (della gallina, oca ecc.) - *klocati, šklocati, škljocati.*

Gracile - *tankovit, suhorjav, slab, mlohav.*

Gracilità - *tankovitost, suhorjavost, slabost, mlohavost.*

Gradatamente - *postupovno, postupice, polako, polagano, malo po malo.*

Gradazione - *postupovnost.*

Gradevole - *ugodan, povoljan.*

Gradimento - *ugodjenje, ugadjanje.*

Gradino - *stepen.*

Gradire - *ugoditi, ugadjati, povoljiti.* V. Piacere.

Grado, gradino - *stepen, stupanj,* primo grado d' esecuzione - *pèrvi stepen o vèržbe;* p. dignità - *dostojanstvo, čast;* p. grado di parentela - *kolěno;* questo non mi va a grado - *ovo mi nije po volji* v. *ovo mi nije ugodno*

Graduato, che ha grado, dignità - *častnik, dostojnik, dostojanstvenik.*

Graffiamento - *grebanje, ugrebanje, ogrebanje.*

Graffiare - *grebati, ugrebati, ogrebati, grebsti, ugrebsti, ogrebsti.*

Gragnuola. V. Grandine.

Gramigna - *pirika, pirevina.*

Gramignoso - *pirikast, pirevinast.*

Grammatica - *slovnica, gramatika.*

Grammaticale - *slovnički, gramatički.*

Grammatico st. - *slovničar, gramatik;* ag. V. Grammaticale.

Granajo st. - *žitnica.* V. Magazzino.

Granajuolo - *žitotèržalac, tèrgovac žita.*

Granatiere - *grenadir.*

Grancancelliere - *velekanclar, veliki kancelar* v. *kanclar.*

Grancevola - *rakovica, rakovnica.*

Granchio (crostac.) *rak;* pigliarsi un granchio (ingannarsi) - *prevariti se.*

Grande, ag. esteso in larg. lung. e profondità - *vel, velik, velji;* p. d'alta statura - *visok, vel, velik,* p. nobile - *plemenit, vel, velik;* più grande - *veći, većji, višji, plemenitiji;* st. *velikaš, velmoža;* farsi grande, crescere - *izrasti,* p. presumersi - *hvaliti se, hvastati se, dičiti se.*

Grandemente - *veoma, vele, velma, mnogo, jako, puno, dosta, zadosta.*

Grandezza - *veličina, velikoća;* grandezza d' animo V. Magnanimità.

Grandinare - *krupiti;* grandina (cade la grandine) - *pada krupa (tuča, godina, grad).*

Grandine - *krupa, tuča, godina, grad.* V. Grandinare.

Grandiosamente - *veličanstveno.*

Grandiosità - *veličanstvenost.*

Grandioso - *veličanstven.*

Granduca. V. Duca ecc.

Granello, seme - *zèrno, zèrnce;* p. minima particella di checchessia - *zèrno, zèrnce, bob, bobić, mrav, mèrva, mèrvić, trun, trunak, vlas.*

Grano, frumento - *šenica, pčenica, žito;* p. nome

collettivo delle biade - *žito,* (del loro seme) *zèrno;* p. qualsivoglia minima parte. V. Granello.

Gransignore - *sultan.*

Granoturco. V. Formentone.

Grappolo - *grozd,* p. parte d' un grappolo - *čehulja.*

Grassatore - *hajduk, lopov, razbojnik.*

Grassazione - *globljenje, lopovština, razbojničtvo.*

Grassezza - *tustilo, tustina, tušćavina, pretilo, pretilost, pretilina.*

Grasso, st. sostanza contenuta nel tessuto cellulare, e precisamente (di bue, montone ecc.) *loj,* (di cavallo, cane ecc.) *salo;* p. parte untuosa di checchessia - *mast, tusto, tuk;* in genere V. Grassezza; ag. *tust, tučan, mastan, pretio.*

Grata, graticola, strumento da cucina – *gatra, gatre, gradele, pećme;* p. inferriata da finestre ecc. - *gatra, gatre, gvozdeno* v. *železno prikèrstje.*

Graticola. V. Grata.

Gratificazione td. - *naknada*.

Gratis. V. Gratuitamente.

Gratitudine - *zahvalnost, harnost, spoznanje;* con gratitudine - *zahvalno, harno, spoznano*.

Grato, ag. riconoscente - *zahvalan, haran, spoznan;* p. caro, accetto - *drag, mil, mio, ugodan, priatan*.

Grattamento - *češanje, tarenje, iztarenje, otrenje, otarenje, žulenje, ožulenje, požulenje, stèrganje, ribanje*.

Grattare, fregare la pelle colle ugne - *češati;* p. fregare comunque sia - *tèrti, iztèrti, otèrti, žulěti, ožulěti, požulěti;* p. raschiare *stèrgati, ribati;* grattare il formaggio - *ribati* v. *stèrgati sir*.

Gratuitamente p. grazia - *milodarno, mukte, zaman, zabadava, bezplatno, nezaslužno, bezdužno, nedužno;* tl. p. senza prove - *prosto*.

Gratuito, dato per grazia - *milodaran, bezplatan, ne-*

zaslužen, bezdužan; contratto grat. - *bezdužna pogodba;* tl. p. senza prove - *prost;* asserto gratuito - *prosti izraz*.

Gratularsi. V. Congratularsi ecc.

Gravame tl. - *žalba, tegoba;* gravame d' appello - *prizivna* v. *pozovna žalba,* di nullità - *žalba ništetnosti* v. *ništetna žalba;* p. scritto contenente il gravame - *žalbenica, tegobnica, žalbeni* v. *tegobni spis.* V. Interporre. Aggravio.

Gravare, vn. esser pesante - *pritiskati, pritisnuti, otegotiti, obtežiti, biti težak:* va. p. mettere imposte - *obteretiti, postaviti teret;* p. accusare, incolpare - *tužiti, okriviti, pokriviti;* np. p. lagnarsi - *žaliti se, žalovati se, tužiti se.* V. Decreto.

Gravatoriale - *žalben, tegoban.* V. Gravame.

Grave ag. pesante - *težak, tegotan;* p. maestoso - *veličanstven, pun veličanstva,* uzvišen; p. importante - važan, znatan, ozbiljan. V. Importuno. Difficile. Vecchio.

Gravemente, con gravezza - težko, mučno, p. grandemente - jako, veoma, velma, mnogo sila; p. consideratamente - ozbiljno, znatno; p. pericolosamente - pogibeljno; grav. ammalato - pogibeljno bolan.

Gravicembalo, pianoforte - glasovir.

Gravidanza - nošenje, prisobnost, trudnoća. V. Gravido. Pienezza.

Gravido ag. grave del peso di che egli è pieno - težak, brěmenit, pun; p. pregno, proprio delle femmine - noseća, brěmenita, trudna, prisobna (degli altri animali, e sprez. delle donne) - brija; essere gravida, od in istato di gravidanza - nositi, biti noseća (bremenita, trudna, prisobna, brija), donna gravida - prisobnica,

žena noseća ecc.

Gravità, forza per «cui i corpi della terra tendono verso il suo centro - težina, težkoća, tegoća, tegota; p. grandezza - velikoća, veličina; p. serietà - ozbiljnost. V. Travaglio.

Grazia, avvenenza di fattezze, di voce, stile ecc. - krasota, krasnoća, lěpota, milota, milina, prijatnost, ugodnost, ugoda; p. benevolenza del superiore verso l'inferiore - milost; p. concessione di cosa richiesta a' superiori - milost, blagodat, blagodar, blagodatnost, blagodarnost, blagodarstvo, blagostivost; p. condonazione di pena - pomilovanje; p. ajuto sopranaturale - milost, dar, Božja milost, dar Božji; p. riguardo, rispetto dovuto ad alcuno - pristojnost, udvornost, skladnost, uljudnost; p. rendere grazie - zahvaliti, grazie a Dio! -

hvala Bogu! buon appetito! - grazie! - dobar tek! - hvala! prego di grazia, era lui? - molim uljudno, jeli on bio?

Graziare, concedere alcuna grazia - učiniti milost v. ljubav; p. far grazia, assolvere - pomilovati, odrěšiti, odrěšivati (koga).

Graziato ag. - pomilovan, odrěšen, st. p. amnistiato - pomilovanik, odrěšenik.

Graziale st. - pomilovina, pomilovnica.

Graziosamente - blagodatno, glagodarno, blagostivo, blagostivno; accordare grazios. - blagodarno dozvolěti.

Grazioso, che ha grazia nelle maniere e negli atti - uljudan, udvoran, skladan, otesan; p. favorevole, gradito - blag, mil, mio, ugodan, prijatan, drag; p. riconoscente - blagodaran, blagodatan; p. dato con grazia - milostiv, milostivan, blago-

stiv, blagostivan, blagostan; graziosissimo - premilostiv, ecc.

Grecamente - gèrčki, gèrški.

Greco st. di Grecia - gèrk; greco unito e non unito - gèrk sjedinjenog i nesjedinjenog obreda, greco orientale - gèrk iztočnog věroizpovědanja; p. linguaggio greco - gèrčki, jezik gèrčki; p. vento di questo nome - sěver; ag. gèrčki, gèrški. V. Grecolevante.

Grecolevante - sěvero-iztok.

Gregario (soldato) - prostak.

Gregge, greggia (di pecore ecc.) - stado, plěn, jato, tèrpela, gregge di pecore - stado ovacah; p. moltitud. di persone adunate - množtvo, čopor, hèrpa; gregge di Cristo - narod kèrstjanski. V. Massa.

Gregoriano - gèrgurevski.

Grembo, parte del corpo umano dall' ombelico fino al ginocchio - krilo, p. seno - njedra, njadra, naručaj.

Gremiale td. - *sboran, podružan.*

Gremio td. - *sbor.*

Greve, grave - *težak;* p. denso - *gust,* met. *jak.*

Gridare, mandar fuori la voce alta e strepitosa - *vikati, kričati, vapiti, vapijati, vriskati, klicati, ukati,* met. *oriti, blejati;* incominciar a gridare - *zavikati, zakričati* ecc.

Grido, suono strepitoso - *vik, viknja, krič, vapaj, vrisk, klik, uk, vikanje, kričenje, vapijanje, vriskanje, klicanje, ukanje, orenje, blejanje.* V. Fama.

Grigio - *siv, sur.*

Grillo, insetto - *šćurak;* se mi salta il grillo - *ako mi zavèrti u glavu* v. *pamet.*

Grimaldello - *kuka, odpirač, lažni ključ.*

Groppo - *uzal, uzao.*

Grossezza, di grosso - *debljina, debelina, debelost.*

Grosso st. parte maggiore o più grossa di qualsivoglia cosa - *veći i bolji dio, sèrce, sila;* p. gros-

sezza - *debljina,* p. decima parte di un' oncia, e sorta di moneta - *groš;* grosso dell' esercito - *veći dio* v. *sila vojske;* ag. contrario di sottile - *debeo, debel, krupan.* V. Commercio.

Grossolano - *nespretan, neotesan, prost, grub, proste fele (vèrsti, ruke);* alla grossolana - *nespretno, neotesano, prosto, grubo.*

Grotta, caverna - *špila, pećina, peć, rupa, škrapa, rov, rovje, jama;* nel senso del pl. - *stěn, stěna, hrusta, hrid.*

Grottesco - *čudnovat, čudnovit.*

Grù, grue, uccello - *ždralj, ždral, ždrao;* p. legni che sporgono in fuori della nave - *grua, oběsalica.*

Grubianamente - *suro, surovo, neotesano, neuljudno, grubo.*

Grubianità - *surovost, neotesanost, neuljudnost, gruboća, grubost.*

Grubiano - *sur, surov, neo-*

tesan, neuljudan, grub; atto grubiano - *surovi (neotesani* ecc.) *čin.*

Grue. V. Grù.

Grufolare - *ronjhati, rovati, riti, riati.*

Grugnare, grugnire - *kruliti, skičati, kviliti.*

Grugnito - *krulenje, kvilenje.*

Grugno - *rilo, rilica, gubica.*

Guadagnare, trar guadagno - *dobiti, dobivati, steći.*

Guadagno - *dobitak, dohodak, korist, probitak.*

Guai, m. escl. - *joh, jao, joj, ava, avaj, vaj, kuku, lele;* guai a te! - *joh tebi!*

Guaina, strum. in cui si tengono i ferri da taglio *nožnica.* V. Custodia.

Guaire, mettere guai - *jaukati,* p. sguittire del cagnolino - *jaukati, kviliti.* V. Abbajare.

Gualdrappa - *čultan.*

Guancia - *lice, obraz.*

Guanciale - *koktao.* V. Cuscino.

Guanciata - *pljuska, zaušnica;* dar una guanciata - *pljusnuti, dati pljusku* v.

zaušnicu, caricare di guanciate - *napljuskati, opljuskati.*

Guantajo - *rukavičar.*

Guanto - *rukavica,* dim. *rukavičica.*

Guardaboschi - *lugar.*

Guardare va. dirizzar la vista verso l'oggetto - *gledati, gljedati, pogledati, motriti, paziti, (štogod), svèrnuti okom (na što).* V. Considerare. Custodire. Guardia; np. p. astenersi e tenersi in guardia - *čuvati se, gledati se.*

Guardia, custodia - *straža;* far guardia - *stražiti, biti na straži, činiti stražu, čuvati;* p. atto del custodire - *straža, straženje, čuvanje;* p. persona che fa la guardia - *stražar, straža;* offesa della pubblica guardia - *uvrěda javne straže,* opporsi alla guardia - *protiviti se* v. *suprotiviti se, straži,* - civica - *gradjanska straža* - di pubblica sicurezza - *straža javne sěgurnosti,* - degli

arresti - *uznički stražar.*
V. Ispezione.

Guardiano, capo di convento - *guardian, vardian, mostirski poglavar.* V. Guardia.

Guarentigia. V. Cauzione. Egida. Salvezza.

Guarentire. V. Garantire. Difendere. Salvare.

Guari av. molto - *čuda, mnogo, puno;* non ha guari - *nije* v. *nema mnogo, nije* v. *nema mnogo (čuda, puno) vrěmena.*

Guaribile - *zlěčiv, izlěčiv, ozdraviv.*

Guarigione, guarimento - *izlěčenje, ozdravljenje, ozdravenje.*

Guarire va. - *izlěčiti, ozdraviti;* vn. *izlěčiti se, ozdraviti, ozdraviti se.*

Guarnigione, presidio milit. - *posada, vojna* v. *vojnička posada.* V. Abbigliamento.

Guarnire. V. Munire. Abbigliare.

Guarnizione. V. Abbigliamento.

Guastamento - *skvarenje, izkvarenje, pokvarenje, izopačenje.*

Guastamestieri - *paćuhar, pèrškavac.*

Guastare - *skvariti, izkvariti, pokvariti, izopačiti.* V. Confondere.

Guasto st. V. Danno. Rovina; ag. da guastare - *skvaren, izkvaren, pokvaren, izopačen.*

Guerra, dissidio fra due stati - *rat;* p. combattimento - *boj, bitka, borba;* intimare la - *navěstiti* v. *javiti rat,* sanguinosa guerra - *kèrvavi boj.*

Guerreggiare. V. Battagliare.

Guerrescamente - *ratoborno.*

Guerresco - *ratoboran, vojan, vojnički, bojan, bojnički, ratan.*

Guerriero st. - *zatočnik, junak, delia;* p. soldato - *vojnik, bojnik.* V. Guerresco.

Gufo, uccello nottur. - *sova, jeja, jeina.*

Guida, chi precedendo mostra la strada - *vodja, vo-dioc, vodionik,* p. scorta - *pratioc, pratilac.* V. Maestro.

Guidare, mostrare altrui, andando avanti, il cammino - *voditi, peljati, pratiti;* p. governare, dirigere - *upraviti, upravljati, ravnati.*

Guiderdone - *naplata, nadarenje, naplatjenje, naknada.*

Guisa, modo - *način, put;* in simil guisa - *na ovaj način, po ovom putu,* in guisa che - *tako da.*

Guizzamento - *pliskanje.*

Guizzare - *pliskati, plĕskati, pljeskati.*

Guscio, scorza (esteriore ancor fresca, ma già levata, di castagne, noci, mandole) - *ljuska, ljupina, lupina,* (di castagne, noci, mandole, già stagionate, e di uovo, testuggine ecc.) - *kora;* levare il guscio (esteriore, fresco) alle noci - *ljuštiti (ljušćiti, oljuštiti) orĕhe;*

p. nave sprovista d'ogni arredo – *korito.*

Gustare, assaggiare - *kušati, pokušati, okušati, okusiti,* met. *obaći.*

Gusto, senso pel quale si discernono i sapori - *ukus, okušalo,* p. assaggio - *kušanje, pokušanje, okušanje, okusenje,* p. genio - *volja;* questo è di mio gusto - *to mi se dopada (mi je po volji, mi ugadja);* tu sei di buon gusto - *ti se razumiš,* incontrare il gusto di alcuno - *dopadati se komu.* V. Sapore.

Gustoso - *ogodan, povoljan, sladak, slastan, smočan, mio, drag.*

Gutturale ag. - *gèrlen;* consonanti gutturali - *gèrleni suglasnici.*

Gutturalmente - *gèrleno.*

H.

Hara, porzile - *prašćar, bèrlog, kotac.*

Harem, (v. turca) - *harem.*

Hi, (inter. di nausea e disprezzo) - *pi! pu! puj! hu! odlaz! odlazi!*

Ho, hu, (inter. di marav.) - *o! oho! gle! gle čuda! nu! nut! nuti! ala!*

Hoi. V. Ohi.

Hui, (inter. di dolore) - *uh! joh! joj! jao! ao! avaj! ajme! ajme meni! jadan! bolan! jadan ti san! kuku! lele!*

I.

Iadi, Plejadi - *vlašići, kokošice.*

Ibi - *ibi.*

Iconoclasta - *ikonoborac, slikoborac.*

Iddio. V. Dio.

Idea, immagine più o meno vera di un oggetto - *pojam, pojama;* idea del diritto - *pojam prava;* p. immaginazione - *začetje, začetak, osnova;* p. mente

pensiero - *misao, misal, namisao, namisal. umišljaj, namišljenje, nakana;* p. cosa fantastica - *misao, misal.*

Ideare. V. Immaginare.

Identicamente - *istovetno, istolično.*

Identicità. V. Identità.

Identico - *isti, onaj isti, istovetan, istoličan.*

Identità - *istovetnost, istoličnost.*

Idioma - *narěčje, izgovor.* V. Lingua.

Idiota st. (uomo) - *neznalica, neznanav,* (donna) *neznalica, neumělica;* ag. *neuk, neučan.*

Idiotaggine - *neučenost, neukost.*

Idiotismo - *idiotizam.*

Idolatra st. - *neznabožica, neznabožnik, neznabožac, kipoklonac;* ag. *neznabožan.*

Idolatrìa - *neznabožtvo, kipoklonstvo.*

Idolatrico - *neznabožtven, kipoklonstven.*

Idolo, falsa divinità - *bolvan, idol;* p. qualunque

cosa a cui si porti smoderato affetto - *ljuba, ljubak, rana, drago*; idolo mio! - *rano moja!*

Idoneità - *sposobnost, prikladnost, podobnost, vrědnost.*

Idoneo - *sposobon, prikladan, podoban, kadar, vrědan.*

Idraulica st. - *vodoslovje, vodovodstvo, idraulika.*

Idraulico ag. - *vodoslovan, vodovodan, voden, idraulički*; st. *vodoznanac.*

Idrocefalo - *glavovodenica, vodena bolest glave.*

Idrofobia - *běsnost, běsnoća.*

Idrofobo - *běsan;* animale idrofobo - *běsna živina.*

Idrogeno, idrogene - *vodenac, vodik.*

Idromanzia - *vodogatanje.*

Idromele - *vodomed, vodnjika.*

Idrope. V. Idropisia.

Idropico ag. - *vodobolan, vodenobolan.*

Idropisia - *vodenica, vodena bolest.*

Ieri - *juče, jučer, jučera, čera;* ieri mattina - *juče u jutro,*

ieri a sera - *jučer u večer* v. *na večer, sinoć,* ieraltro - *prekojučer, prekjučer, prekjuče.*

Ignaro. V. Ignorante.

Igneo ag. - *vatren, ognjevit, ognjenit.*

Ignivomo - *planteći, plamteći, plansajući;* monti ignivomi - *planteća bèrda.*

Ignominia - *prěkor, prekor, pogèrdan.*

Ignominioso - *prěkoran, prekoran, pogèrda.*

Ignorante st., mancante di cognizioni neces. - *neznalica;* ag. *neuk, neučan.*

Ignoranza - *neznanost, neznanstvo, neznanje, nepoznanje, neukost;* crassa ignoranza - *puka neznanost.*

Ignorare, non sapere - *neznati, nepoznati.*

Ignoto - *neznan, nepoznan, nepoznat,* creditori ignoti - *nepoznani věrovnici.*

Ignudare - *slići, svući, ogaliti, ogoliti.*

Ignudità - *golota, goloća, nagoća.*

Ignudo, privo di vestim. - *gol, nag*; p. sguainato - *gol;* colla spada ignuda - *golom sabljom.*

Igrometrìa - *vlagomĕrstvo, vlagomĕrje, igrometria.*

Igrometro - *vlagomĕr.*

Ih (inter. d' abbor. vergogna) - *hu! uh! pi! pu! špot! sram! sramota!*

Ilare - *vesel, veseo, radostan, radosan.*

Ilarità - *veselje, radost.*

Illazione - *doslĕdnost, poslĕdak, poslĕdica.*

Illecitamente - *neslobodno, neslobodnim načinom v. putem, nedopustno, nedopušteno.*

Illecito ag. - *neslobodan, nedopušten.*

Illegale - *nezakonit, protuzakonit;* atto illegale - *nezakoniti čin.*

Illegalità - *nezakonitost, protuzakonitost.*

Illegalmente - *nezakonito, protuzakono, protuzakonito.*

Illegittimità - *bezakonitost, bezzakonitost, nezakonitost.*

V. Illegittimo.

Illegittimo ag. - *bezakonit, bezzakonit, nezakonit,* (allusiv. a figlio, come sopra, e) *nebračan;* figlio illeg. - *bezakoniti sin, kopile (eta).*

Illeso ag. - *cĕlokup, cĕlokupan, neosakatjen, netaknut, zdrav.*

Illetterato ag. - *neučenjak, neznalica;* ag. *neučen, neučan, neuk.*

Illibatezza - *bezprikornost, neporočnost, neoskvĕrnjenost.*

Illibato - *bezprikoran, neporočan, neoskvĕrnjen.*

Illimitatamente - *neogranično, neograničeno, neomedjašno, neprikratno, prĕkoračivo.*

Illimitato - *neograničen, neomedjen, neomedjašen, neprikratjen, prĕkoračiv.*

Illimitazione - *neograničnost, neograničenost.*

Illiquidità - *neizpravnost, nerazbistrenost, neizplativost.*

Illiquido (conto ecc.) - *nerazbistren, neizpravan, neizravnan, nejasan, neizjasnen,* neiztĕriv.

Illirico ag. dell' Illirio - *ilirski, iliriĕki.*

Illividire, far livido - *pomodriti*, divenir livido - *pomodriti, pomodriti se, modrim postati.*

Illogico - *nerazboran, nemudar, neumoslovan.*

Illudere - *varati, prevariti.*

Illuminare - *prosvĕtliti, razsvĕtliti, razbistriti;* p. svelare - *odkriti.*

Illuminazione, spargim. di luce o splend. - *prosvĕtljenje, razsvĕtljenje, prosvĕta, razsvĕta, razbistrenje,* p. luce o splendore - *svĕtlost, svĕtljavina;* p. apparato di lumi che si fa nelle chiese, città ecc. - *bakljada.*

Illusione, falsa ed ingannevole apparenza - *zasĕna, obsĕna, obmana, prĕvara, zaslĕpilo;* p. pensiero vano e chimerico - *pustolovina, krinka, bedastò* v. *himbeno ukazanje (prikazanje).* V. Derisione.

Illuso - *zasĕnjen, obsĕnjen,* obmanen, *zaslĕpljen, prĕvaren.*

Illusorio - *himben, hinben, zasĕniv, obsĕniv, zaslĕpiv, prevarljiv.*

Illustrare, dar lustro - *osvĕtliti, osvĕtlati,* p. rischiarare - *razsvĕtliti,* p. illuminare la mente - *prosvĕtliti;* p. mettere in chiaro, spiegare - *razbistriti, razjasniti, raztumaĕiti.*

Illustre, chiaro, luminoso - *svĕtal, sjajan;* p. celebre, rinomato - *slavan, slavovit, glasovit;* illustrissimo - *presvĕtal, presjajan;* illustrissimo signore! - *presvĕtli gospodine!*

Illustrità - *svĕtlost, sjajnost.*

Illuvione. V. Inondazione. Irruzione.

Imbacuccare va. - *zakapotiti,* np. *zakapotiti se.*

Imbaldanzire - *usmĕliti se, usmioniti se, uhrabiti se, uhrabreniti se, ohrabriti, ohrabreniti.*

Imbaldire. V. Imbaldanzire.

Imballaggio - *zavoj, omotak, smotak.*

Imballare - *zaviti, omotati, smotati.*

Imbalordire va. – *smutiti;* vn. *smutiti se, postati smutjen.*

Imbalsamare - *dragomastiti, odragomastiti, podragomastiti.*

Imbalsamazione - *dragomastenje, odragomastenje, podragomastenje.*

Imbalsamire - *odragomastiti, podragomastiti se, postati dragomast.*

Imbandire - *pripraviti (zgotoviti, prigotoviti, urediti) oběd, jestiva v. jestvine.*

Imbarazzare va. ingombrare con arnesi - *zapačati;* p. intrigare, imbrogliare - *zaplesti, postaviti u smetnji;* np. p. imbrogliarsi - *zaplesti se, smutiti se.*

Imbarazzo, roba che arreca impedimento - *zaprěka, smetnja;* p. intrigo - *zapletka, spletka.*

Imbarcare va. mettere nella barca - *kèrcati, ukèrcati, nakèrcati, ubroditi, ukèrcavati, nakèrcavati, ukèrcivati, nakèrcivati, ubrodivati;* vn. p. imbarcarsi - *ukèrcati se, ukèrcivati se.*

Imbarco, atto dell'imbarcare - *kèrcanje, ukèrcanje, nakèrcanje, ubrodenje, ukèrcavanje, ukèrcivanje, nakèrcavanje, nakèrcivanje,* ecc., p. atto dell'imbarcarsi - *ukèrcanje;* p. luogo ove s'imbarcano le persone - *luka, porat,* (le merci, come sopra, e) *tovarilište, natovariteljna luka.*

Imbardare, mettere le barde - *hamiti, ohamiti, postaviti hame.* V. Allettare. Innamorarsi.

Imbasciata, ambasciata, ciò che riferisce l'ambasciatore - *poslanica, poslanički poručak;* p. ambascerìa - *poklisarstvo, poslaničtvo, veleposlaničtvo.*

Imbastardire. V. Tralignare.

Imbastire, cucire con gran punti - *zabazdati, nabaz-*

23

dati, prišiti.

Imbastitura - *zabazdanje, nabazdanje, prišijenje, prišivenje.*

Imbattersi - *naměriti se, naměravati se, srětiti se, srěsti se, srětati se, sastati se, sastajati se, sastanuti se, zgoditi se, naći se.*

Imbaulare - *ušandučiti, ukovčiti.*

Imbavare - *osliniti, posliniti, nasliniti.*

Imbecille ag. - *slabouman, tup, tupav, lud, ludast;* st. - *slaboumnjak, ludjak.*

Imbecillità - *slaboumnost, slaboumje, tupost, tupavost, ludost.*

Imbendare va. - *postaviti rub (rubaču, mahram, jašmak), zaviti (omotati, zamotati, povezati) rubom ecc.;* np. *zaviti se (omotati se ecc.) rubom ecc.*

Imberbe ag. - *golobradast, golobradan, bezbradan, golobrad;* st. *golobradac, golobradče (eta).*

Imbeverare - *napiti, napojiti,* sprez. *nalokati.*

Imbevuto - *napijen, napojen, napit, nalokan.*

Imbiancare - *poběliti, oběliti.*

Imbiancatura - *pobělenje, obělenje.*

Imbianchire. V. **Imbiancare.**

Imborsare - *ukesiti, umošnjiti, staviti* v. *postaviti u kesu* v. *u mošnju.*

Imbottare, va. mettere il vino ecc. nella botte - *ubačviti, staviti* v. *postaviti u bačvu, napuniti bačvu;* fig. p. empirsi di vino, cibo ecc. - *najesti se, nasititi se, natèrpati se, napuniti se.*

Imbrandire. V. **Impugnare.**

Imbrattare, va. mettere su d' una cosa sporcizia e lordura - *okaljati, ognjusiti, ogaditi, posmraditi, omazati, pokaljati, pognjusiti ecc.;* np. *okaljati se,* ecc.; p. oscurare - *omèrčiti, pomèrčiti.*

Imbriacare, va. - *opiti,* np. *opiti se.*

Imbriacamento - *opijenje.*

Imbriachezza - *opijenost.*

Imbriaco - *opijen.*

Imbrigliare - *zauzdati, obuzdati.*

Imbrigliatura - *zauzdanje, obuzdanje.*

Imbroccare - *pogoditi, zgoditi, srětiti, pogoditi* v. *zgoditi u nišanu;* p. posarsi sugli alberi (di uccelli di rapina) - *sěsti, nastaviti se.*

Imbrogliare va. - *zaplesti, zaslěpiti, smutiti;* np. *zaplesti se,* ecc.

Imbroglio, cosa imbrogliata - *zapletka, zamèršenost;* p. frode, raggiro - *slěparia, prevara, prevarba, spletka.*

Imbroglione - *slěpac, slěparac, gužva,* (fem.) *slěpica.*

Imbrutire - *postati živina* v. *blago.*

Imbruttire - *pogèrditi, ogèrditi; pogèrditi se, ogèrditi se.*

Imeneo. V. Matrimonio. Nozze.

Imitabile - *slědiv, naslědiv.*

Imitamento - *slědenje, slědovanje, naslědovanje.*

Imitare, seguire l' esempio - *slěditi, slědovati, naslědovati;* p. fare a somiglianza - *panačiniti, panačinjati, pričiniti, pričinjati.*

Imitazione - *naslědovanje, naslědenje, naslědjenje.*

Immaginare, figurarsi un concetto - *namislěti, izmislěti, smislěti,* p. vagare col pensiero - *mislěti;* p. deliberare - *odlučiti, namislěti, nakaniti.* V. Reputare.

Immaginazione, l' immaginare - *namislenje, namišljenje, izmišljenje, smislenje, naumenje, nakanjenje,* p. pensiero - *misao, misal.* V. Concetto.

Immagine, impressione che fanno nella mente gli oggetti esterni - *slika, prilika, priličje;* p. sembianza umana - *obličje, obraz;* p. descrizione di qualche parte del discorso - *opisanje, točno opisanje.* V. Somiglianza.

Immancabile. V. Infallibile ecc.

Immane, sommam. crudele - *nemilostivan, nemilosèrdan, okrutan, strašan.* V. Enorme. Fiero.

Immansueto. V. Indomito.

Immaturamente - *rano, prerano, nezrělo, nezdrělo.*

Immaturità - *nezrělost, nezrěloća, nezdrělost.*

Immaturo, non maturo - *nezrěl, nezdrěl, nezrio, sirov, ljut;* p. intempestivo - *ran, preran,* met. *nezrěl.*

Immediatamente, subito - *odmah, namah, dilje, udilje, neodvlačno, bezodvlačno, bezodvlake.*

Immediato, senza interposizione - *neposrědan, pobližnji, najbližnji;* p. subitaneo - *udiljan, gotov, neodvlačan, bezodvlačan;* immed. pagamento - *gotovo izplatjenje.*

Immemorabile - *nepamtiv, nepametiv, neuspomeniv;* tempi immemorabili - *nepamtiva vrěmena.*

Immemore - *zaboravan.* V. Ingrato.

Immenso - *neizměran.*

Immeritato - *nezaslužen.*

Immeritevole - *nedostojan.*

Immeritevolmente - *nedostojno.*

Immerito - *nedostojan, nevrědan.*

Imminente - *predstojeć, nadstojeć;* imm. organizzazione - *predstojeće ustrojenje.*

Imminenza - *predstojanost, nadstojanost.*

Immischiare va. - *měšati, uměšati;* np. *měšati se, uměšati se, udirati se, paćati se.*

Immissione - *postavljenje;* immis. nel possesso - *postavljenje u posědu.*

Immobile ag. - *nepokretan, nepomičan, negibiv;* cosa immobile - *nepokretna stvar;* st. p. bene stabile *nepokretnost, nepokretnina, nepomičnost, negibivost;* stima d' immobili - *procěna nepokretnostih.*

Immobilmente - *stalno, stanovito, nepomično.*

Immodestia - *nečednost, nesměrenost;* p. sfacciataggine - *bezobraznost.*

Immodesto - *nečedan, nesmě-
ran, bezobrazan.*

Immondezza - *nečistoća, nečistota, nesnažnost, nesnaga, gnjusnost, gnjusoba.*
V. Disonestà.

Immondizia. V. Immon-
dezza.

Immondo - *nečist, nesnažan,
gnjusan.*

Immortalare va. - *uvěkověčiti;* np. *uvěkověčiti se.*

Immortale - *věkověčan, věkovit, věkotrajan, neumèrl.*

Immortalità - *věkověčnost,
věkovitost, věkotrajnost,
neumèrlost.*

Immune - *slobodan, oslobodjen, izbavljen, nèpodložan.*

Immunità - *slobodnost, oslo-
bodjenost, izbava, nepod-
ložnost.*

Immutabile - *neproměniv, ne-
proměnit, neproměnjiv,
neizměnit, neizměnljiv.*

Immutabilità - *neproměnji-
vost, neizměnivost.*

Impaccio. V. Impedimento.
Intrigo.

Impadronire va. - *ugospoda-*

riti, ogospodariti; np. *u-
gospodariti se, osvojiti, posvojiti, uzeti posěd (česa);*
fig. p. intendere bene -
*dobro razuměti, (shvatiti,
poznati).*

Imparagonabile. V. Incom-
parabile.

Imparare - *učiti, učiti se,
naučiti, naučiti se, vaditi
se, navaditi se, věžbati se.*

Impareggiabile - *neприměran.*

Impartire - *poděliti;* facoltà
impartita – *poděljena vlast.*
V. Distribuire. Potere.

Imparziale - *nepristran, nepriuzet.*

Imparzialità - *nepristranost,
nepriuzetnost.*

Imparzialmente - *nepristrano,
nepriuzeto.*

Impassibile - *bezstrastan.*

Impastare, mescolar acqua
con farina - *městi, umě-
siti, zaměsiti.* V. Mescolare.

Impasto, l' impastare - *mě-
senje, uměsenje, zaměsenje.*

Impaurire va. far paura -
*strašiti, prestrašiti, plašiti,
razplašiti, uplašiti;* vn.

strašiti se, prestrašiti se, plašiti se, razplašiti se, uplašiti se.

Impavido -*hladnokèrvan, bezstrašan, nebojazljiv.* V. Intrepido. Coraggioso.

Impaziente - *nestèrpljiv, neustèrpiv, neustèrpljen, nepodnosiv.*

Impazienza - *nestèrpljivost, neustèrpivost, neustèrpljenost, neustèrpljenje, nepodnosivost.*

Impazzare, divenir pazzo - *poludèti, ponorèti, pomunjeniti, omunjeniti, zaći* v. *ići izvan pameti.*

Impedimento, ostacolo - *zaprěka, zaprěčnost;* impedimento legale - *zakonita zaprěka,* di matrimonio - *zaprěka ženitbe.* V. Bagaglio.

Impedire - *zaprěčiti, preprěčiti,* p. contrariare, opporsi - *nedopušćati, nedopustiti, zabraniti, kratiti, uzkratiti.*

Impegnare, va. dare in pegno - *založiti, dati u zalog;* p. mettere in impegno -

zaobećati (koga); impegnare la parola - *dati* v. *podati besědu;* impegnare la fede - *zavěriti se, dati věru, obećati svetčano, obećati.*

Impegno, promessa di fare - *obvezanje, obećanje;* p. fermo proposito di voler durare in un'impresa - *nastojanje, napor, napiranje;* con impegno - *svojski, mužki, muški.* V. Assunto.

Impegolare - *opaklati, opakliti, okatramati.*

Impenetrabile - *neprobitan, neuhodan.* V. Incomprensibile.

Impenetrabilità - *neprobitnost, neprobojnost.*

Impenitente - *nepokajan, nepokoran, neskrušen, utvèrdnut u grěhu.*

Impenitenza - *nepokornost, nepokajanje, neskrušenje, utvèrdnutje u grěhu.*

Impensatamente - *nemisleno, nepromisleno.* V. Improvvisamente.

Impepare -*papriti, opapriti, zapapriti, popapriti.*

Imperante, ag. - *carujući, cesarujući*. V. Imperatore.

Imperare - *carevati, cesarevati*; imperando - *carujući, cesarujući*. V. Dominare.

Imperativo - *carstvujuć, cesarstvujuć*; p. da imperante - *carstven, cesarstven*; modo imperativo (dei verbi) - *zapovĕdni način*.

Imperatore - *car, cesar*; imp. e re - *cesar i kralj*.

Imperatrice - *carica, cesarica*.

Impercettibile - *nepojmiv*. V. Incomprensibile ecc.

Imperciocchè. V. Perchè. Affinchè.

Imperdonabile - *neoprostiv, neodpustiv*.

Imperfetto, non perfetto - *nesavèršan, nedostatan, netočan*; p. non finito - *nesvèršen, neizvèršen*; tempo imperf. (dei verbi) - *nesvèršeno vrĕme*. V. Difettoso.

Imperfezione - *nesavèršnost, nedostatnost, netočnost, ne-*

svèršenost, neizvèršnost. V. Difetto.

Imperiale - *carski, cesarski, carev*; imp. regio uffizio - *carski kraljevski ured*.

Imperio, impero - *carstvo, cesarstvo, carevina*. V. Ordine.

Imperito - *nevĕšt, neumĕtan*.

Imperizia - *neumĕtnost, neumĕtje, neumĕlost, nevĕštvo*. V. Ignoranza.

Impermeabile. V. Impenetrabile ecc.

Impero. V. Imperio.

Imperocchè. V. Perchè. Affinchè.

Impersonale, t. gr. - *neosoban*; verbi personali ed impers. - *osobni i neosobni glagolji*.

Impertanto. V. Nondimeno.

Imperterrito. V. Intrepido.

Imperturbabile - *nesmetan, nesmutiv, nesmetiv, neuzkolebiv, neyaniv*; p. tranquillo - *tih, miran*.

Imperturbabilità - *nesmetnja, nesmetivost, neuzkolebivost*; p. tranquillità - *tihoća, mir*.

Imperturbato - *nesmeten, nesmutjen, neganut, tih, miran.*

Imperversare - *běsniti, maneniti, mahniti;* imperversante buffera - *běsneća oluja.*

Impetire - *tužiti, pozvati na sud (pri sudu, k sudu) koga.*

Impetito - *tuženik,* coimpetito - *sutuženik.*

Impeto - *naglost, naprasnost, sila, silnost, nasèrnutje;* entrar con impeto - *nasèrnuti, navaliti.*

Impetuoso - *nagal, naprasan, naprasit, žestok.*

Impeverare. V. Impeperare.

Impiantarsi - *naměstiti se, uměstiti se, naseliti se.*

Impianto - *početje, početak.*

Impiastro - *flastar, takamak.*

Impiccare, va. - *oběsiti,* np. *oběsiti se.*

Impiccato - *oběsen.*

Impiccolire, divenir picc. - *omaliti, postati mal;* far diventar più picc. - *uma-*

liti, malim učiniti. V. Diminuire.

Impiegare, collocare - *naměstiti, uměstiti, ponaměstiti, staviti, postaviti, uložiti, klasti;* p. adoprare - *upotrěbiti;* p. dare un impiego - *naměstiti, ponaměstiti, postaviti u službi.*

Impiegato, st. - *činovnik, častnik, službenik;* - effettivo - *stalni činovnik,* - provvisorio - *privrěmeni činovnik;* ag. da impiegare - *naměštjen, uměštjen, ponaměštjen, stavljen, postavljen, uložen, kladjen, upotrěbljen, naměštjen (ponaměštjen, postavljen) u službi.*

Impiego, carica - *služba;* dimettere dall'impiego - *lěšiti (koga) službe, odstraniti v. odbaciti od službe.* V. Professione.

Impietrare, impietrire - *okameniti, postati kámen* v. *tvèrd kao kamen.*

Impigrire - *olěniti, polěniti, postati lěn.*

Impinguare - *otustiti.*

Impiombare - *uoloviti, olovom zalěti, zalěti, zalěvati*.

Implacabile, che non si può placare - *neutaživ, neumiriv, nesmiriv*. V. Inesorabile.

Implorare - *prositi, pokorno moliti (umoliti, umoljavati)*.

Implume - *nepèrjat, neperat*.

Impolitico - *nepolitički, nepolitičan*.

Impolverare - *oprašiti, naprašiti, posuti v. nasipati prahom*.

Impopolare - *nenarodan;* atto impop. - *nenarodni čin*.

Impopolarità - *nenarodnost*.

Imporre. V. Comandare. Porre; p. porre sopra - *nastaviti, nametnuti*, p. porre aggravj - *nametnuti, narinuti;* imporre colla forza - *silom narinuti*. V. Incolpare. Attribuire. Avviare.

Importante - *važan, zanimiv, vrědan*.

Importanza - *važnost, zani-*

mivost; importanza della cosa - *važnost stvari*, di poca imp. - *malovažan*.

Importare, portar dentro - *unesti, unašati, uvesti;* p. ascendere ad una somma - *doseći, dosizati, iznašati;* p. significare - *značiti, zlamenovati;* p. esser degno di consideraz. - *vrěditi, biti vrědan*.

Importazione - *unešenje, unašanje, uvedenje*.

Importo, il montare - *iznos, iznosak, svota, cěna, trošak, potrošak;* - di denaro - *iznos v. svota novacah, novčani iznos, novčana svota*.

Importunare - *zanovětati, dosadjivati, dosaditi, dodiati, dodjevati (komu)*.

Importunità - *zanovět, zanovětnja, dosadljivost, dodianje*.

Importuno, ag. - *zanovětan, dosadan, dosadiv, neugodan;* st. - *zanovětaš*.

Impossessarsi - *prisvojiti, osvojiti*. V. Comprendere.

Impossibile - *nemoguć, ne-*

mogućan ; cosa imposs. - stvar nemoguća.

Impossibilità - *nemogućstvo, nemogućnost.*

Imposta, st. V. Contribuzione. Aggravio. Porta.

Impostore - *lažljivac, laživac, lažac.* V. Calunniatore.

Imposturare - *lagati, nalagati, potvoriti, potvarati.*

Impotente - *nejak, nemoćan, nemožan.*

Impotenza - *nemožnost, onemožnost, onemoženost ;* cadere nell'imp. - *onemoći.*

Impoverire - *osiromašiti, uböžiti, preubožiti, postati siromah ,v. ubog.*

Impraticabile, che non si può usare - *neupotrěbiv,* (eseguire) *neizvěršiv, neizpuniv,* (frequentare) *neprolazan, neprohodan.*

Impregnare va. - *nabrijati, napuniti,* vez. *napèrcati;* vn. V. Concepire.

Imprendere, intraprendere - *poduzeti, podhvatiti.* V. Incominciare. Imparare.

Imprenditore - *poduzetnik,*

podhvatnik, p. provveditore - *nabavnik, nakladnik.*

Impresa - *poduzetje, podhvata, naklada.* V. Emblema.

Impresario. V. Imprenditore. Appaltatore.

Impressione - *utisak ;* cattiva imp. - *zločesti utisak.*

Imprestare - *posuditi, posudjivati, zajmiti, uzajmiti.*

Imprestito - *posuda, posudba, zajam, uzajmljenje.*

Impreveduto - *neprevidan, neprividjen, nenadan, neočekivan.*

Imprigionare - *uzaptiti, utamničiti, zatvoriti, postaviti u zapt (u tamnicu, u zatvor, u uze), staviti pod zatvor.*

Imprima - *najpèrvo, najprie, stopèrv, prie svega.*

Imprimere, improntare - *usaditi, natisnuti, otisnuti, zatisnuti;* p. stampare - *tiskati, štampati.* V. Suggellare.

Improbabile - *neprobitačan.*

Improbabilità - *neprobitač-nost.*

Improbità - *tamnost, opakost, zloća, èrdjavost.*

Improbo - *taman, opak, zloban, èrdjav.*

Improcedibile tl. – *nepostupljiv.*

Improduttivo - *neplodan, neurodan.*

Impronta - *usada, natisak, otisak.*

Improntare. V. Imprimere.

Improprio - *nepristojan, nepriličan, neprikladan.*

Improvveduto - *neprovidjen, neobskèrbljen.*

Improvvisamente - *nenadno, iznenada, iz nenada, iznenad, naglo, naznuk, nebuh, iz nehote.*

Improvviso - *nenadan, nagal, nehotan;* morte imp. - *nagla v. nenadna smèrt.*

Imprudente, ag. - *nesmotren, nesmotèrn, bezsmotren, neopazan, nerazborit, nerazuman, nepametan;* st. *nesmotrenik.*

Imprudenza - *nesmotrenost, nesmotèrnost, bezsmotre-nost, nesmotrenje, bezmišljenost, nerazboritost, nerazumnost, nepamet.*

Impube, impubere – *nedorasal, nedorasav, nezrěl.*

Impubertà - *nedoraslost, nezrělost, nezdrělost.*

Impudente - *bezobrazan, bezočan.*

Impudenza - *bezobraznost, bezobrazje, bezobrazština, bezočnost.*

Impudicizia - *bludnost, putenost.*

Impudico – *bludan, puten.*

Impugnare, stringere la spada ecc. - *zgrabiti, (uloviti, uhititi, popasti, uvatiti) mač;* p. appigliarsi – *uloviti se, uhititi se, latiti se.* V. Contraddire. Assalire.

Impulito - *neotesan, neuljudan.*

Impulso - *nagon.* V. Eccitamento.

Impunibile - *nekazniv, nekaznjiv.*

Impunito - *nekaznjen.*

Impurità - *nečistoća, nečistota.*

Impuro - *nečist.*

Imputare - *okriviti, pokriviti, potvoriti (koga), prišiti (komu štogod),*

Imputato - *okrivljen, pokrivljen, potvoren.*

Imputazione - *potvora, potvorenje, okrivda, okrivljenje.*

In (nel, nella, nello) - *u, va, vu, v, na* (ac. alla domanda "do v e, in che„ con moto); gettare in fuoco - *baciti u vatru;* (loc. alla domanda, "do v e, in che, quando, come„ con quiete); è volgarizzato in lingua slava - *tumačeno je u slavjanskom jeziku;* nell' inverno - *u zimi,* in questo modo - *na ovom načinu.* V. Nel. A. Entro.

Inabile - *neprikladan, nepodoban, nesposoban, nekadar.*

Inabilità - *neprikladnost, nepodobnost, nesposobnost, nevaljanost.*

Inaccessibile - *nepristupiv, nepristupan, neprihodan, neuhodan.*

Inaccettabile - *neprimiv, neprihvativ.*

Inaccorto - *nepozoran, nesmotren.*

Inadempimento - *neizpuna, neizpunjenost, neizpunjenje.*

Inadempiuto - *neizpunjen.*

Inadoprabile - *neupotrěbiv, neupotrěbljiv, neuporabiv.*

Inamenità - *neugodnost, nepovoljnost.*

Inameno - *neugodan, nepovoljan.*

Inamovibile - *nesměstiv, neprěměstiv.*

Inanimato, senz' anima - *neživuć, bezdušan.*

Inappellabile - *neprizivan.*

Inapprezzabile - *neprocěniv, bezcěn.*

Inaridire - *osušiti, posušiti.*

Inarrivabile - *nedohitan, nedokučiv, nepostižan.*

Inaspettatamente - *neočekivano, nenadno, iznenada, iz nehote.*

Inaspettato - *neočekivan, nenadan, nenadijan.*

Inasprire. V. Esacerbare.

Inaudito - *nečuven.*

Inaugurare - *svetčano naměstiti (postaviti, izabrati).*

Inavvedutezza - *nepomnja.*

Inavveduto - *nepoman, nepomljiv.*

Inavvertentemente - *nesmotreno, bezmišljeno, nepazno, nehotice, nehotimice, nehotomce.*

Inavvertenza - *nesmotrenost, bezmišljenost, nepaznost.*

Inazione - *neposlenost, bezposlenost, nerad (i).*

Incalmo. V. Innesto.

Incamminare, va. - *uputiti, nastaviti, povesti, nastupiti, započeti;* incam. l'inquisizione – *nastaviti iztragu;* np. *uputiti se, odputovati, poduzeti put.* V. Dirigere.

Incantare, far malìe - *čarati, začarati, očarati, ureći;* p. vendere all'incanto - *prodati putem dražbe v. ličbe.*

Incantatore - *čarovnik, čarobnik, krisnik;* fem. *čarobnica, krisnica.*

Incantesimo. V. Incanto.

Incantevole, merav. - *čudnovat, čudnovit, čudan, čudesan;* p. malioso - *čaroban.*

Incanto, malìa - *čarobia, ča-* rolia, čaroba, čarolja, čaranja, začaranje, urok; p. cosa maravigliosa - *čudo, čudnovitost.* V. Asta. Gioia.

Incanutire - *osĕditi, obĕliti, pobĕliti.*

Incapace - *nesposoban, neprikladan, nepodoban, nekadar, neumĕtan.*

Incapacità - *nesposobnost, neprikladnost, nepodobnost, neumĕtnost.*

Incappare (nell'insidia ecc.) - *uloviti se, uhititi se, pasti u mrĕžu.* V. Inciampare.

Incarcerare. V. Carcerare.

Incaricare, addossare un carico - *natovariti, obrĕmeniti, obteretiti, napèrtiti;* p. dar incombenza - *naložiti (komu štogod);* p. incolpare - *okriviti, pokriviti.* V. Deputare.

Incaricato, st. (d'affari) - *poslanik, poslovodja;* ag. *obrĕmenjen, obteretjen, napèrtjen.* V. Deputato. Procuratore. Ambasciatore.

Incarico, peso che si pone

addosso altrui - *brĕme, teret.* V. Commissione.

Incarnazione - *uputjenje.*

Incarognare - *usmèrdĕti se, zasmèrdĕti se, postati mèrcina.*

Incassare, mettere nella cassa - *uškrinjiti, zatvorĕti;* tl. riscuotere denaro - *upĕneziti, utĕrati, iztĕrati,* p. incassare un archibuso - *okasati, okasiti.*

Incasso (d' archib.) - *okas;* (di denaro) - *upĕnezenje, utĕranje, iztĕranje.*

Incastità - *nečistota, nečistoća.*

Incasto - *nečist:*

Incatenare - *zaverugati, zakovati, postaviti* v. *metnuti u veruge (u okove, u železa).*

Incatramare - *okatramati, opakliti.*

Incauto - *neopazan, nepozoran, nesmotren.*

Incendiare - *upaliti, opaliti, zapaliti.*

Incendiario, st. chi incendia - *upalilac, požega, palikuća;* ag. p. che sconvoglie - *razdražujuć, po-*kretan, poremetan.

Incendio - *požar, pogor, palež, požeg, zapaljenje, opaljenje;* appiccato inc. - *upalitba.*

Incensare - *kaditi, podkaditi, pokaditi.*

Incenso, st. - *tamjan.*

Incensurato - *neporočan, neprikoran.*

Incerchiare - *uobručiti.*

Incertezza - *neizvĕstnost, dvojba, dvojenost, dvojenje.*

Incerto, che non è certo - *neizvĕstan, dvojben;* p. provento casuale - *nuzdohodak, slučajni* v. *nestalni dobitak.*

Incesto - *rodoskvèrnost, rodoskvèrnje, prikèrvje.*

Inchiavare - *zaklopiti, zaključati, ključem zatvoriti.*

Inchino, st. - *poklon, poklonjenje.*

Inchiodamento - *začavlanje.*

Inchiodare - *začavlati.*

Inchiostro - *cèrnilo.*

Inciampare - *pondrĕti, posèrnuti, nasèrnuti, zanoriti.*

Incidentale, causa - *medjuparba, medjuraspa, medjuprepir.*

Incidente, st. evento - *slučaj, odvitak.*

Incidentemente - *mimogredno.*

Incidenza - *mimogrednost.*

Incinta. V. Gravida.

Incirca - *po prilici, někako.*

Incisione - *urěz.*

Incitamento - *nagon, naganjanje, poticanje, podbadanje.*

Incitare - *naganjati, nagnati, nagoniti, poticati, podbadati.*

Incivile - *neuljudan, neotesan.*

Incivilimento - *izobraženost, izobraženje, prosvěta, prosvěćenost.*

Inciviltà - *neuljudnost, neotesanost.*

Inclinare, va. piegare - *prignuti, nagnuti,* vn. p. pendere verso un lato - *visěti;* p. aver disposiz. a checchessia - *biti privèržen, prignut, priklonjen, nagnut.* V. Abbassare.

Inclinazione - *naklon, ćud, želja, privèrženost, prignutje, nagnutje.*

Inclito - *slavan;* incl. autorità - *slavna oblast,* quest' incl. giudizio - *ovoslavni sud,* codest' incl. - *toslavni,* quell'inc. - *onoslavni,* l'inc. stesso - *istoslavan.*

Inclusivamente - *uključno, uključivo.*

Incoato - *počet, započet.*

Incognito - *nepoznan, nepoznat.*

Incollare - *prilěpiti, zalěpiti, slěpiti.*

Incolpare - *kriviti, okriviti, pokriviti.*

Incolpato, ag. - *okrivljen, pokrivljen;* st. *okrivljenik;* coincolpato - *suokrivljenik.*

Incolpazione - *krivljenje, okrivljenje, pokrivljenje.*

Incolto - *neobradjen, neobdělan, zanemaren, pust;* terreno inc. - *neobradjena zemlja, pustošina.*

Incombenza. V. Incarico.

Incombenzare. V. Incaricare.

Incominciamento - *početak, početje, započetak.*

Incominciare - *početi, započeti, nastupiti.*

Incommensurabile - *neizměran.*

Incomodo, st. - *nelagod (i),
neprigoda, nepriličnost;*
ag. - *nepriličan, nezgodan.*
V. Inconveniente.

Incomparabile - *neprimēran,
neprikladiv, nepripodobiv,
neprispodobiv.*

Incompetente - *nenadležan;*
giudizio inc. - *nenadležni
sud.*

Incompetenza - *nenadležnost.*

Incompleto. V. Completo.

Incomprensibile - *nerazumiv,
nedokučiv, nedohitan, neob-
hitan, neshvativ, nepostižan.*

Inconcusso - *neoboriv, nepobitan;* inconc. principio -
neborivo načelo.

Incondizionato - *bezuvětan.*

Inconseguente - *nepravilan.*

Inconseguenza - *nepravilnost.*

Inconsideratezza - *nepomnja, nesmotrenost.*

Inconsiderato - *nesmotren,
nesmotěrn, nepoman.*

Inconsueto - *nenavadan.*

Incontaminato - *neoskvěr-
njen, neporočan.*

Incontanente - *odmah, namah, dilj, udilj.*

Incontrare, va. farsi incontro - *ići sprotu (suprot,
suproć, suproti), suprotići
(komu);* p. scontrare -
*srětiti, susrěsti, susrětiti,
sastati (koga), naměriti se
(na koga);* p. piacere a
taluno - *dopadati, dopasti
(komu).*

Incontrastabile - *neporečiv,
neoporečiv,* met. *neoboriv.*

Incontro, st. l' incontrarsi
- *sastanak, sastanje, susrět, susreća, srětenje, srě-
tanje;* p. scontro, urto -
sunenje, bubnenje, udrenje;
prep. V. Dirimpetto. Ver-
so. Contro; avv. *suprot,
usuprot;* all' incontro -
pače, dapače, usuprot.

Inconvenevole - *nepodoban.*

Inconveniente, ag. - *nesho-
dan, nepodoban, nepristo-
jan, neprikladan.* V. In-
comodo. Inconvenienza.

Inconvenienza - *nepriklad-*

nost, neshodnost, nepodobnost, nepristojnost.

Incoronare - kruniti, okruniti, krunišati.

Incoronazione - krunitba,
krunjenje, okrunjenje, kru-
nišanje.

Incorporare - utělovati, sjediniti, sdružiti, pridružiti.

Incorporazione - utělovanje,
sjedinjenje, pridruženje,
sdruženje.

Incorporeo – netělesan, bez-
životan.

Incorrotto - cělokupan, ne-
pokvaren.

Incostante - nestalan.

Incostanza – nestalnost.

Incostituzionale - protiustavan, neustavan.

Incredibile - nevěrovan, nevěrojatan.

Incredibilità - nevěrovanost.

Incredulità - nevěra, nevěrnost.

Incredulo - nevěrujuć, nevěran, malověran.

Incrociare - kèrstariti.

Incrociatore - kèrstarac, kèr-
stárnik.

Incrollabile - neporušiv, ne-

pokretan, nepomičan.

Incrudelire - okrutiti, onemi-
liti, utvèrdnuti, stvèrdnuti.

Incudine. V. Ancudine.

Incurabile – neizlěčiv, (di ferite, anche) neizvědan.

Incuria - neharnost, nemarnost, nepomnja, negled.

Indagare - iskati, iziskivati,
propitati, propitkati, razpitati, razpitivati.

Indagine - iskanje, iziskanje,
iziskivanje, propitanje, pro-
pitkanje, razpit, razpitanje,
razpitivanje.

Indarno - zalud, zaludo, u-
zalud, zaman, zabadava.

Indebitarsi - zadužiti se, u-
činiti dug.

Indebito, sconvenevole - nepristojan, neprav; tl. nedug.

Indebolire - oslabiti, omlohaviti, onemoći, obnemoći.

Indecente - nepristojan, nepodoban, nedostojan.

Indecenza - nepristojnost, nepodobnost, nedostojnost.

Indecisivo - neodlučiv, neod-
lučan.

Indeciso - neodlučen.

Indecoroso - *nepošten, nepri-*
stojan.

Indefessamente - *neumorno,*
brižljivo.

Indefesso - *neumoran, briž-*
ljiv.

Indegnamente - *nedostojno.*

Indegno - *nedostojan.*

Indennizzare - *naknaditi, na-*
doměstiti (kvar, štetu).

Indennizzo - *naknada, na-*
knadjenje, nadoměštenje;
– di danni - naknada šte-
tah.

Independente - *nezavisan,*
neodvisan.

Independenza - *nezavisnost,*
neodvisnost.

Indescrivibile - *neopisiv.*

Indeterminato - *neizvěstan,*
neodlučen, neopredělen, ne-
ustanovljen.

Indevoto - *nepobožan, nebo-*
gomoljan.

Indicare, accen. coll' indice
ecc. - *kazati, pokazati; p.*
mostrare, denotare - *na-*
značiti, označiti, navesti.

Indicato - *kazan, pokazan,*
naznačen, označen, nave-
den; oggetto indic. - *na-*

vedeni predmet.

Indicazione - *naznaka, na-*
značenje, navedenje; indic.
del luogo, tempo e modo
- *naznačenje města, dobe i*
načina.

Indice, cosa che mostra -
kazalo; p. dito indice e
ago che segna le ore - *ka-*
zalac, kazaoc.

Indicibile - *neizreciv, neiz-*
rečen, neizkazan.

Indietro - *nazad, nazada,*
zad, zada.

Indifferente - *nehajan, neha-*
ran, nemaran.

Indifferentismo - *nehajstvo,*
neharstvo, neharnost, ne-
marnost.

Indifferenza - *nemar, nehaj-*
stvo.

Indigeno - *domać.*

Indigente - *potrěban, neimu-*
ćan.

Indigenza - *potrěba, potrě-*
boća, neimućtvo, neimuć-
nost.

Indigestione - *neprobavnost.*

Indigesto - *neprobavan.*

Indignitoso - *neuljudan, neo-*
tesan.

Indilazionabile - *neodgodiv, neproduživ, neproduljiv.*

Indipendente. V. Indipendente ecc.

Indirettamente - *neuprav, neupravo.* V. Direttamente.

Indirizzo, segno che dà direzione ai nostri passi - *uput, uputa, uputjenje*; p. indir. di lettera - *dopisak.*

Indispensabile - *neobhodan, neobhodno potrĕban.*

Indispensabilità - *neobhodnost.*

Indisposto, liev. ammalato - *slab, bolestan.*

Individuale - *osoban, osobit, osobitan.*

Individualità - *osobnost.*

Individuo, st. - *osoba, stvar, stvarnost, stvarbenost.* V. Indivisibile.

Indivisibile - *nerazdĕliv, nerazdĕlan, nerazlučiv, nerazlučan, nerazstavan.*

Indiviso - *nerazdĕljen, nerazlučen, nerazstavljen.*

Indiziare, dare indizio o segno - *kazati, pokazati*; p. dar da sospettare -

sumnjivim se ukazati v. pokazati.

Indiziato - *osumnjen, osumnjičen.*

Indizio, segno - *znak, obkaza*; p. principio di prova - *trag, znak, sumnja*; non avvi indizio d'un crimine - *nĕma traga ikakvog zločina.* V. Contrassegno.

Indole - *ćud, narav*; di buona ind. - *dobre ćudi* v. *naravi.* V. Qualità.

Indolente. V. Indifferente.

Indoramento - *pozlatjenje.*

Indorare - *pozlatiti.*

Indossamento, (camb.) - *naledjaj, naledjica, nahèrbtica, naledjenje* ecc.

Indossante, st. (camb.) - *nalednik, nahèrbtnik.*

Indossare, (camb.) - *naledjiti, nahèrbtiti.*

Indossato, st. - *naledjenik, nahèrbtjenik.*

Indosso, sulla persona - *nase, na sebi, pri sebi.*

Indovinare, prevedere - *pogoditi, zgoditi*; predire il fut. - *gatati, gonetati.*

Indovinatore (di un enigma)

- *odgonetalac, odgonetaoc.*

Indovinello - *gonetka, zago-*
netka; scioglim. dell'in-
dov. - *odgonetanje.*

Indovino, chi pretende in-
dov. il fut. - *gatalac, pro-*
ročitelj, prorokovatelj.

Indubitabilità - *nedvojbenost,*
stalnost.

Indubitato - *nedvojben, sta-*
lan.

Indugiare - *kasniti, zakas-*
niti, odvlačiti, zavlačiti,
oklevati, kèrzmati, kèrzma-
riti, natezati, zatezati, pro-
tezati, produljiti, usporiti.

Indugio - *zakašnjenje, od-*
vlaka, odvlačenje, zavla-
čenje, oklevanje, kèrzmanje,
natezanje, zatezanje, pro-
tezanje, produljenje, uspo-
renje; senza indugio - *bez*
odvlačno, bez odvlake.

Indulgenza, condiscenden-
za - *dopuštenje, dopušta-*
nje, odpuštanje, oproštenje;
p. compatimento - *tèrplje-*
nje, ustèrpljenje, snosba; p.
indulg. dispens. a' fedeli
- *prošćenje, proštenje.*

Indulto, st. dispensa - *dopu-*

štenje; p. perdono gener.
- *odrěšenje, pomilovanje;*
ag. V. Concesso.

Indumento, coprimento - *po-*
krivalo, pokrivača, p. veste - *obuća, obućtva.*

Indurire, va. indurare - *u-*
tvèrditi, potvèrditi, učiniti
tvèrdo; vn. - *potvèrditi,*
potvèrditi se, otvèrditi, u-
tvèrditi se, postati tvèrd.

Indurre, introdurre - *uvesti,*
uvoditi, uvući; p. persuadere - *napeljati, navesti,*
nagnati; p. congetturare
- *mněti, suditi;* p. determinarsi - *odlučiti;* indursi
in ragionamenti - *upušća-*
ti se u razglabanja. V. Cagionare.

Industre - *umětan.*

Industria, qualità di chi è
industre - *umětnost;* p. e-
sercizio meccan. in gener.
- *obèrtnost, obèrtničtvo, o-*
bèrt. V. Camera.

Inebbriare va. - *opiti,* np.
opiti se.

Ineccepibile, che non si può
eccettuare - *neizključiv,*
neuklonjiv, neodklonjiv. V.

Irrefragabile.

Ineffabile - *neizrečiv, neizrečiv, neizrečen.*

Ineguaglianza - *nejednakost.*

Ineguale - *nejednak.*

Inerente - *dotičan, spojen, nerazstavan.*

Inerme - *neoboružan, bezoružan.*

Inerte - *lěn.*

Inerudito - *neučen, neučan.*

Inerzia - *lěnost, lěnaria.*

Inesattezza - *nepravilnost, netočnost, nepravost.*

Inesatto - *nepravilan, netočan.*

Inesauribile - *neizcèrpiv, neizprazniv, nepotrativ.*

Ineseguibile - *neizvèršiv, neizpuniv, neuživotvoriv, neudělotvoriv.*

Inesorabile - *nemil, nemio, nesmiljen, neumoljiv;* ines. vendetta - *nemila osvěta.*

Inesperto - *neiskusan, nevěšt.*

Inestimabile - *neprocěniv.*

Inetto. V. Inabile.

Inevitabile - *neukloniv, neizběživ, neodoliv, neobhodan.*

Inezia - *malenkost.*

Infallibile - *stanovit, stalan, neprěvarljiv.*

Infallibilità - *stanovitost, stalnost, neprěvarljivost.*

Infamare - *ozloglasiti, razglasiti, oklevetati, razklevetati.*

Infame - *prěkoran, sramotan, zloglasan, nepošten.*

Infamia - *prěkor, prěkora, sramota, nepoštenje, zloglasnost, rug, ruglo.*

Infangare - *oblatiti, poblatiti, okaljati.*

Infante, bambino - *děte, dětet, dětić;* esposizione d'infante - *izlog* v. *izlož-nje děteta.*

Infanteria - *pěšačtvo, pěšničtvo, pěšadia;* corpo d'inf. - *pěšačko tělo.*

Infanticida - *čedomornik.*

Infanticidio - *čedomorstvo.*

Infanzia - *dětinstvo.*

Infarinare - *omučiti, pomučiti.*

Infasciare - *poviti, obaviti.*

Infaticabile - *neumoran.*

Infausto - *zlokoban, zloudesan, nezgodan, zlosrětan, nesrětan.*

Infecóndo, contr. di fecondo - *neplodan*, p. sterile - *jalov*.

Infedele, ag. non fedele - *nevĕran*, *pronevĕran*; p. chi non crede alla vera fede - st. *nevĕrnik*, *nevĕrnjak*, *nekĕrštjenik*.

Infedelmente - *nevĕrno*, *pronevĕrno*.

Infedeltà, mancanza di fede - *nevĕra*, (tl.) *pronevĕra*, *pronevĕrenje*; p. dislealtà - *vĕrolomje*, *vĕrolomstvo*, *vĕrolomnost*; p. stato di chi non crede nella vera fede — *nevĕrnost*.

Infelice, ag. - *nesrĕćan*, *nesrĕtan*, *zlosrĕtan*, *nezgodan*, *nevoljan*, *tužan*, *brižan*, *žalostan*, *jadan*; st. *nesrĕtnik*, *nevoljnik*. V. Infausto.

Infelicità - *nesrĕća*, *nevolja*, *tuga*, *bĕda*.

Inferiore, più basso - *nižji*, *nižnji*, *doljni*, *dolinji*; p. meno degno - *manji*, *mladji*, *nižji*; di minor pregio - *gori*; td. p. sottoposto - *podložan*, *podči-*

njen, *podstavljen*, *nižji*; autorità inf. - *nižja* (*podložna* ecc.) *oblast*; st. *podložnik*, *podčinjenik*.

Inferire, dedur conseguenze - *vaditi*, *izvaditi*, *izvadjati*; p. conchiudere - *zaključiti*, *zaglaviti*, *vidĕti*; da ciò s' inferisce - *iz toga izvadja se* (*zaključuje se*, *vidi se*). V. Arrecare.

Infermerìa - *bolničara*, *betežnište*, *betežničtvo*.

Infermiccio - *bolezljiv*, *nemoćan*.

Infermiere - *bolničar*.

Infermità - *bol*, *bolest*, *beteg*, *nemoć*, *nezdravje*.

Infermo, st. - *bolnik*, *bolesnik*, *betežnik*, *nemoćnik*; fem. *bolesnica*, *betežnica*, *nemoćnica*; ag. *bolan*, *bolestan*, *bolesan*, *betežan*, *nemoćan*, *slab*, *nezdrav*.

Infernale, ag. - *paklen*, *pakḷenski*.

Inferno - *pakal*, *pako*, *muke paklene*.

Inferrare - *podkovati*, *okovati*, *ogvozditi*. V. Incatenare.

Inferriata. V. Grata.

Infido. V. Infedele.

Infimo, ultimo - *zadnji, naj-zadnji.* V. Vile.

Infine, alla fine - *konačno, najzad, napokon.*

Infinità, moltitudine inum. - *sijaset, sila, sila božja, bezbrojnost, bezbrojstvo, množtvo, mnogo, puno, čuda;* p. infinità di Dio - *bezkončnost, neskončanje.*

Infinitivo, indefinito st. (dei verbi) - *neopreděljeni način,* verbo infinit. - *neopreděljeni glagolj.*

Infinito, che non ha fine - *bezkonačan, bezkrajan, nedospětan, bezdospětan.* V. Innumerabile.

Infino, insino - *do, tja do* (gen.); infino al mare - *do mora.*

Infliggere la multa ecc. - *nametnuti globu (komu), kazniti globom (koga).*

Inflitto - *nametnut.*

Influente - *uplivan, uplivajuć, uticajuć.*

Influenza - *upliv, uplivost, uplivanje, uticanje.*

Influire - *uplivati, uticati (u čemu).*

Influsso. V. Influenza.

Infondato - *beztemeljan, netemeljit.*

Infondere, instillare - *ulěti, ulěvati, utočiti;* p. immergere - *umočiti.*

Inforcare - *zaviliti, nataknuti v. naditi s vila.* V. Impiccare.

Informare, dar notizia - *obznaniti, ubavěstiti, obavěstiti, javiti, do znanja staviti (dostaviti, podněti, donesti).* V. Ammaestrare.

Informazione, notizia intera - *ubavěst, obavěst, ubavěštjenje, obavěštjenje, obznana, obznanjenje,* p. istruzione - *učenje, podučavanje, nauk.*

Informe, senza forma - *nezgroman;* p. sformato - *gèrd, gèrdoban, grub.*

Infortunio. V. Disgrazia.

Infra. V. Fra. Mezzo. In.

Infracidire - *ognjiliti.*

Infrangere - *razbiti, zlomiti, raztèrgati, skèršiti, staviti na komade;* infrang. i suggelli - *raztèrgati pečate.*

Infrazione - *razbijenje, zlomljenje raztèrganje, stavljenje na komade.*

Infrascritto - *podpisan.*

Infrescare - *ohladiti.*

Infruttuosità – *neplodnost.*

Infruttuoso - *neplodan.*

Infuori - *van, izvan, izvanka.* V. Eccetto.

Infuriare - *běsniti, běsnovati.*

Ingalluzzarsi - *opetešiti se, okokotiti se, dignuti rep.*

Ingannare, va. - *varati, prevariti, prevarivati, slěpariti, zaslěpiti, zaslěniti; np. varati se, prevariti se.*

Ingannatore – *varalica, varalac, slěpac.*

Ingannevole - *prevarben, prevaran, himben, vuhven.*

Inganno - *prevara, prevarba, lukavost, lukavština, varanje, himba, hinba, himbenost, zaslěna, vuhva.*

Ingegnere - *měrnik.*

Ingegno - *um, svěst, pamet; opera dell' ingegno* - *umotvor.*

Ingelosire vn. - *ljubomoriti se, uljubomoriti se, ljubo-*

morstvovati; va. dar gelosìa - *uljubomoriti.*

Ingenito - *prirodjen, urodjen.*

Ingenuità - *pravota, nevarha, bezilenost, iskrenost, čistodušnost.*

Ingenuo, schietto - *nehimben, prav, bezilan, iskren, čistodušan.*

Ingerenza - *pačanje, uticonje, udiranje, upletenje.*

Ingerirsi - *pačati se, udirzti se, uticati se, uplesti se.*

Inghiottire - *proždrěti, požirati, gutati, pogutati, pogutnuti, pogutniti.*

Inginocchiarsi - *kljeknuti, kleknuti.*

Inginocchiatojo - *kljěčalnica, klečalnica, kljěčalo.*

Ingiuria - *pogèrda, psovka, osramotjenje, vražba, uvrěda, špot, špotcnje.*

Ingiuriare - *pogèrditi, psovati, opsovati, sramotiti, osramotiti, špotati.*

Ingiurioso - *pogèrdan, osramotljiv, vražben.*

Ingiustamente - *nepravedno, nepravično, nepravo, krivično, krivo.*

Ingiustizia - *nepravda, nepravica, nepravičnost, krivica, krivda.*

Ingiusto - *nepravedan, neprav, nepravičan;* uomo ing. - *nepravedni čověk, nepravednik.*

Ingojare. V. Inghiottire.

Ingombrare - *zapačati, zapačivati, nakramariti.*

Ingordigia - *pohlěpa, pohlěpnost, pohlěpivost, požerljivost, prožděrljivost.*

Ingordo - *pohlěpan, pohlěpiv, požerljiv, prožděrljiv.*

Ingrandire - *povećati, povećavati.*

Ingrassare va. - *tustiti, otustiti, pretiliti;* vn. *otustiti se, potustiti se, postati tust, pretiliti se.*

Ingratitudine - *nezahvalnost, nehar, nehara, neharstvo, nespoznanost.*

Ingrato – *nezahvalan, neharan, nespoznan.*

Ingravidare va. - *nabrijati, napraviti těrbuh,* met. *napuniti, nabrěmeniti, natruhliti,* vez. *napěrcati.* V. Impregnare.

Ingrediente - *uměsalo, priměsak.*

Ingresso, entrata - *ulaz, ulazenje, unidenje, unidjenje, udjenje;* p. luogo per cui si entra - *ulaz, ulazak, ulaznica, uhod, uhodište.*

Ingroppare - *zauzlati, zauzliti.*

Ingrossare - *odebljiti, odebeliti, zdebljiti, podebljiti, zdebljati, podebljati.* V. Ingravidare.

Inimicare, va. - *znepriateljiti, svaditi, posvaditi, zavaditi; znemiriti, podužmaniti;* np. *znepriateljiti se, svaditi se,* ecc.

Inimicizia - *nepriateljstvo, nepriatelstvo, svadba, svadja, zavada, nepriazan, neprijazan, dušmanstvo.*

Inimico, st. - *nepriatel, nepriatelj, neprijatel, dušman, dušmanin, nepriaznik;* ag. *nepriateljan, nepriateljski, dušmanski.*

Inintelligibile - *nerazumiv.*

Iniquità - *bezakonje, bezzakonje, nepravednost.*

Iniquo - *neprav, nepravedan.*

V. Malvagio.

Iniziale - *početan;* lettera iniz. - *početno* v. *veliko slovo.*

Iniziare. V. Principiare

Iniziativa - *početak, početje, započetje.*

Innacquare - *vodniti, razvodniti.* V. Vino.

Innalzamento – *dignutje, podignutje, uzdignutje, nadignutje, povišenje, uzvišenje, dignjenje* ecc.

Innalzare, va. sollevare - *dignuti, dići, podignuti, podići, uzdignuti, uzdići, povišiti;* p. rendere illustre - *uzvišiti, proslaviti;* np. *uzvišiti se, podignuti se* ecc.

Innamorare, va. - *uzaljubiti, probuditi ljubav u komu, ganuti na ljubav,* met. *raniti, raniti u sèrcu, zamamiti (koga);* np. *zaljubiti se.*

Innamorata st. - *ljuba, draga,*

Innanzi, avanti - *prie, pèrvo, izpred, izpreda* (gen.); *prid, pred, preda* (ist. e ac.); *pri* (loc.); innanzi al giudizio - *pri sudu;* p. avanti tutto - *najprie, naj-*

pèrvo, prie svega, izpèrva; innanzichè - *prie* v. *pèrvo nego (neg);* più innanzi - *dalje, naprěd.*

Innasprire. V. Esacerbare.

Innato - *prirodjen.*

Innegabile - *netajiv.*

Innestare - *cěpati, ucěpati, ucěpiti.*

Innesto - *cěpanje, ucěpanje.*

Inno - *iman.*

Innocente - *nevin, nedužan, prav, pravičan, pravedan, bezgrěšan, nekriv, nekrivičan.*

Innocenza - *nevinost, nedužnost, pravednost, pravičnost, bezgrěšnost, nekrivičnost.*

Innocuo - *neškodan, nenaškodan, bezloban, bezzloban.*

Innoltrare, va. avanzare - *naprědovati, unaprěditi, unaprědovati;* np. p. andar più oltre - *ići naprěd.*

Innoltre. V. Inoltre.

Innovare - *ponoviti, obnoviti.*

Innovatore - *novotar.*

Innovazione - *ponova, obnova, novota, ponovljenje, obnovljenje;* contratto d'innovazione - *novotna pogodba.*

Innumerabile, innumerevole - *bezbrojan, nebrojan, nebrojen, neizbrojan, nebrojiv, neizbrojiv.*

Innumerabilità - *bezbrojnost, nebrojnost, nebrojenost, neizbrojnost, neizbrojenost.*

Inobbediente - *neposlušan, nepokoran.*

Inobbedienza - *neposluh, neposlušnost, nepokornost, nepokora.*

Inondare - *potopiti, poplaviti, zaplavati, zaplaviti, napliti, naplivati*; p. precipitare a torme - *napadati.*

Inondazione - *potop, potopje, povodnja, poplav, poplavica, potopljenje, poplavanje;* p. invasione di pop. - *napad, napadanje.*

Inonestà - *nepoštenost, nepoštenje.*

Inonesto - *nepošten.*

Inoperoso - *bezposlen.*

Inopia - *nestaša, oskudica, manjkanje.*

Inopportuno - *izvandoban, nezgodan.*

Inorpellare, coprire con orpello - *pozlatkati;* p. coprire con arte - *zaslěpiti.*

Inquietare va. - *uznemiriti, uznemirivati, unemiriti, jaditi, smutiti, smućevati, zanovětati;* np. *uznemiriti se, unemiriti se, jaditi se.*

Inquieto - *nemiran, nestašan, nepokojan.*

Inquietudine - *nemir, nepokoj.*

Inquilino - *najmitelj,* subinquilino - *podnajmitelj.*

Inquirente st. (giudice) - *iztražitelj, sudac iztražitelj, iztražiteljni sudac;* ag. *iztražiteljan, iztražan;* giudizio inquir. - *iztražiteljni* v. *iztražni sud.*

Inquirire, sl. - *iztražiti, iztraživati;* inquir. preliminarmente - *prediztražiti.* V. Ricercare. Dimandare.

Inquisito st. - *iztraženik,* ag. *iztražen.*

Inquisizione sl. - *iztraga, iztraženje, iztraživanje;* inquis. preliminare - *prediztraga, prediztraženje, prědiztraživanje,* inquis.

speciale - *posebna iztraga,* - disciplinare - *pokarna* v. *karnostna iztraga* ; p. tribunale eretto dai Papi - *porotno-svetjenički sud.*

Insaccare - *uvrěčiti, staviti* v. *postaviti u vrěću.* V. Inghiottire.

Insalata - *salata.*

Insalubre - *nezdrav.*

Insanabile - *neizlěčiv, neozdraviv.*

Insanguinare - *okèrvaviti.*

Insaziabile - *nenajediv, nenajidan, nenasit, nenasitan.*

Insaziabilità - *nesitost, nenasitivost.*

Inscrivere, tl. - *upisati;* inscr. nei libri - *uknjižiti, upisati u javnih knjigah* ; p. porre inscrizione - *napisati.*

Inscrizione, tl. - *upis, upisanje;* p. inscr. nei pubblici libri - *uknjižba, uknjiženje, upis, upisanje u javnih knjigah* ; p. soprascritta di lettere - *napisak, dopisak;* p. epigrafe - *napis napisanje.*

Insegna. V. Bandiera ; p.

arme di famiglia ecc. - *gèrb* ; p. segno, indizio - *znamen, zlamen, znamenje, zlamenje;* p. carattere, contrassegno - *znak, znaka, značaj, značajnost.*

Insegnamento - *nauk, nauka, učenje, naučenje, podučavanje, věžbanje, uvěžbanje.*

Insegnare - *učiti, naučiti, podučiti, věžbati, uvěžbati.*

Inseguire - *těrati, potěrati.*

Insellare - *osedlati.*

Inseparabile - *nerazděliv, nerazlučiv, nerastaviv, nerastavan.*

Insepolto - *nezakopan.*

Inserire - *uvèrstiti, uvesti, uvoditi, unesti.*

Inserviente, ag. - *služeći;* st. p. serviente - *poslužitelj, poslužnik, podvornik.*

Inserzione - *uvèrstenje, uvèrstba, uvedenje, unesenje.*

Insetto - *nevid.*

Insidia - *zasěda, podkapanje, podjamstvo.*

Insidiare - *zasědati, podkapati, podjamiti, kopati jamu (komu* v. pod kim).

Insieme - *skupa, skupno,*

ujedno, *zajedno;* p.contempor. - *istodobno, suvrěmeno;* p. in una volta - *na jedan put,* tutto insieme - *sve skupa, jednoskupno;* p. unione di più cose - *skupnost, ukupnost.*

Insigne. V. Famoso. Illustre.

Insignificante - *neznatan.*

Insino - *do, tja do.* V. Anche.

Insinuare, tl. - *prijaviti* - insinuare l' appello - *prizvati se, prijaviti priziv,* - il ricorso - *uložiti utok,* - un credito - *prijaviti tražbu;* p. introdurre - *upeljati, uvesti, uvući.*

Insinuazione, tl. - *prijava, prijavljenje;* insinuazione d'appello - *priziv, prijava v. prijavljenje priziva, prizivna dojava;* p. scritto che la contiene - *prizivnica.* V. Appellare. Denunziare; p. introducimento - *upeljanje, uvedenje, uvučenje.*

Insipidamente - *suhoparno, neslano, netečno.*

Insipidezza - *suhoparnost,* neslanost, netečnost.

Insipido - *suhoparan, neslan, netečan.*

Insistere - *nastojati, nastati.*

Insoffribile - *netèrpiv.*

Insolente. V. Arrogante.

Insolenza. V. Arroganza.

Insolito - *neobičan, nenavadan, izvanredan.*

Insopportabile - *nepodnosiv, nepodnosan, nesnosan.*

Insordire - *oglušiti, zaglušiti.*

Insorgente st. - *ustaš, ustaša, buntovnik.*

Insorgere - *ustati.*

Insormontabile - *neprohodan.*

Insperato - *nenadan, neočekivan, nezaufan.*

Inspettore. V. Ispettore ecc.

Inspirare - *nadahnuti, udahnuti.*

Inspirato - *nadahnut, udahnut.*

Inspirazione - *nadahnutje, udahnutje.*

Instabile - *nestalan, nepostojan,* met. *vèrtoglav.*

Instabilità - *nestalnost, nepostojanost.*

Installare - *uměstiti, naměstiti.*

Instancabile - *neumoran*.

Instancabilità - *neumornost*.

Instancabilmente - *neumorno*.

Instantaneamente. V. Immediatamente ecc.

Instante st. - *molitelj*.

Instanza, perseveranza nel domandare - *moljenje, umoljenje;* p. supplica - *molba;* giudizio di prima, seconda, terza instanza - *sud pèrve, druge, trete* v. *tretje molbe.* V. Supplica. Dilazione.

Instare - *moliti, umoliti, prositi.* V. Chiedere.

Instigamento V. Istigamento ecc.

Instillare. V. Infondere.

Instinto - *nagon, nagnutje, prignutje, prinagnutje, želja.*

Instituire. V. Fondare. Ammaèstrare.

Instituto. V. Istituto.

Institutore. V. Fondatore.

Instruire. V. Istruire ecc.

Instrumento. V. Istrumento.

Insubordinazione. V. Disubbidienza ecc.

Insucidare - *okaljati, oblati-*

ti, *omazati.*

Insufficiente - *nedostatan, manjkav, nedovoljan.*

Insufficienza - *nedostatnost, nedostatak, manjkavost, nedovoljnost.*

Insulsità - *neslanost, nesklapnost.* V. Insipidezza.

Insulso - *neslan, nesklapan.*

Insultare, far insulti - *špotati, sramotiti, osramotiti, nagèrditi, ogèrditi, pogèrditi, psovati, opsovati.*

Insulto, ingiuria - *nagèrda, ogèrda, pogèrda, psovka, uvrěda.*

Insuperabile. V. Invincibile.

Insuperbire - *izoholiti.*

Insurrezione - *ustanak.* V. Ammutinamento.

Insussistente, che non esiste - *nebitan, neobstojeći;* p. infondato - *netemeljit, beztemeljan.* V. Chimerico.

Insussistenza - *nebitje, netemeljitost.* V. Insussistente.

Intagliare - *urězati.*

Intaglio - *urěz.*

Intatto - *netaknut, netaknjen,* puro - *čist.* V. Incontaminato.

Intavolare, sl. inscrivere nei libri pubblici - *uknjižiti;* int. il documento - *uknjižiti izpravu;* intavolare (cominciare) un discorso - *zametnuti (nastaviti, početi, započeti) govor.*

Intavolato - *uknjižen, zametnut, nastavljen.* V. Intavolare.

Intavolazione sl. - *uknjižba, uknjiženje;* diritto di - *pravo uknjižbe,* storno di - *izbrisanje uknjižbe, izknjiženje;* p. introduzione, cominc. - *početak, početje, započetje, počmenje, započmenje, zametnutje, nastavljenje.* V. Intavolare.

Integrale - *cělovit, cělokupan, ukupan.* V. Essenziale.

Integrità, interezza - *cělost, cělota, cělina, cělokupnost, cělovitost, ukupnost, podpunost;* p. integr. di costumi - *neporočnost, neprikornost, ćudorednost.*

Integro, intero - *cěl, cěo, cělovit, cělokupan;* p. non corrotto - *neporočan, neprikoran, ćudoredan.*

Integumento, copertura - *pokrivalo;* p. membrana del corpo animale - *koža.*

Intelletto - *razum, um, pamet, razumje, razumnost.* V. Intelligenza.

Intellettuale - *razuman, uman.*

Intelligente - *razuman, razborit, razboran.*

Intelligenza, intelletto - *razum, razumnost, razboritost, pamet;* p. cognizione - *znanost, razumljenje;* p. corrispondenza - *porazumljenje, sporazumljenje, dogovor.* V. Cautela.

Intelligibile - *razumiv, razumljiv.* V. Chiaro.

Intemerato - *neporočan.*

Intemperante - *čezměran, neuzpregnut, prěkoredan.*

Intemperanza - *čezměrnost, neuzpregnutje, prěkoměrnost.*

Intemperie - *zlozračje, zločesti v. nezdravi zrak v. ajer.*

Intempestivo - *izvandoban.*

Intendere va. - *razuměti.* V. Udire. Giudicare. Attendere; np. *razumiti se, porazumiti se, sporazumiti se, dogovorĕti se.*

Intendimento, l'intendere - *razumljenje*; p. senso di parole - *smisao, smisal*; p. accordo segreto - *porazumljenje, sporazumljenje, dogovor, dogovorenje*; p. intelligenza - *razum, razumnost, razboritost, pamet.* V. Intenzione.

Intenerire, va. - *omekšati, umekšati, pomekšati (štogod)*; np. *omekšati, omeknuti, umekšati, umeknuti.*

Intentare (una causa) - *podignuti (podići, zametnuti) pravdu.*

Intenzione - *nakana, namisao, namĕna*; prava int. - *zla v. zlobna nakana*; ferma int. - *tvèrda nakana.*

Interamente, senza manc. di alcuna parte - *cĕlovito, cĕlokupno*; p. del tutto - *posve, sa svim, sa svime, posvema, posvemašno.*

Intercedere, pregare - *moliti, umoliti*; p. frapporsi - *medjustaviti se, posrĕdovati.*

Intercessione - *moljenje, umoljenje, posrĕdovanje.*

Intercettare - *obustaviti, obustavljati*; p. fermare lettere ecc. - *uzaptiti.*

Intercetto - *obustavljen, uzaptjen.*

Intercezione - *obustavljenje, uzaptenje.*

Interdetto st. - *zabrana*; p. censura eccles. - *cèrkvena zabrana, cenzura.*

Interdire, proibire - *zabraniti*; p. punire di censura - *obustaviti, cèrkveno obustaviti, staviti v. postaviti pod cèrkvenu zabranu.*

Interessante - *zanimiv.*

Interessare, far partecipe altri di un affare - *dionikom učiniti, ukoristiti (koga)*; p. cattivarsi l'animo - *dopadati (komu)*; p. interessarsi per qualcuno - *zauzeti se za koga.*

Interessato, st. - *pristranik, zauzetnik*; ag. *pristran, zauzet, prignut na korist (čiju)*; p. interessato in un negozio - *dionik, sukoristnik.*

Interesse, frutto di denaro - *kamat*, met. *uzgredica, pripadak*; int. di mora - *zaostavši* v. *zavlačni kamati*, interessi del sei per cento - *šestpostotni kamati*, porre ad int. - *ukamatiti, okamatiti*; p. affare - *posao, posal, stvar*; p. utilità - *korist, hasan, dobitak, probitak.*

Interfetto - *usmèrtjen, ubijen.*

Interfezione - *usmèrtjenje, ubijenje.*

Interinale - *medjutoman, vrěmenit, privrěmen.*

Interiora - *drob, jelita, olita.*

Interiore, parte interna - *nutèrnji, nutrašnji.*

Interjezione - *umetak.*

Interlocutorio - *medjugovoran.* V. Sentenza.

Intermediario - *posrědnik, posrědovatelj.*

Intermediazione - *posrědovanje.*

Interminabile - *nedospětan.*

Internamente - *nutra, unutra, iz nutra.*

Internare, va. - *unutriti, uvući,* np. *unutriti se, uvući*

se; fig. p. esamin. profondam. *potanko razpitati* p. *razviděti (stvar* ecc.)

Internazionale - *medjunarodan*; diritto inter. *medjunarodno pravo.*

Interno, st. - *unutèrnjost*; p. sentimento dell'animo non palese – *sèrce, misal, misao*; ag. *tajan, skrovit, nutèrnji, nutrašnji, unutèrnji, unutrašnji.*

Internunzio - *poklisar, papinski poslanik.*

Intero, st. - *cělina, cělovitost, cělokupnost*; ag. *cěl, cěo, cělovit, cělokupan.* V. Restituzione.

Interpellanza - *zapit, upit.*

Interpellare - *pitati, zapitati, upitati.*

Interpellazione - *pitanje, zapitanje, upitanje.*

Interporre, va. - *medjustaviti,* sl. *uložiti*; inter. l'appello – *uložiti* v. *prijaviti priziv*; il ricorso - *uložiti utok.* V. Entrare.

Interposto. V. Interjezione.

Interpretare - *tumačiti, raztumačiti, protumačiti.*

25

Interpretazione · *tumačenje, raztumačenje.*

Interprete - *tumačnik, tumačitelj.*

Interrogare - *pitati, upitati.*

Interrogativo – *upitan, zapitan;* punto inter. - *znak upita.*

Interrogatorio, interrogazione - *upit, pitanje, upitanje;* inter. speciali e generali - *posebna i obća pitanja.*

Interrompere - *prekinuti, prekidati, presěći, prestati, obustaviti;* inter. il discorso - *presěći govor,* - il servizio - *prekinuti službu.*

Interruzione - *prestanak, prekinutje, prekidanje, obustava;* senza interr. - *bez prestanka, neprekidno.*

Intertenere - *zadèržati, zadèržavati.*

Intervenire. V. Accadere. Entrare. Presente.

Intervento - *posrědovanje, uměšanje.* V. Presente.

Intervenzione - *uměšak, posrědovanje.*

Intestino, st. - *olito;* ag.

V. Interno.

Intiero. V. Intero.

Intimante, sl. - *uručitelj, uručilac, uručenik.*

Intimare, notificare - *oznaniti, obznaniti, navěstiti, javiti, objaviti;* intimare il decreto - *uručiti odluku.*

Intimatario, sl. - *prijetnik.*

Intimazione, sl. - *uručba, uručenje;* p. notificazione - *objava, oznanilo, obznanjenje.*

Intimorire - *prestrašiti.*

Intirizzire va. - *zgèrčiti,* vn. patire troppo freddo - *zgèrčiti se, ozebsti, utèrnuti.*

Intitolare - *nasloviti.*

Intitolazione - *naslov.*

Intollerabile - *netèrpiv.*

Intolleranza - *netèrpnost, netèrpivost.*

Intonare, princip. il canto - *zápěvati;* p. dare il giusto tuono alla nota - *pokliknuti;* p. cantare o suonare secondochè porta la giustezza del tuono - *složiti, slagati;* p. dar princip. a checchessia – *poćeti, započeti.* V. Cantare.

Intoppare - *zaděti, zaděnuti.*
V. Incontrarsi.

Intorbidare va. - *smutiti, pomutiti.*

Intorcere - *sukati, zasukati, uvijati, svijati.*

Intorno - *oko, okolo, naokolo, polag, kraj, pokraj mimo, pored, bliz, blizu* (gen.); *uz, uza, nuz* (ac.) ; *pri* (loc.); p. poco più poco meno - *okolo.* V. sopra.

Intorto - *sukan, zasukan, uvijen, svijen.*

Intossicare. V. Attossicare.

Intralciare - *zaplesti, oplesti, uplesti, omotati.*

Intramezzare - *pretinjiti, pretiniti.*

Intramezzo - *pretinjak, pretinak.*

Intransitivo - *neprelazan;* verbo intr. e transitivo - *neprelazni i prelazni glagolj.*

Intraprendere, pigliare a fare - *poduzeti, podhvatiti.*

Intrapresa. V. Impresa.

Intrattenere, va. far indugiare - *zaděržati, zaděržavati;* p. mantenere a pro-

prie spese - *uzděržati na svoje troškove* ; np. stare a bada - *zaděržati se.*

Intrecciare, unire in treccia - *plesti, zaplesti.*

Intrepidezza - *bezbědnost, bezbojazljivost.*

Intrepido - *bezbědan, bezbojazljiv, nebojazljiv.* V. Impavido.

Intrigante - *spletkar.*

Intrigare - *splesti, spletati, zaplesti, zapletati, zamotati.*

Intrigo, intrigamento - *spletenje, zapletenje, zamotanje;* p. imbroglio - *smetnja;* p. raggiro - *slěparia, spletka, zapletka.*

Introdurre, metter dentro - *uvesti, uvući, uvoditi, sagnati, natěrati;* p. dar cominciamento - *početi, započeti, nastaviti.*

Introduzione, atto dell' introdurre - *uvedenje, uvučenje, uvodjenje, sagnanje, natěranje;* p. cominciamento - *početak, početje, počmenje, započmenje, nastavljenje;* p. prologo - *uvod, predgovor.*

*

Introitare - *pobirati, utěrati, utěravati, iztěrati, upěneziti.*

Introito, rendita - *dohodak, prihod, prihodak;* p. esordio - *predgovor;* p. principio della messa - *pristup.* V. Entrare.

Intrudere, va. - *gnjesti, ugnjesti;* np. *gnjesti se, ugnjesti se.* V. Introdurre.

Intrusione - *gnjetenje, ugnjetenje.*

Intruso - *ugnjeten.*

Inumanità - *nečověčnost, protučověčanstvo.*

Inumano - *nečověčan, neblagoljuban, protučověčanstven.*

Inurbanità - *neuljudnost, neudvornost.*

Inurbano - *neuljudan, neudvoran.*

Inusitato - *neobičan, neobičajan.*

Inutile - *nekoristan, bezkoristan, neprudan, nehasnovit, nevaljan.*

Inutilità - *nekorist, nekoristnost, bezkorist, neprudnost, nevaljanost.*

Inutilmente - *nekoristno, bez-*

koristno, *neprudno, zaman, badava, zabadava, zaludo.*

Invadere. V. Occupare. Assalire.

Invaghire. V. Innamorare.

Invalidare - *nevaljanim učiniti, pobiti, onemoći.*

Invalidità - *nevaljanost, nevaljstvo;* inv. del testamento - *nevaljanost oporuke.*

Invalido, ag. non valido - *nevaljan, bez valjanosti v. krěposti;* p. invalido soldato - *nemoćni vojnik, nemoćnik.* V. Incapace.

Invano - *zaludo, zaludno, uzalud, zaman, zabadava.*

Invariabile - *neproměniv.*

Invasione - *napad.*

Invecchiare - *ostaréti, ostarati, postaréti, postarati, postaréti se ecc.*

Invece. V. Vece.

Inventare - *iznaći, pronaći, izumiti, smislěti, izmislěti, namislěti, zametnuti.*

Inventariare - *popisati, sastaviti* v. *učiniti popis (nadjevnik) stvarih.*

Inventario - *popis, nadjev-*

nik, inventar. V. Erede.

Inventore - iznašalac, namislilac, zametnik.

Invenzione, scoperta di cosa non conosciuta - pronašastje, iznašastje, iznajdjenje, pronajdjenje; p. inventiva - izumljenost, izumljenje, izmišljenje; maliziosa inv. - izmišljotinja, izmišljenje.

Inverdire - zeleniti, ozeleniti, pozeleniti.

Inverecondia - nesram, nesramost, nesramežljivost.

Inverecondo - nesraman, nesramežljiv.

Inverisimiglianza - nevěrojatnost.

Inverisimile - nevěrojatan.

Invernale - ziman, zimski.

Inverno - zima.

Invero - doisto, doista, zaista, doduše, istinabog.

Investigare - proiskati, proiskivati, izpitati, izpitivati, iztražiti, iztraživati.

Investire, dare il possesso - staviti (postaviti, metnuti) u posědu; p. impieg. denaro (in compere) -

trošiti v. potrošiti novce; (in mutui) ukamatiti, uzajmiti, dati u zajam (novce). V. Assalire. Colpire.

Investitura - uvedba, uvod.

Inveterare - ostarěti, zastarěti, postarěti.

Inveterato - ostarěl, zastarěl, postarěl.

Invetriata - stakla.

Inviare, mettere in via - uputiti, staviti na put. V. Indirizzare. Mandare. Educare; np. inviarsi - uputiti se, staviti se na put, ići, odlaziti.

Invidia - nenavidost, nenavidnost, nenavist, nenavidstvo.

Invidiabile - nenavidiv, uznenavidiv.

Invidiare - nenaviděti, uznenaviděti, odazrěti.

Invidiato - nenavidjen, uznenavidjen.

Invidioso - nenavidan.

Inviluppare. V. Intrigare. Involgere.

Invincibile - nedobitan, nepredobitan, nepredobiv, nepobědim.

Invio, il mettere in via -

uputa, uputjenje; il man-dare - slanje, poslanje, dostavljenje.

Inviolabile - *neoskvèrniv.*

Inviolabilità - *neoskvèrnivost, neoskvèrnjenost.*

Inviolato - *neoskvèrnjen.*

Inviperire - *postati ljut kao zmia.*

Invischiare - *obiskati, ove-skati, omeljiti, olĕpkati.*

Invisibile - *nevidiv, nevidjen.*

Invisibilità - *nevidivost, ne-vidnost.*

Invitare - *pozvati, pozivati;* invitare uffiziosamente - *službeno pozvati.* V. Al-lettare.

Invito, st. l'invitare - *pozva-nje, pozivanje;* p. **chia-mata** - *poziv, pozov;* vi-glietto d'invito - *pozivni-ca.* V. Brindisi.

Invitto, ag. - *nedobitan, ne-predobitan.*

Invizzire - *uvenuti, uvehnuti, usahnuti.*

Invizzito - *uvenut, uvehl, uvel, usahnut.*

Invocare - *umoliti, umolja-vati.*

Involare, rubare - *ukrasti, pokrasti, kradomice uzeti.*

Involgere va. - *sviti, zaviti, zamotati;* p. inviluppare - *zaplesti, zamotati, smo-tati, omotati,* np. *zamotati se, smotati se, zaplesti se.*

Involontariamente - *nehotno, nehotice, nehotomce, nehoti-mice, protuvoljno.*

Involontario - *protuvoljan, nehotan, bezhotan.*

Involpare - *osnititi, posni-titi.*

Involto st. - *omotak, zamo-tak, zamotaj, smotak, za-vitak;* ag. *omotan, zamo-tan, smotan, zavijen.*

Invulnerabile - *neraniv, nei-zraniv.*

Io - *ja;* io e lui - *ja i on.*

Iperbole - *ipèrbola, hipèr-bola.*

Ipocondrìa - *hipokondria, za-mislina, dreselje.*

Ipocondrico - *hipokondriački, zamislenast, dreseljan.*

Ipocrisìa - *lukavština, šare-nost.*

Ipocrita st. - *lukavac;* ag. *lukav, šaren, šarovit.*

Ipoteca - *podlog, nepokretni zalog, hipoteka.*

Ipotecare - *zoložiti, dati u zalog* v. *u ime podloga.*

Ipotecario - *založan, hipotekaran.*

Ipotenusa - *hipotenuza.*

Ipotesi - *podměna, postava.*

Ira - *sèržba, sèrditost, jad, jed, gnjev.*

Iracondia - *sèrditost, sèržbenost.*

Iracondo - *sèrdit, sèržben, zlosèrdit, zlosèržben.*

Ironia - *okosnost.*

Ironicamente - *okosno.*

Ironico - *okosan.*

Irradiare – *razsvětliti.*

Irradiazione - *razsvětljenje.*

Irragionevole - *nerazložan, nerazboran.*

Irragionevolezza - *nerazložnost, nerazbornost.*

Irragionevolmente - *nerazložno, nerazborno.*

Irrazionabile. V. Irrazionale.

Irrazionabilità - *nerazlog, nerazložitost.*

Irrazionale - *nerazložit.*

Irreconciliabile - *nepomiriv,*

neumiriv.

Irreconciliabilità - *nepomirivost, neumirivost.*

Irrefragabile - *neoboriv, nepobitan, nesmetan, neporeciv, neoporeciv, neoprovèrziv, nesumnjiv.*

Irregolare - *nepravilan.*

Irregolarità - *nepravilnost, nepravilnoća.*

Irremissibile - *neoprostiv.*

Irremovibile - *nepomičan, stalan.*

Irreparabile, che non si può riparare - *nepopraviv, nenapraviv;* p. che non si può evitare – *neukloniv.*

Irreperibile - *nepronajdiv.*

Irreprensibile – *neprikoran, nezazoran.*

Irrequieto - *nemiran, nestašan.*

Irresistibile - *neodoljiv.*

Irresoluto - *neodvažan.*

Irresponsabile - *neodgovoran.*

Irresponsabilità - *neodgovornost.*

Irreverente - *nepriklon, nepriklonjen.*

Irreverentemente - *nepriklono, nepriklonjeno.*

Irrevocabile - *neporečiv, neoporečiv, neporečan, neoporečan, neopozivan.*

Irritare - *dražiti, ljutiti, jaditi, razjariti, razdražiti, razljutiti, razjaditi.*

Irrompere - *proderati, provaliti, navaliti, nasèrnuti.*

Irrotolare, tl. - *uskladiti, saviti; irr.* gli atti - *uskladiti* v. *saviti spise.*

Irrotolazione - *usklada, savoj,* irr. degli atti - *usklada* v. *savoj spisah.*

Irrugginire - *zaèrjaviti, poèrjaviti.*

Irruzione - *navalenje, napadanje, nasèrnenje.*

Irsuto - *oštar, oštrodlàkav.*

Iscrizione. V. Inscrizione.

Isola - *otok,* dim. *otočić;* penisola – *poluotok.*

Isolamento - *osamotenje, osamljenje.*

Isolano - *otočan, otočanin.*

Isolare - *osamiti, osamotiti.*

Isolato, staccato - *osamotjen, osamljen, samotan.* V. Arresto.

Ispettorato - *nadzorničtvo, nadzirateljstvo.*

Ispettore - *nadzornik, nadziratelj, nadgledatelj;* isp. delle scuole - *nadziratelj učionah,* isp. marittimo - *pomorski nadzornik.*

Ispezionare, sorvegliare - *nadzirati, nadgledati;* p. visitare - *izviděti, razviděti, razgledati.*

Ispezione, l' ispezionare - *nadziranje, nadgledanje, ogledba, izvidjenje, razvidjenje, razgledanje;* p. ispettorato - *nadzorničtvo, nadzirateljstvo;* - della guardia di finanza - *nadzorničtvo financialne straže,* - del fatto - *izvidjenje* v. *razvidjenje čina;* protocollo d'ispezione – *izvidni zapisnik,* isp. occulare - *očevid, razgled,* isp. locale - *městni očevid,* isp. degli atti - *ogledba spisah.*

Ispido, irsuto - *oštar, oštrodlakav;* p. folto e spinoso - *gust, dračan, dračav.*

Ispirare. V. Inspirare ecc.

Issare - *dignuti;* - le vele - *dignuti jědra* v. *jadra.*

Istante. V. Instante; p. brevis. momento - *čas, tren, trenutak, maknutje oka*; sull'ist. - *odmah, namah, dilj, udilj.*

Istanza. V. Instanza.

Istigare. V. Instigare ecc.

Istinto. V. Instinto.

Istituire. V. Fondare. Ergere.

Istoria. V. Storia ecc.

Istradamento. V. Avviamento ecc.

Istruire - *učiti, naučiti, vaditi, věžbati.* V. Informare.

Istrumento, nome collettivo degli arnesi che servono agli artefici - *orudje, sprav, sprava*; p. arnese con cui si suona - *sopela, sopilo.* V. Documento.

Istruzione - *nauk, podučavanje, věžbanje, uvěžbanje*; p. regola - *pravilo, načelo*; tl. p. istruzione del processo - *prediztraga.* V. Informazione.

Istupidire - *obudaliti, zatrubiliti, obeniti, poluděti, postati bena (budala, trubila).*

Italiano, ag. - *talianski.*

Ivi, quivi - *ovdě, ovděka*; p.

lì - *tu, tudjer, ondě, tamo, onamo*; p. a quel luogo - *u onom městu*, in quella cosa - *u onoj stvari.*

J.

Jeri. V. Ieri.

Jugero - *jutar, jutro.*

Juniore - *mladji.*

Jure. V. Gius. ecc.

L.

Là, in quel luogo - *tam, tamo, onam, onamo, ondě, onděka, ondjer, tu, tude, tuder, tote, totu*; p. di là - *tud, tuda, onud, onuda*; da di là - *odanle, odonle, odatle, odotle*, fino là - *dotle, donle.* V. Colà.

Labbiale - *ustan*; consonanti lab. - *ustni suglasnici.*

Labbro - *usna, usno, usnica.*

Laberinto - *zahodnjak.*

Labile - *padiv, opadiv.*

Laboratorio - *dělaonica, dělarnica, radionica.*

Laboriosamente - *trudno, mučno.*

Laborioso - *trudan, mučan;* instanc. - *neumoran.*

Labro. V. Labbro.

Lacchè, servidore da corso - *slugoteča, slugotečac.*

Laccio (in genere) - *uza, uzanka, vez,* p. laccio da gola (più propriam.) - *udavka.* V. Inganno. Insidia.

Laceramento - *razkidanje, raztèrganje, razkrajanje, razdèrpanje, razdrapanje.*

Lacerare - *razkidati, raztèrgati, razkrajati, razdèrpati, razdrapati;* p. diffamare - *ozloglasiti, razklevetati, huliti.*

Lacerato - *razkidan, raztèrgan, razkrajan, razdèrpan, razdrapan,* met. *ozloglasen, razklevetan, huljen.*

Lacerazione. V. Laceramento.

Laco. V. Lago.

Laconico, breve - *kratak, nedug, skupan;* laconico discorso - *kratki govor.*

Lacuna, ridotto d' acqua morta - *luža, mlaka, lokva;* p. concavità, fondo - *špila, dubina, dubljina;* p. mancanza - *mana, manjkavost, nedostatak, nedostatnost.*

Laddove, là dove - *gdě, kad, kadi;* p. ogni volta che - *uvěk kad* v. *kada.* V. Giacchè. Mentre.

Ladro - *lupež, kradljivac, tat.*

Ladrone - *lupežina, tatina, lopov, lopovina.* V. Assassino.

Ladroneccio - *lupežtvo, lupežtina, lopovština.* V. Furto.

Ladronescamente – *lupežki, po lupežku, lopovski.*

Laggiù, là giù - *tamo dolě, onamo dolě.*

Lagnarsi – *tužiti se, potužiti se, žaliti se, tugovati se.*

Lagno - *tuženje, potuženje, žalba, tegoba, težkoća.*

Lago, vasto spazio d' acque - *jezero, lokva.*

Lagrima - *suza.* V. Lagrimare.

Lagrimare - *suziti, suze roniti, plakati, gorko pla-
kati;* p. compiagnere - *po-
plakati, oplakati.*

Lagrimato - *plakan, popla-
kan, oplakan.*

Lagrimazione - *suzenje, plakanje, ronenje suzah.*

Lagrimevole - *suziv, plačiv.*

Lagrimosamente - *suzno, su-
zivo, plačno, plačivo.*

Lai, lamenti - *jaukanja, ja-
dikovanja, žalbe, tužbe.*

Laicale - *světovan.*

Laicamente - *světovno.*

Laico, il non atto a ma-
neggiare le cose sacre -
světovnik, světovnjak; p.
frate converso - *laih.* V.
Idiota.

Laidamente - *gadno, gnjusno, mèrzko, nečisto.*

Laidezza - *gadnost, gnjusota,
mèrzkoća, něčistoća.*

Laido, brutto - *gèrd, gèrdoban, gadan, mèrzki, gnju-
san.* V. Malvagio.

Lambire - *lizati, oblizati, po-
lizati.*

Lamentare, va. e np. dimostrare il dolore - *tugovati
se, tužiti se, potužiti se, bolěti se, jadati se, jadikovati
se.* V. Compiagnere.

Lamentevole - *tuživ, žaliv,
jadikov.*

Lamentevolmente - *tuživo,
žalivo, jadikovno.*

Lamento - *žalba, jauk, jaukanje, jadikovanje.*

Lamia, pesce cane - *pas
morski, kostka.*

Lampada - *světiljka, světil-
nica.*

Lampeggiare - *bliskati, zabliskati.*

Lampo - *blisk, bliskanje, za-
bliskanje;* p. istante - *čas,
trenutak, maknutje oka.*

Lana - *vuna;* lana di capra
- *jarina,* fioco di lana -
runo.

Lanajuolo - *vunar.*

Lancetta, strumento da cavar sangue - *žilobodnica,
ubodnica, baskavica.*

Lancia, arma di guerra -
kopje, kopjača, katarište;
p. barchetta - *plavka, plavčica, moroplovka.*

Lanciare, scagliare - *vèrći, hititi, baciti, potegnuti;* p. scagliarsi colla lancia - *hititi se* v. *sunuti se kopjem;* p. percuotere colla lancia - *udariti kopjem;* p. gettarsi con impeto - *sunuti se* v. *sunuti (u koga), nasèrnuti, navaliti (na koga).*

Lanciata, colpo di lancia - *kopjoudarac, kopjački udarac;* p. ispazio di una lancia gettata - *kopjački mah.*

Lanciato, ag. da lanciare - *vèržen, hitjen, bacen, potegnut.*

Lanciero - *kopjanik, kopjenik.*

Languente - *mlohav, omlohavljen, oslabjen* (dei fiori) *uvenut, uvel, uvenjen.*

Languidamente - *mlohavo, slabo, nemoćno, uvenuto, uvenjeno.*

Languidezza - *mlohavost, slabost, slaboća.*

Languido - *mlohav, slab, uvenut.*

Languire, mancar di forze - *čamiti, čamati, omlohaviti, oslabiti, iznemoći, onemoći,* (dei fiori) *venuti, uvenuti.*

Lanterna - *světnjak, feral, fonar, fener;* mostrare luciole per lanterne - *kazati rog za svěću.*

Lanternajo - *světnjačar.*

Laonde, per la qual cosa - *česa radi, toga radi, zato, stoga, zbog toga, dakle, radi* v. *zbog uzroka.*

Lapidare - *kamenovati.*

Lapidato - *kamenovan.*

Lapidazione - *kamenovanje.*

Lardo - *slanina, šunka.*

Largamente - *široko, prostrano, prostorito;* p. copiosamente - *obilato, obilno.*

Larghezza – *širina, prostranost, prostoritost.*

Largo - *širok, prostran;* p. copioso - *obilan, obilat.* V. Liberale.

Larva - *krinka, pustolovina.*

Lasciare - *pustiti, ostaviti, zaostaviti;* p. ordinare nel testamento - *narediti (o porukom);* p. dimenticare

- *zaboraviti, zapustiti, o-staviti* v. *pustiti na stran;* p. permettere - *dopustiti, dozvolěti.*

Lascio, st. lascito - *ostav-ština, zaostavština.*

Lascivamente - *bludno, puteno.*

Lascivia - *bludnost, putenost.*

Lascivo - *bludan, puten, ne-pošten, nečist.*

Lastra, pietra larga - *škril, ploča,* p. ogni altra lastra - *ploča, ploska, plosna.*

Latente. V. Nascosto.

Laterale - *pobočan, skrajan.*

Lateralmente - *pobočno sa strane, s boka, skrajno.*

Latino, ag. – *latinski;* lingua latina - *latinski jezik.*

Lato - *stran, strana, bok;* a lato - *uz, uza, nuz* (ac.); *pokraj, oko, okolo, uzpo-red, mimo, blizu* (gen.); *pri* (loc.); da questo lato - *iz ove strane,* a lato della sua diligenza - *uz svoju marljivost,* a lato della casa - *pokraj kuće.*

Latrare - *lajati,* latrare una volta - *zalajati, polajati;* p. satollarsi di latr. - *na-lajati se, izlajati se.*

Latrato - *laj, lajanje, zala-janje, polajanje.*

Lattare, prender latte - *ci-cati, sisati,* p. alimentar col proprio latte. V. Al-lattare.

Latte - *mlěko.*

Laudemio - *prepisnina, hva-ljevina.*

Laudo arbitramentale - *oda-branička presuda* v. *izre-ka, presuda* v. *izreka oda-braničkog suda.*

Laurea, corona d' alloro - *lovorni* v. *javorni věnac, lovornica, javornica;* p. dignità di dottore - *nau-čiteljstvo, čast* v. *dostojan-stvo mudrosti.*

Laureato - *olovoren, ojavoren, lovoronakitjen, javorona-kitjen.*

Lauro, alloro - *lovor, javor.*

Lautamente - *obilno;* p. ma-gnificamente - *veličanstve-no, bogato, gospodski.*

Lauto, suntuoso - *veličan-stven, bogat, gospodski.*

Lavacro, luogo o recipiente

per lavarsi - *umivalište,*
pralište ; santo lavacro,
battesimo - *kèršćenje ;* p.
sacro fonte battesimale -
kèrstèlnica.

Lavamento - *pranje, opra-*
nje, umijenje, umivanje.

Lavandaja - *peračica, pralica.*

Lavare - *prati, oprati, umiti,*
lavarsi - *prati se, oprati*
se, umiti se; np. fig. giustificarsi - *opravdati se;*
lavare taluno (sgridarlo)
- *ukoriti, pokarati, okefati*
v. oprati koga, lavare le
mani (non impacciarsene)
- *oprati v. umiti ruke.* V.
Asino.

Lavato - *opran, operen, iz-*
pran, izperen, umiven.

Lavatojo. V. Lavacro.

Lavorante. V. Lavoratore.

Lavorare - *dělati, raditi, po-*
slovati, truditi, truditi se,
mučiti se.

Lavorato - *dělan, dělovan,*
obdělan, izdělan, radjen,
obradjen, izradjen, tesan,
iztesan.

Lavoratore - *dělatnik, radioc,*
radilac, radnik, rabotnik,
težak, rukodělac, raditelj.

Lavoro - *dělo, radnja, rabo-*
ta, poslovanje; pubblico
lavoro - *javna rabota,* prospetto dei lavori - *poslov-*
ni izkaz.

Leale - *lojalan, izkren, věran.*

Lealmente - *lojalno, iskreno,*
věrno.

Lealtà - *lojalnost, iskrenost,*
věrnost.

Leccamento - *lizanje, isliza-*
nje, polizanje, oblizanje.

Leccare - *lizati, izlizati, po-*
lizati, oblizati; leccarsi le
dita - *lizati v. oblizati pèr-*
ste; p. adulare - *licěměri-*
ti, licuměriti, laskati, ob-
laskati, polaskati, lizati.

Leccato - *lizan, izlizàn, poli-*
zan, oblizan; p. adulato -
liceměren, licuměren, las-
kan, oblaskan, polaskan.

Lecitamente - *dozvoljno, do-*
zvoljivo, dopustivo, dopust-
no, slobodno.

Lecito ag. - *dozvoljan, do-*
zvoljen, dopustan, dopu-
šćen; lecito traffico - *do-*
pustna v. dozvoljena tèrgo-
vina; illecito - *nędozvoljen,*

nedopušten, zabranjen.

Lega, unione tra principi - *sveza, svezanost, dogovor, porazumljenje;* p. lega metallica - *razliva;* p. misura di distanza - *četveromiljad, lega.*

Legaccio - *vez,* (delle calze, anche) - *podvez, podveza.*

Legale - *zakonit, zakonski;* p. giuridico - *pravan;* legale potere - *zakonita v. pravna moć,* legale titolo - *zakoniti v. pravni naslov.*

Legalità - *zakonitost.*

Legalizzare - *ozakoniti, sudbeno v. uredovno potvèrditi.*

Legalizzazione - *ozakonjenje, sudbena v. uredovna potvèrda, sudbeno v. uredovno potvèrdjenje.*

Legame - *vez, savez, saveza, savežaj;* stretto legame - *uski savez.* V. Legaccio.

Legamento - *vezanje, svezanje, zavezanje, privezanje.*

Legare - *vezati, svezati, zavezati, savezati, privezati, obvezati;* p. unire strettamente - *spojiti, sdružiti;* p.

fare un legato - *zapisati (komu štogod).*

Legatario - *zapisovnik,* collegatario - *suzapisovnik,* prelegatario - *predzapisovnik.*

Legato, ag. unito assieme - *vezan, svezan, zavezan, savezan, privezan, vežen, zavežen, svežen, obvežen, spojen, sdružen;* st. p. eredità lasciata - *zapis,* prelegato - *predzapis;* p. ambasciatore - *poklisar, poslanik, veleposlanik.*

Legatore - *vezaoc, vezalac, sveživaoc, svezalac.*

Legatura - *vezanje, svezanje, vežnja.*

Legazione - *poklisarstvo, poslaničtvo, veleposlaničtvo;* legazione in Roma - *poklisarstvo u Rimu.*

Legge - *zakon, propis, postava;* bollettino di legge - *zakonski list,* legge organica - *ustavnički v. obširni zakon.* V. Successione.

Leggere - *štiti, čitati;* p. preleggere - *preštiti, prečitati, proštiti, pročitati.*

Leggerezza, poco pesante - *lakoća, lahkoća, lahkotnost;* p. cosa di poca importanza. - *malenkost, malovažnost, neznatnost;* p. incostanza - *lahkoumnost;* con leggerezza - *lahkoumno.*

Leggermente - *lako, lahko, lahkotno.* V. Leggerezza.

Leggiadramente - *krasno, gizdavo.*

Leggiadrìa - *krasota, krasnost, gizdavost, lěpota.*

Leggiadro - *krasan, krasotan, gizdav, lěp.*

Leggiero, di poco peso - *lak, lahk, lakotan, lahkotan;* p. di poco momento - *malovažan, neznatan, slab, malen, kukavan;* p. incostante - *lahkouman.*

Leggitore - *štioc, čitaoc.*

Legislativo - *zakonotvoran, zakonodavan;* potere legislativo - *zakonotvorna* v. *zakonodavna moć.*

Legislatore - *zakonotvorac, zakonodavac, zakonotvoritelj, zakonodatelj.*

Legislatura - *zakonotvorstvo, zakonodavstvo.*

Legislazione. V. Legislatura.

Legittima - *zakonovina;* porzione legittima - *zakoniti dio* v. *děl.* V. Collazione.

Legittimamente - *zakonito, zakonitim načinom* v. *putem.*

Legittimare, provar giusta una cosa - *opravdati,* legittimarsi - *opravdati se,* met. *oprati se, izpričati se;* p. far legit. un figlio – o- *zakoniti, pozakoniti.*

Legittimazione - *opravdanje, ozakonjenje, pozakonjenje;* legittimazione della prole illegittima - *pozakonjenje nezakonite dětce.* V. Giustificazione.

Legittimo - *zakonit, tvoren polag zakona;* legittimo figlio – *zakoniti sin.*

Legna. V. Legno.

Legnaggio, lignaggio, stirpe – *rod, rodovina, pleme, kolěno.*

Legnaja – *děrvarnica (onica).*

Legname - *lěs, děrvje;* legname da costruzione - *gradjevni lěs.* V. Legno.

Legnetto - *děrvce.*

Legno - *dĕrvo;* legna da fuoco - *goriva* v. *kuriva dĕrva* , diritto di tagliar legna - *pravo sĕčenja dĕrvah.* V. Naviglio.

Legume - *sočivo, grah.*

Lei, pron. - *vi;* lei deve fare - *vi morate učiniti;* di lei - *vaš,* di lei libro - *vaša knjiga,* di lei, di ella (fem.) *njen, njein, njezin.*

Lembo - *kraj, krelo, pljeh.*

Leniente, che calma - *omekšajuć, omekšavajuć, ublažujuć, razsladujuć, olakšajuć, razsladan.*

Lenificare - *omekšati, ublažiti, razsladiti, osladiti, olakšati.*

Lenire. V. Lenificare.

Lentamente - *polako, polagano, kasno, lěno, mĕrtvački.*

Lente, legume - *leća;* p. occhialino - *očnik, staklo.*

Lentezza - *polaganost, kasnoća, lěnost, lenaria, mĕrtvaria.*

Lento. V. Tardo ecc.

Lenzuolo - *lancun, platnenica, platenica.*

Leone - *lav;* leone alato - *kriljati lav.*

Leopardo - *oroslav.*

Lepre, masc. - *zec,* fem. *zečica;* carne di lepre - *zečevina, meso od zeca,* pelle di lepre - *koža od zeca.*

Lesione (corporale) - *ranjenje, ozleda, ozledjenje;* grave lesione corporale - *teška tělesna ozleda,* lesione leggiera - *lahka ozleda, lahko ranjenje;* (dei diritti) - *ošteta, oštetjenje, oškodjenje, naškodjenje;* lesione oltre la metà - *oštetjenje* v. *skratjenje preko polovice;* (dell' onore) - *uvrěda , uvrědjenje;* lesione d' onore - *uvrěda poštenja.*

Leso, p. offeso (nell'onore) - *uvrědjen, oskvěrnjen,* (nei diritti) - *oštetjen, oškodjen, naškodjen, uštĕrbljen.* V. Ferito.

Letamajo - *gnjojilište, gnojilište.*

Letamare - *gnjojiti, gnojiti.*

Letamazione - *gnjojenje, gnojenje.*

Letame - *gnjoj, gnoj;* p.

26

isterco delle bestie - *lajno*.

Letanìe - *letanije*.

Letargìa - *lĕnaria, lĕnost, nemarljivost, nemarnost, neharnost.*

Letargico - *lĕn, lĕnast, nemarljiv, nemaran, neharan, neharljiv.*

Letargo. V. Letargìa.

Lettera (alfabetica) - *slovo;* p. foglio scritto - *list, pismo, pošiljka;* lettera sigillata - *zapečatjeni list,* v. *pismo,* lettera di cambio - *mĕnica,* portalettere - *listonoša.*

Letterale - *izričan, čitav.*

Letteralmente - *izrično, čitavo.*

Letterario - *književan.*

Letterato st. - *književnik, mudrak, učenjak;* ag. *književan, mudar, učan, naučan.*

Letteratura - *književnost, književstvo, knjiženstvo.*

Lettiera - *posteljnica, krevetnica.*

Lettìga - *nosilnica, nosionica, nosilje.*

Letto st. - *postĕlja, krĕvet;* ag. da leggere - *štijen,*

štiven, proštijen, proštiven, čitan, pročitan.

Lettura - *štijenje, štivenje, proštijenje, proštivenje, čitanje, pročitanje.*

Leva, strumento meccanico - *poluga;* p. leva militare - *novačenje, unovačenje.*

Levante, oriente - *istok, iztok;* di levante - *iztočan;* da levante a ponente - *od iztoka do zapada.*

Levare, alzare - *dići, dignuti, podignuti, uzdignuti, nadignuti;* p. tor via - *uzeti, oduzeti, odnĕti, dignuti, ukinuti, ukidati.*

Levato - *dignut, podignut, uzdignut;* p. tolto - *uzet, oduzet, odnesen, dignut, ukidan.*

Levatrice - *primalja, baba, babica.*

Levigare - *gladiti, otesati.*

Levigatura, levigazione - *gladjenje, otesanje.*

Levìta - *levit, svĕtjenik.*

Levriere, st. cane da lepre - *zečar, zečarski pas.*

Lì, avv. in quel luogo - *ondĕ, ondĕka, ondjer, ondi,*

tu, tuka, tudjer, tote, to-teka; di lì - *odonle, odon-dĕ.* V. Là.

Libaneo - *libanski.*

Libare, gustare leggermente - *okusiti, pokusiti, kušati, pokušati.*

Libbra, peso - *librica, litri-ca;* p. moneta - *libra;* a due libbre - *po dvĕ libre.*

Libello, libretto - *knjižica;* p. atto giuridico - *tužba;* p. scritto infamante - *ru-gopis, porugljivo pismo, ru-gopĕv, psovnica.*

Liberale, ag. generoso - *bla-godaran, blagodarstven, da-rovit, darovljiv, veledušan;* p. amorevole - *ljubezan, ljubezljiv;* p. aggiunto del-le arti nobili - *plemenit;* st. chi ama la libertà - *slobodoumnik, prostoduš-nik;* ag. *slobodouman, slo-bodnouman, prostodušan.*

Liberalismo - *prostoduštvo, prostodušnost, slobodnoum-nost, liberalizam.*

Liberalità - *blagodarnost, bla-godarstvo, blagodarstve-nost, blagodarje.*

Liberamente - *prosto, odve-zno, bezzaprĕčno, bez za-prĕke, bez smetnje.*

Liberare - *osloboditi, izba-viti, odkupiti, obraniti, sa-čuvati;* liberare taluno dalle carceri - *osloboditi koga od tamnice.*

Liberato - *oslobodjen, izbav-ljen, odkupljen, obranjen, sačuvan.*

Liberatore - *osloboditelj, iz-bavitelj, odkupitelj, obra-nitelj, sačuvatelj.*

Liberazione - *oslobodjenje, izbavljenje, odkupljenje, sa-čuvanje.*

Libero - *slobodan, prost, be-zaprĕčan;* libera disposi-zione - *slobodno razpola-ženje.*

Libertà - *sloboda, slobodnost, sloboščina, bezaprĕčnost.*

Libidine - *bludnost, putenost;* libidine contro natura - *protunaravna bludnost, blu-dnost suprot naravi.*

Libidinosamente - *bludno, pu-teno.*

Libidinoso - *bludan, puten;* libidinoso commercio -

bludno obćenje.

Libito, st. piacimento - volja; a libito, quando mi
piace - kada me je volja,
kada mi je drago, kad mi
želja doide; p. come ti
pare e piace - kako te je
volja, kao ti je drago.

Libra. V. Libbra.

Librajo - knjigar.

Libreria - knjigarnica, knji-
žarnica.

Libro - knjiga, libretto -
knjižica, libraccio - knjiži-
na, knjižetina; libri pubblici - javne knjige, libri
fondiarj - gruntovne v.
zemljišne knjige, tenitura
dei libri - knjigovodstvo,
tenitore dei libri - knjigovodja, knjigovoditelj.

Licenza, concessione - dozvola, dozvoljenje; p. abuso - zloporaba, zloupo-
trěbljenje; p. concessione
data in iscritto - dopust-
nica, dopustni v. dozvoljni
list; p. congedo - dopust,
ograničeni v. omèdjašeni
odpust; p. troppa libertà
- sloboda, usuda, usudba.

Licenziamento - pušćenje, odpušćenje, odpravljenje.

Licenziare, dar licenza - dopustiti, dozvolěti; p. ac-
commiatare - odpraviti,
odpustiti.

Licenziato - pušćen, odpušćen,
odpravljen.

Liceo - nadučilište, naduči-
lištni zavod, mudroznani-
ca, licej.

Licitazione. V. Incanto.

Lido - obala; lido del mare -
morska obala, obala mora.

Lietamente - veselo, rado, radostno.

Lietezza - veselje, radost.

Lieto - vesel, veseo, radostan.

Lieve. V. Leggiero.

Lievito - kvas.

Ligame. V. Legame.

Ligiare, lisciare, parlandosi
di panno o seta - gladiti,
ogladiti, izgladiti, progla-
diti, laštiti, izlaštiti.

Ligiatura - gladjenje, ogla-
djenje, izgladjenje, progla-
djenje, laštenje, izlaštenje.

Ligio ag. - obvladan, podložan, podstavljen; essere
ligio a taluno - biti komu

podložen, biti komu na volju (po volji, do volje).

Ligneo - *dèrven.*

Lima, strumento d' acciajo *tarlica, tarvenica, lima.*

Limaccio, melma – *blato.*

Limaccioso - *blatan, blatljiv.*

Limare - *tarliti, tarviti;* p. assottigliare - *tanjiti, otanjiti, potanjiti;* p. pulire, perfezionare - *gladiti, ogladiti, laštiti, olaštiti.*

Limatura, il limare - *tarlenje, tarvenje, tanjenje, otanjenje, potanjenje, gladjenje, laštenje;* p. polvere che cade dalla cosa limata - *tarlina, tarvina.*

Limbo - *limb.*

Limitare, va. por limite - *ograničiti, omedjašiti, domĕriti;* p. restringere – *skratiti, stegnuti, ustegnuti, odbiti, oduzeti;* st. soglia dell' uscio - *prag.*

Limitato - *ograničen, omedjašen, domĕren, skratjen;* illimitato - *neograničen, neomedjašen.*

Limitazione – *ograničenje, omedjašenje, domĕrenje, skra-*

tjenje, stegnutje, ustegnutje, odbijenje, oduzetje; limitazione delle spese giudiziali - *ograničenje sudbenih troškovah.*

Limite - *granica, medja.*

Limitrofo – *graničeći, medjašeći.*

Limonata - *lemunada.*

Limone - *lemun.*

Limosina – *milostinja.*

Limpidezza - *bistrina, bistroća, jasnost, prozračnost.*

Limpido - *bistar, jasan, prozračan;* l' acqua limpida - *bistra voda,* limpido discorso - *jasni* v. *oštroumni govor.*

Lince - *ris.*

Linea, estensione in lung. senza larg. - *potez, potezaj, redka;* linea orizzontale - *obzorni potez,* - trasversale – *poprĕčni,* - perpendicolare - *uzdužni,* - retta - *upravni,* - parallela - *poredni* v. *jednako razstavni potez;* linea con tumaciale - *zdravstvena stega (potez, kordun);* p. riga di scrittura - *red,* redak; p. ordine, fila - red; p. piccole linee - *rĕz*, *trag*; p. linea di consanguinità - *loza, rodbena loza*; linea retta - *upravna loza*, - laterale - *jednostrana*, - collaterale - *sustrana* v. *pobočna*, - ascendente - *uzhodna*, - discendente - *nizhodna loza*. V. Ceppo.

Lineamento, disposizione di linee - *redkovanje*; p. contorno del viso - *lice, obličje, obličotvorje, tragovi obličja* v. *lica*.

Lineare, disegnare con linee - *risati, redkati, cĕrtati, nacĕrtati*; p. rigare - *redati, redaličati*.

Lingua - *jezik*, linguaccia - *jezičina*; lingua materna - *materinski jezik*, lingua nazionale - *narodni jezik*, parlare la lingua nostrana - *naški divaniti* v. *govorĕti*.

Linguaggio - *jezik, govor, govorenje*.

Lino - *lan*.

Lione. V. Leone.

Liquefare - *taliti, raztaliti, topiti, raztopiti*.

Liquefatto - *taljen, raztaljen, topljen, raztopljen*.

Liquefazione - *taljenje, raztaljenje, topljenje, raztopljenje*.

Liquidare - *obrediti, ravnati, poravnati*; liquidare i conti - *obrediti račune*.

Liquidato - *obredjen, ravnan, poravnan*.

Liquidazione - *obredjenje, ravnanje, poravnanje*.

Liquidità - *obredjenost, bistrina, jasnost, nedvojbenost, točnost*.

Liquido, fluido st. - *tečivo, žitak*; p. chiaro ag. - *bistar, razbistren, izpravan, izravnan, jasan, izjasnen, nedvojben, iztĕriv, izplativ*; p. esatto - *točan*; conti liquidi - *razbistreni računi*.

Liquore - *žestoko pitje*.

Lira, moneta - *libra*; p. strumento musicale - *gingara*, suonare la lira - *gingariti*.

Liscia, strumento per lisciare i pannolini - *gla-*

dilo, ogladilo; p.pialla - *pla-nja, blanja.* V. Soppresso.

Lisciare, stropicciare - *gla-diti, ogladiti, plostiti.*

Liscio, levigato - *gladak, o-gladjen, otesan, oplanjan, plostan, plos.*

Lisciva - *lušia, rano.*

Liscivare, lavar con lisci-va - *lušiati, olušiati, po-lušiati.*

Lista, striscia lunga di chec-chessia - *trak, pèrhala;* p. catalago, indice - *imenik, kazalo;* p. lista di reclu-tamento - *razred;* trovarsi nella prima lista - *biti u pèrvomu razredu.* V. Se-gno.

Lite - *pravda, parba, parbe-nica;* incamminare la lite - *podignuti (nastaviti, za-metnuti) pravdu.*

Litigante - *pravdač, pravdaš, parbač, parac;* collitigante - *supravdač, supravdaš, su-parbač, suparac.*

Litigare - *pravdati se, tèrati pravdu, biti u pravdi;* p. contendere - *prehtati se, karati se, pregovarati se,* preganjati se, prepirati se.

Litigio - *pravdanje, prehta-nje, karanje, preganjanje, pregovaranje, prepirka, prepor, prepora, prepi-ranje.*

Litigioso, ag. - *preporan, pravden, parben.*

Litografare - *kamenotiskati.*

Litografia - *kamenotisak, ka-menotiskanje;* istituto di litografia - *kamenotiskara, kamenotiskarnica.*

Litografo - *kamenotiskar.*

Litorale st. - *primorje,* ag. *primorski, primoran.*

Livello, censo - *daća, danak, dohodak, livel;* p. piano orizzontale - *jednačina, jednačivost;* stare a livel-lo - *biti jednak.*

Locale, ag. di luogo - *mè-stan,* di questo luogo - *mèstan, ovomèstan,* (di que-sta città) - *ovogradski,* (di quel luogo) - *onomèstan;* il locale giudizio - *mèstni (ovomèstni, ovogradski)sud.* V. Edifizio. Stanza.

Località - *mèsto.*

Locanda - *gostiona, gostioni-*

ca, pristalište, svratište, svratilište.

Locandiere - gostionik, andžija.

Locare, allogare - uměstiti, ponaměstiti ; p. affittare (un fondo rustico) - uporabodati, dati (uzeti) u zakup, (una casa) unajmiti, dati (uzeti) u najam.

Locato ag. (riferib. a fondo rustico) - uporabodajen, dajen u zakup, (riferib. a casa) - unajmljen, dajen u najam.

Locatore (in genere) - naručevnik, (d'un fondo rustico) - uporabodavac, zakupnik, (d'una casa) najamnik, najmitelj. V. Conduttore.

Locazione (d'un fondo rustico) - zakup, uporaba, sublocazione - podzakup, poduporaba. V. Fitto. Pigione.

Locchè, la qual cosa - što, koja stvar.

Locomotiva - bèrzovoz.

Locusta - skokovac, skakavac.

Lodabile. V. Lodevole.

Lodamento - hvaljenje, pohvaljenje, hvališanje, slavljenje, proslavljenje.

Lodare - hvaliti, pohvaliti, hvališati, slaviti, proslaviti, lodarsi - hvaliti se, lodarsi soverchiamente - hvališati se, hvastati se.

Lodato - hvaljen, pohvaljen, hvališan, slavljen, proslavljen ; lodata autorità - hvaljena oblast.

Lode - hvala, pohvala, hvaljenje; degno di lode - hvalevrědan.

Lodevole - hvaljiv, pohvaljiv, hvaliteljan , hvalevrědan, slavljiv, dičan ; molto lodevole - velehvaljiv , veoma hvaljiv, mnogo hvaljiv ecc.

Lodevolmente - hvalno, pohvalno, hvalevrědno, slavljivo, dično.

Lodo. V. Laudo.

Lodola. V. Allodola.

Loffa, vento che esce dall'ano senza rumore - pazdak; fare o molare loffe - pazditi, popazditi se.

Logaritmo - *logaritam.*

Loggia - *loža.*

Logica - *umoslovje, mudroslovje.*

Logicale, ag. - *umoslovan, mudroslovan.*

Logicare - *umosloviti, mudrosloviti.*

Logico st. - *umoslovac, mudroslovac,* ag. V. Logicale.

Loglio - *ljulj.*

Logorare - *derati, izderati, proderati, razderati.*

Logorato - *izderan, proderan, razderan.*

Longevità - *dugotrajnost.*

Lontananza - *daljina.*

Lontano, distante ag. - *dalek;* p. diverso - *različit;* essere lontano dal far del male - *nebiti kadar učiniti zla;* av. - *daleko,* da lontano - *sdaleka, izdaleka.*

Lordarè, far lordo - *okaljati, oblatiti, omèrčiti, pomèrčiti.* V. Guastare. Corrompere.

Lordo - *okaljan, oblatjen, omèrčen, pomèrčen.* V. Guasto. Corrotto.

Lotta. V. Combattimento.

Zuffa.

Lottare. V. Combattere.

Lotterìa - *lutria, lotaria.*

Lotto - *lot, lutria, lotaria.*

Lucchetto - *lokot.*

Luccicare, risplendere - *lašćiti, bliskati.*

Luce - *svĕtlo, svĕtlost, svĕtlina, svĕtljavina, sjajnost;* dare alla luce, p. pubblicare - *dati v. izdati na svĕtlo;* p. partorire - *roditi, poroditi, dati na svĕt.*

Lucente - *svĕtal, svĕtljiv, sjajan.*

Lucere, risplendere - *sjati, svĕtliti.*

Lucidamente - *sjajno, svĕtlo, svĕtljivo.*

Lucidazione - *razbistrenje, razjasnenje, razsvĕtljenje.*

Lucifero, st. - *lucifer;* ag. *svĕtlonosan.*

Lucrativo - *koristan;* oneroso e lucrativo - *tegotan i koristan.*

Lucro - *korist, dobitak, probitak;* lucro cessante - *korist izmakla.* V. Danno.

Ludibrio - *rug, ruglo, potlačenje.*

Lue, peste - *kuga;* p. persona iniqua - *zlobna (opa-
ka, pakostna) osoba;* p.
mostro - *hudoba.* V. Golpe. Epizoozia.

Luglio - *Sèrpanj.*

Lumaca - *puž, rogati puž.*

Lume, splendore - *světlost,
světlina, světljavina;* p. lu-
cerna - *svěća, světilo.* V.
Intelletto.

Luminosità - *sjajnost, světljavina.*

Luminoso - *sjajan, světal,
světljiv.*

Luna - *měsec;* luna nuova -
mladi měsec, primo quarto
di luna - *sedmak,* luna
piena - *ušpa, užba,* chiaro
di luna - *měsečina.*

Lunedì - *poneděljak, pondě-
ljak.*

Lungamente - *dugo, na dugo,
za dugo, dugovito, dugo-
trajno;* più lungamente -
dulje, dužje, dugotrajnije.

Lunghesso, accosto - *kraj,
pokraj, krajen, mimo, po-
lag, poleg, pored, poreda,
kod, oko, okolo* (gen.); *uz,
uza, nuz* (ac.); *pri* (loc.);

lunghesso il mare - *kra-
jen mora.*

Lunghezza - *dužina, duglji-
na, duljina, dugoća;* in
lunghezza e larghezza -
u dužini i širini.

Lungi - *daleko, tja;* lungi
da me - *daleko od mene.*

Lungo, ag. - *dug, dugačah.*
V. Lunghesso.

Luogo - *město;* p. spazio -
prostor, prostoria; in luogo, in vece - *město, na
město* (gen.); in alcun luogo - *igdě, nigdě, něgde, i-
kadě, někade, nikade,* in
qualche luogo - *gdě god,
gdě godi, gdě godir, gdě
godire, kadě god, někamo,
nikamo, někud, někuda,* in
quel tal luogo - *voljakadě,
voljagdě,* in qualunque
luogo - *svakamo, svakud,
svakuda, po svuda, kamo
god, kamo godir, kamo go-
děr, oda sviuh stranah, kamoti drago, kud god v. kuda
god hoćeš v. kudgod ti drago,* per quel tal luogo -
*voljakud, voljakuda, kud
god, kudgod, kuda god, da*

qualche luogo - *od někud,*
od někuda, odklě god.

Luogotenente - *městoděržac,*
městoděržalac, naměstnik;
luogotenente banale- *ban-*
ski naměstnik.

Luogotenenza-*městoděržtvo,*
naměstničtvo; luogotenenza della Croazia e Slavo-
nia – *hèrvatsko-slavonsko*
naměstničtvo.

Lupicino – *vučić, kurjačić.*

Lupo (mas.) - *vuk, kurjak,*
(fem.) - *vučica, kurjačica.*

Lusinga - *laskanje, mama,*
mamljenje; p. speranza -
ufanje, zaufanje.

Lusingare - *laskati, peljati*
v. *vući za nos;* p. confortare - *těšiti, utěšiti, umiriti,*
umirivati, razveseliti; p.
allettare - *mamiti, nama-*
miti, vabiti; p. sperare -
ufati, ufati se, zaufati se,
pouzdati se, laskati se.

Lusinghevolmente - *laskavo,*
pouzdano, ufano, zaufano.

Lusinghiero, st. chi lusinga
- *laskavac, laskaoc, lašti-*
vac; ag. che lusinga - *la-*
skav, mamiv, mamljiv, va-

biv, vabljiv; p. soave, dolce - *sladak, mil, mio.*

Lusso - *zaliha, zalihost, na-*
gizda; p. sovrabbondanza
- *prěkoměrnost, preobilnost.*

Lussuria - *bludnost, nečistoća.*

Lustrare, dar lustro, splendore - *osvětliti, světlati;*
p. pulire - *čistiti, snažiti,*
osnažiti.

Lustratura - *osvětljenje, čištje-*
nje, snaženje, osnaženje.

Lustro, splendore - *sjajnost,*
světlost, p. cinque anni
- *petoletje;* ragazzo di un
lustro - *petolětno děte;* ag.
p. rilucente - *sjajan, svě-*
tal, sěvajuć.

Luteranismo - *luteranizam.*

Luterano - *luteran.*

Lutto, mestizia - *žalost, tu-*
ga, tugovanje; p. pianto,
dolore - *plač, muka, tež-*
koća; essere di lutto -
žaliti, tugovati.

Luttuoso - *žalostan, tužan,*
plačan, plačiv; luttuoso
fatto - *žalostni čin.*

M.

Ma - *al, ali, dali, nu, ipak, nego;* ma io devo - *ali ja moram.* V. Però.

Maccherone - *makarun.*

Macchina - *slog, samokret, kretalja;* macchina a vapore - *parokret.* V. Montare.

Macchinare, cospirare - *kovariti, plesti;* p. inventare, ingegn. - *snovati, osnovati.*

Macchinazione - *kovarstvo, kovarenje, plelka, snovanje, osnovanje.*

Macchinista - *kretarnik, slogar.*

Macellajo - *mesar, běkar.*

Macellare - *mesariti, běkariti, ubijati živine.* V. Macello.

Macello, il macellare - *mesarenje, běkarenje;* p. luogo dove si macella - *mesarna, mesarnica, běkaria, komarda.*

Maceria - *gromača.* V. Ruderi.

Macigno, pietra colla quale si fanno macine - *žervani-*

ca; p. pietra - *stěn, stěna, hrusta.* V. Pietra.

Macilente - *mledan, zmledan, suhorjav, suh i měršav.*

Macina - *žerna, žervan.*

Macinare – *mlěti;* finire di macinare - *samlěti, izmlěti;* stramacinare – *premlěti.*

Macinata, st. quantità della cosa da macinare - *meljada.*

Macinato, ag. - *meljen, mliven, sameljen, izmeljen;* stramacinato - *premeljen.*

Maciulla - *mlat, mlati, mlatnica.*

Maciullare - *mlatiti.*

Madama - *gospa, gospoja.*

Madamigella - *gospodična.*

Madonna, B. V. M. - *děvica Maria, blažena děvica Maria, bogorodica.*

Madre – *mat, mati, mater, mama, majka, roditeljica;* madre adottiva - *pomajka;* di o della madre - *materin, majčin, mamin.*

Madrone, male di fianco - *matrun.*

Maestà - *veličanstvo;* di maestà - *veličanstven, veličan-*

ski; maestà sovrana - *kra-ljevsko veličanstvo*. V. Offesa.

Maestosamente - *veličanstveno, uzvišeno, gospodski*.

Maestoso - *veličanstven, pun veličanstva, uzvišen, gospodski*.

Maestranza - *majstorad, majstorstvo*.

Maestrevolmente – *majstorski, meštarski, učenotvorno*.

Maestrìa, eccellenza d'arte – *isvèrstnost, isverstnoća, vèrlost, privèrlost*; p. perizia -*umětnost, veleuměsnost*, p. arte, mestiere - *zanat, obèrt, meštarstvo meštria*. V. Inganno.

Maestro st. - *učitelj, naučitelj, meštar*; p. maestro d'un'arte - *majstor, meštar*; ag. *poglavit, glavan*, libro maestro - *glavna knjiga*.

Magagnare - *osakatiti spačiti, izpačiti, okèrniti*.

Magazzino - *skladište, hambar*; magazzino di grani - *žitnica*.

Maggio - *Svibanj*.

Maggioranza - *većina*; a maggioranza di voti - *višeglasno, vęćinom glasovah*.

Maggiorasco – *starijerodstvo, bližjerodstvo*.

Maggiorato. V. Maggiorasco.

Maggiordomo - *komornik*.

Maggiore ag. - *veći, vekši*; p. più lungo - *dulji, duglji*; p. migliore - *bolji, koristniji*; p. maggiore d'età, st. - *punolětnik*, ag. *punolětan, dorasal*; st. mil. *major*.

Maggiorenne. V. Maggiore.

Maggiorennità - *punolětnost, doraslost*.

Maggiormente - *veče, većma, više, sve to više*; tanto maggiormente- *tim većma, tim više, sve to više*.

Magìa - *čarovia, čarolia, čarobia, čarovanje*.

Magistrato - *poglavarstvo, magistrat*; magist. civico - *gradsko poglavarstvo*; p. membro del magistr. V. Funzionario; p. comandante, prefetto - *zapovědavac, poglavar*.

Maglia (veste) - *petlja, ple-*

*tenka ; maglia di ferro -
biočuh.*

Maglio, martello - *bat.*

Magnanimamente - *veledu-
šno, velikodušno.*

Magnanimità - *veledušnost,
velikodušnost, velikodušje.*

Magnanimo - *veledušan, ve-
likodušan.*

Magnano - *kovač.*

Magnate - *velikaš.*

Mago - *čarovnik, čaralac, ča-
raoc.*

Magramente - *mèršavo, mled-
no, suho.*

Magrezza - *mèršavost, mled-
noća, suhoća, suhost.*

Magro - *mèršav, mledan, suh.*

Mai - *ikad, ikada, ikadar,
igda, nigda, nikad, nikada.*

Maisempre. - V. Sempre.

Majuscolo - *vel, velik ; lettera majuscola - veliko
slovo.*

Malaccorto - *nesmotren, nepozoran.*

Maladettamente - *po vražju,
na vražju, do vraga.*

Malagevole ag. - *težak, tegotan, mučan, trudan.*

Malagevolezza - *mučnost ,*

*mučnoća, tegobnost, trud-
nost.*

Malamente - *lošo, slabo, zlo,
mlohavo.*

Malandrino - *hajduk, razbojnik, pustahia, ljudomornik.*

Malattia - *nemoć, bolest, beteg, zlo.*

Malaugurato - *zlosrĕtan, koban, zlokoban, udesan, zloudesan, neugodan.*

Malaventura - *nezgoda, nesrĕća, neprilika.*

Malconcio - *zlostavljen, osakatjen, izprebijen.*

Malcontento ag. - *nezadovoljan ;* st. *nezadovoljstvo,
nezadovoljnost.*

Maldicente st. - *klevetnik,
klevetulja, opadnik.*

Maldicenza - *kleveta, klevetnja, opada, opadanje.*

Male - *zlo.*

Maledetto - *prokljet, proklet.*

Maledire - *proklinjati.*

Malefico - *zloban, opak, pakostan.*

Malevolenza - *zlohotnost,
zlobnost, zlobstvo.*

Malfattore - *zločinac, pustahia, lopov ;* ajuto prestato

a' malfattori - *podpomaganje zločinacah.*

Malignamente -*zlobno, opako.*

Malignità - *zlobnost, pakost, opakost, zloćudnost.*

Maligno - *zloban, opak, pakostan, zloćudan.*

Malinconìa. V. **Melanconìa.**

Malintelligenza -*nesporazumljenje, razmirica.*

Malintenzionato - *zloban.*

Malinteso st. - *zlotumačenje.*

Malizia - *himbenost, lukavost, lukavština, dvoličnost, zloba, zlobnost, zlobnja.*

Maliziosamente - *himbeno, lukavo, zlobno, podmuklo, dvolično.*

Malizioso - *himben, lukav, zloban, podmukli, dvoličan;* malizioso danneggiamento - *zlobna ošteta.*

Mallevadore. V. **Garante** ecc.

Malnato - *zlorodjen, tamnorodjen, prost.* V. **Malvagio. Infelice.**

Malora, ruina - *zator, zatarenje, propast.*

Malore. V. **Malattia.**

Malsano - *nezdrav.*

Malta, st. - *melta, malta.*

Malva - *slez.*

Malvagio - *zloban, opak, pakostan.*

Malvagità - *zloba, zlobnost, zlobstvo.*

Malvasìa - *malvažia.*

Mammana, governante di zitelle - *odgojiteljica;* p. levatrice - *baba, babica, primalja.*

Mammella - *cica, sisa, dojka.*

Manata, manciata, *šaka, puna ruka, pest, puna pest.*

Mancanza, vacuo - *mana, nedostatak, nedostatnost;* p. errore - *bludnja, grěh;* p. bisogno - *oskudica, potrěba, nestaša;* altrui mancanze - *tudje mane.*

Mancare - *manjkati, uzmanjkati, pomanjkati, nestati, nedostati, doći na manje, neimiti, nebiti, izbivati;* mancare alla parola - *neobdèržati, neizvèršiti, neizpuniti besědu v. rěč, poreći se;* p. commettere errore - *sagrěšiti, pogrěšiti, zabluditi;* poco mancò - *malo se htělo, malone.* V. **Desistere. Assente.**

Mancia - *dar, poklon*, (che suol darsi il primo dell'anno) - *dobra ruka, koledva*.

Mancino - *livak*.

Mandante, participio di mandare - *poslatelj, dostavitelj, odpravitelj, odpremitelj*; p. chi dà un incarico - *opunomoćitelj, opunovlastitelj*.

Mandare, inviare - *slati, poslati, dostaviti*; p. spedire - *odpraviti, odpremiti, odaslati*; mandare da Erode a Pilato - *slati (šiljati) od Jeruda do Pilata*.

Mandatario - *punomoćnik, punovlastnik, opunovlaštjen, opunomoćen*.

Mandato, ordine - *zapověd, nalog*. V. Procura.

Mandola - *mendula*.

Mandra. V. Massa.

Maneggiare, va. - *rukovoditi, upravljati, razpravljati*; np. p. agitarsi - *okritati se*; p. adoprarsi - *škèrbiti, brinuti se, pobrinuti se, negovati*.

Maneggio. V. Cura.

Mangiare (pane ecc.) - *jěsti, jisti, blagovati*, (uva) *zobati*; finir di mangiare - *izjesti, pojesti, poblagovati, pozobati, izobati*.

Manìa - *munjenost, mahnitost, běsnilo, běsnoća*.

Maniaco - *munjen, mahnit, nor*.

Manica, parte del vestito - *rukav*.

Manicomio - *ludnica*.

Maniera - *način*; in nessuna maniera - *nipošto, nikako, na nijedan način*.

Manifattura - *rukotvor, rukotvorje, rukotvorstvo, rukotvora*.

Manifatturiere - *rukotvornik*.

Manifestamente - *očito, jasno, odkritno, odkrito, izkazno*.

Manifestare - *izkazati, odkriti, prokazati, očitovati*; manifestare la facoltà - *prokazati imovinu*.

Manifestazione - *odkritje, odkrijenje, prokaz, prokazanje, izkazanje, očitovanje*; manifestazione giurata dell'eredità - *prisežni prokaz baštine* v. *zaostavštine*, giuramento di manifestazione - *prokazna prisega*.

Manifesto st. dichiaraz. - *očitovanje*. V. Editto; ag. p. chiaro - *jasan, očit*; p. noto - *poznan, poznat*.

Manigoldo - *pogubnik, kèrvnik, nemilnik, rabelj*.

Manimorte, beni dei luoghi pii, e corporazioni religiose - *svećenska dobra*.

Manipolare - *rukovati, rukovoditi, obavljati, opravljati, razpravljati*.

Manipolazione - *rukovodjenje, obavljanje, opravljanje, razpravljanje*.

Maniscalco, chi medica i cavalli - *živinovračitelj*.

Manna - *mana*.

Mannaja - *sěkira*, dim. *sěkirica*.

Mano - *ruka ;* palma della mano - *dlan ;* mano serrata (pugno) - *šaka, pest;* a mano libera - *prostoručno, prosto ;* a mano salva - *bez pogibelja ;* aver le mani legate - *biti zaprěčen ;* venire alle mani

- *potući se, doći do šakah, pestati se, popestati se ;* chiedere la buona mano - *koledvati, tražiti dobru ruku ;* andare a mano - *biti na ruku* v. *ići na ruku,* cadere nelle mani - *doći* v. *pasti u šake* v. *u ruke.*

Manoscritto - *rukopis*.

Manovale - *zidarski kalfa, manaval, rukodělac*.

Mansione td. uffizio - *zadaća, posao, dělatnost ;* mansione uffiziosa - *službena zadaća*, eseguire la propria mansione - *izvèršiti svoju zadaću.* V. Indirizzo.

Mansueto, ag. di animo benigno - *blagosèrčan blagostiv, blagostivan.* V. Mite.

Mansuetudine - *blagosèrčnost, blagosèrčanost, blagostivost, blagostivnost, miroljubivost, směrenost, krotkoća*.

Mantello - *kaban, kabanica, kaput, halja ;* p. colore del pelo degli animali - *boja, dlaka ;* di mantello nero - *cèrne boje, cèrne dlake, cèrnobojast, cèrno-*

dlakav, cèrnodlakast.

Mantenere, va. conservare - *uzdèržati;* per dare il vitto - *hraniti, odhraniti, odhra- njivati, prihraniti;* np. man- tenersi - *uzdèržati se,* p. sostentarsi da sè - *hra- niti se, odhraniti se, od- hranjivati se, prihraniti se.*

Mantenimento - *uzdèržanje,* p. sostentamento - *hrana, odhranjenje.*

Mantice, da soffiar nel fuo- co - *puhalo;* da dar fiato agli strumenti - *měh;* p. instigatore - *poticalac, podbadalac, puntalac, bu- njenik, buntovnik.*

Mantile - *obrus.*

Manto, vestimento - *obuća.* V. Scusa. Velo.

Manuale, ag. - *ručan, ru- kotvoren;* st. p. formu- lario - *priručnik;* ma- nuale pratico - *praktični priručnik.*

Manufatto - *rukotvoren.*

Manutenzione - *obdèržanje, obdèržavanje;* manuten- zione del contratto - *ob- deržanje pogodbe.*

Manzo - *vol, govedo;* carne di manzo - *meso od vola* v. *od goveda, govedina.*

Maomettano st. - *muhame- danac.*

Maomettismo - *muhamedan- stvo.*

Mappa - *krajobraz.*

Mappamondo. V. Carta.

Marangone - *tišljar, teslar.*

Marasca - *višnja.*

Maraviglia. V. Meraviglia, ecc.

Marca, frontiera - *marka, pokrajina;* p marchio - *žig, znaka, zlamenje, zna- menje, zlamen, znamen;* p. marca da bollo. V. Bollo.

Marcare - *bilježiti, ubilježiti;* p. improntare il marchio - *žigati, žigosati, žigošati, znamenovati.*

Marchesato - *margrofia, kra- jovojvodstvo. markezat*

Marchese - *margrof, krajo- vojvoda, markez.*

Marchio - *žig;* improntare il marchio - *žigati, žigo- šati.*

Marcia, spurgo delle piaghe - *gnjoj,* p. andatura militare - *poputnica, marća, marširanje.*

Marcio, ag. guasto - *gnjil, gnjio, sagnjilen.*

Marcire - *gnjijati, gnjiliti, sagnjijati, sagnjiliti, izagnjiti.*

Mare - *more,* mar nero - *cèrno more,* adriatico - *adriatičko more,* rosso - *cèrljeno more,* bianco - *bělo more,* glaciale - *ledno* v. *ledeno more.*

Maresciallo - *maršal, nadglavnik;* tenente - maresciallo - *podmaršal.*

Margraviato - *margrofia, margrofstvo.*

Margravio - *margrof.*

Marina. V. Mare.

Marineresco - *mornarski.*

Marinerìa, arte del marinaro - *mornarstvo, pomorstvo;* p. flotta - *moroplovna* v. *pomorska četa.*

Maritare, va. dar marito - *věnčati, ověnčati;* np. prendere marito - *udati se, věnčati se, ověnčati se;* p. ammogliarsi - *oženiti se, věnčati se, ověnčati se.*

Maritata ag. - *udana, věnčana, ověnčana,* non maritata (nubile) - *neudana, nevěnčana, neověnčana.* V. Ammogliato.

Marito - *suprug, muž, sudrug.*

Marittimo - *pomorski;* mercantile marittimo - *tèrgovačko-pomorski.*

Marmo - *mramor.*

Marmorino - *mramoran.*

Martedì - *torak, otorak.*

Martello, strumento per battere - *čekić, sortić, batić.*

Martire, st. - *mučenik.*

Martirio - *muka, mučenje.* V. Travaglio.

Martirizzare - *mučiti.*

Martora - *slatka.* V. Faina.

Marzo - *Ožujak.*

Mascella - *laloka*

Mascellare ag. - *laločan, od laloke.*

Maschera - *krabanos, krabanoša, krabanosica, škrabanos, škrabanoša, škrabulja.*

Maschile - *mužki, muški.*

Maschio ag. - *mužki,* st. *muškarac, samac.*

Masnada - *četa, čopor.*

Masnadiere. V. Malandrino.

Massa - *gromada, ukupnica ;* massa concursuale - *stečajna gromada,* ereditaria - *baštnička gromada ;* p. mandra di pecore - *stado v. tèrpela ovacah ;* p. massa d' uccelli - *jato v. plěn pticah.*

Massacro, macello - *pokolj, koljenje, klanje, pokoljenje.* V. Strage.

Masserizia, arnese di casa - *pokućtvo;* p. nome collett. degli strumenti d'arti ecc. *orudje, sprav.*

Massima, uso - *navada, običaj, načelo, pravilo,* in massima - *u načelu, u pravilu ;* secondo la massima - *polag navade, običajno.*

Massimamente - *osobito.*

Massimo, il più grande - *najveći ;* p. il più alto - *najvišji, vèrhovni ;* il massimo (maximum) *najvišak.*

Masso - *stěn, hrusta.*

Mastello - *kada, vedro, maštel.*

Masticare - *mljeskati, žvati, žvatati.*

Mastino - *psina, ovčarski pas.*

Matematica - *matematika.*

Matematico st. - *matematik ;* ag. *matematički.*

Materasso - *štramac, dušek.*

Materia, sostanza suscettiva di varie forme ecc. - *tvorivo, gradivo, materia, tělo ;* p. insieme di tutti i corpi - *ukup, ukupnost, ukupstvo ;* p. oggetto - *predmet, podstava ;* p. cagione, motivo - *uzrok, razlog ;* p. marcia – *gnjoj, gnoj;* p. sostanze evacuate p. bocca ecc. - *izmet, izmetanje.*

Materiale, st. V. Materia ; ag. - *materialan, tělesan ;* p. grossolano - *neotesan, prost ;* p. ignorante - *neuk, neučan, neuman, prost.*

Materialismo - *materializam.*

Materialista - *materialista, materialist.*

Maternità - *materinstvo.*

Materno - *materinski, materin.*

Matita - *olovka.*

Matrice - *matèrnica.*

Matricola - *matica.*

Matrigna - *matjaha, matjuha.*

Matrimoniale - *ženitben.*

Matrimonio - *ženitba, ženidba, věnčanje, udatba* ; impedimento di matrimonio - *zaprěka ženitbe, ženitbena zaprěka* ; dispensa dagl' impedimenti matrimoniali - *oprost ženitbenih zaprěkah.*

Matto, pazzo st. - *norac, munjenac* ; ag. *nor, munjen, mahnit* ; dar nel matto - *munjesati, noriti, mahniti* ; divenir matto - *ponoriti, izmunjeniti, pomunjeniti.*

Mattone, tegola - *opeka, kvadrun, četverougla.*

Maturamente - *zdrělo, zrělo.*

Maturare - *zdriati, uzdriati, zrěti, zrěliti.*

Maturità - *zrělost, dozrělost, zrěloća* ; di maturità - *zrělan, dozrělan* ; esame di maturità - *izpit dozrělosti, dozrělni izpit.*

Maturo - *zrěl, zdrěl* ; maturo esame - *zrěli izpit.*

Mazza - *batina, ajdomaz.*

Meccanica - *mekanika, umětstvo.*

Meccanicamente - *umětno.*

Meccanico st. - *umětnik.*

Meccanismo - *umětnost.*

Mecenate - *pokrovitelj, mecenas.*

Meco - *samnom, s manom, s menom.*

Medaglia - *medalja, pečatnica.*

Medesimo - *isti (ista, isto).*

Mediante, col mezzo - *srědstvom, putem* (gen.), *čez, kroz, kroza* (ac.) ; mediante le prove - *srědstvom dokazah,* mediante me - *kroz mene.*

Mediatore - *posrědnik, posrědovatelj.*

Mediazione - *posrědovanje.*

Medicare - *lěčiti, vračiti.*

Medicato ag. — *lěčen, vračen* ; p. guarito - *zlěčen, zalěčen, izlěčen, izvračen.*

Medicina, arte - *lěčničtvo, lěčničke znanosti* ; p. medicinale - *lěk, lěkaria.*

Medico, st. - *lěčnik, vračitelj* ; medico delle bestie. V. Veterinario. ag. - *lěčnički, vračiteljni.*

Medio, st. dito di mezzo -

srědnjak, srědnji pèrst; ag. srědnji.

Mediocre - *srědnji, srědnje ruke, ne najbolji, ni dobar ni zločest (ni vel ni mal ecc.)*

Meditare - *razmišljati, promišljati.*

Meditazione - *razmišljanje, promišljanje.*

Mediterraneo, ag. *srědozeman;* st. mare medit. - *srědozemno more.*

Mela - *jabuka.*

Melagrana - *mogranj.*

Melanconìa - *zlovolja, zlavolja, zlovoljnost, nevolja, žalost.*

Melanconico - *zlovoljan, nevoljan, žalostan.*

Melodìa, soavità di canto - *miloglas, miloglasje;* p. soavità di suono – *milozvuk, milozvučje;* p. soavità di parole - *miloréčje, sladkoréčje.*

Melodico - *miloglasan, milozvučan, miloréčan, sladkoréčan.* V. Melodìa.

Melodiosamente - *miloglasno, milozvučno, miloréčno, slad-*

korèčno. V. Melodìa.

Membrana - *koža, kožica.*

Membro - *član, udo;* membro sociale - *družtveni član.*

Memorabile - *pomeniv, spomeniv, uspomeniv, nezaboravan, nepozabiv.*

Memoria, facoltà per cui l'anima conserva le idee *um, pamet;* p. ricordanza - *uspomena;* esame a perpetua memoria - *izpit* v. *saslušak, na věkovitu uspomenu.*

Menare, condurre - *peljati, voditi, pripeljati, privoditi.*

Menda. V. Difetto.

Mendace, st. - *lažljivac, petljanac;* ag. - *lažljiv, laživ, lažan.*

Mendacio. V. Bugìa.

Mendicante, ag. - *prosjačeci, pekljajuci, petljajuci.*

Mendicare - *prosjačiti, pekljati.*

Mendicità - *pekljaria, petljaria, prosjačtvo.*

Mendico - *prosjak, pekljar, petljar,* tem. *prosjakinja, prosjačica, pekljarica, petljarica.*

Meno, in minor quantità - *manje;* dal più al meno - *po prilici;* non posso far a meno - *nemogu od manje;* senza meno - *bez dvojbe, jamačno stalno.*

Menomamente - *najmanje.*

Mensile - *mĕsečan;* mensile salario - *mĕsečna platja.*

Mensilmente - *mĕsečno, svakomĕsečno.*

Menta - *metica, metva, metvica.*

Mente - *pamet, um, razum.* V. Intenzione.

Mentecattaggine - *ludost, bezumnost, mahnitost, munjenost.*

Mentecatto, st. - *ludjak, bezumnik, norac;* ag. *lud, mahnit, bezuman, munjen, nor;* divenir mentecatto - *poludĕti, izbezumiti, ponoriti, izmunjesati, izmunjeniti.*

Mentire - *lagati, zlagati, izlagati, ne reći* v. *ne kazati istinu.*

Mentitore. V. Bugiardo.

Mento - *brada.*

Mentre, nel mentre - *dočim.*

Menzionare - *navesti, pomenuti, napomenuti, spomenuti.*

Menzionato - *naveden, pomenut, napomenut, spomenut;* summenzionato - *gorenaveden;* sottomenzionato - *dolĕnaveden, niže naveden;* ora menzionato - *sad* v. *sada naveden.*

Menzione - *navedenje spomena, pomena.*

Menzogna. V. Bugìa.

Meramente - *jedino, samo.*

Meraviglia - *čudo, čudnovitost, divnost.*

Meravigliarsi - *čuditi se, začuditi se, diviti se.*

Meraviglioso - *čudan, čudnovat, čudnovit, čudesan, divan.*

Mercante - *tèrgovac, tèržac;* mercante all' ingrosso - *veletèržac, veletèrgovac.* V. Merciajuolo.

Mercanteggiare - *tèrgovati, tèržiti, pazariti, kupovati i prodavati.*

Mercantile - *tèrgovački;* cambio mercantile - *mĕnično -*

tèrgovački v. mènbeno - tèrgovački. V. Marittimo.

Mercanzìa - *krama, kramaria.* V. Merce.

Mercato - *tèrg, tèrgovište, tèržište, pazar;* p. prezzo -
cěna; a buon mercato -
cěnu, ne drago.

Mercatura, arte di chi mer-
canteggia – *tèrgovina, tèr-
govarenje, tèržbina, paza-
renje.*

Merce - *tèrgovina, krama,
kramaria.* V. Porto.

Mercede - *zaslužba, platja.*

Merciajuolo - *kramar.*

Mercoledì - *srěda.*

Mercorella - *mèrkurela.*

Mercurio, argento vivo - *živo
srebo.*

Merda - *govno, drek.* V. Meta

Merenda - *ručak.*

Merendare – *ručati.*

Meretrice -*kurba, kurva, bludnica;* fare la meretrice -
kurbariti, kurbariti se.

Mergo, uccello acq. -*žnjorac.*

Meriggio - *podne;* dopo il
meriggio - *po podne, na-
kon podna;* pria del me-
riggio - *prije podna.*

Meritamente - *do duše, do
istine, za ista.*

Meritare - *zaslužiti.*

Meritato - *zaslužen.*

Meritevole, degno di ri-
guardo - *dostojan, obzira
dostojan, vrědan.*

Merito, ciò che rende uno
degno di premio, castigo
ecc. - *zasluga;* p. argomento - *predmet, stvar,
posal, posao;* p. riguardo
- *obzir, pogled;* nell' ac-
cennato merito - *u nave-
denom predmetu, (obziru,
pogledu).* V. Circa.

Merlo - *kos.*

Mero - *gol, puk, prost.*

Mesata - *měsečna platja.*

Mescolare va. - *měšati, směšati, uměšati, poměšati;* np.
Impacciarsi.

Mese - *měsec;* entro il termine di un mese - *u roku
jednog měseca.*

Messa, sacrifizio a Dio -
misa, služba božja; p.
contributo d' un mem-
bro sociale - *stavak, stavka, prinesak, děl, dio, pri-
nesni dio.*

Messaggiere - *glasonoša, iza-slanac.*

Messale - *misal.*

Messe, raccolta delle biade - *žetva* ; p. profitto - *dobi-tak, korist, probitak.*

Messìa - *Mesia.*

Messo, st. messaggiero - *glasonoša, izaslanac* ; p. famiglio - *sluga, junak* ; ag. da mettere - *stavljen, postavljen.*

Mestiere - *zanat, obèrt.*

Metà, una delle due parti eguali - *polovica, polo-vina.*

Meta, scopo - *cilj, svèrha* ; p. isterco di bue, cavallo ecc. *lajno, govno* ; di pecora, capra, lepre ecc. - *brabonjak.*

Metallo - *kov, kovovina, rud, rudo, mid* ; p. metallo di voce - *vèrst glasa.*

Meteora - *prozračna prika-za, zračna prikaza, zračo-lovina.*

Meteorologìa - *zrakonoslovje, meteorologia.*

Meteorologico - *zrakonoslo-van, meteorologički.*

Metropoli, città capitale - *glavni* v. *pèrvostolni grad* ; p. chiesa arcivescovile - *pèrvostolna cèrkva.*

Metropolita - *nadbiškup, ar-hibiškup, pèrvostolnik.*

Mettere, collocare - *staviti, postaviti, klasti, položiti.*

Mezzo, metà - *pol, polovica, polovina* ; p. centro - *srĕd, srĕdina, srĕdište* ; p. modo - *način, srĕdstvo* ; mezzo di prova - *dokazno srĕd-stvo* ; nel o in mezzo - *posrĕd, usrĕd, nasrĕd* (gen.) *med, medju* (ist. ed ac.), dal mezzo - *izmed, izme-dju* (gen.). V. Mediante.

Micidiale - *ubitačan, smèrtan, smèrtonosan.*

Midolla, parte del pane fra la corteccia - *mulajka, mu-lajna* ; p. parte più interna della pianta - *sèr-ce* ; p. sostanza contenuta nella cavità delle ossa - *mozg, mozag, mozak.* V. Sostanza.

Midollo, usasi in tutti i sensi di midolla, fuorchè nel primo.

Miele - *med;* miele vergine - *ravak.*

Mietere - *žeti ;* fig. *brati, birati, pobrati, pobirati.*

Migliajo - *tisuća, hiljada, hiljadak.*

Migliatico - *miljarina.*

Miglio, misura di distanza - *milja ;* p. biada minuta - *proso.*

Miglioramento -- *poboljšak, poboljšanje, poprava, popravak.*

Migliorare - *poboljšati, popraviti.*

Migliore - *bolji, boljši.*

Mignatta - *piavica, opiavica, kèrvopia.*

Mignolo, bocciolina degli u-livi - *cvĕt od masline ;* p. dito minore - *mali pèrst.*

Milione - *miliun.*

Militare, st. - *vojnik, vojak ;* ag. *vojan, vojnički ;* servizio militare - *vojna v. vojnička služba.* V. Leva.

Militarmente - *vojnički, po vojničku.*

Milizia - *vojska, vojničtvo, vojačtvo.*

Millantarsi - *hvastati se, hva-liti se, hvališati se.*

Millantatore - *hvastalo, hva-stalac, hvàstljivac, hvali-sav, hvalislav.*

Millanterìa - *hvasta, hva-stanje, hvališanje.*

Mille - *tisuće, hiljada, je-zero.*

Milza - *slezina.*

Mina, metà d' uno stajo e p. cavo che si empie di polvere - *mina.*

Minaccia - *prĕtnja, grožnja ;* pericolosa minaccia - *po-gibeljna prĕtnja.*

Minacciare - *prĕtiti, groziti se.*

Minacciosamente - *prètljivo, grozljivo.*

Minaccioso - *prĕtljiv, gro-zljiv ;* in modo minaccio-so - *prĕtljivim načinom, prĕtljivo.*

Minare, far mina - *minati ;* p. far cavi sotterranei - *mi-nati, podminati, podkopati, podkapati.*

Minerale, st. - *rudokop ;* ag. *rudokopan.*

Mineralogìa - *rudoslovje, ka-menoslovje, mineralogia.*

Mineralogico - *rudoslovan,*

kamenoslovan, mineralogič-ki.

Mineralogo, st. *rudoznanac, kamenoslovac, mineralog.*

Miniera - *ruda ;* miniera di carbon fossile - *ruda kamenitog ugljevja.*

Minimo - *najmanji, najneznatniji.*

Ministeriale - *popěčiteljan, popěčiteljski, ministerialan, ministarski ;* minist. rescritto - *popěčiteljni odpis.*

Ministero - *popěčiteljstvo, ministarstvo ;* ministero della finanza - *financialno* v. *dohodarstveno popěčiteljstvo,* dell' interno - *popěčit. unutěrnjih poslovah,* degli esteri - *popěč. izvanjskih poslovah,* della giustizia - *popěč. pravosudja,* del culto ed istruzione - *popěč. bogoštovja (nastave) i naukah,* della guerra - *popěč. rata,* del commercio, industria e pubbliche costruzioni - *popěč. těrgovine, obèrtnosti i javnih gradjevinah.*

Ministro - *popěčitelj, mini-*

star. V. Ministero.

Minoranza - *manjina.*

Minore, ag. più piccolo - *manje;* st. p. minorenne - *malodobnik, malolětnik ;* ag. *malodoban, malolětan.*

Minorennità - *malodobnost, malolětnost.*

Minutamente - *potanko, podrobno.*

Minuto, p. piccolo - *droban, sitan, mal, malen ;* pesce minuto - *drobna riba ;* p. calcolo del tempo - *tren;* minuto secondo - *drugotren.*

Mio, pron. - *moj ;* mio e tuo - *moj i tvoj.*

Mirabile - *čudnovat, čudesan, divan.*

Mirabilmente - *čudnovato, čudesno, divno.*

Miracolo - *čudo (da, esa), divnost.*

Miracolosamente - *čudnovato, divno.*

Miracoloso - *čudnovat, čudesan, divan.*

Mirare, guardar fiss. - *paziti, gledati, motriti ;* p. guardar con meraviglia

- *zagledati se, čuditi se* ;
p. prendere la mira - *směriti.* V. Tendere.

Miscellanee - *měšovitosti, měšovite stvari (predmeti).*

Miscredente - *nevěrnik.*

Miscredenza - *nevěrnost, nevěrstvo.*

Miserabile st. - *kukavica bědnik, nesrětnik ;* ag, *kukavan, bědan, tužan, nevoljan, nesrěćan.*

Miserabilmente - *kukavno, bědno, tužno, nevoljno.*

Miseria, infelicità - *běda, tuga, nevolja, nesrěća ;* p. cosa di poca considerazione - *malenkost, malovažnost, neznatnost.*

Misericordia - *milosèrdje, pomilovanje ;* p. grazia, perdono - *oproštenje.*

Misericordioso - *milosèrdan, milostivan.*

Misero, infelice - *kukav, kukavan, revan, tužan, bědan, nesrěćan, ubog, ubožan.*

Misfatto - *zločin, zločinstvo, zlodělo.*

Missiva, lettera - *list, po-*

šiljka.

Misterioso - *otajstven, otajan.*

Mistero - *otajstvo ;* mistero della santa religione - *otajstvo svete věre.*

Misteriosamente - *otajstveno.*

Misura - *měra, měrilo.* V. Scala. Regola.

Misurino, sorta di bruco - *miravica,* p. piccola misura - *měrica.*

Mite, quieto - *miran, miroljubiv, směran, krotak, tih, blag.*

Mobiglia - *pokućtvo, pokuština.*

Mobile, st. per oggetto che si può muovere - *pokretnost, pokretnina, pomičnost.* V. Corredo; ag. *pokretan, gibiv, pomičan.*

Moda - *moda.*

Modalità - *način.*

Modello. V. Forma.

Moderare, va. modificare. - *preinačiti, prenačiniti ;* p. temperare - *ublažiti, polakšati, osladiti;* V. Limitare; np. p. reprimersi - *uzdèržati se, umiriti se.*

Moderatamente - *uměrno*, *priměrno*.

Moderato - *uměren, priměren.*

Moderazione, moderatezza - *uměrenost, priměrenost.*

Modestamente - *čedno, priklono, priklonito.*

Modestia - *čednost, priklonost, priklonstvo.*

Modesto - *čedan, priklonit.*

Modificazione - *preinaka, preinačenje.*

Modo, guisa - *način, put;* p. regola - *pravilo, pravac, načelo;* - p. usanza - *navada, običaj;* p. rimedio - *srědstvo;* p. piacimento - *volja;* in ogni modo - *na svaki način;* aver modi, essere ricco - *biti mogućan v. bogat;* in quel modo - *onako;* in altro modo - *drugačije, drugčije, drugako, inače, inako;* in qualche modo, od in alcun modo - *někako, nikako;* in ogni modo - *svakako, svakojako.* V. Nessuno.

Moglie - *supruga, žena, sudruga.*

Mola, pietra da macinare - *žěrvan, žěrna;* p. pietra da affilar i coltelli ecc. - *brus.*

Molino - *malin, mlin.*

Moltiplicare - *množiti, umnožiti, pomnožiti, razploditi.*

Moltiplicazione - *množenje, umnoženje, pomnoženje, razplodenje.*

Moltitudine - *množtvo, čopor, hěrpa;* moltitudine di popolo - *množtvo ljudstva* v. *puka.* V. Infinità.

Molto - *mnogo, puno* (gen. pl.), *jako, veoma, vele, velma, věrlo;* molti cavalli - *mnogo konjah.*

Momento - *čas, tren, trenutak;* p. opportunità - *prigoda, zgoda, prilika;* p. forza, peso - *jakost, težina;* p. importanza - *važnost;* cosa di gran o piccolo momento - *stvar velike ili male važnosti.*

Monaca - *koludrica, duvna.* V. Convento.

Monaco, frate - *fratar.* V. Eremita.

Monarca - *vladar, samovladalac.*

Monarchìa - *samovladstvo.*

Monarchico - *samovladan.*

Monastero. V. Convento.

Monastico. V. Fratresco.

Monco, ag. - *kusan, kusast, kusat;* st. *kusan (a).*

Mondiale - *světovan.*

Mondo st. - *svět, široki svět;* ag. p. netto – *čist, očištjen, osnažen.*

Moneta - *novac, pěnez, beč, jaspra;* moneta d'oro - *zlatni novac,* monete d'argento - *srebèrni novci,* di rame - *bakreni novci,* moneta spicciola - *sitni v. drobni novci,* diritto di coniar monete - *pravo kovanja novacah.*

Monogamìa - *jednoženstvo.*

Monopolio - *samotèržtvo, samoprodaja;* monopolio del sale - *samoprodaja soli.*

Monosillabo, ag. - *jednoslovčan;* st. *jednoslovka.*

Monsignore - *presvětli gospodin.*

Montagna - *gora, planina.*

Montanistica - *rudarstvo, rudoslovje.*

Montanistico - *rudan, rudnički, rudarski, rudoslovan;* montanistico senato - *rudničko starověće.*

Montano - *gorski;* distretto montano - *gorski kotar.*

Montare, salire ad alto - *uzići, uziti, uzaći;* mont. a cavallo - *zajahati,* mont. la macchina - *složiti samokret,* l'orologio - *nategnuti uru.*

Monte - *bèrdo, brěg, vèrh, vèršak, planina;* p. gran quantità - *množtvo, sila, čopor, hèrpa;* p. mucchio - *kup, gromada;* monte di pietà - *milotvorni zavod.*

Montuoso - *brěgovit, bèrdovit.*

Montone, maschio della pecora - *praz;* carné di montone - *prazevina, meso od praza.*

Morale st., scienza dei costumi - *ćudoznanstvo, ćudoredstvo, moral;* p. buon costume - *ćudorednost, ćudoredje;* ag. p. probo, costumato - *ćudoredan;* corpo morale - *ukupstvo, moralno tělo,* persona morale - *moralna o-soba*.

Moralista - *ćudorednik*.

Moralità, costumatezza - *ćudorednost, ćudoredje*.

Moratorio - *odgodnica*.

Morbidezza - *mekota, mehkoća, mekahnost*.

Morbido, soffice - *mek, mehk; morbidetto - mekašan, mekahan*.

Mordace - *okosan*.

Mordacemente - *okosno*.

Mordacità - *okosnost*.

Mordere - *ugristi, ujěsti, ujedsti*.

Morganatica, t. l. - *jutèrnji dar, jùtrenina*.

Moribondo. V. Moriente.

Moriente - *umirajuć*.

Morire - *umrěti, preminuti*, met. *usnuti, poći s Bogom*; egli è morto - *on je umro* v. *preminuo;* Ignazio morto nel mese di Maggio - *Vatroslav umèrši* v. *preminuvši u měsecu Svibnju*.

Mormorare, (delle acque) - *romoniti, romoriti*, p. parlare sommessam. *mèrmljati, žamoriti*.

Mormorazione - *mèrmljanje, žamorenje, stèrka*.

Mormorìo, rumore sordo di persone - *mèrmljavina, žamor;* di acque corr., di mare agitato - *romon* -

Moro, gelso - *murva, dud;* p. uomo nero d'Etiopia - *cèrnac, arapin*.

Mortale, ag. che è soggetto a morte - *mèrtav*, che cagiona morte - *smèrtan, ubitačan, smèrtonosan;* mortale ferita - *smèrtonosna rana*.

Mortaletto - *buhtinja*.

Mortalità - *pomor*.

Mortalmente - *smèrtno, smèrtonosno, ubitačno;* ferito mortalmente - *smèrtno ranjen* v. *ozledjen*.

Morte - *smèrt, preminutje;* morte violenta - *smèrt silovita*, - naturale - *naravna smèrt*, - repentina - *nagla smèrt*, dichiarazione di morte - *proglašenje smèrti*, rapporto di morte - *smèrtovnica*.

Mortifero - *ubitačan, smèrtonosan, smèrtan*.

Morto, st. - *mèrtvac, pokojnik, mèrtvo tělo;* ag. *umèrl,
umèrši, mèrtav, preminu-
vši, pokojan.*

Mortorio. V. Funerale.

Mosca - *muha.*

Mostacchi - *bèrke.*

Mostra - *pokaz, kazanje, skazanje;* p. campione - *okušaj, okušalo, izgled, iz-
gledak, pregledalica.*

Mostrare - *kazati, pokazati,
prikazati.*

Mostro - *nakaz, nakaza, izrod.*

Motivare, far menzione - *pomenuti, napomenuti, nave-
sti, naznačiti;* p. allegare
- *obrazložiti, razlozima poduprěti;* p. cagionare - *u-
zročiti, prouzročiti, uzrokovati, prouzrokovati, dati
povod.*

Motivatamente - *razložno.*

Motivato - *pomenut, napomenut, naveden, naznačen,
obrazložen, uzročen, prouzročen, uzrokovan, prou-
zrokovan.*

Motivazione - *obrazloženje.*

Motivo - *uzrok, razlog, povod;* a motivo - *iz razlo-
loga, iz uzroka, zbog razloga* v. *uzroka, rad, radi,
zarad, zaradi, porad, po-
radi, zavolj* (gen.); *za* (ac.);
toga radi, radi (*zarad* ecc.)
toga; motivi della sen-
tenza - *razlozi presude.*

Moto, trasferimento da un
luogo all'altro - *krenutje,
kretanje, gibanje.* V. Impulso.

Motteggiare - *šaliti se, sula-
cati, igrati.*

Mucchio - *kup, gromada,
gromača, stog.*

Muco - *šmèrkalj.*

Mugghiamento - *rukanje, mukanje, blejanje.*

Mugghiare - *rukati, mukati,
blejati.*

Muggito - *ruk, muk, blejba,
rukanje, mukanje, blejanje.*

Mugnajo - *mlinar, malinar.*

Mugnere - *musti,* finir di mugnere - *pomusti, izmusti.*

Muliebre - *ženski.*

Multa - *globa, novčana globa,
novčana kazan;* p. multa
ond' evitare la vendetta
dei parenti d'un ucciso

- *kèrvarina, kèrvnina, odlika.*

Multare - *nametnuti* v. *postaviti globu.*

Multiforme - *mnogovèrstan, mnogoličan.*

Municipale - *municipalan;* municipali diritti - *municipalna* v. *mèstna prava.*

Municipio - *municipij.*

Munire - *obskèrbiti, upotrèbiti.* V. Fortificare.

Munizione, fortificazione - *utvèrdjenje, ograda;* p. polvere e piombo - *streljivo, prah i olovo;* p. viveri dei soldati - *vojnička hrana.*

Murare - *zidati, zazidati, graditi, zagraditi.*

Muro - *zid;* p. riparo - *ograda;* p. mura di città - *bedena;* battere colla testa nel muro - *bubati glavom u zid.*

Musa - *mudropojka.*

Museo - *sberica.*

Musica - *glasbu, godotvorina, svirba, svirka, muzika.*

Musicale - *glasben, muzikalan;* pezzo musicale - *glasbeni komad.*

Muso - *trubac, rilo.*

Musulmano - *musleman, musulman.*

Mutare. V. Cangiare.

Mutazione - *preobraženje, preinaka, preinačenje, promèna;* mutazione dei diritti ed obblighi - *preinačenje pravah i obvezah.*

Mutilamento - *osakatjenje, spačenje, odsèčenje, presèčenje, kusanje.*

Mutilare - *osakatiti, spačiti, odsèči, presèči, kusati, kusiti.*

Muto - *mutav, nèm;* sordomuto - *gluho-nèm, gluhomutav.*

Mutuamente. V. Reciprocamente.

Mutuante - *zajmodavac.*

Mutuare - *zajmiti, uzajmiti.*

Mutuatario - *zajmoprimac.*

Mutuo, st. - *zajam;* mutuo di denaro - *novčani zajam,* contratto di mutuo - *zajamna pogodba, pogodba zajma;* ag. *zamènit, uzajeman, zamèniteljan.*

N.

Nacchera - *njakara*.

Najade - *vila*.

Narrare - *pripovĕdati, povĕdati*.

Narrazione - *pripovedka, pripovĕdanje*.

Nascere - *roditi se, poroditi se*, (degli animali) *kotiti se, okotiti se, leći se, izleći se, zleći se*; p. scaturire - *izteći, proizteći, izhoditi, proizhoditi*; p. accadere - *pripetiti se, slutiti se, sbiti se*; nascere (del giorno) - *svanuti, pucati, puknuti*.

Nascimento, nascita - *rodjenje*, (degli animali) *zleženje, izleženje, kotenje, okotenje*; p. origine - *izvor, izvir, proizhod, početak*. V. Stirpe.

Nascita - *rod*.

Nascituro - *roditi se imajući*.

Nascondere, sottrare dalla vista altrui - *sakriti, sahraniti, pohraniti*; p. tener celato - *tajiti, zatajiti*.

Nascosto - *sakrijen, sakriven,* skrovan, sahranjen, pohranjen, zatajen, potajen; tenersi nascosto - *dĕržati se sakrijenim*, cose nascoste - *stvari sakrijene*.

Naso - *nos*.

Nassa, bertovello - *vĕrša*, dim. *vĕršica*.

Natale, st. solennità celeb. dalla chiesa - *božić*. V. Nascimento; ag. - *rodan*. V. Nativo.

Natalizio, st. - *narodjenje* ag. *narodjevan*; festeggiare il giorno natalizio - *svetkovati dan narodjenja*.

Natare - *plivati, ploviti*.

Natica - *rit, guzica, zadnjica*.

Nativo - *rodjen, rodan;* luogo nativo - *domovina, zavičaj, rodno mĕsto*, sprez. - *kotilo*.

Nato, ag. - *rodjen, porodjen, iztečen, proiztečen, zležen, izležen, okotjen*. V. Nascere.

Natura - *narav, narava, priroda, prirodnost*; p. proprietà - *kakvoća, osobitost*; p. essenza - *sućanstvo*; p. tendenza, genio - *nagnu-*

tje, prignutje, prinagnutje;
p. lume naturale - narav-
na ćud v. světlost; p. razza
- rod, porod, pleme; libidine contro natura - pro-
tunaravna bludnost, natura
della cosa - narav v. kakvoća stvari.

Naturale - naravan, naravski,
prirodan; figlio naturale -
naravni sin. V. Storia.

Naturalizzare - unaroditi,
naturalizzarsi - unarodi-
ti se.

Naturalizzazione - unarodie-
nje.

Naturalmente - naravno.

Naufragio - brodolomje, bro-
dolom, izgubljenje broda.

Nausea - gnjusota, gadnoća,
gadnost, gadljivost.

Nauseare - gnjusiti, gaditi se,
ogaditi se.

Nautica - brodarstvo, broda-
roslovje.

Navigare - brodariti, ploviti.

Navigazione - brodarenje,
plovitba.

Nazionale - narodan, semi-
nazionale - polunarodan;
lingua nazionale - narod-

ni jezik.

Nazionalità - narodnost.

Nazione - narod. V. Nascita.

Nebbia - magla; p. igno-
ranza - neumnost, nezna-
nost, neznanstvo; p. cecità
- slěpoća, slěpost.

Nebbioso - maglen, maglast,
p. ignor. - neuman, slěp.

Necessariamente - potrěbno,
potrěbito, nuždno, svakako.

Necessario - potrěban, nuždan.

Necessità - potrěba, nužda;
p. miseria - nevolja, běda;
la necessità non ha legge
- nužda něma zakona, v. u
nuždi něma zakona.

Nefando - mèrzki, gadan,
gnjusan, gèrd, gèrdoban.

Nefasto - zlokoban, zloudesan.

Negare, dire di no - někati,
zaněkati; p. contraddire -
oporeći, oporicati, protusloviti, prigovoriti, prigovarati; p. rifiutare - uzkratiti, uztegnuti; negare i
benefizj legali - uzkratiti
zakonita blagodatja, negare espressamente - izrično

zanĕkati. V. Impedire. Nascondere. Rinnegare.

Neghittosamente - *nemarno, neharno, nemarljivo.*

Neghittoso - *nemaran, neharan, nemarljiv.*

Negligente - *nemarljiv, neharan, nemaran.*

Negligentemente - *nemarljivo, neharno, nemarno.*

Negligenza - *nemarljivost, nemarnost, neharnost.*

Negligere – *zapušćati, zanemariti (što), nehajati (za što).*

Negoziante - *tèrgovac, tèržac;* negoziante all' ingrosso - *veletèržac.*

Negoziare, far negozj - *tèrgovati, tèržiti, kupovati i prodavati, pazariti;* p. trattare un affare - *voditi* v. *rukovoditi posao.*

Negozio, vendite, compre - *tèrgovina;* p. affare - *posao, stvar, predmet.* V. Bottega.

Negro, ag. - *cèrn.* V. Moro.

Nel, in - *u, va, vu, v* (ac. alla domanda "dove, in chè„ con moto); gettare nel mare - *baciti u more;* (loc. alla domanda "dove, in chè, quando„ con quiete); sta nel cuore - *stoji u sèrdcu.* V. In. Entro.

Nemicamente - *nepriateljski, nepriatelski, nepriateljno.*

Nemico - *neprijatel,* p. avversario - *protivnik.*

Nemmeno - *ni, niti.*

Neofito - *novokèrštenik.*

Neppure. V. Nemmeno.

Nequizia. V. Scelleratezza.

Nerbo, nervo - *žila;* p. sunto importanza - *jezgra;* p. forza - *jakost, snaga, moć;* p. frusta - *samac, bič.*

Nerezza - *cèrnilo, cèrnost.*

Nero. V. Negro.

Nesso - *sveza, svezanost, zavezanost;* nesso di sudditela - *podanička sveza.*

Nessuno - *nijedan, niko, niti jedan, ma i jedan;* in nessun modo - *nipošto, nikako, na nijedan način.*

Nettare, va. tor via il sudiciume - *čistiti, očistiti, snažiti, osnažiti, tèrti, otèrti.*

Nettezza - *čistoća, čistota;* p. purità - *čistoća, čistota,* *neoskvèrnjenost*, *neoskvèr-njenje;* p. lealtà - *lojalnost.*

Netto, ag. senza sudicio - *čist, čistoćan, neokaljan, osnažen;* p. senza vizio - *neporočan, neprikoran;* p. ispedito, pronto - *hitar, pripravan, spravan, gotov;* p. esente da pericolo - *bez pogibelja;* p. chiaro, evidente - *jasan, bistar, razgovětan, bělodan.*

Neutrale - *nepristran, nijednostran, neutralan.*

Neutralità - *nepristranost, nijednostranost, neutralnost.*

Neve - *sněg;* tempo di neve - *sněžno vrěme.*

Nevicare - *sněžiti,* met. *vijati;* nevica - *sněži, vija sněg.*

Nibbio - *piljuh, kragulj.*

Nido - *gnjezdo, gnjazlo.*

Niente - *ništa;* p. invano - *zaludo,* buono a niente - *za ništa, nevrědan,* aver per niente, disprezzare - *nečěniti.*

Ninfa – *vila.*

Nipote, relativ. al nonno - *unuk, vnuk,* fem. *unuka,*

vnuka; (dal canto del fratello) - *netjak, sinovac, bratić,* (la nipote) - *netjakinja, sinovka, bratična,* (dal canto della sorella) - *netjak, sestrić,* fem. *netjakinja, sestrična* - pronipoti - *prounuci, pronetjaci.*

Nipotismo - *unučtvo, netjačtvo.*

Nitido - *světal, osvětljen.*

Nitrico (acido) - *jedka.*

Nitrire - *hunjikati, njištati.*

Nitrito - *hunjikanje, njištanje.*

Nitro. V. **Salnitro.**

Niuno. V. **Nessuno.**

No, non - *ne;* dir di no - *tajiti, někati, zaněkati.*

Nobile, st. - *plemenitaš;* ag. *plemenit, vitežki, blagorodan, blagorodjen,* nobilissimo - *visokorodjen;* p. prezioso - *dragocěn.*

Nobilitare, va. - *oplemeniti;* np. *oplemeniti se.*

Nobilmente - *plemenito, vitežki.*

Nobiltà - *plemstvo, plemenstvo, plemština.*

Nocchiere - *brodovodja,* met. *kormandžia.*

Nocciolo, frutto - *lěšanj.*

Noce, albero e frutto - *orěh.*

Nocivo - *škodan, škodljiv, štetljiv, štetan, naudan.*

Nodo, fatto per istringere - *uzal, uzo;* p. risalto che formasi lungo i fuati ecc. *čvor, švor;* scioglimento del nodo - *odvezanje, (rě-šenje, odrěšenje) čvora.*

Nodoso - *uzlav, uzlast, čvoran, švoran, čvorljiv.*

Noi - *mi;* noi e voi - *mi i vi.*

Noja (prov. da stanchezza di spirito) - *omèrtvilo, od-padnost,* (da indifferenza) - *grustnja,* (da incomodo) - *zanovět,* (da avversione) *dosada, dodijanje.*

Nojare - *dosaditi, dosadjiva-ti, dodijati, dodjěvati, do-dijavati, zanovětati.*

Nojoso - *dosadan, dodijav, zanovětan.*

Noleggio - *naval;* contratto di noleggio - *navleni ugo-vor (pogodba).*

Nolo - *brodarina, naval.*

Nomade - *razpušten, poski-tan, skitajući se, bezkrovan, klateći.*

Nome - *ime;* senza nome - *bezimen,* nome sostantivo - *samostavnik, samostavno ime,* nome battesimale - *kèrstno ime.* V. Cognome.

Nomenclatura - *nazivoslovje, rěčoslovje.*

Nomina - *imenovanje, naime-novanje;* nomina degli im-piegati - *naimenovanje či-novnikah.*

Nominare, porre il nome - *nazvati, nazivati;* chiamar per nome - *zvati, imenovati;* p. dire - *reći;* darsi il nome - *zvati se, nazvati se, na-zivati se;* p. fare le no-mine, (degl'impiegati) - *imenovati, naimenovati (či-novnike).*

Nominatamente - *poimence, izrično.*

Nominativo, t. gr. - *imeni-teljni padež.*

Non - *ne;* non fare ciò - *ne-moj to učiniti.*

Nonagenario - *devedesetolě-tan, devedesetogodištan.*

Noncurante, st. - *neharnik, nehajnik, nemarnik, zane-marnik;* ag. *neharan, ne-*

hajstven, nemaran. V. Trascurare.

Noncuranza - *neharnost, nehajstvo, nemarnost, zane-
marnost.*

Nondimeno - *sa svim tim,
ipak, to, nu.* V. Però.

Nonna. V. Ava.

Nonno. V. Avo.

Nonnulla - *malenkost.*

Nono, numero – *deveti.*

Nonostante, quantunque vi
osti (questo o quello) -
*akoprem, ako i, (obstoji
ovo ili ono), i negledeć (na
to, na ovo, na ono).*

Nonpertanto - *ništanemanje,
ništamanje, sa svim tim, to.*

Nord, Nort - *sěver.*

Norma, squadra - *měrilo;* p.
modello - *izgled, tvorilo,
sastavak, obris;* p. regola
- *načelo, pravilo, ravnanje;*
norma di reciprocità - *načelo zaměnitosti,* serve di
notizia e norma - *služi za
znanje i ravnanje;* p. costume - *navada, običaj.* V.
Massima.

Normale, regolare ag. - *pravilan,* riferib. a scuole -

izgledan, normalan; scuola
normale - *izgledna* v. *nor-
malna učiona.*

Normalmente - *pravilno, pra-
vilnički, po pravilu, polag
pravila.*

Nosocomio. V. Ospedale.

Nostrano, st. - *našinac,* ag.
- *naš, našinski, domaći;*
vino nostrano - *vino do-
maće,* alla nostrana - *naški, po našu.*

Nostro - *naš.*

Nostromo - *nadružbenik, nad-
družbenik.*

Nota, segno - *zlamen, znamen, zlamenka, bilježka, zabilježka, zabilježenje;* p. ricordo scritto - *spomenka;*
p. annotazione - *opazka;*
p. nota di musica - *glas-
beno slovo;* p. scritto uffizioso - *dopis;* pregiata
nota - *cěnjeni dopis,* in seguito alla nota - *uslěd dopisa,* in consonanza alla
nota - *suglasno dopisu* v.
glasom dopisa, a tenore
della nota - *polag dopisa,*
in evasione della nota -
u rěšenje dopisa, supple-

toriamente alla nota - *na-knadno* v. *dodatno dopisu*, a chiare note - *jasno, izrično*; nota bene - *pazi, opazka*.

Notajo, notaro - *bilježnik, notar*, protonotajo - *prabilježnik, pranotar*.

Notare, va. scrivere - *pisati*; p. contrassegnare - *zabilježiti*; p. por mente - *paziti, opaziti*; p. mostrare - *kazati, pokazati*. V. Considerare.

Notare, vn. V. Nuotare.

Notariato - *bilježničtvo, notariat*.

Notevole - *znamenit, zlamenit*.

Notificare - *oznaniti, obznaniti, javiti, oglasiti, razglasiti, proglasiti*.

Notificazione - *oglas, obznana, oznana, razglas, proglas*.

Notizia - *věst, glas, obznana*; notizia diffusa - *razturena věst*.

Notiziare - *ubavěstiti, obznaniti, do znanja staviti*.

Noto, ag. conosciuto - *po-*

znan, *poznat, znan*; persona nota - *poznana osoba*.

Notorio - *obćepoznat, javnopoznat*.

Notte - *noć*; buona notte! - *lahka noć*, a notte avanzata - *u gluho doba noći*, giorno e notte - *noć i dan*, oscura notte - *tamna* v. *škura noć*.

Notturno - *noćan*.

Novanta – *devetdeset, devedeset*.

Novantesimo - *devetdeseti, devedeseti*.

Novazione - *obnova*; contratto di novazione - *obnovna pogodba*.

Nove - *devet* (gen. pl.)

Novecento - *devetsto, devet stotinah*.

Novella, narrazione fav. - *pripověst*. V. Nuova.

Novembre - *Studen*.

Noverare. V. Annoverare.

Novilunio - *mlaj, mladi měsec*.

Novità - *novota, novina, novost*; introdurre novità - *uvesti novote*.

Nozze, matrimonio – *ženitba, věnčanje, udatba*; p.

convito degli sposalizii - *pir*.

Nube - *oblak*.

Nubile - *nevěnčan, neověnčan, neudan ; persona nubile - neověnčana v. neudana osoba*.

Nuca - *zatilak, zavrat*.

Nudamente - *golo, nago*.

Nudità - *goloća, golotinja, nagoća, nagost*.

Nudo, senza vesti - *nag, sučen, svučen, gol, golem*.

Nulla - *ništa, ništar, nišće*.

Nulladimeno.   V.   Nondimeno.

Nullità - *ništetnost, nevaljanost, ništažnost*; gravami di nullità - *tegobe ništetnosti*, motivi di nullità - *razlozi ništetnosti*.

Nullo, nessuna persona - *nijedna* v. *nikakva osoba*, nessuna cosa - *nijedna* v. *nikakva stvar*, niuno - *nijedan, niti jedan, niko, niki*; p. inutile - *nekoristan, bez koristi* ; p. di niun valore — *nevaljan, ništetan*.

Nume - *božanstvo, božanstvenost*.

Numerare - *brojiti, pobrojiti, razbrojiti*.

Numero - *broj.*

Numeroso - *mnogobrojan, velebrojan*.

Nuncupativo - *ustmen*. V. Testamento.

Nunziatura - *poklisarstvo, poslaničtvo, veleposlaničtvo*.

Nunzio, messaggere - *glasonoša*, nunzio apostolico - *poklisar, papinski izaslanik (poslanik, veleposlanik)* ; p. avviso - *objava, objavak, naznačenje, priobćenje*.

Nuocere - *naškoditi, nauditi, štetiti, uvrěditi*.

Nuora - *snaha, nevěsta*, della nuora - *snahin, nevěstin*.

Nuotare - *plivati, ploviti*.

Nuoto - *plivanje*.

Nuova - *glas, věst, navěštjenje*.

Nuovamente - *iznova, iznovice, na novo, opet, opeta, opetno, opetovano, sopet, sopeta, sopetovano, iz poćetka*.

Nuovo - *nov, novičan* ; da

nuovo. V. Nuovamente.

Nutrice. V. Balia.

Nutrimento - *hrana, odhra-njenje.*

Nutrire - *hraniti, odhraniti, prihraniti, odhranjivati, prihranjivati, dati* v. *po-dati hranu.*

Nuvola - *oblak.*

Nuvolato, st. - *oblačnost,* ag. - *oblačan.*

Nuziale - *ženitben;* patto nu-ziale - *ženitbena pogodba.*

O.

O, inter. di merav. - *o ! ho ! nu ! gle čuda !* di sorpr. *o ! oho ! u !* V. Oh; part. vocat. *o, jeli, jeli ti, čuj;* partic. separat. che mu-tasi talvolta in od - *al, ali, il, ili, ol, oli, aliti, iliti, oliti.*

Obbediente. V. Ubbidiente ecc.

Obbiettare - *prigovarati, pri-govoriti.*

Obbietto. V. Oggetto ecc. Scopo.

Obbiezione - *prigovor, pri-govaranje, prigovorenje.* V. Eccezione.

Obblatore - *ponudioc, po-nudilac, ponuditelj;* più vantaggioso obbl. - *kori-stniji* v. *najkoristniji ponu-ditelj.*

Obblazione - *ponuda, po-nudba, ponudjenje.*

Obbligare, va. legare talu-no per parole o per i-scritto - *vezati, zavezati, svezati, obvezati, zadužiti (koga);* p. costringere - *prisiliti, primorati, na-gnati (koga);* np. p. pro-mettere di fare - *obvezati se, obećati.*

Obbligato - *dužan, obvezan, zavezan, dèržan, podvèr-žen.*

Obbligatoriale, tl. - *obvezni-ca, zadužnica.*

Obbligatorio - *obvezan, ob-veziv;* forza obblig. - *ob-vezna moć.*

Obbligazione, atto pel quale uno si obbliga a fare

qualche cosa - *obvezanje, obećanje.* V. Obbligatoriale.

Obbligo - *obveza, obvezanost, dužnost, podvèrženost;* - solidario - *zajednička* v. *uzajemna dužnost.* V. Obbligatoriale.

Obbrobrio - *prěkor, izgèrda, izgèrdjenje, pogèrda, pogèrdjenje.*

Obbrobrioso - *prěkoran, izgèrdan, pogèrdan.*

Obduzione, sezione cadaverica - *paranje, razpora ;* obd. del cadavere - *paranje trupla* v. *mèrtvog těla.*

Oberato, tl. *prezadužsnik, propalica.*

Obice, cannone piccolo, o piccolo mortajo - *topka, mužar, buhtinja.* V. Ostacolo. Opposizione.

Obliare - *zaboraviti, zabiti, pozabiti, nesěćati se, nedomišljati se.*

Oblio - *zaboravljenje, zaborav, zaborava, zabitje.*

Oblivione. V. Oblio.

Oblungo - *podugast.*

Oboè - *oboè.*

Oca, uccello - *guska,* mas. *gusak ;* p. misura - *oka.*

Occasionale - *prigodan, zgodan, slučajan.*

Occasionalmente - *prigodno, zgodno, slučajno.*

Occasione, opportunità - *prilika, prigoda, zgoda, povod ;* p. motivo - *uzrok, razlog.*

Occaso, occidente - *zahod, zapad.* V. Morte.

Occhiale, strumento che ajuta la vista - *očnice ;* p. telescopio - *očnik.*

Occhiata - *pogled, pogledak, pogledanje, zgled.*

Occhio - *oko ;* p. finestra rotonda - *okno ;* p. foro del martello in cui si ferma il manico - *uho ;* dire a quattro occhi - *kazati na četiri oka.*

Occidentale - *zapadan, zahodan.*

Occidente - *zapad, zahod.*

Occipite - *zatilak.*

Occorrente - *potrěban, potrěbit, nuždan.*

Occorrenza - *potrěba, potrě-*

boća, potrěbnost, nužda.
V. Occasione.

Occorrere, accadere - *zbiti se, pripetiti se, zgoditi se, dogoditi se, slutiti se, slučiti se, javiti se, pojaviti se;* p. venire in mente - *doći* v. *pasti na pamet (um);* p. bisognare - *potrěbovati, imati potrěbu (česa).*

Occultamente - *tajno, potajno, tajom, tajoma, skriomno, skrovno skrovito.*

Occultamento - *skrovnost, potajnost.* V. Occultazione.

Occultare - *skriti, sakriti, skrivati, sakrivati, tajati, zatajati;* p. non palesare - *zamučati.*

Occultatore - *sakrivalac, tajalac, zatajalac.*

Occultazione - *skrijenje, sakrijenje, skrivanje, sakrivanje, tajenje, potajenje, zatajenje, zamučanje;* occult. di parto - *zatajenje poroda.*

Occulto, non palese - *skrovan, nepoznan, nepoznat, neodkrijen;* p. coperto -

pokrijen; p. nascosto - *skrijen, sakrijen, skriven, sakriven;* st. p. segreto, arcano - *tajnost, potajnost.*

Occupare, va. appropriarsi illegit. - *osvojiti, posvojiti, prisvojiti, prisvojiti si;* p. occupare legit. - *uzeti, zauzeti, naměstiti se, nastaniti se;* p. riempire uno spazio - *napuniti, zapačati;* p. dar lavoro - *baviti, zabaviti, zabavljati, zanimati (koga čim);* occuparsi - *baviti se, zabavljati se, zanimati se (čim).*

Occupazione, azione di occupare - *osvojenje, posvojenje, prisvojenje, uzetje, uzmenje, zauzmenje,* (dell' occuparsi) - *bavljenje, zabavljanje, zanimanje;* p. ciò in che alcuno si occupa - *zabava, zadaća:* p. negozio, faccenda - *posao, poslovanje, stvar.*

Oceano - *ocean, veliko more.*

Odiare - *oduriti, mèrziti, zlobiti, nenaviděti, uznenaviděti, omraziti (koga), mèrziti, biti jadan (na koga).*

Odiernamente - *danas, dan današnji.*

Odierno - *današnji;* tempi odier. - *današnja vrěmena.*

Odio - *měržnja, omraza, odurenje, ogorčenost.*

Odioso, che spira odio - *měrzk, měrzan, měrzljiv, oduren;* p. che porta odio - *nenavidan, nenavistan;* p. molesto - *dosadan, dosadiv;* divenir odioso - *oměrziti, oměrznuti, dosaditi, (komu štogod).*

Odissea - *Odisea, Omerova pěsan.*

Odorare, attrarre l'odore - *vonjati, obvonjati, povonjati, njušiti, vonjuhati, povonjuhati;* p. spargere odore - *vonjati, mirisiti, mirisati.*

Odore - *vonj, miris, mirisje, mirisanje.*

Offendere, va. - *uvrěditi, naškoditi;* sl. p. rendere malconcio - *osakatiti, zlostaviti, sprebiti, raniti, ozlediti;* offendere l'onore - *uvrěditi poštenje;* np. p. recarsi a male - *uvrěditi se,* ostati *(postati, biti) uvrědjen, uzeti se na zlo.*

Offerente. V. Obblatore.

Offerire, esibire - *nuditi, nudjati, ponuditi;* p. dedicare - *pokloniti, prikazati, darovati, priněti.* V. Dare.

Offerta - *ponuda, ponudba, ponudak, nudjenje, ponudjenje;* offerta d'incanto - *dražbena ponuda;* p. ciò che si offre - *poklon, dar, prinos, prikaz, prikazanje.*

Offerto, (esibito) - *nudjen, ponudjen,* (donato) - *poklonjen, prikazan, darovan.*

Offesa (in genere) - *uvrěda, uvrědjenje, povrěda;* p. offesa corporale - *ozleda, ozledjenje, osakatjenje, ranjenje;* dell'onore - *uvrěda poštenja;* della maestà sovrana - *uvrěda kraljevskog veličanstva;* della guardia - *uvrěda straže.*

Offeso - *uvrědjen, naškodjen, osakatjen, zlostavljen, sprebijen, ranjen, ozledjen;* gravemente of. - *těžko o-*

sledjen (ranjen, osakatjen).
V. Offendere.

Officiale. V. Uffiziale.

Officina - *dĕlaonica, dĕlar-*
nica.

Officio. V. Uffizio ecc.

Offuscare - *potamnĕti, otam-*
nĕti, pomèrčiti, pomračiti,
pocèrniti ; p. confondersi
- *pomutiti se, smutiti se.*

Oggettivamente - *stvarno ,*
samostvarno.

Oggettivo - *stvaran, samo-*
stvaran.

Oggetto - *predmet, stvar,*
zadatak ; oggetto d'istruzione - *učevni predmet.*

Oggi - *danas ;* al dì d'oggi
- *današnji dan,* oggi mattina - *danas u jutro v. da-*
nas jutros, oggi a sera -
danas na večer v. u ve-
čer, večeras.

Oggidì. V. Oggi.

Oggimai. V. Ormai.

Oglio. V. Olio.

Ogni - *svak, svaki, pojedini.*

Ognissanti - *Svi Sveti.*

Ogni volta — *svaki put, uvĕk,*
vavĕk, vazda.

Ognuno. V. Ogni.

Oh, inter. (di curiosità) -
o ! oho ! gle ! gle čuda !
nu ! (di gioja) - *a ! ah !*
ha ! oho ! aha ! (d' irrisio-
ne) *o ! oho ! gle !* V. Ohi.
O.

Ohi, oi. V. Ohimè.

Ohimè, oimè, inter. (di dolore fisico o morale) -
joh ! joj ! oi ! jao ! vaj !
avaj ! ajme ! vajmeh ! ao !
ah ! oh ! uh ! jadan ! ja-
dan ti san ! bolan ! kuku !
kuku lele ! težko meni ! joh
meni !

Oibò - *ajbò, ojbò, to ne, to*
ne to.

Oimè. V. Ohimè.

Olà - *oe, jeli, jeli ti, čuj, ču-*
ješ, čuješ ti, slušaj, nu.

Oleoso - *uljat, uljast, uljav.*

Olio - *ulje.*

Oliva, olivo - *ulika, maslina.*

Olmo - *brĕst.*

Olografo - *vlastoručan.* V.
Testamento.

Oltracciò - *odzgor (izvan,*
prĕko, povèrh, osven) toga.

Oltraggiare - *uvrĕditi, na-*
ružiti, oružiti, sramotiti,
osramotiti.

Oltraggio, (all' onore) - *u- vrěda, uvrědjenje, naruže- nje, oruženje, osramotje- nje;* (al pudore) - *oskvěr- nutje.*

Oltre - *prěko, navèrh, vèr- hu, svèrh, osim* (gen.); oltre ciò - *prěko toga.*

Oltrechè – *prěkošto, osven da, izvan da.*

Oltremare - *zamorje, prěko mora.*

Oltremodo - *prěkoměrno, prěkonačina.*

Oltrepassare, passar oltre - *prěkoračiti, preići, prěko- ići;* p. uscir dal conve- nevole – *nadilaziti, nadići,* p. ommettere passando - *mimoići, promašiti, prě- koračiti.*

Ombra - *hlad.*

Ombrella (da pioggia) - *ki- šobran, lumbria, lumbrela.*

Ombrello (arnese che serve a riparar dal sole - *sun- cobran, hladnik.*

Ombroso - *taman, mèrkli, tmast, škur.*

Omicida, sl. - *umornik,* (s. com. anche) - *ljudomornik,*

kèrvnik. V. Assassino.

Omicidio, st. sl. - *umorstvo,* (s. com. anche)- *ljudomor- stvo, kèrvničtvo;* om. pro- ditorio - *izdajno* v. *izdaj- ničko umorstvo,* - con ra- pina *- razbojničko* v. *gra- bežno umorstvo, umorstvo s razbojničtvom,* - per man- dato - *umorstvo po naručbi,* - premeditato - *namišljeno umorstvo,* attentato omi- cidio con rapina - *poku- šano grabežljivo umorstvo,* om. semplice - *obično u- morstvo.*

Ommettere - *ostaviti, osta- vljati, izostaviti, pustiti, pušćati, propustiti, staviti (postaviti, metnuti) na stran.*

Ommissione - *ostavljenje, izo- stavljenje, puštenje, pro- puštenje.*

Omogeneo - *istovèrstan, jed- novèrstan prikladan.*

Omologare, sl. - *potvèrditi, sudbeno* v. *uredovno po- tvèrditi.* V. Confrontare.

Oncia - *unča.*

Onda - *val, talas.*

Onde, avv. da dove - *od kud? od kuda? skud? skuda? odaklě? odklě? odokle? od kojeg města?* p. da qual cagione? (come sopra, e) *radi česa? radi koje stvari? s česa?* nel senso di dunque? - *dakle? i tako? onde, che ci resta? - dakle, (i tako) šta ćemo?* cong. V. Affinchè.

Ondeggiare - *valjati se, talasiti se, tombati se, zibati se, ljuljati se.*

Onere. V. Peso.

Oneroso - *tegotan, tegoban;* contratto on. - *tegotna pogodba.*

Onestà - *poštenje, poštenost.*

Onestamente - *pošteno.*

Onesto, ag. - *pošten;* st. *poštenost, što je pošteno;* av. V. Onestamente.

Onninamente - *sasvim, u svemu i posvemu.*

Onnipotente - *svemoguć, svemogućan, svemožan, svemog, svegamoguć.*

Onnipotenza - *svemogućstvo, svemogućtvo, svegamoguć-*

tvo, svemožnost.

Onnisciente - *sveznajuć, sveznan.*

Onniscienza - *sveznanstvo, sveznanost.*

Onomastico, giorno in cui ricorre la festa del santo, il cui nome si porta - *imendan, godovdan.*

Onorare - *častiti, štovati, poštovati, počitati, počitovati.*

Onorario, st. stipendio - *plaća, plata, zaslužba;* ag. p. che reca onore - *častan, začastan;* impiegato onorario - *začastni činovnik.*

Onoratamente - *častno, časno, dično, pošteno.*

Onoratezza - *poštenje, dika.*

Onorato - *častan, dičan, pošten. vrědan, štovan, štujen, poštovan, poštujen, počitan;* onoratissimo - *vele v. mnogočastan.* V. Onorevole.

Onoraziori, st. persone più distinte - *odličnici.*

Onore - *čast, poštenje, dika;* lesione d' onore – *uvrěda poštenja.*

Onorevole - *častan, čestit, častovit, dičan, štovan, štujen, poštovan, poštujen, počitan, pošten, hvalevrĕdan;* onorevolissimo - *velečastan, velečestit, mnogočastan, mnogočestit;* onorevole signore! *častni v. čestiti gospodine!*

Onorevolezza - *častnost, čestitost, dičnost.*

Onorevolmente - *častno, čestito, dično, hvalevrĕdno, pošteno.*

Onorifico - *slavan, slavovit, počastan, dičan.*

Onta, oltraggio - *uvrĕda, uvrĕdjenje;* p. vergogna accomp. da insulto - *prĕkor, pogĕrda, rug, sramota;* p. dispetto — *pĕrkos, sramota;* a tua onta (dispetto) io pure vi sarò - *na tvoju sramotu v. tebi na pĕrkos bitiću i ja;* ad onta, senza riguardo - *uzpĕrkos, uzkos, bezobzirno, bez obzira.*

Opaco - *taman, tmast, mĕrk, mĕrkal, mĕrkao, neproziran, neprozračan.*

Opera, cosa fatta o da farsi - *dĕlo, posao, posal;* p. artifizio - *tvor, tvorba, tvorenje;* p. uffizio degli operaj - *radnja, dĕlo;* p. opera di mano - *rukotvor, rukotvornost, rukotvorje;* di mente - *umotvor, umotvornost, umotvorje;* di canto - *pĕvotvor, pĕvoigra, opera;* di musica - *glasbotvor, opera;* di poesia - *pĕsnotvor,* (in genere) *dĕlo;* p. cosa, fatto - *stvar, dĕlo, čin.*

Operajo - *zanatlia.*

Operare, va. impiegare il sapere e la fatica - *dĕlati, dĕlovati, poslovati, raditi, izraditi, činiti, učiniti, tvoriti, stvoriti.* V. Usare; vn. p. far effetto (di medicina ecc.) *pruditi, hasniti, koristiti, učiniti dobro.*

Operato, ag. di operare - *dĕlan, izdĕlan, činjen, učinjen, uradjen, izradjen, stvoren;* p. lavorato ad opera - *pleten, izpleten;* st. p. ciò che si è operato - *dĕlo,*

izradak, sastavak. V. O-
pera.

Operoso - *dělatan, neumoran.*

Opinare - *mislěti, biti mněnja.*

Opinione - *mněnje, misal ,
misao, sud, ćud, pamet,
vidjenje.*

Oppignoramento - *plěnitba,
rubanje, poruba;* op. giudiziale - *sudbenu plěnitba.*

Oppignorante - *oplěmitelj ,
rubatelj.*

Oppignorare - *plěniti, oplěniti, rubati.*

Oppignorato, st. - *plěnjenik,
oplěnjenik ;* ag. *plěnjen,
oplěnjen, ruban.*

Oppio - *opilo, drěmak.*

Opporre, va. addurre in
contrario - *suprot nave-
sti (navadjati, dovesti, pridoněti, pridonašati) navesti za svoju obrambu, braniti se;* p. muovere dif-
ficoltà - *upirati se, uprěti
se, protiviti se, suprotiviti se;* p. mettere una
cosa come ostacolo del-
l' altra ; *suprotstaviti, pro-*

tustaviti. V. Contrapporre; np. p. essere oppo-
sto - *protustati, suprotstati.* V. Contrariare.

Opportunamente - *zgodno,
prikladno, primĕrno.*

Opportunità, d' opportuno -
*zgoda, zgodnost, udobnost,
prigoda, prilika ;* p. necessità - *potrěba, nužda.*

Opportuno, che è a propo-
sito - *shodan, zgodan, prikladan, udoban, primĕren ;*
p. op. uso - *za shodnu porabu* v. *shodne porabe radi ;* p. necessario - *potrěban, nuždan.*

Opposizione , contraddizione - *protuslovje, proturěčje,
protugovor ;* p. ostacolo
fatto a qualche cosa - *zaprěka, preprěka, opor, o-
pornost ;* p. contrarietà -
*protivnost, protimba, su-
protivnost, protivljenje, suprotivljenje.*

Opposto - *protivan, suprotivan, suprotstavan, su-
protstavljen, protustavljen;*
fatto opposto - *protivni
čin;* dal lato op. - *s dru-*

ge strane.

Oppressione, azione d'op-
primere - *tlačenje, potlačenje, pritiskanje, gonjenje,
progonjenje;* p. stato di
chi è oppresso - *progon-
stvo, zulum, pritisnutje.*

Oppresso - *tlačen, potlačen,
progonjen, pritisnjen, zu-
lumčaren.*

Oppressore · *tlačenik, po-
tlačenik, progonitelj, zulumčar.*

Opprimere - *tlačiti, potlačiti,
pritiskati, progoniti, proganjati, zulumčariti.*

Oppure - *ali, ili, oli, al, il,
ol.*

Opulenza - *bogatstvo, bogastvo.*

Opuscolo - *dělce, umotvorno
dělce.*

Ora - *ura, sat ;* a buon'ora
- *rano*, ora tarda - *kasno*, ad ora molto tarda
- *prekasno ;* p. attualmente
- *sad, sada, sadar, u ovo
doba, u sadašnje doba ;*
da quest'ora - *odsele, od
sad, od sada ;* finora -
dosele, doslě, dosad, do

sada. V. Allora.

Oramai. V. Ormai.

Oragano - *oluja, vihor, vijor,
vihar.*

Orale - *ustmen.*

Orare - *moliti.*

Orario - *dobnik.*

Oratore, chi prega - *molitelj ;* p. chi arringa - *go-
vornik, besědnik ;* p. predicatore - *pripovědavac,
prodikač.*

Orazione - *molitva, molba,
moljenje, bogomoljenje.*

Orbo, cieco - *slěp ;* diventar
orbo - *oslěpiti, postati
slěp.*

Orchestra, palco di suonatori - *sopilište, sopilištvo ;*
p. adunanza di suonatori
e cantori - *glasba, glasbo-
sopje.*

Orda, - *čopor.*

Ordigno - *orudje.*

Ordinanza, decreto - *propis,
naredba, odluka ;* ord. sovrana - *carski propis,* reale - *kraljevska naredba ;*
p. fila - *red, razredjenje.*

Ordinare, va. disporre per
ordine - *urediti, srediti,*

razrediti, slaviti v. postaviti u red, složiti ; p. dar
gli ordini eccl. - rediti ;
V. Governare. Istituire.
Macchinare; vn. p. impor-
re - naložiti, nalagati, za-
povĕdati, narediti.

Ordinariamente, il più spesso - malonevazda, skoro
uvĕk, već krat, čestje ; p.
al solito - obično, običajno, u obće, redovito, red-
no, straordinariamente -
izobično, izvanredno, pro-
turedno.

Ordinario, st. V. Vescovo.
Portalettere ; p. cosa so-
lita - stvar obična.

Ordinario, ag. solito - običan, običajan, redovit, re-
dan ; straordinario - neobičan, izobičan, izvanre-
dan ; ord. giudice - redoviti sudac ; p. di poco
conto - prost ; per ordi-
nario. V. Ordinariamente.

Ordine, disposizione delle
cose, e p. fila - red ; p.
collocam. delle medes. a
suo luogo - razredje, raz-
prema ; p. comando - za-

povĕd, nalog, naredba, o-
dredba, naruka ; lodato
ordine - hvaljeni nalog,
ossequiato - počitani na-
log, ordine aperto - ot-
vorena odredba ; p. ordi-
ne pubblico (tranquillità)
- javni poredak ; p. ordine distintivo - red ; ca-
valiere dell' ordine di
Francesco Giuseppe - vi-
tez reda Franje-Josipa. V.
Nota.

Ordire, ordinare le fila per
tessere - snovati, osnovati,
plesti. V. Macchinare. Cominciare.

Orecchia. V. Orecchio.

Orecchino - nauhvica, nau-
šnica, rećina.

Orecchio - uho, pl. uši, uha,
ušesa ; porgere orecchio -
slušati, poslušati ; tendere
le orecchie - napeti v. nadignuti uši (uha).

Orecchiuto - uhat, uhast.

Orefice - zlatar.

Oreficerìa - zlataria.

Orfanale - sirotinski, sirotan.

Orfano - sirota, sirotče ; or-
fani - sirotčad, sirote.

Orfanotrofio - *sirotinski* v. *sirotni zavod.*

Organismo - *ustrojstvo, uredjaj, uredba.*

Organista - *orgulaš, orgular.*

Organizzamento - *ustrojenje.*

Organizzare - *ustrojiti.* V. Ordinare.

Organizzazione - *ustroj, ustrojstvo, ustrojenje.*

Organo, parte dell' animale o del veget. destinato a funzionare - *udo*; p. strumento musicale - *organ, orgulj.*

Orgasmo – *nemir, uznemirenje, uznemirje.*

Orgoglio - *ponositost, ponos.*

Orgoglioso - *ponosit, ponosan.*

Orientale - *iztočan, istočan, izhodan.*

Oriente - *iztok, istok, izhod.*

Originale, st. *izvor, izvornik, matica*; in originale - *u izvoru*; ag. *izvoran, izviran*; scritto originale - *izvorni spis, pèrvopis, prapis, matica.*

Originalità - *izvornost.*

Originalmente - *u izvoru, izvorno.*

Originare, va. dar origine *uzročiti, uzrokovati, prouzročiti, prouzrokovati*; vn. p. trarre orig. - *izvirati, izteći, proizteći, proiztěcati, izhoditi, izhajati, proizhadjati.*

Originario - *pèrvobitan, izvoran.*

Origine, principio - *početak, počelo, početje, izvor, izvir, vrutak, vrelo, iztok, iztočaj.* V. Stirpe.

Orina - *cur, pišak, burež, met. voda.*

Orinale - *vèrčina, burežnjak.*

Orinare - *curati, pišati, buriti, pustiti vodu.*

Oriundo - *rodjen, rodom iz, iztekavši, protekavši.*

Orinolajo - *urar.*

Oriuolo. V. Orologio.

Orizzontale - *obzoran.*

Orizzontalità - *obzornost.*

Orizzontalmente - *obzorno.*

Orizzonte - *obzorje.*

Orlare - *rubiti, zarubiti.*

Orlatura - *rubljenje, zarubljenje.*

Orlo - *rub, zarub, kraj.*

Orma - *trag, slěd, stopa, stupaj.*

Ormai - *jur, jurve, već, ve-će ;* sono ormai dieci anni - *ima jurve deset go-dinah.*

Ornamento - *ures, uresaj, nakit, uresenje, nakitjenje, nacifranje, nagizdanje.* V. Gallone.

Ornare - *uresiti, naresiti, na-kititi, nacifrati, nagizdati.*

Ornitologìa - *ptěcoslovje.*

Oro - *zlato.* V. Indorarè.

Orologio - *ura, sat ;* oro-logio d' oro - *zlatna ura (sat),* - d' argento - *sre-běrna ura.*

Orpellare. V. Inorpellare.

Orrendo - *strahovit, stra-šan, měrski.*

Orribile - *strašan, strahovit, grozan.*

Orrido. V. Orribile.

Orrore, ecces. paura - *stra-hoća, strahota, užas, groza, razplašenje;* p. agitazione dell' animo alla vista di oggetti venerabili - *stra-hopočitanje.*

Orso - *medved, medjed, me-do,* fem. *medvedica, me-djedica, medica.*

Orsù - *nu, nuder, nudir, de, deder, ala, alati, daj.* V. Suvvia.

Ortica - *žigavica, kopriva.*

Orticello - *vèrtlić, vèrtić.*

Orticoltura - *vèrtlarstvo, vèrt-loslovje.*

Orto, st. - *vèrt, vèrtal, vèr-tao.*

Ortodossia - *pravoslavje, pravověra.*

Ortodosso, st. - *pravově-rnik, pravorěrac, pravo-slavnik;* ag. *pravověran, pravoslavan.*

Ortoepìa - *krasnorěčje, kra-snogovor.*

Ortografia - *pravopis, pra-vopisje.*

Ortograficamente - *pravo-pisno.*

Ortografico - *pravopisni.*

Ortografo - *pravopisac.*

Ortolano - *vèrtlar.*

Orvia. V. Orsù.

Orzo - *ozimac, ječam, jač-mik, ječmik.*

Osare - *usuditi se, směti, u-sloboditi se, postupiti se, imati sèrca.*

Oscenità - *nečistnost, neči-*

stoća, nečisto v. *sramotno dělo (besěda, rěč).*

Osceno - *nečist, sramotan.*

Oscurare, va. - *potamněti, potmučiti, pomračiti, zamračiti, zaškuriti;* np. *potamněti, zaškuriti se, pomračiti se, zamračiti se, potmučiti se.*

Oscurità - *škurina, škuravina, tamnilo, mrak, tmina, tmica.*

Oscuro, ag. - *škur, taman, mračan, tmast, mèrkal, mèrk, mračljiv,* met. *cèrn;* st. V. Oscurità.

Ospedale - *bolnica;* civico osp. - *gradska bolnica.* V. Istituto.

Ospitale, ag. - *gostoljuban, gostoljubiv, gostoljub, gostovitan.*

Ospitalità - *gostoljubnost, gostoljubivost, gostovitost.*

Ospite, st. chi alloggia il forestiero - *gostoljub, gostoljubnik;* p. forestiere alloggiato - *gost, pridošalac, stranik.*

Osseo - *kostan, kosten, od kosti.*

Ossequiare - *počitati, počitovati (koga), klanjati se (komu).*

Ossequio - *počitanje, strahopočitanje, priklon, priklonost.*

Ossequioso - *počitan, strahopočitan.*

Osservanza, adempimento d' un precetto - *izvèršenje, izpunjenje;* p. mantenimento della promessa - *obdèržanje, obdèržavanje, uzdèržanje.* V. Costume. Osservazione.

Osservare, notare - *opaziti, primětiti;* p. considerare dilig. - *paziti, gledati dobro, mislěti, promislěti, promatrati;* p. mantenere la promessa - *obdèržati, obdèržavati, uzdèržati, uzdèržavati;* p. non trasgredire leggi ecc. - *izvèršiti, ovèršiti, izpuniti (štogod) obslužiti (čemu).*

Osservazione, attenta consideraz. - *pazenje;* p. investigazione - *izpitanje, razvidjenje;* p. risultato dell' osservare - *opazka, primĕtba.*

Osso - *kost,* dim. *koščica.* aum. *koščina.*

Ostacolo, impedimento - *za-prĕka, preprĕka, zaprĕčje, smetnja ;.* p. contrarietà, opposizione - *protivnost, protimba, protivština, suprotivnost, op)r, opornost.*

Ostare - *obstati, obstojati, prĕčiti, protiviti se, zaprĕčiti, stati na put.*

Oste - *kèrčmar, oštar, birtaš.*

Ostensibile - *vidljiv, vidiv.*

Ostensorio - *sveti* v. *prisveti Sakramenat, sveto Prikazalište, prisveto Tĕlo Isusovo.*

Osterìa - *kèrčma, oštaria, birtia.*

Ostessa - *kèrčmarica, oštarica, birtašica.*

Ostetrice. V. **Levatrice.**

Ostetricia - *primaljstvo.*

Ostia, ciò che si offre a Dio in sagr. *oštia; -* consacrata - *oštia posvetjena.*

Ostile - *nepriateljan, nepriateljski, neprijazan.*

Ostilità - *nepriateljstvo, neprijazan, neprijaznost.*

Ostilmente - *nepriateljno, nepriateljski, po nepriateljsku, neprijazno.*

Ostinarsi - *upiratise, utvèrditi, utvèrdnuti, tvèrdoglaviti, utvèrdoglaviti, osamovoljiti, osvojevoljiti, ustručavati se.*

Ostinatamente - *tvèrdokorno, tvèrdoglavo, tvèrdoumno, tvèrdo, utvèrdnuto, uporno, uporivo.*

Ostinato - *tvèrdokoran, tvèrdoglav, tvèrdouman ;* p. chi resiste ad ogni rimedio - *tvèrd, utvèrdnut, u-tvèrdjen, uporan, uporiv.*

Ostinazione - *tvèrdokornost, tvèrdoumnost, tvèrdoglavost, tvèrdnoća, utvèrdnost, upornost, 'uporivost.* V. **Ostinato.**

Otre, otro - *mĕh.*

Ottangolare - *osmerokutan, osmerokutast, osmeronuglast.*

Ottangolo, - *osmerokut, osmeronugle.*

Ottanta - *osamdeset.*

Ottantesimo - *osamdeseti.*

Ottavo, st. *osmi dio* v. *děl;* ag. *osmi.*

Ottenere, conseguire - *postići, postignuti, steći, polučiti, dobiti, zadobiti.*

Ottenimento - *postignutje, postignjenje, stečenje, polučenje, dobljenje, zadobljenje.*

Ottenuto - *postignut, polučen, dobljen, zadobljen.*

Ottimamente - *jako (veoma, vele, věrlo) dobro, predobro, izvěrsno, izvěrstno najbolje.*

Ottimo — *najbolji, najboljši, predobar, pridobar, izvěrstan, izvěrsan.*

Otto - *osam.*

Ottobre - *Listopad.*

Ottocento - *osamsto.*

Ottone - *žutoměd, žuti měd.*

Ovale - *jajast, jajat, na jaje.*

Ovunque. V. Dovunque.

Ovvero - *al, ali, aliti, il, ili, iliti, ol, oli, oliti.*

Ozio, cessazione dell'operare - *bezposlenost, bezposlenje, neposlenost, nerad* (*i*); p. disoccupazione con-giunta a pigrizia - *danguba, plandovanje, praznovanje;* p. tempo disponib. a far nulla - *vrěme něradi* v. *bezposlenosti;* stare nell' ozio - *plandovati, dangubiti, praznovati.*

Ozioso, che sta in ozio - *bezposlen, danguban, dangubeć, plandujuć, praznujuć;* p. vano - *zaludan, bezkoristan, nekoristan, prazan.*

P.

Pacatezza - *utažnost, tihoća, mirnoća.*

Pacato - *utažan, tih, miran.*

Pacchetto, piccolo fascio di lettere ecc. - *zavitak.*

Pacco - *omotak, smotak.*

Pace - *mir, mirje, pokoj.*

Pacificamente - *mirno, miroljubivo, u miru, u pokoju.*

Pacificare, va. - *umiriti, smiriti, učiniti* v. *postaviti mir;* np. *umiriti se, pomiriti se.*

Pacificazione - *umirenje, smi-renje.*

Pacifico - *miran, miroljubiv, ljubomiran, tih.*

Padiglione - *šator, šotor, ča-dor, nadsěna.*

Padre - *otac, ćaća,* met. *ro-ditelj,* del padre - *otčin, otčev ;* padre adottivo - *poočim, pootac.*

Padrino - *kum, sutal.*

Padrona - *gospodarica, gaz-darica.*

Padronanza, il fare da pa-drone - *gospodarenje, go-spodarovanje;* p. superio-rità - *gospodarstvo.*

Padronato - *pokroviteljstvo.*

Padrone - *gospodar, gazda.*

Padroneggiare - *gospodariti, gospodarovati, vladati.*

Paesano, st. - *našinac, mě-šćanin, domaćin, domaći-nac.* V. Contadino ; ag. *domać, městan.*

Paese - *krajina, pokrajina, kraj, domovina, stran, mě-sto;* nel nostro paese - *u naši kraji.*

Paga - *platja, plata, zaslūž-ba ;* paga mensile - *měseč-*

na platja, aggiunta alla paga - *dodatak platje,* au-mento di p. - *povišenje platje,* personale aumento della paga - *osobna pri-plata.*

Pagabile - *plativ, platjiv, iz-platjiv.*

Pagamento - *platež, izplata, izplatjenje, namirenje;* pre-teso pag. - *tobožnje izpla-tjenje.* V. Paga.

Paganesimo - *poganstvo.*

Pagano - *poganin.*

Pagare - *platiti, plaćati, iz-platiti, izplatjati, namiriti, namirivati;* pagare le spese - *platiti troškove.*

Pagato - *platjen, izplatjen, namiren ;* pagato importo - *platjeni iznos.*

Pagatore - *platiša, platitelj.*

Pagina - *stran, obraz.*

Paglia - *slama.*

Pagliericcio, gran sacco di paglia - *slamnica.*

Pagliuzza - *trun, trunak, slamica.*

Pagnotta - *hljěb,* (dei mili-tari anche) - *profunt.*

Pagoda - *pagoda.*

Pajo, paro - *dvojica, dvoje, par.*

Pala, strumento p. infornare il pane ecc. - *lopata;* p. pala d' altare - *pala,* met. *prilika.*

Palafreno - *konj, konj od sedla, parip.*

Palamita - *palamida.*

Palandra - *polandra.*

Palatinato - *nadvorničtvo.*

Palatino - *nadvornik.*

Palato, parte sup. della bocca - *nebo od usta;* p. gusto - *okušalo.*

Palazzo - *polača, palača.*

Palla, corpo rotondo - *kugla, bala;* p. pic. balla, o pallottola da voto - *glasovnica.*

Pallido - *blěd, blědan,* met. *žut.*

Pallino, pic. palla - *kuglica, balica;* p. pallino da schioppo - *šprih, špriha, balin,* - da lepre - *zečar,* da capriuolo - *sèrnjak* ecc.

Palma (della mano) - *dlan.* V. Vittoria.

Palmo, spanna - *pedanj, pedalj.*

Palo - *kolac,* (p. palo di sostegno, come sopra, e) *taklja, čaklja.*

Palombo, grosso colombo - *grivac, veliki golub.*

Palpare - *pipati, opipati, popipati.*

Palpebra - *trepavica.*

Palpitare - *treptati, trepetati.*

Palpitazione - *treptjenje, trepetanje.*

Palpito - *trepet;* palp. del cuore - *sèrcotrepet.*

Palude - *jezero, blato, mlaka.*

Pampano - *hvoja* v. *hvojka tèrsovna* v. *od tèrsa.*

Panca. V. Banco.

Pancia - *tèrbuh.*

Panciuto - *tèrbušav.*

Pane - *kruh,* met. *hljěb.*

Panegirico - *pohvala, javna pohvala.*

Panereccio - *zanohtica, zanoktica.*

Panico, biada - *bar.*

Paniera, cesta - *koš.*

Paniere - *panjer, panar.*

Panna (di latte) - *škorup, skorupić.*

Pannicello - *plen, plena,* met.

povitak.

Panno, tessuto di lana ecc. *sukno ;* nel pl. - *halje, oprava.*

Pannocchia - *glavica,* dim. *glavičica,* aum. *glavičina.*

Panorama - *panorama.*

Pantano - *blato, kaljuga, kaluža.*

Papa - *Papa, Sveti Otac Papa.*

Papale - *papinski.*

Papalino, st. - *papalinac.*

Papato - *papinstvo, papatstvo.*

Pappagallo - *papagao, papagal.*

Parabola - *pričica.*

Paradiso - *raj;* parad. terrestre - *raj zemaljski,* di paradiso - *rajski.*

Paragonare - *pripodobiti, prispodobiti, upodobiti, usporediti, priklasti, prikladati.*

Paragone - *priklad, pripodoba, prispodoba.*

Paragrafo - *paragraf.*

Parallelo, st. - *uzporedica;* ag. *sporedan, jednakorastavan.* V. Linea.

Paramento - *paramenat, oprava* v. *naprava redovnička (cèrkvena).*

Paramosche - *plašimuhe.*

Paraninfo - *svat, ručni dever.*

Parasole. V. Ombrello.

Paravento - *vetrobran, vetrobrana.*

Parecchi - *mnozi, nekoji, neki, nekoliko njih* v. *od njih, nekolici.*

Parecchiare. V. Apparecchiare.

Pareggiamento - *izjednačenje, usporedjenje.* V. Figlio. Bilancio.

Pareggiare - *izjednačiti, usporediti.*

Parentado - *rod, rodbina, srodstvo.*

Parente, congiunto - *rodjak, svoj, bližnik;* p. padre e madre - *roditelji, otac i mat.*

Parentela. V. Parentado.

Parentesi (le due linee) - *zatvor;* p. ciò che vi si racchiude - *umet.*

Parere, vn. sembrare - *videti se, uvideti se, reći bi;* p. esser chiaro - *jasno*

bělodano, očito) je; egli mi
pare un buon uomo - *on
mi se vidi* v. *čini dobar
cověk.*

Parere, st. opinione - *mněnje, misal, misao, sud;* parere medico - *lěčničko
mnenje;* - dei periti - *mněnje věštakah,* dare il prop.
parere - *dati* v. *podati
svoje mněnje.*

Parete, muro divis. - *zid;*
p. parete composta di
pertiche ecc. - *pleter.*

Pargolo - *minji, dětić, děte.*

Pari, eguale - *jednak, ravan,
takmen;* del pari - *istotako, jednako,* non è mio
pari - *nije moje ruke, nije
moj drug* v. *par.*

Parificare. V. Pareggiare.

Parimente - *jednako, istotako, tako isto, toliko isto,
tolikajše.*

Parità - *jednakost, takmenost, jednověrstnost;* - di
voti - *jednakost glasovah.*

Parlamentare vn.(nelle diete
ecc.) - *zboriti, věćati, divaniti, razlagati;* p. trattare della resa d'una piaz-

za - *razumiti se, pogadjati
se (věrhu česa).*

Parlamento, il parlamentare
- *věćanje, divanenje, razlaganje, zborenje;* p. colloquio - *divan, govor, govorenje;* p. adunanza di
uomini, p. far leggi ecc.
- *sabor, divan, zborište;*
- dello stato - *děržavni
sabor.*

Parlare, st. atto del parlare
- *govorenje, divanenje, ga-
nanje, zborenje, besědenje;*
p. parole - *besěde, rěči;*
p. discorso - *govor, razgovor, pogovor, divan,
ganka.*

Parlare, vn. - *govorěti, pogovarati se, razgovarati se,
divaniti, ganati, zboriti, besěditi.* V. Vociferare.

Parlata - *govor.*

Parola - *besěda, rěč.*

Parricida - *otcoubojica.*

Parricidio - *otcoubojstvo.*

Parrocchia - *plovania, župa.*

Parrocchiale -*plovanski, plo-
vanijski, župnički;* casa
parr. - *župnička* v. *plo-
vanska kuća, župnica, plo-*

vania, uffizio parr. - *župnički ured.*

Parroco - *plovan, župnik, pastir duhovni.*

Parrucchiere - *brijač.*

Parsimonia - *štedenje, šparnost, prišparnost.*

Parte, ciò di cui si compone il tutto - *děl, dio;* p. luogo o regione, lato - *stran, strana, kraj;* p. partito, uno dei due litiganti ecc. - *stranka,* controparte - *protustranka, protivna stranka, protivnik;* parti litiganti - *pravdači, pravdaši, pravdajuće se stranke;* p. ciò che eseguisce un suonatore, attore ecc. - *zadatak;* a parte - *nápose, posebno, pojedince, zasebice.*

Partecipare, vn. aver parte - *udioničtvovati, učestvovati, suučestvovati (u čemu),* va. p. far partecipe - *priobćiti, naznačiti, javiti, prijaviti, objaviti, obznaniti.*

Partecipazione, l'atto del partecipare - *dioničtvo, u-*

dioničtvo, učestvo, suučestvo, učestje; p. porzione avuta - *dio, děl, dionica, čest;* p. notificazione - *obznana, oznana, prijava, javljenje, prijavljenje, priobćenje, naznačenje.*

Partecipe, che ha parte - *dionik, učestnik, sukoristnik,* compartecipe - *sudionik, suučestnik.* V. Consapevole.

Partenza - *odlazak, pošastje, otišastje, razstanak, oděljenje.*

Particella - *čestica, dělak.*

Participio, t. gr. - *pričastje, participij.*

Particolare, ag. che appart. a certe persone o cose - *vlastit, osobit, osoban, osobitan;* p. speciale - *poseban, posebnički, zaseban, zasebnički.* V. Singolare. Raro; st. p. cosa particolare - *pojedinost, pojedinjenost;* p. uno dei molti accidenti che entrano in un fatto - *podrobnost;* sd. particolare di viaggio - *putni izkaz.*

Particolarità - *osobitost, po-jedinost, pojedinjenost.*

Partigiano - *pristaš, prista-ša.* V. Parziale.

Partire, vn. - *odlaziti, od-putovati, otići, otiti, odići, poći, odpraviti se;* va. V. Spartire. Dividere.

Partitamente - *razstavno, razlučno.*

Partizione. V. Divisione.

Parto, il partorire - *rodje-nje,* p. creatura partorita - *rod, porod.* V. Occultazione.

Partorire - *roditi, poroditi, radjati, dati na svět,* met. *činiti, stvoriti.*

Parussola - *sěnica.*

Parziale, che fa parzialità *pristran, priuzet.* V. Particolare. Fautore.

Parzialità - *pristranost, pri-uzetnost.*

Pascere - *pasti, pasti se, na-pasti se, ići* v. *hoditi pa-suć.*

Pascià. V. Bascià ecc.

Pasciuto, nutrito - *napasen. najeden, najeden i napijen;* p. soddisfatto - *zadovo-*

ljen, uzadovoljen.

Pascolare. V. Pascere.

Pascolo - *paša, pašinstvo, pašarina,* met. *trava;* diritto di pascolo - *pravo paše* v. *pašinstva.*

Pasqua - *vazan, uskèrs.*

Pasquale - *vazmen, uskèr-san.*

Pasquillo, pasquinata - *o-skvèrnka;* p. autore di pasquinate - *oskvèrnkar, o-skvèrničar.*

Pasquinata. V. Pasquillo.

Passaggio - *prolaz, prelaz, put.*

Passamano - *pašaman, cin-delina.*

Passaporto - *putni list.*

Passare, andare da un luogo all'altro - *proći, prolaziti;* p. andare - *ići;* p. decorrere - *proći, minuti, pre-stati, svèršiti;* passare sotto silenzio - *mimoići,* passar oltre - *prěkoračiti.* V. Oltrepassare.

Passatempo - *zabava.*

Passato, ag. - *prošast, pro-šastan, prošal, minut, pre-stal, svèršen;* st. *prošlost.*

V. Antenato. Defunto.

Passeggiare - *šećati, šećati se.*

Passeggiata. V. Passeggio.

Passeggiere, viandante - *putnik.*

Passeggiero, ag. - *prelazan, prolazan.*

Passeggio, il passeggiare - *šetnja, šećnja, šetanje, šećanje;* p. luogo di passeggio - *šetalište.*

Passibile - *podnosan, snosan.*

Passibilità - *podnositost, snosba.*

Passione, commovim. dell'animo - *strast;* p. patimento - *muka, tuga, žalost, stradanje;* p. passione di N. S. G. - *muka Isusova v. Isukèrstova;* p. vivo affetto - *želja.* V. Compassione.

Passivo. V. Attivo.

Passo - *korak, koračaj, koračenje, koračanje, postup;* fare un passo - *korahnuti,* far passi - *koračiti, koračati, postupati, hoditi.*

Pasta - *testo.*

Pasticcio - *prěsnac.*

Pasto, desinare - *oběd, ru-*

čak; p. cena - *věčera.* V. Cibo.

Pastorale, st. bastone del vescovo - *pastirnica, duhovnički v. biškupski šćap;* p. allocuzione vesc. - *pastirski list, pastirica, biskupska poslanica;* p. scienza teol. - *pastirski nauk;* ag. di pastore - *pastirski, pastiran.*

Pastore - *pastir, čoban, čobanin.* V. Vescovo.

Pastorella - *pastirica, pastirka, pastirkinja.*

Pastorizia - *pastirstvo.*

Pastrano - *kaban.*

Pastura, luogo erboso - *pašinstvo, pašišće, pašarina, paša.* V. Cibo. Pasto.

Pasturare - *pasti, peljati na pašu;* p. tener cura d'anime - *briniti se za stado duhovno (za duše, za svoje ovce).* V. Pascere.

Patata - *krumpir, krompir.*

Patentare - *poveljiti, opoveljiti, obskèrbiti poveljom v. ukazom.*

Patentato - *poveljen, opoveljen.*

Patente - *povelja, ukaz.*

Patentemente - *očito, odpèr-to, javno, bělodano.*

Paternamente - *otčinski;* riprendere pat. - *otčinski ukoriti.*

Paternità - *otčinstvo.*

Paterno - *otčinski, otčin, ot-čev.*

Paternostro, orazione - *otče-naš;* p. corona - *krunica.*

Patetico - *mil, mio, nakloniv.*

Patibolo - *věšala, oběsala, sohe;* condannare al pat. - *osuditi na věšala,* degno di - *oběšenjak, oběšenjako-vić,* fem. *oběšenica.*

Patimento, il patire - *patje-nje, propatjenje, tèrpljenje, stradanje;* p. pena che si patisce - *muka, tèrpěž, bol, bolest, tuga, žalost.*

Patire - *patiti, propatiti, tèr-piti, protèrpiti, ustèrpiti, stradati, čamiti, podnesti, podnašati (muke, nevolje* ecc.).

Patria - *domovina, otačbina, zavičaj, postojbina;* amor di pat. - *rodoljubje.*

Patriarca - *patriarh, pa-triarka, pèrvoroditelj.*

Patriarcale - *patrialkalan.*

Patriarcato - *patriarkat.*

Patrigno - *očuh, otčuh.*

Patrimoniale - *očevinski, ba-štinski, dedinski.*

Patrimonio - *otčevina, oče-vina, dědina, baština, sta-rina, dobro, imućtvo, imo-vina;* - dello stato - *dèr-žavno dobro.*

Patrio, appart. alla patria - *otačben, domovan, zavi-čajan,* (del padre) - *otčin-ski;* patria podestà - *ot-činska vlast.*

Patriottico - *domorodan, do-moljuban.*

Patriottismo - *domoljubje,do-morodstvo.*

Patriotto - *domorodac, domo-ljub;* compatriotto - *domo-rodac, sudomorodac, zem-ljak, istorodnik.*

Patrocinare - *braniti.*

Patrocinatore - *branitelj, za-stupnik.*

Patrocinio - *branba, bram-ba, obrana, obranba, za-stupničtvo.*

Patteggiare - *pogadjati se,*

ugovarati se, pogoditi se, dogovoriti se, sklopiti pogodbu v. ugovor.

Patto, contratto - *pogodba, pogoda, pogodak, ugovor, dogovor;* p. condizione - *uvět;* patto nuziale - *ženitbena pogodba,* - successorio - *naslědna pogodba,* - pregiudiziale - *oštetljiva pogodba (pogadjanje s věrovnici).* V. Contratto.

Pattuglia - *patrola, četovka.*

Pattugliare - *patrolirati, ići u patrolu, četovati.*

Pattuire. V. Patteggiare.

Pauperismo - *ubožtvo.*

Paura - *strah, strahost.*

Pauroso — *strašljiv, plah.*

Pausa - *prestanak, počinutje.*

Pauschale - *paušal.*

Paventare - *strašiti se, bojati se.*

Pavimento - *pod.*

Pavone - *paun, pavun.*

Pavoneggiarsi - *paunati se.*

Paziente - *stèrpljiv, ustèrpljiv, mukotèrpan, podnosan.*

Pazienza - *stèrpljivost, ustèrpivost, mukotèrpnost, stèr-*

pljenje, ustèrpljenje, podnosenje; aver paz. - *stèrpiti se, ustèrpiti se, podnesti, podnašati.*

Pazzìa. V. Demenza.

Peccare - *grěšiti, sagrěšiti.*

Peccato - *grěh;* vivere nel peccato - *živěti u grěhu.*

Peccatore - *grěšnik;* fem. - *grěšnica.*

Pecora - *ovca,* dim. *ovčica.*

Pecorajo - *ovčar.*

Pedagogìa - *pedagogia.*

Pedagogico - *pedagogički.*

Pedagogo - *pedagog.*

Pedata - *slěd, trag, stopa.*

Pedone, st. - *pěšac.*

Peduncolo - *rep, repić.*

Peggio, av. - *gore, gorje, huje, zločestie.* V. Peggiore.

Peggiore - *zločestiji, huji, gori.*

Pegno (di mobili) - *zalog,* (di stabili) *podlog;* diritto di pegno - *pravo zaloga;* suppegno - *podzalog.*

Pegnora. V. Oppignoramento.

Pegola - *pakal, pako, katram.*

Pelare - *gulěti, izgulěti, oguliti, čupati, očupati;* p.

levar la corteccia (alle patate ecc.) - *lupiti, olupiti.*

Pellame - *kože.*

Pelle - *koža,* dim. *kožica.*

Pellegrino - *putnik.* V. Singolare.

Pelliccia - *kožuh.*

Pellicciajo - *kožuhar.*

Pelo. V. Capello. Grano.

Peloso - *dlakav, kosmat.*

Peltrajo - *kositar, kositrar.*

Peltro - *kositer.*

Pena, castigo - *kazan, kazna, peděpsa; –* convenzionale - *ugovorna* v. *pogodbena globa (kazan),* – di recesso - *odustajna globa, odustajnina,* a pena - *jedva, komać, tekar, težko.* V.Cordoglio. Multa.

Penale, ag. - *karan, kaznen, kazniteljan;* processo penale - *kaznena parnica.* V. Pena.

Penare – *stradati, čamiti, čamati, tugovati se, mučiti se, patiti, propatiti, tèrpiti, tèrpiti muku.*

Pendere - *visěti.*

Pendìo - *obronak, bok, niz-*
dolje, *nizdolica, nizbèrdica, nizbèrdje.*

Penetrare - *probiti, probijati, proderati, prodèrti, prodrěti, prolaziti, ulaziti;* p. comprendere - *razuměti, doprěti, dopirati, shvatiti.*

Penisola - *poluotok.*

Penitente, st. - *pokornik, pokorni kèrstjan.*

Penitenza – *pokora.*

Penna - *pero, perje.*

Pensare - *mislěti, razmislěti, pomislěti.* V. Determinare. Stimare. Immaginarsi.

Pensiere - *misao, misal, miso.* V. Cura.

Pensieroso - *zamišljen.*

Pensionare - *staviti* v. *postaviti u miru, penzionirati.*

Pensione - *mir, penzia;* soldo di - *mirovina, mirovnica, izslužnica, izslužnina.*

Pentagono, st. - *peteronuglo, peterokut, peterokutnik;* ag. *peteronuglast, peterokutast.*

Pentecoste - *duhove.*

Pentimento - *kajanje, pokajanje.*

Pentirsi - *kajati se, pokajati se, bolěti se.*

Pentito - *pokajan.*

Pentola. V. Pignata.

Penultimo - *prěkzadnji.*

Penuria - *oskudica, nestaša, nestašica, potrěba.*

Pepe - *papar.*

Peperone - *peverun.*

Peplo. V. Velo.

Per - *za* (ac.); la pena è per lui - *kazan je za njega; zbog, rad, radi, zarad, zaradi, s* (gen.); pella ragione - *zbog razloga,* pella disattenzione avvenne il danno - *s nepomnje porodiše se šteta;* per me (col mezzo, oltre) - *čez, kroz* (ac.) pel (oltre il) muro - *kroz zida;* per il, pel ecc., ed alla domanda "per dove„ - *po* (loc.); lo conosco pel discorso - *poznam ga po govoru,* passeggiare pella città - *šećati po gradu.*

Pera - *hrušva, kruška, hruška.*

Percento, st. - *postotak, postotnica, postotina, nastotnica.*

Percentuale - *postotan, nastotan.*

Percepire - *shvatiti, dohvatiti, razuměti;* p. incassare - *pobirati, iztěrati.*

Perchè, interrog. - *zač? zašto? zbog česa? radi česa? česa radi? zbog kojega uzroka?* responsiva per cagione - *jer, jere, jerbo, zač zašto, budući, iz* v. *zbog uzroka.* V. Laonde. Sebbene.

Perciò - *stoga, toga radi, radi toga, zbog toga, česa radi, zato, radi ovog* v. *onog uzroka.*

Percipiente - *pobirač.*

Percorrere - *obiti, obići, obilaziti, obteći.*

Percossa - *udarac, zamlatak.*

Percuotere - *udriti, udariti, udarati, biti, mlatiti, zamlatiti, lupiti, lupati, izlupati, tresnuti, tući, iztući, bubnuti.*

Perdere - *gubiti, zgubiti, izgubiti, izgubljati.*

Perdita - *gubitak, zgubitak, izgubitak, gubljenje, izgubljenje.* V. Danno.

Perditempo - *danguba, ne-rad (i).*

Perdizione. V. Perdita. Danno. Rovina. Dannazione.

Perdonare - *prostiti, oprostiti, odpustiti.*

Perdono - *prošćenje, oprošćenje, prašćanje, oprašćanje, odpušćenje, odpust.*

Perenne - *neprestan, věkovit, věkověčan.*

Perentorio - *neprodužan, neprelazan, neprekoračiv, kratkodoban.*

Perfettamente - *podpunoma, saveršno, saveršeno, doveršno.* V. Interamente.

Perfettibilità - *saveršljivost, saveršenost.*

Perfetto - *saveršen, sveršen, doveršen, podpun, podpunoma izradjen* v. *dokončan, zrěl.*

Perfezionare - *sveršiti, saveršiti, doveršiti, izveršiti, podpunoma izraditi* v. *dokončati, dočiniti, doizpuniti, dotaknuti, dati zadnju ruku.*

Perfezione - *saveršenost, saveršnost,* met. *zrělost.*

Perfidia - *nevěrnost, nevěrnoća - opakost.*

Perfido - *zlověran, věroloman - opak.*

Pergamo - *predikalnica, predikaonica.*

Periclitante - *pogibajući.*

Pericolo - *pogibelj, opasnost;* per. nel ritardo - *pogibelj u odvlaci (u odgodi, s odgode, iz odgode).*

Pericoloso - *pogibeljan, opasan.*

Periferia - *obsěg.*

Periodico - *periodički.*

Perire - *poginuti, zlo dospěti, umrěti.*

Peritare - *prosuditi, prosudjivati, razsuditi.* V. Stimare. Esaminare.

Perito, st. - *věstak, procěnitelj, rotnik;* ag. che ha perizia - *uman, izkustven;* p. perduto - *poginut.*

Perizia - *umětnost, věštaětvo, izkustvo.* V. Stima.

Perla - *biser.*

Perlustrare - *raziskati, razviděti, izviděti.*

Permanente - *postojan, stalan.*

Permanenza - *postojanost, postojanstvo, stalnost.*

Permesso - *dopust;* trovarsi in permesso - *nalaziti se na dopust.* V. Permissione.

Permettere, concedere - *dopustiti, dopušćati, dozvolěti;* p. lasciar fare - *nebraniti, nekratiti.*

Permissione - *dopust, dopušćenje, dozvola, dozvoljenje.*

Permuta - *proměna.*

Permutante - *proměnioc.*

Permutare - *měnjati, proměniti, proměnjivati, učiniti proměnu.*

Pernice - *mala v. cèrljena jarebica.*

Perno - *osovina, os, vreteno, sen.* V. Fondamento.

Pernottare - *prenoćati, prenoćiti.*

Pero, st. - *hrušva, kruška, kruška.*

Però, cong. - *zato, stoga, toga radi, radi toga;* p. nondimeno, tuttavia-*ipak, nu, nego, ali, dali, sa svim tim, ništanemanje, ništarnemanje.*

Perorare - *sboriti.* V. Conchiudere.

Perpendicolare - *uzdužan.*

Perpendicolarmente - *uzdužno.*

Perpetrare - *počiniti, učiniti, izvèršiti, udělotvoriti.*

Perpetuare - *uvěkověčiti.*

Perpetuo - *věkovit, věčan.*

Perplessità - *dvojbenost, dvoumnost.*

Perplesso - *dvouman, dvojben.*

Perquisire - *premetati, preiskati, poiztražiti, izviděti.*

Perquisizione - *premetanje, preiskanje, poiztraženje, izvidjenje;* domiciliare - *premetanje kuće.*

Perscrutare - *proiskati, promislěti.*

Persecutore - *progonitelj.*

Persecuzione - *progon, progonstvo, progonjenje.*

Perseguitare - *progoniti, proganjati.*

Perseveranza - *obstojenje, obstojanje, nastojanje, naprědovanje.*

Perseverare - *obstati, nastojati, naprědovati.*

Persico - *briskva, prarkva.*

Persona - *osoba, sobstvo.*

Personale, ag. - *osoban, sobstven;* responsabilità personale - *osobna odgovornost;* st. il personale - *osoblje.*

Personalmente - *osobno, glavom.*

Perspicacemente - *oštrovidno, bistro, oštroumno, mudro.*

Perspicacia, acutezza della vista - *oštrovidnost, ostrovidje;* p. penetraz. profonda - *oštroumje, duboka svést.*

Persuadere, va. - *uvěriti se, obsvědočiti se, postarati se.*

Pertanto. V. Perciò. Però.

Pertinace, ostinato - *tvèrdokoran, tvèrdoglav;* p. chi resiste ai rimedj - *tvèrd, otvèrdnut, uporan.*

Pertinacia - *tvèdokornost, tvèrdoglavost, tvèrdnoća, upornost, otvèrdnuće.*

Pertinenza - *pripadnost.*

Pertrattare - *pretresati, pretresivati, razpravljati, uredovati.*

Pertrattazione - *pretres, pretresanje, pretresivanje, razprava, razpravljanje, uredovanje.*

Pertugio - *škulja.*

Perturbare, scompigliare - *smetati, smutiti, poremetiti, uzkolebati.*

Perturbatore - *smetalac, smutljivac.*

Perturbazione - *smetanje, smutjenje, poremetanje, uzkolebanje;* - della pubblica tranquilità - *smetanje javnog pokoja* (della quiete - *mira*).

Pervenire - *priti, doći, prispěti, dospěti, stići, stignuti;* p. toccare - *pripasti, pripadati, doći* v. *pasti u dio* v. *děl;* p. crescere - *rasti, izrasti.*

Perversare - *běsniti.*

Perversità - *zlobnost, opakost.*

Perverso - *zloban, opak.*

Pesa - *vaga, teža;* pesa pubblica - *javna teža;* p. misura - *měra.*

Pesante - *těžak.* V. Importante.

Pesare, va. gravitare - *težiti, vagati;* p. misurare - *mě-riti.*

Pesca, st. frutto - *briskva, praskva.*

Pesca, st. - *ribarenje, riba-ria, ribolovje;* diritto di pesca - *pravo ribarenja.*

Pescare - *ribariti, ribovati, loviti ribu v. ribe.*

Pescatore - *ribar.*

Pesce - *riba.*

Pescheria - *ribarnica.*

Pescivendolo - *riboprodalac.*

Pesco - *briskva, praskva.*

Peso, gravità – *težina, teret, tèrh;* p. bilancia - *vaga, teža;* p. certa quantità di libbre - *měra;* p. carico - *tovar, brěme;* p. dovere - *dužnost;* sotto il peso - *pod teretom,* a peso degli stabili - *na teret nepokret-nostih.*

Pessimo - *najhuji, najgori, najzločestiji.*

Pestare - *tući, stući, iztući, raztući, protući, mlatiti, biti.*

Peste - *kuga.*

Pestifero - *kužan.*

Petente - *molitelj, prosioc, prositelj.*

Petito - *tražba.* V. Instanza.

Petizione - *tužba.*

Peto - *pèrdac;* trarre un peto – *pèrdnuti, popèr-deti se,* più peti - *pèr-deti.*

Pettegola - *bèrblja, klevetulja, klepetuša, bèrljavica.*

Pettegolezzo - *blebetnja, bèr-blja, bèrbljanje, klevetnja.*

Pettinare - *češati, očešati, češljati, očešljati.*

Pettinatura - *češanje, češlja-nje, očesanje;* p. accon-ciatura di capelli - *če-šnja, očešnja.*

Pettine - *češalj.*

Petto - *pèrsa.*

Petulante - *oběstan, nestašan.*

Petulanza - *oběst, oběstnost, nestašnost.*

Pezza - *kèrpa.*

Pezzente - *prosjak, pekljar, petljar.*

Pezzo - *kus, bokun, komad;* dim. pezzetto - *kuščić, bo-kunić, mèrva, mèrvić, mèr-vičak, mrav, pezzuccio - mravić.* V. Brano.

Piacere, st. giocondità d' animo - *ugodnost*, *naslada*, *dragost*, *milina*; ho molto piacere - *veoma mi je drago* v. *milo*; p. favore - *ljubav*; p. voglia - *želja*. V. Libito.

Piacere, vn. - *dopasti, dopadati, ugadjati, biti ugodno (milo, drago), biti po volji.*

Piacevole - *ugodan, prijatan, prijazan, ljubezniv, drag, mio.*

Piaga - *rana.* V. Ferita.

Piagato, ferito - *ranjen*; p. pieno di piaghe - *pun ranah.*

Piagnere - *plakati, cviliti, suziti, suze roniti*; p. piagnere singhioz. - *jecati*, con suono di lamento - *jaukati, skucati.*

Pialla - *planja, blanja.*

Piallare - *planjati, blanjati.*

Pianamente - *polako, polahko, polagano, pomalo, tiho, sporo.*

Pianeta, stella - *obĕžnica, zvĕzda*; p. paramento - *jarmica, pianeta.*

Piano, st. pianura - *ravnica, ravnina, čistina, polje*; p. piano della casa - *kat, pod*; primo piano - *pĕrvi kat* v. *pod*; p. superficie sopra la quale si adatti una linea retta - *ravnina, plosnina, plosnavina, plosnost*; ag. che ha uguaglianza alla superficie - *ravan, jednak, plosnav, plosnat, plosnast*; p. av. V. Pianamente; p. disegno - *osnova, nacèrt.* V. Chiaro. Intelligibile.

Pianoforte - *glasovir, pianofort.*

Pianta, nome generico d'ogni sorta d'alberi - *stablo, stabar* (d'ogni sorta d'erbe) - *rastje*; p. piante trapiant. o da trapiantare - *prisad*; p. disegno d'un edifizio - *osnova zgrade.*

Piantare, va. - *saditi, posaditi, nasaditi, usaditi*; np. *nasaditi se, usaditi se.*

Pianto - *plač, cvil, jauk, plačenje, cvilenje, suzenje, jecanje, jaukanje, skucanje.*

Pianura - *ravnica, ravnina, čistina, polje.*

Piastra, metallo sottile - *plasa.*

Piatire - *pravdati se, prepirati se.* V. Contendere.

Piatto, st. (da tavola) - *plitica, pladanj, tanjir, piat;* ag. p. schiacciato - *plosan, plosnast.*

Piazza, luogo pubbl. - *tèrg, tèržište, placa;* tassa di - *piacovina;* p. spazio grande di terreno - *ravnica, ravnina, polje;* p. spazio - *prostor, prostoria.*

Picchiare. V. Battere.

Piccino - *minji, mali.*

Piccione - *golubić.*

Piccolezza - *malina.*

Piccolo, ag. - *mal, malen, maljahan, malačan;* assai piccolo - *premal, premalen* ecc.; p. corto - *kratak;* p. di poca età - *mal, malen, maljahan, malačan, mlad, malodoban.* V. Bambino. Fanciullo. Pezzo. Stretto.

Pidocchio - *cènac, pčenac, uš.*

Piede - *noga;* p. misura - *noga, stopa.*

Piedestallo - *podstupje.*

Piegare, curvare - *prignuti, prigibati, ugnuti, ugibati, nagnuti, nagibati, skloniti;* p. pieg. lettere, panni ecc. - *složiti.*

Pieghevole - *prigibiv, ugibiv. skloniv.*

Pieghevolezza - *prigibivost, ugibivost, sklonivost.*

Pienamente - *podpuno, posve, posvema, posvemašno, sa svim, sasvime.*

Pienezza - *punost, podpunost, punoća.*

Pieno, ag. - *pun.*

Pietà - *milost, milostivost, milostinja, milosèrdje.*

Pietoso - *milostivan, milostan, milosèrdan.*

Pietra - *kamen, kamik;* pietra preziosa - *dragi kamen,* - focaja - *kremen, kremik.*

Pietrame - *kamenje.*

Pietroso - *kamenit.*

Pievanìa - *župa, župnička càrkva, plovania.*

Pievano - *župnik, plovan.*

Piffero. V. Zampogna.

Pigione - *najam;* prezzo di pigione - *najmovina, najamnina;* dare a pigione una casa - *najmiti* v. *unaj-miti kuću*, contratto di - *najamna pogodba;* p. cosa data a pigione - *unaj-mnina.*

Pigliare. V. Prendere.

Pignatta, pignatto (di rame) - *kotal, kotao,* dim. *kotlić;* (di terra) - *lonac, lopiž,* dim. *lončić, lopižić.*

Pignattaro - *kotlar, lopižar, lončar.* V. Pignatta.

Pignorare. V. Oppignorare ecc.

Pigrizia - *lěnost, lěnaria, ne-marnost.*

Pigro - *lěn, lěnast, nema-ran, spor, sporan.*

Pila, vaso di pietra - *kame-nica.*

Pillola - *pirula, lěčno zěrno.*

Pilota, piloto - *vodja, brodo-vodja, pilot.*

Pilotajo - *pilotovina.*

Pingue. V. Grasso ecc.

Pinna - *krelo* v. *krilo od ribe.*

Pino - *pinj, pinjol, bor.*

Pio – *bogomoljan, bogoljuban, bogobojan, blagočestiv, bo-gomilan.* V. Pietoso.

Pioggia - *daž, dažd, kiša.*

Piombare - *svaliti se, gru-snuti, nasěrnuti.*

Piombo - *olovo.*

Pioppo - *topola, topol.*

Piova. V. Pioggia.

Piovana - *povodnja, poplav, naplav.*

Piovere - *dažiti, dažditi, ki-šiti.*

Piovoso - *daževan, dažan, kišovit.*

Pipa - *lula, pipa.*

Pipare - *pušiti* v. *paliti lulu, fumati, pipkati.*

Pipistrello - *pirić, pirac, pol-tić - polmiš, mišotić, slěpi-miš, ljiljak.*

Piroscafo - *parobrod.*

Pisciare. V. Orinare.

Pisello - *biž, grah.*

Pistola, arma - *kombura, ku-bura, pištola.* V. Lettera.

Pistore. V. Fornajo.

Pitoccheria - *peklanje, petlja-nje, prosjačenje.*

Pitocco - *pekljar, petljar, prosjak.*

Pittore (di ritratti) - *slikar,* (di camere ecc.) - *malar, bojadisar.*

Più - *više, veće;* più alto -

višji, veći, il più alto - _najvišji,_ il più grande - _najveći,_ più volte - _više_ (gen.) _putah, mnogokrat, mnokrat,_ più che mai - _već nego igda,_ più di loro - _mnozi, više njih_ v. _od njih,_ al più - _najveć, najviše._

Piuma - _perje, perut;_ p. penna - _pero._

Piumato - _perat, perjat._

Piuttosto - _prie, pria, pèrvo, bèrže, radje;_ piuttosto questa che quella - _prie ovu nego onu._

Piva - _sopela, vela sopela._

Pizzicare - _šćipati, šćipnuti, ušćipati, ušćipnuti._

Pizzicore - _sèrbež, pojid, ujid, ujidanje, pojidanje._

Pizzicotto - _ušćipak._

Placare - _těšiti, utěšiti, tažiti, utažiti, umiriti, smiriti._

Placcato, st. - _prioboj, nabitak._

Placenta - _plodva, matica._

Placidezza - _tihoća, mirnoća, krotkoća._

Placido - _tih, miran, krotak,_

Platano - _jablan._

Plebaglia - _čeljadina, izmet puka._

Plebe - _nižji (prosti, ubožiji) puk_ v. _narod._

Plejadi - _vlašići, kokošice._

Plenario - _obćenit, svestran;_ seduta plen. - _obćenita sědnica._

Plenilunio - _ušpa, užba, stari_ v. _puni měsec._

Plenipotenza - _punomoćnost._

Plenipotenziario - _punomoćnik._

Plico - _zvežanj._ V. Fascicolo.

Plurale, st. t. gr. - _višebrojnik, množni broj;_ ag. _višebrojan, množtven._

Pluralità - _množnost, višebrojnost._

Poc' anzi - _malo prie, malo pèrvo, nedavna._

Poco - _malo,_ pochi - _malo_ (gen. pl.); poco bene - _malo dobro,_ pochi denari - _malo novacah,_ anche un poco, quantunque poco - _iole, ikoliko,_ poco a poco - _malo po malo,_ fra poco - _za malo, za malo vrěmena, do mala,_ da poco tempo - _odmala._

Podagra - *podagra.*

Podere (terreni ecc.) - *ima-nje, stan, majer, spahiluk, kmet.* V. Potere.

Poderosamente - *žestoko, vèrlo, krěpostno.*

Poderoso - *žestok, vèrl, krě-postan, krěpak.*

Podestà, facoltà - *moć, vlast, oblast;* abbuso della po-destà - *zloporaba vlasti;* p. capo comunale - *ob-ćinski naćelnik (glavar, poglavar).*

Podesterìa - *obćinsko pogla-varstvo.*

Podice - *guzica, zadnjica.*

Poema - *divospěv, ćudospěv.*

Poesia, arte poet. - *spěvao-stvo, poezia;* p. componi-mento poetico - *pěsan, pěsma.*

Poeta - *spěvalac, spěvaoc, pěs-nik, poet.*

Poi - *pak, pa, pak* v. *pa onda.*

Poichè, dopo chè - *pokli, pokle, odkad, odkada.* V. Perchè.

Polemica - *prepirka.*

Polenta - *palenta.* V. Po-

lentina.

Polentina - *kašica, kaša, škrob.*

Poligamìa - *mnogoženstvo.*

Polisillabo, ag. - *višeslovčan.*

Politica - *politika.*

Politico - *politični, politički.*

Polizia (autorità) - *redarstvo;* direzione di - *ravnatelj-stvo redarstva,* superiore commissario di pol. - *višji redarstveni pověrenik,* su-premo dicastero di - *vèr-hovna redarstvena oblast;* p. pulitezza - *čistoća, či-stota.*

Polizza di assicurazione - *sěgurnica.*

Pollajo - *kokošar.*

Pollame - *pilad, piplad, ko-koše.*

Pollastro - *pile, piple, pu-lastar.*

Pollice - *palac.*

Polmone - *pluća.*

Polvere, terra arida eminut. - *prah,* (da schiop.) *prah, barut, džeba, džebana.*

Polveroso - *prašan, prašiv, naprašen.*

Pomo - *jabuka.*

Pompa, magnificenza - *veličanstvo ;* p. tromba - *sisaljka.*

Ponderare - *promozgati, promislěti, promišljati, razmislěti, prosudĕti.*

Ponente, st. - *zahod, zapad.*

Ponte - *most ;* tassa di - *mostovina.*

Pontoniere — *mostovnik ;* corpo di pontonieri - *mostovničtvo.*

Popolare, ag. - *narodan.*

Popolo - *narod, puk, pučanstvo, ljudstvo, světinja, čovĕčanstvo.*

Poppa, mammella - *cica, sisa, dojka ;* parte di dietro delle navi - *kèrma.*

Poppare - *cicati, sisati.*

Porcellana - *porculana.*

Porcheria - *prašćaria, svinjaria.*

Porcile - *prašćar, bèrlog.*

Porcina - *prašćevina.*

Porco - *prasac, prase ;* fem. *prasica, svinja, šoka.*

Porgere - *dati, predati, donesti, prinesti, uručiti.*

Porgitore - *donesnik, donosnik, prinesnik, uručenik,* izručnik, predalac.

Porre - *staviti, postaviti, položiti, metnuti, namĕstiti, klasti.*

Porta, apertura - *vrata.*

Portalettere - *listonoša, knjigonoša.*

Portamento, il portare - *nošenje ;* p. foggia di vestire - *nošnja ;* p. comportamento - *ponašanje.*

Portantina - *nosiljka, nosilnica, nosionica.*

Portare - *nositi, našati, donesti, nesti, prinositi, prinašati.*

Portata, condizione o qualità di persona - *dohit ;* p. carico di una nave - *tovar, tovor.*

Portatore - *prinesnik, donosnik, donesnik.*

Portento - *čudo, čudnovitost.*

Portico - *pridvorje.*

Portinaro - *vratar.*

Porto, st. (di mare) - *luka, pristanište, porat ;* uffizio del porto e sanità - *lučkozdravinski ured ;* porto-posta - *dostavbina, poštarina,* (di lettere, come sopra, e) - *listarina.* V. Rifugio.

Porzione - *dĕl, dio, obrok.*

Posciachè. V. Poichè. Quantunque.

Poscritta - *podlistak.*

Posdomani - *preksutra, preko sutra.*

Positivo - *stalan, nedvojben, jamačan.*

Possedere - *posĕdovati, posĕdati.*

Possente – *moguć, mogućan.*

Possessione - *posĕdničtvo, posĕdstvo.*

Possesso - *posĕd;* - legittimo - *zakoniti posĕd,* - di buona fede - *posĕd dobre vĕre,* di mala fede - *zle vĕre,* possedere in buona fede - *posĕdovati na dobru vĕru,* possesso vizioso - *neistiniti* v. *nepravedni posĕd,* titolo del - *naslov posĕda,* acquisto del - *stečenje posĕda,* turbamento del - *smetanje posĕda,* cessazione del - *prestanak posĕda,* diritto di - *pravo posĕda.*

Possessore - *posĕdnik, posĕdatelj,* compossessore - *su-*

posĕdnik, suposĕdatelj.

Possibile - *moguć.*

Possibilità - *mogućnost, mogućstvo.*

Possibilmente - *mogućno.*

Possidente - *posĕdnik, spahia, vlastelin.*

Posta – *pošta;* diritto di posta - *poštarina.*

Postale – *poštaran, poštarski.*

Posterità - *potomstvo, zarod.*

Posticipare - *poplatiti.*

Posticipatamente - *poplatno.*

Posticipato - *poplatan.*

Posticipazione - *poplata, poplatjenje.*

Postiere, chi tiene i cavalli della posta – *poštemeštar, postmajstor, poštar;* p. postiglione - *poštar;* portalettere - *listonoša, knjigonoša.*

Posto, st. - *mĕsto.*

Postulante - *zahtĕvalac, tražioc, molitelj.*

Postulato - *zahtĕv, tražba, molba.*

Postumo (figlio) - *posmĕrtnik, posmĕrtče (eta),* erede postumo - *podnaslĕdnik;* ag. *potoman.*

Potente - *moguć, mogućan.*

Potenza, potere - *mogućnost, mogućstvo;* p. stato potente - *sila;* grande potenza - *velesila,* - europee - *evropejske sile.* V. Forza.

Potere, vn. - *moći, uzmoći,* st. p. forza - *krěpost, moć, snaga, jakost;* p. autorità - *vlast, oblast, moć,* potere conferito - *poděljena vlast,* - d' uffizio - *uredovna vlast,* in forza del potere d' uffizio - *krěpostjom uredovne vlasti.*

Potestà - *oblast, vlast, moć.*

Povero - *ubog, siromah, nebog, jadan, tužan, brižan,* povero te! - *nebore !*

Povertà - *uboštvo, siromaštvo.*

Prammatico - *pragmatički;* sanzione - *pragmatički zaključak (odredba).*

Pranzare - *obědvati, obědovati, ručati.*

Pranzo - *oběd, ručak, ručnja.*

Pratica - *věžba, věžbanje, vadba, izkustvo;* p. costume - *običaj, navada.*

Praticante - *věžbenik, vadje-*

nik ; - di concetto - *perovodni věžbenik.*

Praticare - *věžbati se, vaditi se, učiti se.*

Prato - *livada, sěnokoša;* verde prato - *zelena livada.*

Pravità - *zlobnost, zloba.*

Pravo - *zloban, zao, zal;* prava intenzione - *zla nakana.*

Prebenda - *zadužbina;* prebenda ecclesiastica - *svećenska zadužbina, duhovnia.*

Precario, chiesto in grazia - *izprošen, umoljen;* p. instabile - *nestalan.*

Precauzione - *pozornost, smotrenost, opaznost, ostražnost.*

Prece. V. Preghiera.

Precedente - *predhodan, prediduć, pěrvašnji, priašnji, pěrvanji.*

Precedere - *predhoditi, prediċi, prediti.*

Precetto, comandam. - *zapověd, nalog;* prec. di pagamento - *platežni nalog,* - della chiesa - *zapověd* cèrkvena. V. Citazione. Ammaestramento.

Precipitare, va. - *oboriti, razrušiti, porušiti, stèrmoglaviti, razvaliti, razvaljati, zatèrti, potèrti;* vn. *razrušiti se, porušiti se, razvaliti se, razvaljati se, povaliti se, stèrmoglaviti.*

Precipitazione, fretta - *naglost, prenaglenje.*

Precipitosamente, con fretta - *naglo, prenaglo.*

Precipizio, luogo dirupato e peric. - *ponor, stèrmen, stèrmina, stèrmenitost, pogibeljno město.* V. Rovina.

Precipuamente - *osobito, navlastito.*

Precisamente, appuntino - *uprav, upravo.* V. Brevemente.

Precisare - *točno naznačiti.*

Precisione. V. Esattezza ecc.

Precitato - *pomenut, napomenut, prienaveden, gorenaveden, gorepomenut, gorenaznačen.*

Preclaro - *znamenit, slavan, preslavan, presvětal, sjajan, glasovit.*

Precoce - *ran, preran, nezrěl.*

Precorrere - *predteći.*

Precursore - *navěstitelj, predteča;* p. segno - *znamen, zlamen, zlamenje, znak.*

Preda, cosa predata - *plěn, oplěn, odor, odora, pohara.*

Predare - *robiti, porobiti, plěniti, oplěniti, poharati, oplačkati, popljačkati.*

Predatore - *razbojnik, razbojica.*

Predecessore - *predhodnik, prednik, predšastnik prednjak.* V. Antenato.

Predestinare - *preodabrati.*

Predestinazione - *preodabranje.*

Predetto - *prierečen, gorerečen, zgorarečen, jur rečen, jurve rečen.*

Prediale - *predialan.*

Predica - *pripověd, pripovědanje, prodika.*

Predicare - *pripovědati, prodikati.*

Predicato, st. - *priděvak;* ag. p. annunziato dal pulpito - *pripovědan, prodikan.*

Predicatore - *pripovědavac,*

pripovĕdaoc, pripovĕdalao, prodikač.

Prediletto - preljubljen, predrag, premil, premio, priljubljen ecc.

Predire, annunziare - navĕstiti, prinavĕstiti, nareći, prorokovati, proricati.

Predisposizione – nagnutje, priklonivost. V. Preoccupazione.

Predizione – navĕštjenje, prinavĕštjenje, narečenje, prorokovanje, proricanje.

Predone. V. Predatore.

Preesistente - preobstojeć.

Preesistenza - preobstojanost.

Preesistere - preobstojati.

Preesistito - obstojavši, preobstojavši, onodoban, nĕkadašnji, tadašnji; prees. giudizio - obstojavši ecc. sud.

Prefato. V. Precitato. Predetto.

Prefazio, preambolo - predgovor, uvod; p. prefazio della messa - priglasje, predglasje.

Prefazione - predgovor.

Prefiggere, statuire - usta-

noviti, opredĕliti, odrediti, nareći; p. porsi nell' animo - odlučiti, odrediti, namislĕti, nakaniti.

Prefinire. V. Prefiggere.

Prefisso - ustanovljen, opredĕljen, odredjen, narečen.

Pregare - moliti, umoliti, moliti se, pomoliti se.

Preghiera - molba, molitva, molenje, moljenje, prosba, prosenje.

Pregiare - cĕniti, preg. molto - velecĕniti, veoma, v. mnogo cĕniti.

Pregiato - cĕnjen, pregiatissimo - vele v. mnogocĕnjen; pregiata nota - cĕnjeni dopis.

Pregio - cĕna, cĕnost.

Pregiudicare, giudic. anticip. - presuditi; p. danneggiare - škoditi, štetiti, naškoditi, naštetiti, nauditi.

Pregiudiziale. V. Patto.

Pregiudizio, danno - šteta, škoda, ustèrb, kvar; senza pregiud. - bezustèrbno, bezuvrĕdno, neuvrĕdno, bezštetno, bez štete, bez uvrĕde; p.

giudizio preconcetto - *predsud, prĕdsuda.*

Prelazione - *prekup.*

Prelegato - *predzapis.*

Preliminare, st. t. d. conto preventivo - *proračun, preračun, predbežni* v. *predhodni račun;* ag. che precede - *predtečan, predhodan, predbĕžan;* prel. contratto - *predtĕčni ugovor.*

Preludio, ciò che precede alcuna cosa - *predtečnost, predtečje, predhod.* V. Saggio.

Prematuramente - *rano, prerano, nezrĕlo.*

Prematuro - *ran, preran, nezrĕl.*

Premeditare - *premislĕti, namislĕti.*

Premeditazione - *premišljenje, namišljenje, premisao, namisao.*

Premere - *gnjaviti, tlačiti, tiskati, pritiskati, rivati.*

Premessa - *predstava.*

Premettere - *predstaviti.*

Premiare - *nagraditi, nadariti.*

Premio - *nagrada, nadarje,* *darilo, nadarenje.*

Premura - viva sollecitud. - *briga, brinutje, pobrinutje, nastojanje, marenje;* p. attento riguardo - *pomnja, obzir;* darsi o prendersi premura - *briniti se, brinuti se, pobrinuti se, tĕrsiti se, žurĕti se, nastojati, hititi.* V. Pressa.

Premurosamente - *brižljivo, pomnjivo.*

Premuroso - *brižljiv, pomnjiv.*

Prendere, pigliare, ridurre in suo potere - *uzeti, vazeti, uzimati, vazimati;* p. acchiappare - *uhititi, vatati, hvatati, loviti, uvatiti, uhvatiti, uloviti, obustaviti, pouhititi, poloviti, pofatati, pohvatati;* p. accettare - *primiti, prijeti.* V. Mangiare. Bere. Occupare. Accettare. Attaccarsi.

Prenotante - *predbilježitelj.*

Prenotare - *predbilježiti.*

Prenotato, st. - *predbilježenik;* ag. *predbilježen;* pren. diritto di pegno - *predbi-*

lježeno pravo zaloga.

Prenotazione - *predbilježba, predbilježenje.*

Prenumerarsi - *predbrojiti se.*

Prenumerazione - *predbrojenje, predbroja.*

Preoccupazione - *priuzetje, predsuda.*

Preparare - *spraviti, pripraviti, spremiti.*

Preparato - *pripravljen, pripravan, spreman.*

Preponderante - *pretežak, pretežan, prěkoměran.*

Preponderanza - *pretežkoća, prěkoměrnost.*

Preponderare - *pretežati, pretegnuti.*

Preporre. V. Anteporre.

Preposizione (part. disc.) - *predlog.*

Preposto, ag. - *predstavljen, predpostavljen;* autorità preposta - *predstavljena oblast;* p. individuo preposto - *predstavljenik, predpostavljenik, predstojnik.* V. Superiore.

Prepotente, ag. che può più degli altri - *premoguć;*

che abusa del potere - *zlouporaban.*

Prepotenza - *premogućtvo, zloporaba, zlouporaba, zloupotrěbnost.*

Prerogativa, privilegio - *preprovica.* V. Privilegio. Dote.

Presagire - *prorokovati, proročiti, navěstiti.*

Prescegliere - *izabrati, odabrati.*

Prescrizione, ragione acquis. o perduta per trascor. di tempo - *zastarělost, dosělost, zagoda;* - della pena *zastarělost peděpse,* – del diritto - *zastarělost prava;* p. ordinazione - *propis, propisanje, propisana stvar.*

Presedere - *predsědati, predsědovati.*

Presentare, va. porgere - *predati, predavati;* p. condur innanzi - *predstaviti, predstavljati;* np. presentarsi – *predstaviti se, predstavljati se.* V. Donare.

Presente, st. dono - *dar, poklon, prikaz.*

Presente, ag. che è alla

presenza - *prisutan, pritoman;* trovarsi presente - *biti prisutan* v. *pritoman, prisustvovati* , - l' essere pres. - *prisustvovanje;* p. che è nello stesso tempo - *sadašnji, trajan, trajući;* av. al presente - *sad, sada, u ovo doba,* met. *danas.* V. Attualmente.

Presentemente, av. V. Presente. Attualmente.

Presentire - *previděti, prividěti, čuti u sebi, ćutiti, prićutiti, dočuti.*

Presenza - *prisutnost, prisutje, pritomnost, nazočnost, nazočje;* di presenza, in persona - *glavom, osobno, osobom.*

Preservare - *pričuvati, občuvati, učuvati, sahraniti, obraniti.*

Preside - *predstojnik, predsědatelj.* V. Capo.

Presidente, st. - *predsědnik,* vice-presidente - *podpredsědnik;* ag. *predsědajući, predstojeći.*

Presidenza - *predsědničtvo, predstojničtvo , predsěda-*

teljstvo.

Presidenziale - *predsědnički.*

Presidio. V. Guarnigione. Protezione.

Presiedere. V. Presedere.

Pressa, pressione - *rivanje, gnjavljenje;* p.fretta - *preša, prešnost, prešnoća, hitrost, hitnja, hitrina, běrzoća, silnost, silnoća.*

Pressante, ag. - *prešan, silan;* av. *prešno, silno.*

Pressapoco - *po prilici, blizu, malomanj, malo fali.*

Pressare - *žuriti, požuriti, durkati, podurkati.*

Pressione - *gnjavljenje, gazenje, gnječenje, mastenje, rivanje, tlačenje, tiskanje, pritiskanje.*

Presso, ag. premuto - *gnjavljen, tlačen, potlačen, tiskan, pritiskan, stišnjen, rivan;* prep. e av. vicino - *bliz, blizu, kraj, pokraj, polag, poleg, mimo, pored, poreda, oko, okolo, naokolo, kod* (gen.), *pri* (loc.). presso la casa - *pokraj kuće,* presso il cavallo - *pri konju; uz, uza, nuz* (ac.); presso il cavallo - *uz konja*. V. Vicino.

Pressochè. V. Pressapoco.

Prestamente - *hitro, bèrzo, žurno.* V. Presto.

Prestare, va. imprestare - *posuditi;* p. dare - *dati, podati, pružiti.* V. Concedere; vn. p. allentarsi o cedere - *ugnuti se, ugibati se;* prestar fede - *věrovati,* prestarsi, adoprarsi - *briniti se, brinuti se, pobriniti se, zauzeti se, poslovati.*

Prestazione - *posudjenje, danje, davanje, podanje, pruženje - ugnenje, ugibanje - brinutje, pobrinutje - td.* p. fatica, merito - *poslovanje, zasluga;* estraord. prestaz. - *izvanredno poslovanje.*

Prestezza - *hitrost, hitrina, bèrzoća.*

Presto, ag. che ha prestezza - *hitar;* V. Apparecchiato; p. repentino - *nenadan, neočekivan, nagal;* av. p. subito - *hitro, bèrzo, odmah, namah, bezodvlačno, bez*

odvlake; p. fra poco - *bèrzo, do skora, do mala, do v. za malo vrěmena,* più presto - *berže, hitrie,* più presto possibile - *čim skorie, čim berže, čim prie, čim prie moguće.*

Presuasione - *uvěrenje, uvěravanje.*

Presunzione, presuposiz. - *predmněva.*

Prete - *pop, redovnik, svetjenik, misnik.*

Pretendere, td. esigere - *zahtěvati, tražiti, iskati, htěti, hotěti;* p. credere - *mislěti, mněti, razuměti.*

Pretensione, diritto - *pravo,* egli ha la pretensione - *on misli (věruje, razumi, dèrži).* V. Pretesa.

Preterire - *mimoići, prekoračiti, promašiti.*

Preterizione - *mimoidjenje, prekoračenje, promašenje.*

Pretesa, td. - *tražba, tražbina;* p. esigenza - *zahtěv, zahtěvanje, iskanje.*

Pretesamente - *tobož, tobože.*

Preteso, chiesto - *zahtěvan, tražen, iskan;* p. vantato -

tobožan, tobožji, podičen; preteso erede - *tobožni* v. *tobožnji baštnik.*

Pretesto – *izlika, iznimka, izgovor;* sotto il pretesto - *pod izlikom.*

Pretino - *popić, redovničić.*

Pretismo - *popovstvo, redovničtvo, světjeničtvo.*

Pretore - *predstojnik, pretur.*

Prettamente - *žgoljno, puko, čisto, neměšano.*

Pretto - *žgolj, puk, čist, neměšan;* p. puro (vino) - *žgolje, cělo,* (d' oro) - *suho, čisto, žgolje (zlato).* V. Semplice.

Pretura - *pretura, gradski* v. *gradjanski sud.*

Prevalente - *prednji, jači.* V. Diritto.

Prevalere, vn. avere la superiorità - *biti na čelu, prednjačiti;* np. p. trar vantaggio - *ukoristiti se, služiti se, poslužiti se.*

Prevaricare - *prekoračiti - prestupiti, prekěršiti,* - le leggi - *prekěršiti zakone.*

Prevedere - *previděti.*

Prevenire, venire innanzi - *doći prie, priteći;* p. fare innanzi - *učiniti prie, predčiniti.* V. Evitare. Informare.

Preventivamente - *predběžno, predtečno, predhodno, na prěčac.*

Preventivo - *predběžan, predtečan, predhodan;* preventivo di spesa - *proračun, predběžni račun.*

Previamente - *poprie, najprie, ponajprie.*

Previdente - *obazriv, obazrivan, previdan.*

Previdenza - *obazrivost, previdnost.*

Previsione. V. Previdenza.

Preziosità – *dragocěnost, dragocěnjenost.*

Prezioso - *dragocěn, dragocěnjen;* prez. valore - *dragocěnjena vrědnost,* effetti preziosi - *dragocěnosti.*

Prezzo, valore - *cěna, vrědnost,* - di speciale affezione - *cěna osobite naklonosti,* - ordinario - *redovita* v. *uredna vrědnost,* - estraordinario – *izvanredna cěna,* - di compravendita -

kupo-prodajna cěna, buon prezzo - jevtinoća, a buon prezzo - cěnu, jevtino, ne drago, ne skupo, a caro prezzo - drago, skupo.

Pria. V. Prima.

Prigione. V. Arresto. Carcere Prigioniere.

Prigionìa - utamničenje, zatvorenje, uzaptjenje, zatvor.

Prigioniere, arrestato - uznik, zatvorenik, uhvatjenik, zatvorena osoba; p. prigioniere di guerra - zarobljenik.

Prima, da prima - prie, najprie, pèrvo, najpèrvo, popèrvo; prima che - prie v. pèrvo nego (neg); p. avanti, prima di - pèrvo, prie (gen.), quanto prima - čim prie, što prie, što pèrvo, čim bèrže, čim skorie; p. cambiale prima - pèrva měnica.

Primate - pèrvostolnik.

Primavera - prolětje, premalětje, prolěto.

Primaverile - prolětan, pramalětan, premalětan.

Primeggiare - prednjačiti, pèrvačiti, stati na čelu.

Primieramente - ponajprie, poprie, izpèrva.

Primiero - pèrvašnji, pèrvi, pèrvanji.

Primipilo - kolovodja.

Primitivo. V. Primiero.

Primizia - pèrvina.

Primo - pèrvi, najpèrvi - prednji, pèrvanji, pèrvašnji.

Primogenito, st. - pèrvorodjenik, pèrvenac; ag. pèrvorodan, pèrvorodjen, prijerodjen; figlio pr. - pèrvorodjeni sin.

Primogenitore - pèrvoroditelj.

Primogenitura - pèrvorodstvo, prijerodstvo, pèrvorodjenstvo, pèrvenstvo.

Primordiale - početan, započetan.

Primordio. V. Principio.

Principale, ag. - glavan, poglavit, osobit, stožeran; cosa princ. - poglavita stvar; st. p. capo d' un arte ecc. - gospodar.

Principalmente - poglavito,

poglavno, osobito, stožerno, najme.

Principato (dominio) - *knježevina, knježtvo.*

Principe - *knez.*

Principessa - *knjeginja.*

Principiante, st. - *početnik, počelac, počeoc.*

Principiare. V. Cominciare.

Principio, ciò da cui una cosa ha l'essere - *početak, počelo;* p. cominciamento - *početje, počelo, započetje, počmenje, započmenje.* V. Origine; p. regola, norma - *pravilo, načelo.*

Priorità - *pèrvenstvo, prednost;* diritto di - *pravo prednosti,* - legale - *zakonita prednost.*

Prisco. V. Antico.

Pristino. V. Primiero.

Privare - *lišiti, ulišiti (koga česa), uzeti, zeti, oteti, (komu što).*

Privatamente - *posebno, osebno, privatno.*

Privato, ag. - *poseban, oseban, privatan;* st. p. persona privata - *privatna*

osoba. V. Privo.

Privilegiare - *povlastiti, o-povlastiti, poveljiti.*

Privilegio - *polastica, povlastica, povelja.*

Privo - *lišen, olišen;* essere privo – *neimati, biti lišen (česa),* rimase privo dell'impiego - *ostao je bez v. brez službe.*

Proava. V. Bisava ecc.

Probabile - *věrojatan, istinopodoban, věrovan.*

Probabilità - *věrojatnost, istinopodobnost, věrovanost.*

Probabilmente - *věrojatno, istinopodobno, věrovano.*

Probatoriale, st. - *dokaznica,* contro probat. - *protudokaznica;* ag. *dokazan, dokazben.*

Probità - *duševnost, sduševnost, poštenje, poštenost.*

Problema - *zadatak, zadaća.*

Probo - *duševan, sduševan, pošten.*

Procacciare, va. - *pribaviti, pribavljati, priskèrbiti, priskèrbljati, providěti, providjati, dobaviti, dobavljati;* np. *pribaviti si* ecc.

Procedere, andare innanzi camminando - *postupati, naprědovati, koračati;* proc. in causa - *postupati u pravdi,* - colla causa - *postupati pravdom, těrati pravdu,* - coi passi esecutivi - *postupati ověržbom.* V. Derivare. Continuare.

Procedibile - *postupljiv.*

Procedura, maniera di procedere - *postupanje, naprědovanje;* p. andamento e forma degli atti in un processo - *postupanje, postupak, razprava;* proc. penale - *karno postupanje;* p. legge di procedura - *postupnik, postupovnik;* proc. civile - *gradjanski postupnik,* proc. penale - *karni* v. *kazneni postupnik.*

Procella - *oluja, gromovina,* met. *bura.*

Procelloso - *olujan, buran.*

Processare - *staviti pod iztragu* v. *pod karnu iztragu.*

Processione - *prosesia, procesia.*

Processo, tl. - *parba, parnica, parbenica, pravda;* attitazione del - *parbena razprava.* V. Procedura.

Processuale - *parben, pravden;* atti proc. - *parbeni* v. *pravdeni spisi.*

Proclama - *proglas, razglas.*

Proclamare - *proglasiti, razglasiti.*

Proclive - *nagnut, prignut, naklonjen.*

Procrastinare - *natezati, zatezati, odvlačiti, oklevati.*

Procrastinazione - *natezanje, zatezanje, odvlačenje, oklevanje.*

Procreare. V. Generare.

Procura (mandato di) - *punomoćje, punovlastje;* rilasciar proc. - *opunovlastiti, opunomoćiti (koga), izdati punovlastje (komu);* p. autorità rappresentante lo Stato - *děržavno odvětničtvo* v. *zastupničtvo.*

Procuratore, st. - *punomoćnik, punovlastnik, zastupnik, zastupatelj, opunovlaštjena* v. *opunomoćena osoba;* proc. di Stato - *děržavni odvětnik,* sostituto proc. di St. - *naměst-*

ni *děržavni odvětnik*, sup.
proc. di Stato – *višji děržavni odvětnik*, *děržavni
nadodvětnik*.

Prodigalità - *razsipnost*.

Prodigalizzare - *razsipati*.

Prodigio. V. **Miracolo** ecc.

Prodigo - *razsipalac, razsipnik*. V. **Scialacquatore**.

Proditoriamente - *izdajno,
izdajnički*.

Proditorio - *izdajan, izdajnički*. V. **Omicidio**.

Prodotto, st. frutto - *proizvod, proiztok, plod*; - naturale - *naravni proizvod,
* - d'arte - *umotvor, tvor*;
ag. *urodjen, izveden, pro-
izveden, izradjen, činjen,
učinjen, uzrokovan, pro-
uzrokovan*.

Produrre - *roditi, poroditi,
uroditi, tvoriti, stvoriti,
izvesti, izvoditi, proizvesti,
proizvoditi, izraditi, činiti,
učiniti* – *uzrokovati, prouzrokovati*.

Produzione - *tvorba, tvorenje, stvorenje, rodjenje,
urodjenje, izvedenje, proiz-
vedenje, izradjenje, činje-*

*nje, učinjenje, uzrokova-
nje, prouzrokovanje*. V.
Prodotto. Opera.

Proemio - *predgovor*.

Profanare - *tlačiti, potlačiti*.

Profanatore - *tlačitelj, potla-
čitelj*.

Profanazione - *tlačenje, potlačenje*.

Proferire - *izreći, izustiti;* -
la sentenza - *izreći pre-
sudu*.

Professione, confessione
della prop. credenza in
genere - *prospovědanje,
* (religiosa) - *věroizpovědanje;* p. voto solenne -
*zavět, zavětjanje Bogu, za-
větno obećanje;* p. esercizio d'arte - *zanat, oběrt,
zanimanje, služba, službovanje, poslovanje, těranje
zanata* v. *službe*.

Professionista - *zanatlia, zanatnik, oběrtnik*.

Professo, ag. - *zavětjan;* st.
zavětjanik.

Professore - *učitelj, naučitelj, profesor*.

Profeta - *prorok*, del profeta
- *prorokov*.

Profetico - *proročanski, proročni.*

Profetizzare - *prorokovati, proricati.*

Profezìa - *proročanstvo, proročtvo.*

Profferta - *ponuda, ponudba.*

Proficuo - *hasnovit, prudan, koristan.*

Profitto, utilità - *korist, dobitak, dohodak, probitak.* V. Progresso.

Profluente - *proizticajući, proiztečeći, proizhodeći.*

Profondamente - *duboko.* V. Diligentemente.

Profondità - *dubina, dubljina, jaz.*

Profondo, ag. - *dubok.* V. Profondità.

Profumerìa - *mirodionica, mirodnia*

Profumiere - *mirodiar, mirodioc.*

Profumo, odor grato - *miris;* p. checchessia, gittante buon odore - *mirodia.*

Progenitore. V. Antenato.

Progettare - *snovati, osnovati, osnivati, nacèrtati, na-*

kaniti, naumiti, namisléti, naméniti.

Progetto - *osnova, nacèrt - nakana, namisao, naména;* prog. di fabbrica - *gradjevna osnova.*

Programma - *oglas, oglasnik, obznana, objava.*

Progredire - *naprédovati, napréditi, unaprédovati, unapréditi.*

Progresso - *naprédak.*

Proibire - *zabraniti, nedopustiti, nedopušćati, prepovédati.*

Proibito - *zabranjen, nedopušćen, prepovédan;* arma proibita - *zabranjeno oružje.*

Proibizione - *zabrana, zabranjenje, prepovéd, nedopušćanje.*

Projetto, projettile - *izbacilo, izvèržak;* p. parte dell'edifizio che sporge in fuori - *pojata.*

Prole - *déte, détca, porod;* senza prole - *bez détce.*

Prolificare. V. Generare.

Prolissamente - *dugotrajno, dugonosno, na dugo.*

Prolisso - *dugotrajan, dugo-nosan, predug;* discorso prol. - *predugi govor.*

Prologo - *uvod, predgovor.*

Prolungamento - *produženje, produljenje, odgoda, odvlačenje, protegnutje.*

Prolungare - *produžiti, produljiti - odgoditi, natezati, protezati.*

Promemoria - *opomenica, spomenka.*

Promerenza - *rasluga, za-služba.* V. Mercede.

Promeritare, va. - *zaslužiti;* np. *zaslužiti si.*

Promessa - *obećanje.*

Promettere - *obećati, obreci, dati* v. *podati rěč (besědu).*

Prominente - *visok, povišen, provišen.*

Prominenza - *višina, visost, povišenost, provišenost.*

Promovere, mandar innanzi - *promaknuti, promicati;* p. conferir grado e dignità - *poděliti (čast ecc.);* p. dar cominciamento - *započeti nastaviti, povesti.*

Promozione, innalz. a carica - *promaknutje, promicaj,* *promicanje, povis.* V. Incitamento.

Promulgare - *razglasiti, oznaniti,* sprez. *raztrubiti.*

Pronepote - *prounuk, pro-netjak.*

Pronome - *zaime.*

Prontezza - *pripravnost, spravnost.*

Pronto - *pripravan, spravan, gotov, gotovan;* essere pr. - *biti pripravan* v. *gotov.*

Pronunzia - *izgovor, izgo-varanje.* V. Decisione.

Pronunziare, articolar le lettere ecc. - *izgovarati.* V. Dichiarare. Predire.

Propagare - *razprostraniti, širiti, razširiti.*

Propagazione - *razprostra-njenje, širenje, razširenje.*

Propalare - *prokazati, od-kriti.*

Propalazione - *prokaz, pro-kazanje, onkrijenje;* - della facoltà - *prokazanje imetka.*

Propendere - *visěti, biti sklonjen, naklonjen* v. *nagnut.*

Propensione - *sklonost, na-gnutje, naklonjenost.*

Propenso - *sklon, sklonjen, nagnut.*

Propinquo. V. Vicino.

Propizio. V. Favorevole.

Proporre - *predložiti, predlagati, učiniti predlog, dati svoje mněnje, potaknuti. -*

Proporzionalmente - *razměrno.*

Proporzionare - *razměriti.*

Proporzionato - *razměran.*

Proporzione - *razměr, razměra, razměrje, razměrenost.*

Proposito, proponimento - *namisao, nakana, odluka; a proposito? - zbilja? mutar proposito - proměniti misal v. misao.*

Proposta - *predlog, potaknutje. -*

Proprietà, particolarità propria - *vlastitost, sobstvenost;* p. ciò che si possiede - *vlastničtvo, vlastnost;* comproprietà - *suvlastničtvo, suvlastnost.*

Proprietario - *vlastnik.*

Proprio, st. - *vlastitost, pripadnost,* - ag. *vlastit, sobstven, svoj, svoje vlastito.*

Propugnare. V. Difendere.

Prora - *prova.*

Proroga - *odročba, odgoda roka.* V. Dilazione.

Prorogabile - *odgodiv, odgodan, odročben produljiv.*

Prorogare - *odročiti, odgoditi* v. *produljiti rok.* V. Dilazionare.

Prorogazione - *odročenje, odgodjenje (produljenje, produženje) roka.*

Prorompere - *zaoriti;* promp. in pianto - *zaplakati.*

Prosapia. V. Stirpe.

Proscenio - *predzor.*

Prosciogliere - *odvezati, razvezati, odrěšiti.*

Prosciugare - *osušiti, posušiti, prosušiti.*

Prosciutto - *pèršut, šunka.*

Proseguire - *naprědovati, naprěditi, unaprědovati, unaprěditi.* V. Continuare.

Prospetto, veduta - *pogled, pridočje;* p. facciata - *obrazak;* p. quadro che porge un saggio della cosa - *pregled, izkaz, kazalo.*

Prossimo, st. *izkèrnji;* amare il - *ljubiti izkèrnjega* ; ag. vicino - *bližnji, pobljižnji, najbližnji* ; dati prossimi - *pobljižnji znaci.*

Prostrare - *ponižiti, poniživati, potisnuti.*

Prostrazione - *poniženje, poniživanje, potisnjenje.*

Proteggere - *braniti, obraniti, štititi.*

Protervia. V. Arroganza ecc.

Protestare - *prosvèdati, ograditi se.* -

Protesto - *prosvèd, ograda, ogradjenje.*

Protettorato - *pokroviteljstvo, zaštitničtvo.*

Protettore - *pokrovitelj, štitnik zaštitnik.*

Protezione - *zaštita, obrana, obranba, obramba.*

Protocollare - *napisati, upisati, napisivati, upisivati, unesti u napisnik, protokolirati.*

Protocollazione - *napisanje, upisanje, napisivanje, upisivanje, unešenje u napisnik, protokoliranje.*

Protocollista - *voditelj napisnika, napisovnik, protokolist.*

Protocollo - *napisnik, zapisnik, protokol;* - d'esibiti - *uručbeni* v. *podnesni napisnik,* - d'ispezione - *razgledni napisnik,* - di stima - *napisnik procène* v. *procènbeni napisnik,* - d'incanto - *dražbeni napisnik.*

Protomartire - *pèrvomučenik.*

Protomedico - *pralèčnik.*

Protrarre V. Dilazionare.

Prova, esperimento - *pokus, pokušaj, okušaj, izkustvo, izkušenje, okušanje;* p. testimonianza - *dokaz, svèdočba;* controprova - *protudokaz;* ragione confermativa - *razlog;* piena - *podpuni dokaz,* semiprova - *poludokaz,* nuove prove - *novi dokazi,* prova per testimonj - *dokaz po zvèdocih,* mezzo di - *dokazno srèdstvo,* forza di prova - *dokazna moć,* produzione delle prove - *izvod dokazak,* riprova - *protudokaz;* p. uso, cimento - *poroba, ogled, ogledba;* vendita a prova - *prodaja na ogled*. V. Esperienza.

Provare, esperimentare - *okusiti, izkusiti, pokusiti, pokušati;* p. documentare - *dokazati, obsvědočiti, obrazložiti;* p. provare una cosa se stia bene - *ogledati, probati, viděti.*

Provento - *dohodak, prihodak, dobitak.*

Proverbio - *poslovica, priča, pričica*

Provianda - *hrana.*

Providenza - *providnost.*

Provincia - *krunovina, pokrajina.*

Provinciale, ag. - *zemaljski, pokrajinski;* autorità prov. - *zemaljska oblast,* tavole prov. - *zemaljska kazala,* libri prov. *zemaljske knjige.*

Provocante st. - *zazivalac, izazivalac, zazvatelj, pozvalac;* ag. p. stuzzic. *draživ, razdraživ.*

Provocare - *zazvati, zazivati, uzazivati, pozvati;* p. stuzzicare - *dražiti, razdražiti.*

Provocato, st. - *zazvanac, zazvanik, izazvanik;* ag. *zazvan, pozvan;* p. stuzzicato - *dražen, razdražen.*

Provocatore. V. Provocante.

Provocatorio - *zazovan, zazivan, izazivan;* processo prov. - *zazovna* (ecc.) *parnica.* V. Provocante.

Provocazione - *zaziv, zazov, uzaziv, izaziv, izazivanje, poziv;* p. stuzzic. - *draženje, razraženje.*

Provvedere, somministr. altrui il bisognevole - *providěti, priskèrbiti, obskèrbiti, pribaviti, dobaviti, nabaviti;* p. antivedere - *previděti;* p. considerare - *promotriti, razmislěti.*

Provvedimento - *providjenje, priskèrbljenje, obskèrbljenje, pribavljenje, dobavljenje, nabavljenje - previdjenje, promotrenje, razmišljenje.* V. Provvedere.

Provveditore - *nabavnik, pribavnik, nakladnik.*

Provvisione - *prôvidba, ob-*

skèrba, zaliha. V. Prov-
- *vedimento*.

Provvisorio - *privrěmen,
vrěmenit, nestalan;* uffizio
prov. - *privrěmeni ured.*

Prudente - *razboran, razborit, mudar.*

Prudenza - *razbornost, razboritost.*

Prugna, pruna - *sliva, šljiva.*

Prugnola - *divja sliva.*

Pruno - *glog,* met. *drača,
tèrn.*

Prurito - *sèrbež, svèrbež;* met.
žestoka želja.

Pubblicamente - *javno, zvanično, očito, odpèrto.*

Pubblicare, far pubblico -
*oglasiti, proglasiti, razgla-
siti, obnarodovati, odkriti,
javiti, objaviti, prijaviti,
priobćiti.* V. Confiscare.

Pubblicazione - *oglašenje,
proglašenje, razglašenje, ob-
narodovanje, odkrijenje,
javljenje, objavljenje, prijavljenje, priobćenje.* V. Dinunzia.

Pubblicità - *javnost.*

Pubblico, st. il popolo - *obćinstvo, narod;* ag. *obći,*

sveobći, javan; pubbl. bene
javno dobro, - pubbl. dibattimento - *javna razprava,* pubbl. seduta - *javna
sědnica,* pubbl. esame -
javni izpit.

Pubertà - *doraslost, odraslost.*

Pudibondo - *sramežljiv, sraman.*

Pudicizia - *sramežljivost, stid,
stidnoća, stidnost.* V. Purità.

Pudico - *sramežljiv, sraman,
stidan;* uomo pudico -
*sramežljivi čověk, sramež-
ljivac.*

Pudore - *sram.*

Puerile - *dětinski.*

Puerizia - *dětinstvo.*

Puerpera - *rodilja, rodilka,
žena od rodjenja.*

Pugna. V. Combattimento.
Zuffa.

Pugnale - *ubodač, bodež.*

Pugnare. V. Combattere.

Pugnente, che pugne - *bode-
ći, bodiv, ubodiv, bodež-
ljiv, bodežan;* p. mordace
- *okosan, ujedljiv, ujediv.*

Pugnere, pungere - *bodsti,
bosti, badati, ubosti, na-*

32

bodsti, ubodnuti; p. offendere - *uvrěditi.*

Pugno - *pest, šaka.*

Pulce - *buha.*

Pulcino - *piplić, pilić, pile, piple, puljić, pulj, od kočke.*

Puledro - *ždribac, ždribe, ohme (eta).*

Pulire - *čistiti, očistiti, snažiti, osnažiti, tèrti, otèrti.* V. Lisciare.

Pulizia - *čistoća, čistota.*

Pulpito. V. Pergamo.

Pungolo - *badalo, ajkača.*

Punibile - *kazniv, peděpsav.*

Punimento - *kaznenje, peděpsanje.*

Punire - *kazniti, peděpsati.*

Punitivo - *kazniv, kazniteljan, peděpsuć, peděpsavi.*

Punizione - *kazan, kazna, peděpsa.*

Punta - *špica, punta, rat, èrt;* fatto a punta - *špičast, šiljast, puntav, ratast, ratav, èrtav.*

Puntello - *podpor, podpora, podpir, poduporka.*

Punto, st. segno di posa nella scrittura - *piknja;*

punto e virgola - *piknja i zarez,* - ammirativo - *znak čudesa* v. *uzklika,* - interrog. - *znak upita;* p. parte del discorso - *točka, članak, stavak;* p. capitolo - *poglavje, poglavak, dio, děl;* p. momento - *čas, tren, trenutak, doba;* p. luogo - *město;* nè punto nè poco - *baš ništa, nimalo.* V. Punto.

Punto, ag. da pugnere - *badan, boden, uboden, naboden, ubodnut.*

Puntuale - *točan, vele* v. *veoma marljiv.*

Puntualità - *točnost.*

Puntura - *ubod, ubodac, ubodak;* p. puntura contin. - *badanje.*

Pupillare - *sirotinski, pupilarni;* autorità pup. - *sirotinska oblast,* commissione pup. - *sirotinski odbor* v. *pověrenstvo.*

Pupillo (minore) - *sirota, sirotče,* met. *zakrilnik, zakriljenik;* pupilli - *sirotčad.*

Puramente - *prosto, jedino.*

Purchè - *samo da, samo ako,*

jedino da, jedino ako.

Pure - *vendar, sa svim tim, ništanemanje, ništarnemanje; p. solamente - jedino.* V. Però. Anzi. Anche. Finalmente.

Purezza (di vino, metalli ecc.) - *žgoloća, žgoljnost, čistina, suhost, pukost.* V. Purità. Puro.

Purgante, st. - *čistilo.*

Purgare - *čistiti, očistiti, izčistiti, snažiti, osnažiti, posnažiti, otrěbiti, potrěbiti.*

Purgatorio, st. - *očistnik, čistilo;* ag. *čistec, čistiteljan, čistiv, očistiv.*

Purità (di costumi ecc.) - *čistoća, čistota, čistodušnost, poštenost, neuskvèrnost, neuskvèrnivost, neuskvèrnjenost, nevinost.*

Puro, netto - *čist, neokaljan;* p. casto - *neporočan, neprikoran, pošten, neoskvèrnjen;* p. schietto - *čist, žgolj, suh, puk, neměšan;* puro oro - *čisto (suho, žgolje) zlato,* vino puro - *cělo v. žgolje vino.*

Pusillanimità - *slabodušnost, slabodušje, malodušnost, maloduštvo, malodušje, strašivost.*

Pusillanime - *slabodušan, malodušan, strašiv.*

Pustola - *prišt, puhvica.*

Putativo - *dèržan.*

Putire. V. Puzzare.

Putredine - *gnjilad, gnjilavina, gnjènje, gnjiloća, gnjilost, sagnjitje, trulost.*

Putrefare - *gnjijati, sagnjijati, gnjiliti, sagnjiliti, ognjiliti, zasmèrděti se, zasmraděti se, otruliti, potruliti.*

Putta. V. Ragazza.

Puttana - *kurba, kurva, bludnica, nepoštenica.*

Puttaniere - *kurbež, kurvež, bludnik, nepoštenjak.*

Putto. V. Fanciullo.

Puzzo - *smèrdež, smradež, smrad, vonj, zlovonj.*

Puzzare - *smèrděti, pahati, vonjati, zlovonjati.*

Puzzolente - *smèrdljiv, usmèrdjen, osmèrdjen, zlosmradan.*

Puzzore. V. Puzzo.

Q.

Qua, in questo luogo - *ovdĕ, ovdĕk, ovdĕka, u ovom mĕstu*, in qua - *amo, ovamo, sĕmo*; vieni qua - *dojdi amo*, per di qua - *ovud, ovuda*, di qua e di là - *od v. iz ove i od one strane*, in qua e in là - *simo i tamo*. V. Qui.

Quaderna - *četvirica*.

Quadrangolare - *četverokutan, četverokutast, četveronugal, četveronuglat*.

Quadrangolo, st. - *četverokut, četveronuglo*.

Quadrato, st. - *četvorina*; ag. *četvèrtin, četvèrtinast*.

Quadriennio - *četverolĕtje, četverogodište*.

Quadrifronte - *četveročelast*.

Quadriga - *četveroprežna kola*.

Quadriglia - *četvorka*.

Quadrilatero, ag. - *četverostran, četverobokast, četverolicast*; st. *četverolicje, četverokutje*.

Quadrilustre - *dvadesetero-*

lĕtan.

Quadrimembre - *četveroudast*.

Quadrimestre - *četveromĕsec*.

Quadro, st. pittura - *slika*; p. figura quadrata - *četveronuglo, četvorje*; ag. p. figura quadra - *četverostran, četveronuglast*.

Quadrupede - *četveronog, četveronogat, četveronožan*.

Quadruplicare - *četverostručiti*.

Quadruplice - *četverostručan*.

Quadruplo - *četverostruk*.

Quaglia - *prepelica*.

Qualche, alcuno - *nĕki*.

Qualcheduno - *nĕki, koigod, kigod, kogod*; di qualcheduno - *čijigod*.

Qualcuno V. Qualcheduno. -

Quale, nome relat. - *koj, koji, onaj koji*; p. chi, chiunque - *saki, svaki, pojedini*; tale quale - *takvi kakvi*; p. a guisa che - *tako da, kao, košto, kao što, na način*. V. Che.

Qualità, maniera - *način*; p. natura condizione - *narav, kakvoća, kakvost,* značaj; p. proprietà - *svoj-stvo*; qualità personali — *osebna svojstva*; p. specie - *vèrst, fela*; uomo di qualità — *cověk visokog sta-liša* v. *značaja.*

Qualora - *kad*; p. ogni volta che - *uvèk kad, vazda kad, svaki put kad, kadgod.*

Qualunque - *svak, svaki, kcjigod mu drago, kakov-god, kojigodèr*; p. ogni volta che - *uvěk kad.*

Quando - *kad, kada, kad-no*; da quando - *odkad, odkada*, fino quando - *dokad, dokada*, da quando in quando - *kad tèr kad, od kada do kada, kad-kad, kadagod, kadgod.*

Quantità - *kolikoća, količina*; p. abbondanza - *množtvo, množina, sila.*

Quanto - *koliko, kolisno, količko*; in quanto si riferisce - *u koliko se od-naša.*

Quantunque - *akoprem, prem-da, ako i*; quantunque poco - *iole, ikoliko.*

Quaranta - *četèrdeset.*

Quarantesimo - *četèrdeseti.*

Quaresima - *korizma.*

Quartale - *troměsec*; p. misura - *četvèrtalj.*

Quartiere, quarta parte d'ogni cosa - *četvèrtina, če-tvèrt, fèrtalj*; p. parte di città - *oděl grada* v. *města*; p. abitazione - *stan, konak, kuća dom, stanište, sta-nilište, pribivalište, obi-talište.*

Quattordici - *cetèrnaest* (gen. pl.).

Quattro - *četiri* (nom. d.) quattro anni - *četiri lěta.*

Quattromila - *četiri tisuće (hiljade, jezera).*

Quattro tempora - *kvatre, četiri vrěmena postna.*

Quegli - *on.*

Quelchessia - *što je je.*

Quello - *on, onaj, (ona, ono) taj (ta, to)*; di quel luo-go - *onoměstan, ondašnji*, di quella città - *onograd-ski*, quel medesimo - *on isti.*

Quercia — *hrast, česvina.* V. Rovere.

Querela, tl. - *žalba, žaoba*; - di

nullità - *žalba ništetnosti.*
V. Denunzia.

Querelante, tl. - *žalbenik.*
V. Denunziante.

Querelare, va. accusare criminal. V. Denunziare; np. p. dolersi - *žaliti se, tužiti se, jadikovati se.*

Querelato, crim. V. Denunziato; riferib. ad oggetto contro cui si si duole - *obtužen, ožaljen;* querelato decreto - *obtužena odluka.*

Quesito, st. - *stavka, zapit, upit, pitanje;* ag. p. ricercato - *pitan, upitan, tražen, zahtěvan.*

Questionare. V. Contendere.

Questione. V. Contesa.

Questo - *ov, ovaj, ovi (ovo, ova);* di questo luogo - *ovměstan, ovdašnji,* di questa città - *ovogradski,* questo stesso - *ov isti,* quest' autorità (la locale) - *ova (ovdašnja, ovoměstna, ovogradska) oblast,* (quella che parla) *ova v. ovostrana oblast.*

Quetamente - *mirno, tiho.*

Quetare - *umiriti, utaložiti,* utažiti, těšiti. V. Riposare. Fermare - Quitare.

Queto - *tih, miran.*

Qui - *ovdě, ovděk, ovděka, u ovom městu;* da qui - *odavde, odavle, odovud, odovuda, odovdě, odovlě,* fin qui - *dovdě, dovlě,* fin qui p. finora - *dosele, doslě, dosad, do ovo doba, do danas.*

Quiescente, st. *počivnik,* ag. *počivajuć.*

Quiescenza - *mir;* soldo di quiescenza - *mirovina.*

Quietanza. V. Quitanza.

Quiete - *mir, pokoj,* met. *tišina.*

Quieto. V. Queto.

Quimestre - *peteroměsec.*

Quinci, di qui - *odavde, odovde, iz v. od ove strane;* per questo luogo - *ovud, ovuda;* quinci e quindi - *ovdě i ondě, ovamo i onamo,* quinc'intorno - *okolo oviuh stranah.* V. Perciò.

Quindi, di là, di quel luogo - *onud, odonud, odonamo, odonlě, od onog města;* p. altrove - *drugud, druguda, drugamo, u drugom městu.* V. Perciò. Dappoi.

Quindicesimo - *petnaesti.*

Quindici - *petnaest.*

Quinquennio - *petolětje.*

Quinta, t. mus. - *petka;* quinta e terza - *petka i tretka.*

Quintessenza, estratto più puro delle cose - *cvět,* p. perfezione - *ivèrstnost, izvèrstnoća.*

Quinto, num. ord. - *peti;* av. *peto;* st. p. quinta parte - *peti dio* v. *děl.*

Quintogenito - *petorodjen.*

Quintuplicare - *peterostručiti.*

Quintuplicato - *peteroguban, peterostručan.*

Quintuplo - *peterogub, peterostruk.*

Quitanza - *namira.*

Quitare - *učiniti namiru.*

Quivi, in quel luogo - *ondě, onděka, onamo, tamo;* p. allora - *onda, u onom slučaju;* p. da poi - *nakon toga, pak, potlě* v. *poslě toga, zatim;* p. quivi vicino - *u okolici, u*

onoj okolici, onud okolo, quivi medesimo - *u istom městu,* di quivi - *odanle, odonud, od onog města.*

Quondam, defunto - *pokojni, umèrši, preminuvši;* Giovanni quondam Matteo - *Ivan pokojnoga Mata;* p. una volta - *jedan put, jednom, jednoč, jednoć;* p. fu - *bivši, obstojavši, preobstojavši.*

Quota - *děl, dio, iznesak;* quota parte - *iznesni dio.*

Quotidianamente V. Giornalmente. Continuamente.

Quotidiano. V. Cotidiano.

R.

Rabbia - *jad, jed, jid, goropad, běsnoća, běsnilo.*

Rabbioso - *jadan, jadljiv, goropadan, běsan.* V. Idrofobo.

Rabbuffo - *oštro ukorenje, izvikanje.*

Raccapriccio - *trepet, uz-*

dèrhtanje, uzdèrhtjenje, uztrepetanje.

Racchiudere. V. Chiudere.
Contenere.

Raccogliere - *brati, birati,
pobrati, pobirati, sabrati,
sabirati, nabrati, nabirati,
kupiti, skupiti, nakupiti,
skupljati, sakupljati, nakupljati;* p. mietere - *žeti, požeti, nažeti.*

Raccolta (delle derrate) -
žetva, (delle varie scrit-
ture) *sbirka;* p. atto del
raccogliere - *branje, bira-
nje, pobranje* ecc. V. Raccogliere.

Raccomandare, va. - *preporučiti, priporučiti, prepo-
ručavati;* p. affidare -
pověriti, pověravati ; p.
attaccare, appendere, le-
gare - *prilěpiti, zavisěti,
privezati;* np. *preporučiti se.*

Raccomandazione - *pripo-
ruka, preporuka, preporu-
čenje, priporučenje, prepo-
ručavanje,* ecc. V. Raccomandare; tassa di racco-
mandazione - *preporuč-
bina.*

Racconciare - *popraviti, napraviti, ponapraviti, načiniti, ponačiniti, okèrpati,
okèrpiti, pokèrpati, zakèr-
pati.*

Raccontare, va. - *povědati,
pripovědati, praviti, pravljati, kazati, kazivati, prikazati.* V. Rappacificarsi.

Racconto, il raccontare -
*povědanje, pripovědanje,
pravenje, pravljenje, ka-
zanje, kazivanje, prikazanje;* p. cosa raccontata -
povědka, pripovědka.

Radamente. V. Raramente.

Raddolcire - *osladiti, po-
sladiti, razsladiti;* p. mitigare - *ublažiti,* met. *osladiti, polakšati, ulahkotiti;*
raddolcire il rigore - *ublažiti strogost.*

Raddoppiare, crescere del
doppio - *podvostručiti, po-
dvojiti,* raddop. le forze
- *podvostručiti sile.*

Raddrizzare - *poravnati, izravnati, sravnati.* V. Riordinare.

Radere, levare il pelo col
rasojo - *briti, britvati,*

brijati, obriti, obritvati, o-
brijati; p. cancellare raschiando - izstrugati, stèrgati, izstèrgati, p. togliere
colla rasiera il colmo -
razati. V. Barba.

Radicchio - radić, žutenica.

Radicale, ag. - korěnit.

Radice - žila, živalj, korěn.

Radunanza - skupština, sdruženje.

Radunare, va. skupiti, pokupiti, spraviti, spravljati; vn. skupiti se, spraviti se, sastati se, sdružiti se.

Rafforzare - objačiti, okrěpiti, otvèrditi, priutvèrditi.

Raffreddare, va. - hladiti,
ohladiti, prohladiti, raz-
hladiti, ostudeniti; vn. e
np. divenir freddo - o-
hladiti, ostinuti, ustinuti,
pristinuti, postudeniti, o-
hladiti se, nahladiti se, nam-
rěti se, ozebsti.

Raffreddore - nahlada, nazeba, nazeb, namor.

Raffrenare - pridèržati, uzděržati, uzpregnuti, zau-
staviti, obuzdati.

Ragazza - děvojka, děvica,
děvičina, děkla, cura, goličina.

Ragazzaglia - děčina, děča-
ria, děčurlia.

Ragazzo - děčak, děčko fan-
tič. V. Fanciullo.

Ragghiare, ragliare - trubiti, tuliti, revati.

Raggio, splendore d' un corpo lucido - zrak, zdrak;
p. periferìa - okoliš, područje, okrug, okružje; rag.
giudiziale - sudbeni oko-
liš (područje).

Raggirare va. ingannare -
varati, hiniti, okolišati,
pletkati, spletkati, pletkariti, gužvati gužvariti; np.
p. avvolgersi intorno -
sviti se, sviati se, obaviti se, obaviati se, obraćati se, okretati se, vèrtěti.

Raggiratore - pletkar, spletkar, zapletalica, spletka-
vac, gužva, gužvar, okolišaoc, varalica, slěpac.

Raggiro - pletka, spletka,
zapletka gužvaria, okoli-
šanje, hinba, himba, hin-
benost, prevara.

Raggiugnere, arrivare - doseći, doteći, dostići, dotèrčati (koga). V. Conseguire.

Raggiugnimento – dosežénje, dotečénje, dotèrčanje, dostignutje. V. Conseguimento.

Ragguagliare, va. ridurre al pari – jednačiti, izjednačiti. V. Paragonare; np. p. informare – obznaniti, do znanja staviti, priobćiti, povědati, praviti.

Ragguaglio, proporzione – razměrje, razměr, razměra; p. avviso, notizia – obznana, obznanjenje, priobćenje. V. Pareggiamento.

Ragguardevole – ugledan, cěnjen; ragguardevolissimo – veleugledan, ecc.

Ragionamento – razgovor, razgovaranje, razloženje.

Ragionare V. Discorrere.

Ragionatería (autorità) – računovodstvo.

Ragione, facoltà per cui si discerne il vero dal falso ecc. – razum, razbor, razborje, razborstvo, um; p. cagione – uzrok, razlog; pella ragione – zbog v. iz razloga (uzroka); p. diritto – pravo; tu hai ragione – ti imaš pravo, per questa ragione – stoga, zato, porad toga, porad ovoga, per qual ragione? – zašto? zbog česa? za koji uzrok? a ragione di due fiorini il centinajo – po dva forinta svaka stotina. V. Giurisdizione. Titolo. Prova.

Ragionevole – pravedan, pravičan, razložan, razložit, razboran, razborit.

Ragionevolezza – pravednost, pravičnost, razložnost, razložitost, razbornost, razboritost.

Ragionevolmente – pravedno, pravično, razložno, razložito, razborno, razborito.

Ragioniere – računar, računovoditelj.

Raglio – trubes, tulenje, revanje. V. Asino.

Ragnatela – paučina.

Ragno, insetto – pauk.

Rallegramento – uzveseljenje, uzradovanje.

Rallegrare, va. - *veseliti,
uzveseliti, radovati, uzradovati;* np. *veseliti se, radovati se.*

Rame - *bakar, měd cèrljeni;* moneta di rame - *bakreni novac.*

Ramicello - *kitica, granica, hvojka, hvoja.*

Rammarico - *tuga, žalost, tugovanje, žalba, žaoba.*

Rammemorare, va. - *dosětiti, domislěti, spomenuti;* np. *sětiti se, dosětiti se, spomenuti se, domislěti se.*

Rammemorazione - *sěćanje, dosětjenje, domišljenje.*

Rammentare V. Rammemorare.

Ramo (d'albero) *grana, kita;* ramo tagliato - *ogranak;* p. rimas. dei rami tagliati - *kaštrotine, okaštèrci, ošiške, okresine;* staccare il ramo - *očehnuti granu;* p. parte di un alveo, strada ecc. - *grana, trak, oděl;* ramo giudiziario - *sudbena grana* v. *struka.*

Ramoruto - *granast, kitast,*

pun granah v. *kitah.*

Romoso V. Ramoruto.

Rampogna - *ukorenje, karanje, karnja, izvikanje, zazor.*

Rampognare - *ukoriti, karati, izvikati.*

Rampone - *drakmar.*

Rana - *žaba.*

Rancore - *omraza, mèržnja.*

Randello - *batina, štap, šćap.*

Rango, ordine - *red;* p. grado - *čast, dostojanstvo.*

Rantolare - *hropiti.*

Rantolo - *hropac.*

Rapa - *ripa, repa,* dim. *ripica,* aum. *ripina.*

Rapace - *grabežan, grabežljiv, razbojstven, razbojnički.*

Rapacemente - *grabežno, grabežljivo, razbojnički.*

Rapacità - *grabežljivost, grabežnost.*

Rapidità - *hitrost, silnost, silnoća, hèrlost, naglost.*

Rapido - *hitar, silan, hèrl, nagal.*

Rapina, furto violento tl. - *razbojničtvo, razbojstvo, grabež, grabežničtvo;* p. cosa rapita - *odor, odora, plěn, plĕna.* V. Omicidio.

Rapinare - *grabiti, pograbiti, harati, poharati, guliti, tĕrati razbojničtvo.*

Rappacificare, va. *umiriti, pomiriti;* np. *umiriti se, pomiriti se,* met. *porazumiti se.*

Rappattumare V. Rappacificare.

Rapportare, riferire - *izvĕstiti, izvĕstjivati, obavĕstiti, obznaniti, do znanja staviti, priobćiti, prijaviti;* rapp. umilmente - *pokorno izvĕstiti;* p. esporre p. maliz. ecc. ciò che si è visto ecc. - *praviti, povĕdati, napuniti uše.*

Rapporto, relazione - *odnošaj, odnošenje, razmĕr, razmĕrje;* td. p. conto che alcuno rende altrui di una cosa affidata - *izvĕstje;* rap. uffizioso - *službeno izvĕstje,* - suppletorio - *dodatno* v. *naknadno izvĕstje,* rassegnare il rap. - *podnĕti* v. *podastĕrti izvĕstje.* V. Nota.

Rappresentante, che o chi rappresenta - *zastupnik, predstavnik, namĕstnik;* p. commediante - *igralac.*

Rappresentanza - *zastupničtvo, zastupstvo, zastup, zastupanje;* - civica - *gradsko* v. *gradjansko zastupničtvo.*

Rappresentare, condurre alla presenza - *predstaviti, predstavljati;* p. mostrare *kazati, pokazati, prikazati, prikazivati, predočiti;* p. fare le veci d'un altro - *zastupati;* p. recitar commedia ecc. - *predstavljati, igrati.* V. Descrivere.

Rappresentazione - *predstavljanje.* V. Teatrale.

Raramente - *redko, kadkad, malo putah, malokrat, redkokrat, ne često, kad tèr kad.*

Rarefare - *razredkati.*

Rarefazione - *razredkanje.*

Rarità, di raro - *redkoća, redkost;* p. cosa rara - *redka (neobična, izvanredna) stvar, osobitost, neobičnost, jedinstvenost.*

Raro, ag. contrario di denso

- *redak;* p. non comune - *neobičan, redak, izvanredan.* V. Singolare.

Raschiare - *stèrgati, strugati, ostèrgati, ostrugati.*

Raschiatojo, strum. p. raschiare - *stèrgulja, stèrgalnica.*

Raschiatura, il raschiare - *stèrganje, struganje, ostèrganje, ostruganje;* p. materia, che si leva raschiando - *strugotine, ostrugotine, ostružine.*

Rascia - *sukno debelo, sukno.*

Raso, st. seta - *raz, laštiva svila;* ag. di radere - *britvan, brijan, brijen, obritvan, obrijen, obriven.*

Rasojo - *britka* v. *britva brijatna.*

Raspa - *rašpa, durpia.*

Raspare, raschiar la terra coi piè d'innanzi - *prećati* v. *pèrljati nogama;* p. adoprar la raspa - *rašpati, durpjati.*

Raspatojo - *grebulja.*

Rassegnare, va. consegnare - *predati, izručiti;* td. p. sottomettere - *podně-*

ti, podložiti, predložiti, predlagati, podastèrti, podastirati; p. comparire - *predstaviti se, doći.* V. Restituire. Uniformarsi.

Rastello, steccato posto d'innanzi alle porte delle fortezze - *obrana, ograda;* p. strumento col quale si scevera la paglia dai sassi ecc. - *grablje.*

Rata - *obrok, děl, dio.* V. Brano.

Ratifica, ratificazione - *potvèrda, potvèrdjenje, odobrenje.*

Ratificare - *potvèrditi, odobriti.*

Rato, ag. confermato - *potvèrdjen, odobren.*

Ratto, st. V. Rapina; p. rapimento - *otmica;* p. grosso topo - *hèrt;* ag. p. veloce - *hitar, bèrzan, bèrzovit;* p. rapito - *otmen, pograbljen;* av. p. velocemente - *hitro, bèrzo;* p. subitamente - *odmah, namah, dilj, udilj, bezodvlačno.*

Rattristare, va. - *ožalostiti,*

ožalostiviti, ožaliti, razžaliti; np. postati žalostan, razžaliti se, ožalostiti se.

Ravanello - rokvica, rotkva, andèrkva.

Ravvedersi - osvěstiti se, doći u sebi, spoznati svoju krivnju, poboljšati se.

Ravvisare - poznati, pripoznati, spoznati, poznati na obraz v. na lice; p. avvertire - opaziti. V. Immaginarsi.

Ravvivare V. Avvivare.

Ravolgere, va. omotati, smotati, samotati - obaviti, opasati; np. p. aggirarsi - ići na okolo, klatiti se, skitati se, svèrtati se; p. avvolgersi intorno. V. Raggirarsi.

Raziocinio V. Criterio.

Razione V. Porzione.

Razza. V. Generazione; p. razza di cavalli ecc. - skot, skotina; p. pesce razza - kamenica; p. raggio della ruota - križ.

Razzo, di luce - zrak, di ruota V. Razza; p. sorta di fuoco artific. roket,

roketa.

Razzolare, vn. - prećati, izprećati, čepèrljati, izčepèrljati; va. p. cercare con curiosità - čepèrljati, preiskati, iztražiti, preobraćati. V. Indagare.

Re - kralj.

Reagire - uzdělati, uzdělavati.

Reale, ag. di re - kraljev, kraljevski; reale maestà - kraljevsko veličanstvo; p. schietto, verace - prav, pravedan, izkren; p. che riguarda cose, e beni - stvaran, - diritto reale - stvarno pravo; scuola reale realka, realna učiona; st. p. moneta spagn. - real.

Realità, esistenza vera di checchessia - bitnost, obstojanost; sl. p. bene stabile - stvarnost; inscrizione delle realità fondali - upisanje stvarnostih gruntovničkih; p. grado di re - kraljestvo.

Realizzare. V. Eseguire. Effettuare.

Realmente - do istine, za ista,

za isto, zbilja, za sprave, upravo.

Realtà. V. Realità.

Reame. V. Regno.

Reato, colpa - *krivnja, krivda, krivica, krivina*; p. fallo - *zločin, zabluda, zahod, grěh.*

Reaziouario, st. - *uzdělanik, reakcionar*; ag. *uzdělatan, reakcionaran.*

Reazione - *prevlada, uzdělovanje, reakcia.*

Recedere - *odstupiti, odustati.*

Recedimento – *odstupljenje, odustanje.*

Recente. V. Nuovo.

Recentemente - *od mala, oď malo vrěmena, iz nova, u najnovije doba.*

Recepisse - *primka, predatnica, uručnica*; recep. di ritorno – *povratnica.*

Recidere, tagliare - *presěći*; p. togliere, levare – *ukinuti, prekinuti, dignuti, dići.*

Recinto - *zatvor, ograda.*

Recipiente, st. - *sud, posuda,* okrut, recipienti - *posudje,*

okruti; ag. p. che riceve - *primajući.*

Reciprocamente - *uzajamno, uzajemno, zaměniteljno, medjusobno.*

Reciprocità, reciprocanza - *uzajamnost, uzajemnost, zaměnitost*; norma di recip. - *načelo zaměnitosti.*

Reciproco - *uzajaman, uzajeman, zaměniteljan, medjusoban*; fede recip. - *uzajemno pověrenje*, recip. cointelligenza - *medjusobno sporazumljenje.*

Recisione - *presěk, presěčenje.*

Reclamare, protestare altam. - *svetčano prosvědati, ograditi se*; p. richiamarsi - *prizvati se, pozvati se.* V. Rivendicare. Querelarsi.

Reclamazione, il protestare - *prosvědanje, ogradjenje.* V. Reclamo. Querela.

Reclamo, sl. - *priziv, prizivnica, pozov, pozovka, pozovnica.* V. Rivendicazione.

Reclusione. V. Prigionìa.

Recluta, arrolam. di soldati - *novačenje, unovačenje*; p.

soldato arrolato - *novak*.

Reclutamento - *novačenje, u-novačenje, kupljenje* v. *pobiranje novakah*.

Reclutare - *unovačiti, kupiti (spravljati, pobirati) novake*.

Recognizione - *pripoznanje, izpoznanje*. V. Ricompensa.

Recriminare - *protuokriviti*.

Recriminazione - *opetovano nastavljenje iztrage;* p. accusa dell' accusato contro l' accusatore - *protuokrivljenje*.

Redattore - *urednik, učrednik;* red. responsabile - *odgovorni urednik*.

Reddito. V. Rendita.

Redento, ag. - *odkupljen, izbavljen, oslobodjen*.

Redentore – *odkupitelj, odkupioc, izbavitelj*.

Redenzione - *odkup, odkupljenje, izbavljenje, oslobodjenje*.

Redigere. V. Compilare.

Redimere, riscattare - *odkupiti, izbaviti;* p. liberare - *osloboditi*.

Referato - *izvěstilo, referada*.

Referendario - *izvěstitelj, izvěstnik*. V. Spia.

Referente. V. Referendario.

Refettorio - *blagovalište, obědvalište*.

Regalare - *darovati, darivati, pokloniti, prikazati (komu što), nadariti (koga čim)*.

Regalia - *kraljevnina, kraljevnica, kraljevno* v. *kraljevsko pravo*.

Regalmente - *kraljevski, veličanstveno*.

Regalo – *dar, poklon, prikaz, uzdarje*.

Reggente, ag. che regge - *vladajući;* st. chi fa le veci del re - *naměstni vladar;* p. direttore - *ravnatelj*.

Reggenza, st. *vlada - vladanje - vladarstvo;* reg. banale - *banska vlada*.

Reggere, sostenere - *děržati, uzděržati;* p. resistere alla forza - *obdurati, boriti se, odolěti sili;* p. governare - *vladati, upravljati, ravnati, kormiliti, kormilovati, kormilašiti*. V. Soffrire. Sostentare.

Reggia, e regia - *kraljevski dvor, kraljevski dom.*

Reggimento, governo - *uprava, vlada, upravljanje, vladanje;* p. corpo di soldati - *pukovnija;* di reggimento - *pukovnijski, pukovnički;* reg. di cavalleria - *pukovnija konjanikah.* V. Sostegno.

Regia - *uprava, upraviteljstvo.*

Regicidio - *kraljoubojstvo.*

Regina - *kraljica.*

Regio - *kraljevski, kraljevni.*

Regione. V. Paese.

Registrante, st. - *upisivaoc, registrant.*

Registrare - *upisivati, upisavati, registrirati.*

Registratura (uffizio) - *upisara, upisarnica, registratura.* V. Registrazione.

Registrazione, il registrare - *upisanje, upisivanje, upisavanje, upisarenje, registriranje.*

Registro, libro in cui sono annotati gli atti pubblici - *upisnik, upisovnica, registar;* p. ordini delle can-

ne o corde negli strumenti musicali - *glasbomĕna;* p. registro degli oriuoli - *vrĕmenovladčić, vrĕmenik.* V. Quota.

Regnante, ag. - *vladajući;* st. p. monarca - *vladar, vladaoc, kralj.*

Regnare - *kraljevati;* regnando - *kraljujući.*

Regno - *kraljestvo, kraljevina;* p. corona - *krunovina;* p. Stato - *dèržava;* lo stema del regno - *kraljevski gèrb.*

Regola, norma - *pravilo, pravilnik, red, načelo;* p. regola fratesca - *zakon fratarski.*

Regolamento, ordinamento fatto con regola - *uredjenje;* p. ordini e leggi che si prescrivono - *propis, zakon;* regol. di procedura civile - *gradjanski postupnik.*

Regolare, va. dar regola d'operare - *rediti, urediti, upraviti, upravljati ravnati, vladati;* ag. di regola - *redovit, pravilan;*

33

p. composto degli ordini religiosi - *redovnički.* V. Clero.

Regolarità - *pravilnost, pravilnoća, urednost, točnost.*

Regolarmente, secondo la regola - *pravilno, uredno, redovito, točno;* p. per l'ordinario - *navadno, polag navade* v. *običaja, obično, u načelu.*

Regolato - *uredan, pravilan, redovit.*

Regresso, ritorno indietro - *povratak, odvratak;* p. contrario di progresso - *nazadak, nazadba;* p. facoltà di rivalersi contro altrui di checchessia - *zavrata;* diritto di reg. - *pravo zavrate.*

Reità - *krivica, krivnja, krivina, krivda;* correità - *sukrivica, sukrivnja* ecc.

Reiterare - *ponoviti, ponavljati, opetovati, opetovano učiniti.*

Rejezione - *odbacenje, zabacenje, odbijenje, odvèrženje.*

Rejudicata - *pravomoćnost, pravomoćna stvar.*

Relativamente - *odnosno, dotično, u pogledu, glede, što se tiče (česa).*

Relativo, ag. - *odnosan, dotičan.*

Relatore - *izvěstitelj, izvěstnik.*

Relazionare. V. Riferire.

Relazione, narrazione - *povědanje, pripovědanje, pravljenje, kazanje, kazivanje, prikazivanje, izvěštjenje;* p. convenienza di più cose fra loro - *odnošaj, odnošenje, razměrje, razměr.*

Relegare V. Esiliare ecc.

Religione, culto alla divinità - *bogoštovje, věra, věroizpověd, věroizpovědanje;* relig. cattolica - *katoličansko věroizpovědanje;* p. scienza dei doveri ecc. verso Dio - *věrozakon, věronauk.* V. Fede.

Religiosamente, con religione - *bogoštovno, pobožno, bogomoljno;* p. con esattezza scrupolosa - *věrno blagověrno.*

Religioso, st. - *redovnik, svetjenik;* ag. che ha religione - *pobožan, bogo-moljan, bogobojan, bogo-ljuban, bogodušan, blago-věran, věran.*

Reliquia, avanzo - *ostanak, ostatak ;* p. reliq. d'un san-to - *moći.*

Reluizione - *odkupljenje.*

Remare - *voziti ;* p. notare *plivati, ploviti.*

Remata - *zavozenje ;* dare una remata - *zavoziti.*

Rematore - *vozač.*

Reminiscenza - *spomen, spo-mena.*

Remissione - *odpušćenje, oproštenje.*

Remo - *veslo;* a remi - *na vesla.*

Remoto - *dalek, odaljen.*

Rendere, restituire - *vra-titi, vratjati, povratiti, odvratiti, věrnuti, pověr-nuti ;* p. fruttare - *hita-ti, bacati, plaćati, uplo-diti, uroditi,* rend. i con-ti - *položiti (polagati) ra-čune.*

Rendimento V. Resa.

Rendita - *prihod, dohod, do-hodak, prihodak.*

Renitente, st. - *tvěrdokorac, tvěrdoumnik, opornik, u-pornik ;* ag. *tvěrdokoran, tvěrdouman, oporan, upo-ran.*

Renitenza - *opor, opornost, upor tvěrdokornost, tvěrdo-umnost, protivljenje.*

Reo, st. - *krivac;* ag. *kriv, krivičan;* correo - *sukri-vac, sukrivičan ;* reo del crimine di furto - *kriv zločina kradnje,* farsi reo - *krivim se učiniti.*

Repellere - *odbaciti, odbiti, odvěrći.*

Repentemente - *naglo, izne-nada, nenadno.*

Repentino - *nagal, nenadan.*

Reperibile - *najdiv, pronaj-div.*

Reperire - *naći, pronaći.*

Repertorio - *našastnik, po-tražnik, kazalo.*

Replica sl. - *opetka, protu-odgovor,* (s. com.) *o-petka, ponova, ponovlje-nje;* avversaria rep. - *pro-tivna opetka.*

Replicare - *opetovati, opet-kovati, protuodgovoriti* (s.

com.) *opetovati, ponoviti, ponavljati, opetovan*) *uči-niti.*

Replicatamente - *opetovano, opetno, iznova.*

Reprensibile - *ukoriv.*

Reprimere - *uzdèržati, pri-dèržati, uzpregnuti, uzpre-ći, potisnuti, pritisnuti.*

Reprobo, maligno - *zloban, zloćudan, opak;* p. dan-nato - *odsudjen* v. *osudjen na* v. *u muke paklene, osudjen za uvěke.*

Repubblica - *skupovlada, skupovladarstvo, skupo-vladanje, skupnovladanje.*

Repubblicano, ag. - *skupo-vladan, skupnovladan;* st. *skupovladac, skupnovla-dac.*

Reputare, tener in conto - *cěniti, procěniti, štovati, poštovati, častiti;* p. es-sere d' opinione - *mněti, scěniti, mislěti;* p. stimar-si - *mislěti, suditi, dèr-žati, dèržati se;* io mi reputo un uomo - *ja dèr-žim sebe za čověka.*

Requie - *pokoj, mir.*

Requirire - *zaiskati, zamo-liti, potražiti, pozvati.*

Requirito, ag. - *zaiskan, za-moljen, potražen, pozvan;* autorità requirita - *zai-skana oblast.*

Requisito, st. - *potrěbština, potrěboća, potrěbnost;* re-quisiti di cancelleria - *pi-sarničke potrěbština.* V. Requirito.

Requisitoria - *zamolnica, za-iskanica, pozivnica, dopis;* requis. d' arresto - *těra-lica.*

Requisizione - *potražba, po-traženje, iskanje, zaiska-nje, zamoljenje, pozvanje.*

Resa, dedizione - *podanje, podajenje;* riterib. a conti - *položenje, polaganje;* resa di conti - *položenje računah.*

Rescissione, tagliamento - *presěčenje, odkrojenje;* p. annullazione - *uništenje.*

Rescritto - *odpis.*

Rescrivere - *odpisati.* V. Co-piare.

Residente - *pribivajući, sta-nujući.*

Residenza (città capit.) - *glavni* v. *stolni grad*. V. Dimora.

Residuo - *ostanak, ostatak, zaostatak*.

Resina - *smol, ražina*.

Resistenza. V. Ostacolo.

Resistere - *obdurati, odolěti, opirati se, oprěti se, upirati se, uprěti se, protiviti se, protivljati se*.

Respiciente st. - *nadglednik*.

Respingere - *odbaciti, zabaciti, odbiti, uzbiti, odrinuti, odhititi, odvěrći, odgoniti;* p. spingere - *rinuti, rivati;* respingere l' assalto - *odbiti nasèrt, odjurišiti*.

Respirare - *dihati, disati, odihati, odisati, odahnuti, odihivati, pěhati*.

Respirazione - *dihanje, disanje, odihanje, odisanje, odihivanje, odahnenje, pěhanje*.

Respiro - *dih, dah, odihaj, odiha, odah, puh, pěh*.

Responsabile - *odgovoran;* corresponsabile - *suodgovoran*.

Responsabilità - *odgovornost,* corresponsabilità - *suodgovornost;* sotto resp. personale - *pod osobnu odgovornost*.

Responsiva - *odgovor, odgovarajući list*.

Restanza. V. Resto.

Restare, avanzare - *ostati, ostajati, izostati, ostanuti, zaostanuti;* p. cessare - *prestati*. V. Fermarsi.

Restaurare - *popraviti, poizpraviti, načiniti, prenačiniti*. V. Supplire. Ammendare.

Restauro. V. Ristoro.

Restituire - *vratiti, vraćati, povratiti, odvratiti, uzvratiti, věrnuti*.

Restituzione - *povrata, povratak, věrnutje, povratjenje;* rest. in intero - *povrata, u pèrvašnjem stanju*.

Resto - *ostanak, ostatak;* del resto - *u ostalom, vendar*.

Restringere - *stisnuti, stiskati, skratiti, speti;* restr. nei limiti - *ograničiti*.

Restrizione - *ograničenje, stega.*

Retaggio - *baština, ostavština.*

Rete, strum. da pigliar pesci - *mrěža.* V. Insidia.

Retenzione - *pridèržanje.*

Reticenza - *zamučanje, zamučenost.*

Retribuire - *naknaditi, nagraditi, naplatiti.*

Retribuzione. V. Ricompensa.

Retro - *zad, zada, natrag.*

Retroattivo - *natražan, natražki;* legge retr. - *natražki zakon.*

Retrocedere, vn. tornare indietro - *vratiti se, povratiti se;* va. p. cedere altrui quello che ci aveva ceduto - *vratiti, povratiti, vèrnuti, ustupiti.*

Rettamente, per linea retta - *ravno;* p. con ordine - *uredno, redovito;* p. giustamente - *pravedno.*

Rettifica. V. Rettificazione.

Rettificare - *izpraviti, popraviti, ponapraviti, poboljšati, prenačiniti, izrav-*

nati, *poravnati;* sl. *potvèrditi.*

Rettificazione - *poprava, popravak, izpravak, poboljšanje, prenačimba, izravnanje, poravnanje,* sl. *potvèrda, potvèrdjenje.*

Rettitudine - *pravednost;* p. dirittura di linea - *ravnost, ravnoća.*

Rettore - *ravnatelj.*

Rettorica - *krasnoslovje.*

Rettorico st. - *krasnoslovac;* ag. *krasnoslovan.*

Reuma - *nahlad, nahlada, namor.*

Reumatico - *nahladan, namoran.*

Reumatismo. V. Reuma.

Reverendo - *poštovan, poštujen;* molto rever. - *mnogopoštovan, velepoštovan.*

Reversale - *uzpisje, protupis, odměna, odměnka.*

Revidente. V. Revisore.

Revisionale - *previdan;* atto rev. - *previdni spis,* ricorso revis. - *previdni utok,* gravame revis. *previdna tegoba,* risposta revis. - *previdni odgovor.*

Revisione tl. - *previd;* e-straordinaria revis. *izvan-redni previd,* giudizio supremo di revis. - *věrhovni previdni sud;* p. disamina - *pregledba, pregledanje, razvidjenje.*

Revisore - *preglednik, pregledatelj;* revis. dei morti - *mèrtvar.*

Revoca - *opozvanje.*

Revolver - *revolver, okritaš.*

Rezza - *mrěža.*

Rezzo, ombra - *hlad.* V. Freddo. Bujo.

Rialzare - *podignuti nanovo* v. *iznova.*

Riassumere - *ponoviti;* riass. il processo - *iztražiti iz nova, ponoviti (probuditi, izbuditi) iztragu.*

Riassunzione - *ponova, ponovljenje, novo izvidjenje (iztraženje ecc.)*

Ribalderìa. V. Scelleratez-za ecc.

Ribaltare - *prevèrnuti, prevaliti, prevaljati, prevèrći, prekopititi, prekobaciti.*

Ribalzare - *odskočiti, odska-kati, odskakivati, poska-kati, poskakivati.*

Ribalzo, il ribalzare - *od-skočenje, odskakanje, od-skakivanje, odskačenje.* V. Riflessione.

Ribassare. V. Diminuire.

Ribasso - *popust, sputak;* rib. del prezzo - *popust cěne.*

Ribattezzare - *prekèrstiti, kèrstiti iznova.*

Ribeba, antica chitarra a tre corde - *gingara.*

Ribellare, va. - *buniti, uz-buniti;* vn. *uzbuniti se, odmetnuti se.*

Ribelle - *odmetnik, buntovnik.*

Ribellione - *odmetničtvo, od-metnutje, buna, uzbuna.*

Ricamare - *vesti, cifrati* v. *nacifrati iglom.*

Ricambio - *odměna, odplata, odplatilo.*

Ricamo - *vez, vezenje, ci-franje;* ric. a varj colori - *šarilo.*

Ricapitolare - *uzglaviti, slo-žiti* v. *ponoviti u kratko (na kratko).*

Ricapitolazione - *uglavak,*

zaglavak, zaglavljenje, o-petovanje, skup, složba.

Ricavato - *izvadak* (di cosa venduta come sopra, e) *dobitak.*

Ricavo, rendita - *izvadak, dohodak, dobitak, probitak.*

Riccamente - *bogato, bogatski, blagovito.*

Ricchezza - *bogastvo, bogatstvo, bogatia, blago, imanje blagovitost.*

Ricciuto - *rud, rudan, rudast, kokorav, kudrav.*

Ricco - *bogat, bogatan, moguć, mogućan, blagovit.*

Riccone - *bogataš.*

Ricercare - *tražiti* v. *iskati nanovo, tražiti, potražiti, iskati, iziskati, iziskivati.* V. Investigare.

Ricetta - *prepiska;* ric. medica - *lěčnička prepiska.*

Ricevere - *primiti, primati, priimati, prijeti, uzeti, uzimati, uzimljati, vazimati.*

Ricevimento, il ricevere - *primljenje, primanje, priimanje, prietje, uzetje, uzimanje, vazimanje;* p. ac-

coglienza - *prijetak, prijetje.*

Ricevitore - *prijetnik, primaoc, primalac, primitelj;* ricevitore steurale - *poreznik.*

Ricevitoria. V. Esattoria.

Ricevuta - *prijetnica, primka, uručnica;* p. quitanza - *namira.*

Richiamare, chiamar di nuovo - *zvati* v. *pozvati nanovo* v. *iznova;* p. rivocare - *opozvati, opozivati.*

Richiedere, chiedere di nuovo - *pitati iznova* v. *nanovo;* p. chiedere - *pitati, iskati, zaiskati, tražiti, potražiti, zahtěvati, moliti, umoliti, prositi.*

Richiesto - *pitan, iskan, zaiskan, tražen, potražen, zahtěvan, moljen, umoljen.*

Richiesta, domanda fatta con premura - *potražba, potraženje, zaiskanje, zahtěv.*

Ricognizione, il riconoscere - *priznanje, pripoznanje, spoznanje, izpoznanje.* V. Tributo. Censo. Ricompensa. Disamina.

Ricominciare - *početi iznova* v. *nanovo*.

Ricomparire - *kazati se, prikazati se* ecc. (V. Comparire) *iznova* v. *nanovo*.

Ricompensa - *nagrada, nadarenje, naplatjenje*. V. Mercede.

Ricompensare - *nadariti, nagraditi, naplatiti*.

Ricompera, il comprare di nuovo - *nazadna kupnja;* p. riscatto - *odkup, odkupa, odkupljenje*.

Ricomperare, comperare di nuovo - *prekupiti, kupiti iznova*, met. *odkupiti*. V. Redimere.

Riconciliare. V. Pacificare.

Riconoscente. V. Grato ecc.

Riconoscere, ravvisare - *poznati, pripoznati;* p. arrivare a conoscere - *pripoznati, priznati, spoznati, izpoznati;* p. mostrarsi grato - *spoznati (koga)*. V. Distinguere. Riguardare. Esaminare.

Riconoscimento, il riconoscere - *poznanje, pripoznanje, priznanje, spozna-*

nje, izpoznanje. V. Pentimento. Ricompensa. Contraccambio.

Riconqnistare - *osvojiti* v. *posvojiti nanovo* v. *iznova*.

Ricopiare - *prepisati nanovo* v. *iznova*.

Ricoprire - *pokriti nanovo* v. *iznova*. V. Coprire. Occultare.

Ricordanza - *spomena, uspomena*.

Ricordare, va. ridurre a memoria - *spomenuti, sětiti, dosětiti, domislěti;* p. far menzione - *pomenuti, spomenuti, napomenuti, uspomenuti;* p. avvertire - *opomenuti;* np. ricordarsi - *domislěti se, spomenuti se, spominjati se, sětiti se, sěćati se, pametiti, pamtiti*.

Ricordo, il ricordarsi - *spominjanje, sěćanje, sěćenje, pamtenje, pantenje;* p. avvertimento - *opomena, napomena*. V. Ricordanza.

Ricorrente, st. tl. - *utočnik, utočitelj;* ag. p. che di quando in quando ritorna - *prihodeći, dohodeći*.

Ricorrere, vn. (contro un decreto) – *uteći se, uložiti (podněti, predati) utok;* ricor. al foro superiore - *uteći se višjoj oblasti.* V. Correre.

Ricorso, tl. - *utok;* temerario ricorso - *oběstni utok* v. *utok iz oběsti;* il ricorrere - *utečenje, uloženje (podnesenje, predanje) utoka.* V. Interporre.

Ricostruire - *pregraditi, graditi (zagraditi, zidati, zazidati) nanovo* v. *iznova.*

Ricucire - *prešiti, šiti nanovo* v. *iznova.*

Ricusa, rifiuto - *uzkrata, uzkratjenje, nehtěnje, odricaj, odricanje, odrinba, odklon.* V. Eccepimento.

Ricusare - *kratiti, uzkratiti, uzkratjivati, nehtěti, ustručati se, ustručavati se, odkloniti.* V. Rifiutare.

Ridere, vn. - *smijati se, smějati se, nasmijati se, posmijati se, posměhavati se;* va. p. schernire - *porugati, posměhavati (koga), rugati se, narugati se (komu);* il ridere - *smijanje, nasmijanje, posmijanje, posměhavanje.*

Ridestare - *probuditi, zbuditi, izbuditi,* met. *oživěti.*

Ridicolo - *směšan.*

Ridicolosamente - *směšno.*

Ridonare - *pridarovati, darovati iznova* v. *nanovo.*

Ridondare, abbondare - *obilovati;* p. venire di conseguenza - *izhoditi, izhadjati, dolaziti, izvirati.*

Riedificare. V. Ricostruire.

Rieleggere - *izabrati (odabrati, imenovati, naimenovati) nanovo* v. *iznova.*

Riempire - *napuniti nanovo (iznova, opet, sopet), napuniti, napunjivati.*

Rifabbricare. V. Ricostruire.

Rifacimento - *naknada, odšteta.* V. Indennizzo.

Rifare, fare di nuovo - *pričiniti, prenačiniti, preraditi, predělati, pretvoriti, ponoviti;* rifarsi p. ripigliar forze - *pomoći se, objačiti se;* p. risanarsi - *ozdraviti.* V. Rimettere. Abbellire. Ricostruire.

Riferibile - *odnosan, odnosiv.*

Riferimento - *odnošaj, odnošenje.*

Riferire, rapportare altrui - *izvěstiti, ubavěstiti, javiti, prijaviti, povědati, pripovědati, praviti, kazati, kazivati, prikazati, prikazivati;* p. ferire nuovam. - *raniti iznova;* p. rapportarsi - *pozvati se, odnositi se, odnašati se (na što), ticati se (česa) , zasěcati (u što).* V. Giuramento.

Riferta. V. Rapporto.

Rifiutare, rigettare con isdegno - *odrinuti, odhititi, odbaciti, odvěrći;* p. non accettare - *neprimiti, neprijeti, neprihvatiti;* p. non curare - *nehajati, nemariti.* V. Rinunziare. Ricusare.

Rifiuto - *uzkrata, uzkratjenje, zanekanje.*

Riflessione, rimbalzo d' un corpo - *odbijenje, odskakanje, odsivanje;* p. considerazione - *razmišljanje, promišljanje, razmatranje.* V. Riflettere.

Riflettere, rimbalzare - *od-bijati, odskakati;* p. ripercuotere dei raggi - *odsěvati;* p. considerare dilig.- *razmišljati, promišljati, promotriti, promatrati, razmatrati, svěrnuti okom (na što).*

Riflusso. V. Flusso.

Riforma - *preinaka, preinačenje, preobraženje, preokrenjenje, prenačinba.*

Riformare - *preinačiti, preinačivati, preobražiti, preokreniti, preokrenuti, prenačiniti;* riform. la sentenza - *preinačiti presudu.*

Riformatore - *preinačilac.*

Rifuggirsi, ricorrere per trovar salvezza - *uteći, sahraniti se, okriliti se, uzaštititi se, metnuti se* v. *staviti se pod obranu (zaštitu).*

Rifugiare. V. Rifuggirsi.

Rifugio - *utečište, utočište, utěha, utěh.* V. Protezione.

Rifulgere. V. Risplendere.

Riga, strumento per rigare - *redalica;* p. ciascuna di quelle liste e striscie che veggonsi sulle pietre, panni ecc. - *brazd.* V. Linea.

Rigare, bagnare - *močiti, namočiti, pomočiti, škropiti, poškropiti;* p. tirar linee - *redati, redaličati;* p. scannellare - *dubkati, brazdati, nabrazdati.* V. Lineare.

Rigattiere, rivenditore di masserizie usate - *starežar, staretinar,* di vestimenta usate (come sopra, e) - *kèrpar.*

Rigenerare - *preroditi, preradjati, priporoditi,* met. *preoživěti.*

Rigenerazione - *prerodjenje, preradjanje, priporodjenje, preoživenje.*

Rigentilire - *oplemeniti.*

Rigettare, parlandosi di metalli - *prelěti, pretopiti, preraztopiti, pretaliti, preraztaliti;* p. vomitare - *metati, pometati se, rigati.* V. Respingere.

Rigidamente - *kruto, oštro, okorno.* V. Esattamente.

Rigidezza - *krutost, oštroća, okornost.*

Rigogliosamente - *oholo, uz-*

nosno, *uznošljivo, ponosito, ponosno.*

Rigoglioso - *ohol, uznosan, uznošljiv, ponosit, ponosan.*

Rigore, severità - *strogost, oštrina, oštroća, osornost;* p. durezza - *tvèrdoća, krutost.*

Rigorosamente - *strogo, oštro, osorno, kruto, tvèrdo.* V. Rigore.

Rigoroso - *strog, oštar, osoran, krut, tvèrd.*

Riguardare, guardar di nuovo - *pregledati,* p. guardare sempl. - *gledati, pogledati;* p. guardare attentamente - *motriti, matrati, paziti;* p. aver la mira o riguardo - *smatrati, imati obzir, u obzir uzeti;* p. aver o portare rispetto - *počitati, štovati, poštovati, častiti.*

Riguardo, il riguardare - *gledanje, pogledanje, pregledanje, pazenje, motrenje, matranje, smatranje, počitanje, štovanje, štujenje, poštovanje, čaštjenje;* p. rispetto, circospezione -

obzir; senza riguardo - bez obzira, prep. p. rispetto - *glede, gledeć, u pogledu, u obziru, vèrhu, svèrhu, što se tiče* (gen.) riguardo alla cosa - *glede v. u pogledu stvari, gledeć na stvar.*

Rilasciare, rimettere - *pustiti, odpustiti.* V. Assolvere. Cedere.

Rilascio - *popust, popušćanje, odpušćanje.* V. Cessione.

Rilassamento, riposo - *mir, pokoj;* riferib. a costumi - *razpuštenost, zapušćenost, zapušćenje.*

Rilassare, va. dissolvere le forze - *oslabiti;* p. liberare - *osloboditi, izbaviti;* np. p. rattepidirsi nel fervore - *zapušćati se, zapustiti se.*

Rilevante, importante - *znatan, važan.*

Rilucere. V. Risplendere.

Rimandare - *vratiti, odvratiti, vèrnuti, povèrnuti, odposlati;* p. mandar via - *odpraviti, poslati ća.* V.

Rinvio.

Rimanente, ag. - *ostal, ostan, zaostal, zaostan, preostatan;* st. p. avanzo - *ostanak, ostatak, zaostatak, preostatak, preostanak;* del rimanente - *u ostalom, inače, al, ali, jali.*

Rimanenza. V. Rimanente.

Rimanere, restare - *ostati, zaostati, preostati;* p. stare - *stati, stojati;* p. cessare - *prestati, obustati;* p. mancare - *manjkati, faliti, izbivati, nebiti, biti odsutan, zaostati.* V. Astenersi.

Rimasuglio - *ostanak.*

Rimbalzo - *odboj, odbitak, odskok, odskočenje, odskakanje.*

Rimbombare - *gruvati, odgruvati, mukati, odgovarati, jekati.*

Rimbombo - *gruvanje, odgruvanje, mukanje, odgovaranje, jek, jekanje;* rimbombo dei cannoni - *gruvanje topovah.*

Rimediabile - *doskočiv*, met. *izlĕčiv.*

Rimediare, porre rimedio -

doskočiti, providěti, pružiti (donesti, pridoněti) lěk
v. pomoć. V. Riparare.

Rimedio, riparo - pomoć, met.
lěk; p. espediente, mezzo
- srědstvo, način, pomoć;
non avvi più rimedio -
nema više pomoći v. lěka;
rim. legale - zakonito v.
pravno srědstvo; p. medi-
cina - lěk, lěkaria.

Rimessa, stanza ove ripo-
nesi carrozza ecc. - ko-
čiarnica, kočiaonica; p. rimessa di denari - novčani
poslatak (odpravak, do-
stavak).

Rimettere, mettere di nuovo
staviti (postaviti, metnuti)
nanovo v. iznova, položiti
na svoje město; p. per-
donare - odpustiti, odpu-
šćati, prostiti, oprostiti; p.
porre in altrui arbitrio -
postaviti stvar u čije ruke;
p. rimettersi in alcuno -
spustiti se na koga; p.
rapportarsi - pozvati se,
pozivati se, odnositi se, odnašati se; rimettersi in
salute - ozdraviti; p. in-

viare - upustiti, odpra-
viti, odpravljati. V. Re-
stituire.

Rimorchiare (un naviglio) -
vući v. potezati (brod za
sobom).

Rimorchio - vučenje v. potezanje (broda).

Rimorso, st. - grizenje, grizica, griznica.

Rimosso, ag. da rimuovere
- odstranjen, odaljen, udaljen, odalečen.

Rimostranza - predstavka,
pritužba.

Rimostrare - predstaviti,
predstavljati, pritužiti se.

Rimoto - dalek.

Rimpatriare - vratiti se v.
povratiti se u domovinu.

Rimpetto. V. Dirimpetto.

Rimpiazzare - naměstiti, ponaměstiti.

Rimpiazzo - naměštjenje, ponaměštjenje.

Rimpiccolire, va. - umaliti,
umaljiti; np. umaliti se,
umaljiti se, postati mal.

Rimpoverire - preubožiti o-
pet (sopet iznova).

Rimproverare, ricordare al-

trui i benefizj fatti - *prad-*
bacati, prebaciti, predba-
civati (komu štogod); p.
riprendere aspram. - *ko-*
riti, ukoriti, karati, poka-
rati, met. *oprati, okefati,*
osnažiti (koga).

Rimprovero - *ukor, ukore-*
nje, karanje, pokaranje,
(met.) *opranje, okefanje,*
osnaženje.

Rimunerare, dar ricompensa
- *nagraditi, nadariti, na-*
platiti. V. **Risarcire.**

Rimunerato - *nagradjen, na-*
daren, naplatjen.

Rimunerazione - *nagrada,*
nadarenje, naplatjenje.

Rimuovere - *odstraniti, oda-*
lečiti, odaljiti.

Rimuovimento - *odstranjenje,*
odalečenje, odaljenje.

Rimurchiare. V. **Rimorchia-**
re ecc.

Rinascere - *preroditi se, pre-*
radjati se, priporoditi se,
preoživěti, preoživěti se.

Rinascimento - *prerodjenje,*
preradjanje, priporodjenje,
preož venje.

Rinascita - *prerod , prero-*

djenje, preporodjenje.

Rincalzare, mettere attorno
a pianticelle ecc. della
terra per fortificarle - *ko-*
tliti, okotliti, obkopati, ob-
kopivati. V. **Sollecitare.**
Avvalorare.

Rinchiudere - *zaprěti (za-*
tvoriti, zaklopiti) nanovo
v. *iznova.* V. **Chiudere.**

Rincorare. V. **Incoraggiare.**

Rinfacciamento - *predbaca-*
nje, prebacenje, predbaci-
vanje.

Rinfacciare - *predbacati, pre-*
baciti, predbacivati, kaza-
ti u zubi v. oči.

Rinforzare, va. - *objačiti, u-*
jačiti, okrěpiti, pokrěpiti,
usnažiti, ohrabriti, uhra-
briti, uhrabreniti; vn. e
np. - *objačiti se, ujačiti*
se, okrěpiti se ecc.

Rinforzo (di cavalli) - *pred-*
prega, priprega; p. ac-
cresc. di forza ecc. - *obja-*
čenje, okrěpljenje.

Ringraziamento - *hvala, za-*
hvala, zahvaljenje.

Ringraziare - *zahvaliti, za-*
hvaljivati, hvaliti, hvale-

dati, hvaledavati, hvale uz-davati (komu).

Rinnegamento - *odmetnutje, věrolomnost, věrolomstvo, zatajenje věre.*

Rinnegare - *odmetnuti se, vě-rolomiti, věrom zatajiti.*

Rinnegato, st. - *odmetnik, odpadnik, věrolomnik.* V. Apostata; ag. *odmetnut, odpadnut.*

Rinnovare - *ponoviti, obno-viti, ponavljati, obnavljati, učiniti nanovo* v. *iznova.*

Rinovazione - *ponovljenje, ob-novljenje, ponavljanje, ob-navljanje.*

Rinoceronte - *nosorog.*

Rinomanza - *glasovitost, sla-va, čast, dobar glas, do-bro ime.*

Rinomato - *glasovit, slavan, častan, na glasu;* persona rinom. - *glasovita osoba.*

Rintoccare - *klencati, kljen-cati, klesati, zaklencati* ecc.

Rintocco - *klencanje, kljen-canje, klecanje, zaklenca-nje* ecc.

Rintracciamento – *traženje, potraženje, iztraženje, is-*kanje, *iskanje* v. *traženje po sledu.*

Rintracciare - *tražiti, potra-žiti, iztražiti, iskati, iskati* v. *tražiti po slědu.*

Rintrecciare - *preplesti.*

Rinunzia - *odreka, odrečenje, odricanje, odpověda, od-povědanje, ostavka;* ri-nunzia di diritto - *odre-čenje prava.*

Rinunziare - *odreći se, odri-cati se, odkazati, odkazi-vati, odpovědati,* met. *o-staviti, zahvaliti se;* rinun-ziare alla pretesa - *odre-ći se tražbe,* - al servizio - *odreći se službe* v. *podati (položiti) ostavku.* V. Ce-dere.

Rinvenire, va. ritrovare - *naći, pronaći, iznaći, nala-ziti;* vn. p. ricuperare gli spiriti - *doći u sebi, oži-věti, oživěti se, preoživěti se, preroditi se, preporo-diti se.* V. **Rammemo-rarsi.**

Rinverdire - *ozeleniti.* V. **Rinnovare.**

Rinviare. V. **Rimandare.**

Rinvigorire, vn. - *ukrěpiti se, objačiti se*, met. *oživěti se, preoživěti se, preroditi se;* va. *ukrěpiti, objačiti* ecc.

Rinvio - *vratjenje, odvratjenje, věrnenje, povèrnenje, odposlanje, odpravljenje, poslanje.*

Rio, rivo - *vodica, potočić, rěčica, vrutak.* V. Reato. Male. Reo. Cattivo. Brutto.

Riordinare - *preurediti, urediti nanovo* v. *iznova.*

Riorganizzare – *preustrojiti.*

Riorganizzazione - *preustrojenje.*

Riparare, va. por riparo - *ograditi, doskočiti, pružiti lěk;* rip. il male - *doskočiti zlu;* p. ristaurare - *popraviti, poizpraviti, ponapraviti, načiniti, prenačiniti;* p. impedire - *preprěčiti, ukloniti;* np. p. ricoverarsi - *uteći se, sahraniti se, sakriti se, staviti se* v. *metnuti se pod obranbu.* V. Rimettere. Rimediare. Difendere. Supplire. Soddisfare.

Riparazione, riparamento, restaurazione - *popravak, napravak, popravljenje, poizpravljenje, ponapravljenje, prenačinjenje;* p. provvedimento – *providjenje;* p. soddisfacimento - *nadomeštaj, nadoměštjenje, naknada, naknadjenje, zadovoljenje.* V. Difesa. Fortificazione. Soddisfazione.

Riparo, rialto di terra per fortificare un luogo - *branište, branilište, obranilište;* p. ricovero - *zaštita, utočište, utečište, obrana, obranba;* p. lavoro con cui si difendono i fiumi e le ripe - *nasip, nahit, obzida* v. *obgrada rěke (mora).* V. Riparazione. Rimedio.

Ripartire - *děliti, razděliti, porazděliti, razkomadati.*

Ripartizione - *dioba, razdělba, razděljenje, porazděljenje, razkomadanje, razrez;* progetto di ripartizione (riparto) - *nacèrt diobe* v. *razdělbe, diobni* v. *razdělbeni nacèrt.*

34

Riparto. V. Ripartizione.

Ripatriare. V. Rimpatriare.

Ripensare - *misléti* v. *promisléti iznova* v. *nanovo*.

Ripetere - *opetovati, obnoviti, ponoviti, učiniti (reći, kazati ecc.) nanovo (iznova, opetovano).*

Ripetizione - *obnova, ponova, obnovljenje, ponovljenje, ponavljanje, opetovanje.*

Ripetutamente - *opet, opetno, opetovano, sopet, sopetno, sopetovano.* V. Nuovamente.

Ripetuto - *opetovan, ponovljen, opetovano učinjen (rečen ecc.)*

Ripido, malagevole a salire - *brěgovit, hridan, uzbèrdan, bočljiv;* malag. a discendere - *hridan, nizbèrdan, nizdolan, ponoran;* luogo ripido - *stèrmina, stèrmenitost.*

Riporre - *staviti* v. *postaviti nanovo* v. *iznova, staviti, postaviti.*

Riportare, va. portar di nuovo al suo luogo - *donesti* *(donĕti, donašati) opet* v. *sopet na svoje město, prenesti, prenašati.* R. Restituire. Allegare. Arrecare.

Riferire; np. p. richiamarsi - *pozvati se, pozivati se.*

Riposare, prender riposo - *počivati, počinuti, odpočinuti, odahnuti, prestati, odmoriti se;* p. giacer morto - *počivati, počivati u miru;* giacer sepolto - *biti zakopan.* V. Dormire.

Riposo, quiete, per cessazione d'affanno - *pokoj, mir;* p. cessazione di fatica - *počinak, počinutje, počivanje, odmor, prestanak, prestanje;* p. sonno - *san, spanje, spavanje;* p. luogo ove alcuno è sepolto - *počivalište, pokojište;* eterno riposo - *pokoj věčnji.*

Ripostiglio - *shrana, shranilište, sahranilište.*

Riprendere, prendere di nuovo - *uzeti opet (sopet, iznova, nanovo);* p. ammonire con biasimo - *koriti,*

ukoriti, karati, pokarati.
V. Incolpare.

Riprensione - *ukor, ukorenje, karanje, pokaranje.*

Ripromettere, va. - *obećati nanovo v. iznova;* np. V. Sperare.

Riprova, controprova - *protudokaz;* p. sperimento. V. Prova.

Ripudiare - *odvèrći, odbaciti, odhititi (što), odreći se (česa).*

Ripudio - *odmet, odvèrženje, odbacenje, odhitjenje, odrečenje.*

Ripulsa - *uzkrata, uzkratjenje, zanekanje.*

Riputazione, stima - *cěna;* p. onore - *čast, čest, poštenje;* p. buona fama - *dobro ime, dobar glas.* V. Parere.

Risanare, va. - *ozdraviti (koga);* vn. *ozdraviti, postignuti (postići, zadobiti) zdravje.*

Risapere - *doznati, saznati, doći do znanja.*

Risarcimento - *naknada, naknadjenje, nadoměštaj, na-* *doměštenje;* risarcimento de' danni - *naknada štetah.*

Risarcire i danni - *naknaditi, nadoměstiti (kvar, štetu).* V. Restaurare.

Risarcito - *naknadjen, nadoměšten.*

Risata - *nasmijanje, nasmijenje.*

Riscaldare, va. — *tepliti, stepliti, potepliti;* np. *tepliti se, stepliti se, potepliti se.*

Riscattare, va. - *odkupiti, izbaviti, osloboditi;* np. *odkupiti se* ecc.

Riscatto, il riscattare - *odkupljenje, izbavljenje, oslobodjenje;* p. somma che si paga per liberare schiavi ecc. - *odkupnina, izbavnina.* V. Vendetta.

Rischiarare, va. e n. - *osvětliti, prosvětliti, razsvětliti, razvedriti, ovedriti.* V. Chiarire; np. *osvětliti se,* ecc. il cielo si è rischiarato - *nebo se je razvedrilo.*

Rischiare - *pokušati, probati, rizikati.*

Rischio. V. Cimento.

Riscossione. V. Esazione.

Riscuotere, va. ricevere il pagamento - *iztěrati, iztěravati, upěneziti, ukesiti;* np. p. tremar per subìta paura - *prestrašiti se, uzděrhnuti se;* p. riaversi - *oživěti se, preoživěti se, odahnuti.* V. Riscattarsi.

Risedere, sedere in luogo onorifico - *stolovati;* p. essere collocato - *biti naměstjen v. nastanjen.*

Risentimento - *razjadjenje, razgnjevljenje, jad, jed.*

Riserva, conservazione - *čuvanje, sačuvanje, pričuvak, pričuvanje, občuvanje, učuvanje;* p. eccezione espressa in un contratto - *priuzděržaj, priuzděržanje, uvět,* p. corpo di riserva - *pričuvna v. pripomoćna vojska.* V. Circospezione.

Risicare. V. Rischiare.

Risipola - *rišipilja, rešipilja.*

Risma - *rižma, pet sto tabakah papira v. harte.*

Riso (d' allegrezza ecc.) - *směh, smějanje;* smascellarsi dalle risa - *pucati*

v. *krepivati od směha.* V. Allegrezza. Gioja; p. riso da mangiare - *oriža, oriz.*

Risolutamente - *odvažno, odlučno, hrabro, hrabreno.*

Risolutezza - *odvažnost, odlučnost, hrabrenost.*

Risoluto - *odvažan, odlučan, hrabar, hrabren.*

Risolvere, va. trarre di dubbio - *odlučiti.* V. Distruggere; vn. p. determinarsi - *odlučiti, nakaniti, namislěti, odvažiti se.*

Risorsa. V. Compenso. Vantaggio. Ajuto.

Risovvenirsi - *spominjati se, sěćati se, domišljati se.*

Risparmiare - *šparati, prišparati, štediti, prištediti, netrošiti, nepotrošiti.*

Risparmio - *šparba, prišparba, šparanje, štednja, prištednost, prištednja;* cassa di risparmio - *štedionica, šparna v. prišparna blagajna.*

Rispedire - *poslati nanovo v. iznova, vratiti.*

Rispettabile - *štovan, štujen, častan, čestit, počitan.*

Rispettare - *štovati, poštova-ti, počitati, častiti, čestiti, počastiti.*

Rispettivamente - *dotično, odnosno, obratno.*

Rispettivo, relativo - *doti-čan, odnosan;* pel rispett. uso - *za dotičnu porabu* v. *dotične porabe radi.*

Rispetto, riverenza - *poklon, štovanje, štujenje, poštova-nje, počitanje, čast;* p. ri-guardo - *obzir.* V. Gra-zia. Cagione.

Rispettosamente, in modo rispettoso - *počitano, poči-tovano, priklono, poklonivo, častno, čestno, čestito.*

Rispettoso, che ha rispetto - *priklonit, poklonit, po-čitajuć, počastiv.* V. Cauto.

Risplendere - *sijati, sjati, sě-vati, laštiti, lašćiti, bli-skati.*

Rispondere - *odgovoriti, od-govarati.*

Risponsabile. V. Responsa-bile ecc.

Risposta - *odgovor.*

Rissa - *karba, karanje, preh-tanje, èrvanje, tučnja, o-*

grašnja, borba, prepirka.

Rissare - *karati se, prehtati se, èrvati se, tući se, bo-riti se.*

Rissoso, ag. - *prepiran;* uomo rissoso - *prepirač.*

Ristaurare. V. Restaurare ecc.

Ristorazione - *obnova* (d'im-piegati ecc.) *proměna.* V. Ristoro.

Ristoro, ristauro - *popravak, ponapravak, poizpravak, načinba, prenačinba.* V. Ri-compensa. Conforto.

Ristrettamente - *skupno, u kratko, složno, u tesno.*

Ristretto, st. compendio - *skup, skupak, kratki sa-dèržaj;* p. luogo angusto - *tesnoća, tesno* v. *uzko město;* p. in conclusione - *u kratko, na kratko;* p. a secreto abboccamento - *na četiri oka, medju sobom, medjusobno;* ag. da re-stringere - *skratjen, po-kratjen, stisnut, spět;* p. ridotto - *uzak, těsan, ste-gnut.* V. Chiuso.

Risultare, provenire - *izha-*

*jati, izlaziti, proizlaziti, iz-
hoditi, slĕditi; * risult. dal
fatto - *proizlazi iz čina.*

Risultato, st. - *uspĕh, poslĕdak, naslĕdak, izhod, proizhod, proizhodak, proiz-
tok, plod, izid.*

Risurrezione - *uskĕrs, uskĕr-
snutje, uskĕršenje, uskrisenje, oživljenje.*

Risuscitare, render la vita -
oživĕti, (riferib. a N. S. G.)
- *uskĕrsnuti.* V. **Risvegliare.**

Risvegliare - *zbuditi* v. *probuditi na novo* v. *iznova -
zbuditi, probuditi.*

Ritaglio - *ustrižak, okrojak,
okrajac, odrezak.*

Ritardare, va. far indugiare
- *zadĕržati (koga);* vn. p.
indugiare - *kasniti, zakasniti, zatezati, natezati,
kĕrzmati, oklevati, zadĕržati se.*

Ritardo - *zakašnjenje, zatezanje, otezanje, natezanje,
kĕrzmanje, oklevanje, danguba;* p. dilazione - *odvlaka, odgoda;* pericolo
nel ritardo - *pogibelj u*

odvlaci v. *iz odvlake.*

Ritenere, fermare - *pridĕr-
žati, zadĕržati, uzdĕržati,
obustaviti, nepustiti, pri-
dĕržavati, zadĕržavati, zabaviti, zabavljati, obustavljati, nepušćati;* p. tenere
a mente - *dĕržati (na pamet);* p. supporre - *dĕržati, scĕniti, mislĕti.* V. **Ar-
restarsi. Astenersi.**

Rito - *običaj, navada, obred.*

Ritornare, tornar di nuovo -
vratiti se iznova v. *nanovo;* p. tornare - *vratiti se,
vratjati se, povratiti se;*
p. mutarsi - *preokrenuti
se, preobražiti se, preobĕr-
nuti se;* td. p. restituire -
vratiti, vratjati, povratiti.

Ritorno - *povratak, povrata,
povratjenje.*

Ritrattare, vnp. disdire - *poreći, oporeći, opozvati rĕč;*
p. fare un ritratto - *slikati, naslikati.*

Ritrattazione - *poreka, oporeka - slikanje, naslikanje.*
V. **Ritrattare.**

Ritratto, figura - *slika, prilika, kip;* p. descrizione

- *opisanje, opisivanje, pre-opisanje.* V. Ricavato.

Ritrosìa - *stidnost, nevanje.*

Ritroso, repugnante - *stidan, nevan;* far il ritroso - *nevati se, stiditi se.* V. Contrario.

Ritrovamento - *nalaz, nalazenje, najdjenje, pronajdjenje, iznajdjenje, obnajdjenje, nahodjenje.*

Ritrovare, va. - *naći, pronaći, iznaći, obnaći nalaziti, nahoditi;* np. *naći se* ecc.

Ritto, st. contrario di rovescio - *lice, naprav;* ag. levato in piedi - *uzdignut, stojeć, na noge.*

Riuscire, aver effetto - *izići, izaći, za rukom poći, zgoditi se, padsti.* V. Accadere. Conseguire.

Riva (del mare) - *obala, kraj, igalo, žal.*

Rivale, st. - *takmac, uzporedač, natěcatelj, sunatěcatelj, protivnik.*

Rivalsa, st. - *uzměnica.*

Rivangare - *prekopati, prekopivati.* V. Ricercare.

Rivedere, vedere o esaminare di nuovo - *pregledati, razviděti.*

Rivedimento - *pregledanje, razvidjenje.* V. Disamina.

Rivelare - *odkriti, javiti, objaviti, očitovati.*

Rivelazione - *odkrijenje, javljenje, objavljenje, očitovanje.*

Rivendere - *preprodati, prodati iznova v. nanovo.*

Rivendicare (un diritto) - *tražiti, potražiti, opotražiti.*

Rivendicazione - *potražba, potraženje, opotraženje.*

Rivendita - *preprodaja, preprodanie.*

Rivendugliola - *preprodalica.*

Riverenza - *priklon, priklonost, počitanje, poklon.*

Riverire - *počitati, klanjati se, pokloniti se;* p. onorare - *častiti, štovati.* V. Onorare.

Riverito - *počitan, štovan, štujen, častjen;* riveritissimo - *velepočitan* ecc.

Rivestire, va. - *preobući, pre-*

bliči; np. *preobući se, pre-*
blići se.

Rivivere - *oživěti, oživěti se,*
preroditi se, preporoditi se.

Rivo. V. **Rio.**

Rivocamento - *opozvanje, o-*
dazvanje, poricanje, opo-
rečenje.

Rivocare, richiamare – *opo-*
zvati, opozivati, odazvati,
oporeći, pozvati natrag, uz-
tegnuti. V. **Mutare.** Stornare.

Rivolgere, va. - *obèrnuti,*
preobèrnuti, okrenuti, pre-
okrenuti; p. mettere sossopra - *prevaliti, preva-*
ljati, razvračati, prekotèr-
ljati. V. **Esaminare**; np.
p. voltarsi indietro - *obèr-*
nuti se, obraćati se, okre-
nuti se, obratiti se.

Rivolta. V. **Rivoluzione.**

Rivoluzione, volgimento in
giro - *okritanje, okretanje;*
p. rivoluz. del popolo -
pokret.

Roba - *stvar, stvari;* p. a-
bito - *halja, obuća, opra-*
va. V. **Mobili. Immobili.**
Viveri.

Robotta - *tlaka, rabota.*

Robustezza - *krěpkost, krěp-*
čina, jakost.

Robusto - *krěpak, jak, ja-*
kostan.

Rocca, fortezza - *tvèrdja,*
tvèrdjava, šanac; rocca
del camino - *dimjak, dim-*
njak. V. **Roccia**; p. strumento da filare - *preslica.*

Roccia, rupe - *krid, klisura,*
klisurina. V. **Rupe.**

Rodere, stritolare coi denti
- *gristi, glodati, glojati,*
poglodati. V. **Rosicchiare.**
Stritolare. Sorcio.

Rodimento - *grizenje, glo-*
danje, glojenje, izglodanje,
poglodanje. V. **Rodere.**

Rogna - *srab, srabež.*

Rognoso - *srabljiv, srabež-*
ljiv.

Rogo, pira – *kres, lomača,*
spèržnica, spražnica; p.
rovo, specie di pruno -
kupina.

Romanticismo - *romantici-*
zam.

Romantico, ag. - *romantički,*
romantični.

Romanza - *romanca.*

Rombo, romore, che volando fanno gli uccelli - *šum;* (gl' insetti) *zuk, sučnja, romon;* fragore del fulmine - *gèrmljavina;* (delle artiglierie) *gruvanje, odgruvanje, gudnjava;* sibilo d'una pietra lanciata ecc., e romore che talvolta sentesi negli orecchi - *šum, šumenje, žum, žumenje;* p. pesce - *rumbac.*

Romitaggio. V. Eremo ecc.

Romore, suono disordinato - *romon, žamor.* V. Rombo. Mormorìo; p. vociferazione - *glas, govorenje.* V. Tumulto.

Rompere, va. far più parti d'una cosa guastandola - *razbiti, porazbiti, prebiti, razbijati, porazbijati, prebijati;* p. ridurre in pezzi - *razkomadati, razkusati;* p. sbaragliare - *potući, pobiti;* fendere l'aria ecc. - *prodèrti, proderati;* p. infrangere con percosse, parlandosi d'ossa - *slomiti, polomiti, prelo-* *miti, prolomiti, razlomiti, slamati, polamati, razlamati; prelamati, prolamati,* p. frangere il legno - *skèršiti, prekèršiti, skèršati, pokèršati;* p. rompere l'estremità di un vaso di terra od altre cose dure - *okèrniti, okèrnuti, okèrnjati;* p. iscoppiare - *puknuti.* V. Interrompere; np. *razbiti se, porazbiti se, prebiti se, razkomadati se, slomiti se, polomiti se,* ecc. rompere il silenzio - *progovoriti, prozboriti, početi govor.*

Rompicollo, st. V. Briccone; a rompicollo - *vratolomno.*

Rompimento, il rompere - *prelom, razbijenje, razbijanje, porazbijanje, prebijenje, razkomadanje, razkusanje, slomljenje, slamanje, polomljenje, prelomljenje, prolomljenje, polamanje, razlomljenje, razlamanje, skèršenje, skèršanje, pokèršanje, prekèršanje, okèrnjenje.* V. Naufragio. Discordia. Rompere.

Ronca - *kosor, rankun.*

Roncola - *kosir. kosirača,* dim. *kosirić, kosiračica.*

Ronda - *četovka, patrolu.*

Rondare - *četovati, patrolirati, ići u patrolu.*

Rondine, uccello e pesce - *lastovica, lastova.*

Ronzare, (delle api ecc.) - *zučati, zukati;* p. romoreggiare delle cose tirate con forza nell'aria - *šumiti, žumiti, švikati, žviždati.*

Ronzino - *kljuse, kljuseto,* sprez. *kljusina.*

Ronzìo - *zuk, zuka, romon, zučanje, zukanje, romonenje, šumenje, žumenje, švikanje, žviždanje.* V. Ronzare.

Rosa, fiore - *ruža, šipak, šipok.*

Rosario, preghiera - *luzar, rusar;* p. corona - *krunica.*

Roseo - *ružast, ružičan.*

Rosicchiare, rosicare - *griskati, glodkati, glojkati;* rosicch. un biscottino - *hèrstati.*

Rosignuolo - *slavić, slavuj, slavulj.*

Rosmarino - *rusmarin, lusmarin.*

Rosolio - *rožulin.*

Rospo - *žaba zapukača (grintava, gubava).*

Rossastro - *rus, rusast, nacèrljen, nacèrven, narumen,*

Rosseggiante - *cèrljenast, cèrvenast, rumenast.*

Rosseggiare - *cèrljeniti se, cèrveniti se, rumeniti se, rusiti se.*

Rossetto - *cèrljenjahan, cèrvenjahan, rumenjahan, rusjahan.*

Rossezza - *cèrljenost, cèrljenoća, cèrvenost, rumenost.*

Rossiccio - *cèrljenkast, cèrvenkast, rumenkast.*

Rosso, ag. - *cèrljen, cèrven, rumen;* st. *cèrljenilo, cèrvenilo, rumenilo, cèrljena boja (farba, stroj, kolur).*

Rossore. V. Rossezza. Vergogna.

Rostro, becco - *kljun.*

Rotolare va. - *valjati, turati, koturati, takati, kotakati, tombati, svaljati, sturati, skoturati;* np. *valjati se, turati se, takati se* ecc. V. Irrotolare.

Rotolo, volume avvolto insieme - *savoj, obvoj, svitak;* rot. degli atti (mod. leg.) *usklada* v. *savoj spisah.*

Rotondare - *obliti, okrugliti.*

Rotondità - *oblina, kruglina, okruglina, oblost, kruglost.*

Rotondo - *obal, okrugal.*

Rottame, quantità di cose rotte - *razbitki, komadi, kusi.*

Rotto, ag. - *razbijen, razbit, porazbijen, prebijen, razkomadan, razkusan, slomljen, slaman, polomljen, polaman, razlomljen, skèršen, prekèršen, skèršan, pokèršan;* p. sbaragliato - *potučen, pobijen;* p. infranto, malconcio - *okèrnjen, osakatjen;* p. lacerato - *razkidan, razkinut, razdrapan, razkrajan.*

Rottura, stato di ciò che è rotto - *razbijenost, prebijenost, zlomljenost, pre-*

lomnjenost, skèršenost, puknjenost, okèrnjenost; p. apertura - *prodor, proder, prolom, provala;* p. dissensione - *okèršaj, razdor.* V. Rompere.

Rovente - *cèrven, cèrljen, goruć, žark.*

Rovere - *dub;* legno di rovere - *dubovina.*

Rovesciare, voltar sossopra - *prevèrnuti, prevaliti, povaliti, povaljati, izvaliti, razvaliti, razvaljati, prevaljati, prevèrci, prekobaciti, prekopititi;* p. far cadere a rovescio, o gettar dall'alto - *stèrmoglaviti;* p. mandar in rovina - *razoriti, porušiti, razrušiti, utamaniti.*

Rovescio, parte contraria della principale *naopako, nopak.* V. Contrario.

Rovina, materia rovinata, e p. gran masso caduto dall'alto - *razvalina, obalina, oborina, stèrmen, stèrmina;* p. sterminio - *poraz, razor, skončanje, pohara, razsip, razorenje, za-*

tor, potor, zatarenje, propast; p. veemenza - sila, vratolomnost. V. Sconfitta. Ruderi.

Rovinare, va. atterrare - razvaliti, razvaljati, povaljati, porušiti, razrušiti; p. mandar in precipizio - stèrmoglaviti, utamaniti; p. sterminare - razoriti, zatèrti, potèrti, upropasti, paharati, poraziti, utamaniti, skončati, uništiti; p. andar in povertà - preubožiti, preubožati, propasti. V. Scialacquare. Sventare. Guastare.

Rovo. V. Rogo.

Rozzezza, stato di ciò che è rozzo - neotesanost, nespretnost. V. Zoticchezza.

Rozzo, scabro, e met. p. di costumi semplici - nespretan, neotesan. V. Zotico.

Rubare - krasti, ukrasti, pokrasti. V. Predare.

Rubería, il rubare - kradjenje, ukradjenje, pokradjenje; p. ladroneccio - lupežtvo, lupešćina, kradba,

kradbina, kradnja. V. Rapina.

Rubicondo. V. Rosseggiante.

Rubino - cèrljenak.

Rublo - rubal.

Rubrica, tl. - nadpis; simplo e rubrica - jednopis, i nadpis.

Rubro. V. Rosso. Rubrica.

Ruderi - zidine, razvalina.

Rudimento - početak, početje; per primo saggio - pèrvi okus.

Ruffiano - podvodnik, svodnik, podvoditelj, svoditelj, kurbomamilac.

Ruffianeggiare - podvadjati, podvoditi, svoditi, kurbomamiti.

Ruffianesimo - podvodstvo, svodstvo, kurbomamje.

Ruga, grinza - braska, brazdka, brazd; p. verme che divora i cavoli ecc. - gusěnica.

Ruggine - èrdja. V. Odio.

Ruggire - ruliti, tuliti, urlati.

Rugiada, che cade la notte - rosa.

Ruina. V. Rovina.

Rum - rum.

Ruminante - *priživajuć, pri-žimajuć;* animali rumi-nanti - *priživajuće živine.*

Ruminare - *prežívati, priži-mati, prižimljati.*

Rumore. V. Romore.

Ruolo. V. Catalogo.

Ruota - *kolo, koleso.*

Rupe - *hrid, hridina, klisu-ra, klisurina, kèrš;* pieno di rupi - *hridan, hridav, klisurit, kèršovit, grebenit.*

Rurale, ag. di villa - *seljan-ski, seljački, selarski, se-oski, ladanjski;* p. del-l'agricoltura - *poljodel-stven, poljodelski, poljo-delan.*

Ruscello - *rěčica, potočić, vodica.*

Rusignuolo. V. Rosignuolo.

Ruspare - *prećati, čepèrljati.*

Russare - *hèrhnjiti, hropiti, hropćati, hropotati hèrkati.*

Russo, il russare - *hèrka, hèr-hnja, hèrnjenje, hropoće-nje, hropotanje, hèrkanje.*

Rustico, da contadino - *se-ljački, seljanski, selarski, seoski, ladanjski, kmetski;* alla rustica, alla conta-

dina - *seljački* ecc. v. *po seljačku.* V. Zotico.

Ruta - *ruta,* dim. *rutica.*

Ruttare - *odrigati, odrignuti, uzrigati, uzrignuti.*

Rutto - *odrignutje, uzrignutje, odriganje, uzriganje.*

Ruvidamente - *neotesano, nespretno, surovo, grubo.*

Ruvidezza - *neotesanost, ne-spretnost, surovost, grubo-ća, grubota, grubost, gru-bianstvo, divljačnost, div-ljačtvo, neuljudnost.* V. Ruvido.

Ruvido, scabro - *neotesan, nespretan;* p. zotico di tratto (come sopra, e) *sur, surov, grub, divlji, neuljudan.*

S.

Sabbato - *subota.*

Sabbia - *mel, pèržina.*

Sabbione - *pesak, salbun.*

Sabbioso, di sabbia - *melast, pèržinav, pèržinast.*

Sabbionoso - *peskovit, salbunav.*

Sacca, sacco da viaggio - *torba;* p. bisaccia - *bisage.*

Saccheggiamento - *plěnjenje, oplěnjenje, haranje, poharanje, robljenje, porobljenje, plačkanje, oplačkanje.* V. Saccheggio.

Saccheggiare - *plěniti, oplěniti, harati, poharati, robiti, porobiti, plačkati, oplačkati.*

Saccheggio - *plěn, plěna, oplěn, oplěna, pohara, porob, plačka.*

Sacchetto - *vrěcica.*

Sacco, recipiente di tela - *vrěća.* V. Saccheggiamento.

Sacerdotale - *svećenički, svećenični, duhovan, redovnički, popovski, misnički.*

Sacerdote - *svetjenik, redovnik, pop, duhovnik, misnik.*

Sacerdotessa - *svetjenica, popica, duhovnica.*

Sacerdozio - *svetjenstvo, svetjeničtvo, redovničtvo, popovstvo.*

Sacra, sagra, festa della consacrazione delle chiese - *blagdan posvećenja (cěrkve).* V. Festa.

Sacramentale - *svetotajan, svetotajstven.*

Sacramento - *svetotajnost, svetotajstvo, sakramenat.*

Sacrare, va. *posvetiti.* V. Bestemmiare; np. *posvetiti se.*

Sacrato - *posvetjen.*

Sacrificare - *žertviti, žertvovati.*

Sacrifizio - *posvetilište;* p. vittima - *žertva.*

Sacrilegamente - *svetotlačno, svetogěrdno.*

Sacrilegio - *svetotlačje, svetogěrdje, svetogěrda.*

Sacrilego - *svetotlačan, svetogěrdan.*

Sacro - *svetan, svećen, posvetjen, posvetjan, posvetan* - sacra maestà - *posvetjeno veličanstvo.*

Sacrosanto - *svetosvećen, svetosvet.*

Saetta, freccia - *strel, stril.* V. Folgore. Indice. Lancetta.

Saettare - *strĕljati, strĕljiti, gromom udariti.*

Sagace - *šegav, hitar, domišljat, domišljan, domišljav, mudar.*

Sagacia - *šegavost, hitrost, domišljatost, mudrost.*

Saggiare - *kušati, pokušati, kusiti, pokusiti, okusiti.*

Saggio, st. mostra - *okus, okušaj;* p. atto del saggiare - *pokušaj, pokus, okušaj, proba, izkusenje, pokušanje;* p. esperienza - *izkus, izkustvo.* V. Savio.

Saggittario - *strĕljač, strĕljaoc, strĕljar.*

Sagola - *konopčić, šagula.*

Sagrestano - *cĕrkvar, cĕrkvopomnik.*

Sagrestìa - *cĕrkvište, svetospravište.*

Sagrificare. V. Sacrificare ecc.

Saica - *šajka.*

Sala, stanza maggiore - *dvorana, komora;* sala d'udienza (gindiz.) - *sudbena dvorana, sudionica.* V. Asse.

Salame - *salam.*

Salamoja - *salamura, solomura, rasol, rasolje.*

Salare - *soliti, posoliti;* salar troppo - *presoliti.*

Salariare. V. Pagare ecc.

Salassare - *pustiti kĕrv.*

Salasso - *puščanje kĕrvi.*

Salato, st. carne salata - *slano, slano meso;* ag. p. asperso di sale - *posoljen;* p. salso - *slan.* V. Mare.

Saldamente - *stalno, nepomično.*

Saldare (i metalli) - *prikovati, prikovivati, spojiti;* p. saldare i conti - *izravnati, zravnati, nagoditi, platiti, izplatiti.*

Saldo (di conti) - *izravnanje, nagodba, izplatjenje.* V. Fermo. Costante.

Sale - *sol;* sale marino - *morska sol,* - minerale - *rudnička sol.*

Salice - *vĕrba.*

Saliera - *solnica, solenica.*

Salina - *solina.*

Salire - *uzići, uziti, uzaći, uzlĕsti, uzhoditi;* p. crescere di grado - *uzvišiti se, povišiti se.*

Salita, il salire - *uzidenje, uzajdenje, uzlizenje, uzhodenje;* p. luogo pel quale si sale - *bok, bèrdo, uzbèrdica, uzgorje, uzgorica.*

Saliva - *slina, balina.*

Salma, corpo mortale - *mèrtvo* v. *mèrtvačko tělo.* V. Peso.

Salmo - *psalam.*

Salnitro - *solitar, šalintra.*

Salotto - *dvoranica, komorica.*

Salpa, pesce - *salpa, sopa.*

Salpare - *dignuti sidro.*

Salsa - *salsa.*

Salsicia - *kobasica, kobasa, kolbasa.*

Salso, ag. - *slan.*

Saltare - *skočiti, skakati, skoknuti, poskočiti, poskakati, priskakati, priskakivati, preskočiti.* V. Oltrepassare.

Salterio, volume dei Salmi di Davide - *pěsnjak;* p. librettino ove s' impara a leggere - *saltir, početna knjižica.*

Saltimbanco. V. Ciurmadore.

Salto, il saltare - *skočenje, skakanje, poskočenje, preskočenje, preskakanje, priskakanje, skoknenje, skakivanje, preskakivanje, priskakivanje;* p. lancio, e p. passaggio non graduato da un tono all' altro - *skok.* V. Ballo. Bosco. Capitombolo.

Salubre - *zdrav, zdravan.*

Salubremente - *zdravo, zdravno.*

Salubrità - *zdravost, zdravnost.*

Salume. V. Salsume.

Salutare, va. - *pozdraviti, pozdravljati;* st. p. saluto - *pozdrav;* ag. p. salutevole - *zdrav, zdravan.*

Salute, Sanità - *zdravje, zdravlje;* nocivo alla sal. - *štetno zdravju,* sal. pubblica - *javno* v. *obće zdravje,* uomo di poca sal. - *malozdravi čověk.*

Salutifero - *zdravonosan, zdrav.*

Saluto - *pozdrav, pozdravka, pozdravljenje,* met. *poklon.*

Salvaggina. V. Salvaggiume.

- *divljina*, *divljačina*, *divljad*.

Salvaguardia - *obranba*, *zaštita*.

Salvamento, il salvarsi - *spasenje*, *oslobodjenje*; a salvamento - *zdravo*, *bez pogibelja*. V. Sicurezza.

Salvare, mettere in salvo - *spraviti*, *hraniti*, *sahraniti*; p. liberare - *spasiti*, *osloboditi*, *izbaviti*. V. Difendere. Sanare. Custodire.

Salvaticamente - *divjački*, *divljački*. V. Zoticamente.

Salvatichezza - *divljačtvo*. V. Rozzezza.

Salvatico, ag. - *divji*, *divlji*, *divi*, *diblji*, *nepitom*. V. Rozzo; st. p. luogo pieno d'alberi da far ombra - *gušćavina*, *gaj*. V. Salvaggina.

Salvatore - *spasitelj*.

Salvazione - *spasenje sahranjenje*.

Salve, Dio ti salvi - *Bog te sačuvao!* p. tu sei il benvenuto - *dobro došao* v. *prišao!* p. ti saluto - *zdravo!*

Salveregina - *zdravokraljico*, *spasikraljico*.

Salvezza - *spasenje*, *sahranjenje*, *oslobodjenje*.

Salvia - *kuš*, *slavulja*.

Salvietta - *ručnik*, *ručinik*.

Salvo, ag. spasen, *oslobodjen*, *sahranjen*, met. *zdrav*, *čitav*; porre in salvo - *spraviti*, *hraniti*, *sahraniti*; salvo il vero - *ako se nevaram*. V. Eccetto.

Salvocondotto - *zaštita*.

Sambuco - *bazg*, *bazag*, *abzov*.

Sampogna. V. Zampogna.

Sanamente - *zdravo*, *zdravno*.

Sanamento - *ozdravljenje*, *zlěčenje*.

Sanare, va. - *ozdraviti*, *ozdravljati*, *izlěčiti*, *zalěčiti*, *izvračiti*, *zdravje komu povratiti*; np. *ozdraviti*, *ozdraviti se*, *odbolěti*. V. Medicare.

Sanagione - *ozdravljenje*.

Sancire. V. Decretare, Confermare.

Sangue, umore, e p. stirpe - *kèrv*, vez. *kèrvca*; a sangue freddo - *hladno-*

kèrvno, non mi va a sangue - *to mi nije po volji*, *to mi ne ugadja*, spargimento di sangue - *kèrvoprolitje*, flusso di sangue, menstruo *kèrvotoċina*, *kèrvotok*.

Sanguigno, di sangue - *kèrvan*; p. insanguinato - *kèrvav*, *okèrvavljen*; p. del color di sangue - *kèrvobojan*, *kèrvne boje (farbe, stroja, kolura)*; p. cupido di sangue st. - *kèrvolok*, *kèrvoloċnik*; ag. *kèrvohlĕpan*, *kèrvohlĕpiv*; p. abbondante di sangue - *pun kèrvi*.

Sanguinare, va. *kèrvaviti*, *okèrvaviti*, *pokèrvaviti*; vn. *toċiti kèrv*, *kèrvotoċiti*.

Sanguinario - *kèrvolija*, *kèrvopija*, *kèrvnik*; fem. *kèrvolija*, *kèrvopija*, *kèrvnica*.

Sanguinosamente - *kèrvavo*.

Sanguinoso - *kèrvav*, *okèrvavljen*; sang. battaglia - *kèrvavi boj*.

Sanguisuga V. Mignatta.

Sanità, stato di chi è sano - *zdravlje*, *zdravje*; uffizio di Porto e Sanità - *lučko-zdravinski (zdravnički) u-red*.

Sano - *zdrav*; senza magagna - *zdrav*, *čitav*, *čito-vat*.

Santabarbara – *sveta barba-ra*, *džebacnica*.

Santamente - *svetački*, *sve-tačno*.

Santificare - *svetkovati*, *sve-tovati*, *svetiti*, *posvetiti*, *posvećivati*.

Santificazione - *svetkovanje*, *svetovanje*, *svetjenje*, *po-svetjenje*, *posvećivanje*.

Santità - *svetost*, *svetinja*; p. beatitudine - *blaženstvo*.

Santo, st. *svet*, *svetac*; tutti Santi - *svi Sveti* v. *Svetci*; ag. *svet*; p. beato - *blažen*.

Santolo - *kum*, *sutal*; fem. *kuma*, *sutla*.

Santuario, tabernacolo - *svetohranište* V. Reliquia.

Sanzione, confermazione - *potvèrda*, *potvèrdjenje*. V. Prammatica.

Sapere, va. - *znati*, *umĕti*;

non sapere - *neznati, ne-uměti;* sapere a mente - *znati nǎ pamet,* far sapere col mezzo di seconda persona - *poručiti,* far sapere - *dati na znʌnje, javiti;* p. aver sapore - *davati s čim;* sapere di latte - *davati s mlěkom;* p. aver odore - *vonjati, mirisiti, smèrděti.*

Sapere, st. - *znanje, znanost, uměština.*

Sapiente, ag. - *mudar;* st.- *mudrac, mudrak, mudarac.*

Sapientemente - *mudro.*

Sapienza - *mudrost, mudrina.*

Saponajo - *sapunar, midlar.*

Saponata - *sapunača, midlina.*

Sapone - *sapun, midlo.*

Sapore - *slast, slastnost.*

Saporitamente - *slastno;* dormire saporit. - *sladko spavati.*

Saporito - *slastan,* met. *ugodan, mil, mio.*

Sapnta. V. Notizia Cognizione.

Sarcofago - *rakva.*

Sardella - *sèrdela, sardela,*

sèrdelina, dim. *sèrdelica.*

Sargo - *sarg.*

Sarmento. V. Sermento.

Sarta - *šivačica, krojačica.*

Sarte, sartie (del naviglio) - *sartige.*

Sarto, sartore - *šivač, krajač, krojač;* maestro-sarto - *krojački majstor.*

Sassata - *kamenoudarac.*

Sasso - *kamen, kamik;* duro più del sasso - *tvèrdji od kamena;* sasso grande - *stěn, stěna, stěnjak, hrusta;* pieno di sassi - *kamičljiv, kamenit, kamenitast, stěnast, pun stěnah v. hrustah, grebenit.*

Sassoso. V. Sasso.

Satana - *Sotona.* V. Demonio.

Satanico - *sotonski.*

Satira, poesia mordace - *rugopěv, rugopis, psovnica, oskvèrnka.*

Satiricamente - *porugljivo, psovno, oskvèrbeno, oskvèrniteljno.*

Satirico - *porugljiv, psovan, oskvèrnben, oskvèrniteljan.*

Satollare, va. - *najěsti, na-*

jěsti i napiti, nasititi; np. *najěsti se* ecc.

Satollo, satollato - *najěden, najěden i napijen, nasitjen, sit.*

Saturno - *Saturno.*

Saviamente - *mudro, primudro, razumno, razborno, razborito, svěstno, pametno.*

Saviezza - *mudrost, primudrost, razum, razbor, svěst, pamet.*

Savio - *mudar, primudar, razuman, razboran, razborit, uman, svěstan, pametan.*

Saziare. V. Satollare.

Sazietà - *sitost, sitina;* mangiare a sazietà - *najěsti se, nasititi se, jesti do volje* v. *do sita.*

Sazio, ag. - *sit, nasitjen,* met. *pun;* p. bene imbevuto - *napijen, namočen.* V. Satollo.

Sbacchettare - *šibati, ošibati.*

Sbadataggine - *nepomnost, nepomnja, nesmotrenost.*

Sbadatamente - *nepomno, nesmotreno, nepozorno.*

Sbadato - *nepoman, nepo-*

zoran, nesmotren.

Sbadigliare - *ziehati, zijati.*

Sbadiglio - *zěh, zěv, zijanje.*

Sbagliare. V. Fallire ecc.

Sbandito. V. Bandito.

Sbaragliare - *raztěrkati, razpèršati, razpèršiti, potuči, pobiti, poraziti.*

Sbarattare. V. Sbaragliare.

Sbarazzare - *razpremiti, razpremati, očistiti, osnažiti, razpačati.*

Sbarbare, svellere dalle barbe - *skubsti, pokubsti, skubati, pokubati, zguliti, izguliti, oguliti, poguliti.* V. Radere.

Sbarbicare. V. Sbarbare.

Sbarcare, va. - *odkèrcati, skèrcati, izkèrcati, odkèrcivati;* np. *skèrcati se, odkèrcati se, odkèrcivati se.*

Sbarco - *odkèrcanje, skèrcanje, izkèrcanje, odkèrcivanje.*

Sbarra, tramezzo di separaz. - *zapor, zaporica, pregrada.*

Sbarrare, tramezzare - *zaporiti, pregraditi, zaprěti.*

Sbeffeggiare. V. Beffeggiare.

Sbevazzare - *piti neprestano* v. *bez prestanka.*

Sbigottire. V. Atterrire.

Sbilanciare - *prevagati.*

Sbilancio - *prevaga, prevaganje.*

Sbirciare - *žmiriti, zažmiriti.*

Sbirciata - *žmirenje, zažmirenje.*

Sbircio - *škiljav, ćorav.*

Sborsare V. Estorsare.

Sbottonare, estrarre i bottoni dagli occhielli - *odpučiti, odputiti, odpeti, razpučiti, razputjivati* ecc.

Sbranamento - *raztèrganje, razkinenje, razkidanje, razdèrmanje, razkomadanje, razkusanje.*

Sbranare - *raztèrgati, razkinuti, razdèrmati, razkidati, razkomadati, razkusati.*

Sbrattare - *spremiti, razpremiti, razpremati, razpačati, očistiti, osnažiti.*

Sbrigare - *opraviti, dovèršiti, odpremiti.*

Scabbia. V. Rogna ecc.

Scabello - *podnožje.*

Scacciare. V. Discacciare.

Scadenza (d'un termine) - *izmaknutje v. minuće roka.* V. Decadimento.

Scadere, (d'un termine ecc.) - *izmaknuti. minuti, proći.* V. Decadere.

Scaduto - *izmaknut, minut, prošast. prošat;* nel corso dello scaduto mese - *tĕčajem prošastog mĕseca.*

Scaffale - *ormar, polica.*

Scafo, di naviglio - *korito.*

Scaglia, squamma - *lustura, luštura, lustra;* p. scaglia di pietra - *bruška, okresak;* p. fromba - *praća.*

Scagliare, levare le scaglie ai pesci - *strugati, ostrugati, stèrgati, ostèrgati (ribu);* p. lanciare - *hititi, baciti, vèrći, potegnuti.* V. Agitare; np. V. Avventarsi.

Scala, gradino - *škala;* p. scala a piuoli - *stuba, lĕstva;* dim. *škalica, stubica, lĕstvica;* p. regolo, misura - *mĕrilo;* scala del bollo - *lĕstvica bularine.*

Scaldare, va. e vn. - *tepliti, topliti, stepliti, griati, stopliti, potepliti* ecc.; np. *tepliti se, topliti se, stepliti se, griati se* ecc.

Scaldino - *grianica, grionica*

Scalo - *brodogradilište.*

Scalogno, agrume - *luk, ljutika.*

Scalpore. V. Strepito

Scaltramente - *šegavo, mudro, hitro, domišljato.* V. Astutamente.

Scaltrezza, accortezza - *šegavost, mudrost, domišljatost, hitrina.* V. Astuzia.

Scaltro, accorto - *šegav, mudar, hitar, domišljat.* V. Astuto.

Scalzare, trarre i calzari - *zuti, izuti, zuvati izuvati;* p. levar via la terra intorno alle piante - *kotliti, okotliti, odkopati, odkopivati;* np. trarsi i calzari - *zuti se, izuti se,* ecc.

Scalzo - *bos, bosonog, golonog, zuven, izuven, zujen, izujen, zut, izut, bez obuve.* V. Nudo. Povero.

Scambiare - *měnjati, zaměniti, proměniti*

Scambievole - *zaměnit.*

Scambievolezza - *zaměna, zaměnitost, izměna.*

Scambievolmente - *zaměnito, uzajemno, na izměnu, izměnice, drug drugu jedan drugomu.*

Scampare - *uskočiti, poběgnuti, izběgnuti, poběći, ući, uteći, izmaknuti se;* scampare furtivamente - *ukrasti se, ofuknuti se, osnažiti se.*

Scampo. V. Fuga.

Scanalare - *brazdati, dubati, dubkati.*

Scandalizzare - *sablazniti, dati zločest izgled.*

Scandalo - *sablazan (i), zločesti izgled;* pubblico scandalo - *javna sablazan.* V. Disonore. Infamia. Discordia.

Scandalosamente - *sablazno, sablaznivo.*

Scandaloso - *sablazniv.*

Scannamento - *pokolj, klanje, zaklanje, zakoljenje, poklanje, pokoljenje.*

Scannare, tagliar la canna della golla - *klati, zaklati, poklati;* p. scannar molti. o solo per metà - *naklati.*

Scanno, (da sed.) - *stol, stolac, klupa* dim. *stolić, stolčić.*

Scansare, discostare alquanto la cosa dal suo luogo - *maknuti, odmaknuti.* V. Evitare.

Scanso, lo scansare - *maknutje, odmaknutje, maknenje, odmaknenje;* a scanso d'esecuzione - *pod izběgom ověržbe.*

Scapitare, perdere del capitale - *gubiti, kvarovati, tèrpiti (pretèrpiti) kvar (štetu, škodu), gubiti* v. *izgubiti od svoga.* V. Scemare.

Scapito, perdita - *gubitak;* p. danno - *šteta, kvar, škoda, ustèrb.*

Scappare. V. Scampare.

Scappellare, va. cavar il cappello — *sokriti, sokrivati, odkriti (koga), skinuti* v. *izvaditi šešir (klobuk, škriljak) komu;* np. *sokriti se, odkriti se, skinuti* v. *izvaditi šešir;* p. salutare - *pozdraviti.*

Scappellata - *sokrijenje, sokrivenje, odkrijenje, ski-*

njenje v. *izvadjenje šešira.*

Scappellotto - *zaušnica.*

Scappucciare, va. levar il cappuccio - *zvaditi* v. *izvaditi kapuč (kukulj), odkapučiti, odkukuljičiti;* vn. p. inciampare - *posèrnuti, posèrtati, pondrěti, pondirati.* V. Fallire.

Scapula, osso delle spalle - *lopatica.*

Scarafaggio - *govnovalj, gundovaj, gundevalj, bumbular.*

Scaramuccia - *čarka, čarkanje.*

Scaramucciare - *čarkati.*

Scaraventare - *stèrmoglaviti, trěsniti.*

Scarcerare - *odtamničiti, osloboditi od tamnice.*

Scarcerazione - *odtamničenje, oslobodjenje od tamnice.*

Scardassare, (lana) - *gèrdašati;* p. dir male di uno che non è presente - *raztresati, kuditi (koga).*

Scarica - *spruženje (izpruženje, spalenje opalenje, izpalenje) pušakah (puške), potezanje, hitanje, bacanje iz puške.* V. Sparo.

Scaricare, va. levare il carico da dosso - *odteretiti, razteretiti, razpèrtiti, raztovariti;* p. sparare un' arma - *spružiti, izpružiti, spaliti, opaliti, izpaliti, hititi, baciti, potegnuti.* V. Schioppo : p. scaricar la nave - *skèrcati, izkèrcati, razkèrcati, odkèrcati, skèrcivati, izkèrcivati* ecc. *(brod);* np. p. sollevarsi dal peso - *rěšiti se* v. *osloboditi se brěmena (posla), olakšati sebe, odbaciti brěme ;* p. sboccare d' un fiume - *sprazniti se, izprazniti se ;* p. scaricar il ventre - *srati, zisrati se, posrati se.* V. Vibrare.

Scaricazione, d' un peso - *odteretjenje, razteretjenje, razpèrtjenje, raztovarenje ;* (d'una nave) *skèrcanje, izkèrcanje, razkèrcanje, odkèrcanje, skèrcivanje* ecc. *(broda),* (d' un fiume) - *spraznenje, izpraznenje.* V. Scarica.

Scarlatto - *škarlat, grimiz.*

Scarmo, (della barca) - *škaram, škeram.*

Scarno · *mèršav, suh, mled, mledan.*

Scarpa, calzare – *postol,* dim. *postolčić, postolić,* aum. *postolina.*

Scarpellare, (le pietre) *klesati, kljesati, okljesati, pokljesati.*

Scarpellino - *klesar, kljesar.*

Scarpello - *dlěto.*

Scarsamente - *manjkavo, nedostatno, nezadostno, nedovoljno.*

Scarsità - *manjkavost, nedostatnost, nedovoljnost.*

Scarso, manchevole - *manjkav, nedostatan ; nezadostan, nedovoljan;* p. meschino - *kukav, kukavan, èrdjav, slab.*

Scatenare, va. - *odvèrugati, odkovati, osloboditi od veruge* v. *od okove;* np. p. sciogliersi dalla catena - *odverugati se, odkovati se ;* p. scatenarsi dei venti - *prasnuti.*

Scatola - *škatula, škatulja,*

obklopnica.

Scaturigine - *izvir, izvor, vrutak.*

Scaturimento - *izviranje, vrutkanje.*

Scaturire - *izvirati, vrutkati.*

Scavalcare. va. far scendere giù da cavallo - *odjahati, činiti odjahati (koga)*; p. gittar da cavallo - *baciti v. izbaciti od konja*; vn. p. scendere da cavallo - *odjahati.*

Scavare, cavar sotto, affondare - *dubati, dubsti, razdubati, razdubsti, izdubati, izdubsti, produbati, produbsti*; p. far buca o fossa - *kopati jamu v. rov*; p. cavar fuori - *izkopati, izkopavati, odkopati, odkopivati, odkopavati*; p. scavar razzolando - *izčepèrkati.*

Scavezzare, rompere (alberi) - *zlomiti, slomiti, izlomiti, polomiti, zlamati, polamati, skèršiti, prekèršiti, izkèršiti, pokèršati.*

Scavo - *odkop.*

Scegliere - *zbirati, izbirati, izabrati, izabirati, odabirati, odabrati.*

Sceglimento - *zbiranje, izbiranje, izabranje, odabranje.*

Scelleraggine - *tamnost, pakost, opačina, opačtvo.*

Scelleratamente - *tamno, opačno.*

Scelleratezza. V. Scelleraggine.

Scellerato - *taman, opak, pakostan.*

Scelta - *izbor, izbranje, izabranje, odabranje.*

Scelto - *izbran, izabran, odabran.*

Scemare, va. ridurre a meno - *umanjiti, smanjiti, omanjiti*; np. *umanjiti se, smanjiti se, manjkivati, ići na manje.*

Scena, (spettacolo) - *prizor.*

Scettro - *žežlo.*

Sceverare. V. Separare.

Scheggia, pezzetto di legno - *treska.*

Scheletro - *samokost.*

Scheranzia V. Anghina.

Schernire - *pogèrditi, tlačiti, potlačiti, podrugati*

se, podrugivati se, podpèrdnuti se, podpèrdivati se. V. Deridere.

Scherno - *pogèrda, pogèrdjenje, potlačenje, podpèrd.*

Scherzevole - *šalan, šaliv, sulacljiv.*

Scherzo - *šala, igra, sulac.*

Schiacciare - *pritisnuti, potisnuti, gnjesti, pognjesti, razgnječiti.*

Schiaffeggiare - *pljuskati, opljuskati, napljuskati, popljuskati, triškati, otriškati.*

Schiaffo - *pljuska, triška, zaušnica, zamlatnica;* dare uno schiaffo - *pljusnuti, trisnuti, dati v. prisloniti pljusku v. trišku* ecc. caricar di schiaffi - *opljuskati, otriškati.*

Schiamazzare (della gallina) - *kokodakati, kokodekati;* p. far strepito - *konatiti, roštati, roptati;* p. gridare - *kričati, vikati, vriskati, bučiti, rogoboriti.*

Schiamazzo, strepito - *trupanje, konatjenje, roštanje, roptanje;* p. gran rumore di grida - *larma, buka, halabuka, talabuka, žamor, rogobor, larmanje, kričanje, vriskanje, vikanje, bučenje, rogoborenje.*

Schiantare, va. rompere con violenza - *zlomiti, slomiti, zlamati, polamati, skèršiti, skèršati, pokèršati, očehati, počehati;* np. fendersi violentem. - *razkrečiti se;* p. allontanarsi - *odaljiti se, udaljiti se, odalečiti se.* V. Strappare. Svellere.

Schiappa, arnese da rimenar la pasta - *kopanica, kopanjica;* p. scheggia di legno - *treska.*

Schiarimento - *razsvětljenje, osvětljenje, razbistrenje, razvedrenje, razjasnenje, izjasnenje, tumačenje, raztumačenje, obělodanjenje.* V. Schiarire.

Schiarire, vn. e np. farsi chiaro - *razsvětliti se, osvětliti se, razjasniti se, razbistriti se, zbistriti se, razvedriti se;* p. divenir chiaro - *osvětliti, prosvět-*

liti, razvedriti, obělodaniti;
p. diradare - *razrediti;* va.
p. porre in chiaro - *razjasniti, izjasniti, razbistriti,
tumačiti, raztumačiti, obělodaniti.*

Schiatta. V. Stirpe. Spezie.

Schiattare - *puknuti, krepa-
ti, šćeznuti.*

Schiavare, aprire ciò che è
inchiodato, schiodare -
odčavlati, razčavlati; p.
liberar da schiavitù - o-
*sloboditi od robstva v.
sužanstva.*

Schiavina, veste di schiavi,
romiti ecc. - *guba;* p. coperta da letto - *guba,
bilj, biljac, běljac, ponjava, pokrivalo;* fabbrica-
tore di schiavine - *biljar.*

Schiavitù - *robstvo, sužanstvo, podjarmljenost.*

Schiavo - *rob, sužanj, su-
žnik;* ag. *podjarmljen, zasužnjen, zarobljen.*

Schiena - *škina, ledja, hèrbat.*

Schienale, (schiena degli a-
nimali da soma) *greben.*
V. Schiena.

Schiera - *četa.* V. Brigata.

Schierare - *razrediti, razčetiti.*

Schiettamente - *izkrèno, odpèrto, jasno, izrično.*

Schiettezza. V. Purezza. Sin-
cerità.

Schietto. V. Puro. Sincero.

Schifevolmente - *gnjusno,
gadno.*

Schifezza - *gnjus, gnus, gnjusoba, gnjusoća, gnjusnost,
gad, gadnost, gadnoća.*

Schifoso - *gnjusan, gnjusoban, gadan, smradan,
smradljiv, dosadan.*

Schiodare - *odčavlati.*

Schiodatura - *odčavlanje.*

Schioppettiere - *puškar.*

Schioppo - *puška, pučka,*
dim. *puškica;* schioppo
ad una canna - *jednocěvna
puška, jednocěvka,* a due
canne - *dvocěvna puška,
dvocěvka,* tiro di schioppo
- *puškomet, hitac, hitac
puške;* sparare lo - *spružiti (izpružiti, spaliti, opaliti, izpaliti) pušku, hititi
(hitati, baciti, bacati, potegnuti, potezati) iz puške,*
inarcare lo - *nategnuti*

(natezati, met. napeti) pušku, caricare lo - kèrcati
(kèrcivati, nakèrcati, nakèrcivati) pušku, scaricare
lo (levar la carica) - skèrcati v. odkèrcati pušku,
stracaricare lo - prekèr-
cati pušku.

Schiudere, aprire - odprěti,
odpirati. V. Escludere.
Allontanare. Manifestare.
Dischiavare.

Schiuma - pěna; p. bava -
slina; schiuma di mare -
istiva.

Schiumare, va. levar la
schiuma - pěniti, opěniti;
vn. e np. generar la
schiuma - pěniti se (la
bava) sliniti se.

Schiumatojo - pěnica.

Schiumoso - pěnast, pěnav;
slinav, slinast.

Schiuso - odpèrt. V. Dischiavare.

Schizzare, vn. (dei liquidi) -
štèrcati, stèrcati, štèrknuti,
stèrknuti. V. Screpolare.

Sciabla, sciabola - sablja,
ćorda.

Sciagura - zlusrěća, nesrěća,

nezgoda, běda.

Sciagurato. V. Infelice. Vile.
Scellerato.

Scialacquamento - razsip-
nost, razpačljivost, razsipanje, razpačanje, pote-
penje, razorenje, šundra-
nje, opalenje.

Scialacquare, spendere pro-
fusamente - razsipati, razpačati, raztepsti, potepsti,
met. razoriti, opaliti.

Scialacquatore - razsipalac,
razsipnik, razpačljivac, palikuća, razpikuća, razte-
pikuća.

Scialacquo. V. Scialacquamento.

Scialle - šial.

Sciame (di pecchie) - roj
pčelah. V. Moltitudine.

Sciarpa - pojas.

Scientemente - znano, zna-
juć, znalice.

Scientificamente - znan-
stveno.

Scientifico - znanstven.

Scienza - znanost, znanje,
znanstvo, nauk.

Scienziato, st. - naučenjak,
mudrak, mudrac, književ-

nik; ag. naučan, znan-stven.

Scimia - *opica, muna, šimia;* dim. *opičica, munica, ši-miica.*

Scimunito, st. - *bedak, lu-djak; ag. bedast, lud.*

Scintilla · *iskra.*

Scintillare, tramandar, scin-tille - *iskrati; p. risplen-dere tremolando - světliti, světliti se, zračiti se, sě-vati.* V. Diffondere.

Scioccamente, con iscioc-chezza - *budalasto, bezum-no, nesvěstno, glupo; p.* senza considerazione - *ne-smotreno, nepomno, nepa-metno.*

Schiocchezza - *budalaština, budalost, bezumnost, ne-svěst, glupost.*

Sciocco, st. - *budala, buda-laš, bezumnik; ag. - buda-last, bezuman, nesvěstan, glup, glupast;* uomo sciocc-co - *budala, budalasti čo-věk.* V. Insipido.

Sciogliere, slegare - *odveza-ti, razvezati, rěšiti, odrěšiti; p.* tor via - *ukinuti, di-*

gnuti, razstaviti, razpusti-ti; p. distaccare - *odlě-piti. odcěpiti, razstaviti.* V. Liquefare. Assolvere. Salpare. Scomporre.

Scioglimento - *odveza, raz-stava, razpust, odvezanje, razvezanje, rěšenje, odrě-šenje, ukinutje ukinjenje, razstavljenje, razpuštenje, odcěpljenje, odlěpljenje.*

Scioperare, va. - *svratiti od posla (koga);* np. *dangu-biti, plandovati.*

Scioperatezza. V. Ozio.

Scioperato · - *bezposlen.* V. Ozioso.

Sciringa - *stěrcaljka, štěr-calica, šměrk.*

Sciroccale - *južan.*

Scirocco - *jugo.*

Scisma - *razdor, odéljenje od cěrkve.*

Scismatico, ag. - *razdoran, odmetnički;* st. *odmetnik.*

Scissura - *razdor, okěršaj.*

Sciugare - *sušiti, osušiti, po-sušiti.*

Scivolata - *popuznutje, po-puznenje.*

Scodella - *čaša, zděla*, dim.

čašica, zdělica.

Scodellajo - zdělar.

Scoglio, gran masso in ripa al mare ecc. - greben, krid, klisura, klisurina, bad.

Scoglioso - grebenit, hridan.

Scolare, st. - učenik, fem. učenica.

Scolare, vn. andar a poco a poco all'ingiù - cěditi, kapati; scolar tutto - scěditi, skapati, scolar molto - nacěditi se, nakapati se.

Scolaresca - učenici, učeničtvo, učioničtvo.

Scolastico - učionički.

Scolatojo - cědilište, cědište, cědnica.

Scolatura - ocědilo.

Scollare, va. - odlěpiti.

Scolpare. V. Giustificare.

Scolpire (figure) - slikotvarati, slikotesati, stesati v. urezati sliku, urezati; p. effigiare - slikati, naslikati; p. imprimere profond. nel cuore - usaditi (u sèrdcu).

Scolta - straža.

Scombro - lokarda.

Scommessa - obklada, oklada.

Scommettere, va. fare scommesse - obkladiti se, okladiti se; p. disfare opere di legnami - razčiniti, razstaviti, razmetnuti, razgraditi, razglobiti; p. muovere discordie - siati nemir, uzrokovati nemir v. smutnju; np. p. slogarsi, parlandosi d'ossa - zvenuti v. izvenuti (ruku, nogu ecc.).

Scompartimento - razredjenje, razděljenje.

Scompartire - razrediti, razděliti.

Scompiacente - neugodiv, neugodan.

Scompiacenza - neugodnost, neugoda.

Scompiacere - neugoditi, neugadjati, nepovoljiti.

Scompigliamento - poremetenje, svladanje, smutjenje, pomutjenje, uzkolebanje, razbèrkanje, razbèrcanje, uzkotèrljanje, razbacanje.

Scompigliare - poremetiti, svladati, smutiti, pomutiti, uzkolebati, razbèrkati, razbèrcati, uzkotèrljati, razbacati.

Scompiglio - metež, pomutnja, smutjenost, poremetenje, razbacenje, uzkotèrljanje, uzkolebanje

Scomporre, va. guastare il composto - razvèrći, razmetnuti, razčiniti, razgraditi; p. scomporre le lettere o caratteri - razslagati; np. p. sciogliersi dei corpi organici - razpasti se, razpadati se, razstaviti se, uništiti se, obratiti se u niš v. u prah.

Scomunica - prokljestvo, cèrkveno prokljestvo, izopćenje.

Scomunicare - prokljèti, staviti v. postaviti pod prokljestvo, izopćiti.

Scomunicato - prokljet, izopćen.

Sconcertare. V. Scompigliare.

Sconfiggere, cavar ciò che è confitto - izvući, iztegnuti; sconfig. il nemico - poraziti, potući, pobiti, raztèr-

kati, razpèršati. V. Abbattere.

Sconfitta - poraz.

Sconfitto, (in battaglia) - porazen, potučen, pobijen, raztèrkan, razpèršan.

Scongiurare, costringere i demonj a uscir dal corpo di chi ne è invaso - zakleti, zaklinjati; p. pregare con grandissima instanza - sèrdačno moliti, moliti i prositi.

Sconoscente. V. Ingrato. ecc. Zotico.

Sconosciuto - nepoznan, nepoznat.

Sconsideratezza - nepomnost, nepomnja, nepomnjivost, nesmotrenost.

Sconsiderato - nepoman, nepomnjiv, nesmotren.

Sconsigliare - odgovarati.

Sconsigliatezza - nesvèst, nerazbornost, nerazboritost.

Sconsigliato - nesvèstan, nerazboran, nerazborit.

Scontento - nezadovoljstvo, nezadovoljnost.

Sconto, ribasso sul prezzo - odbitak.

Scontrare. V. Incontrare; p. scontrare conti - *razvidĕti račune, sračunati.*

Sconvogliere. V. Scompigliare.

Scopa (da spazzare) - *metla.*

Scopare, spazzare colla scopa - *mesti, pomesti, izmesti, omesti, smesti, metati, pometati, izmetati, ometati, smetati;* p. scopare fino a stanchezza - *namesti se.*

Scopatura (spazzatura), lo scopare - *metenje, pometenje, izmetenje, ometenje, smetenje.* V. Spazzatura.

Scoperto, st. - *otvoreno* v. *odkriveno mĕsto, otvoreno, sokriveno, odkriveno;* ag. *otvoren, odkriven, sokrien, sokrit, odkrit.* V. Sfacciato. Schietto.

Scopetta - *metlica.*

Scopo, mira, bersaglio - *nišan,* met. p. fine - *cilj, svèrha.* V. Intenzione.

Scoppiare - *puknuti, provaliti,* met. *pojaviti se, početi;* scoppiò la voce -

puknuo je glas.

Scoppio, st. - *puknutje, pučnjava, pucanje.*

Scoprire - *odkriti, odkrivati, sokriti, sokrivati.* V. Manifestare. Denunziare.

Scopritore - *odkritelj, odkrivaoc, odkrivalac.*

Scorgere, vedere da lontano - *opaziti, vidĕti.* V. Discernere. Guidare. Manifestare.

Scorno. V. Vergogna. Ignominia.

Scorpena, (pesce rossastro) *škèrpina,* (nerastro e di piccola mole) *škèrpoč.*

Scorpione, animale terrestre velenoso - *kljiščar, šćipavac;* p. pesce - *škèrpun.*

Scorrere, vn. il muoversi stravelocemeute di alcune cose - *teći;* girare di ruote ecc. - *obraćati se;* p. trapassare con prestezza parlandosi di luogo - *prolaziti;* p. passare con velocità parlandosi di tempo - *proći, izaći, steći;* p. venire all'ingiù trattandosi di liquidi - *teći, točiti, stočiti, stočiti se, slivati se*; p. fare scorreria - *četovati, ići u potěru*; p. leggere con prestezza - *preštiti*.

Scorreria - *potěra, četovanje*.

Scorta, accompagnamento - *pratnja*. V. Guida. Guardia.

Scortare, va. far più corto - *skratiti, pokratiti*; vn. *skratiti se, pokratiti se*; p. far la scorta - *pratiti*; p. condur via scortando - *odpratiti*; p. condurre fino un dato luogo scortando - *dopratiti, pripratiti*. V. Diminuire.

Scortecciamento - *oguljenje, olupljenje*.

Scortecciare - *ogulěti, olupiti, ogulěti v. olupiti koru*. V. Guscio.

Scortese - *neuljudan, neudvoran*.

Scortesemente - *neuljudno, neudvorno*.

Scortesìa - *neuljudnost, neudvornost*.

Scorticare, staccare con violenza la pelle - *derati, oderati, drěti, odrěti*; p. sbucciare - *lupiti, olupiti, luštiti, oluštiti, oljuštiti, gulěti, ogulěti*. V. Guscio; fig. p. cavare astutamente i denari ad altrui - *gulěti, ogulěti (koga)*: p. torre rapacem. le sostanze altrui - *robiti, porobiti, gulěti, ogulěti, oplačkati, poharati, pograbiti, oplěniti*; np. p. morire - *oderati se*.

Scorticatore - *živoder, živoderac*.

Scorza, inviluppo generale dei vegetali - *kora*. V. Guscio.

Scorzare, levar la scorza - *izvaditi koru*. V. Guscio.

Scosceso, coperto di ruine - *hridan, klisurit, ponoran, stěrmenit*.

Scoto - *škot*.

Scotta, siero che avanza alla ricotta - *surotva*; p. fune attaccata alla vela - *škota*.

Scottare, dare una breve

cottura - *opariti*; p. fare lieve cottura col fuoco - *opeći*; p. scottarsi - *opeći se, opariti se.*

Scottatura - *opečenje, oparenje.*

Scranna. V. Sedia.

Screpolare, vn. e np. cominciar a crepare - *puknuti, pucati, popucati, zijati*; p. féndersi - *razčepiti se, razpucati se, razzijati se, razvreskati se.*

Scricchiolare - *škripati, škripljati.*

Scritto, st. - *pismo, spis*; in iscritto - *pismeno*; ag. scritto a penna - *pisan, pišen*; p. manoscritto - *rokopisan.* V. Scrittura.

Scrittojo, stanzino p. uso di scrivere ecc. - *pisanište, pisalište.* V. Scrivanìa.

Scrittore, chi scrive - *pisar, pisac*; p. autore d' opere scritte - *pisaoc, pisalac, spisaoc, spisatelj, spisalac.*

Scrittura, cosa scritta, e p. cosa che trovasi scritta in un libro - *pismo*; sacra scrittura - *sveto pi-*

smo; p. contratto per iscritto - *pismo, izprava*; p. ogni altro scritto - *pismo, spis*; scrittura probatoriale - *dokazni spis, dokaznica* - controprobatoriale - *protudokazni spis, protudokaznica.*

Scritturale, st. V. Scrivano; ag. - *pismen.*

Scritturista - *tumačitelj* v. *tomačitelj svetoga pisma.*

Scrivanìa - *pisarnički stol.*

Scrivano - *pisar*; scriv. marittimo - *pomorski pisar*; p. copista - *prepisalac, prepisivalac.*

Scrivere - *pisati, pisovati, pisivati, zapisati*; scrivere il proprio nome - *pisati v. zapisati svoje ime*; p. stufarsi di scrivere - *napisati se*; p. scriver sopra - *napisati* V. Inscrivere. Descrivere. Ascrivere. Registrare. Comporre. Notare.

Scrofa - *prasica, svinja, šoka*; p. concubina - *prasica* peg. *prasičina.*

Scrosciare, fare un suono

simile a quello che fa
la crosta del pane fresco,
quando la si mastica -
hèrstati, hrestati; p. bollire smoderatamente - *klokotati;* scrosciar dalle
risa - *pucati od smĕha.*

Scroto - *mošnja, mošnja od
jaja.*

Scrutinio - *upit, upitanje, izpit,
izpitanje;* scrut. dei voti -
upit v. brojenje glasovah.

Scucire - *razšiti, odšiti, raz-
poriti.*

Scuderìa - *konjušnica.*

Scudiere - *štitodèržac, štito-
noša.*

Scudiscio - *šiba, šibka.*

Scudo (difensiva) - *štit, o-
bramba;* p. moneta - *škud.*
V. Guscio.

Sculacciare, dar delle mani sul culo - *pljeskati,
opljeskati, spljeskati.*

Sculacciata - *pljesk, pljesak.*

Scultore - *slikotvorac, sliko-
dĕlac, slikodĕlja.*

Scultura, arte - *slikotvorje,
slikodĕlje;* p. cosa scol-
pita - *slikotvor.* V. Figura.

Scuola - *učiona, učionica,*
učilište.

Scuotere, va. agitare violentemente una cosa,
onde si muova in sè
stessa - *dèrmati, uzdèr-
mati, stresti, stresati;* p.
levarsi da dosso - *odvèrći,
odbaciti, otresti, otresati
(od sebe);* p. scuotere
cose leggere - *trusiti, o-
trusiti;* p. rimuovere da
sè - *odaljiti, odstraniti;* p.
liberarsi - *izbaviti se, o-
sloboditi se;* p. commuo-
versi per subìta paura -
stresti se.

Scure - *sĕkira, bradva;* manico della scure - *topori-
šče od sĕkire.*

Scuriada, scuria - *korbač,
kurbač, bič.*

Scusa, discolpa di leggier
fallo - *izprika, opravda,
izpričanje, izpričavanje, o-
pravdanje;* p. ragione
addotta in discolpa - *izgovor, ogovor, opravda,
razlog;* domando scusa
- *prošćenje* v. oprošćenje,
pitam v. molim. V. Pre-
testo.

Scusabile - *izpričav, ogovo-riv, izgovoriv, oprostiv.*

Scusare, va. *izpričati, izpri-čavati, opravdati, izgovori-ti, izgovarati, ogovoriti, ogovarati ;* vn. *prostiti, o-prostiti ;* scusate ma a-vete torto - *oprostite v. oprostitemi, ali imate kri-vo ;* np. *izpričati se, o-pravdati se.*

Scusato - *izpričan, oprav-dan, izgovoren, ogovoren.*

Sdegno - *nemilost, nemilo-sèrdje, jad, sèrdžba, sèr-ditost.*

Sdegnosamente - *sèrdito, zlo-sèrdno, jadno.*

Sdegnoso - *sèrdit, zlosèrdit.*

Sdentato - *bezuban, bezub.*

Sdicevole - *nepristojan, ne-priličan.*

Sdrajarsi - *zavaliti se.*

Sdrucciolare - *puziti, plazati, popuznuti, pohuznuti ;* sdruc. sul ghiaccio - *pu-ziti se, plazati se.*

Sdrucciolevole - *puziv, puz-ljiv, popuziv, popuzljiv, plaziv.*

Se, pron. - *sebe, sebi, se,*

si ; sè stesso - *sebe istoga,* a sè stesso - *sebi istomu,* tirrare a sè - *potegnuti k sebi, potegnuti na se,* da per sè - *sam, sam po se-bi, po sebi, od sebe, svo-jevoljno, od svoje volje,* stare da sè (da solo) *živěti posebi ;* cong. p. caso che, se poi, se - *ako, dali ako, ako pak;* p. benchè - *premda, ako-prem, ako, ako i ;* se an-che - *akoprem, premda, ako i, pak makar, ma i ;* p. che se - *dali, dali pa-ko, dali ako, ali ako.*

Sebbene - *akoprem, ako i, premda, premako.*

Secca (nel mare ecc.) *sika, osěk, klisura.*

Seccamente - *suho.*

Seccare, tor via l'umido - *sušiti, osušiti, posušiti, iz-sušiti ;* p. levar l'acqua da una barca - *ošekati ;* p. seccarsi delle piante e dei laghi - *usaknuti, posahnuti, osušiti se.* V. Importunare. Distrug-gere.

Secchezza, aridità - *suhoća, suhota, suhost, suša.*

Secchia, d' attinger acqua *sigalj, sigao;* dim. *sigljić.*

Secchio, vaso nel quale si raccoglie il latte nel mugnere - *diža.*

Seccia - *stèrn, stèrnište.*

Secciajo - *stèrnište.*

Secco, ag. privo d' umore *suh, suhoran;* alquanto secco - *suhahan, suhašan, suhonjav, suhorjav.* V. Magro. Seccamente; st. V. Secchezza.

Secesso, cesso - *zahod, sralište.*

Seco, con sè - *sa (s) sobom;* portar seco - *nositi sobom* v. *pri sebi.*

Secolare, st. chi vive al secolo - *světovnik.* V. Idiota; ag. di secolo - *stolětan, stogodišnji;* pianta secolare - *stolětno stablo,* p. mondano - *světovan, světski.*

Secolarizzare, va. - *razduhovniti, razpopiti;* np. *razduhovniti se, razpopiti se.*

Secolarizzazione - *razduhov-njenje, razpopitba.*

Secolo, spazio di cent' anni - *stolětje, stogodišje, stogodište, stogodišnjica;* p. mondo - *svět;* p. stato di vita, e p. età - *věk doba.*

Secondare, andar dietro nel pensare, nel parlare ecc. - *slěditi, naslědovati.* V. Compiacere.

Secondina - *pometina.*

Secondino - *uznički stražar.*

Secondo, ag. *drugi;* pella seconda volta - *po drugi put, opet, sopet, opetovano, sopetovano, iznova, nanovo.* V. Favorevole; non aver secondo (non aver pari) *neimati drugoga, biti pèrvi;* av. p. nel secondo luogo - *u drugom městu, na drugo město;* prep. *polag;* secondo me (a mio parere) *polag mojega mněnja.*

Secondogenito - *drugorodjen.*

Secreto. V. Segreto ecc.

Sedare. V. Quietare. Calmare.

Sede, trono - *prestol, pre-*

stolje; p. luogo - *mĕsto*, met. *sĕdište;* sede del male - *mĕsto boli.* V. Sedia.

Sedere, vn. *sĕditi, sĕdati, sidĕti;* porsi a sedere - *sĕsti, sĕdsti, sĕdnuti, sĕsti se, posĕsti se.* V. Regnare.

Sedia, arnese per sedervi, *katrida, kantrida, sĕdnica, sĕdilnica, sĕdalica, sĕdo, sĕdište, sĕdilište, sĕdalište,* met. *stol, stolac;* p. luogo ove trovasi ben collocata alcuna cosa - *mĕsto, šedište, sĕdilište;* piccola vettura a due ruote - *dvokolje, dvokolnica.* V. Sede.

Sedicente - *nazivajući se, tobožni, tobožnji, tobožji.*

Sedicesimo - *šestnaesti.*

Sedici - *šestnaest* (gen. pl.)

Sedizione V. Ammutinamento.

Sedizioso, ag. - *buntovan, dražujući, puntajući;* st. persona sediziosa - *bunjenik, buntovnik, uzbunjenik.*

Sedotto - *napeljan, zaveden, zavoden, namamljen, navodjen.*

Sedurre - *napeljati, zavesti, zavoditi, namamiti, navoditi.*

Seduta. V. Sessione.

Seduttore – *zavednik, zavodnik, zavoditelj, napeljalac, napeljatelj, namamilac, namamitelj, navodioo, navodnik.*

Seduzione - *zavedba, zavodba, navod, navoda, namama, napeljanje, zavedenje, zavodenje, namamljenje.* V. Inganno.

Sega - *pila;* dim. *pilica.*

Segala - *èrž, hèrž, raž.*

Segare, ricidere con sega - *piliti, razpiliti.* V. Mietere.

Segatore - *pilac.*

Segatura, azione del segare - *pilba, razpilba, piljenje, razpiljenje;* p. polvere che vi cade segando - *pilotine;* p. mietitura – *žetva, žanjenje.*

Seggia, seggio. V. Sede. Sedia.

Segmento - *kriska.*

Segnalare, va. rendere segnalato (famoso) - *pro-*

*slaviti, podignuti na glas
v. na slavu, uzveličiti;* np.
*proslaviti se, uzdignuti se,
uzveličiti se.* V. Segnare.

Segnale. V. Segno.

Segnare, va. far segno su
checchessia - *značiti, označiti, zlamenati, zlameniti,
zlamenovati, znamenovati,
nazlameniti;* p. notare con
bollo - *bilježiti, biljegovati,
zabilježiti, ubilježiti;* p. far
segno di croce - *križati,
prekrižiti, učiniti križ;* p.
improntar il sigillo - *pečatiti, zapečatiti;* np. farsi il
segno di croce - *prekrižiti
se, križati se.*

Segnatamente - *znamenito,
izrično.* V. Principalmente.

Segno, ciò che dà indizio
d'un' altra cosa - *znak,
znaka, zlamen, znamen,
zlamenka, znamenka, zla-
menje, znamenje, zlameno-
vanje, znamenovanje, bi-
ljeg, biljega, bilježka, bilje-
žje;* segno di confine (segnale) - *mejnik;* segno di
croce (fatto per divozione,
o meraviglia) - *znamenje,*

v. zlamenje križa, križ; p.
segno di mano, firma (co-
me sopra, e) - *rukoznak;*
farsi il segno di croce -
prekrižiti se. V. Sigillo.
Miracolo. Cenno. Bandie-
ra. Bersaglio.

Sego - *loj.*

Segregare. V. Separare.

Segretamente - *tajno, otajno,
potajno, tajom, tajoma,
skrovno.*

Segretariato - *tajničtvo.*

Segretario - *tajnik;* segretario di consiglio - *tajnik
veća.*

Segretezza - *tajenje, skrovnost.* V. Segreto.

Segreto, st. - *tajnost, tajna,
otajnost, otajstvo, potajnost,
skrovnost;* tener segreto -
tajiti, dèržati tajno, segreto
d'uffizio - *uredovna tajnost;* ag. *tajan, potajan,
skrovan, skrovit.*

Seguace - *naslědnik, pristaša.*

Seguente, ag. - *slědeći.*

Seguire, venir dietro - *slěditi, slědovati, ići (hoditi,
doći) po slědu;* p. aver effetto - *slěditi, dogoditi se,*

dogadjati se, zgoditi se, pripetiti se, sbiti se, obistiniti
se, slučiti se. V. Conti-
nuare.

Seguitare. V. Seguire. Perseguitare. Conseguire.

Seguito, st. accompagna-
mento - pratnja, slědba. V.
Corteggio. Esito; ag. p.
seguitato - slědjen, naslě-
djen, naslědovan; p. effettuato - obistinjen, dogo-
djen, zgodjen, pripetjen,
sbijen, uživotvoren, udělotvoren, dogodivši se, pripe-
tivši se, sbivši se, zgodivši
se, slučivši se; prep. in
seguito - uslěd, u poslědku
(gen.); in seguito all'ordine impartito - uslěd po-
danog naloga.

Sei - šest (gen. pl.).

Seicento - šest sto, šest stotinah.

Seimila - šest tisućah (hiljadah, jezerah).

Selce - kremen. V. Sasso.
Ciotto.

Selciare - golutati, ogolutati,
pogolutati, nasipati peskom
v. golutima.

Sella - sedlo; montare in
sella - zajahati V. Sedia.

Sellajo - sedlar.

Sellare. V. Insellare.

Selva, luogo piantato di alberi folti - gaj, dubrava;
p. tratto di selva dibo-
scata - laz.

Selvaggiamente - divljački.

Selvaggina - divljina, divja-
čina, divljačina, divljad,
zvěrad.

Selvaggio - divji, divjačan,
divljačan, divjački, div-
ljački, nepitom. V. Rozzo.
Crudele.

Selvatichezza - divljačtvo,
divljačnost.

Selvatico. V. Selvaggio.

Selvoso - dubravast, gajast.

Sembiante. V. Aspetto.

Sembianza - podoba. V. A-
spetto. Apparenza.

Sembrare - činiti se, viděti
se; a me sembra che ecc.
- meni se čini v. vidi (ja
bim rekao, bi reći) da ecc.

Seme - sěme. V. Principio.
Discendenza. Razza.

Semente (che si semina) -
sěme; p. il seminare -

sianje, posianje, usěv.

Semenza. V. Seme.

Semenzajo - *sěminište, prisadište.*

Semenzina - *šemencina.*

Semestrale, ag. - *šesteromě-sečan;* sem. rapporto - *šesteroměsečno izvěstje.*

Semestralmente - *šesteroměsečno, polulětno, polugodišno, svako šest měsecah.*

Semestre - *polugodište, polulětje, šesteroměsec;* primo semestre - *pèrvo polugodište.*

Semi - *pol, polu, napol;* seminudo - *polunag, skoro nag.*

Semideo - *polubog.*

Semimorto - *polumèrt, polumèrtav.*

Seminagione - *sianje, posianje, usěv.*

Seminario, semenzajo, e p. luogo dove vengono istruiti gl'iniziati allo stato eccles. - *sěminište.*

Seminato, st. - *sěve, usěv, sidba, sětba, sětva;* ag. *sian, posian, nasian.*

Seminudo - *polunag, skoro nag.*

Semispento - *polumèrt, duhat.*

Semita - *staz, staza, putić, klanac.*

Semituono - *poluglas.*

Semivivo - *poluživ, duhat, polumèrt.*

Semivocale - *poluglasnik.*

Semola - *posije, posěje, mekine, mekinje.*

Sempiterno - *věčni, věkovit, bezkončan, bezkonačan.*

Semplice, senza mistione - *prost;* p. contrario di composto - *jednostavan;* fig. p. inesperto - *prost;* uomo semplice - *prosti čověk;* p. contrario di doppio - *jedin.* V. Schietto.

Semplicemente - *prosto, jednostavno;* p. unicamente - *jedino, samo.*

Semplicità, stato di ciò che è semplice - *prostota, jednostavnost, jedinstvenost;* p. contrario di accortezza - *prostota.* V. Semplice.

Semplificare - *jednostručiti, ujednostručiti, uprostiti.*

Sempre, senza intermissione. *uvĕk, vavĕk, vazda, svagda, u svako doba, svedj, svedjer;* p. continuamente - *bez prestanka;* p. senza fine - *bez konca;* p. ogni volta - *svaki put, uvĕk* ecc.; p. sempre che - *uvĕk kad (kada);* p. tuttora - *sveudilj;* per sempre - *za vazda, za uvĕk, za vavĕk, za uvĕke, po sve vĕke, vĕkovito.*

Sempreviva - *neven, nevehn.*

Sena - *šena.*

Senape - *gorušica.*

Senapismo - *gorušnik.*

Senato - *starovĕče, senat.*

Senatore - *starovĕčnik, senator.*

Senile - *starodoban, starodavan, star.*

Seniorato - *starešinstvo.*

Seniore - *stariji, najstariji.*

Senno, qualità della mente per cui giudicasi rettamente - *razum, pamet, razbor, razbornost, um;* da senno - *zbilja.* V. Prudenza. Parere. Astuzia.

Seno, parte del corpo uma-no tra la fontanella della gola ed il bellico - *njedra, njadra, skut, naručaj;* p. piegatura della veste atta a contenere qualche cosa - *krilo;* nel seno di Abramo - *u krilo Abramovo;* p. mammelle della donna - *sasci, cice, njedra, njadra;* p. utero - *utroba.* V. Centro. Mezzo. Capacità.

Se non, se no - *ako ne, neg, nego.* V. Eccetto.

Sensale - *samsar, mešetar.*

Sensatamente - *razumno, mudro, razborno, pametno.*

Sensatezza, retto giudizio - *oštroumje, oštroumnost, razbornost.* V. Senno.

Sensato, saggio, giudizioso - *uman, oštrouman, razuman, pametan;* sensato discorso - *ostroumni govor.* V. Sensibile.

Sensazione - *ćut, ćutenje, utisak, utištenje.*

Senserìa - *samsarina, mešetarina.*

Sensibile, atto a sentire - *ćutljiv, oćutljiv, ćutiv, oću-*

tiv; p. che fa impressione sui sensi - *utisan, utisajuć, utištajuć;* p. facile a comuoversi - *mekosèrčan, mehkosèrčan;* p. notabile - *znatan.*

Sensibilità, attitudine a sentire – *ćutljivost, ćutivost, oćutljivost, oćutivost;* p. senso d'umanità - *mekosèrčnost, mehkosèrčnost.* V. Compassione.

Sensibilmente - *ćutljivo, ćutivo, oćutljivo, oćutivo;* p. notabilmente - *znatno, jako.*

Senso, facoltà di ricevere le impressioni - *ćut, ćutjenstvo, ćutjenje;* buon senso - *oštroumje, oštroumnost,* privo di sensi - *duhat;* p. significato di parola - *smisao, smisal;* in questo senso - *u ovom smislu.* V. Sensualità. Intelletto. Sentimento. Concetto.

Sensualità, stimolo del senso - *putenost, bludnost;* p. comprendimento per via dei sensi - *ćutjevnost, ćutjenstvo.*

Sentarsi. V. Sedere.

Sentenza, decisione di lite pronunziata dal giudice - *presuda, sudba;* p. condanna - *osuda, odsuda, obsuda;* p. soluzione d'un dubbio - *rěšenje, odlučenje;* sent. interlocutoria - *medjutomna presuda,* sent. assolutoria - *oprostna presuda,* sent. di condanna - *odsudna presuda,* sent. di morte - *smèrtna presuda.* V. Opinione. Senso.

Sentenziare, dar sentenza - *suditi, presuditi.* V. Condannare.

Sentiere, piccola strada - *staz, staza, klanac, putić, putac.*

Sentimento, facoltà di sentire - *čuvstvo, ćutjenje, ćutjenstvo, ćuteljstvo, ćuteljnost.* V. Consentimento. Affetto. Cura. Opinione. Senso. Senno.

Sentina, fondo della nave – *santina.*

Sentinella, soldato che fa la guardia - *straža, stražar;* fare la sentinella - *stra-*

žiti, činiti stražu, čuvati.
V. Difesa.

Sentire, ricevere le impressioni dagli oggetti esterni ecc. - *ćutiti, oćutiti;* p. udire - *čuti;* p. ascoltare - *slušati, poslušati, posluhnuti, saslušati;* sentire i testimonj - *saslušati svědoke.* V. Odorare. Conoscere. Intendere.

Senza, in mancanza - *bez, prez* (gen.); p. oltre o senza contare - *prěko, izim, van, izvan, osim* (gen.); senza il padre - *bez otca,* senza meno - *svakako, svakojako, bezdrugo,* senza dubbio - *bez dvojbe, nedvojbeno, stalno, za stalno;* senza che - *bez* v. *brez da.* V. Sicuramente.

Separare - *lučiti, odlučiti, razlučiti, razděliti, porazděliti, oděliti, razdružiti, razstaviti, razstavljati.* V. Distaccare.

Separatamente - *odlučno, razlučno, razdělno, razstavno, napose, osebice, o*

sebi, obaška, pobaška, pojediniče.

Separazione - *lučenje, odlučenje, razlučenje, razděljenje, razstava, razstavljenje, razstavljanje, razdruženje;* separaz. di beni - *razlučenje dobārah,* separaz. di letto e mensa - *razstava od postelje i tèrpeze.*

Sepellire. V. Seppellire.

Sepolcro - *grob, greb, grobje, rakva,* met. *počivalište, jama.*

Sepolto - *zakopan, pokopan, sahranjen, pohranjen, pogreben.*

Sepoltura. V. Seppellimento. Sepolcro.

Seppellimento - *pogreb, zakop, pokop, zakopanje, pokopanje, sahranjenje, pohranjenje.*

Seppellire - *zakopati, pogrebsti, zakapati, zakopivati, zukopavati, pokopati, sahraniti, pohraniti.* V. Nascondere.

Seppellitore - *zakopalac, pokopalac, pokopavaoc.*

Seppia - *sipa.*

Sequestrante - *zaptitelj, uzaptitelj;* sequest. de' beni - *uzaptitelj dobarah.*

Sequestrare - *zaptiti, uzaptiti;* p. intercettare lettere ecc. (come sopra, e) - *zaustaviti, zaustavljati.*

Sequestratario - *zaptilac, uzaptilac.*

Sequestrato - *zaptjen, uzaptjen;* sequest. naviglio - *uzaptjeni brod.*

Sequestrazione - *zapta, uzapta, zaptjenje, uzaptjenje.*

Sequestro - *zapt, zabrana;* seq. giudiziale - *sudbeni zapt, sudbena zabrana,* giustificazione del seq. - *opravdanje zapta,* sequestro di lettere - *zaustava pisamah.*

Sera - *večer.*

Serafino - *Serafin.*

Serbare.   V. Conservare. Salvare. Indugiare.

Serbatojo, luogo chiuso, in cui si conservano animali a ingrassare - *zatvor.* V. Cisterna.

Serbiano. V. Serviano ecc.

Serdaro - *sèrdar.*

Serenissimo - *prejasan, presjajan, privedar;* sereniss. principe - *prejasni knez.*

Serenità, nettezza di cielo e met. p. quieta tranquillità - *vedrina;* p. astratto del titolo di serenissimo - *prejasnost, presjajnost, privedrost, sjajnost.*

Sereno, st. - *vedro;* ag. *vedar;* cielo sereno - *vedro nebo,* con fronte serena - (met.) *vedrim v. odpèrtim čelom.*

Seriamente - *ozbiljno, zbilja, bezšalno, bez šale, za sprave, stavno.*

Serico - *svilan, svilen.*

Serie - *čreda, red, vèrst, vèrsta.*

Serietà - *ozbiljnost, zbiljnost, bezšala, nešala, stavnost.*

Serio, gravemente contegnoso - *ozbiljan, bezšalan, nešalan;* serio conflitto - *ozbiljna borba;* p. grave - *ozbiljan, stavan;* in sul serio. V. Seriamente.

Sermento, ramo secco della vite - *loza;* p. tralcio - *rozgva.*

Sermentoso - *lozast, lozovit, rozgvovit.* V. Sermento.

Sermone, pubblico ragionamento - *govor, divan.* V. Predica. Linguaggio. Idioma. Satira.

Serpe. V. Serpente. Vipera.

Serpeggiare, - *vijati se, uvijati se.* V. Strisciare.

Serpente, serpe - *guž, guja.*

Serraglio, steccato per riparo, o difesa - *ograda, obrana;* p. luogo cinto di mura - *ograda, zatvor.*

Serrare. V. Chiudere. Contenere. Comprimere.

Serratura, serrame che si apre col mezzo di chiave - *zaklop, ključanica.* V. Suggello. Termine.

Serto. V. Ghirlanda. Corona.

Serva - *služkinja, službenica, děvica, děkla.*

Servare. V. Conservare. Riservare. Osservare. Obbedire. Mantenere.

Servente, st. servo d'un uffizio - *poslužitelj, podvornik;* ag. V. Ubbidiente. Utile. Servo.

Serviano, st. - *sèrb, sèrbalj, sèrbljanin;* fem. *sèrba, sèrbkinja;* ag. *sèrbski, sèrblji.*

Servigio, servizio, opera che si presta ad altrui - *usluga, poslužba;* che si presta per pattuita mercede - *služba, službenstvo;* p. opera che si presta gratuitamente - *ljubav, udvornost;* p. operazione - *posao, posal, dělo, poslovanje, dělanje, dělovanje;* p. vasellame da tavola - *vèrniž, sudje* v. *posudje stola.* V. Negozio. Funerale. Bisogno. Servitù.

Servire, far opera per pattuita mercede - *služiti, služivati, rabiti, rabotati;* serv. p. favore - *služiti, poslužiti, posluživati, dvoriti;* egli serve presso N. - *on služi u N.* ciò mi serve - *to mi rabi* v. *služi,* per servirla! (modo affermativo) *za poslužiti! na službu!*

Servitore - *sluga, službenik.* V. Servo.

Servitù, opera o impiego servile - *rabota, služnost, službenost, posluga, služenje, posluženje;* p. nome collet. dei servitori - *služinčad, sluge, poslužničtvo, poslužiteljstvo;* p. servitù (peso) sopra un bene stabile - *služnost;* diritto di servitù - *pravo služnosti,* serv. prediale - *zemljištna služnost,* personale - *osobna služnost,* rustica - *poljarska* v. *ladanjska služnost,* fondo di servitù - *služno dobro (grunt, zemlja).* V. Bisogno.

· Serviziale - *stèrcaljka, stèrcalica, šervicial.*

Servizievole - *poslužan.*

Servizio. V. Servigio.

Servo - *sluga, službenik, junak, momak, momčeto (eta).*

Sessagenario - *šestdeseterolětan, šestdeseterogodištan.*

Sessanta - *šestdeset.*

Sessantesimo - *šestdeseti.*

Sessantina - *šestdesetak.*

Sessennio - *šesteroletje, šeste-*

rogodište.

Sessione, seduta, unione di persone per consultare - *sědnica;* sessione pubblica - *javna sědnica;* p. atto di sedere - *sědenje, posědenje.*

Sesso - *spol;* sesso maschile e femminile - *muški i ženski spol.*

Sessola - *palj.*

Sessuale - *spolan.*

Sesta, compasso - *šest, šestilo, šestar.*

Sestina - *šestorka, šestka.*

Sesto, ag. numero ord. - *šesti;* st. sesta parte - *šesti dio* v. *děl.* V. Ordine. Sesta.

Sestuplicare - *šesterostručiti.*

Sestuplo, ag. - *šesterostruk, šesterostručan.*

Seta - *svila;* seta cruda - *nevarena svila.*

Setajuolo - *svilar.*

Sete - *žedja, žedj, žaj, žažda;* aver sete - *biti žedan* v. *žajan.*

Seterìa - *svilarstvo.*

Setola, pelo che ha sul filo della schiena il porco

- *šćetina, peraja;* p. pelo
lungo della coda del cavallo ed altri animali- *strunja,*
struna; p. spazzola fatta
di setole - *kefa, šćetica,*
četica, četka.

Setta, quantità di persone
che seguitano qualche
particolare opinione ecc.
slědba, zakoničtvo (relativ.
a religione, anche) *krivo-*
věrstvo; p. congiura - *o-*
kletva, urota, kovarstvo,
zakletni dogovor.

Settagono - *sedmerokut, sed-*
merokutje, sedmeronuglo.

Settangolo. V. Settagono.

Settanta - *sedamdeset.*

Settantesimo - *sedamdeseti.*

Settario - *slědbenik, krivo-*
věrnik, krivověrac; p.
congiurato - *urotnik, o-*
kletnik, kovarnik. V. Setta.

Sette - *sedam* (gen. pl.)

Settecento - *sedam sto* v.
sedam stotinah.

Settembre - *Rujan.*

Settembrino - *rujni, rujna.*

Settemplice - *sedmerobojan.*

Settemvirale, ag. - *sedmo-*
rički. V. Tavola.

Settemvirato - *stol sedmo-*
rice; (p. autorità giudiziaria supr. come sopra,
e) *sudbena sedmorica.* V.
Tavola.

Settemviri, st. - *sedmorica,*
sedmerica.

Settennale - *sedmerolětan,*
sedmerogodištan.

Settenne. V. Settennale.

Settennio - *sedmerolětje,*
sedmerogodište.

Settentrionale - *sěveran, sě-*
věrski, sěverokrajan.

Settentrione - *sěver.*

Settimana - *tědan, sedmica.*

Settimanale - *tědanski, sed-*
mički.

Settimo, ag. - *sedmi;* av.
p. in settimo luogo - - *se-*
dmo.

Settuagenario - *sedandese-*
terolětan, sedandeseterogo-
dištan.

Settuagesima, (domenica) -
sedmodesetica, sedmerode-
setnica.

Severamente - *strogo, oštro;*
sev. proibito - *strogo za-*
branjeno. V. Severo.

Severità - *strogost, oštroća,*

oštrina, osornost. V. Severo.

Severo, rigoroso - *strog, oštar;* p. rigido, aspro - *osoran.*

Sevizia. V. Crudeltà.

Sevo - *loj.*

Sezionare (un cadavere) - *parati.*

Sezione, tagliamento - *sěčenje, odsěčenje, razsěčenje, presěčenje,* met. *oděljenje;* p. tagliamento di cadaveri - *razpora, paranje;* p. parte d' un trattato o di un libro - *odsěk, odsěčak, oděl, odio;* p. metà d' un drappello di soldati nelle evoluz. - *oděl, odio.* V. Cadavere.

Sfaccendato - *bezposlen, neposlen, dangubiv.*

Sfacciataggine - *bezobraznost, bezobrazstvo, bezočnost, nesram, bezsramnost, dèrzovitost.*

Sfacciato, inverecondo nel fare e nel dire - *bezobrazan, bezočan, nesraman, bezsraman, dèrzovit;* p. che ha una striscia bian-

ca per lo lungo della fronte, parlandosi di cavalli - *perast.*

Sfarzo - *veličanstvo, velikost, sprav,* met. *blagovitost, bogatost.*

Sfarzosamente - *veličanstveno, blagovito, bogato.*

Sfarzoso - *uzvišen, veličanstven, blagovit, bogat.*

Sfasciare, va. levar le fasce - *odviti, odpoviti, odpoviati, razviti, razviati odpasati.* V. Smantellare. Scomporsi.

Sfavillare - *iskrati, kresati.*

Sfavore - *neugodnost, nepovoljnost.*

Sfavorevole - *neugodan, nepovoljan, nezgodan, nepogodan, loš, lošav.*

Sfera, globo - *krugla oblica;* p. termine fin dove può giunger l' umana dottrina - *krug, dělokrug.*

Sferza - *šiba, šibka, bič.*

Sferzare - *šibati, ošibati, bičevati.*

Sferzata - *šiboudarac, bičji udarac.*

37

Sfida - *pozov (pozvanje, izazvanje) na megdan* v. *mejdan.*

Sfidanza - *nezaufanost, neuzdanje, bezuzdanje, bezufanje.*

Sfidare, va. invitare a battaglia - *pozvati (pozivati, izazvati, izazivati) na megdan* v. *mejdan;* p. disanimare - *prestrašiti, uplašiti, razufati, uzeti ufanje.* V. Diffidare.

Sfidato. ag. *pozvan, izazvan;* st. *pozvanac, zazvanac, zazvanik, izazvanik.*

Sfidatore - *pozvalac, pozivalac, izazivalac, zazivalac.*

Sfiducia - *nevěra, nepověrenje, nepouzdanje, neufanje, nezaufanost, nepoufanost.*

Sfiduciare - *uzeti ufanje.*

Sfigurare, far venir deforme - *pogrubiti, izopačiti.*

Sfigurato - *pogrubjen, izopačen, nespodoban.*

Sfoderare, va. levar la fodera - *izvaditi fudru (podstavu, postavu);* p. cavar dal fodero - *izvaditi* v. *izvući iz nožnice.*

Sfogare, vn. esalare - *dimovati;* p. uscir fuora - *provaliti, buknuti, izbuknuti,* met. *predrěti, sunuti;* np. p. cercar sollievo all' interna passione col manifestarla - *otresti se (na koga).* V. Scoppiare.

Sfornito - *neobskěrbljen, neprovidjen.*

Sfortuna - *nesrěća, zlosrěća, nezgoda.*

Sfortunato - *nesrěćan, zlosrěćan.*

Sforzare, va. indurre colla forza - *siliti, silovati, prisiliti, usiliti, usilovati, nasilovati, prinuditi, primorati, prigoniti;* p. occupare colla forza - *osvojiti, silom uzeti, osvojiti* v. *prisvojiti;* p. usar forza, violare - *silovati (koga);* np. sforzarsi, affaticarsi - *siliti se, těžiti se, těrsiti se, mučiti se, boriti se, nastati, nastojati.*

Sforzo - *napor, težnja, nastojanje.*

Sfracassare. V. Fracassare.

Sfracellare - *raztrěskati, razdrozgati.*

Sfratare, va. - *razfratriti;* np. *razfratriti se, izfratriti se.*

Sfrattare, va. dare lo sfratto - *odgoniti, odgnati, progoniti, prognati, iztěrati, protěrati.*

Sfrattato, st. - *odgonjenac, odgnanac, progonjenac, gonjenac, iztěranac, protěranac;* ag. *odgonjen, odgnan, prognan, iztěran, protěran.*

Sfratto - *odgon, progon, izgon, odgnanstvo;* passo di sfratto - *odgonica.*

Sfregare - *žulěti, ožulěti, požulěti, těrti, otěrti, iztěrti.*

Sfrenare, va. cavar il freno - *razuzdati (koga):* np. p. trarsi il freno, divenir licenzioso - *razuzdati se, razpustiti se.*

Sfrenatezza - *razuzdanost, razpuštenost.*

Sfrenato - *razuzdan, razpušten.*

Sfrontato. V. Sfacciato.

Sfuggire. V. Evitare.

Sgabello - *podnožje.*

Sgarbatamente - *neuljudno, neudvorno, neotesano.*

Sgarbatezza - *neuljudnost, neudvornost, neotesanost.*

Sgarbato - *neuljudan, neudvoran, neotesan.*

Sgobbare - *raditi* v. *dělati kao konj.*

Sgocciolare - *sprazniti* v. *izprazniti do kaplje (do kapa, do suze).*

Sgomberare - *očistiti, osnažiti, razpremiti;* sgombrare la casa - *izprazniti kuću.*

Sgomentare, va. *prestrašiti, razplašiti;* vn. *prestrašiti se, razplašiti se, snebiti se.*

Sgomento - *prestrašenje, razplašenje, snebjenje.*

Sgorbia - *gujba, gujbavo dlěto.*

Sgorbiare, imbrattare con inchiostro - *omèrčiti* v. *pomèrčiti cèrnilom, omèrčiti, pomèrčiti.*

Sgorbio - *omèrčilo, pomèr-čenje.*

Sgraffignare - *pograbiti, ukrasti.*

Sgraziato. V. Disgraziato.

Sgridare - *izvikati.* V. Bandire.

Sgroppare, disfare il groppo - *oduzlati, razuzlati.*

Sguainare - *izvući* v. *izvadi iz nožnice.*

Sguardo, occhiata - *pogled, pogledak, zgled, sgled.* V. Considerazione. Riguardo.

Sguarnito. V. Sfornito.

Sì, av. che afferma - *jest, jes;* p. contrario di no - *da;* è questo il libro? - sì - *jeli ovo knjiga? - jest* v. *da;* sì da questo, sì da quel lato - *i od ove, i od one strane, koliko (koli) od ove, toliko (toli) od one strane;* p. particella che affiggesi al verbo e lo fa di significato passivo - *se;* stupirsi - *čuditi se.* V. Sicuro.

Sibilare. V. Fischiare ecc.

Sibilla - *Šibila.*

Sicario - *podnajmljeni ubojica, kèrvnik.*

Sicchè - *tako da, česa radi, radi česa.*

Siccità - *suša, suhoća.*

Siccome - *kako, na isti način kako.*

Sicuramente, con sicurezza - *ségurno, uzdano, pouzdano;* p. senza rischio - *bezpogibeljno, nepogibeljno, bez pogibelja;* p. senza dubbio - *stalno, stanovito, jamačno, izvěstivo, nedvojbeno;* p. partic. affermativa - *dakako, dabome, adabome.*

Sicurezza, qualità di ciò che è sicuro - *ségurnost, oséguranost, obezbědnost; uzdanost, pouzdanost; stalnost, izvěstnost, izvěstivost, stanovitost.* V. Sicuro. Fiducia. Riparo. Garanzìa.

Sicuro, ag. senza sospetto - *séguran, bezsuman, nesuman, nesumljiv;* p. fuor di pericolo - *séguran, oséguran, obezběden;* p. che inspira sicurezza - *uzdan, pouzdan;* fonte sicura - *pouzdani izvor;* p. certo - *stalan, izvěstan, izvěstivan, istinit, stanovit, stanovitan, nedvojben;* p. ardito - *smion, smionast, směl, smělan.* V. Fermo. Coraggioso; st. V. Sicurezza; av. p. sì, certamente - *dakako, dabome, adabome.*

Sicurtà, tl. - *poručanstvo.* V. Garanzìa. Sicurezza.

Siepe - *plot, gradja, ograda.*

Siero - *surotva, surutva, surutka.*

Sifilide - *bol francuzka, (francuzljiva francozljiva).*

Sifilitico, ag. - *francuzljiv, francozljiv;* st. *francozljivac.*

Sigaro, cigaro - *smotak, cigar;* un pacco di sigari *smotak smotakah.*

Sigillare. V. Suggellare ecc.

Sigla - *slovo, znak.*

Significare, esprimere - *izreći, izraziti, očitovati;* p. denotare, ma in senso più generico - *zlamenovati, znamenovati, zlameniti, znamenati, značiti,*

oznaćiti, *kazati;* p. far intendere - *obznaniti, ubavěstiti, do znanja staviti, dati na znanje, javit', prijaviti, objaviti, kazati.*

Significativo - *znaćiv, znaćiteljan.*

Significato, st. - *značilo, značenje, smisao.*

Signore, p. titolo di onore, e p. Dio - *gospodin, gospod;* fem. *gospa, gospoja, gospodinja;* del signore - *gospodinov, gospodov;* della signora - *gospin, gospojin.* V. Padrone.

Signoreggiare, dominare - *gospodariti, gospodarovati, gospodovati;* p. trattare da signore - *ponašati se* v. *vladati se kao gospodin.* V. Dominare.

Signoretto, p. titolo d'onore - *gospodičić.*

Signorìa, podestà, dominio, - *gospodarstvo;* p. titolo di rispetto - *gospodstvo;* Vostra Signorìa! - *Vaše Gospodstvo!* p. podere d'un signore - *gospoština, gospodština.*

Signorile - *gospodski*, met. *veličanstven, bogat, blagovit.*

Signorina, titolo d' onore - *gospica, gospojica, gospodična.*

Silenzio, taciturnità - *muk, mučanje;* ; p. quiete - *mir, tišina;* stare in silenzio *mučati;* passar sotto sil. - *mimoići, mimoiti, zamučati, nenapomenuti (što);* far improv. silenzio o cessar di parlare ecc. - *umuknuti, zamuknuti;* rompere il sil. - *progovorěti, prozboriti.* V. Segreto.

Sillaba - *slovka, slog.*

Sillabare - *slovikati, slabikati.*

Silogismo - *silogizam.*

Silvestre. V. Selvatico.

Simbolico - *značan;* tradizione simb. *značajna predaja, predaja po znacih.*

Simbolo - *znak.*

Simia. V. Scimia.

Simigliante - *priličan, sličan, naličan, doličan, jednosličan, podoban, spodoban, suobrazan.*

Simiglianza - *priličnost, sličnost, naličnost, doličnost, jednoličnost, spodobnost, podobnost, suobraznost.*

Simigliare, somigliare, aver somiglianza - *priličiti prilikovati, sličiti, biti priličan v. sličan (komu);* p. rendersi simile - *učiniti se jednak.* V. Paragonare.

Simile - *jednak, puk, puki, pukast, takmen,* met. *ravan.*

Similitudine. V. Simiglianza. Comparazione. Figura.

Similmente - *jednako, istotako, na isti način.*

Simmetrìa - *razměr, razměrak, skladnorednost.*

Simmetrico - *razměran, skladnoredan.*

Simpatìa - *sućut.*

Simplo (scritto) - *jednopis.*

Simulare - *tajati, skrivati, varati, lagati.*

Simulazione - *tajanje, skrivanje, varanje, laganje.*

Simultaneità - *zajedničtvo.*

Simultaneo - *zajednički.*

Sinagoga - *sinagoga.*

Sinceramente - *iskreno, pravodušno, lojalno.*

Sincerare, va. persuadere - *uvĕriti, obsvĕdočiti.* V. Giustificare; np. p. venir in chiaro - *uvĕriti se, obsvĕdočiti se, postarati se.*

Sincerità - *iskrenost, lojalnost, pravodušje, pravodušnost, istinitost.* V. Purezza. Purità.

Sincero, senza finzione - *iskren, lojalan, pravodušan, istinski, istinit.* V. Puro.

Sindacare - *prosudjivati.* V. Censurare.

Sindacato - *prosudba, prosudjenje, sudstvo, sindakat.*

Singhiozzare, aver il singhiozzo - *ščukati se, štucati se, (komu);* egli singhiozza - *njemu se ščuka* v. *štuca;* p. piangere dirott. singhiozzando - *jecati, uzdihati.*

Singhiozzo - *ščukalica, ščukavica, štucavica, ščukanje, štucanje,* (di pianto) *jecanje, uzdihanje.*

Singilativamente - *pojedince.*

Singolare, ag. particolare *osobit, osoban, osobitan;* p. unico, insolito - *jedin, jedinstven, izvanredan, neobičan;* V. Eccellente. Raro. Ammirabile; st. p. contrario di plurale - *jedinobrojnik, jedinstveni broj.*

Singolarità, particolarità - *osobitost;* p. rarità - *jedinstvenost, izvanrednost, neobičnost;* p. modo stravagante di trattare ecc. *smĕšnost.*

Singolo - *pojedin, jedinogod, inokosan.*

Singulto - *jecanje, plač.*

Sinistra - *lĕva;* a destra e sinistra - *na desnu i na lĕvu.*

Sinistramente, con sinistro modo - *nopak, naopak,* met. *gèrdo, tamno, škuro;* p. malamente - *slabo, zločesto, naopako, lošo, èrdjavo, kukavo, kukavno;* p. infaustamente - *zloudesno, zlokobno.*

Sinistro, ag. contrario di

destro - *lěv ;* p. cattivo, dannoso - *zao, opak, pakostan, taman, hud, èrdjav.* V. Disavventura.

Sinodale - *cèrkveno - saborski.*

Sinodo - *cèrkveni sabor.*

Sinonimo - *takmorěč, istorěč.*

Sintassi - *rěčoslovje.*

Sintomo - *znak, pojav.* V. Segno.

Sione - *vihor, vijor, vijavica, opijavica.*

Sipario - *zastor.*

Sire - *gospodar.*

Sirena - *milokoljica.*

Siringa. V. Sciringa.

Sirocco – *jugo.*

Sirte - *žal.*

Sistema - *sustav, sustava, pravac, pravilo, običaj, način.*

Sistematicamente - *sustavno, pravilno, običajno.*

Sitibondo - *žedan, žajan.*

Sito, st. luogo - *město.* V. Abitazione.

Situare - *staviti, postaviti, položiti.*

Situazione, positura del luogo - *položaj;* p. stato,

condizione - *stališ, stalež, stanje,* met. *položaj.*

Slacciare, va. - *odvezati, razvezati;* np. *odvezati se, razvezati se,* met. *osloboditi se, izbaviti se.*

Slargare, va. - *širiti, razširiti, razprostraniti;* np. *širiti se, razširiti se, razprostraniti se.*

Sleale - *věroloman, nevěran.*

Slealtà - *věrolomnost, nevěra.*

Slegare. V. Sciogliere.

Slogamento, lussazione - *zvenenje, izvenenje, zbedrenje, izbedrenje.*

Slogare, va. - *směstiti, razglobiti,* (di un osso) *zvenuti, izvenuti, zbedriti, izbedriti.*

Sloggiamento. V. Sloggio.

Sloggiare, vn. partirsi dall' alloggiamento - *preseliti se, izseliti se;* va. p. cacciar l' inimico dal luogo che occupa - *izgnjezditi, izgnjazliti (koga).*

Sloggio - *preselba, preseljenje, izselba, izseljenje.*

Slungare - *produljiti, razduljiti.*

Smagrire - *oměršaviti, směr-šaviti, omlěditi, pomlěditi, osušiti, postati měršav* v. suh.

Smania, lo smaniare - *pojidanje;* p. eccessiva brama - *požuda, pohlěpa, vruća želja;* p. agitazione d'animo - *nemir, uznemirenje, pojid.*

Smaniarsi - *uznemiriti se, uznemirivati se, pojidati se.*

Smantellare - *porušiti, razvaliti, razvaljati.* -

Smarrire, perdere, va. - *zgubiti, izgubiti;* np. *zgubiti se, izgubiti se;* p. confondersi - *smutiti se, pomutiti se, snebiti se,* met. *zgubiti se* ecc.; p. sbigottirsi - *prestrašiti se, razplašiti se.*

Smarrito - *zgubljen, izgubljen; smutjen, snebjen; prestrašen, razplašen.* V. Smarrire.

Smascherare, va. - *skinuti priobrazu (komu),* met. *odkriti (koga);* np. *odkriti se, dati se poznati.*

Smerciare - *razprodati, razpačati.*

Smerdare - *posrati, ogovniti.*

Smergo - *žnjorac.*

Smettere – *razstaviti, razmetnuti, staviti izvan običaja, pustiti, razpustiti, metnuti na stran.*

Smezzare - *razpoloviti, razdvojiti.*

Sminuire. V. Diminuire.

Sminuzzare - *drobiti, zdrobiti, směrviti, izměrviti, razměrviti.*

Smiraglio - *okno.*

Smisuratezza - *prěkoměrnost, neizměrnost, neizměrnoća, bezkrajnost, prěkorednost.*

Smisurato, ag. senza misura - *neizměran, prěkoměran, prěkoredan, bezkrajan, bezkonačan;* av. p. smisuratamente - *neizměrno, prěkoměrno, bezkrano, bezkonačno.*

Smoccare - *oseknuti, usekniti.*

Smoccolare. V. Smoccare.

Smoccolatojo - *sekalo, osekalo, usekač, usekalo,*

šnajcar, klješća.

Smontare, vn. scendere - poći v. ići dolě, (da cavallo) odjahati; p. cadere dal suo stato - propasti, odpasti.

Smorfia - šmajhla, šmajhlanje, mazanje.

Smorfioso - šmajhlav, šmajhlast, mazast, mazav.

Smorzare - gasiti, ugasiti, pogasiti, zagasiti, ugasnuti, gasivati, ugasivati ecc. dunuti, udunuti, podunuti, utèrnuti, potèrnuti, ugušiti.

Smossa - smestenje, krenutje, okretanje.

Smosso - směsten, krenut, okrenut.

Smozzicare - kusati, okusati, preséći, odrezati.

Smugnere - musti, pomusti, izmusti.

Smugnimento - muzenje, pomuzenje, izmuzenje.

Smunto, ag. di smugnere - pomuzen, izmuzen. V. Sparuto.

Smuovere, muovere con fatica - smestiti, krenuti, okrenuti.

Snello - lak, lahk, hèrl.

Snervare - preséći žile. V. Debilitare.

Snidare, va. cavare dal nido - izgnjezditi, izgnjazliti, izvaditi (iztěrati, potěrati) iz gnjezda v. gnjazla, va. p. uscir dal nido - otići iz gnjezda v. pustiti gnjezdo.

Snodare. V. Sgroppare.

Snudare, va. V. Sfoderare.

Soave - mil, mio, sladak. V. Benigno.

Soavità, astr. di soave - miloća, slasnost, sladkost V. Benignità.

Sobbarcare, va. sottoporre - podstaviti, podložiti, smesti; np. podstaviti se, podložiti se.

Sobborgo - pregrad, zagrad.

Sobole. V. Prole.

Sobriamente - trězno, trězveno.

Sobrio - trězan, trězmen, trězven.

Socchiudere. V. Chiudere.

Soccio. V. Associare.

Soccombere - pasti, opasti, biti v. postati nadvladan,

(*premožen, smožen*). V. Morire.

Soccorrere - *pomoći, pomagati, pripomoći, podpomo-
ći, podpomagati, pružiti v.
podati pomoć, priteći na
pomoć.*

Soccorso, st. V. Ajuto; ag.
- *pomožen, pomagan, pri-
pomožen. podpomožen, pod-
pomagan.*

Sociale - *družtven, ortački.*

Società, unione d' uomini
avvenuta per naturale im-
pulso - *družtvo, družinstvo;*
p. genere umano - *narod,
čověčanstvo, svět;* p. unione di più persone che trattano insieme una faccenda
- *družtvo, družba, ortačtvo;* società pubblica -
javno družtvo, - di canto
- *pěvačko družtvo,* - d'acquisto - *stečivno družtvo,*
- mercantile - *těrgovačko
družtvo,* contratto di società - *družbena v. ortačka
pogodba.*

Socio - *družbenik, drug, ortak, član;* fem. *družbeni-
ca, drugarica, ortakinja,*

član; consocio - *sudružbe-
nik, sudrug* ecc.

Sodale. V. Compagno.

Soddisfacente - *zadovoljujuć,
zadovoljstven.*

Soddisfacimento. V. Sod-
disfazione. Riparazione.

Soddisfare, appagare - *zadovoljiti, udovoljiti, ugoditi,
izpuniti želju;* p. pagare
il debito - *platiti v. izplatiti dug, izplatiti, naplatiti,
namiriti;* p. dare riparazione d' un'ingiuria - *dati
(podati, pružiti) zadovolj-
štinu, osvětliti čast,* (d'un
danno) - *naknaditi v. nadoměstiti kvar v. štetu;* p.
giustificarsi - *opravdati se,
izpričati se.*

Soddisfazione, il soddisfare
- *zadovoljenje, udovoljenje,
ugodjenje, izpunjenje želje;
platjenje, izplatjenje, naplatjenje, namirenje; naknada, naknadjenje, nadomě-
štenje;* p. riparazione d'ingiuria - *zadovoljstvo, zado-
voljština.* V. Contentezza.
Penitenza.

Sofferentemente - *ustěrpivo,*

ustèrpno, snosno, podno-sivo.

Sofferenza - *ustèrpljivost, podnositost, snositost.*

Sofferire. V. Soffrire.

Soffermare - *zadèržati, žadèržavati.*

Soffermata - *zadèržaj, žadèržanje, zadèržavanje.*

Sofferto - *podnosen, podnesen, podnašan, tèrpljen, stèrpljen, ustèrpljen, pritèrpljen, propatjen.*

Soffiare, vn. spingere l'aria violentem. col fiato - *puhati, duvati, dimati, dměti;* p. spirare di venti - *puhati, duvati;* p. sbuffare per forte passione - *puhati;* p. soffiare fiatando - *duhati, dihati;* p. soffiar via p. e. una pagliuzza - *spuhnuti, odpuhnuti (što);* soffiare in checchessia continuatamente - *puhati, duvati (u što),* soffiar in checchessia una sol volta - *puhnuti, dunuti;* soffiar sotto - *podpuhati, podpuhnuti;* soffiare nel fuoco per farlo accendere

- *puhati u oganj, spuhati oganj;* p. soffiarsi il naso - *oseknuti se, oseknuti nos.* V. Instigare.

Soffice - *mekahan, mekašan, mekoput, mekoputan.*

Soffietto, strumento per accendere il fuoco - *puhalo.*

Soffio - *puh, puhnutje;* in un soffio. V. Attimo.

Soffitta - *tavan.*

Soffocare. V. Soffogare

Soffogamento. V. Soffogazione.

Soffogare - *ugušiti, zagušiti, zadušiti, udušiti.*

Soffogato - *ugušen, zagušen, zadušen, udušen.*

Soffogazione - *uduha, udušenje, ugušenje, zagušenje, zadušenje.*

Soffrire, aver sofferenza, pazient. aspettare - *ustèrpiti se, ustèrpljivati se;* p. patire - *tèrpiti, pritèrpiti, pretèrpiti, stradati, podnesti, podnašati, podnositi, patiti, propatiti;* soffrir molto - *natèrpiti se, nastradati se, napatiti se;* p.

tollerare - *podnašati, podnesti, podnositi, tèrpiti;* p.
sentir dolore - *tèrpiti.* V.
Contenersi. Astenersi.

Soffritto, st. - *podfrig, pofrig;*
ag. *frigan, pofrigan, pod-
frigan.*

Sofisma - *himbeno razla-
ganje.*

Sofista - *dvoumnik.*

Soggetto, st. cosa sottopo-
sta - *podmet, podmetak;* p.
materia intorno alla quale
si parla ecc. - *predmet,
stvarbeni predmet.* V. Suddito.

Soggiacere - *biti podložan
v. podstavljen, podležati,
podpadati, spadati.*

Soggiogare - *podjarmiti,
ujarmiti, staviti v. metnuti
pod jaram, obvladati, podložiti, podstaviti, smaga-
ti, smoći.*

Soggiornare. V. Dimorare.

Soggiorno. V. Dimora. Ri-
poso.

Soggiuntivo. V. Congiun-
tivo.

Soglia (dell' uscio ecc.) -
prag. V. Sedia.

Soglio, trono - *prestol, prestolje.* V. Limitare.

Sognare - *sanjati, snéti, sné-
vati.*

Sogno - *sanj, sanja, sanji-
vost;* vano sogno - *sa-
njaria.*

Solamente - *samo, jedino;*
non solam. - *ne samo, solam.* che - *samo da.*

Solcare, far solchi in terra
- *brazdati, činiti brazde,*
met. *orati;* p. camminare
dei navigli - *jadriti, jedriti, odgraćati more.*

Solco (dell' aratro) - *brazd,
brazda.* V. Strada. Ruga.
Taglio.

Soldatesca - *vojnici,* met.
vojska.

Soldatesco - *vojnički, vojački.*

Soldato - *vojnik, vojak.*

Soldo, moneta di val. au-
striaca - *soldin, novčić.* V.
Moneta. Paga.

Sole - *sunce.*

Soleggiare - *sunčiti, sušiti
na suncu;* met. *sušiti, o-
sušiti.*

Solenne, ag. di solennità -
svetčan, svečan; p. splen-

dido, magnifico - *sjajan, veličanstven.* V. Forte. Grande. Straordinario.

Solennemente - *svetčano, svečano, sjajno, veličanstveno.* V. Solenne.

Solennità, qualità di ciò che è solenne - *svetčanost, svečanost; sjajnost, veličanstvo, veličestvo.* V. Festività. Festa.

Solennizzare - *svetkovati, slaviti, proslaviti.*

Solere, vn. essere solito - *biti navadan v. naučan.*

Solerzia. V. Diligenza.

Solfanello - *sumporač, sumporača.*

Solfato - *sumporica.*

Solfo - *sumpor.*

Solforato - *sumporast, sumporat, sumporav.*

Solforico - *sumporan;* acido solforico - *sumporna kiselina.*

Solfureo, di solfo - *sumporan;* del colore di solfo - *sumporast, sumporat.*

Solforo - *sumpornik.*

Solidamente - *čvèrsto, temeljito.*

Solidariamente - *uzajemno, zajednički.*

Solidarietà - *uzajemnost, zajedničtvo.*

Solidario - *uzajeman, zajednički, zajedničan;* obbligo solid. - *uzajemna dužnost.*

Solidità - *tvèrdnost, tvèrdost, tvèrdnoća, čvèrstoća.*

Solido, ag. - *tvèrd, čvèrst.*

Soliloquio - *samogovor, sebigovor.*

Solingo. V. Solitario.

Solitario, che sfugge la compagnia - *samotan, samočan, samoživan, samoseban;* persona solitaria - *samotnik, samoživnik, samoživac, samosebnik, samohod;* p. non frequentato - *samotan, osamljen, osamjen, pust.*

Solito, ag. consueto - *običan, običajan, navadan;* al solito - *obično, običajno, navadno, polag navade v. običoja;* st. *običnost, običajnost, navada.*

Solitudine, stato di chi vive ritirato - *samoća, osamilo, osamotjenje, samost;* p.

luogo non frequentato - *pustinja, pustoš, pustoša, pustošina, samina, samište.*

Sollecitare, va. stimolare, affrettare - *durkati, podurkati, podurkavati, uskoriti, uskorivati, uspěšiti, uspěšivati, pospěšiti, žurěti;* vn. p. operare con prestezza, affrettarsi - *hititi, uskoriti, pospěšiti, požurěti se, nastojati, pobrinuti se, pobriniti se.*

Sollecitazione - *durkanje, podurkanje, podurkavanje, uskorenje, uskorivanje, uspěšenje, uspěšivanje, pospěšenje, žurenje.*

Sollecito, che opera senza indugio - *hitar, hèrl, pospěšan;* p. accurato, ansioso - *marljiv, skèrban, brižan, brižljiv, nastojan.*

Sollecitudine, prestezza nel fare - *hitnja, hitnost, hitrina, hitrost, pospěšenje;* p. premura, cura - *brižljivost, briga, težnja, skèrb.* V. Assiduità. Eccitamento.

Solleticare - *skakljati, skèrkljati;* sollet. taluno - *škak-*

ljati koga, sollet. una sol volta - *poškakljati.*

Solletico - *škaklja, škakljanje, škèrkljanje;* essere sensibile al solletico - *biti škakljiv* v. *škèrkljiv,* sensibilità stessa del solletico - *škakljivost, škèrkljivost.*

Sollevare, va. levar su - *dignuti, uzdignuti, podignuti, nadignuti;* p. indurre a tumulto - *buniti, uzbuniti, buntovati.* V. Commuovere. Turbare. Allievare. Dispensare; np. p. alzarsi - *dignuti se, uzdignuti se, podignuti se;* p. ribellarsi - *uzbuniti se, odmetnuti se.* V. Gonfiarsi.

Sollevazione, il sollevare - *dignjenje, uzdignjenje, podignjenje, nadignjenje;* p. sollevazione tumultuosa - *ustanak, uzbuna.*

Sollievo - *polakšanje.* V. Conforto.

Solo, ag. non accompagnato *sam, samcat, samahan;* unico e solo - *jedin, sam, jedan sam, samcati jedan.*

V. Solitario. Solamente. Purchè.

Solstizio - *suncostan*.

Soma, carico - *brĕme, tovar, teret.*

Somaro - *tovar.* V. Asino.

Somigliare. V. Simigliare ecc.

Somma, risultato del sommare - *svota, skupak, ukupnost;* somma totale - *ukupna* v. *cĕlokupna svota;* p. quantità assolutam. - *svota;* p. somma di là - *znesak;* p. somma (importanza) d' alcun affare - *važnost, znatnost.* V. Conclusione. Importo.

Sommamente - *privele, premnogo, primnogo, prepuno, pripuno, predosta, veoma, vele, velma.* V. Sommariamente.

Sommare - *skupiti, sjediniti, učiniti svotu.*

Sommariamente, compendiosamente - *skupno;* p. con giudizio sommario - *bèrzoručno, kratkoručno.*

Sommario, st. compendio - *svotnik, skup, skupak, skup-*

nik, sadèržaj, kratki sadèržaj; ag. p. fatto sommariam. - *bèrzoručan, kratkoručan;* procedura somm. - *bèrzoručno postupanje (postupak),* prova somm.- *bèrzoručni dokaz.*

Sommato, st. - *svotnik, svota.*

Sommergere, va. mandare a fondo - *topiti, utopiti, potopiti;* vn. andar a fondo - *utopiti se, potopiti se, tonuti, potonuti, ići* v. *poći na dno.*

Sommersione, il mandare, o l' andare a fondo - *topljenje, utopljenje, potopljenje, tonenje, potonenje, idjenje na dno.* V. Inondazione.

Sommessamente, a voce sommessa - *nečuvenim* v. *niskim glasom, u sebi;* p. senza far rumore - *tiho, istiha, polagano, pomalo.* V. Umilmente.

Sommessione. V. Sommissione.

Somministrare - *dati, podati, davati, dajati, podavati, podajati, pružiti, pružati.*

Somministrazione - *danje, dajenje, davanje, podanje, podavanje, podajenje, pruženje.*

Sommissione - *sniženost, podanost, podložnost.*

Sommità. V. Cima. Termine. Sublimità.

Sommo, st. V. Sommità. Sommamente; ag. p. grandissimo - *vèrl, privel, privelik, privisok.* V. Potente. Inclito.

Sommossa. V. Sollevazione.

Sonare, suonare (una campana) - *zvoniti, zvečati;* p. sonare a rintocchi - *kljencati, kljecati;* p. sonare percuotendo - *klepati;* p. sonare una sol volta - *zazvoniti, zakljencati* ecc.; p. sonar molto - *nazvoniti se, nakljencati se* ecc.; p. sonare un istrumento da fiato - *sopiti, sosti, sviriti, svirati;* un violino ecc. - *gudèti, guslati,* met. (o impropriam.) - *udarati.* V. Battere.

Sonatore (d'istrum. da fiato) - *sopac, svirac, svirač, svi-*

ralac, (di violino ecc.) - *gudač, gudac, guslar, udaralac.* V. Sonare.

Sonetto - *pèsanka, pèsan.*

Songia - *salo od prasca.*

Sonnacchiare - *klimati, drèmati.*

Sonnambulo - *sanohod, sanjohod, sanjohoda.*

Sonno - *san, sanak, spanje;* profondo sonno - *duboki san,* morire, o cascare di sonno - *padati v. umirati od sna.* V. Morte.

Sonnolento, ag. - *sanen, zasanen, zaspan.*

Sonnolenza - *sanljivost, zaspanost, drèm, drèmež.*

Sonoro - *glasan, glasnit, zvoneći.*

Sontuosamente - *bogato, blagovito, gospodski, po gospodsku, veličanstveno.*

Sontuoso - *bogat, blagovit, gospodski, veličanstven.*

Sopore - *duboki san.*

Sopperire. V. Supplire.

Soppiantare. V. Calpestare. Ingannare.

Sopportare. V. Soffrire.

Soppressare (i pannolini ecc.)

- *peglati*, *tiglati*, *gladiti*; soppressare tutto - *popeglati*, *potiglati* ecc.; soppress. molta roba - *napeglati* ecc., soppress. fino a stanchezza - *napeglati se* ecc.

Soppresso, st. strumento da soppressare pannolini - *pegla*, *tigla*.

Sopprimere. V. Opprimere. Calcare. Conculcare. Sorpassare. Annullare. Distruggere.

Sopra, prep. - *zgor*, *odzgor*, *zgora*, *odzgora*, *odzgo*, *odozgo*, *navèrh*, *vèrh*, *vèrhu*, *svèrh*, *svèrhu*, *povèrh*, *iznad* (gen.); sopra l' acqua - *navèrh vode*; *na* (loc. alla domanda "dove„ se significa abitare, o località); sopra il muro - *na zidu*; (ac. alla domanda "sopra chi, su chè, dove„) sopra l' inimico - *na nepriatelja*; *nad*, *nada* (ist. ed ac.) sopra il tavolo - *nad stolom* v. *nad stol*; p. sul, sulla, sullo - *po* (loc.); sopra la terra -

po *zemlji*; al di sopra di - *više*, *više od*, *prèko*, *vèrhu* (gen.); di sopra - *gori*, *gore*, *goreka*; di sopra e di sotto - *gore i dole*, più sopra - *više*, *poviše* (gen.); p. superiore - *gornji*; piano di sopra - *gornji pod*. V. Circa. Oltre. Su. Contro. Innanzi. Sopradetto.

Soprabbondante - *preobilan*, *preobilat*, *prèkomèran*.

Soprabbondanza - *preobilnost*, *preobilje*, *preobilatost*, *prèkomèrnost*.

Soprabbondare - *preobilovati*.

Sopraciglio - *obèrv*, *obèrva*, *obèrvica*.

Sopracoperta - *zavitak*, *omotak*.

Sopradetto - *gorerečen*, *gorirečen*, *gorepomenut*, *gorenaveden*, *goreimenovan*, *goriimenovan*.

Sopradotale - *nadmirazan*.

Sopradotare - *nadmiraziti*.

Sopradote - *nadmiraz*.

Sopraffino - *pretanak*, *pritanak*, *pretanačan*; *presitan*, *predroban*; *preizvèrstan*,

privèrl; prešegav, premu-
dar, prehitar. V. Fino.

Sopragiugnere. V. Arri-
vare.

Sopranaturale - vèrhunara-
van, vèrhunaravski, svèr-
hunaravan.

Sopranome - priděvak.

Soprano, ag. V. Supremo.

Sopranumerario - nadbrojan,
prekobrojan, vèrhubrojan.

Soprapiù, st. - suvišnost,
odvišnost. V. Inoltre. Davvantaggio.

Soprascritta, scrittura posta
sópra checchessia - nad-
pis; p. soprascritta delle
lettere - dopisak.

Soprascrivere - nadpisati,
učiniti nadpis, učiniti dopisak. V. Soprascritta.

Sopratutto. V. Principal-
mente.

Sopravanzo - suvišak, odvišak.

Sopravivere - preživěti(koga).

Sopruso. V. Ingiuria. Arroganza.

Soqquadro, st. V. Rovina.

Sorba - oskoruša, skorušva,
oskorušva.

Sorbettare - sladolediti, osla-
dolediti.

Sorbettiera - sladoledica, sla-
doleda.

Sorbettiere - sladoledar.

Sorbetto - sladoled.

Sorbire - sèrkati, posèrkati,
izsèrkati.

Sorbo. V. Sorba.

Sorcio - miš, dim. mišić
aum. mišina; del sorcio -
mišji; i sorci rodono (alcunchè di duro, come le-
gno ecc.) - miši škèrtaju.

Sordidamente - gadno, gnjusno, mèrsko; prelakomno;
veleubogo, preubogo. V.
Sordidezza.

Sordidezza, schifezza - gadnost, gadnoća, gnjusota,
gnjusoba; p. grande ava-
rizia - prelakomnost; p.
eccedente miseria - vele-
ubožtvo, preubožtvo, veliko
ubožtvo (běda), ljuta po-
trěba.

Sordido - gadan, gnjusan,
mèrski; prilakoman, prela-
koman, škèrt. V. Sordidezza.

Sordità - gluhoća, gluhota,
gluhost.

*

Sordo, che ha sordità - *gluh, gluhast, glušan, gluv.*

Sordomuto - *gluhoněm, gluhomutav.*

Sorella - *sestra,* di sorella - *sestrin,* vera sorella - *prava sestra,* sorella più vecchia - *staria sestra,* più giovine - *mladja sestra.*

Sorellastra - *polusestra, sestra polovna.*

Sorgente - *izvor, izvir, vrělo, vrutak.* V. Origine.

Sormontare. V. Salire. Oltrepassare. Esaltare. Avanzare.

Sorpassare, passar sopra in altezza - *nadići, nadilaziti, prekoračiti;* nel valore - *prednjačiti, preteći;* p. passare sotto silenzio - *mimoići,* met. *prekoračiti, promašiti.*

Sorprendente, che cagiona meraviglia - *čudnovat, čudnovit, čudesan.*

Sorprendere, cogliere all'improvviso - *zateći, zastati (koga);* restar sorpreso - *snebiti se, začuděti se, ostati začudjen;* p. recar meraviglia - *začuditi;* sorprendere una piazza - *navaliti na grad, osvojiti grad.*

Sorpresa, il sorprendere - *zatečenje, zastanje;* p. assalto improvviso - *nenadna navala (naskok, naskočenje, nasèrt;* p. meraviglia - *začudnost, zabuna.*

Sorreggere - *uzdèržati, uzdèržavati, pridèržati, pridèržavati.*

Sorridere, ridere temperatamente - *posmijati se,* sorridere irronicamente - *posměhnuti se, podsměhnuti se, posměhavati se, podsměvati se;* p. compiacersi - *radovati se, uzradovati se, veseliti se.*

Sorriso, st. (di compiacenza) - *posměh,* (malizioso) - *podsměh.*

Sorso - *usèrk, sèrčak, sèrčac.*

Sorta, sorte, qualità - *vèrst, vèrsta, felz, struka,* met. *narav;* d'ogni sorte - *svakovèrstan;* p. ventura, fortuna - *srěća, srěčka,* fig. *kocka, ždrěb;* trarre checchessia a sorte - *ždrěbati*. V. Augurio. Contratto.

Sortilegio - *zlobnogatanje*.

Sortilego, st. - *zlobnogatalac; ag. zlobnogatan*.

Sortire, va. e n. eleggere in sorte - *ždrěbati;* p. ottenere in sorte - *postići (postignuti, dobiti) na srěću;* p. accadere a sorte - *dogoditi se (zgoditi se, pripetiti se) po srěći* v. *na srěću;* p. scompartire a sorte - *razděliti* v. *porazděliti na srěću;* p. uscire - *izaći, izlaziti, izaći* v. *izlaziti na dvor (van)*.

Sortita, esito - *razhod, razhodak, izlaz, izlazak*. V. Scelta. Assortimento. Assalto.

Sorveglianza - *nadzor, nadgled, nadziranje, nadgledanje, nadgledavanje*.

Sorvegliare - *nadzirati, nadgledati, nadgledavati*.

Sorvolare, vn. - *nadlětati*.

Soscritto - *podpisan*.

Soscrittore - *podpisalac, podpisaoc*.

Soscrivere - *podpisati*.

Soscrizione - *podpis, podpisanje*.

Sospendere, sostenere in aria - *visěti, děržati u ajeru;* p. rialzare - *dignuti, uzdignuti, podignuti;* p. rendere dubbioso - *obustaviti, obustavljati;* p. differire - *odgoditi, odgadjati;* sospendere il dibattimento - *odgoditi razpravu;* p. impiccare - *oběsiti, zavisěti;* p. sospendere da un uffizio - *obustaviti od službe*.

Sospensione, il sospendere - *visenje, děržanje u ajeru; dignenje, uzdignenje, podignenje*. V. Sospendere; p. temporanea cessazione d'un diritto, e sospensione da un uffizio - *obustava, obustavljenje;* p. indugio - *odgoda, odgodjenje*. V. Dubbiosità.

Sospensivo, atto a sosp. dilazionare - *odgodiv;* forza sosp. - *odgodiva moć*.

Sospettare, aver o prendere sospetto - *sumnjiti, sumnjati, posumnjiti, imati* *sumnju;* p. dubitare dell'esito - *dvojiti.*

Sospetto, opinione trista ma dubbiosa intorno a taluno - *sumnja, sumlja;* persona di sospetto, o persona sospetta – *sumnjiva osoba.* V. Diffidenza.

Sospettoso, pieno di sospetto - *posuman, posumnjiv, posumljiv;* p. che dà motivo di sospetto - *sumnjiv, sumljiv, suman.*

Sospingere, spingere con forza - *rinuti, dunuti, rinuti silom;* p. mandar via - *odpraviti, poslati ća, odhititi;* p. affrettare - *uspěšiti, pospěšiti.* V. Instigare. Avanzarsi.

Sospirare - *uzdisati, uzdihati, zdahnuti, uzdahnuti, zdihati, zdisati, zdihivati, uzdihivati, uzdihavati;* p. desiderare ardent. - *žuděti, požuděti, hlěpiti.* V. Piangere.

Sospiro - *uzdah, uzdih, uzdisaj, uzdihaj, uzdihnutje, zdihanje, uzdihanje, uzdisanje.*

Sossopra. V. Sovvertire.

Sostantivo - *samostavnik.*

Sostanza - *sućanstvo, sućnost, sućnost, bitje, bivstvo, bistvo, bitnost.*

Sostanzialmente - *sućstveno, sustveno, bivstveno, bitno.*

Sostegno, ciò che sostiene - *podpor, podpora, podupor, poduporanj, podpomoć.* V. Ajuto. Protezione.

Sostenere, va. tenere sopra di sè - *uzděržati, priděržati, děržati na se, podnositi, podnašati;* p. proteggere, tener a sostegno - *podupirati, poduprěti;* vn. p. reggere resistendo *obdurati, podnesti, podnašati.* V. Custodire. Ajutare. Soffrire. Comportare. Difendere. Mantenere.

Sostentare, mantenere cogli alimenti - *hraniti, prihraniti, prihranjivati, odhraniti, odhranjivati, dati (davati, pružiti) hranu.* V. Sostenere. Mantenere. Difendere.

Sostentazione, alimento - *hrana, prihranjenje, pri-*

· *hranjivanje, odhranjenje, odhranjivanje.*

Sostenutezza - *uzdèržanost, uzdèržanje, zbiljnost, stavnost.*

Sostenuto, ag. da sostenere - *uzdèržan, pridèržan, podnesen; podupren, podupiran;* p. che ha contegno grave - *uzdèržan, ozbiljan, stavan.* V. Sofferto.

Sostituire - *namèstiti, zamèniti.*

Sostituto, st. - *namèstnik, zamènik;* ag. *namèstan;* sost. Procuratore di Stato - *namèstni dèržavni odvètnik.*

Sostituzione - *zamèna, namèštjenje;* sost. fedecommessaria - *povèrbena zamèna,* sost. volgare - *običanja zamèna.*

Sottabito - *podhalja.*

Sottacqua - *pod vodu.*

Sottacqueo - *podvodan.*

Sottana, veste da donna - *bèrhan;* p. veste propria dei preti - *redovnička halja.*

Sotterra - *pod zemlju.*

Sotterramento - *zakopanje, zakapanje, zakopivanje.*

Sotterrare - *zakopati, zakapati, zakopivati.* V. Seppellire ecc.

Sottigliezza - *tankoća, tankost, tančina, tanjina, tankovitost;* p. acutezza d' ingegno - *oštroumnost,* (di vista) *oštrovidnost.*

Sottile, ag. - *tanak;* p. meschino *tanak, slab, mlohav, kukav, kukavan;* p. ingegnoso - *uman, umètan.* V. Astuto.

Sottilezza. V. Sottigliezza.

Sottintendere - *razumèti;* ciò si sottintende - *to se razumi.*

Sotto, prep. - *pod, poda* (ist. e ac.) sotto lo scettro *pod žežlom* v. *pod žežlo;* dal di sotto - *izpod, iz* (gen.); dal di sotto del piede - *izpod noge,* av. p. abbasso - *doli, dolè;* nella parte inferiore - *zdola, ozdola. odozdo;* più sotto - *niže* (gen.) più sotto del monte *niže vèrha;* p. al fondo - *na dno, nadno;* aver sotto di sè - *imati* *pod sobom.*

Sottocuoco - *podkuhar.*

Sottomano, dono straordinario - *izvanredni dar* v. *poklon;* p. quasi di nascosto - *pod rukom.*

Sottomarino - *podmoran.*

Sottomettere, mettere sotto - *podstaviti, staviti zdola;* p. assoggettare - *podstaviti podmetnuti, podvèrci, podvèrgnuti;* p. rassegnare (t. d.) *podněti, podnesti, podastèrti, podastirati, predlagati, predložiti;* sottomettere il rapporto - *podněti (podastèrti ecc.) izvěstje;* np. p. confermare la propria volontà all' altrui - *podstaviti se, podvèrci se, podmetnuti se.*

Sottomissione, atto del sottomettersi - *podvèrgnutje, podmetnutje, podvèrženje, podstavljenje.*

Sottoporre, va. porre sotto - *podstaviti, podstavljati, podvèrci, podvèrgnuti, podložiti, podlagati;* np. *podstaviti se, podstavljati se, podvèrci se* ecc.; sottopor-

si all'esame - *podvèrci se izpitu.* V. **Sottomettere Costringere.**

Sottoposto ag. - *podstavljen, podvèržen, podvèrgnut, podložen, podčinjen;* st. V. **Suddito.**

Sottoscala - *podškala.*

Sottoscritta - *podpis.*

Sottoscritto - *podpisan.*

Sottoscrittore - *podpisalac, podpisaoc, podpisatelji.*

Sottoscrivere - *podpisati, podpisivati, podpisavati.*

Sottoscrizione - *podpis.*

Sottostare, stare sotto - *podstati;* p. essere soggetto - *biti podložen, podčinjen, podvèržen, podstavljen.*

Sottovoce, av. - *na pol glasa, poluglasno, iztiha, tiho, pomalo, u sebi, šaptom.*

Sottrarre, trar di sotto - *izvući izpotegnuti, izpotezati;* p. tor via - *oduzeti, oduzimati, odněti, odnesti, ustegnuti, odkinuti;* p. levare da una somma maggiore altra minore - *odbiti, odbiati.* V. **Nascondere. Detrarre. Liberare.**

Sottratto - *izvučen, izpotegnut, izpotezan, oduzmen, oduzet, odnět, odnesen, ustegnut, odkinut, odbijen.*

Sottrazione, il sottrarre - *izvučenje, izpotegnenje, izpotezanje, oduzetje, oduzmenje, odnesenje, odkinutje, odkinenje, odbitak, odbijenje.* V. Sottrarre.

Sovente - *često, gusto, gusto putah, višeput, više putah, ne redko.*

Sovrabbondanza. V. Soprabbondanza.

Sovraneggiare - *vladati.*

Sovrano, chi esercita il potere supremo - *vladar, vladaoc, vladalac ;* p. supremo - *najvišji, previšji, previšnji, věrhovan ;* sovrano rescritto - *najvišji odpis.*

Sovvegno. V. Ajuto.

Sovvenire. V. Soccorrere. Ricordare. Giovare.

Sovvenitore, chi sovviene (ajuta) - *pomagatelj, pomagaoc.*

Sovvenzione, (in danaro) *novčana pomoć* v. *pripo-*

moć, pomoženje, pomaganje, pripomoženje, podpomoženje, podpomaganje.

Sovvertire, mettere sossopra - *poremetiti, uzkolebati, prebaciti, razbaciti, prikobaciti, uzkotèrljati, svladati, smutiti, směšati, poměšati.* V. Atterrare. Trasgredire. Sedurre.

Sozzamente - *gèrdo, gèrdobno, mèrsko, gadno, gnjusno, smradno, sramotno.*

Sozzo - *gèrdoban, mèrski, gadan, gnjusan, smradan.* V. Malvagio. Meschino. Disonesto.

Sozzume - *gad, smrad, gnjusoća, gnjusoba, gèrdoća, mèrskoća.*

Spaccamento - *cěpanje, cěpljenje, razcěpljenje, razplatjenje.*

Spaccare - *cěpati, razcěpati, razcěpiti, razplatiti.*

Spaccatura , effetto dello spaccare - *cěpotina, razcěp, procěp ;* p. apertura - *puklina,* met. *zijanje, razzijanje.* V. Spaccamento.

Spacciare, esitar presto - *raz-*

prodati, razprodavati, raz-pačati, razpačivati, raz poslati, razpošiljati, od-premiti. V. Rovinare. Di-struggere. Morire.

Spaccio; lo spacciare - zaz-prodanje, razprodavanje, razpačanje, razpačivanje, razposlanje, razpošiljanje, odpremljenje. V. Dispac-cio. Spedizione.

Spada - sablja, ćorda, mač; aurea spada - zlatna ćorda.

Spaghetto - špagić.

Spago - špag, špaga.

Spajare - razdvojiti.

Spalancare - razglobiti; spal. la bocca - razzijati (raz-zivati, razglobiti) usta, te-ner spalancata la bocca - zijati, spal. la porta - raztvoriti vrata.

Spalla - rame, pleće.

Spalleggiare, guarnir di spal-leggiamenti - obraniti, ob-skèrbiti obranilom; p. aju-tare - braniti, obraniti, šti-titi, zaštititi, zakriliti.

Spalmare (le navi) okatra-mati, opakliti, pokatrama-ti, popakliti, dati brodu

katram v. pakal; p. sten-dere sulla superficie di checchessia materie gluti-nose e viscose - pomaza-ti, omazati, namazati....

Spalmata - pljesk.

Spandere, versare (liquidi) prolěti, izlěti, razlěti, pro-lěvati, izlěvati, razlěvati; (grani) sipati, prosuti, prosipati; p. bagnare spandendo - polěti, polě-vati; p. spendere pro-fus. - sipati, prosuti, pro-sipati, razsuti, razpačati. V. Versare. Spiegare. Dilatare. Divulgare.

Spanna - pedanj, pedalj. V. Mano.

Spantare, vn. diviti se, za-diviti se, čuditi se, začu-diti se, zabuniti se.

Sparagio (pianta) sparožina, (p. tallo della medesima) sparoga, sparog.

Sparare, fendere il ventre d'animale - prebosti, pre-bosti; fendere nel senso della lunghezza - parati, razparati; sparar calci - pehati, kopitati, kolkati. V.

Disimparare. Scagliare. Schioppo.

Sparaviere, uccello rap. - *kragulj, kraguj, jastreb;* dim. *kraguljić, kraguljčić, jastrebić;* aum. *kraguljina, jastrebina.*

Sparecchiare, la tavola - *razpraviti (razpremiti, o-snažiti, očistiti) stol* v. *tèrpezu.*

Spargere, va. versare lagrime - *roniti, suze roniti,* met. *cvilěti, plakati;* p. versar polvere ecc. - *posuti, posipati, prosuti, prosipati, nasuti, nasipati;* p. gettare in più parti - *sipati, razsipati, prosipati;* p. spargere quà e là - *razpèršati, raztresti, raztresati;* p. distendere - *prȯtezati, protegnuti, raztezati, raztegnuti;* p. dilatare - *širiti, razširiti, razprostraniti;* p. distrarre *razsipati, razpèršati, razpačati.* V. Disunire. Propalare; np. p. andar in quà e in là - *razpèršati se, raztèrkati se.*

Spargimento (di lagrime) *ronenje, ronenje suzah,* met. *cvilenje, plakanje;* (di sangue) *kèrvoprolitje, prolijenje kèrvi;* lo spargere - *sipanje, posipanje, prosipanje, razsipanje, razpèršanje* ecc. V. Spargere. Distrazione.

Sparire, uscir di vista altrui - *nestati, izčeznuti,* met. *biti pojěden po tamnoj noći;* egli è sparito - *on je izčeznuo, nestade ga pojěde ga tamna noć;* p. dileguarsi rapidam - *razpèršati se, razaći se.*

Sparlare, dir male - *ozloglasiti, klevetati, razklevetati, opadati, huliti, kuditi.* V. Biasimare.

Sparlatore - *klevetnik, klevetulja, zloglasnik.*

Sparlazzare. V. Sparlare.

Sparo, scarica d'arme da fuoco - *spruženje (izpruženje, spalenje. opalenje) puške, pušakah, topovah;* p. l'effetto dello sparo - *pučnjava, pucanje, gruvanje, odgruvanje, lumbarda-*

nje; sparo d'artiglierie - *pučnjava, (gruvanje ecc.) topovah;* p. parte della camicia aperta sul petto - *šparilj;* p. pesce - *špar,* dim. *šparić*

Sparpagliamento - *razvèrženje, razbèrkanje, razbèrcanje, razpèršanje, raztèrkanje, razbacanje, razhitanje, raztresenje.*

Sparpagliare - *razvèrći, razbèrkati, razbèrcati, razpèršati, razbacati, razhitati, raztresti, raztresati, raztèrkati.*

Spartire, va. separare - *odlučiti, razlučiti, razstaviti, odlučivati, razlučivati, razstavljati, razstavljivati;* p. dividere in parti - *dèliti, razdèliti, porazdèliti, razkomadati;* np. p. appartarsi - *razdèliti se.* V. Distaccarsi.

Spartizione, lo spartire - *odlučenje, razlučenje, razstavljenje, odlučivanje, razlučivanje, dèljenje, razdèljenje, porazdèljenje, razkomadanje.*

Sparuto (di viso) - *mledan, zmledan, mèršav, suh.*

Sparviere. V. Sparaviere.

Spasimo - *čeznutje.*

Spasseggiare. V. Passeggiare.

Spassionatezza - *bezstrastnost; nepriuzetje, nepriuzetnost, nepredsudnost.* V. Spassionato.

Spassionato, che non ha passione - *bezstrastan;* p. non preoccupato - *nepriuzet, nepredsudan.*

Spasso, passatempo - *zabava;* p. divertimento piacevole - *razkoša, razkosje, razkošnost, naslada;* p. passeggio - *prošet, prošeta, prošetaj, šetnja, šetanje;* andare a spasso - *ići na prošet* ecc. v. *ići šetati.*

Spatola, strumento da farmacisti - *lopatica.*

Spauracchio, cosa che induce paura - *strašilo, plašilo.* V. Paura.

Spaurire, va. - *strašiti, prestrašiti, plašiti;* np. *strašiti se, preštrašiti se* ecc.

Spauroso - *strašljiv, plašiv, plah, bojazan, bojazljiv.*

Spaventare, va. - *plašiti, razplašiti;* np. *plašiti se, razplašiti se, prepasti, prepanuti.*

Spaventevole, che mette spavento - *strašan, strahovit, strahovitan, strahotan, grozovit;* p. grandissimo (in questo senso) *silni, neizměran;* p. deformissimo - *měrsk, nespodoban.*

Spavento, terrore - *prepast, bojazan, bojazljivost, strava.*

Spaventoso, pieno di spavento - *uprepanut, razplašen, bojazljiv;* che mette spavento. V. Spaventevole.

Spazio, luogo occupato dalla materia - *prostor, širina;* p. tempo fra due termini - *těčaj, vrěme.*

Spaziosamente - *prostrano, široko.*

Spaziosità - *prostranost, prostoritost, prostoria, širina.*

Spazioso - *prostran, prostoran, prostorit, širok.*

Spazzacamino - *čadjar, čadjavac.*

Spazzare, V. Scopare; fig. p. rubar tutto quel che si trova in una casa - *oplěniti, poharati, porobiti, pograbiti, pokrasti;* p. percuotere - *šibati, batinati, paličati, udariti, ošibati, obatinati, opaličati.* V. Sgomberare.

Spazzatojo - *metla, pometalo.*

Spazzatura - *smete, smetje, smetište, smeća, pometak.*

Spazzino - *pometalac, pometljivac.*

Spazzola, (per nettare i panni) *metlica;* p. spazzola di palude - *sturić.* V. Sparagio.

Spazzolare - *čistiti (snažiti, osnažiti, izprašiti) metlicom.*

Specchiarsi, guardarsi nello specchio - *gledati se u zèrcalu, ogledati se;* p. specchiarsi in alcuno - *uzeti koga za izgled.*

Specchietto, dim. di specchio - *zèrcalce, ogledalce.* V. Rubrica. Compendio.

Specchio - *zèrcalo, ogledalo.*
V. Esemplare.

Speciale - *poseban, oseban, osobit;* mandato speciale - *posebno punomoćje.*

Specialità, proprietà che determina checchessia nella sua specie - *vèrstnost, vèrstnoća;* p. particolarità - *osobitost, vlastitost;* in ispecialità - *osobito, navlastito.*

Specialmente - *osobito, navlastito; napose.*

Specie, complesso d'individui forniti di certe qualità comuni - *vèrst, fela, struka;* in ispecie - *napose.* V. Forma. Apparenza.

Specifica - *izkaz.*

Specificare, dichiarare in particolare - *izkazati;* specif. minutamente - *podrobno izkazati v. popisati.*

Specificatamente - *izkazno, pojedince.*

Specifico, ag. che costituisce specie - *vèrstan;* che è proprio d'una cosa - *vlatit, poseban, osoban, osobit, posobit;* st. p. mezzo

atto a guarire una malattia - *lěk.* V. Antidoto.

Speco. V. Spelonca.

Spedale. V. Ospedale.

Spedire, dar fine con prestezza alle faccende - *razpremiti, zgotoviti, dovèršiti, dogotoviti;* p. inviare - *slati, šiljati, poslati, dostaviti, odpraviti, odpremiti:* sped. gli atti - *odpravitt (odpravljati) spise.* V. Sollecitare.

Speditamente, con ispeditezza - *bèrzo, hitro, pospěšno, pospěšivo, žurno.* V. Distintamente.

Speditezza. V. Sollecitudine.

Spedito, ag. e p. di spedire - *razpremljen, zgotovljen, dovèršen, dogotovljen, šaljen, šiljan, poslan, dostavljen, odpravljen, odpremljen.* V. Sollecito.

Speditore - *odpravnik, odpremnik.*

Speditura - *odpravničtvo, odpremničtvo.*

Spedizione, spaccio - *odpravak, odprava, odprema, pošiljka, dostava, odprav-*

ljenje, odpremljenje, posla-nje, pošaljenje, dostavlje-nje; spediz. d'uffizio - *službeni odpravak,* - della sentenza - *odprava pre-sude,* tassa di spedizione - *odpravnina, odpremnina,* spediz. militare - *vojničko poduzetje.* V. Sollecitu-dine.

Spedizioniere. V. Speditore.

Spegnare - *odkupiti zalog.*

Spegnere. V. Estinguere.

Spegnitojo - *gasilo.*

Spelacchiare. V. Spelare (primo senso).

Spelare, va. strappare i peli - *čupati, očupati, počupa-ti, kubsti, skubsti, okubsti, pokubsti, kubati, skubati, okubati, pokubati;* p. strap-par le penne - *perušati, operušati, kubsti, skubsti,* ecc.; np. p. perdere il pelo - *čupati se, očupati se, perušati se, operušati se.*

Spelazzare. V. Spelacchiare; p. cernere la lana buona dalla cattiva - *čupati (očupati, počupati) vunu.*

Spellare, va. levar via la pelle (ad un animale) - *gulěti, ogulěti,* (ad una pa-tata ecc.) - *lupiti, olupiti* (ad una noce) - *luštiti, ljuštiti, oluštiti, oljuštiti;* np. *gulěti se, ogulěti se* ecc. V. Scorticare. Guscio.

Spellicciare, va. stracciar la pelle - *oderati (kožu);* vnp. p. mordersi dei cani - *kosmati se, razkosmati se.*

Spelonca - *jama, špilja, špi-la, razpalina, pećina.*

Spelta - *pirovica.*

Speme. V. Speranza.

Spendere - *trošiti, potrošiti.*

Spendibile - *trošiv, potrošiv.*

Spendimento - *trošenje, po-trošenje.*

Spendio - *trošak, potrošak.*

Spenditore - *trošioc, trošilac, potrošioc, potrošilac,* met. *pribavnik.*

Spennacchiare - *perušati, ope-rušati.*

Spennacchiato, ag. e p. di spennacchiare - *operušan;* p. sbigottito - *prestrašen, razplašen.*

Spennare. V. Spennac-chiare.

Spensieratamente - *bezmi-sleno*, *nepomno*, *nesmo-treno*.

Spensieratezza - *bezmisle-nost, nepomnost, nesmotre-nost; neharnost, nemarnost.* V. Spensierato.

Spensierato, senza pensieri - *bezmislen, nepoman, ne-pomljiv, nesmotren;* p. tras-curato - *neharan, nema-ran, nemarljiv.*

Spento. V. Estinto.

Speranza - *ufanje, nada.*

Sperare, va. e n. aver spe-ranza - *ufati, priufati, ufati se, priufati se, nadati se, nadijati se;* p. aspet-tare - *očekivati, nadijati se.* V. Credere. Stimare.

Sperato - *ufan, zaufan, pri-ufan, nadan, nadijan, oče-kivan.*

Sperdere. V. Disperdere.

Spergere. V. Dispergere.

Spergiuramento, lo spergiu-rare - *krivoročenje, krivo priseženje.* V. Spergiuro.

Spergiurare - *krivoročiti, krivo priseći.*

Spergiuratore - *krivoročnik,* *krivoprisečnik.*

Spergiuro, st. giuramento falso - *krivoročtvo, kriva prisega;* ag. *krivoročtven, krivoprisežan.* V. Spergiu-ratore.

Sperimentare. V. Esperi-mentare ecc.

Sperone. V. Sprone.

Sperperare - *razoriti, razsu-ti, razpèršati, razsipati, razpačati, uništiti.*

Spesa, lo spendere - *troše-nje, potrošenje;* p. quan-tità del denaro che si spende - *trošak, potrošak;* abbuonare le spese - *na-knaditi troškove,* moderare le - *uměriti* v. obaliti tro-*škove,* spese processuali -*parbene troškove.* V. Esito.

Speso - *potrošen.*

Spesso, ag. denso - *gust.* V. Folto; av. p. frequente-mente - *često, čestokrat, većkrat, mnogokrat, često-putah, već* v. *više putah, mnoge pute, gusto.*

Spettabile *ugledan;* spetta-bilissimo - *veleugledan.*

Spettabilità - *uglednost.*

Spettacolo, festa pubblica - *javna svetčanost* v. *svećanost*; p. giuoco pubblico - *javna zabava*; p. oggetto che per la sua grandezza o novità, è imponente - *divadka, prizor*.

Spettanza. V. Appartenenza. Giurisdizione.

Spettare. V. Appartenere.

Spettatore - *prisutnik, gledaoc, gledalac*.

Spettro, fantasma - *prikaz, prikaza, prikazan (i)*. V. Spauracchio.

Speziale - *lěkar, lěkarnik*.

Spezierìa, farmacìa - *lěkarna, lěkarnica*. V. Medicinali.

Spezzare - *lomiti, lamati, slomiti, izlomiti, polomiti, ulomiti, polamati, razkomadati, razkusati, skěršiti, izkěršiti, pokěršati*. V. Rompere.

Spia, chi per prezzo rapporta alla giustizia i misfatti altrui, e chiunque riferisce ad altrui danno - *špiun*; p. colui che in tempo di guerra va esplo-

rando - *uhoda, uhodnik, oglednik*. V. Avviso. Denunzia.

Spiacevole. V. Dispiacevole.

Spiaggia - *obala, žal, kraj*.

Spiare, andar investigando i fatti altrui - *špiati, pošpiati, špiunati; uhoditi, ogledati, ogledavati, ogleduhati*; p. cercare con diligenza - *vrebati*. V. Spia.

Spica. V. Spiga.

Spicchio, una delle particelle dell' aglio ecc. - *zèrno*.

Spiedo - *ražanj*.

Spiegare, va. distendere, aprir le cose ripiegate - *razviti, razvijati, odviti, odvijati, odprěti, rastriti, rastirati, razširiti*; p. esprimere chiaramente - *razjasniti, tomačiti, tumačiti, raztomačiti, raztumačiti, razbistriti, razglabati*; np. spiegare il proprio pensiero - *kazati (povědati, praviti, odkriti) svoju misal*, spiegar la bandiera - *razviti barjak*.

Spiegazione, lo spiegare -

razvijenje, razvijanje, od-vijenje, odprenje, odpira-nje, rastiranje, širenje, raz-širenje: p. render chiaro ciò che è dubbioso - *raz-jasnenje, tumačenje, toma-čenje, raztum, razglabanje.*

Spietatamente - *nemiloma, nemilo, nemilice, nemilosti-vo, nemiloserdno, bezdušno.*

Spietatezza - *nemilost, nemi-loća, nemilostivost, nemilo-serdje, nemiloserdnost, bez-dušnost.*

Spietato - *nemio, nemil, ne-milostivan, nemiloserdan, bezdušan.*

Spiga - *klas.*

Spignere - *rinuti, rivati, du-nuti, duvati, porinuti, po-rivati, podunuti, poduvati.* V. Costringere. Spedire. Respingere.

Spigolare - *biboriti, birati (zbirati, pobirati) klase, pulitkati.*

Spillo (d'appuntar vesti)-*pu-čenka, bačenka, pribodača, glavata igla.*

Spilluzzicare - *trěbiti, otrě-biti, šćipati, pošćipati.*

Spilorceria - *cěpidlačje, cě-pidlačtvo, prilakomnost, sramotna prištednost.*

Spilorcio, st. - *cěpidlaka, cě-pidlakavac, škert;* ag. *cěpi-dlakav, cěpidlačan, prila-koman.*

Spina (delle piante) - *tern, drača,* pl. *terni, ternje, dra-čje;* munire di spine - *ter-niti, oterniti, poterniti. za-terniti, odračiti;* p. lisca di pesce ecc. - *tern.*

Spinajo - *ternište, ternjak, dračište, dračje.*

Spingarda, arma - *špingar-da, lumbarda.*

Spingere. V. Spignere.

Spinoso, riccio, st. - *jež;* ag. p. pieno di spine · *ternav, ternjav, ternast, dračan, dračast, dračav.*

Spinta, st. lo spignere - *ri-nenje, rivanje, rinjenje, po-rinenje, dunenje, duvanje, podunenje;* p. impulso da-to tutto ad un tratto — *ri-nutje, porinutje, porivak.*

Spinto, ag. e p. da spignere - *rinjen, rivan, porinjen, porivan, dunut, duvan,*

podunut, poduvan; p. e-
sagerato - pretěran; cosa
spinta (esagerata) - pre-
těrana stvar, pretěranost.

Spionaggio - uhodstvo, ogle-
duhanje.

Spionare - ogleduhati, špiunati, uhoditi. V. Spia.

Spione. V. Spia.

Spiraglio, piccola fessura -
škuljica.

Spirare, soffiare leggerm. -
piriti, puhati, popuhati,
puhnuti; p. respirare -
dihati, zdihati; p. esalare
- dimovati; p. spirare
una volta - izdahnuti;
p. morire - izdahnuti,
zdahnuti, spustiti duh,
usnuti, preminuti, poći s
Bogom, umrěti; p. isca-
dere, finire - minuti, iz-
minuti, izaći, proći, izmaknuti, prestati, utěrnuti. V.
Finire.

Spirito, sostanza incorporea
- duh; p. sostanza vitale
(nell'uomo) - duh, (negli
altri animali) - para; p.
ispirazione profetica - nadahnutje; p. liquore com-

bustibile - žestoko pitje,
žganica, žganja, žganjka;
spirito immondo - duh
nečisti, - maligno - hudoba,
djavao, djavo. V. Anima.
Alito. Spirare. Intelletto.

Spiritoso, vivace - živ, veseo,
vesel; p. che ha molto
spirito (combustib.) - žestok, (d'accortezza) - hitar, hitrouman.

Spirituale - duhovan, duševan; spirituale e corporale - duhovan i tělesan.

Spiritualmente - duhovno,
duhovnički, duhovnim na-
činom, duševno.

Spiuma. V. Schiuma. Piuma.

Splendere - sjati, sijati, sě-
vati, světiti, světliti, blištati, bliskati.

Splendidamente - sjajno, jasno.

Splendido - sjajan, jasan.

Splendore - sjajnost, sjajnoća, světlost, světljavina,
světloća, jasnost, sinutje,
sjanje, bliskanje.

Spodestare, va. privar della
podestà - izvlastiti, lišiti
koga (česa).

Spodestato, di spodestare - *izvlaštjen, lišen od svoje vlasti (česa).*

Spogliare, va. cavare i vestim. di dosso - *svući, slići, svlačiti.* V. Privare. Predare.

Spolverino (sabbia) - *mel;* vasetto da spolv. - *posipač.*

Spolverizzare, ridur in polvere - *stèrti, obratiti u prah;* p. aspergere con polvere - *posipati* v. *posuti prahom,* (con spolverino) - *posipati melom.*

Sponda - *kraj.*

Sponga - *spužva.*

Spongioso - *spužvast.*

Sponsali - *vèritba.*

Spontaneamente - *svojevoljno, dobrohotno, po svojem nagonu, od svoje volje.*

Spontaneità - *svojevoljnost, dobrohotnost.*

Spontaneo - *svojevoljan, dobrohotan.*

Spopolare, va. - *opustiti, opustošiti;* np. *opustiti se, opustošiti se.*

Spopolazione, lo spopolare - *opuštenje, opustošenje;* p. stato d'un paese spopolato - *upustošenost, pustoša, pustinja.*

Spoppare - *odsesati, odsisati, oddojiti.*

Sporcamente - *gnjusno, gadno, nečišto, po prašćarsku, prašćarski.*

Sporcare - *ognusiti, osmraditi, okaljati, izgnjusiti, izsmraditi, pognjusiti, posmraditi, pokaljati, omazati, izmazati, pomazati,* sporcare coll' inchiostro - *pomèrčiti, izmèrčiti.*

Sporchezza - *gnjus, gnus, gnjusoba, gnjusnost, gad, gadnoća, gadnost, nečistoća.*

Sporco - *gnjusan, gnusan, gnjusoban, gadan, nečist.*

Sposa, donna che sta per maritarsi - *zaručnica;* p. sposa novella - *nevèstica, nevèsta, mladenka.*

Sposalizio, st. promessa del matrimonio futuro - *vèritba;* p. solennità dello sposarsi - *pir, ženitba, ženidba;* ag. p. nuziale, di o da sposi - *ženitben, věritben.*

Sposamento - *oženjenje, ověnčanje, udanje, udajenje.*

Sposare, va. pigliar per moglie - * oženiti (koju), oženiti se (za koju);* p. pigliar p. marito - *udati se, věnčati se, ověnčati se;* p. dar p. moglie - *ženiti, oženiti;* p. amministrare il sacram. del matrimonio - *oženiti.* V. Concludere. Accompagnare; np. V. Maritarsi.

Sposina - *nevěstica, nevěsta.*

Sposo, uomo che sta p. ammogliarsi - *zaručnik;* p. chi si è maritato di fresco - *mladoženja, mladenac;* sposi novelli - *zaručnici, mladenci.* V. Compagno.

Spossare, va. - *onemoći, oslabiti (koga);* np. *onemoći, oslabiti, omlohaviti.*

Spossatezza - *onemoženost.*

Spossato - *onemožen, oslabljen.*

Spossessare - *lišiti (koga česa) uzeti, oteti (komu što).*

Sprecare. V. Scialacquare.

Spregevole - *tlačiv, potlačiv, pogèrdiv, malovrědan.*

Spregevolmente - *potlačno, pogèrdivo, pogèrdno.*

Spregiare. V. Dispregiare.

Spregio - *zazor, pogèrda, tlačenje, potlačenje, pogèrdjenje.*

Spregiudicatamente (senza giudizio preconcetto) - *nepriuzeto, nepriklonjeno, nenaklonjeno, nenaklonivo,* (senza danno) - *bezustèrbno, bezštetno, bezuvrědno, bez uvrěde, neuvrědno, bez štete.*

Spregiudicato (senza giud. preconcetto) - *nepriuzet, nepriklonjen, nenaklonjen,* (senza danni) - *bezustèrban, bezštetan.*

Spremere - *užmiti, užimati, ožimati, ožeti.*

Spremuto - *užmen, užiman, ožiman, ožet.*

Sprezzare. V. Dispregiare ecc.

Sprigionare. V. Disprigionare.

Sprizzare - *stèrcati, štèrcati,*

postèrcati, nastèrcati.

Sprocco. V. Ramo.

Sprofondare, vn. - *propasti, propadsti.*

Sprofondo - *bezdan, jaz, naj- veća dubljina.*

Sprolungare. V. Prolungare.

Spronare - *badati (bosti, bod- sti, podbosti, obosti, obadati, nabadati) ostrugom (ostro- gom).* V. Stimolare.

Spronata - *podbod ostrogni, ubodak (obod, óbodak).*

Sprone - *ostrug, ostrog,* met. *badalo.* V. Incitamento.

Sproporzionatamente - *ne- razmĕrno.*

Sproporzionato - *nerazmĕ- ran.*

Sproporzione - *nerazmĕrnost, nerazmĕrje.*

Sproposito - *ludost, prěko- putnost, spèrdnja, nesvěst, nesvěstnost.*

Spropriare V. Espropriare ecc.

Spruzzare - *škropiti, škrapa- ti, poškropiti, poškrapati, naškropiti, naškrapati, štropiti, štrapati, poštro- piti.*

Spruzzatojo - *škropionica, škropelnica, škropilnica.*

Spugna. V. Sponga ecc.

Spulciare - *loviti buhe.*

Spuma. V. Schiuma.

Spuntare, va. rompere, o levare la punta - *zlomiti (ulomiti, razbiti, zatupiti, zavèrnuti) rat* ecc.(V. Pun- ta); vn. p. cominciar a mandar fuori, o ad ap- parire - *niknuti, svanuti, osvanuti, javiti se, poja- viti se, izaći, izići, sinuti;* spuntò l' aurora - *svanula je zora.* V. Domare. Vin- cere.

Spurio - *kopile, nezakoniti sin, nezakonito čedo.*

Sputacchiare, vn. sputare so- vente - *pljucati;* va. p. spu- tare per dispregio addos- so altrui - *pljunuti komu u zube v. u obraz.*

Sputacchiera - *pljuvaonica, pljuvaljka.*

Sputacchio - *pljukac, pljuv- ka, opljuvak.* V. Saliva.

Sputare - *pljunuti, pljuvati, pljucati, pljukati, pljuknu- ti, (sputar tutto all'intor-*

no) *popljuvati, popljukati, izpluvati, izpljukati,* (imbrattare di sputi, o sputar molto) *napljuvati, napljukati.*

Sputo, atto dello sputare - *pljunutje, pljuknutje, pljunenje, pljuvanje, pljucanje, pljukanje, pljuknenje;* p. materia che si sputa - *slina, pljuk, pljukac, pljuvka, pljuvotina;* sputo sanguigno - *kèrvavi pljuk,* trarre sputi sanguigni - *hèrcati (bacati, izbacati) kèrv.*

Squadrare, va. rendere quadro - *škvadrati, oškvadrati;* p. aggiustar colla squadra - *izravnati;* p. guardare un oggetto attentamente e minutamente, - *razgledati* v. *mèriti što (koga) od glava do pete.* V. Squartare. Spezzare. Rompere.

Squagliare. V. Liquefare. Consumare.

Squallidezza. V. Squallore.

Squallido, molto scolorato - *preblěd, preblědan, blěd, blědan;* p. desolato - *opu-*

šten, opustošen, u pustoš obratjen, zataren, potaren, razoren, razsut. V. Oscuro. Orrido. Melanconico.

Squallore, pallidezza, eccedente - *prěblědoća, preblědnoća, preblědost;* fig. p. gran desolazione - *poraz, razsutje, razor.*

Squama - *luštura, ljuštura, lustura, lustra.*

Squamoso - *lušturav, lušturast, lusturav, lustrav, ljušturav, ljusturast* ecc.

Squarciare - *razkidati, razkinuti, raztèrgati, raztèrzati, razkomadati.*

Squartare - *razčetvèrtati, razčetvèrtiti.*

Squartata - *razčetvèrtanje, razčetvèrtjenje.*

Squassare, va. scuotere con impeto - *stresti, zdèrmati, uzdèrmati.*

Squillo, suono - *zvon, zuk, zvuk, zvek.*

Squisitezza, accuratezza nell'operare - *točnost;* p. finezza di gusto, o di lavoro - *izvèrstnost, izvèrtnoća.*

Squisito, di perfetta qualità - *izvèrstan, izvèrsan, jako dobar (lěp ecc.).*

Sradicare - *izkoreniti, izžiliti, izkorěpiti, zgulěti, izgulěti, pogulěti, skubsti, skubati, pokubsti ecc.*

Srotolare, tl. - *razuskladiti, razviti (spise).*

Srotolazione. V. Srotolo.

Srotolo, tl. - *razusklada, razvoj (spisah).*

Stabale, ag. - *štapski;* uffiziale stabale - *štapski oficir.*

Stabile, ag. che sta che non si muove - *stalan, stanovit, stanovan, stojeći;* p. contrario di mobile - *nepokretan, nepomičan, negibiv;* bene stabile st. *nepokretnost, nepokretnina, nepomičnost, negibivost, nepokretno (nepomično ecc.) dobro (ımanje, imetak).*

Stabilire, va. statuire deliberare - *odrediti, odredjivati, ustanoviti;* p. fissare, assegnare - *ustanoviti, oprediěliti, ureći, uricati;* stabilire un termine - *ustanoviti v. opreděliti rok,* stab. il prezzo - *opredělití cěnu;* p. prendere fermo partito - *odlučiti, odrediti, namislěti, nakaniti.* V. Fondare. Collocare. Ordinare; np. p. porsi, ᴄollocarsi - *nastaniti se, naměstiti se.*

Stabilità, fermezza - *stalnost, nepomičnost, postojanost;* p. forza di reggersi, di durare - *obduranost, obduranje.* V. Costanza.

Stabilmente - *stalno, nepomično, postojano, nepriklonivo.*

Staccare. V. Distaccare.

Stacciajo - *sitar.*

Stacciare - *siati, izsiati, presiati, prosiati.*

Staccio - *sito.*

Stadera - *kantar, vaga, měrilo, studira.*

Staffa (della sella) - *stremen, stremina.*

Staffetta, dim. di staffa - *stremenić;* p. corriere che porta un avviso ecc. (individuo) - *štafeta, narok,*

knjigonoša, listonoša, (p.
l'avviso stesso) - *štafeta,
narok, naročnica, hitnica.*

Staffiere, chi cammina presso la staffa del suo si-
gnore - *stremenik*; p. servo che porta ambascia-
te - *glasonoša.*

Staffilare, percuotere collo
staffile - *bičevati, izbiče-
vati, tući bičem;* p. rimproverare acremente -
izvikati, met. *oprati, o-
kefati.*

Staffilata - *bičoudarac; izvikanje, opranje, okefanje.*
V. Staffilare.

Staffile (per sferzare) - *bič;*
striscia di cuojo della sta-
fa - *remik, remen.*

Stagionare - *uzdriati, sazrě-
ti, uzazrěti.*

Stagione - *vrěme, doba.*

Stajo - *star, vagan.*

Stalla (da cavalli) - *konjušnica, štala,* (da buoi) - *štala, živinarnica, volovar-
nica, koliba, mošunja, o-
bor* (da agnelli ed altri
piccoli animali) *kotac;*
(da animali suini) *prašćar,*

svinjara, bèrlog.

Stallìa - *boravenje, stanak,
štalia.*

Stallone, bestia da cavalcare, destinata per monta-
re e far razza - *pastuh,
pazduh, angir, cěli konj.*

Stamattina - *jutros, sega jutra, segutra, jutroska, danas u jutro, danas jutros.*

Stampa, impronta colorata
fatta con caratteri ecc. -
tisak, štampa; p. cosa
stampata - *tiskopis, tiskopisje, štampa;* p. arte di
stampare - *tiskanje, štam-
panje;* della stampa - *ti-
skovan, tiskaran, tiskar-
ski, štamparan;* stampa
periodica - *povrěmeni tiskopis (tiskanje).* V. Modello. Qualità. Natura.

Stampare, fare su carta
ecc. l'impronta di scrit-
tura ecc. - *tiskati, štampati;* p. imprimere nel-
l'animo - *usaditi u sèrcu.*

Stampato, st. - *tiskopis, tiskopisje,* ag. *tiskan, štampan.*

Stampatore - *tiskar, štampar.*

Stamperìa - *tiskarna, tiskarnica, tiskara, štamparia.*

Stampiglia - *tiskanica, skrižaljka.*

Stampo — *kovotisak, kalup, tvorilo, obris.*

Stancare, va. togliere in gran parte le forze - *truditi, iztruditi, utruditi, raztruditi, moriti, umoriti, izmoriti;* vn. p. mancare, venir meno - *onemoći,* np. p. scemar di forza - *iztruditi se, raztruditi se, umoriti se, izmoriti se.*

Stanchezza - *trud, trudnost, umor, umornost, umorstvo, umorenje.*

Stanco - *trudan, umoran, umoren.*

Stanga - *prut, kolac, žežalj, lanča.*

Stangata - *zamlatak, udarenje (zamlatjenje, prehaljuženje) prutom (kolcem, žežljom, lančom).*

Stanotte - *noćas, noćaska.*

Stantuffo - *tiskalin.*

Stanza, camera - *soba, ložnica, hram, kamara, komora;* p. strofa di poe-

sia - *začinka* v. *dio pěsni (piesme).* V. Abitazione. Quartiere.

Stare, vn. - *stati, stajati, stojati, stavati, biti, bivati.* V. Abitare. Fermarsi. Cessare. Indugiare. Costare; st. p. positura del corpo - *stanje;* p. il trattenersi - *zadèržanje.* V. Dimora.

Starnutare (continuamente) - *kihati,* (una sol volta) *kihnuti, zakihnuti,* (starnutare oltre misura) *nakihati se.*

Starnuto - *kih, kihnja, kihanje, kihnenje, zakihnenje.*

Stasera - *večeras, večeraska;* l'accaduto di stasera - *večerašnje* v. *večeranji dogodjaj.*

Statariamente - *prěkim sudom, prěkim putem.*

Statario giudizio - *prěki sud.*

Statista - *dèržavopisac, dèržavopisnik, štatist.*

Statistica - *dèržavopis, štatistika.*

Statistico, ag. - *dèržavopisni, dèržavopisnički, šta-*

tištički; dati stat. - *dèrža- vopisna data.* V. Statista.

Stato, modo d'essere d'un ente - *stališ, stalež, stanje;* p. genere d'occupazione *stališ, stalež;* p. potenza, dominio - *dèržava;* dello stato - *dèržavan,* stato maggiore (corpo d'uffiziali) - *štap;* uffiziale di stato maggiore - *štapski oficir.* V. Attivo. Accusa.

Statua - *kip, prilika, stup.*

Statuaria - *kipotvorje, kipotvorstvo.*

Statuario, st. - *kipotvorac.*

Statuire. V. Stabilire. Deliberare. Ergere. Formare.

Statuista. V. Statuario.

Statuito. V. Statuto.

Statura, dimensione del corpo - *uzrast (asta, asti) rast, stas (asa, asi)* V. Stato.

Statutario, st. - *ustavotvorac;* ag. *ustavnički, ustavan.*

Statuto, st. corpo di leggi d'un dato luogo - *ustav, ustanova;* statuto provin-

ciale - *zemaljski* v. *pokrajinski ustav;* p. decreto sovrano - *carski (kraljevski) propis.* V. Legge. ag. p. statuito - *ustanovljen, odredjen.*

Stazione, luogo di fermata - *pristanište, postaja, postojka, postojna.* V. Fermata.

Stazionere. V. Bottegajo.

Stella - *zvèzda;* stella mattutina - *danica, zvèzda danica* v. *jutèrnja,* - fisse - *nepomične zvèzde,* erranti - *pomične zvèzde, skitavice.*

Stellarsi - *ozvèzditi se.*

Stellato, ag. pieno di stelle *zvèzden, ozvèzden;* di cavallo che abbia una macchia bianca in fronte - *zvèzdat, zvèzdast, zvèzdav.*

Stelletta - *zvèzdica.*

Stemma - *gèrb;* stemma austriaco - *austrianski gèrb.*

Stendardo - *steg.*

Stendere, allung. o allargare una cosa ristretta - *stegnuti, stezati, protegnuti, pružiti, pružati, spružiti;* stendere la mano - *pružiti ru -*

ku; p. mettere in iscritto - *sastaviti, sačiniti (pismo) napisati;* p. uccidere atterrando - *stegnuti* v. *protegnuti na tlo.* Spiegare. Diffondere.

Stenografia - *hitropis.*

Stenografico - *hitropisni.*

Stenografo - *hitropisac.*

Stentatamente - *mučno, trudno, težko, jedva.*

Sterco. V. Merda.

Sterile - *neplodan, bezplodan, neplodovit.*

Sterilità - *neplodnost, neplod, neplodstvo.*

Sterilmente - *neplodno, neplodovito, bezplodno.*

Sterlino, lira sterlina - *štèrlin, libra štèrlinska.*

Sterminamento — *zatarenje, potarenje, razorenje, oborenje, skončanje, šundranje, strenenje.*

Sterminare - *zatèrti, potèrti, razoriti, oboriti, skončati, šundrati, streniti, razsuti.*

Sterminatamente - *bezkrajno, bezkonačno, neizmèrno, prèkomèrno, prèkoredno.*

Sterminatezza - *neizmèrnost,* *prèkomèrnost, prèkorednost.*

Sterminato, ag. da sterminare - *zataren, potaren, razoren, oboren, razsut, skončan, šundran, strenjen;* p. che non ha termine - *bezkrajan, bezkonačan;* p. grandissimo - *neizmèran, prèkomèran, prèkoredan.*

Sterminio - *zator, potor, razsutje, poraz, razor.*

Stessamente - *na isti način, istotako, svejednako, svejedno.*

Stesso - *isti, on isti.*

Steura - *porez, štibra;* addizionale sulla steura - *porezni namet* v. *nadometak,* - diretta - *izravni porez,* - indiretta - *neizravni porez.*

Steurale - *porezan, štibren;* uffizio steurale - *porezni ured.*

Stile, verghetta di piombo e stagno ad uso di tirar linee - *olovka;* p. strumento col quale scrivevano gli antichi - *pisalo, pisaljka*; p. specillo - *razširač*; p. tronco d'albero lungo e rimondo - *stožer*; p. ferro acuto per varj usi nelle arti - *šilo, šiljak*; p. manico di falce ed altri simili - *toporište*; p. discorso - *jezikoslovje, rěčoslovje, govor, divan*; p. costume di procedere - *način postupanja, običaj, navada, časobroj.* V. Stanga. Stilo.

Stilla - *suza, kap, kaplja.*

Stillamento - *suzenje, kapanje, kapljenje.*

Stillare, va. versar a goccia a goccia - *suziti, kapati*; p. piovigginare - *rositi.* V. Infondere.

Stillicidio - *kap, kapnica*; diritto di stillicidio - *pravo, kapa v. kapnice.*

Stilo, arma - *bodež, ubodač.*

Stima - *procěna, procěnba*; - giudiziale - *sudbena procěna*, - esecutiva - *ověržbena procěna*, -volontaria - *dobrovoljna procěna.*

Stimabile - *cěniv, procěniv*; cosa stim. - *procěniva*

stvar, non stimabile - *neprocěniva stvar.*

Stimabilità - *cěnivost, procěnivost.*

Stimamento - *cěnjenje, procěnjenje, sudjenje, mněnje, scěnenje.* V. Stimare.

Stimare, va. giudicare del valore di checchessia - *cěniti, procěniti*; p. giudicare - *suditi*; p. essere d'opinione - *mněti, biti mněnja, scěniti, suditi, děržati.* V. Pensare. Credere.

Stimate, piaga - *rana.*

Stimatizzare - *nazlameniti v. naznameniti ranima.*

Stimato - *cěnjen, procěnjen*; stimatissimo - *velecěnjen, mnogocěnjen.*

Stimatore - *cěnitelj, procěnitelj.*

Stimma ecc. V. Marchio.

Stimolare, pungere collo stimolo - *bodsti, badati, podbosti, podbadati*; p. punzecchiare - *badkati, nabadkati*; p. incitare - *gnati, goniti, nagnati, nagoniti, naganjati, poticati, ajkati, hajkati.*

Stimolo, pungolo - *badalo, ajkača, hajkača* V. Incitamento.

Stinco - *cěv od noge, nožna cěv*; p. piede - *noga*.

Stipare, circondar di stipa - *oplotiti, zaplotiti, otèrniti, zatèrniti*; p. unire insieme e strettamente - *složiti, slagati*; p. rimondare i boschi - *haštriti, haštrati, ohaštriti, ohaštrati*.

Stipendiare - *poděliti, poduporku (štipendij)*.

Stipendiario - *poduprenik, stipendist*.

Stipendio - *poduporka, štipendij, štipendia*.

Stipite. V. Ceppo.

Stipulare, il contratto - *sklopiti pogodbu* v. *ugovor*.

Stipulazione del contratto - *sklopljenje pogodbe*.

Stiracchiamento - *natezanje, otezanje, zatezanje, kèrzmanje, kèrzmarenje, oklevanje; cigananje, cigananje, cěpidlačenje, prehtanje*. V. Stiracchiare.

Stiracchiare, tirar male e con istento - *natezati, ote-*

zati, zatezati, vući; p. indugiare (come sopra, e) - *kèrzmati, kèrzmariti, oklevati*; p. stiracchiare il prezzo - *ciganati, ciganiti, ciganiti se*; p. disputare con sottigliezza - *cěpidlačiti, cěpidlačiti se, prehtati se*.

Stirpe - *pleme, rod, porod, rodovina*, met. *kolěno, loza, stablo, koren, panj, trag*.

Stivale - *škornja, čižma*.

Stivaletto - *čižmica*.

Stivalone - *škornjina, čižmina*.

Stivare, va. - *složiti, slagati, nasložiti, naslagati*; np. *složiti se; slagati se* ecc.

Stizza, incollerimento - *razjarenost, razdraženost, razjarenje, razdraženje, razljutjenje*. V. Inimicizia.

Stizzare, va. scuotere dallo stizzo la parte bruciata *potąknuti, poticati oganj* v. *vatru*; p. smoccolare - *oseknuti (svěću)*; np. p. incollerirsi - *razjariti se,* *razdražiti se, razljutiti se, razjaditi se* met.*razigrati se.*

Stizzire, va. - *dražiti, razdražiti, razjariti, ljutiti, razljutiti, jaditi, razjaditi, razgnjeviti;* np. *razdražiti se, razjariti se, razljutiti se, razgnjeviti se.*

Stizzo - *glavnja, bilja.*

Stizzosamente - *razjareno, razdraženo, razljutjeno.*

Stoccata, colpo di punta - *ubod, probod, prebod;* p. ferita nel cuore in senso morale - *rana, ranjenje (u sèrcu).*

Stocco, pugnale - *bodež, bodilo.*

Stoccofisso - *štokfiš, štokofiš.*

Stola - *štola;* tassa di stola - *štolarina.*

Stolidamente - *ludo, budalasto, nepametno, neumno, bezumno, nesvěstno.*

Stolidezza - *ludost, budalaština, nepamet, neum, bezumnost, nesvěst.*

Stolidità. V. **Stolidezza**.

Stolido, ag. - *lud, budalast, nepametan, nesvěstan, neum, bezuman;* uomo stolido -

ludjak, budala, budalo, bezumnik, ludi (budalasti ecc.) *čověk.*

Stoltamente - *tamašno, bedasto, glupo.*

Stoltezza - *bedastoća, glupoća, glupost.*

Stolto, ag. - *bedast, benast, glup, glupast;* uomo stolto - *bena, bedasti čověk.*

Stomachevole - *gnjusan, gadan, dosadan.*

Stomaco - *želudac.*

Stomacosamente - *gnjusno, gadno, dosadno.*

Stomacoso. V. **Stomachevole**.

Stonare - *neslagati, nesložiti, škvèrliti.*

Stonazione - *neslaganje, nesloženje, škvèrlenje.*

Stoppa (di lino o cauapa) - *stupa, ogreb, ogrebnica.*

Stoppaccio - *čep.*

Stoppare - *začepiti stupom, zastupati.*

Stoppia, parte di paglia, che rimane sul campo, dopo segate le biade - *stèrn;* p. campo ove trovasi la stoppia - *stèrnište.*

Stopposo - *stupav, stupast.* V. Secco.

Storcere, contrario di torcere - *odsukati, odviti, odvijati;* p. raddrizzare - *sravnati, poravnati, izravnati.*

Stordire, render stordito - *zabuniti, zabunjivati, zabušiti;* p. assordare con alte grida - *zaglušiti.* V. Stupefare.

Storia - *povĕst, povĕstnica, povĕsnica, historia;* storia naturale - *naravopisje.*

Storicamente - *povĕstno, povĕsno, povĕstnički, povĕsnički, historički.*

Storico, ag. - *povĕstan, povĕstnički, povĕsnički, historički;* st. *povĕstničar, povĕsničar, historik.*

Storiella - *pričica.*

Storiografia - *zgodopisje, storiografia.*

Storiografo, scrittore di storia, dei suoi tempi - *zgodopisac, storiograf;* p. impiegato dello Stato a quest'oggetto - *dĕržavni zgodopisac* ecc.

Stornare, va. - *odvratiti, svratiti, odkloniti, odklanjati. skloniti, sklanjati;* np. *vratiti se.* V. Distavolare. Evitare.

Storno, st. stornello, uccello - *škvor, škvorac, čvĕrljak;* ag. p. sbalordito - *smutjen.* V. Intavolazione. Rescissione.

Storpiare, guastar le membra - *osakatiti, spačiti, izopačiti,* met. *okĕrnuti.* V. Stornare.

Storpiato - *osakatjen, spačen, izopačen, okĕrnjen.* V. Storpio.

Storpiatura, lo storpiare - *osakatjenje, spačenje, izopačenje, okĕrnjenje;* p. cosa storpiata - *osakatjenost, spačenost, izopačenost, okĕrnjenost.*

Storpio, guasto, sconcio - *knjast, kljast, hrom, spačen, izpačen, izopačen.*

Stortamente - *krivo, gĕrbavo.*

Storto, ag. e p. di storcere - *odsukan, odvijen;* p. non diritto - *kriv, gĕrbav.* V. Iniquo.

Straccare ecc. V. Stancare.

Stracciare, squarciare - *parati, razparati, tèrgati, raztèrgati, kidati, razkidati, razkinuti, krajati, razkrajati, dèrpiti, dèrpati, dèrpnuti, derati, drapati, razdrapati*; p. svellere (capelli) - *skubati, skubsti, pokubati, pokubsti, čupati, počupati, očupati, razčupati*. V. Sbranare. Disunire. Fracassare.

Stracciato, ag. e p. di stracciare - *razdèrt, prodèrt, razparan, raztèrgan, razkidan, razkinjen, razkrajan, razdrapan;* p. con vesti stracciate - *razkidan, podrapan, razdrapan.* V. Straccione.

Straccione, st. pezzente - *razkidanac, razderanac, razdrapanac.*

Stracco. V. Stanco.

Stracotto, cotto eccedentem. - *prekuhan, prevaren.*

Strada (in genere) - *put;* p. strada maestra o postale - *cesta, drum;* - ferrata - *železnica, železna cesta,* - comunale - *obćinska cesta.*

Stradale - *putnički, cestarski, drumski.*

Stradella, via stretta di città - *ulica, putić;* di campagna - *staz, staza, klanac, stazica, klančić, putić.*

Stradone - *cesta.*

Strafatto, troppo maturo - *prezrěl, preuzdrian.*

Strage, uccisione di molte persone o bestie - *pokolj, poboj, poklanje, podavljenje, pogubljenje;* menar strage - *poklati, podaviti, pobiti, pogubiti;* p. grande mortalità - *pomor.* V. Rovina. Sterminio.

Stragiudiziale - *izvansudben, izvansudan.*

Stragrande - *prevel, prevelik.*

Stragrave - *pretežak.*

Stralungo - *predug.*

Stramaturo. V. Strafatto.

Stramazzare, va. gettare a terra impetuosamente sì che il gettato rimanga sbalordito - *stèrmoglaviti, lupnuti* ecc. (come sotto) vn. p. cadere goffamente

40

senza potersi riparaŕe - *lupnuti, bleknuti, bubnuti, hrusnuti, sunuti.*

Stramazzata - *lupnenje, bleknenje, bubnenje, hrusnenje.*

Stramazzo - *štramac, vajkušna.*

Strame - *slama, listje, veje;* strame sminuzzato - *tar.*

Stranamente. V. Stravagantemente. Zoticamente.

Stranezza. V. Stravaganza.

Strangolamento - *davljenje, zadavljenje, udavljenje, podavljenje, zaklanje, poklanje, zakoljenje, pokoljenje.*

Strangolare, va. - *daviti, zadaviti, udaviti, podaviti, zaklati, poklati.*

Strangolatore - *zadavilac, udavilac, podavilac.*

Straniero, st. V. Forestiere; ag. p. lontano - *dalek.*

Stranio. V. Estraneo. Forestiere. Inusitato.

Strano, non congiunto di parentela ne d' amicizia - *tudj, stran.* V. Forestiere. Nuovo. Inusitato. Stravagante.

Straordinariamente, con modo non ordinario - *izvanredno, prěkoredno, prěkoměrno.*

Straordinarietà - *izvanrednost, izvanrednoća, prěkorednost.*

Straordinario, ag. - *izvanredan, prěkoredan, prěkoměran.*

Strapagare - *preplatiti.*

Strapazzare, far poco conto di checchessia - *nevrěditi, necěniti (što), nehajati, nemariti (za što), malocěniti (što);* p. maltrattare - *gèrditi, nagèrditi, oružiti, obružiti, psovati, obpsovati;* np. p. aver poca cura della propria salute - *nemariti* v. *nehajati za se* v. *za svoje zdravje, šundrivati se.*

Strappare - *odtèrgnuti, iztèrgnuti, protèrgati, protèrgnuti, tèrzati, tèrgati, odkinuti, izkinuti, odkidati, izkidati.* V. Svellere.

Strascinare, va. - *vući, vlačiti, vleći, šuljati;* strascinare in varie parti - *razvući* ecc., strascinare in giù - *svući;* np. p. andar a stento - *vući se.*

Stratagemma - *varka, zaslě-pilo, iznajdica.*

Strategia - *ratoborje.*

Strategico - *ratoboran.*

Strattagemma. V. **Strata-gemma.**

Stravagante - *izvanredan, ne-običan, neobičajan, nov.*

Stravagantemente - *izvan-redno, neobično, neobi-čajno.*

Stravaganza - *izvanrednost, neobičnost, neobičajnost.*

Stravalcare - *koračiti, kora-knuti, prekoračiti.*

Stravasare - *točiti, stočiti, liti, livati.*

Stravestire, va. - *prebući, prebliči, preobući, preobliči;* np. *prebući se, prebliči se, preobliči se.*

Stravizio - *žderanje i lo-kanje.*

Stravolgere, torcere con vio-lenza per muovere e cavar di suo luogo - *svèrnuti, izvèrnuti.*

Strega – *věška, věstičina, vilenica, čaralica, čarob-nica, čarovnica.*

Stregare - *čarati, čarovati, začarati;* lo stregare - *čaranje, začaranje.*

Stregone - *kodlak, čarovnik.*

Stregonerìa, azione da stre-ga, o stregone - *čarobia, čarolia;* p. atto od effetto dello stregare - *začaranje.*

Strenuamente. V. **Valoro-samente ecc.**

Strepitare, far suono strepi-toso - *roštati, roptati, ko-natiti, lupati, trupati, škra-bati, škrebetati;* p. far gran rumore - *larmati, bučiti, kričati, vikati, vriskati, ro-goboriti, treskati.*

Strepito, suono strepitoso - *roštanje, roptanje, konate-nje, lupanje, trupanje, škre-bet, škrebetanje, škrabanje;* p. grande rumore - *larma, buka, halabuka, talabuka, urnebes, rogobor treska, lar-manje, bučenje, kričanje, vikanje, vriskanje.*

Strepitosamente - *urnebesno, rogoborno; čudnovato.* V. **Strepitoso.**

Strepitoso, che fa strepito *urnebesan, rogoboran;* p.

meraviglioso - *čudnovat, čudnovit, divan.*

Strettamente - *usko, tesno, stisnuto, stišnjeno speto;* unire strettam. - *usko spojiti (skopčati).*

Strettezza - *tesnoća, uskoća, stišnjenost.*

Stretto, st. luogo di poca larghezza - *těsno město, těsnoća, těsno;* ag. e p. di stringere - *stisnut, stišnjen, spet;* p. angusto non largo - *tesan, uzak.* V. Rigoroso. Cauto. Segreto.

Stretto, av. con gran parsimonia - *stisnuto, stišnjeno.* V. Strettamente.

Stridatore, tl. - *glasnik.*

Stride. V. Dinunzia.

Stridere, gridare acutamente (dell' uomo) - *vriskati, vikati,* met. *derati se,* dare un solo strido - *vrisnuti, viknuti, zavrisnuti, zaviknuti, zavikati;* (delle bestie) - *kviliti, vikati, zakviliti, zavikati;* (delle cose inanimate) - *škripati, škripnuti, zaškripati, zaškripnuti.*

Strido - *vrisk, vik, škrip,* *škripnja, vriskanje, vrisnenje, zavrisnenje, zavriskanje, vikanje, viknenje, zavikanje, zaviknenje, kvilenje, zakvilenje, škripanje, zaskripanje.* V. Stridere.

Stridore, lo stridere - *vriskanje, vrisnenje* ecc. V. Strido; p. freddo eccessivo - *strašna (neobična, izvanredna) zima* v. *měrzlina.*

Strignere, va. - *stisnuti, stiskati, speti, spinjati;* p. strignere gli occhi - *zažimati (zažeti, stisnuti) oko;* np. *stisnuti se, stiskati se, speti se, spinjati se, potegnuti se u sebi.*

Strillare - *vriskati, vikati.* V. Stridere.

Strillo - *vrisk, vik, vrisnenje, zavrisnenje, vriskanje, zavriskanje, viknenje, zaviknenje, vikanje, zavikanje.*

Strimpellare - *škrabati, škrebetati, děrncati, děrnckati.*

Strimpello - *škrebet, škrabanje, škrebetanje, děrncanje, děrnckanje.*

Stringa, pezzo di nastro -

vez, *uza*; p. stringa di cuojo – *žužnja*.

Stringere. V. Strignere.

Strisciare, come fa la serpe *plaziti*, *listi*, *liziti*; p. u- miliarsi d'innanzi alcuno e adularlo - *hmiljati se*, *hmiliti se*, *smucati se*, *ma- zati se (oko koga)*.

Stritolamento - *smèrvenje*, *starenje*, *potarenje*, *obra- tjenje u prah*, *hèrstanje*, *hèrskanje*, *shèrstanje*. V. Stritolare.

Stritolare, rompere in tritoli *smèrviti*; p. tritare minu- tissim. - *tèrti*, *stèrti*, *po- tèrti*, *obratiti u prah*; p. stritolare alcunchè di duro sotto i denti, come bis- cotto ecc. - *hèrstati*, *hèr- skati*, *shèrstati*, *pohèrstati*, *razhèrstati*.

Strofinare - *tèrti*, *otèrti*, *stèrti*.

Strombazzare - *raztrubiti*, *raztuliti*, met. *razturiti*.

Stromento. V. Istrumento.

Stropicciare, fregare con mano - *tèrti*, *otèrti*, *stèrti*; p. fregare gagliardam. -

žulěti, *ožulěti*, *požulěti*; p. strisciare i piedi - *tèrti*, *otèrti*, *stèrti (noge)*.

Stropiccio - *tarenje*, *otarenje*, *starenje*, *žulenje*, *ožulenje*, *požulenje*. V. Strepito.

Stroppa - *gužva*.

Strozza - *gèrkljan*; prendere taluno pella strozza - *u- vatiti* v. *uloviti koga za gèrkljan*.

Strozzamento - *davljenje*, *zadavljenje*, *udavljenje*, *po- davljenje*, *zadavenje* ecc.

Strozzare - *daviti*, *zadaviti*, *udaviti*, *podaviti*.

Struggere, va. liquefare - *topiti*, *stopiti*, *raztopiti*, *raztapati*, *taliti*, *raztaliti*. V. Sterminare; np. p. de- siderare ardent. *vruće že- liti (što)*, *hlěpiti (za što)*; penare per grande affet- to, o per desiderio - *po- gibati*, *ginuti (za kim)*; struggersi di dolore - *skončivati se*.

Struggimento, lo struggere - *topljenje*, *stopljenje*, *raz- topljenje*, *raztapanje*, *ta- lenje*, *raztalenje*; p. ardente desiderio - *hlěplje-nje;* p. passione dietro cosa ard. desiderata - *pogibanje, ginenje;* p. consumamento - *skončivanje.*

Strumento. V. Istrumento.

Strutto, st. - *tuk, mast.*

Struttura. V. Fabbrica; p. modo con cui una cosa è costrutta - *sastav, sačimba;* p. disposizione, ordine delle parti di checchessia - *razreda, razredba, razredjenje, složenje.*

Struzzo - *pstros, štruc.*

Stucchevole - *dosadan.*

Stucchevolezza - *dosadnost.*

Stucchevolmente - *dosadno.*

Studente. V. Scolare.

Studiare, vn. - *učiti, učiti se, vučiti se, vaditi se;* studiar con diligenza - *učiti se marljivo,* studiar poco - *slabo se učiti.* V. Occuparsi.

Studio (da studiare) - *nauk, učenje;* p. premura, diligenza - *briga, brižljivost, pomnja, marljivost;* p. affezione - *ljubav;* a bello studio - *hotimice, hotomice,*

namišljeno. V. Scuola.

Stufa, fornello per riscaldar stanze - *peć.*

Stufato, st. (di carne) - *tenfanje, pirjan, žgvacet;* fare lo stufato - *učiniti tenfanje, pirjaniti.*

Stuoja - *stura.*

Stuolo, moltitudine, per lo più di gente armata - *četa, čopor.* V. Infinità.

Stuora. V. Stuoja.

Stupefare, va. empir di stupore - *začuditi, udiviti, zabušiti (koga);* p. intormentire - *zablenuti, uzabiti, omamiti (koga);* np. p. meravigliarsi altamente - *zablenuti se, zapanjiti se, diviti se;* p. divenir stupido - *obudaliti, pobudaliti.*

Stupendamente - *čudno, čudnovato, čudnovito, začudno, zaměrno, divnim načinom.*

Stupendo - *čudan, čudnovat, čudnovit, začudan, zaměran, divan.*

Stupidezza - *bedastoća, budalost, budalaština, trubiloća.*

Stupidire, vn. divenir stupido - *obudaliti, pobudaliti, postati budala, otrubiliti.* V. Stupefarsi.

Stupidità. V. Stupidezza.

Stupido, st. incapace di formarsi idee chiare - *bedak, budala, budalo, budalaš, trubila;* ag. *bedast, budalast, trubilav;* p. intormentito - *zablenut, zapanjen, zabjen, omamjen.*

Stupire, vn. - *čuditi se, začuditi se, diviti se.*

Stupore - *čudo, začudjenje, zapanje.*

Stuprare, sl. - *silovati,* (senso com. anche) *oskvèrnuti.*

Stupratore - *silovatelj; oskvèrnitelj.* V. Stuprare.

Stupro • *silovanje; oskvèrnjenje.* V. Stuprare.

Sturare, va. - *odcěpiti, izcěpiti, izvaditi cěp.*

Sturbare - *smetati, smećati, smutiti, smućevati, (koga), zanovetati (okolo koga).*

Stutz - *šešana, štuc.*

Stuzzicadenti - *zubočistka.*

Stuzzicare, frugacchiare leggermente - *dirati, dèrncati, dèrnckati, dèrčkati, traškati;* p. instigare - *poticati, badati, podbadati, puntati, dražiti.* V. Stimolare.

Su, av. contrario di giù - *gori, gore;* prep. coll'artic. sul, sulla, sullo - *vèrh, vèrhu, povèrh, navèrh, svèrh, zgor, zgora, odzgo, odzgor, odzgora, odozgo, iznad* (gen.), p. livello - *razi;* sull'acqua *zgor vode; nad, nada* (ist. e ac.) sulla persona - *nad osobu* v. *nad osobom; na* (ac. alla domanda "sopra chi? su che? dove?„ sui piedi - *na noge,* sull'inimico - *na nepriatelja; na* (loc. alla domanda dove? se significa località, o abitare, e di più alla domanda "quando?„ sul campo - *na polju;* p. sopra il - *po* (loc.); sulla terra - *po zemlji;* p. su, in su - *uz, uza* (ac.) all'insù del fiume - *uz rěku.* V. Circa. Via.

Suaccennato - *gorenaveden, gorinaveden, gorepomenut, gorerečen.*

Suadere - *svěstiti, nukati, ponukati, nagovarati.*

Suballegato - *podprilog.*

Subalpino - *podhèrdan, podgoran,* abitante sub. - *podgorčan.*

Subalternare - *podložiti, podčiniti, podstaviti.*

Subalterno, st. - *podložnik, podčinjenik, podstavljenik;* ag. *podložan, podčinjen, podstavljen, nižji, manji.*

Subapennino - *podapeninski.*

Subappaltare - *podzakupiti.*

Subappaltatore - *podzakupnik.*

Subappalto - *podzakup.*

Subastare - *prodati dražbeno (putem javne dražbe, putem javne ličbe, uz javnu dražbu, ecc.)*

Subastazione - *prodanje putem javne dražbe ecc.* V. Subastare.

Subattergare - *podnaledjiti, podnahèrbtiti.*

Subbia, scalpello grosso appuntato - *puntarol, dlě-*

to; p. istrum. da calzolajo - *šilo.*

Subbietto. V. Soggetto.

Subbissamento - *šundranje, upropastenje, upropaštjivanje; propast, propadenje, propadanje.*

Subbissare - *šundrati, upropastiti, upropaštjivati;* vn. *šundrati se, propasti, propadati.*

Subceleste - *podnebesan.*

Subdolamente - *himbeno, lukavo, prevarbeno, vuhveno.*

Subdolo - *himben, lukav, prevarben, vuhven.*

Subentrare - *nastati, doći na čije město, naslěditi.*

Subire, prendere a suo carico - *uzeti nase;* p. sostenere - *podnesti, podnositi;* subire la peđa - *podnesti kaznu* v. *peděpsu.*

Subissare. V. Subbissare.

Subitamente, senza indugio - *bezodvlačno, bez odvlake, odmah, namah, ončas, oničas, oni čas, ovčas, oni hip, dilj, dilje, udilj, udilje.* V. Subitaneamente.

Subitaneamente - *nenadno,*

iznenada, neočekivano, naznuk.

Subitaneo - nenadan, iznenadan, neočekivan.

Subito, ag. istantaneo - bezodvlačan, neodvlačan, udiljan, bèrz, hitar; p. pronto - gotov; av. p. subitamente - odmah, namah, umah, dilj, udilj on čas, ov čas, u ov čas, in un subito - u jedan čas, odmah, namah ecc.

Sublime - visok, privisok, previšnji, višnji, uzvišen.

Sublimemente - visoko, privisoko, previsoko, uzvišeno.

Sublimità - visost, visokost, višina, privisokost, previsokost, uzvišenost.

Sublocazione - poduporaba, podzakup.

Subordinamento - podredjenje.

Subordinare - podrediti.

Subordinatamente - podredno, podredjeno.

Subordinato, da subordinare - podredjen. V. Dipendente.

Subordinazione - podložnost, podstavljenost, podčinjenost, zavisnost, odvisnost, podredjenost, podrednost.

Subornare - podnajmiti, podmititi.

Subornatore - podnajmilac, podmitjenik.

Subornazione - podnajmljenje, podmitenje.

Subuglio. V. Confusione.

Suburbano - podgradski, zagradski.

Suburbio - podgrad, zagrad.

Succedaneo - naměstan, nadoměstan; succed. fidejussore - uzporuk, podporuk, naměstni poruk.

Succedere, ereditare - naslěditi, naslědovati. V. Avvenire. Scaturire. Subentrare.

Succeditore. V. Successore.

Successione, diritto di sottentrare al godimento di beni - naslědstvo, naslědovanje; di successione - naslědan; ordine di suc. legittima - red zakonitog naslědstva; p. successo - dogodjaj, zgoda, dogodjenje, zgodjenje, pripetjenje. V. Progresso. Discendenza.

Successivamente - *jedan za drugěm, po redu, redom, uzastopce.* V. Quindi.

Successivo - *naslědan, slědeći, slědujući, naslědujući, naslědstven.*

Successo, il succedere - *naslědjenje, naslědovanje;* p. avvenimento. V. Successione. Esito.

Successore - *naslědnik, naslědovatelj;* suc. legittimo - *zakoniti naslědnik.*

Successorio - *naslědan, naslědben, naslědovni;* patto suc. - *naslědna pogodba.*

Succhiare, buccare col succhiello - *vèrtati, izvèrtati, provèrtati.* Succiare.

Succhiellare, va. V. Succhiare; vn. p. internarsi in checchessia - *unutriti se.* V. Risicare.

Succhio, strumento per forare - *svèrdao, svèrdal, svèrdo;* dim.*svèrdlić, svèrdrić, svèrdić,* aum. *svèrdlina.* V. Sugo.

Succiare, attirare a sè l'u-

more, il sugo ecc. *sisati, cicati, sesati, sugati;* succiare il latte - *sisati, sisati mlěko.* V. Leccare.

Succintamente - *u kratko, na kratko.*

Succinto, ag. legato sotto le cinture - *opasan, opašen;* p. breve - *kratak, nedug.*

Succitato - *gorenaveden, gorinaveden, gorepomenut, yorerečen, goreimenovan.*

Succo. V. Sugo.

Succubo - *mora.*

Succulento. V. Sugoso.

Sucidamente - *okaljano, oblatjeno, omazano, namazano, izmazano, smradno, nečisto.*

Sucido, imbrat. - *blatan, okaljan, oblatjen, omazan, namazan, izmazan, smradan, nečist.* V. Disonesto.

Suco. V. Sugo.

Sud, st. mezzodì - *poludne, (a, evi).*

Sudare, vn. *potiti se, spotiti se, znojiti se;* va. p. bagnar di sudore - *potom v. znojem polěti (polěvati).*

Suddetto - *gorerečen, gorirečen, gorepomenut, goreimenovan, gorenaveden, gorenaznačen.*

Sudditale - *podanički, podložnički*, sud. fedeltà - *podanička věrnost.*

Sudditalmente – *podanički, podložnički.*

Sudditanza - *podaničtvo, podaničnost, podanost, podložnost, podložničtvo;* sud. austriaca - *austrianska podaničnost.*

Sudditela ˙- *podaničtvo.* V. Nesso.

Suddito - *podanik, podložnik;* sud. estero - *inostrani podanik.*

Suddividere - *porazděliti.*

Suddivisibile - *porazděliv.*

Suddivisione - *porazděljenje.*

Sudicio. V. Sucido.

Sudore - *pot, znoj ;* con gran sudore - *kěrvavim potom.*

Sufficiente, bastevole - *dostatan, dovoljan, zadostan.* V. Abile.

Sufficientemente - *dostatno, dovoljno, zadostno.*

Sufficienza, quanto basta - *dostatnost, dovoljnost, zadostnost.* V. Abilità.

Suffraganeo, vescovo - *pomoćni buskup.*

Suffragare - *pomoći, pomagati.*

Suffragatore - *pomoćnik.*

Suffragazione - *pomoženje, pomaganje.*

Suffragio, soccorso - *pomoć, pripomoć, pomaganje ;* a suffragio dei defunti - *na polakšanje umèršíh.* V. Voto. Conforto.

Suffumicare, sparger di fumo - *zadimiti, nadimiti, zakaditi;* p. affumicare legger germ. - *pokaditi, podimiti.*

Sufolare - *švikati, fućkati.* V. Fischiare.

Suggellamento - *pečatjenje, zapečatjenje.*

Suggellare - *pečatiti, zapěčatiti (što), udariti pečat, (na što).* V. Chiudere. Marcare. Approvare.

Suggellato , *zapečatjen.* V. Chiuso. Segreto.

Suggellatore - *pečatitelj, zapečatitelj.*

Suggello, sigillo - *pečat ;*

sug. giudiziale - *sudbeni pečat*, guardasigilli (Cancelliere) - *pečatnik*. V. Infrazione.

Suggere. V. Logorare. Succiare.

Suggerimento - *narečenje, nareknenje, nadahnutje, nadahnenje, predloženje*.

Suggerire - *nareći, nareknuti, nadahnuti, udahnuti, podpuhnuti, predložiti*.

Suggestione - *himbeno* v. *lukavo nagovaranje*. V. Stimolo.

Suggestivamente - *himbeno, lukavo, s prevarbom*.

Sughero - *plut, pluta, šuvar*.

Sugheroso - *plutan, plutav, šuvrav*.

Sugna, sogna - *salo, svinjsko salo*.

Sugnoso - *masan*.

Sugo, succo - *sok, mezg, mezga, mezgra, gljen*.

Sugoso - *sočan, sočast, gljenit, gljenist, mezgovit*.

Suicida - *samouboica*.

Suicidarsi - *ubiti sam sebe*.

Suicidio - *samoubojstvo*; attentato suicidio - *pokuša-*

no *samoubojstvo*.

Suino, ag. - *praščarski, svinjski*; st. p. porco - *prasac, svinja*.

Sulfureo. V. Solfureo ecc.

Sullodato - *gorehvaljen*. V. Suddetto.

Sultana - *sultanica, turska carica* v. *cesarica*.

Sultano - *sultan, turski car* v. *cesar*.

Summentovato - *gorepomenut, goripomenut, gorenapomenut, gorenaznačen, gorenaveden*. •

Summenzionato. V. Summentovato.

Sunto, compendio - *jezgra, kratki sadèržaj, izvadak, skup, skupak;* sunto della petizione - *jezgra tužbe*. V. Estratto.

Suntuosamente. V. Sontuosamente.

Suo, ag. posses. - *svoj (svoja, svoje), njegov (njegova, njegovo);* pl. *njihovi (njihove, njihova, njihov);* fem. sin. (di lei) *njen, njezin, njein*.

Suocera, madre della moglie - *punica, svaha;* p. madre del marito - *sve-kèrva, svekra;* p. madre della suocera - *prapu-nica.*

Suocero, padre della moglie - *tast;* p. padre del marito - *svekar, svekor, svekèrv.*

Suola - *poplat, podplat.*

Suolo, superficie del terreno - *tle, tlo:* p. terreno - *zemlja;* sul suolo - *na tle, na tlo, na tlu, na zemlji;* p. suola - *poplat, podplat;* p. zoccolo dei cavalli, buoi ecc. - *kopito.*

Suonare. V. Sonare.

Suono, sensazione prodotta dalla vibrazione d'un corpo sonoro - *zvon, zvek, zveka, zveket, zvuk, glas, klenc, kljenc;* p. il suonare - *zvonenje, zvonjenje, zvečanje, zvučanje, klen-canje, kljencanje.* V. Fama.

Suora - *sestra;* suora di carità - *milosèrdna sestra.*

Superare, rimaner superiore, vincere - *predobiti, premoći, smoći, nadmoći,*

nadmagati, nadvladati, svladati, nadjačiti; p. so-pravanzare; *nadilaziti, nadhoditi, nadići, naditi;* la spesa supera l'importo di fi. 6. *potrošak na-dilazi fr. 6;* p. superar nel corso - *preteći;* superare in altezza - *nadviši-ti, nadvišivati;* p. essere il primo - *predjnačiti;* p. passar sopra - *prekoračiti.*

Superato - *predobijen, premožen, smožen, nadmožen, nadvladan, svladan, na-djačen; nadilazen, nadho-djen, nadidjen, pretečen, nadvišen, nadvišivan, pre-koračen.* V. Superare.

Superbamente, con superbia - *oholo, ponosno, ponosito;* p. magnificamente, nobilm. - *plemenito, vitežki.*

Superbia - *oholost, oholia, ponos, ponositost;* p. magnificenza - *plemenitost, veličanstvo.*

Superbire. V. Insuperbirsi.

Superbo, che ha superbia - *ohol, oho, ponosit, ponosan, ponosiv, uznesen, uz-*

nosit; superba donna - *ponosita žena;* p. nobile, magnif. - *plemenit, vitežki;* uomo di superba saviezza *čověk plemenite znanosti.*

Superficiale - *poveršan.*

Superficialità - *poveršnost, poveršenost.*

Superficialmente, in superficie - *poveršno, poverše-no;* p. esternamente - *iž-vana.*

Superficie - *poveršnost, po-veršje, poveršaj, skorup.*

Superfluamente - *suvišno, prekoměrno.*

Superfluità - *suvišnost, pre-koměrnost.*

Superfluo - *suvišan, preko-měran;* cosa superflua - *stvar suvišna.*

Superiorato - *glavarstvo, po-glavarstvo, nadstavničtvo.*

Superiore, st. - *glavar, po-glavar, nadstavnik, nad-stavljenik;* ag. *višji, veći, stariji, nadstavljen, pred-stavljen, predpostavljen;* super. autorità - *višja (ve-ća ecc.) oblast.* V. Pre-posto.

Superiorità, qualità e stato di chi è superiore - *nad-stavljenost, predstavljenost, predpostavljenost.* V. Superiore.

Superiormente - *od višje strane (města, oblasti).*

Superlativamente - *verhovno, izverstno, izversno, treto-stupno.*

Superlativo, più superiore, il più sublime - *najvišji, višnji, verhovan;* grado superlativo (mod. gram.) - *tretji stupanj.*

Supernamente, con potenza o virtù superna - *bo-žanstveno, uzvišeno, privi-soko;* p. dal cielo - *ne-besno, nebeski, od neba.*

Superno, superiore - *višji, gornji;* p. spirituale - *du-hovan, duševan;* p. celeste - *nebesan, nebeski.*

Superstite - *ostavši, zao-stavši.* V. Vedova.

Superstizione, falsa od esager. credenza in cose so-pranat. ecc. - *krivočastje, taštočastje, krivoštovanje, krivověrje;* p. soverchia esattezza-*pretočnost*, met. *pretěranost.*

Superstizioso - *krivočastiv, krivoštujuć, taštočastan, krivočastan, krivoštovni.*

Supervacaneo - *nepotrěban, suvišan.*

Supervacuo - *suvišan.*

Supinamente - *nauznak, naznak, na škini, gori těrbuhom, protegnuto.*

Supino, ag. che giace colla pancia all'insù - *nauznačan;* p. rivolto parallelamente all'insù - *protegnut.* V. Negligente.

Suppegno - *podzalog.*

Supplemento - *dodatak.*

Supplente, ag. - *naměstan;* st. *naměstnik.*

Suppletivo. V. Suppletorio.

Suppletoriamente - *naknadno, dodatno.*

Suppletorio - *naknadan, dodatan, dopunitben, dopuniteljan;* suppletorio rapporto - *naknadno izvěstje.* V. Giuramento.

Supplica - *molbenica, prošnja.* V. Instanza.

Supplicante - *molitelj, pro-*

sitelj, *prosioc.*

Supplicare - *moliti, umoliti, umoljavati, ponižno (sniženo, umiljeno) moliti, prositi.*

Supplicazione, il supplicare - *moljenje, umoljenje, umoljavanje, prosenje.* V. Supplica.

Supplichevole, ag. - *poniž no v. umiljeno moleći, pro seći; ponižan, umiljen, snižen.*

Supplichevolmente - *ponižno (umiljeno, snižno) moleći, proseći; ponižno, umiljeno, sniženo.*

Supplicio. V. Supplizio.

Supplire, sovvenire al difetto - *dodati, popuniti, nadopuniti, nadoměriti, naknaditi, nadostaviti, nadoměstiti;* supplire al bisogno - *doskočiti* v. *odolěti potrěbi.* V. Provvedere.

Supplizio - *kazan, peděpsa;* supplizio estremo - *smèrtna kazan* v. *peděpsa.*

Supponibile - *predmněvan.*

Supporre, porre sotto - *podstaviti, podvèrći;* p. presupporre - *mněti, mněva-ti, predmněti, predmněvati, mislěti, děržati;* p. porre in luogo d'altri - *proměniti, směniti, naměstiti;* supponiamo il caso - *stavimo v. postavimo slučaj.*

Suppositizio - *predmněvan.*

Supposizione - *mněnje, predmněnje, predmněvanje.*

Suppurare - *gnojiti, ognojiti se.* V. Maturare.

Suppurazione - *ognojenje, pognojenje.*

Supremamente - *premogućno, prěkomožno.*

Supremazìa - *premogućtvo, nadmogućtvo.*

Supremo - *věrhovan, najvišji;* sup. dicastero - *věrhovna oblast.*

Sur. V. Su.

Surrogare. V. Sostituire ecc.

Suscitare, va. V. Risuscitare. Ravvivare; p. far sorgere - *uzročiti, prouzročiti, uzrokovati, prouzrokovati, probuditi.* V. Eccitare. Risvegliarsi. Liberarsi.

Susina, susino - *sliva, šljiva.*

Suso. V. Su.

Susseguente - *slědeći, dojdući.*

Susseguentemente. V. Successivamente. Ordinariamente.

Sussidiare - *pomoći, pomagati, pripomoći, pripomagati.*

Sussidiario, ausiliario st. - *pomoćnik;* ag. *pomoćni;* p. che viene in secondo luogo - *drugotan, drugoredan.*

Sussidiato - *pomožen, pripomožen, pomagan, pripomagan.*

Sussidiatore. V. Sussidiario.

Sussidio - *pomoć, pripomoć.*

Sussistente - *obstojeći, postojeći.*

Sussistenza, attuale esistenza - *obstojanost, obstojateljstvo, obstojenje, postojanost;* nella sussistenza dei fatti - *u obstojenju činah.* V. Essenza; p. ciò che occorre al mantenimento - *hrana.*

Sussistere, aver attuale esistenza - *biti, bivati, obstati, obstojati, postojati;* sussistono grandi difficoltà - *obstoje velike zaprěke; p.* essere fondato, valido, parlandosi di ragioni ecc. - *stati, biti valjan (vrědan, temeljit),* questa ragione non può sussistere - *ovaj razlog nemože stati (nije vrědan ecc.).*

Sussulto - *treptaj, kucanje.*

Susurramento, il susurrare - *bèrnčenje, zučanje, žamor, žamorenje, mèrmljavina;* (il mormorare, dir male) - *mèrmljanje.*

Susurrare, leggierm. rumoreggiare (delle api ecc.) - *bèrnčiti, zučati, žamoriti;* p. mormorare, dir male - *mèrmljati.*

Susurrazione. V. Susurramento.

Susurro, leggiero strepito - *žamor, šušnja, šuškanje;* p. cicalìo - *bèrbljanje.* V. Maldicenza. Chiacchiera.

Sutterfugio, scampo - *ubĕgnutje, izbĕgnutje;* p. pretesto - *iznimka, izlika.*

Suvero. V. Sughero.

Svagare, va. V. Distogliere; np. p. prendere sollievo - *proći se, odahnuti.*

Svaginare. V. Sguainare.

Svaligiare. V. Predare.

Svanire, esalare dei liquori - *větriti, izvětriti, izvětravati, otruhnuti.* V. Sparire.

Svantaggio - *šteta, kvar, ustèrb, škoda.*

Svantaggiosamente - *štetno, ustèrbno, škodno, škodljivo, kvarno.*

Svantaggioso - *štetan, štetljiv, ustèrban, škodan, škodljiv, kvaran.*

Svaporabile - *větriv, izvětriv.*

Svaporare, mandar fuori i vapori - *větriti, izvětriti;* p. esalare - *dimovati, izdimiti, izdimovati.*

Svegliare. V. Destare. Eccitare. Avvisare.

Svegliatezza - *izbudjenost, probudjenost; domišljatost, hitrost, živahnost.* V. Svegliato.

Svegliato, ag. e p. di svegliare - *zbudjen, izbudjen, probudjen;* p. vigile, per-

41

spicace - *pozoran, poman, hitar, domišljat.*

Svegliere. V. Svellere.

Svelare, va. tor via il velo - *odkopreniti, odkriti, izvaditi (izkinuti) koprenu.* V. Manifestare. Rivelare; np. p. levarsi la maschera - *izvaditi v. izkinuti priobrazu v. koprenu.*

Svellere, spiccar da terra colle radici - *guleti, zguleti, izguleti, poguleti, skubsti, izkubsti, pokubsti, razkubsti, skubati, izkubati, pokubati;* p. trarre a sè con forza quello che è tenac. attaccato - *odtergnuti, stergnuti, iztergnuti.*

Svelto, ag. e p. di svellere - *zguljen, izguljen, poguljen, skuban, izkuban, pokuban, razkuban, skuben, izkuben ecc., odtergnut, stergnut, iztergnut;* p. sciolto di membra - *hitar, herl, lak, lahk;* essere svelto - *biti hitar (herl ecc.), imati lake pete.*

Svenimento, deliquio - *čeznutje, izčeznutje.* V. Ec-clisse.

Svenire, andare in deliquio - *čeznuti, izčeznuti, izčezavati, zamreti, kopniti, pomanjkati, snebiti se.*

Sventare, va. guastare un negozio già incominciato - *pokvariti, izkvariti, uništiti;* vn. p. render vano l'effetto delle mine col mezzo delle contromine - *ukloniti, odstraniti, udaljiti;* p. mandar fuori aria - *puhati, puhnuti, piriti;* p. lasciare andar flati dal ventre - *perdeti, perdnuti;* np. p. sciorinarsi - *vetriti se, pahati se.* V. Sventolare. Vuotare.

Sventolare, va. spargere in alto al vento - *vijati, izvijati, vetriti;* p. agitar nell'aria - *pahati, opahati;* p. sperperare - *peršati, razperšati;* np. p. muoversi di cosa esposta al vento - *vijati se.* V. Sventare.

Sventrare, trarre le interiora dal corpo altrui - *izvaditi creva v. olita, izcreviti;* p.

passare il ventre con armi - *probosti*, *prebosti*, *proparati*.

Sventura. V. Disavventura ecc.

Svenuto, ag. e p. di svenire - *izčeznut*, *zamèrl*, *snebjen*. V. Debole.

Sverdire - *odzeleniti*, *osušiti*, *posušiti*.

Sverginamento - *oskvèrnjenje*.

Sverginare - *oskvèrnuti*, *oskvèrniti*.

Svergognare - *osramiti*, *osramotiti*, *posramotiti*, *obružiti*, *oružiti*, *izružiti*.

Svergognato, ag. e p. di svergognare - *osramljen*, *osramotjen*, *posramotjen*, *obružen*, *oružen*, *izružen*; p. che non ha vergogna - *bezsraman*, *nesraman*.

Svernare, dimorare il verno in alcun luogo - *prezimiti*, *prizimiti*, *proći zimu*.

Svestire. V. Spogliare.

Svezzare, va. - *odučiti*, *odobičajiti*; p. spoppare - *odsesati*, *odcicati*, *odsisati*, *oddojiti*; np. p. lasciar

l'uso di checchessia - *ostaviti navadu* v. *običaj*, *odučiti se*.

Sviamento - *odstranjenje*, *odaljenje*, *odalečenje*.

Sviare, va. - *odstraniti*, *odaljiti*, *svratiti*, *odvratiti (od dobroga puta)*.

Sviluppo - *razvitak*.

Svincolare - *odvezati*, *razvezati*, *rěšiti*, *odrěšiti*, *razrěšiti*.

Svisare, guastar il viso - *nagèrditi lice*; p. alterare, cangiare - *preobražiti*, *preobèrnuti*, *preokrenuti*.

Svista - *nepomnja*, *nepažnja*, *nesmotrenost*.

Svolare - *lětiti*, *prolětiti*, *uzdignuti se u zrak* v. *u ajer*. V. Svolazzare.

Svolazzare, volar piano, or quà or là - *pèrhati*, *pèrhnuti*, *lětati*, *polětati*, *prolětati*; p. dibattere l'ali *pljehutati*, *kreljutati*; p. andar vagando - *klatiti*, *klatariti*, *skitati se*.

Svolgere, opposto di avvogliere - *odviti*, *odvijati*, *razviti*, *razvijati*, *odmota-*

*

TAB — 644 — TAC

ti, *odmotavati, razmotati;* p. rimuovere dall' opinione - *odvratiti, svratiti (od svoje misli)*; p. spiegare distesam. (ciò che è ripiegato) - *razstriti, razstirati, prostriti, prostirati,* met. *odprěti, odpirati, otvorěti,* (un argomento) - *obširno razložiti (razlagati, raztumačiti).*

T.

Tabaccajo - *tabakar,* fem. *tabakarica.*

Tabaccare, vn. prender tabacco - *tabakati, žnjofati,* (e improp.) - *piti tabaka (burmuta, vèrtanca)*; p. tabac. tutto - *potabakati, požnjofati;* va. p. imbrattare di tabacco - *otabakati, potabakati, nasipati tabakom (burmutom, vèrtancem).*

Tabacchiera - *škatula, škatulja, škatula od tabaka.*

Tabacchino. V. Tabaccajo.

Tabacchista - *žnjofalac.*

Tabacco (da naso) - *tabak, duhan, duvan, burmut,* met. *vèrtanac,* (da pipa) - *tabak, duhan.*

Tabaccone. V. Tabacchista.

Tabarro - *ogèrnjač, zagèrnjač.* V. Cappotto.

Tabella, piccola tavola - *tabla,* dim. *tablica.* V. Crepitacolo. Prospetto.

Tabellionato - *pečat, biljeg, bilieg.*

Tabellione. V. Notajo.

Tabernacolo, custodia da riporvi cose sacre - *svetohranište.*

Taccamacca - *takamak.*

Tacchino - *puran, purman, pura, tuka.*

Taccia, pecca - *zla navada (običaj), mana, manjkavost.* V. Imputazione.

Tacciare. V. Imputare.

Tacco - *peta;* battere il tacco. V. Fuggire.

Taccuino (da riporvi lettere ecc.) - *listnica;* p. almanacco - *koledar, kalendar.*

Tacere, non parlare - *mučati, šutiti, ne govorěti;* p. re-

star da parlare - *umuknuti,*
omuknuti, zamuknuti, pri-
mučati, zamučati, zašutiti;
p. tener segreto - *tajati,*
tajiti, mučati, zamučati,
dèržati skrovno v. *tajno,*
nepisnuti.

Tacitamente, in silenzio -
mučeć, muče, mučke. V.
Chetamente. Segreta-
mente.

Tacitare - *namiriti, namiri-*
vati, platiti, izplatiti, na-
platiti.

Tacito, non parlante - *mu-*
čeći, šuteći; p. sottinteso
- *razumljen, podrazum-*
ljen, primučan. V. Cheto.
Occulto.

Taciturnità - *mučanje, šute-*
nje, umuknutje, zamuknu-
tje, umučanje, zamučanje;
p. silenzio - *muk, tajnost,*
tajna, giuramento di tacit.
- *prisega tajnosti.*

Taciturno, ag. che tace -
mučeći, šuteći; che per abitudine parla poco - *mukli,*
met. *gluh;* st. *mučalac,*
mučalnik, šutilac.

Tafanario - *guzica, pèrkno,*
rit, zadnjica. V. Culo.

Tafano - *muha, muha od vo-*
la, obad.

Tafferuglio - *borba, kavga,*
èrvanje, rivanje, smutnja,
prepirka, tučnja, svadba,
svadja, inada.

Taglia, il tagliare - *sěčenje,*
posěčenje, presěčenje, raz-
sěčenje, odsěčenje; p. taglia sopra assassini ecc.
naglavnica, naglavina,
nadglavina; p. prezzo di
riscatto - *izbavnina;* p.
foggia, parlandosi di ve-
stiti - *nošnja, odora, kroj.*
V. Rimunerazione. Stra-
ge. Imposta. Alleanza.

Tagliaborse - *rezikese;* met.
lopov, tat, lupež.

Tagliando. V. Coupons.

Tagliapietre - *kljesar, klesar.*

Tagliare, far più parti d'u-
na quantità con istru-
mento tagliente - *rězati,*
prorězati, razrězati, odrě-
zati, sěći, posěći, presěći,
razsěći, odsěći; p. tagliar
dentro, intagliare - *urě-*
zati, urězivati, zarěsati,
usěći, zasěći; tagliare al-

quanto, e p. tagliar molta materia - *narězati, nasěći*; tagliare il tabacco in parti minute - *rezati (drobiti, razrězati, razdrobiti) duhan*, tagliar legna - *sěći děrva*; p. tagliare del sarto - *krojiti, skrojiti, prikrojiti, razkrojiti*; p. uccidere tagliando - *sěći posěći*, tagliarsi - *posěći se, porězati se*. V. Sezionare. Segregare. Finire.

Tagliente, di sottil taglio - *oštar, britak*.

Tagliere, piccolo piatto - *pliticica, golarić, pladnjić, tanjirić*; p. piatto di legno - *pladanj, tanjir*.

Taglio, parte tagliente di coltello ecc. - *oštro, ostra stran*; p. squarciatura - *rěz, posěka, posěk, presěk usěk, rana*; taglio d'un monte ecc. *prosěk (běrda)*; p. taglio riferib. a sarto *kroj*; p. tagliamento, uccisione - *sěčenje, posěčenje*; p. cosa tagliata - *odsěk, odrězak*. V. Ritaglio. Statura.

Tagliuola (da lupi, volpi ecc.) - *stupica, železa*; p. occulto inganno - *lukavstvo, prevarba*.

Tagliuzzare, minutam. tagliare - *drobiti, rezati, razdrobiti, razrězati*; p. fare piccoli tagliettini - *rězati, urězati, narězati*,

Talamo, letto nuziale - *ženitbena v. zaručna postělja*; p. camera degli sposi - *nevěstnjak*. V. Giacimento.

Talchè - *tako du, na način da*.

Tale - *takov, taki, takovi, takvi, takojak, takav*. V. Simile. Taluno. Talmente.

Talentare - *ugadjati, ugoditi, dopadati, ići po volji*.

Talento, antica moneta - *talent, talant*; p. inclinazione naturale dell'ingegno od applicarsi ad una cosa - *ćud, nagon*; p. voglia, desiderio - *želja*; mal talento - *zla nakana*. V. Ingegno.

Talismano - *amanet*.

Tallero - *talir.*

Tallone, parte post. del piede - *peta;* p. osso di questa parte - *kičica.*

Talmente - *tako, na taki način, toliko, do toliko, du toga kraja;* talmentechè - *tako da.*

Talmude - *talmut, talmud.*

Talora - *kadkad, kadkada, kadgod, kadgodi, kadagod, kadagodir, kadšto, někad, něgda, někada.*

Talpa - *kèrt, kèrtica.*

Taluno - *něki, někoj, něgdo, kigod, kojigod, kojgodi, kogod.*

Talvolta. V. Talora.

Tamarindo - *tamarind.*

Tamburare, suonare il tamburo - *bubnjiti, bubnjati, tamburati, bubnjiti bubanj, udarati u bubanj* v. *u tambur;* il tamburare - *bubnjanje, tamburanje.*

Tamburiere - *bubnjar.*

Tamburino, piccolo tamburo - *bubnjić, tamburić;* p. suonator di tamburo - *bubnjar, tambur.*

Tamburo, strumento per trarne suono - *bubanj, tambur;* ruola il tamburo - *bubanj bubnji.*

Tampoco. V. Nemmeno. Ancora.

Tana, bucca - *škulja, špila, jama, rupa, peć.*

Tanaglia, strum. di ferro - *klešta, kljěśća, klješta.*

Tanto, ag. di quantità, moltitudine - *toliko, tolisno, toličko, toli, ovoliko, ovolisno, ovoličko, onoliko, onolisno, onoličko;* tanto più - *tim (toliko, toli) više, i onako;* ag. di grandezza - *tako, toliko, toli* (ecc. come sopra, e) *na ti način, na taki način, do toliko, do toga kraja;* sì grande - *tako (toliko, toli* ecc.) *vel.*

Tantosto - *odmah, namah, dilj, udilj, u ovaj čas.*

Tapinare, vn. viver in miseria *čamiti, čamati, živěti u nevolji* v. *u ljutoj potrěbi, patiti, stradati;* np. p. affliggersi assai - *skončivati se;* p. stentar molto a guadagnarsi il vitto -

hraniti se kèrvavim potom, v. *hraniti se kèrvavo.*

Tapino, meschino, misero, st. - *kukavica, kukavac, siromah nesrĕtnik, bĕdnik, nevoljnik;* ag. *kukav, kukavan, žalostan, bĕdan, nesrĕčan, nevoljan, jadan, siromah, siromašan, ubog.*

Tappa. V. Stazione.

Tappare, va. - *čepiti, začepiti, zaprĕti, zatvorĕti;* p. coprire - *pokriti;* np. p. imbacuccarsi nel mantello - *zagèrnuti se, zakapotiti se.*

Tappeto - *sag, nastor;* tappeto colorato - *velenac.*

Tappezzare – *usaziti, nasaziti, sazima* v. *nastorima uresiti* v. *nakititi.*

Tappo, turacciuolo – *čep.*

Tara, difalco che si fa per convenzione a'conti mercantili - *tara, odbitak.* V. Difetto.

Tarantola, specie di lucertola - *krastava gušćarica;* p. ragno velenoso della Puglia - *tarantula, tarantela, pauk podzem-*

ljuh.

Tarchiato - *krĕpak.*

Tardamente - *kasno, zakašnjeno, oklevno, zatezno, natezno, izvandobno.*

Tardanza. V. Indugio. Lentezza.

Tardare. V. Indugiare. Trattenere.

Tardi - *kasno, pozno;* al più tardi - *najkašnje, najkašnije,* troppo tardi - *prekasno, preveć kasno,* o tosto o tardi - *ol prie ol poslĕ, ali prie ali poslĕ,* o tardi o tosto - *al kasno al rano.*

Tardivo - *kasan, pozan.* V. Tardo.

Tardo, fuor di tempo - *kasan, izvandoban;* p. che fa adagio - *kasan, oklevan, odvlačan, zatezan;* p. pigro – *lĕn, lĕnast;* p. negligente - *nemaran, nemarljiv, neharan.*

Tariffa, dei prezzi - *cĕnik, cĕnovnik, tarifa;* tariffa del bollo - *bularna (bularinska, biljegovna) porezača* v. *tarifa.*

Tarlare, va. - *stèrti, gristi, izgristi, izšupljiti, prošupljiti;* np. *tèrti se, stèrti se, gristi se, izgristi se, izšupljiti se* ecc.

Tarlo, vermiciuolo - *tarac, tarač, cèrv, grizlica, čmolj.*

Tarma. V. Tignola.

Tarmato - *iztaren, izgrizen.*

Tarpare le ali - *ostriči* v. *prestriči krěla.*

Tartagliare. V. Balbettare.

Tartareo - *paklen.*

Tartaruga - *skornjača, kornjača, žaba pokrovača* v. *pokrovata.*

Tartufo - *gomoljika.*

Tasca, saccoccia - *žep, džep.*

Tassa - *pristojba, pristojbina, taksa;* tassa doganale - *mitnica, mitnička pristojba,* - di ponte - *mostovina.*

Tassare, stabilire la tassa - *odměriti pristojbu;* p. fissare - *ustanoviti, oprediliti odrediti;* tassare le spese - *omedjašiti troškove.* V. Imputare.

Tassativamente - *izrično, izrekom;* tas. stabilito - *izrekom ustanovljeno.*

Tassativo - *izričan, ustanovan.*

Tassato - *odměren, ustanovljen, opreděljen, omedjašen;* tassate competenze - *omedjašene pristojbe.*

Tassazione - *odměrenje, ustanovljenje, opreděljenje, omedjašenje.*

Tasso, pianta - *lopuh, lepuh, divizma;* p. animale - *jazvac, jazavac.*

Tastare, toccare per cercare - *pipati, opipati, napipati, popipati, ticati.* V. Tentare.

Tasto, senso del tatto - *opip;* p. toccamento prolungato che si fa colla mano - *pipanje, opipanje, napipanje, popipanje, ticanje;* p. tasti dell'organo ecc. *opipak.*

Tattera, magagna - *manjkavost, beša, osakatjenje, ozleda, ozledjenje, okèrnenje, spačenje, izpačenje;* p. minuzia. V. Bagattella.

Tatto - *ticanje.*

Taumaturgo - *čudotvorac,*

čudotvornik.

Tauro. V. Toro.

Taverna. V. Osteria, ecc.

Tavola, da mangiare ecc. - *stol;* p. asse o pezzo d'asse - *daska;* p. quadro dipinto su tavola, e p. carte contenenti rami, figure - *slika;* p. giudizio - *sudbeni Stol, sudbena Stolica;* regia Tavola Settemvirale - *kraljevski Stol Sedmorice, sudbena Sedmorica, vèrhovni v. najvišji Sud (za ugarsku kraljevinu, za Hèrvatsku i Slavoniu v. za dalmatinsko - hèrvatsko - slavonsku krunovinu, za trojednu kraljevinu) trojedne kraljevine,* Tavola Banale - *banski Stol,* regia Tavola Giudiziaria del Comitato - *kraljevska županjska sudbena Stolica v. kraljevski županjski sudbeni Stol.* V. Libro. Tabella.

Tavolare, coprir di tavole *pokriti daskami;* ag. V. Uffizio.

Tavoletta, piccolo asse - *daščica;* p. picc. tavola, o tavolino - *stolčić, stolić.* V. Tabella.

Tavolino. V. Tavoletta.

Tavolo. V. Tavola.

Tavolozza - *daščica.*

Tazza - *čaša.*

Te, pron. - *tebe, te;* sopra di te - *na te, na tebi.*

Tè, arboscello e bevanda - *te.*

Teatrale , *kazalištan;* rappresentazione teatrale - *kazalištno predstavljanje.*

Teatro - *kazalište, kazališće;* teatro nazionale - *narodno kazalište,* teatro della guerra - *bojište, bojilište, ratište.*

Tecnico, st. - *obèrtoznanac;* ag. *obèrtoznanski, obèrtoznanstven, tehnički.*

Tedesco, st. - *nèmac;* ag. *nèmški, nèmački;* nazione tedesca - *nèmški narod,*

Tediare. V. Attediare.

Tedio. V. Noja.

Tedioso. V. Nojoso.

Tegola, concava - *kupa, okupa, opeka, žlěbac, crěp;* p. tegola piatta - *cigla.*

Tegolajo - *kupar*, *okupar*, *ciglar.*

Tegumento. V. Integumento.

Tela - *platno*; – casalina - *platno domaće*, - di lino - *oplata*. V. Insidia.

Telajo, ordigno per tessere – *krosna (i)*, *razboj.*

Telegrafare - *bèrzojaviti, telegrafirati.*

Telegraficamente - *bèrzojavno, bèrzojavnim putem, telegrafički.*

Telegrafico - *bèrzojavan, telegrafički.*

Telegrafo - *bèrzojav, telegraf.* V. Telegramma.

Telegramma - *bèrzojavak, bèrzodostav, bèrzojavna vèst v. pospěšnica, telegraf.*

Telescopio - *zvězdočnik.*

Telo, pezzo di tela ecc. - *pola.* V. Dardo. Archibugio.

Tema, soggetto compito - *predmet, zadaća, pitanje.* V. Paura.

Temerariamente, con temerità - *smiono, smělo; dèrzovito, oběstno, nestašno, pèrkosno;* p. a caso - *slučajno, po slučaju;* p. inconsideratamente - *nesmotreno, nesmotèrno, nepomno, nerazložito, nerazborito, nerazborno.* V. Temerario.

Temerario, troppo ardito - *smion, smionast, směl;* p. insolente - *dèrzovit, oběstan, nestašan, ponosan, ohorljiv, pèrkosan;* giudizio temerario - *beztemeljni (nerazložni, nerazborni, nesmotreni) sud.*

Temere essere preso da timore - *bojati se, strašiti se.* V. Sospettare. Dubitare. Patire.

Temerità - *smionost, smělost; dèrzovitost, oběst.* V. Temerario.

Temibile - *strašan, strahotan.*

Tempaccio - *nevrěme, zlo vrěme, ubogo vrěme, božje vrěme, nepogoda.*

Tempera, consolidazione che si dà al ferro - *kalenje, okalenje.* V. Qualità. Indole. Canto. Consonanza.

Temperante, sobrio - *trězan, uzprežan, uměren.*

Temperanza, virtù che regola i piaceri ecc. - *trěznost*, *uzpregnutje*, *uměrenost*, *priměrenost*. V. Modestia.

Temperare, va. (il ferro) - *kaliti*, *okaliti*; p. scemare la forza - *ublažiti*, *osladiti*, *olakšati*; temperare la penna - *popraviti pero*, temperare gli stromenti - *složiti sopele* (*gusle* ecc.); np. p. consolidarsi del ferro - *kaliti se*, *okaliti se*. V. Regolare. Concordare. Mescolare. Vino.

Temperatamente - *trězno*, *uměrno*, *priměrno*.

Temperato, da temperare - *kaljen*, *okaljen*; *ublažen*, *osladjen*, *olakšan*, *popravljen*, *složen*. V. Temperare; p. raffrenato - *uzpregnut*, *trězan*. V. Modesto.

Temperino - *peročnik*.

Tempesta - *oluja*, *gromovina*, met. *bura*; terribile temp. *strašna oluja*. V. Grandine. Buffera.

Tempestoso - *olujan*, *buran*; p. agitato, commosso - *uzkoleban*, *uzkotěrljan*.

Tempia - *škrania*, *skranjica*,

Tempio - *hram*, *cèrkva*.

Tempissimo (per) - *rano*, *izarana*, *iz pèrvoga jutra*.

Tempo - *vrěme*, *doba*; bel tempo - *lěpo vrěme*, cattivo tempo - *poredno* (*zlo*, *zločesto*) *vrěme*, tempi difficili - *zlokobna vrěmena*, presentare in tempo utile - *predati u koristno doba*, fuori di tempo - *izvan dobe*, *izvandobno*, non ho tempo - *němam vrěmena*, nimi v. *nijemi lazno*, da molto tempo - *odavna*, *od mnogo vrěmena*.

Tempora - *kvatre*, *četiri vrěmena postna*.

Temporale, st. V. Tempesta. Burrasca. Tempaccio, ag. *vrěmenit*, *privrěmen*; temporale ed eterna vita - *vrěmeniti i věkověčni život*.

Temporaneo. V. Temporale. Contemporaneo.

Temporeggiare, aspettar

tempo opportuno - *čekati,*
počekati, počkati, očekiva-
ti. V. Indugiare.

Tempra. V. Tempera.

Tenace - *tvèrd, stišljiv; st. stiš-*
ljivac; d' indole tenace -
tvèrdouman, tvèrdokoran.

Tenacemente - *tvèrdo, stiš-*
ljivo ; tvèrdoumno, tvèr-
dokorno.

Tenacità - *tvèrdost, stišlji-*
nost, tvèrdoća, tvèrdodèrž-
vost ; tvèrdoumost, tvèr-
dokornost.

Tenaglia. V. Tanaglia.

Tenda, tela che s' inalza
distesa - *prekrivalo;* p.
sipario - *zastor;* p. padiglione - *šator, šotor, čador.*

Tendenza, direzione verso
un fine – *naměra, směr,*
směrenost, směrenje, smě-
ranje, težnja.

Tendere, stendere - *nate-*
gnuti, natezati, napinjati,
nepeti. V. Spiegare. Arco; p. aver mira - *smě-*
rati, těžiti.

Tendine - *but (ta).*

Tendineo - *butav, butast.*

Tendinoso. V. Tendineo.

Tenebre - *škurina, škuravina,*
tmina, tmica, tmuša, tam-
nost, mrak, mèrklost.

Tenebroso. V. Oscuro. Turbato.

Tenente (militare) - *poruč-*
nik; primo tenente - *nad-*
poručnik, tenente mercantile - *kapetansko-tèrgovač-*
ki naměstnik. V. Colon-
nello. Maresciallo.

Teneramente, con tenerezza
- *dragahno, dragašno, sèr-*
dačno, sèrčano, milo, mi-
ljahno, ljubezno. V. Debolmente.

Tenere, va. aver in sua
mano – *dèržati, obdèržati,*
pridèržati, imati, imiti;
tenersi alla legge - *dèr-*
žati se zakona, tener mente - *paziti, pomnjiti, pam-*
titi, tenere a bada - *vući*
(peljati, voditi, potezati)
za nos, tener per fermo
- *dèržati za stalno,* tenersi
in buono - *radovati se.* V.
Perseverare. Occupare.
Pigliare.

Tenerello - *mladjahan, ma-*
lodoban.

Tenerezza, qualità o stato di ciò che è tenero - *mekost, mehkost, mekoća, mekota, mekšina*; p. benevolenza, amore - *ljubav, ljubezljivost, milost, milina*. V. Cura. Zelo. Infanzia.

Tenero, ag. che facilm. si comprime - *mek, mehk, mekan, mekoput, mekoputan*; p. di poca età - *mladjahan, malodoban, mal*; p. spirante tenerezza - *mil, mio, drag*; p. curante - *skèrban, maran, marljiv, brižan, brižljiv, gorljiv*; st. p. parte tenera - *meko, mehko*. V. Tenerezza.

Tenitore, st. - *dèržac, dèržalac*; tenitore de' libri - *knjigovodja, knjigovoditelj*.

Tenitura - *dèržanje, pridèržanje, uzdèržanje*; tenitura dei libri - *knjigovodstvo, vodjenje knjigah*.

Tenore, soggetto del discorso - *sadèržaj*; p. forma, maniera - *način*; p. cantante o voce di tenore - *tenor*; p. accento, tono - *glas*; a tenore dell' ordine - *uslĕd (u slĕdstvu, polag, povodom) naloga, u smislu v. u suglasju naloga, glasom naloga, suglasno nalogu*. V. Senso.

Tentare, far prova - *kušati, pokušati, probati*; p. toccare uno - *taknuti, tikati*; p. irritare - *dražiti, ljutiti, jaditi, razdražiti, razjariti, razljutiti, razjaditi (koga), zanovetati (okol koga)*; p. instigare - *poticati, badati, podbadati, puntati*; p. cercar di corrompere e subornare - *napastovati*. V. Esaminare. Cimentare.

Tentativo - *pokus, pokušaj, kušanje, pokušanje, okušaj, okušanje*.

Tentato, ag. e p. di tentare *kušan, pokušan, proban*; tentato furto - *pokušana kradnja*.

Tentatore - *napastnik, napasnik*.

Tentazione, instigaz. del diavolo - *napast, napastovanje*. V. Prova. Cimento.

Tentennamento - *dèrncanje, dèrnckanje.*

Tentennare - *dèrncati, dèrnckati.* V. Agitare.

Tenue, scarso - *mal, malen, kukav, kukavan, èrdjav, loš, lošav, slab, ubog;* tenue paga - *kukavna platja.* V. Sottile. Leggiero.

Tenuemente - *kukavo, kukavno, èrdjavo, lošo, slabo, ubogo.*

Tenuità - *kukavnost, kukavost; malenkost, neznatnost.*

Tenuta, dominio - *posèd, posèdničtvo, imanje;* p. capacità d' un vaso - *dèržanje.*

Tenuto, da tenere - *dèržan, obdèržan, pridèržan;* p. obbligato - *dužan, dèržan, obvezan.*

Tenzone. V. Disputa. Combattimento.

Teologale. V. Teologico.

Teologìa - *bogoslovje, bogoslovstvo, teologia.*

Teologicamente - *bogoslovno, teologički.*

Teologico - *bogoslovan, teologički;* esame teologico - *bogoslovni* v. *teologički izpit.*

Teologizzare - *bogosloviti, teologizirati.*

Teologo - *bogoslovac;* corpo di teologi - *bogoslovci, bogoslovština.*

Tepidamente - *mlako, mlačno, smlačeno, pogriano; lěno nemarno; polagano, oklevno, zavlačno.* V. Tepido.

Tepidezza, stato di ciò che è tepido - *mlakost, mlačnost, mlakoća, smlačnost, pogrianost;* p. pigrizia - *lěnost, lěnaria, nemarnost,* p. lentezza - *polaganost, kasnoća, zavlačnost, oklevnost.* V. Ritrosìa.

Tepido, tra caldo e freddo - *mlak, mlačan, mlakast, mlačen, smlačen, omlačen;* p. pigro - *lěn, lěnast, nemaran;* p. lento - *kasan, zavlačan, oklevan.* V. Ritroso.

Tergere - *tèrti, otèrti, osušiti.*

Tergiversare - *okolišati, gužvariti.*

Tergiversazione - *okolišanje, gužvarenje.*

Tergo - *ledja, hèrbat, škina;* a tergo - *zad, zada.*

Termale - *tepličkí, topličkí, topal.*

Terme - *teplice, toplice.*

Terminare, por termini, cioè contrassegni - *medjašiti, omedjašiti, staviti v. postaviti granice v. medje;* p. finire - *svèršiti, izvèršiti, dovèršiti, dokončati, dogotoviti, dospěti, finiti, dofiniti, zaključiti, zaglaviti, doći na kraj.* V. Determinare. Risolvere. Morire.

Termine, punto, linea, spazio dove finisce l'estensione - *meja, medja, mejaš, medjaš, mejnik, granica, kraj, město, potez;* p. tempo prefisso - *rok, dan;* termine legale - *zakoniti rok,* termine stabilito - *ustanovljeni (opreděljeni, odredjeni) rok (ročišta),* scadenza del termine - *izminutje v. izmaknutje roka,* dilazione del - *odgoda (odgodjenje, produljenje) roka,* ter. prorogato - *odgodjeni v. produljeni rok;* p. spazio di tempo - *doba, vrěme;* p. dizione, vocabolo - *izraz, izrazka, rěč.* V. Fine. Titolo.

Terminologia - *nazivoslovje;* libro di terminologia - *nazivoslovnik, nazovnik.*

Termometro - *toploměr, termometar.*

Terno - *trojina, trojica,* (di lotto) *trobroj, trojnica.*

Terra - *zemlja, kopno, tle, tlo,* met. *suho;* vaso di terra - *posuda zemlje,* cader a terra - *pasti na zemlju v. na tle,* per terra e per mare - *po kraju (krajem) i po moru,* in terra e in mare - *na zemlji (na kraju, na kopnu) i na moru,* venire a terra (approdare) *doći na kraj;* p. provincia paese - *krajina, pokrajina, kraj, zemlja, stran, město.* V. Città. Patria.

Terracqueo - *zemljovodan.*

Terraferma - *kopno.*

Terrapieno - *nasip, nasap, nahit.*

Terrazzano - *zemljak.*

Terremoto - *potres, trešnja.*

Terreno, st. terra che si coltiva - *zemlja, zemljište, grunt.* V. Distretto; ag. della terra - *zemaljski, zemljištan, zemljan, zeman, zemski;* p. caduco - *padiv, padljiv, opadiv, prolazan, nestalan.*

Terreo, ag. - *zeman, zemljan, zemljen, zemljav, zemski.*

Terrestre - *zemaljski.*

Terribile - *strahovit, strahovitan, strašan, strahotan, grozovit, grozan.*

Terribilità - *strahovitost, strašnost, strahota, strahoća, grozovitost, groznoća.*

Terribilmente - *strahovito, strašno, strahotno, strašljivo, grozovito, grozno.*

Territoriale - *okolišni, kotarski, područan.*

Territorio - *okoliš, okolica, kotar, područje.* V. Diocesi.

Terrore. V. Spavento.

Terrorismo - *grozovlada,* *strahovlada.*

Terrorista - *grozovladar.*

Terza (in musica) *tretka.*

Terzeruolo - *tarcarol.*

Terziario - *tretog* v. *tretjeg reda svetoga Franje* v. *Frana.*

Terzo, st. una delle tre parti del tutto - *tretina, tretjina, tretji dio* v. *děl;* p. qualunque persona indistintamente - *treti, tretji, treta osoba;* num. ord. *tretji, treti;* av. *treto.*

Terzodecimo - *trinaesti.*

Terzogenito - *tretorodjen.*

Teschio. V. Cranio.

Tesi - *stavka, predlog, pitanje, predmet.*

Teso - *napet, nategnut;* orecchio teso - *napeto uho.*

Tesoreria, luogo dove si tiene il tesoro - *blagajna, blagajnica;* p. amministrazione del tesoro - *upraviteljstvo, blagajne, blagajničtvo.*

Tesoriere - *blagajnik.*

Tesoro, gran quantità di denaro - *blago, bogatstvo, bogastvo;* p. oggetto di gran valore - *dragocĕnost, blago;* met. p. oggetto amatissimo - *drago, rano;* tesoro mio - *drago moje.*

Tessere, comporre la tela *tkati, tkavati;* p. sined. - *snovati, snivati, osnovati, osnivati;* met. *plesti, pletati, splesti, zaplesti, zapletati, naplesti;* p. comporre scritti - *cèrtati, nacèrtati, splesti, sastaviti;* p. comporre insidie - *plesti, splesti, snovati, osnovati, kovati, kovariti.*

Tessimento - *tkanje, tkavanje; snovanje, snivanje, osnovanje, osnivanje, pletenje, pletanje, spletenje, zapletenje, zapletanje, napletenje, cèrtanje, nacèrtanje, sastavljenje.* V. Tessere.

Tessitore - *tkalac;* fem. *tkalica.*

Tessitura, operazione del tessere - *tkanje;* p. cosa tessuta - *tkalo;* met. *pletivo, pletilo, osnova.*

Testa. V. Capo. Fronte. Intelletto. Criterio. E-stremità.

Testaccia-*glavina, glavetina.*

Testamentare. V. Testare.

Testamentario - *oporučan;* test. disposizione - *oporučna odredba,* testimonio test. - *oporuči svĕdok.*

Testamento, atto di ultima volontà - *oporuka, poslĕdnja (najskrajna, najzadnja) volja (naredba, odredba);* test. giudiziale - *sudbena oporuka,* - stragiud.- *izvansudna* v. *izvansudbena oporuka,* - scritto - *pismena oporuka,* nuncupativo - *ustmena oporuka,* esecutore del testam. - *izvèršitelj oporuke,* pubblicazione del test. - *proglašenje oporuke,* estensore del - *pisac oporuke;* p. sacra scrittura - *zavĕt, sveto pismo;* vecchio e nuovo testamento - *stari i novi zavĕt.*

Testardaggine - *tvèrdokornost, tvèrdoumost, tvèrdoglavost, tvèrdoglavstvo.*

Testardo, ag. *tvèrdokoran, tvèrdouman, tvèrdoglav;*

st. *tvèrdoglavac, tvèrdo-korac.*

Testare - *oporučiti, učiniti oporuku, narediti oporukom.*

Testatico - *glavarina.*

Testatore - *oporučitelj, oporučnik;* test. incapace - *nesposobni oporučitelj.*

Testè, poc' anzi - *malo prie, malo pèrvo, sad;* p. di quì a poco - *malo kašnje, sad, sad sad, sad sada ;* p. in questo punto - *sad, u ovaj čas, u ovaj par.*

Testereccio. V. Testardo.

Testicolo, parte genitale dell' animale - *mudo, jaje;* scroto dei testicoli - *mošnja od jaja, jajna mošnja.*

Testiera (della briglia) - *oglavje uzda,* (del letto) *zglavje.*

Testificare - *svědočiti, posvědočiti, zasvědočiti, biti za svědoka* v. *kao svědok.*

Testificatore. V. Testimonio.

Testificazione, il testificare - *svědočenje, posvědočenje, zasvědočenje.* V. Attestato.

Testimone. V. Testimonio.

Testimoniale - *svědočben;* prova testimoniale - *svědočbeni dokaz.*

Testimonianza - *svědočanstvo, svědočba, svědočenje, zasvědočenje.* V. Testimoniare.

Testimoniare, far testimonianza - *svědočiti, zasvědočiti, posvědočiti ;* p. affermare con giuramento - *potvèrditi prisegom* v. *prisežno.*

Testimonio - *svědok, svědočilac;* testim. irrefragabile - *neoporečivi* v. *pravni svědok,* test. inabile - *nesposobni svědok,* test. vizioso - *sumnjivi svědok.* V. Esame. Esaminato.

Testone, st. gran testa - *glavina,* met. *tikvina;* p. moneta romana o fiorentina - *teston;* p. testardo - *tvèrdoglavac, tikvina.*

Testudine. V. Tartaruga.

Tetro, che ha poca luce - *mračan, tmast, tmučav.*

Tetta - *sisa, cica, dojka*

Tettare - *sisati, cicati.*

Tetto - *krov.*

Tettoja - *pojata.*

Teutonico - *teutonički.*

Teutonismo - *teutoničtvo, teutonizam.*

Ti, pron. - *te, tebe, ti, tebi.*

Ticchio - *zavèrtenje;* se mi salta il ticchio - *ako mi zavèrti v. ako mi skoči u pamet v. u. glavu.*

Tiepido. V. Tepido ecc.

Tifone, vento vorticoso - *vihor, vijor, vijavica.*

Tigna, eruzione alla cute della parte capelluta - *grinta, guba.* V. Noja.

Tignere, tingere - *farbati, nafarbati, malati, bojadisati, kolurati,* (di color nero) - *cèrniti, ocèrniti,* (di rosso) - *cèrljeniti, ocèrljeniti* ecc. p. far mutar faccia - *preobražiti.*

Tignola - *grizica, grizlica, tarac, cèrv.*

Tignoso - *grintav, gubav.*

Tigro, tigre - *tigra.*

Timbro - *pečat.*

Timidamente - *strašivo, plaho, plašivo.*

Timidezza – *strašivost, pla-*host, *plahoća.*

Timido - *strašiv, plah, plahovit;* timido e verecondo - *strašiv i stidan.*

Timo, arbusto - *popovac.*

Timone (della nave) - *kormilo, korman, timun;* p. legno di carrozza - *ojić, oje, rudo, diselj.*

Timoneggiare - *kormaniti, kormiliti, kormilašiti, timunati, timuniti, vladati brod.*

Timoniere - *kormandžia, timunar.*

Timorato, che teme Dio - *bogobojeći;* p. che ha buona coscienza. V. Coscienzioso.

Timore - *strah, bojazan, bojazljivost.*

Timorosamente - *strašivo, strašljivo, bojazno, bojazljivo.*

Timoroso, che arreca timore - *strašljiv, strašiv, strašan, bojazan, bojazljiv.* V. Timorato. Timido.

Tina - *kada, čabar, čabrić, badnjić, tinjerić.*

Tingere. V. Tignere.

Tino - *badanj, tinjer,* dim.

badnjić, tinjerić, aum. bad-
njina, tinjerina.

Tinta, materia colla quale
si tigne - *boja, farba, kolur*;
p. inchiostro - *cèrnilo,
tinta* ; p. cognizioni su-
perficiali - *poněšto znaňo-
sti, pověršna znanost.*

Tintinnabolo - *zvončić, zvonić.*

Tintinnio - *zvon, zvek, zvonenje, klencanje, zvečenje.*

Tintore - *bojar, bojadžija.
farbar, farbač, malar.*

Tintoria - *bojara, bojaria,
farbaria, malaria.*

Tintura, colore della cosa
tinta - *boja, farba, kolur,
stroj.* V. Tinta.

Tipo, modello. V. Forma;
p. simbolo, emblema -
*znak, znamenka, zlamen-
ka* ; nel pl. p. caratteri
degli stampatori - *tisak,
slova, tiskovna* v. *štam-
parna slova.*

Tipografia, arte della stampa - *tiskopis, tiskopisje,
tiskanje, štampa* ; p. luogo dove si stampa - *ti-
skarna, tiskara, tiskarnica.*

Tipografico - *tiskopisan, ti-
skovan, tiskarski, tiskaran,
štamparni.*

Tipografo - *tiskar, štampar.*

Tiranneggiare - *zulumčariti,
samosiliti, gnjesti, mučiti.*

Tirannescamente - *zulum-
čarski, samosilno, samo-
silnički.*

Tirannesco - *zuluman, sa-
mosilan, samosion.*

Tirannìa - *zulum, samosil-
nost, samosilje.*

Tirannicamente. V. Tiran-
nescamente.

Tirannico. V. Tirannesco.
Crudele.

Tirannide. V. Tirannìa.

Tirannizzare. V. Tiran-
neggiare.

Tiranno, chi esercita tirannìa - *zulumčar, samosil-
nik, nasilnik.*

Tirare, trarre a sè con forza-
*potezati, natezati. potegnu-
ti, nategnuti* ; p. tirare a sè
- *pritegnuti, pritezati, potezati k sebi* ; p. tirar
fuori - *iztegnuti, iztezati* ;
p. scagliare con forza
lontano da sè - *baciti,*

hititi, vèrci, potegnuti, za-
bèrnčiti; p. tirare dei
buoi ecc. - *tegliti, poteza-*
ti, vući; p. strascinare -
vući, odvući, izvući, vla-
čiti, izvlačiti, odvlačiti,
šuljati. V. Allettare. Indurre. Scaricare.

Tiro, atto del tirare - *po-*
tezanje, potegnenje, nate-
zanje, nategnenje, prite-
gnenje, pritezanje, izte-
gnenje, iztezanje, teglenje;
p. colpo – *hitac, hit, po-*
teg, mah; tiro di schioppo - *hitac, · hitac puške,*
puškomet; carrozza a tiro
due (cavalli) - *dvoprežna*
kola, a tiro quattro -
četveroprežna kola, av.
četveroprežno, animali da
tiro - *tegleća marva.* V.
Schioppo.

Tirocinio - *novačtvo.*

Tisi - *suhobol, suha bol* v.
bolest.

Tisico - *suhobolan.*

Titillare. Solleticare ecc.

Titolare, va. dare un titolo -
nasloviti, dati v.*podati, na-*
slov; p. nominare, ap-

pellare - *nazivati, nazvati,*
naimenovati; ag. p. che
ha titolo - *naslovan, na-*
slovjen; p. onorario - *za-*
častan; canonico titolare - *začastni kanonik.*

Titolato - *naslovjen, nazoven.*

Titoleggiare - *nasloviti, po-*
dati v. *dati naslov.*

Titolo, denominazione -
nazov, naziv, naslov; p.
dignità, grado, nome -
dostojanstvo, čast, ime; p.
ragione, diritto - *naslov*
pravo, ime; titolo legale
- *pravni naslov,* titolo
del possesso - *naslov po-*
sěda, a titolo di rimunerazione - *u ime nagrade;*
p. inscrizione e p. in-
scrizione di libro - *na-*
slov. V. Cognome. Pre-
testo. Motivo. Dedica.
Fama.

Titubamento - *dvojenje, dvoj-*
benje, dvoumenje.

Titubanza - *dvojba, dvojnost,*
dvoumnost.

Titubare - *dvojiti, dvoumiti.*

Tizzone, tizzo - *glavnja, u-*
gorak.

Toccamento - *taknutje, tika-nje, ticanje, tiknenje, takne-nje, diranje, dirnenje, dir-kanje.*

Toccare (colla mano ecc.) - *taknuti, tikati, ticati, dirati, dirkati, dirnuti;* toccare il cuore - *ganuti sèrce,* toccare colla ma-no - *tikati rukom.*

Tocchetto. V. Tocco.

Tocco, st. tatto - *tikanje, ticanje;* p. fuscello col quale i fanciulli toccano le lettere - *kazalo;* p. colpo di battaglio nella campana - *zvon, zvonenje, zazvonenje, kljenc, klenc, kljencanje, zakljencanje, zvek, udarac;* p. pezzo *komad, bokun, kus, zalo-gaj, zalogajak;* dim. *ko-madić bokunić, kuščić, mèrvić, mèrvičak, zalogaj-čić;* ag. toccato - *taknut, tikan, tican, tiknjen, di-ran, dirkan, dirnut;* p. commosso - *ganuti;* p. inspirato - *nadahnut, u-dahnut.*

Togliere, pigliare - *uzeti,* *vazeti, uzimati, uzimljati, vazimati, zeti, zimati;* p. levar via - *dignuti, odně-ti, odnesti, odnašati;* p. pigliare di forza - *oteti, oti-mati, preoteti, preotimati, ukinuti, ukidati, odkinuti, odkidati;* togliere l' ese-cuzione - *dignuti ovèržbu.* V. Rubare. Sciogliere. Liberare. Intraprendere.

Toglimento - *ukinutje, uki-njenje, ukidanje; dignutje, dignenje, otmenje, otimanje, preotmenje, preotimanje.* V. Scioglimento. Furto.

Tolda - *palub.*

Tollerabile - *podnosiv, pod-nosan, snosiv, snosan, tèr-piv.*

Tollerabilmente, in modo comportabile - *podnosivo, podnosno, snosno, tèrpivo, ustèrpivo.*

Tolleranza - *ustèrpivost, tèrpljenje, ustèrpljenje, sno-sba, podnositost, podne-šenje, podnašanje, patje-nje, propatjenje.*

Tollerare, lasciar correre ciò che, volendo, si potrebbe impedire - *tèrpĕti;* p. sopportare - *podnesti, podnĕti, podnašati, stèrpĕti, tèrpiti, pritèrpĕti, snositi, patiti, propatiti,* p. reggere - *obdurati.* V. Sostenere.

Tolto, da togliere - *uzet, vazet, uzmen; dignut, odnesen, otet, ukinut, ukinjen, ukidan, odkinut, dignut.* V. Togliere.

Tomajo - *naplat, naplata.*

Tomare, cadere, andar col capo all'ingiù - *prekopititi se, prekombiliti se gori s nogami, prikobaciti se, stèrmoglaviti se;* p. gettarsi colle gambe all'aria, parlandosi d'animali - *škopèrcati.* V. Scendere.

Tomba, sepolcro - *rakva, grob, greb, počivalište, pokojište.*

Tombola, giuoco - *tombula.*

Tombolare, vn. *svèrnuti se, svaliti se, prikobaciti se, prekombiliti se, prekopititi se, stèrmoglaviti se;* va. *svaliti, prikobaciti, pre-*

kombiliti, prekopititi, stèrmoglaviti.

Tombolo, capitombolo - *stèrmoglav, stèrmoglavak, stèrmoskok, prekobac, prekopitak.*

Tomo, divisione d'un'opera - *dio, dĕl.*

Tonaca. V. Tonica.

Tonare - *gèrmĕti, tutnjiti, zagèrmĕti, zatutnjiti,* V. Romoreggiare.

Tondere, tagliar la lana alle pecore - *strići, ostrići;* tagliar i capelli come fanno i frati - *šišati, šiškati, ošiškati;* p. tagliar le viti in primavera - *rĕzati, obrĕzati (tèrse, loze).* V. Tosare.

Tondo, st. globo - *krugla, kruglja, okruglo, oblina, oblost, oblica.* V. Circolo. Piatto; ag. p. di figura circolare - *obal, okrug, okrugal, okrugao, kruglast, okruglast.* V. Goffo. Ignorante.

Tonellata - *tunelata.*

Tonica, lunga veste - *gabanica, kabanica, halja.*

Tonnara - *tunera, trupara, trupaonica.*

Tonnarotto - *tunar, trupar.*

Tonnina - *tunjevina, trup slani.*

Tonno - *tun, trup.*

Tonsura - *tonsura, svetjeničko (popovsko, fratarsko) ostriženje.*

Topazio - *topac.*

Topo. V. Sorcio.

Topografia - *městopis, krajopis.*

Topografico - *městopisni, krajopisni.*

Toppa, serratura - *ključanica, zaklop;* p. pezzuolo di panno ecc. che si cuce sulla rottura di vesti ecc. - *kèrpa.*

Toppo, pezzo di grosso pedale d'albero reciso - *cok, trup, trupina;* p. ogni pezzo di grosso legno informe - *kèrlj, hrek.*

Torace - *pèrsa.*

Torbidamente - *smutjeno, pomutjeno, mutno.*

Torbidare - *mutiti, smutiti, pomutiti.*

Torbidezza - *mutnost, po-* mutnost, pomutjenost, smutjenost.

Torbido, ag. mischiato con cosa che toglie la chiarezza - *mutan, pomutjen, smutjen, uzmućen;* acqua torbida - *mutna voda.* V. Turbine. Tempesta. Turbolenza.

Torbidume - *mutež.*

Torcere, va. piegare checchessia dalla sua dirittezza - *kriviti, skriviti, iskriviti, ukriviti, sgèrbaviti, gèrčiti, prignuti, prigibati, gibati, ugnuti, ugibati;* p. volgere verso una parte - *viti, uviti, uvijati, uvinuti, sviti, svijati, sukati, zasukati, usukati, posukati zasukivati, vèrtěti, zavèrnuti;* torcere la bocca - *kriviti se,* - il viso - *čomèrditi se,* torcersi per dolore - *uvijati se* np. *kriviti se, skriviti se* ecc. V. Voltare.

Torchiare - *tiskati, staviti* v. *metnuti pod tisak.*

Torchio, strum. da stampare - *tisak, těsak;* da

macinare o premere le olive - *toš;* da spremere la cera - *stupa;* p. strettojo ove si serrano i libri - *tiskalo, stiskalo, spelo.* V. Torcia.

Torcia - *duplir, baklja.*

Tordajo - *drozgara, drozgarnica.*

Tordella - *brinjavka, bèrnjavka, veliki drozg.*

Tordo - *drozg, drozag, drozak, drožd.*

Torma - *čopor, četa, hèrpa.* V. Massa.

Tormentare, va. dar tormenti - *mučiti, primučiti, moriti;* tormentar molto - *namučiti, namoriti;* p. finir di torment. *izmučiti, izmoriti;* vnp. - *mučiti se, moriti se.*

Tormentato - *mučen, namučen, izmučen, moren, izmoren.*

Tormento, pena afflittiva del corpo - *muka, mučilo, mučenje, morenje;* p. strumento che serve a tormentare - *mučilo;* p. strum. atto a pungere - *badalo, šilo;*

p. cannone - *top, kalun, lumbarda;* p. ogni altra macchina guer. da scagliar pietre ecc. - *strěljara, strělnik.*

Tornaconto - *korist.*

Tornajo. V. Tornitore.

Tornare. V. Ritornare. Restituire; p. ridondare - *izlaziti, izhadjati, izhoditi, izvirati, proizteći, proizticati, doći, dolaziti;* tornare in sè - *doći u sebi,* non mi torna conto - *ne metje miračun.*

Tornata, il tornare - *povratak, vratjenje, povratjenje;* p. adunanza di academici ecc. *sastanak, sastanje, dogovor.*

Tornio - *točilo, strug, ostrug.*

Tornire, lavorar al tornio - *tokariti, strugati, strugariti;* p. muovere in giro - *obraćati, obèrnuti, vèrtěti, kretati, okritati, okritjati;* p. russare, parlandosi di gatti - *presti.*

Tornitore - *tokar, strugar, strugač.*

Tornitura, il tornire - *toka-*

*renje, struganje, struga-
renje;* p. ciò che si rade
nel tornire - *strug, stru-
gotina.*

Toro - maschio della vacca
- *bak, bik,* dim. *bačić,
bičić,* aum. *bačina, bičina.*
V. Letto.

Torpedine, pesce - *dèrhtu-
lja.* V. Torpore.

Torpore, impedimento di
motto - *utèrnutje, zatèrnu-
tje, utèrnjenje. zatèrnjenje.*
V. Pigrizia. Stupidità.

Torre - *turan, turanj, kula.*

Torreggiare - *turaniti, tura-
njiti, stati kao turan.*

Torrente, massa d'acqua -
potok; p. corso dell'u-
mana vita - *tèčaj* v. *prolaz čovĕčanskog života.*

Torrione - *turanina, kulina,
veliki turan, velika kula.*

Torso - statua cui manchi
il capo ecc. - *stup;* p.
parte dell'uomo dal col-
lo alla forcata, senza
braccia - *truplo;* p. fusto
dei cavoli - *bus korĕn*
v. *broskve.*

Tortamente - *krivo, krivno,*

*nakrivno, izkrivjeno, gèr-
bavo.*

Tortiglione, parte torta degli alberi e simili - *knjača,
kriva (izkrivljena, gèrba-
va) grana* v. *kita;* p. a-
nimaletto che attorce le
foglie delle viti - *zavijač,
žučka.*

Torto, st. offesa, ingiuria
immeritam. usate - *krivo,
krivina, nepravica, ne-
pravda, nepravednost, u-
vrĕda;* aver torto - *imati
krivo,* mi venne fatto un
gran torto - *meni bi učinjena velika nepravda;* ag.
p. piegato – *kriv, skrivljen,
izkrivljen, gèrbav, sgèrbav-
ljen, knjačav, knjačast,
ugnut, uvinut, svijen, sukan, zasukan, usukan, po-
sukan, zavèrnut;* p. of-
fensivo - *uvrĕdljiv.* V. Irragionevole. Tormentato;
av. a torto, contro ogni
ragione - *nepravedno, nepravično, krivo, krivično.*
V. Tortamente.

Tortora - *gèrlica,* dim. *gèr-
ličica.*

Tortuosità - *krivost, krivina, izkrivljenost, gèrbavost, prigibnost, ugibnost, ugibivost.*

Tortuoso. V. Torto.

Tortura, pena afflittiva che si dava ai supposti rei - *mučilo, muka.* V. Tortuosità. Ingiustizia.

Torturare - *dati v. zadati muke (komu), staviti na muke, mučiti (koga).*

Torvamente, con occhio torvo - *krivo, krivim (gèrdim, krutim, nemilin, jadnim) okom;* p. orrendamente - *strašno, strahotno, strahovito, mèrsko.*

Torvo. V. Torvamente.

Torzone - *laih.*

Tosa. V. Fanciulla.

Tosamento - *striženje, ostriženje, postriženje; šiškanje, šišanje, ošiškanje, ošišanje.* V. Tosare.

Tosare, tagliar la lana alle pecore, i capelli agli uomini ecc. - *strići, ostrići, izstrići;* p. tosare fino alla pelle - *šišati, ošišati, šiškati, ošiškati.*

Tosato. V. Toso.

Tosatore - *strižalac, ostrižalac; šišalac, ošišalac, šiškalac, ošiškalac.* V. Tosare.

Tosatura, atto del tosare - *striženje, ostriženje, šišanje, ošišanje, šiškanje, ošiškanje;* p. cosa tosata, - *ostrižak, strigotina, strizevina.* V. Tosare.

Toscanamente - *toškanski, po toškansku.*

Toscaneggiare. V. Toscanizzare.

Toscanesimo - *toškanstvo.*

Toscanista - *toškanist, toškanista.*

Toscanizzare - *toškanizirati, toškanati.*

Toscano, ag. - *toškanski;* st. *toškanac, toškanin.*

Tosco. V. Tossico.

Toso, ag. tosato - *strižen, ostrižen, izstrižen, šišan, ošišan, šiškan, ošiškan.* V. Tosare. Fanciullo.

Tosse - *kašalj, kašelj;* dim. *kašljić,* aum. *kašljina.*

Tossicare - *trovati, otrovati, potrovati, raztrovati, čemeriti, očemeriti.*

Tossicatura - *trovanje, truje-nje, otrovanje, potrovanje, raztrovanje, čemerenje, o-čemerenje.*

Tossicazione.V.Tossicatura.

Tossico - *otrov, čemer.*

Tossicoso - *otrovan, otrujen, čemeran, čemèrljiv.*

Tossimento - *kašljanje, kaš-ljenje, izkašljanje, pokaš-ljanje.*

Tossire - *kašljati;* tossire una sol volta - *zakašljati, pokašljati;* tossir molto - *nakašljati se,* cacciar fuo-ri della materia tossendo - *izkašljati;* io tossisco - *ja kašljen, meni se kašlje.*

Tostamente - *odmah, namah, dilj, udilj.* V. Tosto.

Tosto, ag. presto - *hitar, bèrz, hèrl;* av. hitro, bèr-zo, *bezodvlačno, bez od-vlake, bèrže bolje, skoro, čim prie, čim bèrže, čim skorie;* tostochè - *čim, netom, dilj* v. *udilj kako, odmah* v. *namah kako.*

Totale - *ukupan, cèlokupan, cèl, vas, sav, vaskolik;* som-ma totale - *ukupna svota.*

Totalità - *ukupnost, cèlokup-nost.*

Totalmente - *po sve, za svim, sa svèm, sasma, do cèla, do čista.*

Totano. V. Calamajo.

Tovaglia; p. coprire la mensa ecc. - *obrus, stol-njak, tèrpeznik, tèrpež-njak;* p. rete da uccel-lare - *mrěža.*

Tozzo. V. Tocco.

Tra, fra - *med, medju,* (ist. e ac.), *izmed, izmedju* (gen.) V. Fra.

Trabaccolo - *trabakul.*

Traballamento - *rendusanje, svraćanje.*

Traballare - *rendusati, svra-ćati se.*

Trabalzare, va. mandar checchessia in qua e in là - *šiljati* (*slati, pošilja-ti, poslati*) *simo i tamo, šiljati od Jeruda do Pi-lata;* p. far trabalzi o scrocchi - *lihvariti;* vn. p. saltare - *odskakati.*

Traboccare, va. mandar fuori abbondantem. (li-quidi) - *lěti, lěvati, pro-*

lĕvati, izlĕvati, (grani) *si-pati;* vn. p. uscir dalla bocca, parlandosi di liquido contenuto in un vaso - *hoditi* v. *ići preko, lĕti, lĕvati, prolĕvati, izlĕvati se;* p. traboccare bollendo - *kipĕti, izkipĕti;* p. uscir dall'alveo - *hoditi prĕko, nadplivati;* p. uscir dall'equilibrio - *prevagati, prevagnuti;* p. cader precipitosam. colla bocca per terra - *bubnuti (sunuti, hrusnuti) u tle.*

Trabocchello, trabocchetto - *zasĕda, podjamstvo, ulovilo.* V. Tranello.

Trabocco, il traboccare - *lĕvanje, prolĕvanje, izlĕvanje; sipanje; hodenje* v. *idenje prĕko; kipljenje, izkipljenje; nadplivanje;* p. uscir dall'equilibrio - *prevaganje, prevaženje, prevagnenje.* V. Traboccare; p. precipizio - *ponor, stèrmen, stèrmina;* p. in gran copia - *obilno, obilato, preobilno, preobilato.*

Tracannare - *lokati, polo-*

kati, iztočiti, posèrkati; tracannar tutto - *naliti se, nalokati se, nasèrkati se.*

Traccheggiare, vivere meschinamente - *živariti.* V. Temporeggiare.

Traccia - *trag, slĕd;* traccie del crimine - *tragovi zločina* v. *zločinstva, zločinstveni tragovi;* seguir le traccie di taluno - *hoditi za kĕm, ići po slĕdu* v. *po tragu, iskati, tražiti;* p. primo abbozzo d'un componimento - *nacèrt, osnova.* V. Cammino. Segno.

Tracciare, seguitare la traccia - *ići* v. *hoditi po tragu (po slĕdu)* p. cercare - *tražiti, potražiti, iskati.* V. Abbozzare. Macchinare.

Tracchea - *gèrkljan.*

Tracotante - *obèstan, nestašan, dèrzovit.*

Tracotanza - *obèst, obèstnost, nestašnost, dèrzovitost.*

Tracotto - *prekuhan, prevaren.*

Tradimento - *izdaja, izdaj-*

stvo, *izdadba, iznevěra, iznevěrenje,*; alto tradimento - *veleizdaja, veleizdajstvo;* assalire a tradimento - *navaliti iz zasěde* v. *izdajnički·(na koga).*

Tradire - *izdati, izdajati, iznevěriti, iznevěravati;* egli lo ha tradito - *on ga je izdao.*

Tradito - *izdan, izdajen.*

Traditore - *izdajica, izdajnik.*

Traditorescamente -*izdajnički, izdajno, po izdajničku.*

Traditoresco - *izdajnički, izdajan;* atto trad. -*izdajnički čin.*

Tradizione, memoria cavata da racconto - *pověst, povědba;* sl. p. consegna *predaja, predanje;* tradizione materiale - *stvarna predaja, predaja u naravi,* trad. simbolica -*značna predaja, predaja po znacih.*

Tradotto, trasportato -*prenesen, prenošen, vodjen, privodjen, doveden, peljan, dopeljan, pratjen dopratjen, popratjen, pripra-*

tjen. V. Condurre; p. trad. da una in altra lingua - *preveden, prevodjen.*

Tradurre, trasportare - *prenesti, prenositi, preněti, voditi, dovesti, peljati, dopeljati, privesti, pratiti, dopratiti, popratiti, pripratiti.* V. Condurre; p. rendere il senso di uno scritto ecc. da una in altra lingua *prevesti, prevoditi, prevadjati.*

Traduttore, che traduce (giusta il secondo significato) - *prevoditelj, prevodioc.*

Traduzione, il tradurre (secondo senso)- *prevedjenje, prevodjenje;* p. cosa tradotta -*prevod;* traduzione d'un articolo - *prevodjenje članka;* p. trasferimento - *prenos, prenesenje, vodjenje, dovedenje, peljanje, dopeljanje, pripeljanje, privedenje, pratnja, popratnja, pratjenje, dopratjenje, pripratjenje;* traduzione dell'incolpato - *dovedenje okrivljenika.*

Traente, camb. - *izdatelj, izdavalac, teznik;* traente della cambiale - *izdatelj měnice,* - cambiario - *měnični izdatelj, měnični izdavalac.*

Trafelare - *onemoći, obnemoci, iznemoći, omlohaviti.*

Trafficante - *těržalac, těržioc.*

Trafficare, vn. esercitare il traffico - *těržiti;* va. p. aver cura - *briniti se, brinuti se, pobriniti se, pomnjiti, imati navar v. pomnju.* V. Maneggiare.

Traffico - *těržbina;* traffico minuto - *sitna těržbina.* V. Commercio.

Trafiggere, trapassare da un canto all'altro con istrum. appuntato - *probodsti, probosti, prebosti,* p. ferire - *raniti, zadati ranu;* p. affliggere in modo da produr dolore acutis. all'animo - *raniti u sèrcu, težku zadati ranu, dirnuti u sèrcu.*.

Trafiggimento - *probodenje, probodjenje, prebodenje; ranjenje, zadanje rane, ra-* njenje v. *dirnenje u sèrcu.* V. Trafiggere.

Trafitta - *probod, probodjenje, prebodenje, rana, ranjenje.*

Traforare, forare da banda a banda - *prevèrtati, provèrtati, zvèrtati, izvèrtati.*

Traforazione - *prevèrtanje, provèrtanje, zvèrtanje, izvèrtanje.*

Trafugamento, il trafugare - *odnesenje, odvedenje, kradenje, kradjenje, ukradjenje.*

Trafugare, va. portar via - *odnesti, odvesti;* p. trasportare di nascosto - *krasti, ukrasti, kradoma uzeti (odnesti, odvesti)* np. p. fuggir di nascosto - *ukrasti se, ofuknuti se, pobrati se, osnažiti se, očistiti pete.*

Trafugo. V. Trafugamento.

Tragedia - *žalobna igra.*

Tragetto - *prehit, prěčac.*

Traghettante - *prevoznik, prevozilac, prevozioc, prevozitelj.*

Traghettare - *prevoziti, prevagati, prevažati,* il traghettare - *prevoženje, prevaganje, prevaženje, prevedenje.*

Traghettatore. V. Traghettante.

Traghetto, breve passaggio di acqua - *prevoz, prevoza;* p. passaggio - *prolaz.*

Tragicamente - *žalobno, žalostno.*

Tragico - *žaloban, žalostan;* tragico fatto - *žalobni čin.*

Tragicommedia - *igrokazno-žalobni čudospěv.*

Tragitto V. Traghetto.

Trainare - *šuljati, vući, došuljati, prišuljati ecc. potezati, tegliti.*

Traino, ciò che in una volta trainasi da uno o più animali - *brěme;* p. atto del trainare - *šuljanje, vučenje, došuljanje, prišuljanje, potezanje, teglenje;* p. treggia - *šulj;* p. impaccio di gente che uno si mena dietro in viaggio - *pratež, pratnja,* (di salmeria) *sprav, kramaria.*

Tralasciamento - *ostava,*

zaostava, ostavljenje, zaostavljenje, puštanje, puštenje, propuštanje, propuštenje, propuštavanje, propuštivanje, mimoidenje, mimopuštenje, mimopuštanje. V. Trascuramento.

Tralasciare, ommettere - *ostaviti, zaostaviti, pustiti, puščati, puštati, propustiti, propuštati, propuštavati, propuštivati, mimoići, mimopustiti, mimopuštati, staviti (postaviti, metnuti) na stran.* V. Trascurare.

Tralatare - *prenesti, preněti, prenašati.*

Tralciato - *rozgvat, rozgvast, pun rozgvah* v. *mladicah.* V. Tralcio.

Tralcio, ramo di vite ancor verde sulla pianta - *rozgva, mladica, mladica od těrsa;* p. ramo lungo d'altra pianta - *mladica;* dim. *rozgvica, mladičica;* p. lungo tratto del cordone ombellicale - *trak od pupka.*

Tralignare (di piante) - *podivljati, podivljiti, izdiv-*

43

ljiti, izdivljati, izroditi se, odroditi se. V. Degenerare.

Tralucere. V. Risplendere.

Trama, seta che serve per ripieno nel tessere - *poutka, podka;* p. dissegno ingannevole - *urota, kovarstvo, rogoborstvo.*

Tramaglio - *mrěža.*

Tramandare, mandare oltre o dopo di sè, trasmettere - *poslati, pošiljati, dostaviti, dostavljati, razaslati.*

Tramandato - *poslan, pošaljen, dostavljen; razaslan.*

Tramare, riempir l' ordito colla trama - *tkati, utkati, snovati, osnovati, osnivati,* met. *plesti;* p. far pratiche coperte con iniquo fine - *snovati, plesti, kovariti, rogoboriti, dubati* v. *kopati, jamu (komu), podkapati (pod kěm).*

Trambustare - *uzkolebati, uzkotèrljati, zamèrsiti.*

Trambusto, confus. e disordine - *metež, uzkolebanje;* p. grave agitaz. d' ani-

mo - *smutjenje, smetnja, nemir.*

Tramezza. V. Tramezzo.

Tramezzamento. V. Tramezzo.

Tramezzare, va. mettere tramezzo, spartire - *pretinjiti, pregraditi, pregradjivati, razděliti;* vn. p. entrare o essere tra una cosa e l' altra - *posrědovati, biti u srěd,* v. *dolaziti (medju što* v. *u čemu);* p. mettersi per mediatore - *posrědovati, medjustaviti se.* V. Ingerirsi.

Tramezzo, ciò che è posto fra due cose per dividere o distinguere - *pretinj, pretinjak, pregrada;* p. intermissione di tempo - *medjutomnost.*

Tramischiamento - *medjuměšanje, uměšanje, směšanje, poměšanje.*

Tramischiare - *medjuměšati, uměšati, směšati, poměšati.*

Tramite, sentiero - *staz, staza, putić, klanac;* p. cammino - *put, putovanje, hod, hodba, hodjenje.*

Tramontamento - *zahijanje, zapadanje.* V. Tramonto.

Tramontana, polo artico o settentr. - *sěvěrni kraj;* p. stella più vicina al polo artico - *zvězda těrmuntana, sěvěrna zvězda;* p. vento che spira dal settentrione - *těrmuntana, sěver.*

Tramontare - *zahijati, zapadati, zapasti;* il sole tramonta - *sunce zahija v. zapada,* il sole tramontò - *sunce je zašlo v. zapalo.* V. Morire.

Tramonto, st. - *zahod, zapad.*

Tramortire - *zamrěti, čeznuti.*

Trampoli - *štapnice, štaplje, štake.*

Trampollare - *štapljati, štapati, štakati.*

Tramutazione - *preměštjenje, preměštjivanje; proměnjenje, proměnjivanje; pretvora, pretvorenje, pretvaranje, preinaka, preinačenje, preokrenjenje, preobraženje.* V. Tramutare.

Tramutare, va. mutar da luogo a luogo - *preměsti-*

ti, preměštjivati; p. scambiare - *proměniti, proměnjivati;* p. trasformare - *pretvoriti, pretvarati, preobražiti, preokrenuti, preinačiti;* vn. e np. p. cambiare abitazione - *preseliti se, preměstiti se.*

Tranare. V. Trainare.

Tranello, inganno malignamente fabbricato - *stupica. uzanka, zasěda, ulovilo;* p. chi tranella - *zasědnik, zasědač.*

Tranghiottire, inghiottire avid. *požderati, požerati, požrěti, pozdrěti, prožderati, proždrěti, proždirati,* p. assorbire parlandosi di terreno - *požrěti, proždrěti, poždrěti.*

Trangugiare. V. Tranghiottire. Inghiottire.

Trangugiatore - *prožděrlica, požderuh, proždor.*

Tranne, fuorchè - *uzamši, izuzamši, nebrojeći, van, izvan, bez* (gen.)

Tranquillamente - *mirno, tiho, utažno.*

Tranquillamento, il tranquillare - *umirenje, smirenje, umirivanje, utěšenje, taženje, utaženje, pokojenje, upokojenje, spokojenje.* V. Dilazione. Indugio.

Tranquillare, va. render tranquillo - *umiriti, umirivati, smiriti, těšiti, utěšiti, tažiti, utažiti, pokojiti, upokojiti, spokojiti;* p. tenere a bada, con parole lusinghiere - *umirivati, těšiti.* V. Riposare.

Tranquillità, stato di ciò che è tranquillo - *umirenost, tihoća, tišina;* p. quiete d'animo - *mir, pokoj;* tranquil. pubblica - *javni pokoj,* perturbazione della pubblica tranquillità - *smetanje javnog mira* v. *pokoja.* V. Bonaccia.

Tranquillizzare. V. Tranquillare.

Tranquillo - *tih, miran, umiren, smiren;* p. mansueto, mite - *krotak, miran, tih.* V. Benigno. Pacifico.

Transalpino - *prěkobèrdan.*

Transazione, artifizio retorico, per cui si passa ele-gantem. da una cosa ad un'altra - *prolaz, prohod;* p. accomodamento fra litiganti - *nagoda, nagodba;* transazione giudiziale - *sudbena nagoda.*

Transigere - *nagoditi se, sklopiti nagodu* v. *nagodbu, načiniti se. namiriti se, poravnati se (s kěm.)*

Transito, passaggio - *prolaz, prelaz, prolazenje, prohod, prohodjenje;* dazio di transito - *prolaznina, prolazna daća(danak);* p. atto di morire *umrenje, preminutje, preminenje,* met. *usnenje, zaspanje.*

Transitoriamente - *podjeno, usput, mimogred, mimogredno, mimogrede, prolazno.*

Transitorietà - *prolaznost, prelaznost, nestalnost.*

Transitorio, che passa presto - *prolazan, prelazan;* p. temporale - *vrěmenit, privrěmen, nestalan.*

Transizione. V. Transito.

Transmarino - *prěkomoran, s one strane mora.*

Trapagare - *preplatiti, pla-*
titi i preplatiti.

Trapanare, forare col trapano - *vèrtati, provèrtati,*
prevèrtati, izvèrtati, pro-
šupiti, prošupljati, prošup-
ljiti.

Trapanazione - *vèrtanje, pro-*
vèrtanje, prevèrtanje, izvèr-
tanje, prošupljenje, prošu-
planje.

Trapano - *vèrtalo, vèrtilo, vèr-*
tlo.

Trapassare. V. Oltrepassare. Passare. Morire. Ces-
sare. Finire. Trasgredire.
Trafiggere.

Trapelare (di aria) - *puhati,*
piriti, (di liquidi) *puščati,*
suziti, prosuziti, kapati,
prokapati. V. Penetrare.

Trapiantare - *presaditi, pri-*
saditi, presadjivati, prisa-
djivati.

Traporre - *medjustaviti, ulo-*
žiti.

Trappare, trappolare - *ulo-*
viti (uhititi, uvatiti) u stu-
picu; p. attrappare - *zate-*
ći, uloviti, uvatiti, uhititi.

Trappola, da topi - *stupica,*

mišnjak, da altri animali -
stupica; p. rete - *mrěža;*
p. trama accompagnata
da lusinghe - *vabac, vabi-*
lo. V. Insidia. Tranello.

Trappolare. V. Trappare.

Trarre. V. Tirare.

Trasaltare. V. Saltare.

Trasandamento - *prěkorače-*
nje, priskočenje, preskoče-
nje; mimoidjenje, mimopoj-
denje, promašenje. V. Trascuramento. Trasgredi-
mento. Trasandare.

Trasandare, vn. uscir dai
termini convenienti - *poći,*
izvan granicah, prěkorači-
ti granice, priskočiti, pre-
skočiti, prestupiti; p. passar senza effetto - *mimo-*
ići mimopoći, promašiti. V.
Trascurare. Dismettere.
Trasgredire.

Trasandato. V. Trascurato.

Trascinare - *šuljati, vuči za*
sobom, vuči, odvuči, izvuči,
vlačiti, izvlačiti, odvlačiti,
potezati za sobom.

Trascorrere, vn. scorrere a-
vanti - *teći, izteći, proteći,*
proći, prolaziti; p. velo-

cem. scorrere - *izmaći, izmaknuti, izteći;* p. trapassare - *minuti;* va. p. lasciarsi trasportare - *pustiti se (pušćati se, dati se) zavesti, (napeljati, navoditi, namamiti);* p. dare una scorsa breve, parlandosi di scritto - *preštiti, proštiti.* V. Transitoriamente. Tralasciare. Termine.

Trascorso, trascorrimento *tečaj, tečenje, iztečenje, protečenje, projdjenje, prolazenje, izmaknutje, izmaknenje, minenje;* p. fallo - *pogrěška, sagrěška, zabluda, bludnja, grěh, mana.* V. Noncuranza.

Trascritto, st. - *prepis, izpis, razpis;* ag. *prepisan, izpisan, razpisan.*

Trascrittore - *prepisalac, prepisivalac, izpisalac, izpisivalac, prepisaoc, izpisaoc; razpisalac, razpisaoc, razpisivalac, razpisivaoc.* V. Trascrivere.

Trascrivere, copiare - *prepisati, izpisati, prepisivati, izpisivati;* sl. p. trasc. par-landosi d' uno stabile - *razpisati, razpisivati.*

Trascrizione, copiatura - *prepis, izpis, prepisanje, izpisanje, prepisivanje, izpisivanje;* sl. p. trasc. parlandosi d' una realità stab. - *razpis, razpisanje, razpisivanje.*

Trascuraggine - *nemarnost, nemarenost, zanemarnost, zanemarenost, neharnost, nehajstvo, zapuštenost.*

Trascuramento - *nemarenje, zanemarenost, zanemarenje, nehajenje, zamudenje, zapuštanje, propuštenje.*

Trascuranza. V. Trascuraggine.

Trascurare - *nemariti, zanemariti, nehajati, zamuditi, zapustiti, zapuštati, propustiti, nebriniti se, nebrinuti se, nepobriniti se, ne uzeti si brigu, nepomnjiti, mimoići, baciti za pleća.*

Trascurataggine. V. Trascuratezza.

Trascuratamente - *nemarno, neharno, zapustno, zapušteno, vratolomno.*

Trascuratezza - *nemarnost, neharnost, nehajstvo, zapuštenost, vratolomnost.*

Trascurato, ag. - *zanemaren, zapušten, zamudjen;* st. p. chi non cura - *nemarnik, neharnik;* p. chi non si cura - *zapuštenik, zapuštenac, zanemarnik.*

Trascuratore. V. Trascurato.

Trasferibile - *prenesiv, prenosiv; premĕstiv, preseliv.*

Trasferimento - *prenos, prenesenje, prenosenje; premĕštjenje, preselenje, preseljenje, preselivanje.*

Trasferire, va. trasportare - *prenesti, prenĕti, prenositi;* np. p. condursi da un luogo a un altro - *premĕstiti se, preseliti se.*

Trasferite - *prenesen, prenosen; premĕštjen, preseljen.* V. Trasferire.

Trasfiguramento. V. Trasfigurazione.

Trasfigurare, va. - *preobražiti.*

Trasfigurazione - *preobraženje.*

Trasformamento. V. Tras-

formazione.

Trasformare, va. mutar forma - *pretvoriti, pretvarati, preokrenuti, preinačiti,* met. *preobražiti;* np. p. mutar forma - *prĕtvoriti se, pretvarati se, preokrenuti se, preinačiti se;* p. mutar sembianze - *preobražiti se;* p. trasferirsi - *premĕstiti se, preseliti se.*

Trasformazione, mutam. di forma - *pretvora, pretvorenje, pretvaranje, preokrenenje, preinačenje;* p. mutam. di sembianze - *preobraženje.*

Trasgredimento - *prestupljenje, prestupljivanje, prekĕršenje, prekĕršivanje, prekĕršavanje, neobsluženje, neobsluživanje, neobdĕržanje, neobdĕržavanje.*

Trasgredire - *prestupiti, prestupati, prestupljivati, prekĕršiti, prekĕršivati, prekĕršavati, neobdĕržati, neobdĕržavati (što), neobslužiti, neobsluživati, ne biti poslušan (čemu).*

Trasgreditore. V. Trasgressore.

Trasgressione - *prestup, pre-stupak;* tras. di polizia - *redarstveni prestupak.*

Trasgressore - *prestupnik, prestupitelj, prekèršioc, pre-kèršitelj.*

Traslato, ag. V. Trasporta-to; p. metaforico - *preno-san;* st. p. metafora - *pre-nos.*

Traslatore. V. Traduttore.

Traslocare - *preměstiti.*

Traslocato - *preměštjen.*

Trasloco - *preměštjenje;* in via di trasloco - *putem pre-měštenja.*

Trasmarino, ag. - *prěkomo-ran;* st. *prěkomorac.*

Trasmesso - *dostavljen, po-šaljen, poslan, odašaljen, odaslan, odpremljen, od-pravljen.* V. Trasportato.

Trasmettere, mandare oltre, mandare - *dostaviti, po-slati, pošiljati, odaslati, o-odašiljati, odpremiti, od-praviti, odpravljati.* V. Trasportare.

Trasmigrare - *preseliti se, preselivati se, izseliti se.*

Trasmigrazione (di popoli) *preseljenje, preseljivanje, izseljenje, izseljivanje;* (del-le anime, secondo i Pita-gorici) *prolaz, prolazenje.*

Trasmissione, il trasmettere - *dostavljenje, poslanje, po-šiljanje, odaslanje, odaši-ljanje, odpremljenje, od-pravljenje, odpravljanje, odpravljivanje.* V. Tra-sporto.

Trasognare - *ludovati, ne bi-ti u svěsti, sanjariti.*

Trasparente, ag. - *prozračan,* st. *prozrak.*

Trasparenza - *prozračnost.*

Trasparire, apparire alla vista, passando per un corpo diafano, parlando-si di luce - *zračiti se, svět-liti se, prozračiti se, pro-světliti se.* V. Splendere.

Traspirare, vn. mandar fuori da sè alcun che di liquido o di vaporoso, parlandosi della cute degli animali ecc. - *potiti se, razpotiti se;* p. cominciar a farsi manifesto - *odkriti se, od-krivati se, kazati se, prika-*

zati se, sve to više očito po-
stati; va. p. assorbire -*po-*
piti, izpiti, požirati, pote-
gnuti (potezati) u sebi.

Traspirazione -*pot, potjenje,*
razpotjenje.

Trasporre. V. Traslocare.
Trasportare. Trasferire.

Trasportabile -*prenosan, pre-*
nosiv, raznosan, raznosiv.

Trasportamento, metafora -
prenos. V. Trasporto. E-
stasi.

Trasportare, portare da un
luogo all' altro - *prenesti,*
preněti, prenositi, prevo-
ziti, raznesti, raznašati,
raznositi; p. condurre quasi a forza - *peljati, voditi,*
pratiti, prepratiti. V. Trapassare. Trasmettere. Volgarizzare. Tradurre. Trascorrere.

Trasportato, ag. - *prenešen,*
prenošen, prevozen, razne-
šen, raznašan, raznošen;
peljan, vodjen, pratjen,
prepratjen. V. Traspor-
tare.

Trasporto, trasportazione -
prenos, prenošenje, prene-

šenje, raznos, raznešenje;
p. trasporto quasi forzato
- *pratnja, preprat;* p. entusiasmo - *zanešenost, uz-*
hitjenje, ponos. V. Trasmissione.

Trasposizione. V. Trasporto.

Trastullare, va. - *zabavljati;*
np. *zabavljati se.*

Trastullo – *zabava, zabav-*
ljanje.

Trasudare - *jako veoma,*
(strašno) potiti se v. *zno-*
jiti se. V. Trapelare.

Trasversale, ag. - *poprěčan;*
linea trasv. - *proprěčni*
potez.

Trasversalmente - *poprěčno.*

Tratta, atto del tirare con
forza, e tutto ad-un tratto
bacenje, bacanje, hitjenje,
vèrženje, potegnenje, za-
bèrnčenje; p. spazio che
vi ha dal punto donde si
tira, e quello dove la cosa tirata colpisce (d' una
pietra ecc.) - *hitac,* (d' un
tiro di schioppo) - *hitac,*
puškomet; p. estrazione
dei nomi dalle urne per
dar uffizj ecc. - *vučenje,*

izvučenje ; p. licenza di estrarre grani - *dupušte-nje iznosa (iznašanja, izvozenja) žita ;* p. tratta dei negri - *nemilo (nečo-věčno, divljačko) otmenje (otimanje) cèrncah (arapah, arapinnah) nemilo* ecc. *tèr-govarenje s cèrncima* v. *s arapima ;* p. gran rete da pesca - *trata ;* p. cambiale tratta - *tezica, potezka.* V. Cambiale. Distanza. Spazio. Concorso. Seguito.

Trattare, maneggiare - *ru-kovoditi, razpravljati ;* p. agitare - *pretresti, pretresati, pretresivati ;* p. con-chiudere - *pogoditi, poga-djati, sklopiti; trattare una persona - *imati posla (biti priatelj, priateljski* v. *u priateljstvu živeti) s kojom osobom.* V. Per-trattare. Discorrere. Pal-peggiare.

Trattario - *tezovnik.*

Trattato, st. maneggio - *dělo, dělanje, dělovanje, posao, poslovanje, radnja, izra-dak, razprava ;* p. discor-so - *govor, divan ;* p. con-venzione fra Stati - *ugo-vor ;* ag. e p. di trattare - *rukovodjen, razpravljan, pretresan, pretresivan.*

Trattazione. V. Trattato. Pertrattazione.

Trattenere, va. tenere a ba-da - *zadèržati, zadèržava-ti, zabaviti, zabavljati ;* p. trattenere con discorsi (come sopra, e) - *zago-voriti, zagovarati ;* np. *za-dèržati se, zadèržavati se* ecc. ; p. far che altri passi il tempo piacevolm. - *za-bavljati ;* p. ritenere, con-servare - *pridèržati, pri-dèržavati, zadèržati, za-dèržavati ;* p. occuparsi, o attendere a checchessia - *baviti se, zabaviti se, za-bavljati se, zanimati se (čim).*

Trattenimento, il trattenere, e il trattenersi - *zadèrža-nje, zadèržavanje, zabavlja-nje; zabavljenje, bavljenje, zagovorenje, zagovaranje zanimanje ;* p. occupazione per lo più dilettev.-*zabava, zabavljanje.*

Trattore, locandiere - *gostionik, gostnik, andžija.*

Trattoria - *gostiona, gostionica, gostilište.*

Trauccidersi - *pobiti se, poubijati se, ubiti se (ubijati se) medju sobom* v. *jedan drugoga.*

Travagliare, va. dar travaglio, molestia - *mučiti, moriti, pečaliti, žalostiti, ožalostiti, ožalostiviti, otužiti;* vn. e np. p. affaticarsi - *mučiti se, truditi se, raditi, štentati;* p. occuparsi - *baviti se, zabavljati se, zanimati se (čim), poslovati, raditi.* V. Agitarsi.

Travagliatamente - *mučno, trudno.*

Travagliato, ag. di travagliare - *mučen, moren, pečaljen, ožalostjen, otužen;* p. afflitto - *žalostan, nevoljan, jadan, tužan, mučan.*

Travaglio, vivo dolore - *muka, tuga, nevolja, pečal, skončanje, skončivanje, mučenje;* p. fatica grande - *trud, muka;* p. lavoro - *radnja, dělo, dělovanje, trud.* V. Bisogno.

Travagliosamente. V. Travagliatamente.

Travaglioso - *mučan, trudan, težak, mučiv, žalostiv, žalostivan.* V. Travagliato.

Travalicare, valicar oltre - *prohoditi, provaliti, ići v. iti prěko.* V. Trapassare. Trasgredire.

Travasamento - *točnja, točenje, otočenje, otakanje, stočenje, raztočenje, raztakanje, pretočenje, pretakanje, utočenje;* travasam. del vino al minuto - *vinotočnja, vinotočenje.* V. Travasare.

Travasare, far passare un liquore o altro di vaso in vaso - *točiti, otočiti, otakati;* p. finir di travasare - *stočiti, raztočiti, raztakati;* p. travasar di nuovo - *pretočiti, pretakati;* p. travasar dentro (p. e. in un boccale) - *utočiti.*

Trave - *greda, bèrvno.* V. Nave.

Travedere - *neviděti dobro, zlo viděti*, met. *prevariti se.*

Traversale. V. Trasversale ecc.

Traversare, passare a traverso - *proći (prolaziti, poći, ići, iti) prěko, provaliti*; attravers. la strada (p. farla più breve) - *ići na prěčac, skratiti put*, traversare il fiume a nuoto - *preploviti v. preplivati rěku*; p. impedire per traverso - *zatvoriti, zaprěčiti, zaprěčivati, preprěčiti, preprěčivati.*

Travestire, va. - *preobući, preblići, priobući, prebući*; np. *prebući se, preobući se, preblići se, priobući se.*

Travestito, st. - *preobučenjak, preobučenik*; ag. *preobučen, priobučen, prebučen.*

Traviare, vn. - *zalutati, zahoditi, krenuti s puta, stranputiti, stranputičiti, poći stranputice, odaljiti se od pravoga puta*, met. *pokvariti se*; va. *zavesti, pokvariti, zabluditi, napeljati na zlo (koga).*

Traviato - *pokvaren, razpušten, razkalašan.*

Travisare - *preobražiti, preokrenuti, proměniti*; fig. p. mostrare una cosa per un altra - *kazati cěrno za bělo (kazati jedno za drugo v. jednu stvar za drugu), kazati rog za svěću, varati, prevariti.*

Travolgere, va. - *prevratiti, prevraćati, prevèrnuti, prehititi, prehitjivati*; np. p. volgersi sossopra - *prevèrnuti se, prikobaciti se.*

Tre - *tri*; tre giorni - *tri dana*, tre capi - *tri glave.*

Trebbia, strumento da trebbiare - *mlat*, dim. *mlatac*; battere colla trebbia - *mlatiti*; dare una percossa colla trebbia - *mlatnuti, zamlatnuti, zamlatiti.*

Trebbiare, battere il grano (colla trebbia) - *mlatiti, izmlatiti žito*, (col trebbiatojo, o sempl. con cavalli, o buoi che calpestino il grano - *vèršiti, tèrti (iztèrti) žito.*

Trebbiatura, il trebbiare - *vĕršitba, vĕršenje, mlatjenje.* V. Tribolazione.

Treccia (di capelli) - *kosa.*

Trecciare - *plesti, zaplesti, pletati, zapletati.*

Trecentesimo - *tristotni.*

Trecentista - *tristotnik.*

Trecento - *tristo, trista, tri stotine.*

Tredicesimo - *trinaesti.*

Tredici - *trinaest* (gen. pl.).

Trefoglio. V. Trifoglio.

Tregua (fra belligeranti) - *mirovanje, prestanje, bitke v. borbe;* intermiss. di dolore morale - *prestanak,* (*boli, tuge* ecc.)

Tremacuore - *sĕrcotrepet.*

Tremaglio. V. Tramaglio.

Tremamento - *trepetanje, trepećenje, treptanje, uztrepetanje, dĕrhtanje, dĕrhćenje, dĕrhćanje, tresenje; strašenje, plašenje.* V. Tremare.

Tremante - *trepećujući, dĕrhćujući, dĕrhteći, treptujući, treseći se; prestrašen, pristrašen, ustrašen.*

Tremare, dibattersi delle membra per freddo ecc. - *trepetati, treptati, ustrepetati, dĕrhtati, dĕrhćati, podĕrhtati, podĕrćati, tresti se, stresati se, ustresti se;* tremare dalla paura *trepetati od straha,* - dal freddo - *trepetati od zime, ježiti se;* p. aver gran paura - *strašiti se, plašiti se;* p. riverir con tremore - *strahopočitati.* V. Scuotersi.

Tremebondo - *trepećujući, treptujući, dĕrhteći, dĕrhćujući.*

Tremendamente - *grozovito, strašno, strahovito.*

Tremendo - *grozovit, strašan, strahovit;* tremendo fatto - *grozoviti čin.* V. Terribile.

Trementina - *trementina.*

Tremila - *tri tisuće (hiljade, jezera).*

Tremito, tremore - *trepet, dĕrhat, uztrepet, uzdĕrh, tres, trešnja, dĕrhtavina, trepetanje, trepećanje, trepećenje, treptjenje, uztrepetanje, dĕrhtanje, dĕrhćanje.*

V. Tramaglio.

Tremola. V. Torpedine.

Tremolare - *treptěti, tresti se, tresati se.* V. Vacillare.

Tremolìo, atto del tremare - *tres, trešnja, tresenje, tresanje;* p. oscillazione di ciò che tremola - *děrncanje, treptaj.*

Tremolo, ag. che tremola - *treseći, treseći se, tresav.*

Tremore, riverente soggezione verso Dio - *strah Božji.* V. Tremito. Sospetto.

Tremula - *trepetljika.*

Tremuoto. V. Terremoto.

Trenta – *trideset, trejset.*

Trentamila - *trideset v. trejset tisućah (hiljadah, jezerah).*

Trentenne - *trideseterolětan, trideseterogodištan.*

Trentennio - *trideseterolětje, trideseterogodište.*

Trentesimo - *trideseti, trejseti.*

Trentina - *tridesetero, tridesetoro, tridesetak.*

Trepidare - *tresti se (trepetati, děrhtati, děrhćati) od straha.* V. Tremare.

Trepidazione - *tresenje (trepetanje, děrhtanje, děrhćanje) od straha.* V. Tremito.

Trepidezza. V. Trepidazione. Tremito.

Trepido, timoroso - *strašljiv, bojazljiv.*

Trepiè - *tronožje, trinožje, trinog, tronog.*

Tresette - *trešete.*

Triaca - *triaka.*

Triade, trinità - *trojstvo.*

Triangolare - *trokutan, trokutast, tronugal, trojuglast, tronuglat.*

Triangolarità - *trokutost, tronuglost, trojuglost.*

Triangolato - *trokutav, tronuglav, trojuglav.*

Triangolo - *trokut, tronuglo, trojuglo.*

Tribiare. V. Trebbiare.

Tribolare, va. dar frequente molestia all' animo - *ožalostiti, ožalostiviti, razžaliti, razžalostiti, mučiti, moriti, pečaliti, otužiti;* vn. p. aver l' animo turbato da molestia - *čamiti, čamati, patiti, propatiti, stradati, skončivati se.*

Tribolazione, il tribolare - *žalost, počal, nevolja, oža- lostjenje, ožalostivljenje, razžalenje, mučenje, pečale- nje, otuženje*; p. l'essere tri- bolato - *čamenje, čamlje- nje, patjenje, propatjenje, stradanje, skončivanje.*

Tribù - *kolěno, pleme, rod, porod.*

Tribunale, giudizio - *sud, sudište, sudišće*; trib. mer- cantile - *tèrgovački sud;* - marittimo - *pomorski sud;* - mercantile-marit- timo - *tèrgovačko-pomorski sud,* - cambiario - *měn- beni* v. *měnični sud,* - cam- bio·mercantile - marittimo - *měnbeno-tèrgovačko-po- morski sud,* supremo trib. di cassazione - *vèrhovni* v. *najvišji uništiteljni (uki- dateljni, kasacionalni) sud.*

Tribunalesco - *sudben, su- dovan, sudištan.*

Tributare, dar tributo - *dati (davati, platjati) danak;* p. rendere il debito o- maggio - *uzdati, uzdavati;* tributar grazie - *hvaleuz-*

dati, hvaleuzdavati.

Tributario, ag. - *podaničan;* st. *podanik.*

Tributo, ciò che si paga dal suddito - *daća, danak, da- njak, davak, porez, štibra.*

Tricolore - *trobojan;* ban- diera tricolore - *trobojni barjak.*

Tridente, ferro con tre reb- bii - *trozub, trozubje.*

Tridentino - *tridentinski, tri- dentanski.*

Triduo - *trodnevje.*

Triennale - *trolětan, trogo- dištan.*

Triennio - *trogodište, trolěto, trolětje.*

Trifoglio - *dětelina, trolist- nik.*

Triforcato, triforcuto - *tro- zuban, trozubat, trozubast, trozubav.*

Triforme - *trovèrstan.*

Trigesimo - *trideseti, trejseti.*

Triglia, pesce - *trilja, tèrlja, tèrglja, barbun.*

Trigonometrìa - *trigonome- tria.*

Trigonometrico - *trigonome- trički, trigonometrični.*

Trilatero, ag. - *trostran, trostranast, trostranat.*

Trilingue - *trojezičan, trojezičast.*

Trilustre - *petnaesterogodištan, petnaesterogodišnji, petnaesterolětan.*

Trimembre - *troudast, troudan.*

Trimestrale - *troměsečni.*

Trimestre - *troměsec.*

Trincare - *lokati, izlokati, polokati, pijančiti, pijanstvovati;* trincare oltre misura - *nalokati se.*

Trincea - *tabor, obkop.* V. Campo.

Trinceare. V. Trincerare.

Trinceramento - *utaborenje, obkopanje.*

Trincerare - *utaboriti, obkopati.*

Trinchetto - *trinket, flok.*

Trinciare, tagliare in pezzi - *rězati, izrězati, razrězati;* p. tagliare piccoliss. pezzettini - *razrězkati.*

Trinciera. V. Trincea.

Trincierare. V. Trincerare.

Trinità - *trojstvo, trojica;* Santa Trinità - *Sveto Trojstvo.*

Trino, di tre - *trojedan;* p. di tre persone - *trojičan, triosoban.*

Trionfale - *slavovit, slavovitan, slavočestit, slavočestan.*

Trionfalmente - *slavovito, slavovitno, slavodobitno, pobědonosno, slavočestno, slavočestito.*

Trionfante - *slavodobitan, pobědonosan, dobitan, slavan.*

Trionfare - *slavodobiti, slavodobivati, pobnitiěditi, pobědjivati, nositi pobědu, dobiti.* V. Godere. Festeggiare.

Trionfatore - *slavodobitnik, pobědonoša, pobědonosnik, poběditelj, dobitnik.*

Trionfo, pompa solenne - *slavodobitje, poběda, poběd, pobědoslavje, slava, slavje.*

Tripartire - *raztrojiti.*

Tripartizione - *raztrojenje.*

Triplicare - *trostručiti, troduplati.*

Triplicatamente - *trostručno, trogubno, po tri puta.*

Triplicazione - *trostručenje, troduplanje.*

Triplice - *troj, trojedan.*

Triplicemente - *trostruko, trogubo, trojno.*

Triplicità - *trostrukost, trojnost.*

Triplo, ag. - *trostruk, trostručan, trogub, troguban;* st. sl. p. scritto - *tropis, trogub, troguba, trogubka;* duplo e triplo - *dvopis i tropis.*

Tripode – *tronožje, tronog.*

Trippa, ventre - *tèrbuh;* p. ciò che vi si contiene - *tripe;* p. vivanda di trippe - *tripe.*

Trippone - *tripina, tèrbušavac.*

Tripudiare, far festa ed allegrezza con conviti ecc. - *stati veselo, dobro jisti i dobro piti;* p. scialacquare in bordelli ecc. - *razsipati (šundrati, razpačati) svoje.*

Tripudio - *veselje, veliko veselje, radovanje,* met. *pirovanje.*

Triregno, tiara - *trokruna;* p. regno formato da tre

provincie - *trojedna kraljevina, trojedna krunovina.*

Trisillabo, ag. - *troslovčan;* st. *troslovka.*

Tristamente, con afflizione d'animo - *žalostno, tužno, turobno, turovno, nevoljno, jadno;* p. maliziosamente - *himbeno, lukavo, zlobno;* p. scelleratam. *tamno, pakostno, opako.*

Triste, mesto - *žalostan, tužan, turoban, turovan, nevoljan, jadan.* V. Melanconico.

Tristezza, afflizione d'animo - *žalost, tuga, turobnost, turoba, nevolja.* V. Melanconìa. Malizia. Scelleratezza.

Tristo. V. Triste. Dappoco. Malvagio. Astuto.

Tritare, ridurre in piccoliss. particelle - *tèrti, stèrti, smèrviti, obratiti skoro u prah.* V. Esaminare.

Tritolare - *smèrviti, izmèrviti;* p. tritolare con romore - *hèrstati, izhèrstati.*

Tritolo - *mèrva, mèrvica.*

Tritongo - *troglasnik.*

Triturare. V. Tritolare.

Triumvirale - *trovladni, trovladbeni; trojički.*

Triumvirato, principato di tre uomini · *trovladje, trovladanje, triumvirat, stol trojice;* p. tre persone unite - *trojica.*

Triumviro - *trovladni član, član trovladja,* pl. triumviri - *trovladci.*

Trivella, - *svèrdao, svèrdo, svèrdal,* aum. *svèrdlina, veliki svèrdal.*

Trivellare - *vèrtati, provèrtati, zvèrtati, izvèrtati;* p. trivellar molto – *navèrtati se.*

Trivellatura, azion finita del trivellare - *izvèrtanje, provèrtanje, svèrtanje;* p. materia che si distacca trivellando - *provèrtci, izvèrtci.*

Trivello - *svèrdlić;* dim. *svèrdličić.*

Triviale, da trivio - *troputan;* p. ordinario basso - *prost, neotesan, sur, surov.*

Trivialità (di tre vie) - *troputje, troputnost,* p. quali-

tà di ciò che è ordinario, basso - *prostota, prostoća, neotesanost, surovost.*

Trivialmente - *prosto, neotesano, surovo.*

Trivio - *troput, troputje, razputje;* nel pl. p. piazze dove si raduna molto popolo - *tèrg, placa.*

Trofeo - spoglie di vinti - *odor, odora;* p. monumento d'un'azione gloriosa - *slavodobitni* v. *slavni uspomenik, spomenik.*

Troja. V. Porca.

Trojano, ag. - *kljempouhast, kljempouhat (konj).*

Tromba, strumento music. ecc. - *trublja, trubja;* p. turbine, vortice - *vijavica, svijavica, pijavica;* p. strumento p. far salir l'acqua a grand'altezza - *stèrcalica, stèrcaljka;* p. proboscide - *trublja, trumba;* suono di tromba – *trubnja.*

Trombeggiare. V. Trombettare.

Trombetta - *trubljica.*

Trombettare, suonar la tromba, o la trombetta - *trubiti,*

trubljiti; p. divulgare-*raz-trubiti, razturiti.*

Trombettiere - *trubljar, tru-bioc, trubionik.*

Troncamento - *presěčenje, razsěčenje, odsěčenj; uki-njenje, ukidanje.* V. Tron-care.

Troncare, tagliar di netto - *presěći, razsěći, odsěći;* p. far cessare - *ukinuti, uki-dati.* V. Rompere. Ucci-dere.

Tronco, fusto o pedale di pianta - *panj, korěn, stup;* p. parte del corpo uma-no cui si attaccano le e-stremità superiori ed in-feriori - *trup, truplo;* p. fusto della colonna - *stup.* V. Stirpe; ag. p. mozzato - *okěrnjen, osakatjen, ku-san, okusan;* p. interrotto *prekinut,prekidan,presěčen.*

Trono - *prestol, prestolje.*

Troppo, st. eccesso, più del necessario - *odvišnost, pre-koměrnost, obilnost, obila-tost, suvišnost, zalihost;* av. più che il convenevole - *odveć,odveće, preveć, previ-*

še, odviše, suviše, prěko na-čina, prěko měre, prěkoměr-no; pur troppo - *žalibože, žalibog.* V. Assai; ag. p. soverchio - *obilan, obilat, suvišan, odvišan, prěkomě-ran.*

Trota - *truta, pastěrtva.*

Trottola - *běrnkalica.*

Trottolare - *věrtěti se, věrtě-ti se v. obratjati se kao běrnkalica.*

Trovare, rinvenire - *naći, naiti, pronaći, iznaći, ob-naći, nahoditi, nahadjati;* p. venire in cogniz. - *spoznati, pripoznati, naći, pronaći, doći u spoznanju;* p. incontrare - *sastati, sastanuti, srětiti, naměriti se, sastati se, sastanuti se, sastajati se, naći se, naho-diti se.* V. Instituire. Ri-cavare. Fingere. Inven-tare. Essere. Capitare.

Trovatello - *najdenac.*

Trovato. V. Invenzione.

Truce - *krut, okrutan, sěrdit, měrski, gěrdoban.*

Trucidamento -*umorenje, po-gubljenje.*

Trucidare - *umoriti, pogubiti.*

Trucidato, ag. - *umoren, pogubljen,* st. *umorenik, pogubljenik.*

Trucidatore - *umornik, pogubnik, pogubitelj.*

Truculento. V. Truce. Feroce. Burrascoso.

Truffa, ruberìa con inganno - *prevara, prevarba;* crimine di truffa - *zločin prevare.*

Truffare - *prevariti, prevarivati.*

Truffatore - *varalica, varalac.*

Trufferìa. V. Truffa.

Truppa, frotta, branco - *četa, čopor, hèrba;* p. esercito di soldati - *četa, četa vojnikah* v. *vojakah, vojska.*

Tu - *ti.*

Tuba. V. Tromba.

Tubercolo - *čvor, švor.*

Tubercoloso. V. Tubercolato.

Tubercolato - *čvorljiv, švorljiv.*

Tubo, cilindro cavo - *čev.*

Tuffare, va. sommergere in acqua ecc. - *topiti, utopiti, utapati, potopiti;* per intingere - *močiti, umočiti;* V. Rovinare; np. p. sommergersi - *topiti se, utopiti se, utapati se, potopiti se, tonuti, potonuti, roniti, zanoriti.*

Tufo, tanfo - *vonj, smèrdež.*

Tugurio - *koliba, polegošica.*

Tulipano, pianta e fiore - *lala, gulipak.*

Tumidezza. V. Gonfiezza. Superbia.

Tumido. V. Gonfio. Superbo.

Tumore, prodotto morboso - *luba.* V. Gonfiezza.

Tumulo, piccolo colle - *bèrdašce, bèrdce, vèršić.* V. Sepolcro.

Tumulto, sl. - *buna, uzbuna,* (senso com. come sopra, e) *stèrka, larma, buka, vreva.*

Tumultuante, st. - *bunjenik, uzbunjenik, larmandžia, puntar.*

Tumultuare - *buniti, uzbuniti, stèrkati, larmati.*

Tumultuazione - *bunjenje, uzbunjenje, larmanje, stèrkanje.*

Tumultuosamente - *uzbunjeno, uzlarmano.*

Tumultuoso - *uzbunjen, uzlarman;* p. confuso - *smutjen, smeten.*

Tunica, tonica – *gabanica, kabanica;* p. buccia - *lupina, ljupina, ljuska.* V. Membrana.

Tunnel - *provèrt, prošup.*

Tuo - *tvoj (tvoja, tvoje).*

Tuonare. V. Tonare.

Tuono (di tempesta) - *gèrmljavina, gromovina, tutnjava, tunjavina, gèrmljenje, zagèrmljenje, grom;* p. strepito del cannone - *pučnjava, tutnjava, tutanj, gèrmljavina. gèrmljenje, gruvanje, lumbardanje;* nel pl. p. tuoni di musica - *glas.* V. Fama.

Tuorlo, giallo dell'uovo - *žumance, žumanjak, žumance od jaja;* fig. p. parte migliore di checchessia - *cvět.*

Turaccio, turacciolo - *čep,* dim. *čepić,* aum. *čepina.*

Turamento - *začepljenje, pokrijenje.* V. Turare.

Turare (con turaccio) - *začepiti;* np. p. coprirsi - *pokriti se;* turarsi la bocca – *šutiti, mučati, umuknuti.* V. Chiudere.

Turba, moltitudine in confuso - *množtvo, množina;* p. popolo minuto - *sila* v. *množina puka (ljudih, světa, naroda), čeljad.* V. Volgo.

Turbamento - *smutjenje, smutjevanje, uznemirenje, uznemirivanje, mantranje, smantranje; pomutjenje; poremetenje, bunenje, uzbunenje, smetanje, uzkolebanje, uzburkanje.*

Turbante - *tumban, čalma.*

Turbare, alterare, commuover l'animo altrui - *smutiti, smućevati, uznemiriti, uznemirivati, mantrati, smantrati;* per intorbidare (liquidi) - *pomutiti, smutiti;* p. scompigliare - *poremetiti, buniti. uzbuniti, smetati, smesti, uzkolebati, uzburkati.* V. Distogliere. Guastare; np. p. alterarsi - *uznemiriti se, uznemi-*

rivati se, smutiti se.

Turbato - *smutjen, smućevan, uznemiren , uznemirivan, mantran, smantran, pomutjen, poremetjen, bunjen, uzbunjen, smetan, smeten, uzkoleban, uzburkan;* turbato possesso - *smetani posěd.*

Turbatore - *smutjenik, smutljivac, smetalac, bunjenik, uzbunjenik, nemirnik.*

Turbazione, commovimento d' animo - *nemir, smetnja, uznemirenje, uznemirivanje, smutjenje.* V. Scompiglio.

Turbine, vento impetuoso - *vihor, vihar, vijor, vijavica.* V. Tempesta. Fortunale.

Turbolentemente - *nemirno, uzbunjeno, poremeteno, uzkolebano, uzburkano.*

Turbolenza, alterazione d'animo - *nemir, uznemirenje, smetnja;* p. commoz. di popolo turbato - *nemir, buna, uzbuna, poremetenje mira.*

Turcasso - *tarkaš, tulica, strělonoša, strělnica.*

Turchesco - *turački, turčinov, turski, osmanski, osmanlijski;* alla turchesca - *po tursku, turački, turski, osmanski.*

Turchina - *modruljica.*

Turchiniccio - *modrast, blakitast, blakitav.*

Turchino, ag. - *modar, blakitan,* color turchino - *modra* v. *blakitna boja, modro, blakitno.*

Turco, st. - *turčin, turak, osmanin, osmanlia, muhamedanac,* fem. - *turkinja, osmanica, osmanliica, muhamedanica;* vero turco - *turkuša,* pseudoturco - *poturica;* gran turco - *car turski, sultan;* ag. *turski, turački, osmanski, osmanlijski;* armata turca - *turska vojska,* grano turco - *kukuruz, fermentun.*

Turgenza. V. Gonfiezza ecc.

Turibolo - *kadilo, kadionica, kadionik, kadilnjak, kadilnica.*

Turma. V. Torma.

Turpe - *gèrdoban, gèrd, gèrdan, sramotan.*

Turpemente - *gèrdobno, gèrdo.*

Turpitudine - *gèrdoba, gèr-dobnost, gèrdoća.*

Tutela, protezione del pupillo - *tutorstvo, zakril-stvo, zakrilnictvo;* contutela - *sututorstvo, suzakril-stvo, suzakrilnictvo;* la tut. del minorenne N. - *tutorstvo malodobnoga N.;* p. difesa, protezione - *o-bramba, obranba, brani-štvo, branitstvo, zaštita;* a tutela del pubblico - *na javnu zaštitu.*

Tutelare, difendere, proteggere - *braniti, obraniti, štititi, zaštititi;* tutelare i proprj diritti - *braniti svoja prava;* p. tutelare un pupillo - *zakriliti, štititi.*

Tutelare, ag. - *braniteljan, obraniteljan, štititeljan.*

Tutelato, ag. difeso - *branjen, obranjen, štiten, za-štiten* (allus. ad un pupillo) - *zakriljen, štiten;* st. *branjenik, obranjenik, zaštitjenik;* p. pupillo - *za-kriljenik.* V. Tutelare.

Tutore - *tutor, zakrilnik;*

contutore - *sututor, suza-krilnik;* fem. *tutorka, tu-torica, zakrilnica,* contutrice - *sututorka, sututo-rica, suzakrilnica.*

Tutorio, tutoreo - *tutoran, tutorstven, zakrilnički, za-krilan;* tutoreo obbligo - *tutorna dužnost.*

Tutrice. V. Tutore.

Tuttavia, tuttora - *sveudilj, nepristano, neprestano, bez prestanka, durom, duroma, svendurom, i sad, još uvěk;* p. non di meno - *sa svim tim, ipak, nu, vendar, ali, jali.*

Tuttavolta. V. Tuttavia.

Tutto, st. ogni cosa - *sve, svekoliko, svaka;* tutti quanti - *svi, svikolici,* tutti e due - *oba, obadva, obo-dvojica, obadvojica, oba-dvoja,* tutto insieme - *sve, sve zajedno, sve skupa;* ag. che esprime l'intero - *vas, vaskolik, sav, cěl;* il mondo tutto - *vas svět* v. *vas široki svět,* di tutto questo - *od svega ovoga;* av. p. interam. del tutto - *posve,* posvema, sa svime, sasma, podpuno, podpunoma, cělovito. V. Somma.

Tuttochè - akoprem, premda, premako, ako i, zasve da, makar, pa v. pak makar.

Tuttora. V. Tuttavia.

U.

Ubbidiente - poslušan, poslušljiv, slušajuć, pokoran.

Ubbidientemente - poslušno, poslušljivo, pokorno.

Ubbidienza - posluh, poslušnost, pokornost.

Ubbidire - slušati, slišati, poslušati, biti poslušan v. pokoran.

Ubbriacare, va. - opiti, opianiti, opiančiti; np. opiti se, opianiti se, opiančiti se.

Ubbriachezza - pianstvo, pijanstvo, pijanost.

Ubbriaco, ag. - pijan, pian, opijen; st. pijanac, fem. pijanica.

Ubbriacone - pijančina, pija-

nac, pijandura, pijandurina.

Ubero. V. Mammella.

Ubertà, fertilità - plodnost, plodovitost, plodnovitost, rodnost; p. abbondanza - obilnost, obilatost, zaliha, zalihost.

Ubertoso, fertile - plodan, plodonosan, plodovit, rodan; p. abbondante - obilan, obilat, zališan.

Ubicazione - bivalište, pribivalište; bivanje, gděgovanje.

Ubriachezza. V. Ubbriachezza ecc.

Ucase - ukaz.

Uccellagione, tempo nel quale si uccella - vrěme tičarenja v. ptičarenja; p. esercizio dell'uccellare - tičarenje, ptičarenje, lovljenje ticah v. pticah; p. preda che si fa uccellando - tičaria, ptičaria; p. allettamento ingannevole - vabjenje, vabljenje, mamljenje

Uccellame - tičaria, ptičaria, ulovljene (nalovljene, polovljene) tice v. ptice, tice.

Uccellare, vn. - *loviti tice v. ptice, tičariti.* V. Beffeggiare.

Uccellatore - *tičar, ptičar, ticolovac, pticolovac.*

Uccellatura. V. Uccellazione.

Uccelletto. V. Uccello.

Uccelliera - *tičara, tičarnica, ptičara, ptičarnica.*

Uccello - *tica, ptica, pulj,* dim. *tić, ptić, tičica, ptičica, puljić;* aum. *tičina, ptičina, tičurina, ptičurina, puljina;* dell'uccello - *tičji, ptičji, od tice, od pulja;* p. fem. uccello che cova, o che ha i pulcini - *stara,* gabbia d'uccelli - *gajba, kajba, kèrletka.*

Uccidere - *ubiti, ubijati.* V. Trucidare, Ammazzare.

Uccisione - *ubojstvo.*

Uccisore - *ubojica.*

Udienza, l'udire - *čujenje, čuvenje, sačuvenje, pričuvenje;* p. l'ascoltare - *posluhnutje, slušanje, slišanje, saslušanje, poslušanje;* p. adunanza di persone per ascoltar discorsi - *sakup-*

ljenje světa v. *naroda, množtvo, množina, množtvo naroda* v. *světa;* p. ammissione d'innanzi a principi ecc. - *predpust, predstavljenje, uvedenje, upeljanje, dostup, pristup;* dare udienza - *slišati (slušati, poslušati, posluhnuti (koga), dozvolěti predpust (komu),* ottenere udienza - *biti predstavljen (komu);* p. luogo dove le persone pubbliche ascoltano - *slušaonica, slišaonica;* p. udienza che si stabilisce d'innanzi ad un giudizio - *ročište;* fissare udienza - *ustanoviti* v. *opreděliti ročište.*

Udire - *čuti, sačuti, pričuti;* p. ascoltare - *slušati, slišati, poslušati, posluhnuti;* p. udire le lezioni - *prislušati, slušati (nauke);* udire i testimonj - *saslušati svědoke.* V. Ubbidire.

Udito - *čuvenje, čujenje, sluh, slušanje, slišanje.*

Uditore. V. Discepolo. Auditore. Ascoltante.

Uditorio, st. quantità di persone che ascoltano - *slišaoci, slušaoci*, trans. *narod, svět, množtvo.*

Ufficialità (corpo di uffiziali militari) - *vojnički častnici, oficiri, oficirstvo, oficialia,* (dello stato maggiore) - *štapstvo, štapski oficiri.*

Ufficiale, st. (impiegato civile) *uredovnik, urednik, častnik, oficial,* (militare) *vojnički častnik, oficir.* V. Stabale; ag. p. ufficioso - *služben, uredovan, uredan, zvaničan;* gazzetta ufficiale - *zlužbeni časopis.*

Ufficialmente. V. Ufficiosamente.

Ufficio, offizio - *ured;* ufficio pubblico - *javni ured,* ufficio tavolare - *tabularni ured,* d'ufficio (ex officio) - *službeno, zvanično, uredovno, od strane ureda;* p. servizio, dovere - *služba, dužnost, zadaća;* ufficio di giudice - *sudačka dužnost.* V. Servigio. Segreto. Fondale.

Ufficiosamente, in via uffi-

ciosa - *službeno, uredovno, uredno, zvanično, službenim (uredovnim, urednim, zvaničnim) putem;* p. cortesemente - *uljudno, udvorno.*

Ufficioso, d'uffizio - *služben, uredovan, uredan, zvaničan;* p. uso ufficioso - *za službenu porabu v. službene porabe radi.* V. Cortese.

Uggia, ombra che intristisce i sottoposti germogli - *sjen (eni), zasěna, obsěna, hlad;* p. tedio congiunto a tristezza - *omraza, omraznost.*

Ugna, unghia - *nohat, nokat:* dim. *nohtić, noktić,* aum. *nohtina, noktina.*

Ugnere, ungere - *mazati, pomazati, namazati, smazati, omazati, razmazati, zamazati, izmazati;* ugnere le mani o le ruote (corrompere con denari) - *pomazati kola, podmititi koga.*

Ugnimento - *mazanje, namazanje, pomazanje, omaza-*

nje, smazanje, razmazanje, zamazanje, izmazanje.

Ugola - jezičac.

Ugolare, ag. - jezičacan.

Uguagliamento - jednačenje, izjednačenje, sjednačenje, pojednačenje, poravnanje, poravnenje, izravnanje, izravnenje, takmenje.

Uguaglianza - jednakost, takmenost, ravnost, ravnoća; uguaglianza di diritti - ravnopravnost.

Uguagliare - jednačiti, izjednačiti, sjednačiti, pojednačiti, poravnati, poravniti, izravnati, izravniti, takmiti, iztakmiti.

Uguale - jednak, ravan, takmi, jednovèrstan.

Ugualità. V. Uguaglianza.

Ugualmente -jednako, ravno, takmeno, jednovèrstno.

Ulano - ulan.

Ulivo. V. Oliva.

Ulteriore, che procede più oltre - daljan; per ulteriore uso d'uffizio - za dalju v. daljnu službenu porabu; p. che è di là - onostran.

Ulteriormente - dalje, nadalje.

Ultimamente, in ultimo, alla fine - konačno, napokon, napokonj, napokonje, najzad, najzada, najposlie, najpošlje, najpotle, na svèrhu, na svèršetak, na poslĕdak; p. poco fa - malo prie, malo pèrvo, malo zatĕm, sad, sad na, sada na, stopèrv; p. in questi ultimi tempi - ne davno, ne odavna, nije čuda (mnogo, vele) vrĕmena, u najzadnje doba, najzad, najzada, u ovih vrĕmenih.

Ultimare. V. Finire.

Ultimo, st. sommo grado - najveći (najvećji, najviši, najvišji) stepen, p. ultimo grado - najzadnji (najposlĕdnji) stepen. V. Fine. Compimento. Ultimamente.

Ultimo, ag. - zadnji, najzadnji, potonji, poslĕdnji, konačni, stražnji, napokonji; penultimo - prekzadnji, predzadnji, predpotonji, predposlĕdnji ecc.; p. infimo - *najzadnji;* ultima volontà. V. Testamento.

Ultore. V. Vendicatore.

Ulula, st. V. Gufo.

Ululare. V. Urlare.

Ululato, ululo - *urlanje, urlikanje, vijanje, zavianje, zavěvanje.*

Umanamente - *čověčno, čověkoljubno, čověkoljubivo.*

Umanità, natura o condizione umana - *čověčnost, čověčtvo;* p. sentimento d' affetto agli altri uomini - *čověkoljubnost, čověkoljubivost;* p. studio di umane o belle lettere - *krasnoslovje;* p. uman genere - *čověčanstvo, ljudstvo, narod, svět.* V. Amorevolezza.

Umano, ag. di uomo - *čověčji, čověčan, čověčki, čověči, čověčanski;* p. che sagrifica il proprio piacere al bene altrui - *čověkoljuban, čověkoljubiv.* V. Benigno. Uomo.

Umazione. V. Seppellimento.

Umbellico - *pupak.*

Umettare. V. Umidire.

Umidezza - *vlažnost, vlažnoća, mokrota.*

Umidire, va. - *vlažiti, ovlažiti, omokriti, pomokriti;* vn. *ovlažiti, omokriti* ecc.

Umidità - *vlaga, vlažina, mokrina, mokrota.*

Umido, ag. - *vlažan, povlažan, mokar.* V. Umidità.

Umile, che ha umiltà - *pokoran, ponižan, snižan, snižen, umiljen, priklonit, priklon, směren, směran, podnižen;* umilissimo - *najpokorniji, prepokoran, preponižan, najsnižniji, najumiljniji;* l' umile servitore - *pokorni sluga,* l' umilissimo servitore - *najpokorniji sluga;* p. vicino a terra, poco elevato - *nizak, snižan, snižen;* p. che non sortì natali nobili - *nizak, prost, proste ruke.*

Umiliare, va. - *snižiti, ponižiti, podnižiti, poniživati, sniživati, prikloniti, pokoriti, upokoriti, směriti;* p. trasmettere - *podastěrti, podastirati, podněti, podnesti, podložiti, pokorno do-*

staviti. V. Assoggettare.
Mitigare; np. p. divenir
umile - *poniziti se, sniziti
se, podniziti se, pokloniti
se, ponizivati se*, ecc.

Umiliazione - *snizenje, poni-
zenje, podnizenje, poniziva-
nje, snizivanje, poklonenje,
priklonenje,pokorenje,uspo-
korenje, smerenje ; poda-
strenje, podastiranje, podnesenje, podnesenje, podlo-
zenje.* V. Umiliare.

Umilissimo. V. Umile.

Umilmente - *umiljeno, poniz-
no, snizeno, podnizeno, pokorno, priklono, priklonje-
no, smerno, smereno.*

Umiltà - *umiljenost, umiljen-
stvo, poniznost, snizenost,
pokornost, smernost, smere-
nost,priklonost,priklonstvo.*

Umore, fluido d' un corpo
organico - *sok;* p. materia
umida. V. Umidità; p. di-
sposizione naturale che
influisce sullo spirito delle
persone - *volja;* essere di
buon umore - *biti dobre
volje, biti vesel* v. *veseo.* V.
Pensiere. Idea.

Unanimamente - *jednodusno,
jednoglasno, jednoglasice,
slozno.*

Unanime - *jednodusan, jednoglasan, slozan.*

Unanimità - *jednodusnost, jednoglasnost, sloznost.*

Uncinato - *zakljucast, zaku-
cast, prikucast, kriv, na-
krivljen, kukast, hlju-
kast.*

Uncino - *kuka, kljuka, drakmar, derkmar, kucica.*

Undecimo - *jedanaesti.*

Undici - *jedanaest* (gen. pl.)

Ungere. V. Ugnere.

Unghia. V. Ugna.

Unguento - *mast, pomast, mastilo* p. balsamo - *dragomast.*

Unicamente - *jedino, jedini-
to, jedinstveno, samo.*

Unico, ag. - *jedin, sam, cigli;*
figlio unico - *jedini sin,*
fem. *jedina hci* v. *hcer, jedinica.* V. Ottimo.

Unicorno st. - *jednorogac,
inorog, inorozac.*

Unicornuto, ag. - *jednorogat,
jednorogast,jednorozan ino-
rogat.*

Unificare - *skupiti, sjediniti, spojiti, sdružiti.*

Unificazione - *skupljenje, sjedinjenje, spojenje, sdruženje.*

Uniformarsi. V. Conformare.

Uniforme, ag. - *jednovèrstan, jednoličan, jednolik, sličan, priličan, podoban;* p. assisa - *odora, svetčana obuća (obućtva, oprava).*

Uniformità - *jednovèrstnost, jednovèrstnoća, jednoličnost, sličnost, priličnost, podobnost, jednakost.*

Unigeneo - *istonaravan, jednonaravan.*

Unigenito ag. - *jedinorodjen;* figlio unig. - *jedinorodjeni sin, jedinorodjenik.* V. Unico.

Unilaterale - *jednostran;* contratto unilat. - *jednostrana pogodba.*

Unilateralmente - *jednostrano.*

Unimembre - *jednoudan.*

Unimento - *sjedinjenje, spojenje, sdruženje, pridruženje. sklopljenje, skopčanje, složenje; skupljenje, sastanje, spravenje.* V. Unire.

Unione, accostamento d'una cosa ad un' altra - *spojenje, sjedinjenje, sdruženje, pridruženje, skopčanje složenje;* p. concordia - *sloga, složba, složnost.* V. Matrimonio.

Uniparo - *jedinoporodni.*

Unire, va. congiungere più cose - *spojiti, sjediniti, sdružiti, pridružiti, skopčati, sklopiti, složiti;* np. p. congiungersi - *skupiti se, sakupiti se, spraviti se, sdružiti se, sastati se,* p. far lega - *sdružiti se, dogovoriti se, porazumiti se.* V. Amicarsi. Annettere.

Unisonanza - *jednoglasnost, složnost.*

Unisono - *jednoglasan, jedinoglasan, istoglasan, složan.*

Unità - *jedinost, jedinstvo, jedinica, jedinka.* V. Concordia.

Unitamente, con unione - *spojno, spojeno, sdružno, pridružno, sklopno, sklopljeno, skopčano, složno;* p. insieme - *ujedno, zajedno, zajednički, skupa,* skupno, ukupno, sa, s.

Unito, ag. e p. di unire - spojen, sjedinjen, sdružen, pridružen, skopčan, sklopljen. složan, složen, p. formante un sol corpo – cělokupan, ukupan, jednotělan; p. concorde - složan.

Universale che comprende tutte le cose di cui si parla - sveobći, sveopći, sveobćen. obćen, obćenit, inokupan; p. che si estende da per tutto - svestran.

Universalità - obćenitost, ukupnost, skupnost, inokupnost.

Universalmente - u obće, obćeno, obćenito, inokupno, jednokupno; svestrano. V. Universale.

Università, tutto il popolo d'una città - obćinstvo, puk, pučanstvo, narod, gradjani; p. luogo dove s'insegnano diverse scienze - sveučilište, sveučilištvo. V. Universalità.

Universo, tutto il creato, e p. globo terrestre - svět, široki svět, vas široki svět;

p. complesso di tutte le parti - ukupnost, skupnost, obćenitost. V. Tutto.

Uno (numero) - jedan (gen. determ. jednoga, indeterm. jedna); un solo - jedan, jedan sam, jedini, jedan jedini, cigli; un certo - něki, někoji; p. ciascuno - svak, svaki, pojedini, l'uno per l'altro - jedan za drugoga.

Unocolo, che ha un sol occhio - jednokast; p. guercio - škiljav, škiljast, ćorav.

Unqua. V. Mai.

Unticcio - mazahan, mazašan. V. Unto.

Unto ag. e p. di ugnere - mazan, pomazan, namazan, smazan, omazan, razmazan, namazan, izmazan; p. tutto lordo - okaljan, ognjusen, ogadjen, smradan, posmradjen, pognjusen.

Untume, materia untosa come burro ecc. - mast, mastilo; p. sporcizia - gnjus, gnjusoća, gnjusoba, gad, gadnost, gadnoća.

Unzione, operazione dell'u-
gnere - *mazanje, pomaza-
nje, omazanje, namazanje,
zamazanje;* p. materia che
ugne - *mast, pomast, ma-
stilŏ;* estrema unzione -
napokonje, v. *najposlĕdnje
pomazanje.*

Uomaccio - *čověčina.*

Uomo - *čověk, člověk, muž,
mužka glava,* pl. *ljudi, mu-
ževi, mužke glave;* uomo
di Stato - *dĕržavnik.*

Uopo. V. Utile. Bisogno.

Uovo - *jaje;* uovo vano -
mutnjak; p. uovo o ciottolo che ponesi nella cova,
quasi richiamo alla gal-
lina che deve far l'uo-
vo - *polog, nesnjak;* cuocere le uova - *kuhati jaja,* - stracotto - *prekuha-
no jaje,* sorbire l'uovo -
posĕrkati, posĕrknuti jaje.
V. Albume. Tuorlo.

Upupa - *božji petešić, božji
kokotić.*

Uragano - *oluja, vihor, vijor.*

Urbanamente - *uljudno, udvorno.*

Urbanità - *uljudnost, udvornost.*

Urbano, gentile - *uljudan,
udvoran;* persona urba-
na - *uljudna osoba;* p. dî
città - *gradski, gradjanski;*
giudizio urbano - *gradski
sud.*

Urgente, pressante - *silan,
prešan;* urg. instanza - *sil-
na* v. *prešna molba;* p.
vicino - *pobližnji, pobližji;*
urgente sospetto - *poblíž-
nja sumnja.* V. Imminente.

Urgentemente - *silno, prešno;* p. da vicino - *po-
bližje.*

Urgenza, pressanza - *silnoća, prešnost;* p. stretto bisogno - *ljuta (cĕrna, sil-
na) potrĕba (potrĕbnost,
potrĕboća);* urgenza del sospetto - *pobližnost sumnje.*
V. Urgente.

Urgere, pressare - *pospĕšiti,
pospĕšivati, uskoriti, uskorivati, žuriti, požuriti, durkati, podurkati;* urge-
re l'evasione dell'atto -
po žuriti rĕšenje spisa. V.
Spingere.

Urina. V. Orina.

Urlamento - *urlanje, tulenje, vijanje, zavijanje, zavěvanje, rulenje, urlikanje, blejanje, vriskanje.* V. Urlare.

Urlare del lupo - *urlati, zaurlati, vijati, zavijati, zavěvati, tuliti,* (del bue) *ruliti, blejati,* (dell'uomo) *vriskati, vrišćati, urlikati* met. *derati se, blejati.*

Urlo - *urlanje, zaurlanje, vijanje, zavijanje, zavěvanje, tulenje; rulenje, blejanje; vriskanje, urlikanje.* V. Grido. Strido. Pianto.

Urna, vaso di legno da tener acqua - *vedro;* p. vaso da cui estraggonsi le sorti - *glasovnik;* p. urna di terra, da riporvi oglio ecc. e p. urna sepolcrale - *žara.*

Urtare, va. spinger con forza - *rinuti, porinuti, dunuti;* vn. fig. p. dar dentro di forza - *sunuti, zaviriti, bubnuti, zaroniti, zarendusati, nasèrnuti, navaliti, napadnuti.* V. Contrariare.

Urto, spinta forte - *rinenje,* *porinenje, dunenje, sunenje, bubnenje* ecc. V. Urtare; aver in urto alcuno - *proganjati koga, imati koga na zub.* V. Assalto.

Usanza, costume - *navada, navadnost, običaj;* p. foggia(usanza di vestire)-*nošnja;* p. massima - *načelo, pravilo.* V. Uso.

Usare, vn. avere in usanza - *običaiti, običajati, običavati;* p. essere solito ad avvenire - *biti običan(običajan, navadan).* V. Frequentare. Praticare; np. p. assuefarsi - *naučiti se, priučiti se, obiknuti se, običajiti se, navaditi se;* va. p. adoprare - *rabiti, uporabiti, uporaviti, upotrěbiti;* usare il rigore - *upotrěbiti strogost.* V. Valere.

Usato, pratico, avvezzo - *navadan, običan, običajan, obikovan;* p. posto in uso - *uporabljen, uporavljen, upotrěbljen;* p. opposto di nuovo - *rabljen.*

Usciere, custode dell'uscio - *vratar, dvornik.*

45

Uscio. V. Porta. Adito. Passaggio.

Uscire, sortire - *izići, iziti, izaći, izlaziti, ići van, izhajati.* V. Effettuarsi. Nascere. Terminare. Venire.

Uscita, l' uscire - *izidenje, izajdenje, izlazenje, izhajanje;* p. apertura per uscire - *izlaz.* V. Esito. Secesso. Sterco.

Usignuolo. V. Rosignuolo.

Usitatamente - *navadno, obično, običajno, po navadi v. običaju.*

Usitato, solito - *navadan, običan, običajan.* V. Usato.

Uso, st. usanza - *navada, navadnost, običaj;* p. facoltà di usare di checchessia senza averne il possesso - *poraba, uporaba, upotrěbivost, upotrěbljivost, upotrěbljenje;* diritto di uso - *pravo porabe,* per uso uffizioso - *za službenu porabu;* p. opportuno uso - *za shodnu porabu,* per rispettivo uso - *za dotičnu porabu, dotične porabe radi.* V. Esercizio.

Conservazione; ag. V. Usato.

Ussaro - *husar.*

Usuale, d' uso - *običan, običajan, navadan.* V. Comune.

Usucapione - *dosělost.* V. Prescrizione.

Usucapire - *dosěsti.*

Usucatto - *doséden, dosědjen.*

Usufruire. V. Usufruttare.

Usufruttare - *uživati.*

Usufruttato - *uživan;* bene usufruttato - *uživano dobro.*

Usufrutto - *uživanje;* diritto di usufrutto - *pravo uživanja.*

Usufruttuare. V. Usufruttare.

Usufruttuario - *uživalac,* fem. *uživalica, uživateljica.*

Usura - *lihva, lihvarstvo.*

Usurajo - *lihvar, lihvarac.*

Usurario - *lihven, lihvaran.*

Usureggiamento - *lihvarenje,*

Usureggiare - *lihvariti.*

Usurpamento - *nezakonito (nepravedno, nepravično, posilno) osvojenje* v. *posvojenje, otmenje, otimanje.*

Usurpare-*nezakonito (nepravedno, nepravično, silom,
siloma, posilno) osvojiti* v.
posvojiti, oteti, otimati.

Usurpazione. V. Usurpa-
mento.

Utensili, complesso degli
strumenti d'arti mecca-
niche - *orudje,* (degli arnesi e mobili di casa) -
*pokućtvo, pokućstvo, po-
kuština, pohižtvo, sprav,
sprava, sprave, potrěboće
potrěbštine.*

Utero - *utroba, matèrnica.*

Utile, st. *korist, hasan, hasna, prud, prudnost, uhar.*
V. Interesse; ag. *koristan,
hasnovit, prudan, prud-
ljiv, uharan;* essere molto
utile - *biti veoma koristan*
v. *od velike koristi,* in
tempo utile - *u koristno
doba.* V. Tempo.

Utilista - *ukoristnik, ukori-
stilac.*

Utilità. V. Interesse.

Utilizzare - *ukoristiti, uhasniti.*

Utilmente - *koristno, hasnovito, prudno, prudljivo.*

Uva-*grozdje, grozje;* uva ma-
tura - *zdrělo grozdje,* uva
immatura - *nezdrělo grozdje, grěšt.* V. Vendem-
miare.

V.

Vacante, senza possessore,
o senza pretendente - *o-
šastan, ošasćan;* p. non
occupato, e p. vuotato -
prazan, izpražnjen, met.
otvoren; posto vacante -
prazno město. V. Privo.
Eredità.

Vacanza - *ošastnoća, praznost, izpraznost, izpražnjenost.* V. Vacante; p. cessa-
mento, riposo - *odustanje,
počinutje;* p. tempo in cui
cessano gli studi nelle
scuole - *praznike;* aver vacanza - *praznovati,* met.
počivati. V. Ferie.

Vacca - *krava;* vacca sterile - *jalovica, jalova krava.*

Vaccaro - *kravar.*

Vaccherella - *kravica*. V. Vacchetta.

Vacchetta, piccola vacca - *kravica;* p. giovane vacca - *telica, junjica, junica;* p. cuojo di bestiame vaccino - *naplat od krave, kravja naplat.*

Vaccina, carne di vacca - *kravje meso, meso od krave;* p. malattia che si manifesta alla cute del capezzolo delle vacche - *kozica, boginja.*

Vaccinare - *cěpati kozice* v. *boginje.*

Vaccinazione - *cěpanje* v. *cěpljenje kozicah* v. *boginjah.*

Vacillamento - *rendusanje; dvojenje, dvoumenje, lebetanje, lebećanje; ludovanje,* met. *sanjanje.* V. Vacillare.

Vacillare, non istar ben fermo in piè - *rendusati, svraćati se, hoditi simo i tamo;* p. esser incerto - *dvojiti, dvoumiti, lebetati, lebećati;* p. errare colla mente - *ludovati, ne biti u svěsti,*

zaći v. *izaći s pameti,* met. *sanjati.*

Vacillazione. V. Vacillamento.

Vacuare - *izprazniti, izpražnjevati.*

Vacuazione - *izpraznjenje, izpražnjevanje.*

Vacuità - *praznoća, praznost, praznina, izpraznost, izpražnjenost, taština.*

Vacuo, st. spazio dove nessun corpo esiste - *praznoća, praznost, praznina, taština;* ag. *prazan, izpražnjen, tašt, taštan.*

Vada (modo di dire) - *nek ide, nek idje, neka ide, ajde,* (in senso di collera, come sopra, e) *k vragu, s vragom.*

Vadio. V. Cauzione.

Vagabondaggio - *skitnja, skitanje, klataria, klatarenje, klatenje, klatjenje.*

Vagabondare - *skitati se, klatiti se, klatariti se, tepsti se, skitati se okolo* v. *na okolo* ecc. *ići skitajuć, klateć* ecc.

Vagabondo - *skitalica, ski-*

talac, skitac, tepac, kla-
tarac.

Vagare - *šećati (iti, ići, ho-*
diti) na okolo v. okolo.
V. Vagabondare.

Vaghezza, bellezza da in-
durre desiderio di va-
gheggiarla - *krasota, kra-*
snoća, krasnost, krasna
lěpota. V. Desiderio. Piacere. Diletto.

Vagimento - *jaukanje.*

Vagire, gemere - *jaukati.*

Vagito - *jauk, jaukanje.*

Vagliare. V. Crivellare ecc.

Vaivoda. V. Voivoda.

Vajuolo - *kozica, boginja.*
V. Vaccinare, ecc.

Vajuoloso, che ha il va-
juolo - *kozičav, kozičljav,*
boginjast, boginjav; p. relativo al vajuolo - *kozič-*
ni, kozičasti, boginjski.

Vale, saluto - *zdravo! da*
ste (si) mi zdrav! p. addio
Bog! z Bogom!

Valente, che vale, che vale assai nella sua professione - *valjan, vrědan, iz-*
věrstan; p. abilissimo - *iz-*
věrstan, veoma sposoban.

V. Savio. Valoroso.

Valentemente. V. Valoro-
samente. Gagliardamente.

Valentìa. V. Valore.

Valentuomo - *izvèrstni čověk.*

Valenza. V. Valentìa. Prezzo.

Valere, vn. aver un prez-
zo intrinseco - *vrěditi, va-*
ljati, biti vrědan; p. potere, essere da tanto -
moći, biti vrědan; p. valersi di checchessia - *slu-*
žiti se, poslužiti se, po-
služivati se (čim), upo-
trěbiti, uporaviti (što) V.
Giovare. Meritare. Si-
gnificare. Bastare.

Valetudinario, ag. - *bolez-*
ljiv, bolezljivan, nemoćan.

Valetudine. V. Sanità. Vigore.

Valevole, che vale - *valjan,*
vrědan; p. atto a fare -
vrědan, sposoban, prikla-
dan. V. Utile.

Valicare, varcare, trapassare
- *prohoditi, prolaziti, prela-*
ziti, provaliti, prěkoići, pre-
hititi se; valicare un fiume (a
nuoto) - *preploviti (pre-*

plivati, prěkoploviti) rěku, (colla barca) *prevesti se, prebroditi* , met. *prehititi se, preploviti, prěkoploviti.* V. Trapassare. Superare. Trasgredire. Eccedere.

Validamente - *valjano, pravovoljano, krěpostno.*

Validità - *valjanost, pravovaljanost, krěpost.*

Valido, valevole – *valjan, pravovaljan;* p. efficace - *krěpostan, moćan, pravomoćan.* V. Gagliardo. Poderoso. Atto. Capace.

Valigia - *torba;* valigia postale - *poštarska torba.*

Vallata - *dolina, dolica, razdolje, razdol, draga.*

Valle - *dol, dolac, draga, dražica;* p. luogo dove incomincia la valle - *prodol, prodolje.*

Vallea. V. Vallata.

Vallone - *dolina, dolčina, dražina, prodolina.*

Valore, merito delle cose in sè - *vrědnost, vrědnoća, valjanost;* p. prezzo - *cěna, vrědnost;* valore ordinario-

običajna v. *obična cěna*; p. forza - *jakost, moć, snaga, krěpost;* p. gagliardìa - *hrabrost, hrabrenost, junaštvo, junačtvo, vitežtvo, muževnost;* p. virtù dell'anima che fa l'uomo eccellente in ogni cosa che imprenda - *krěpost, vrědnost.*

Valorosamente, con valore - *izvěrstno, věrlo, privěrlo; vrědno, valjano; hrabro, hrabreno, hrabrenito, junački, junaški, junočeski, vitežki, viteški, muževno, mužeški, ljudski, sěrčano, sokolovno.* V. Valore.

Valoroso, eccellente – *izvěrstan, věrl, privěrl;* p. valente - *vrědan, valjan;* p. prode - *hrabar, hrabren, hrabrenit, junaški, junački, junočeski, vitežki, viteški, ljudski, mužeski, sěrčan, sokolovan.* V. Rigoglioso. Efficace.

Valuta, valore in una particolare specie di moneta - *vrědnost, vrědnoća, vrědnota;* valuta austria-

ca - *austrianska vrědnost.*
V. Prezzo. Forza. Potere.

Valutare - *vrěditi, cěniti.*

Valutazione - *vrědjenje, cěnjenje.*

Vampa - *plam, plamen, plamik.*

Vampeggiare - *planuti, plansati, plamenovati, plamtiti, zaplanuti, zaplansati,* ecc.

Vanagloria - *taština, tašta, taštoslavje, hvasta, ponositost.*

Vanagloriarsi - *taštoslaviti se, hvastati se, ponositi se.*

Vanagloriosamente - *taštno, taštoslavno, hvastavo, hvastno, hvastljivo, ponosito.*

Vanaglorioso - *taštan, taštoslavan, hvastav, ponosit.*

Vanamente, con vanità - *tašto, prazno, prazdno, izprazno;* p. senza ragione - *bez razloga, bez temelja, nerazložno, netemeljito.* V. Invano.

Vaneggiamento - *munjesanje, ludovanje, budalenje;*

met. *sanjanje.*

Vaneggiare - *munjesati, ludovati, budaliti, budalasiti, ne biti u svěsti* v. *u pameti,* met. *sanjati.*

Vanga - *kopača, motika, matika.*

Vangare - *kopati, kopavati.*

Vangelo. V. Evangelio.

Vanguardia - *predvojska, prednja vojska.*

Vaniloquio - *praznogovor.*

Vanità, soverchia credenza del proprio merito - *taština, taštad, izpraznost, praznost.* V. Leggerezza. Caducità.

Vanni. V. Penne. Ala.

Vano, ag. che non contiene cosa alcuna - *tašt, taštan, tašći;* p. vuoto - *prazan, izprazan, izpražnjen.* V. Caduco. Inutile. Vanaglorioso; st. - *praznoća, praznost, taština.* V. Foro.

Vantaggiare. V. Avanzare. Superare; vn. p. divenir migliore - *postali bolji;* p. risparmiare nel comprare e avanzare nel vendere - *ukoristiti, uhasniti, dobiti, dobivati.*

Vantaggio, utilità - *korist, hasan, uhar, prud, prudnost, dobitak.* V. Ventura.

Vantaggiosamente -*koristno, hasnovito, prudno, uharno.*

Vantaggioso -*koristan, hasnovit, prudan, uharan;* il più vantaggioso oblatore-*najkoristniji ponuditelj* v. *ponudioc.*

Vantare, dar vanto - *dičiti, podičiti, hvališati;* p. esaltare con lode - *uzvišiti, uzdignuti, uzdizati, slaviti, proslaviti, uzveličiti, uznositi, hvališati;* vn. e np. darsi vanto - *hvastati se, dičiti se, podičiti se, uznositi se, uzvišiti se, uzdignuti se, uzdizati se, hvaliti se, hvališati se.*

Vantato, ag. - *dičen, podičen, uzvišen, uzdignut, uzdizan, slavljen, proslavljen, uzveličen, uznosen, hvališan,* vantato diritto - *podičeno pravo.*

Vantatore. V. Millantatore.

Vanto, il vantarsi - *dičenje, podičenje, hvastanje, hvališanje, uzvišenje, uzdignenje, uzdizanje, slavjenje, proslavjenje, uzveličenje, uznosenje;* p. vana lode - *hvasta, hvastljivost, hvastanje, hvališanje;* p. promessa di cosa ardua e il cui adempimento arreca gran lode - *dika, slava, čast.* V. Lode. Gloria.

Vapore, fluido elastico - *para, vapa;* p. qualunque corpo sottilissimo che esali da checchessia - *dim, pah, vapa, para, kurivo;* p. nebbia - *magla;* p. naviglio a vapore -*parobrod, parabrod, paroplov, paraplov;* navigazione a vapore - *paroplovstvo, parobrodstvo.*

Vaporiera. V. Vapore.

Varamento - *porinutje* v. *porinjenje broda.*

Varare - *porinuti brod.*

Varcare -*prekoračiti.* V. Valicare.

Varco, passo - *korak, koračaj;* p. apertura, sfogo -

otvor, *jaruga, vrata, pro-*
vala, prodor ; aprirsi un
varco *- proderati, prolomiti.*

Variabile, atto a variarsi -
proměniv, proměnjiv; spese variabili *- proměnjivi*
troškovi; p. instabile *- ne-*
stalan, nestanovit.

Variabilità *- proměnivost,*
proměnjivost; nestalnost,
nestalnoća, nestanovitost.
V. **Variabile.**

Variare, va. mutare *- měnja-*
ti, proměniti, proměnjiva-
ti; p. render vario o diverso *- proměniti, inačiti,*
preinačiti, pretvoriti. V.
Tramutare.

Varietà, diversità, differenza *- razlikost, različnost,*
različitost, razlika, razlu-
ka, nesličnost; p. accop-
piamento di più cose
non simili *- raznost, raz-*
noća, raznověrstnost.

Variforme *- raznověrstan,*
raznoličan.

Vario, diverso *- razan, raz-*
ličit, različan, nesličan,
drugač, drugak, inak, ne-
jednak; varie persone -

razlíčite osobe ; p. di più
colori *- raznobojan, šar,*
šaren, našaren, našaran.
V. **Incostante. Varietà.**

Vasajo *- sudar, lončar.*

Vasca (d'acqua) *- plitvica,*
škambla. V. **Cisterna. Lago.**

Vascello *- vašel, korablja.*

Vase. V. **Vaso.**

Vasellajo. V. **Vasajo.**

Vasellame *- sudje, posudje,*
okruti.

Vaselliere. V. **Vasajo.**

Vaso, recipiente *- sud, po-*
suda, okrut; vaso di ferro *- gvozdena* v. *železna*
posuda, posuda od gvoz-
dja, - di terra *- zemljena*
posuda, posuda od zem-
lje. V. **Vasellame.**

Vassallaggio *- podaničtvo,*
vazalstvo. V. **Servizio.**

Vassallo *- podanik, vazal.*

Vastamente *- prostrano, ši-*
roko.

Vastità *- prostranost, širina.*

Vasto *- prostran, širok;* pel
vasto universo *- po široko-*
kom světu. V. **Mare.**

Vate. V. **Indovino. Pro-**
feta. Poeta.

Vaticinare. V. Indovinare. Profetizzare. Predire.

Vaticinatore. V. Indovino. Profeta.

Vaticinazione. V. Vaticinio.

Vaticinio, profezìa - *proročanstvo, proročtvo; p.* indovinamento - *pogodjenje, zgodjenje, gatanje, gonetanje.*

Vatti con Dio - *aj v. ajde s Bogom!*

Vecchiaja - *starost, starodobnost.*

Vecchiardo - *starčetina, starežina, zlostarac, zlostari čověk, opaki starac.*

Vecchierello - *starčić, staračac;* fem. *starica.*

Vecchietto. V. Vecchierello.

Vecchiezza, vecchiaja - *starost;* p. lunghezza di tempo - *starodobnost, starodavnost,* nel pl. p. persone vecchie - *stariji, stari ljudi, stare osobe, starost.*

Vecchio, st. - *starac (arca);* ag. *star* (gen. determ. *oga,* indeterm. *ara), starodoban, starodavan;* vecchio

libro - *stara knjiga,* vecchia usanza - *stara (starodavna, starodobna) navada.*

Vece, in vece - *město, na město, měšte, za* (gen.); in vece di lui - *město (na město, za) njega.* V. Ufficio. Incombenza. Occasione.

Vedere, va. - *viděti, uviděti, uvidjati.* V. Conoscere. Comprendere. Considerare. Sapere. Esaminare. Investigare. Avvedersi.

Vedere, st. V. Vista. Perspicacia. Pompa. Mostra.

Vedetta, sentinella - *stražar, stražarnik, straža;* p. da luogo alto - *od visoka;* p. luogo dove sta la sentinella - *stražište, stražilište, stražara, stražnica, čuvalište, gledalište.*

Vedova - *udova, udovica,* dim. *udovičica;* superstite vedova - *zaostavša udovica.*

Vedovanza - *udovičnost, udovičtvo, udovstvo.*

Vedovare, va. *obudoviti, o-*

budovičiti; vn. *udovičiti, udovstvovati.* V. Privare.

Vedovile - *udovičan, udovički;* stato vedovile - *u-dovični stališ.*

Vedovo, st. - *udovac,* dim. *udovčić;* ag. V. Solo. Privo. Vedovile.

Veduta, prospetto - *prizor, pridočje pregled;* p: luogo donde si scuopre molto paese - *gledište, yledalište.* V. Vista. Pensiero. Progetto.

Veemente, che opera con veemenza - *žestok, silan, moćan, snažan, jak, čvèrst;* p. impetuoso - *nagal, naprasan, naprasit, goropadan, žestok.* V. Gagliardo.

Veementemente - *žestoko, silno, moćno, možno, snažno, čvèrsto;* p. impetuosamente - *naglo, naprasno, naprasito, goropadno, žestoko.*

Veemenza - *žestokost, jakost, moć, snaga, snažnost.*

Vegetabile, ag. atto a vegetare - *rastljiv, rastiv;* p. che vegeta - *rasteći,* *rastujući, rastan;* st. V. Pianta.

Vegetabilità - *rastivost, rastljivost.*

Vegetale, ag. - *rastan, rastivan.* V. Pianta.

Vegetare - *rasti, rastěti.*

Vegetazione - *rastenje.*

Vegliardo. V. Vecchiardo.

Vegliare, star desto - *bditi, bděti, biti zbudjen* v. *probudjen, ne spati, ne spavati;* vegliare tutta la notte – *bditi svu noć* v. *po svu noć;* p. passare le prime ore della sera conversando - *proći večer u razgovoru, biti* v. *stati do kasna na noge, bditi, bděti;* p. custodire - *stražiti, čuvati.*

Veglio. V. Vecchio.

Veguente, che viene - *dojdeći, dohodeći, dolazeći;* p. prossimo a venire - *dojdući, predstojeći, budući.* V. Rigoglioso.

Vela - *jadro, jidro, jedro;* sciogliere le vele - *otvoriti jadra, odploviti.*

Velare, coprir con velo –

okopreniti, uzastoriti, pokriti (pokrivati) kopre-
nom (oponom, zastorom,
pokrivalom, prevesom; p.
coprire, nascondere - po-
kriti, pokrivati, zastrěti,
zastirati, ogèrnuti, zagèrnuti, sakriti.

Velatamente - pokriveno, po-
krijeno, tajno, tajoma.

Velato - okopren, uzastoren,
koprenom (oponom, zasto-
rom, pokrivalom, preve-
som) pokrit, pokrijen, pokrit, sakriven, sakrijen,
sakrit, zastren, ogèrnut zagèrnut; p. guernito di vele - najadren, jadrima providjen.

Veleggiare - jadriti, jedriti,
jidriti, ići na jedra, met.
ploviti.

Veleno - otrov, ćemer, met.
jad, jed; veleno proibito
- zabranjeni otrov. V. Pericolo. Odio. Rabbia.

Velenosamente - otrovno, o-
trujeno, ćemerno; p. rab-
biosamente - jadno, jad-
ljivo, goropadno, běsno.

Velenosità - otrovnost, če-

mernost, jadljivost, goropad, goropadnost, běsnoća.

Velenoso, che per sua na-
tura ha veleno - otrovan,
ćemeran, met. ljut, zal, zao;
velenosa vipera - otrovna
ecc. zmija. V. Pestifero.
Iracondo.

Velleità - ludohotnja, polu-
sèrčnost, slabohoća, sla-
bohotnost, slabovolja, oću
neću.

Vello, lana delle pecore
ecc. runo, vuna; p. pelo
- dlaka. V. Pelo.

Velloso, pieno di velli - ru-
nast, runjav, vunast, vu-
nat; p. peloso - dlakav,
dlakast, kosmat.

Vellutato - velutast, kadifast,
met. dlakav, dlakast.

Velluto, st. - velut, velud,
kadif; ag. V. Velloso.

Velo, tela finissima e ra-
da - koprena, preves; p.
tutto ciò che copre - po-
krivalo, zastor, opona.

Veloce - hitar, bèrz, hèrl,
lak, lahk.

Velocemente - hitro, bèrzo,
hèrlo, lako, lahko.

Velocità - *hitrost, hitrina, bèr-zoća,hèrlost,lakost,lahkoća.*

Veltro - *zečar.*

Vena, condotto del sangue - *žila,* met. *žica;* aprir la vena - *pustiti kèrv.* V. Salasso. Sorgente. Attitudine.

Vendemmia - *tèrgatba, tèrganje.* V. Raccolta.

Vendemmiale - *tèrgatben.*

Vendemmiare - *tèrgati;* finir di vendemmiare - *potèrgati, otèrgati,* vendem. molto - *natèrgati,* il vendemmiare - *tèrganje, potèrganje, otèrganje, natèrganje.*

Vendemmiatore - *tèrgač, tèrgatelj.*

Vendere - *prodati, prodavati;* vender tutto - *razprodati, razprodavati,* vender di nuovo - *preprodati, preprodavati.* V. Vendimento.

Vendetta - *osveta, osvetljivost, osvetjenje.* V. Ammenda. Punizione.

Vendicamento - *osvetjenje, osvetjivanje.*

Vendicare, va. - *osvetiti, osvetjivati;* np. *osvetiti se, osvetjivati se.*

Vendicativamente - *osvetno, osvetljivo.*

Vendicativo, inclinato alla vendetta - *osvetljiv;* p. appartenente a vendetta - *osvetan, osvetljiv.*

Vendicato - *osvetjen.*

Vendicatore - *osvetnik, osvetljivac, osvetilac,* fem. *osvetnica, osvetljivica, osvetilica.*

Vendicazione. V. Vendicamento.

Vendichevole, che vendica - *osvetiteljan, osvetan;* p. facile alla vendetta - *osvetljiv.*

Vendimento - *prodanje, prodavanje, razprodanje, razprodavanje, preprodanje, preprodavanje.* V. Vendere.

Vendita - *prodaja, prodanje;* vendita giudiziale - *sudbena prodaja.*

Venditore - *prodavaoc, prodavalac, prodatelj, prodavatelj.*

Venduto - *prodan, prodajen, razprodan, razprodajen, preprodan, preprodajen.* V. Vendere.

Veneficio, crimine di avvelenamento - *zločin otrovanja;* p. malìa - *čarobia, čarolia, čarolja, čaranje, začaranje.*

Veneno. V. Veleno.

Venerabile, **ag.** da essere venerato - *častiv, čestiv, blagočastiv, blagočestiv;* p. SS. Sacramento - *Svetotajstvo, sveti* v. *prisveti Sakramenat.*

Venerabilità - *častivost, čestivost, blagočastivost, blagočestivost.*

Venerando — *blagočastiv, blagočestiv.*

Venerare - *štovati, poštovati, počitati, častiti,* venerare profondam. - *strahopočitati.*

Venerato - *štujen, poštujen, štovan, poštovan, počitan;* veneratissimo - *veleštujen,* ecc. *mnogoštujen* ecc. *strahopočitan.*

Venerazione - *štovanje, štu-*

jenje, počitanje, čaštjenje, počaštjenje; profonda venerazione - *strahopočitanje.*

Venerdì - *petak.*

Venereo, lascivo - *bludan;* male venereo - *bludobol.*

Venia - *oprost, oproštjenje, opraščanje.* V. Età.

Veniale - *oprostan, oprostiv, oprostljiv, odpustan, popustiv.*

Venire - *doći, dohoditi, dohadjati, dolaziti, dolazivati, priti, prispěti, dospěti.*

Ventaglio - *pahalica, pahavica, pahalo, mahalo.*

Ventenne - *dvadeseterolětan, dvadeseterogodištan.*

Ventesimo - *dvadeseti, dvajseti.*

Venti - *dvadeset, dvajset* (gen. pl.)

Venticello - *vetrić, vetarce.*

Ventilare, spiegar al vento *větriti, povětriti, vijati;* p. esaminare, trattare - *razpraviti, razpravljati;* ventilare la massa - *razpravljati gromadu.*

Ventilazione (delle biade)

vijanje; p. manipolazione - *razprava, razpravljanje;* ventil. del lascito - *razprava zaostavštine.*

Ventina - *dvajsetak, dvadesetak, dvadesetorica, dvadesetka* (gen. pl.).

Ventinove - *dvadeset i devet, dvajset i devet* (gen. pl.).

Ventinovesimo - *dvadeset i deveti, dvajset i deveti.*

Vento - *větar,* dim. *větrić, větarce;* navigare secondo il vento - *jadriti polag větra,* vento in poppa - *větar u kèrmi,* vento da terra - *větar s kraja,* abbajare al vento - *govorěti na větar, govorěti zidu v. zaludo.* V. Vanità.

Ventola. V. Ventaglio. Paramosche.

Ventolare. V. Sventolare.

Ventosamente - *větreno.* V. Vanamente.

Ventre - *tèrbuh, utroba.*

Ventunesimo - *dvadeset i pèrvi.*

Ventuno - *dvadeset i jedan, dvajset i jedan.*

Ventura - *srěća, zgoda, slu-*

čuj; alla ventura - *na srěću, po srěći, zgodno, slučajno.*

Venturiere - *pridošlica, srěćoiskalac.*

Venturo - *dojdući, budući;* nel venturo anno - *u dojdućoj v. budućoj godini.*

Venturoso. V. Fortunato. Favorevole.

Venustà - *lěpota, krasota, krasnoća, gizdavost.*

Venusto - *lěp, krasan, gizdav.*

Venuta - *došastje, prišastje, dolaz, dolazak, dohod.*

Venuto - *došao, prišao, prispěo, dolazio, došal, prišal, prispěl, dolazil;* ben venuto - *dobro došao v. došal, dobro prišao* ecc.; p. divenuto - *postao, izašao,* è venuto bene - *dobro je izašao v. izašal.*

Verace - *istinit, istinski, pravedan, iskren, nelažan.*

Veracemente - *istinito, istino, pravedno, pravo, iskreno, nelažno, nelaživo.*

Veracità - *istinitost, istinost, pravednost, iskrenost, ne-*

lažnost, nelaživost.

Veramente, in vero - *zbilja, zbilj, doduše, istinabog, do istine, istino, istinom, za ista, za isto ;* p. certamente - *jamačno, stalno, stanovito, za stalno, za stanovito, bez dvojbe, svakako, svakojako, doduše, dakako, dabome, adabome.*

Verbale, ag. di verbo - *glagoljan ;* p. di viva voce - *ustmen ;* processo verbale *ustmeni postupak,* scegliere la procedura verbale o scritta - *odabrati ustmeni ili pismeni postupak.*

Verbalmente - *ustmeno.*

Verbasco - *lepuh, lopuh.*

Verbena - *sporiš.*

Verbigrazia - *na priliku.*

Verbo, parte del discorso - *glagolj.* V. Parola. Lingua. Favella.

Verboso - *mnogogovoran, mnogorěčan, besědiv.*

Verdastro - *zelenkast, zelenosměran, tamnozelen.*

Verdazzurro - *blakitan, zelenomodar, modrikast, modrast.*

Verde, st. colore verde - *zelenilo, zelena boja (farba, kolur, mast) ;* ag. *zelen ;* verde età. V. Giovanile. Vigore. Verdura.

Verdeggiare, vn. - *zeleniti se, biti zelen ;* va. p. far verde - *zeleniti, ozeleniti, pozeleniti.*

Verdegiallo - *zelenožut, zelenožutast.*

Verderame, st. - *zelenobakar;* ag. *zelenobakren.*

Verdetto, verdognolo - *zelenkast ;* p. decisione dei giurati - *porotna presuda (izreka, sudba).*

Verdezza - *zelenost.* V. Verdume.

Verdiccio - *zelenjakan.*

Verdume - *zelenina, zelenje.*

Verdura, nome collettivo delle piante verdi - *zelenje, zelenina, zelenilo, zelen (i) ;* p. ogni sorta d'ortaggio (come sopra, e) - *zelje.*

Verecondia - *stid, sramežljivost, sramost, sramež.*

Verecondo - *stidan, stidljiv, sraman, sramežljiv.*

Verga, bacchetta - *šiba, šibka;* tremare come una verga - *trepetati kao šiba.* V. Scettro. Dardo.

Vergare, far le liste a' drappi o panni - *brazdati, nabrazdati;* p. scrivere - *pisati, napisati;* p. percuotere colle verghe - *šibati, šibkati, izšibati, ošibati, našibati.*

Verginale - *děvojački, děvičan, děvičinski, děvičanski, děvičeski.* V. Verginità.

Vergine, st. maschio in istato di purità - *děvac, divac,* met. *cěl;* fem. *děvojka, děva, diva, děvica, děvka;* la B. Vergine - *Blažena děva (diva, děvica) Maria,* ag. intatto, incontaminato - *neoskvèrnjen, neporočan, cěo, cěl, netaknut.* V. Verginale.

Verginella - *děvojčica.* V. Zitella.

Verginità, stato di vergine - *děvojačtvo, děvojaštvo, děvstvo,* met. *cěloća.* V. Innocenza. Onestà.

Vergogna, disonore - *sramota, nepoštenje, nepoštenost, bezpoštenost, nečast, prěkor;* p. atto di modesta ingenuità - *sram, sramežljivost, sramost, sramotnost, stid, stidnoća;* ci serve di verg. - *služi nam za sramotu.*

Vergognarsi - *sramiti se, sramovati se, stiditi se;* io mi vergogno - *ja se sramujem, mene je sram,* vergognati! - *sramujse!*

Vergognosamente - *sramotno, sramežljivo, stidno, stidljivo.* V. Vergogna.

Vergognoso, preso da vergogna - *sramežljiv, sraman;* p. soverch. rispettoso - *stidan, stidljiv (e* come sopra). V. Vituperevole.

Veridico - *istinski, istinit, istinjiv, iskren, istinogovoran.*

Verificare, dimostrar vero - *obistiniti, dokazati, dokazivati, obsvědočiti, obsvědočavati (što);* p. rilevare - *obsvědočiti se (o čemu), pripoznati, spoznati, izpoznati (što);* p. esaminare

46

.. *izpitati, izvidĕti, izvidja-ti, izvidjavati*; verificare il fatto - *obsvĕdočiti se o činu, izpitati* v. *izvidĕti čin.* V. Certificare.

Verificazione - *obistinjenje, dokazanje, dokazivanje, obsvĕdočenje*, *pripoznanje, spoznanje, izpoznanje: izpitanje, izvidjenje, izvidjivanje.* V. Verificare.

Verigola, succhio - *svĕrdlić, svĕdrić, svidrić, proboj, probojac.* V. Trivella.

Verisimiglianza - *vĕrojatnost, istinopodobnost, pravovidnóst, pravoličnost.*

Verisimile - *vĕrojatan, istinopodoban*, *pravovidan, pravoličan, istinski;* circostanza verisimile - *vĕrojatna okolnost.*

Verisimilmente - *vĕrojatno, istinopodobno, pravovidno, pravolično, istinski.*

Verità - *istina, istinitost;* ammonire alla verità - *opomenuti na istinu,* per verità. V. Veramente.

Veritieramente - *istinito, istinski, istino, istinom.* V.

Veramente.

Verme (che trovasi nella terra, nell'acqua, o nel corpo degli animali) - *gljista;* (che trovasi nelle frutta, e nel legno) - *cĕrv, čĕrv;* (che trovasi nel formaggio) - *molj;* p. affetto che tormenta - *cĕrv, pojid.*

Vermicello - *gljistica, cĕrvić, čĕrvić, moljić.* V. Verme.

Verminoso - *gljistav, glistljiv, gljistan, pun gljistah; cĕrviv, cĕrvljiv, čĕrviv, čĕrvljiv, pun moljih.* V. Verme.

Verno. V. Inverno. Burrasca.

Vero - *istinit, istinitan, prav;* la cosa è vera - *stvar je istinita,* vero è però - *nu, nu pravo je, istinabog,* è vero? - *jeli? jel* v. *jeli istina? može biti?* invero. V. Veramente. Reale. Legittimo. Verità.

Verosimile. V. Verisimile ecc.

Verro - *nerist (sta).*

Versare (da un vaso - *lĕti, lĕvati, izlĕti, izlĕvati, pro-*

lĕti, prolĕvati, (da un sacco) - sipati, prosipati, razsipati, izsipati, prosuti, iz-
suti, izasuti, razsuti; posuti. V. Votare. Mutare.
Volgere. Riferire. Scia-
lacquare. Traboccare.

Verseggiare - stihotvarati,
stihotvoriti, pĕsniti, met.
pĕvati, popĕvati, zapĕ-
vati.

Verseggiatore. V. Poeta.

Versificare. V. Verseggiare.

Versificatore. V. Poeta.

Versificazione - stihotvaranje,
stihotvorenje, pĕsnenje, pĕvanje, popĕvanje, zapĕ-
vanje.

Versione. V. Traduzione.
Rivoluzione.

Verso, st. (di poesìa) - stih,
stihotvor, stroka; p. sined.
- pĕsan, pĕsma; p. tanto
di scritto che è in una
linea - redak, redac, red;
p. canto degli uccelli -
žubor, žuber, žuborenje,
žuberenje, pĕvanje; p. a-
ria di canto, o di suono
- pĕvka, pĕvanka, pĕtje,
pĕsan, pĕsma; p. modo,

via - način, put; p. ban-
da, parte - stran, kraj.

Verso, prep. - pram, prama,
prema, napram, prot, pro-
ti, proć, protiv, protiva,
suprot, suproć, suproti,
k, ka (dat.); verso casa
prama kući, verso il ma-
re - k moru; uz, uza nuz
(ac.) verso il prezzo -
uz cĕnu; o, ob (loc.); oko,
okolo (gen.); verso le ore
quattro - o v. ob četvèr-
toj (čètèrtoj) uri, oko v.
okolo četvèrte ure.

Vertenza. V. Oggetto.

Vertere, aggirarsi - okritati se, okrićati se, obraćati se. V. Trattare.

Verticale - povèršan.

Verticalmente - povèršno.

Vertice, cima - vèrh, vèrhunac, vèršić; p. punto di
cielo che corrisponde al
nostro capo - tĕme, tĕme-
nik, nadglavnik.

Vertigine - vèrtoglavica, o-
mamica.

Veruno - nijedan, niti jedan,
nitko, nitkor, niko, nikoj,
nigdo.

Verzotto - *broskva;* p. sined. - *busi.*

Verzume. V. Verdume.

Verzura. V. Verdura.

Vescica - *mihur, měhir, miur, mihurac.*

Vescicale - *mihuran, měhiran, miuran.*

Vescichetta - *mihurić, mihurčić, mihirić, miurić.*

Vescovado - *biskupia, biškupia, vladičia.* V. Vescovile.

Vescovile - *biskupski, biskupan, biskupijski, biškupski, biškupijski ecc. vladički;* dignità vescovile (cat.) - *biskupsko dostojanstvo, biskupia, biškupia, biskupijstvo,* (grec.) *vladičanstvo, vladičia.*

Vescovilmente - *biskupski, biškupski, po biskupsku, kao biskup; vladički, vladičeski, kao vladika.* V. Vescovo.

Vescovo (cattolico) *biskup, biškup,* (greco) *vladika,* (p. ambidue i signif.) *pastir duhovni, poglavica cèrkovni* v. *cèrkveni.*

Vespa - *osa, businac.*

Vespajo, nido di vespe - *osinjak, osnjak, businčar.*

Vespero, sera - *večer;* p. una delle sette ore canoniche - *věčèrnja, věčèrnjica;* vespero siciliano - *strahoviti (strašni, sveobći) pokolj.*

Vespone - *osina, businčina.*

Vespro. V. Vespero.

Vessamento - *mučenje, morenje zulumčarenje, proganjanje.*

Vessare - *mučiti, moriti, zulumčariti, proganjati, progoniti.*

Vessatore - *mučitelj, moritelj, zulumčar, progonitelj.*

Vessatorio, ag. - *mučiteljan, moriteljan, zuluman, zulumčaran, progoniteljan.*

Vessazione - *mučenje, morenje, zulum, zulumčarenje, progon, progonstvo, progonjenje, proganjanje.*

Vessillifero. V. Alfiere.

Vessillo. V. Bandiera. Stendardo.

Veste, vesta - *halja, haljina, obuća, obućtva, oprava;* p.

piccola veste (giacchetta) *dolama, haljak;* non aver veste (non esser autorizzato) *ne biti opunovlaštjen v. opunomoćen, ne imati obućtve.* V. Vestito.

Vestibolo - *dvor, dvorje, dvorište.*

Vestigio. V. Traccia. Avanzo.

Vestimento. V. Vestito.

Vestire, va. metter in dosso il vestimento - *obući, oděti, oděsti, oděvati, oblačiti, oblići, obleći;* p. ricoprire - *pokriti, pokrivati, zaviti, zagèrnuti, omotati;* np. *obući se, oděti se, oděsti se, oděvati se, oblačiti se, oblići se, obleći se; pokriti se, zaviti se, zagèrnuti se, omotati se.*

Vestito, st. vesta - *oprava, oděća, obuća, obućtva, odora, halje;* vestito da festa - *svetčana (svečana, blagdanja, blagdanjska) oprava, oděća* ecc.; ag. *oděven, obučen, oblačen; pokrit, zavit, zavijen, zagèrnut, zagèrnjen, omotan.*

V. Vestire.

Veterano - *stari vojnik, izkusenjak.*

Veterinaria - *živovračiteljstvo, živinovračiteljstvo, veterinarstvo.*

Veterinario - *živovračitelj, živinovračitelj, veterinar.*

Vetero - *starodavan, starodoban, star.*

Vetraja - *staklarnica, staklara, caklarnica, caklara.*

Vetrajo - *staklar, caklar.*

Vetrame – *staklaria, stakla, caklaria, cakla.*

Vetrario - *staklarstven, caklarstven.*

Vetriera, vetriata - *staklenica, caklenica, staklara, caklara, stakleni v. cakleni zatvor.*

Vetrificare, va. - *stakliti, cakliti, ustakliti, ustakleniti, ucakliti, postakliti, pocakliti, ostakliti, ostaklati;* np. *ostakliti, ocakliti, ustakliti se, ustakleniti se* ecc.

Vetrificazione - *staklenje, caklenje, ustaklenje, ustaklivanje, ucaklenje, postaklenje, pocaklenje, ostaklenje, ocaklenje, ostaklanje, oca-klanje.*

Vetrina - *staklenica, staklenka.*

Vetro - *staklo, caklo,* dim. *stakalce, staklence, cakalce, caklence;* del o di vetro - *staklen, caklen.*

Vetta, cima -: *vèrh, vèršak, povèršina, vèršić, vèrhunac;* p. bastone attaccato al manfanile, col quale si batte il grano - *mlat;* p. camato da battere la lana - *mahača, mahaljka, mlat, štap.* V. Ramicello.

Vettovaglia - *hrana, odhranjenje.*

Vettovagliamento - *nabavljanje (nabavljenje, pribavljanje, priskèrbljenje) hrane.*

Vettovagliare - *nabaviti (nabavljati, pribavljati, priskèrbiti) hranu.*

Vettovagliere - *pribavitelj (nabavnik, nabavitelj, pribavnik, priskèrbnik) hrane.*

Vettura, prestatura di bestie da cavalcare a prezzo stabilito - *dajenje konjah pod naval;* (di bestie da tiro) - *kiria, vožnja, vozitba;* p. prezzo che si paga per cotal prestatura - *naval, kiria, vozarina;* p. carro o carrozza - *voz, kočia, kola;* vettura postale - *poštarska kola.*

Vetturale - *kiriaš, vozar, foringaš, turman, furman.* V. Vetturino.

Vettureggiare - *kiriašiti, voziti, turmariti.*

Vetturino, chi conduce bestie da vettura - *kociaš, kućar, vozar.* V. Vetturale.

Vetustà - *starodavnost, starodobnost.*

Vetusto, antico - *starodavan, starodoban;* p. vecchio - *star.*

Vezzeggiare, accarezzare - *gladiti, pogladiti, podragovati, češati, militi, pomiliti (koga);* p. coltivare con gran cura - *njegovati, ponjegovati, marljivo bděti (na što), gledati kao oči u glavi (što).*

Vezzo, delizia - *radost, veselje, razkoša;* p. modo di

procedere, parlandosi di abitudine non buona - *zla navada (običaj), opačina.* V. Uso. Consuetudine. Collana.

Vezzosamente, con certa grazia - *gizdavo, krasno;* p. delicatamente - *meko-putno.*

Vezzoso, che ha grazia e piacevolezza - *gizdav, kra-san, lěp;* p. lezioso - *giz-dav, nagizdan.*

Via, st. strada - *put, cesta, drum* (V. Strada); diritto di via - *pravo puta,* via indiretta - *stranputica, stranputje;* via lattea - *put nebeski, put od vasiža;* p. modo, maniera - *način, put* (e preposiz.) *poput* (gen.), (avverbial.) *putem, srědstvom, na način;* in via di grazia - *putem mi-losti;* p. fiata - *put, krat;* uno via uno - *jedan put jedan.* V. Avviamento. Volta. Passaggio. Cam-mino.

Via, avv. V. Molto. Assai; p. su, orsù - *daj! dajte!*

aid! aide! nu! ala!; via di qua (in forza di scac-ciare) - *odlaz! odlazi! ai-de! otidi!;* p. via, avanti (in senso di sollecitare) - *aid! aide! aimo! aidimo, aidemo, dajmo! ala!;* via via (così così) - *tako tako, ni (niti) dobro ni (niti) zlo, ni zla;* p. particella riem-pitiva, congiunta a certi verbi - *ća;* buttar via - *baciti(věrći, hititi) ća,* man-dar via - *odpraviti, od-praviti ća.*

Viaggiare - *putovati;* p. fi-nir di viaggiare, e p. arrivar viaggiando in un dato luogo - *doputovati;* viaggiare per terra e per mare - *putovati po kraju (po kopnu) i po mo-ru,* viag. a piedi - *puto-vati pěšice* v. *na noge,* viag. a cavallo, *putovati na konja* v. *konjem.*

Viaggiatore - *putnik, puto-vatelj.*

Viaggio - *put, putovanje;* vi auguro un buon viaggio! - *želim vam dobar put!*

(un felice viag.) - *srěćan put*), a buon viaggio! (fate un buon viaggio) *dobar put!* (p. non importa) *nek ide* v. *idje, neka ide, nehajem, nemarim.* V. Vada.

Viandante - *putnik.*

Viatico, cibo che si porta in viaggiando - *putna hrana;* p. Sacram. dell'Altare - *sveto pričeštjenje.*

Viatore. V. Viandante.

Viatorio, ag. appart. a viatore - *putnički;* p. instabile - *prolazan, nestalan, privrěmen.*

Vibrare, muovere scotendo - *mahati, zamahati, zamahnuti, zamahivati, tresti, stresati, stresti.* V. Scagliare.

Vibrazione, il vibrare - *mahanje, zamahanje, zamašenje, zamahnutje, zamahivanje, tresenje, stresanje, stresenje;* p. moto di cosa vibrata - *mašenje, tresenje;* vibraz. dei pendoli *mašenje,* (delle corde tese e sonore) *treptaj, trep-*

tanje.

Vicariato - *naměstničtvo.*

Vicario, chi fa le veci d'un' altro - *naměstnik;* vicario vescovile - *biskupski* v. *biškupski naměstnik.* V. Luogotenente.

Vice, st. spazio di tempo - *doba, vrěme;* p. fiata. V. Volta; p. persona o cosa che tien luogo d'un' altra - *naměstnik, zastupnik, (mèsto, naměsto, pod,* ag. *naměstan, naměstnički);* vice - conte - *podžupan,* vice-notajo - *podbilježnik.*

Viceammiraglio. V. Ammiraglio.

Vicecancelliere - *podkanclar, podkancelar, podkancler, naměstni kancelar (kanclar, kancler).*

Vicecapitano - *podkapetan, naměstni kapetan.*

Viceconsole - *podkonzul, naměstni konzul.*

Vicegovernatore - *podnaměstnik, naměstni městodèržac* v. *naměstnik.*

Vicenda, caso, accidente - *dogodjaj, slučaj, pripetje-*

nje, zgoda; p. mutazione - *okrenutje proměna;* a vicenda, l'uno dopo l'altro - *jedam za drugěm, uzastopce,* p. or l'uno or l'altro - *sad jedan sad drugi,* p. reciprocamente - *medju sobom, medjusobno, uzajemno. uzajamno, zaměniteljno.* V. Rappresentanza. Contraccambio. Ricompensa. Affare.

Vicendevole - *zaměnit, zaměniteljan, uzajeman, uzajaman, medjusoban, proměnljiv, proměniv;* vicendevole promessa - *uzajemno obećanje.*

Vicendevolezza- *zaměna, zaměnitost, izměna, uzajemnost, uzajamnost, medjusobnost, proměnljivost, proměnivost.*

Vicendevolmente - *zaměnito, zaměniteljno, uzajemno, uzajamno, medjusobno, proměnljivo, proměnivo, na proměnu, na izměnu, izměnice, jedan drugomu, drug drugu v. drugomu.*

Vicepresidente - *podpredsěd-*

nik, podpresědnik, naměstni predsědnik.

Vicepresidenza - *podpredsědničtvo, podpresědničtvo, podpredsědateljstvo, podpredstojničtvo.*

Vicerè - *naměstni kralj.*

Vicereale - *naměstno - kraljevski.*

Viceversa - *naproti, uzprotiva, protivno.*

Vicinanza, vicinità - *bližina, bližnost, bližnoća, blizoća, nedalekost, nedalečnost;* p. vicini di casa e p. popoli vicini - *susědstvo, susědština, susědi, bližnici.*

Vicinato, nome collet. di case vicine le une alle altre - *najbližnje v. susědne kuće, susědstvo, susědština;* p. persone che le abitano - *susědstvo, susědština, susědi, bližnici.*

Vicinità. V. Vicinanza.

Vicino, st. chi abita presso a noi - *bližnik, bližnjak, susěd.* V. Compagno. Vico. Viottolo; ag. *bližan, pobližan, pobližnji, susědan, nedalek, nedalečan,*

pokrajan; sulla vicina isola di Veglia - *na susĕd-*
nom otoku Kĕrku. V. Si-
migliante; av. -*blizu, bliz-*
ko, ne daleko; pr. *bliz,*
blizu, kod, kraj, krajem,
pokraj, polag, polak, mimo,
pored, oko, okolo, naokolo
(gen.), *uz, uza, nuz,*
(ac.), *pri* (loc.); vicino il
mare - *blizu mora,* da vicino e da lontano - *s bli-*
za i s daleka.

Vicissitudine - *promĕna, pro-*
mĕnjenje, preokrenjenje.

Vico, vicolo – *ulica,* dim.
uličica; p. dim. di borgo - *varošić, zagradić.*

Vicolo. V. Vico.

Vie, av. assai, molto - *mno-*
go, puno, čuda, vele, vel-
ma; tim, sveto, toli, toli-
ko; vie più - *mnogo* (puno, *čuda, vele* ecc.) *više,*
vie meglio - *mnogo* (ecc.)
bolje, vie peggio - *mnogo*
(ecc.) *gore* v. *zločestie,*
vie meno - *mnogo* (ecc.)
manje.

Viemaggiore - *sve to veći, sve*
to viši, sve to višji, tim

veći, tim viši, tim višji,
toli veći, toli viši, toli vi-
šji, toliko veći, toliko viši
toliko višji.

Viemaggiormente - *sve to*
veće, sve to već, sve to vi-
še, tim veće, tim više, toli
više, toliko veće, toliko više.

Vieppiù. V. Vie.

Vietamento - *zabrana, uz-*
krata, zaprĕka, zabranje-
nje, uzkratjenje, zaprĕče-
nje, prepovĕdanje, nedo-
puštanje.

Vietare - *zabraniti, uzkrati-*
ti, zaprĕčiti, prepovĕdati,
nedopuštati.

Vigere - *obstojati, obstojava-*
ti, postojati, postojavati,
živĕti; vigenti leggi – *za-*
koni obstojeći v. *postojeći.*
V. Durare.

Vigesimo - *dvadeseti, dvaj-*
seti.

Vigilante - *pozoran, poman,*
badar; essere vigilante -
biti pozoran (na što), po-
zornim okom pratiti (što).

Vigilantemente - *pozorno,*
pomno, badrivo, badro.

Vigilanza - *pozor, pozor-*

nost, pomnja, pomnjivost, badrivost, badrost.

Vigilare, star desto - bděti, bditi, ne spati, ne spavati, biti zbudjen, met. straziti; p. badare con perseverante attenzione - pomnjiti, bděti, paziti, biti pozoran v. pomnjiv, pozornim okom pratiti, nadgledati, gledati.

Vigilazione. V. Vigilanza.

Vìgile. V. Vigilante.

Vigilia, il vegliare - bděnje, badrost, badrivost, nespanost, nespanje, nespavanje; p. giorno che precede ad alcune feste - post; vigilia antinatalizia - badnjak, vig. comandata - post zapovědani; p. sentinella - straza, strazar; p. assistenza che facevano i religiosi a corpi morti - nadgledanje, strazenje.

Vigliaccamente - gěrdobno, ěrdjavo, tamnodušno, sramotno.

Vigliaccheria - gěrdoba, gerdobnost, ěrdjavost, ěrjavost, tamnodušnost, sramotnost.

Vigliacco, ag. - ěrdjav, ěrjav, tamnodušan; st. zavaljenik, pogěrda, ěrdja.

Viglietto. V. Biglietto.

Vigna - vinograd, vinogradje, sad, sadić. V. Vite.

Vignato. V. Vigna.

Vigore, sl. (parlandosi di leggi) - krěpost, jakost; le leggi in vigore - zakoni u krěposti, obstojeći v. postojeći zakoni, le leggi di già in vigore - obstojavši (preostojavši, postojavši) zakoni. V. Robustezza. Gagliardìa.

Vigorìa. V. Vigore.

Vigorosamente, con robustezza - krěpko, muževno, muški, snažno, jako, jakostno. V. Gagliardamente.

Vigorosità - krěpkost, muževnost, mužestvo, snažnost, jakost. V. Gagliardia. Efficacia. Energia.

Vigoroso, che ha vigore - krěpak, muževan, mužeski, snažan, jak, jakostan. V. Rigoglioso. Efficace. Energico.

Vile, ag. ignobile - taman,

malovrĕdan, prost, neple-
menit; p. d' animo abietto,
codardo - *pogèrdan, poti-*
šten, tamnodušan, èrdjav,
hèrdjav, smetaštan, malo-
vrĕdan; a prezzo vile -
posve cĕnu, posve jevtino,
za niš; st. *èrdja, hèrdja,*
pogèrda, rugo, potištenac,
malovrĕdnik, malovrĕdnjak.

Vilipendere - *necĕniti, nevrĕ-*
diti, tlačiti, potlačiti, po-
gèrditi, huliti, sramotiti,
špotati, psovati.

Vilipendio - *pogèrda, zazor,*
ruglo, rug, špot, hulba,
necĕnjenje, nevrĕdjenje, tla-
čenje, potlačenje, pogèr-
djenje, hulenje, sramotje-
nje, špotanje, psovanje.

Villa, possessione con casa di campagna - *selo,*
stan, baština; p. casa
di campagna - *kmet.* V.
Villaggio. Contado.

Villaggio - *selo, ladanje;* di
o del villaggio - *seljački,*
seljanski, seoski, ladanjski.

Villanamente, da villano -
seljanski; seljački, seoski,
ladanjski, po seljansku

(seosku, seljačku ladanjsku)
p. scortesemente - *neote-*
sano, neuljudno; con maniera sgarbata (come so-
pra e) - *surovo, surovno,*
nespretno, grubno, grubo.
V. Zoticamente. Crudel-
mente.

Villaneggiare - *postupati su-*
rovno v. surovo, pogèrdi-
ti, sramotiti, osramotiti,
špotati, ošpotati, opsovati.

Villanescamente. V. Villanamente.

Villanesco, di villano - *se-*
ljanski, seljački, seljaški,
seoski, ladanjski; p. rozzo,
incolto - *nespretan, neote-*
san, neuljudan, surovan,
sur, gruban, grub.

Villania - *psovka, psovanje,*
opsovanje, špot, špotnja,
ṡpotanje, pogèrda, uvrĕda,
vražba, grubost, grubnost,
gruboća.

Villano, st. V. Contadino;
ag. p. scortese, sgarbato
- *neotesan, neuljudan, ne-*
spretan, surov, surovan,
sur, grub, gruban. V. Zotico. Crudele.

Villereccio. V. Villanesco.

Villico - *kmet, dvornik.* V. Contadino.

Vilmente - *tamnodušno, pogèrdno, potišteno, èrdjavo, hèrdjavo, smetaštno, malovrědno, kao èrdja ecc.* V. Vile.

Viltà, abbiezione d'animo - *tamnodušnost, tamnodušje, pogèrda, smetaštnost, potištenost, malovrědnost;* p. mancanza di coraggio e soverchia diffidenza - *stidnost, stidnoća, strah, bojaznost, bojazljivost;* p. bassezza di condizione - *tamnost, prostota, prostoća;* p. bassezza di prezzo - *nevrědnost, necěnost, ništažnost, ništetnost, malovrědnost.*

Viluppo, intricata confusione di fila ecc. - *zamèrsak, zamèršenost, spletnja, spletenost, zapletenost;* p. moltitudine confusa - *metež, nered.* V. Involto. Intrigo.

Vimine - *žukva, mladica od žukve.*

Vinaccia - *dropa, drop, dro-*

pina, masulj.

Vinacciuolo – *bobica od grozdja.*

Vincere, riportar vittoria - *dobiti, predobiti, pridobiti, nadvladati, premoći, smoći; nadjačiti, svladati;* vincere la causa - *dobiti pravdu,* vincere taluno - *predobiti (pridobiti, nadvladati ecc.) koga.* V. Estirpare. Superare.

Vincibile - *dobitan, predobitan, pridobitan, nadvladiv, smožan, premožan, nadjačiv, svladiv.*

Vincita - *dobitak, dobijenje, dobivanje, dobljenje.*

Vincitore - *dobitnik, dobivaoc, dobivalac, pobědonoša;* fem. *dobitnica, dobiteljica, pobědonoša, pobědonošica.*

Vincolare - *vezati, zavezati, savezati, obvezati;* vincolare con contratto - *obvezati pogodbom v. ugovorom.*

Vincolo - *vez, savez, obveza, obvezanost, zaveza;* vincolo fedecommessario - *pověrbeni savez.*

Vindice, ag. *osvetan, osvetljiv, osvetiteljan;* st. *osvetnik, osvetilac, osvetioc.*

Vino - *vino,* vez. e dim. *vince;* vino dolce - *sladko vino,* - nero - *cèrno vino,* - bianco - *bělo vino,* - aspro - *tvèrdo* v. *oštro vino,* - debole - *vince, slabo vino,* - gagliardo - *jako* v. *žestoko vino* - domestico o paesano - *domaće vino,* - puro - *cělo* v. *žgolje vino,* il vino ha del dolce - *vino poteže na sladko* v. *ima žicu sladkoga* il vino dà alla testa - *vino udara u glavu,* temperare il vino - *vodniti* v. *razvodniti vino,* vino temperato - *vodnjeno (vodno, razvodnjeno) vino* - mettere poco vino nell'acqua - *zarusiti vodu,* mettere alcune goccie - *razslaviti vodu.*

Vinto, ag. e p. di vincere - *dobiven, dobijen, dobljen, predobiven, predobijen, predobljen, pridobiven* ecc. *nadvladan, premožen, smo-*

žen, nadjačen, svladan; p. persuaso - *predobijen, obsvědočen, uvěren;* p. indebolito - *oslabjen, onemožen, obnemožen, omlohavljen.* V. Abbattuto. Oppresso.

Viola, pianta e fiore - *ljubica, ljubičica, violica, vihojla;* p. strumento music. - *viola.* V. Ciancia.

Violabile - *oskvèrnjiv, oskvèrniv, uskvèrniv; prekèršiv, prestupiv.* V. Violare.

Violaceo - *ljubičast, ljubičastan, violast, vihojlast.*

Violamento. V. Violazione.

Violare, tôrre la verginità - *oskvèrnuti, oskvèrniti, uskvèrnuti, uskvèrniti, uvrěditi, povrěditi;* violare una vergine - *oskvèrnuti děvojku;* p. trasgredire - *prekèršiti, prestupiti;* violare le leggi - *prekèršiti zakone.*

Violato, ag. e p. di violare - *oskvèrnut, oskvèrnjen, uskvèrnut, uskvèrnjen, uvrědjen, povrědjen; prekèršen, prestupljen.* V.

Violaceo. Violare.

Violatore (di verginità) o-
skvèrnitelj, oskvèrnioc, o-
skvèrnilac, uvrèdnik, (di
leggi) prekèršitelj, prekèršioc, prekèršilac, prestupitelj, prestupioc, prestupi-
lac.

Violazione - oskvèrnutje, o-
skvèrnba, uskvèrnutje, o-
skvèrnjenje, uskvèrnjenje,
uvrèdjenje, povrèdjenje;
prekèršenje, prestupljenje.
V. Violare.

Violentamento - silovanje,
nasilenje, usilovanje, na-
silovanje. V. Costringi-
mento.

Violentare - silovati, usilovati, nasiliti, nasilovati. V.
Costringere.

Violentatore - nasilnik, silovatelj.

Violentemente - nasilno, silovito, usiono, usiljeno, posilno.

Violento, fatto con violenza - nasilan, usion, usi-
lan, silovit, posilan; p.
non naturale - nagal, ne-
nadan; morte violenta -

nagla v. nenadna smèrt.

Violenza - nasilje, nasila, na-
silba, nasilnost silovitost;
pubblica violenza - jav-
no nasilje.

Violetto. V. Violaceo.

Violinista - guslar, gudač.

Violino - gusla, guda, dim.
guslica, gudica ; suonare
il violino - guslati, gusliti,
gudèti, musica di violini -
gudba, arco di viol. - gudalo.

Violoncello - gingara, velika
gusla v. guda.

Violone - guslina, debelo-
glasna.

Viottolo, piccola via - staz,
staza, putić, putac ; di-
ritto di passare per un
viottolo - pravo staze. V.
Avviamento. Adito.

Vipera - zmia, zmija, met. -
kačka, kača; dim. zmiica,
zmijica, kačkica, kačica,
kačić ; velenosa vipera -
čemerna (otrovna, ljuta,
zla) zmia v. kačka.

Viperajo - zmiar, zmijar, kač-
kar, kačar. V. Vipera.

Vipereo - zmiin, zmijin, zmij-

ni, *zmiasti*, *kačkin*, od ·*zmie*, *od kačke* v. *kače*.

Viperino. V. Vipera. Vipereo.

Virgola - *zarěz*, *rězka*, *rězak*, *cěrknja*. V. Punto.

Virgulto - *mladica*, *zdanak*, *hvojka*, *hvoja* (allus. alla vite, come sopra, e) - *rozgva*.

Virile, d' uomo - *muževan*, *mužki*, *muški*, *čověčji*; p. valoroso - *muževan*, *hrabar*, *hrabren*, *junaški*, *junački*, *junočeski*, *vitežki*, *viteški*, *sokolov*, *sokolovan*, *duševan*. V. Generoso.

Virilità, età fra la giovinezza e la vecchiezza - *doraslost*; p. robustezza - *krěpkost*, *hrěpkoća*, *krěpčina*, *muževnost*, *jakost*, *hrabrost*, *hrabrenost*.

Virilmente, da uomo valoroso - *mužki*, *muški*, *muževno*, *mužeski*, *hrabro*, *hrabreno*, *junaški*, *junački*, *junočeski*, *vitežki*, *viteški*, *vrědno*, *valjano*, met. *sokolovno*; p. intrepidamente - *bezbědno*, *bezbojazno*, *bezbojazljivo*,

nebojazljivo, met. *sokolovno*.

Viro - *dorasli čověk*, *muž*, *cověk*. V. Uomo.

Virtù, disposizione costante dell' anima che ci porta a seguire il bene e fug. il male - *hrěpost*; p. forza - *jakost*, *snaga*, *moć*, *krěpost*; p. forza naturale - *naravna moć*, *krěpost*, *blagodat*; p. valore - *vrědnost*, *vrědnoća*, *valjanost*, *izvěrstnost*, *izvěrstnoća*; p. facoltà - *vlastitost*, *krěpost*, *svojstvo*, *osobitost*; p. attitudine d'operare - *krěpost*.

Virtuale - *krěpostan*, *moćan*, *mogućan*.

Virtualmente - *krěpostno*, *moćno*, *mogućno*.

Virtuosamente, con virtù - *krěpostno*, *krěpostivo*, *možno*, *moćno*, *mogućno*, *naravomoćno*, *naravomogućno*; p. valorosamente - *vrědno*, *valjano*, *mužki*, *muževno*, *hrabro*, *hrabreno*, *junački*, *junaški*, *vitežki*, *sokolovno*; p. con eccellenza d'arte - *izvěrstno*, *iz-*

vèrstnim načinom , *vèrlo,*
privèrlo. V. Efficacemente.

Virtuoso, ag. che ha virtù -
krěpostan, moćan, mogu-
ćan, vrědan, izvèrstan, iz-
vèrsan; p. dotato di pos-
sanza naturale - *naravo-*
moćan , *naravomogućan,*
krěpostan; p. che ha facoltà di operare - *krěpo-*
stan; st. p. artefice eccellente ed esperto - *vele-*
umětnik, zanatoizkusnik.

Viscere (del corpo) - *utroba,*
drob, crěva; p. parte interna di checchessia - *nu-*
tèrnjost,unutèrnjost, skrov-
nost, met. *sèrce;* p. intimo del cuore, della mente
ecc. - *sèrce, misao, misal.*

Vischio - *omelj, omela, lěpak,*
veska, bisk.

Vischioso - *omeljan, omeljiv,*
prilěpiv, nalipan, veskav,
biskav.

Viscido - *sluzinav, kaljigan,*
kaljužan, klian.

Visciola - *višnja,* (in uso, anche) *maraška.*

Visconte - *městegrof;* fem.
městegrofica.

Viscontea - *městegrofia.*

Viscoso. V. Vischioso.

Visibile - *vidljiv, vidiv, vi-*
divan.

Visibilità - *vidljivost, vidi-*
vost.

Visibilmente - *vidljivo, vidi-*
vo, vidjenim načinom.

Visiera - *gledalka, gledalica.*

Visione, atto del vedere -
vid, vidjenje; p. veduta
in sogno - *sanj, sanjisa-*
nje, sanjaria, prikaza, vi-
djenje u snu; sl. *očevid;*
visione locale - *městni*
očevid.

Visirato - *vezirstvo.*

Visire - *vezir.*

Visita, atto del visitare -
posět, pohod, pohodba, po-
hodak, pošetjenje, pohodje-
nje, pohadjanje, obajdjenje,
obahijanje; far visita (di
complim.) - *posětiti (koga),*
(ai malati) - *pohoditi (po-*
hadjati) bolestnike; p. ispezione - *ogledba, ogleda,*
ogled, izvidjenje, razvidje-
nje. V. Visitare.

Visitare, andar a vedere altrui per uffizio di carità

47

- *pohoditi, pohadjati, viděti, prigledati*, (p. uffizio di affez. o d'osservanza) - *posětiti, posěćati*; p. andar in alcun luogo per veder checchessia - *obaći, obahijati, obhoditi, obhadjati, viděti, prigledati, razviděti*. V. Perquisire. Ispezionare.

Viso. V. Faccia. Sembianza. Vista. Occhio.

Vispo - *živ, živahan, hèrl, hitar, bèrz, vatren*.

Vista, uno dei cinque sensi - *vid, vidilo, vidjenje, očigled*; p. atto del vedere *vidjenje, gledanje, zgledanje*; p. sembianza, aspetto - *lice, obličje, obraz, vidilo, izgled, pogled*; p. considerazione - *obzir*; corta vista - *kratki vid*, di vista corta - *kratkovidan*, di vista acuta - *oštrovidan*, a prima vista - *iz pèrvoga maha* v. *vida, na pèrvi pogled*, dal punto di vista - *iz gledišta* v. *gledališta, iz pogleda*, in vista delle circostanze - *iz obzira (na temelju, polag, uslěd) okolnostih*, a vista (alla presentazione della cambiale, subito) - *na pokaz, odmah, namah, dilj*. V. Figura. Visione. Mostra.

Visto, veduto - *vidjen, opazen, spazen, zapazen*; p. considerato - *promotren, razmotren, promatran, razmatran, promišljen, razmišljen, vidjen, obazrěn*; viste le prove addotte - *vidivši* v. *promotrivši pridonesene dokaze*, visto che il fatto ecc. - *vidiv (vidivši, opazivši, promotrivši, razmotrivši, promatrajuci, razmatrajuci) da čin* ecc.

Vistosamente - *znatno, lěpo, krasno*. V. Vistoso.

Vistosità - *znatnost; lěpota, krasota, krasoća, krasnoća*. V. Vistoso.

Vistoso, considerevole - *znatan*; vistoso numero *znatni broj*; p. di bella apparenza - *lěp, krasan*.

Visualmente - *bělodano, odpèrto, očigledno, jasno*.

Vita - *život, žitak, živitak, žitje, življenje*, met. *glava;* vita mia (espress. d' affetto) - *sèrce (rano, drago) moje;* a vita - *za života, do smèrti;* vita miserabile - *ubogo življenje.*

Vitale - *živ, živuć, životan.*

Vitalità - *životnost, životstvo.*

Vitalizio - *doživitak, prihod* v. *prihodak dosmèrtni.*

Vitato - *tèrsovit, tèrsovitast, tèrsovitan;* luogo vitato - *tèrsovito mèsto* v. *zemlja, tèrsina, mèsto tèrsima* v. *lozima nasadjeno.*

Vite, pianta sarmentosa - *tèrs, loza;* p. cilindro superficialm. circondato da spirale - *šaraf;* p. erba brionia - *divlja tikva.*

Vitella - *telica.*

Vitellino - *telčić,* fem. *teličica.*

Vitello - *tele, telac,* dim. *telčić;* carne di vitello - *teletina, teletovina, meso od telca,* pelle di vit. - *teletina,* valigia o sacco di pelle di vit. - *telečjak, teletjak.*

Vitreo - *staklen, staklav, staklast, caklen, caklav, caklast.*

Vitriolo - *vitriol, sumporica, cèrnilo, ckleno cèrnilo.*

Vittima - *žèrtva, žartva.*

Vitto - *hrana, odhranjenje;* vitto giornaliero - *sagdanja* v. *sakidanja hrana.*

Vittoria - *pobèda, slavodobitje.*

Vittoriosamente - *pobèdno, pobèdonosno, slavodobitno, spasonosno.*

Vittorioso - *pobèdan, pobèdonosan, slavodobitan, spasonosan.*

Vituperare, fortem. biasimare - *pogèrditi, nagèrditi, potlačiti, osramotiti, osramiti, našpotati, ocèrniti poštenje;* p. corrompere, violare - *oskvèrnuti, oskvèrniti, uskvèrniti.* V. Imbrattare. Guastare.

Vituperatore - *pogèrdnik, pogèrditelj, pogèrdljivac, nagèrdnik, nagèrditelj, nagèrdljivac, potlačnik, oskvèrnik, oskvèrnitelj, oskvèrnioc.*

Vituperazione, il vituperare - *pogèrdjenje, nagèrdjenje, potlačenje, osramotjenje, našpotanje, oskvèrnjenje, uskvèrnjenje.* V. Vituperio.

Vituperevole - *pogèrdiv, pogèrdljiv, nagèrdiv, potlačiv, osramotiv, osramotljiv, našpotljiv, oskvèrniv, oskvèrnjiv, nečastiv.*

Vituperevolmente – *pogèrdno, nagèrdno, potlačno, osramotno, našpotno, oskvèrnivo, oskvèrnjivo, uskvèrnivo.*

Vituperio, gran disonore - *prèkor, zazor, sramota, nečast, bezčastje, tamnost, nepoštenje;* p. gran biasimo - *pogèrda, nagèrda, špot, pogèrdjenje, nagèrdjenje, potlačenje, osramotjenje, našpotanje.* V. Violazione. Vergogna.

Vituperosamente. V. Vituperevolmente.

Viva! voce d' applauso - *živio! vivano! - živili!*

Vivacchiare - *živariti, vući život.*

Vivace, che dà indizio di aver a vivere - *životan, živahan, živ;* p. di spirito pronto e svegliato - *živahan, živ, žestok, vatren.*

Vivacemente - *živahno, živo, žestoko, vatreno.*

Vivacità - *živahnost, živost, žestokost, vatrenost, vatra.*

Vivajo, peschiera - *ribnjak, ribarnica;* p. piantatojo - *sad, posad.* V. Semenzajo.

Vivamente - *žestoko, iskreno, sèrdačno, sèrčano.*

Vivanda, cibo preparato, o da essere preparato - *jelo, jelo i pitje, jestivo, jedivo, jistbina, jestvina;* p. rettovaglia - *hrana, odhranjenje.*

Vivandiere - *gostionik;* fem. *gostionica.*

Vivente, st. - *živući, živući čovèk, čovèk, človèk; i viventi - ljudi, živući ljudi, živući narod, narod, živući, svèt;* ag. *živuć.*

Vivere, st. vitto - *hrana, odhranjenje, uzdèržanje;* vn. p. essere e stare in vita - *živèti, biti živ, biti u životu.*

Vivificamento - *oživljenje, o-*
življanje, danje v. *dajenje*
života.

Vivificare - *oživěti, oživljati,*
dati v. *podati život, oživ-*
ljivati.

Vivificatore - *oživitelj.*

Vivificazione. V. Vivificamento; p. risorgimento
a vita - *uskèrsnutje, uskèr-*
snenje, uskrisenje, oživ-
ljenje.

Viviparo - *živorodeći, živoro-*
diteljni.

Vivo, st. - *živo;* fig. p. parte
la più sensitiva - *sèrce,*
sèrdce; toccar sul vivo -
udariti u sèrcu, ubosti, u-
bodsti; ag. p. che vive -
živ, živući; p. sveglio -
živ, živahan, zbudjen, iz-
budjen; argento vivo -
živo srebro, calcina viva -
živo japno v. *vapno,* acqua viva - *živa voda,* a
viva forza - *posili, posil-*
no, nasilno, siloma, silo-
mice. V. Voce.

Viziare - *izopačiti, sopačiti,*
pokvariti, skvariti, izkva-
riti. V. Falsificare. Sver-

ginare.

Viziatamente - *prevarno, pre-*
varbeno, prevarbom, him-
beno, lukavo.

Vizio - *opačina, opačnost,*
zla v. *zločesta navada, zli*
nauk v. *običaj, zla nauka;*
vizio di gola - *sladokusnost.*
V. Difetto.

Viziosamente, con vizio -
opačno, zlonavadno, zlo-
naučno, hudo; p. difetto-
samente - *manjkavo, nedo-*
statno, nesavèršeno, nasa-
vèršno, pogrèšno.

Vizioso, che ha vizio -
opačan, zlonavadan, zlo-
naučan; p. difettoso -
manjkav, nedostatan, ne-
savèršen, nečist; p. infermo - *slab. nemoćan, ne-*
zdrav; p. corrotto - *po-*
kvaren, skvaren, izkvaren,
izopačen; sl. vizioso possesso - *nepravedni* v. *nei-*
stiniti posèd, possesso non
vizioso - *pravedni* v. *isti-*
niti posèd.

Vladica – *vladika.*

Vocabolario - *rěčnik.*

Vocabolarista - *rěčosložitelj,*

*rěčosložnik, sastavitelj rěč-
nika.*

Vocabolo, nome con cui si
denota alcuna cosa - *rěč,
besěda;* p. nome propr.
di alcuna cosa - *ime.*

Vocale - *glasnik, glasno slovo, samoglasnik;* vocali e
consonanti - *glasnici i suglasnici.*

Vocalmente - *ustmeno, go-
vorno, na besěde, besědi-
ma, govorom.*

Vocare - *zvati, nazvati, imenovati, naimenovati.*

Vocativo, quinto caso - *zva-
teljni padež.*

Vocato - *zvan, nazvan, imenovan, naimenovan.*

Vocazione, interno movi-
mento per cui Iddio chia-
ma alcuno ad abbracciare
uno stato di vita - *zvanje.*
V. Chiamata. Inclinazione.

Voce, suono ch'esce dalla
bocca degli animali - *glas;*
p. suono di qualunque
strumento musicale - *glas,
zvuk, zvek;* p. vocabolo -
besěda, rěč; a voce - *ustmeno*, esame a voce ed

in iscritto - *ustmeni i pismeni izpit*, a viva voce -
živim glasom, ustmeno, dar
voce - *oglasiti se, javiti
se*. V. Detto. Voto. Fa-
ma. Circolare.

Vociferare - *raznesti (razněti,
razsuti) glas (o čemu), raztrubiti, razturiti (što), divaniti, govorěti;* si voci-
fera - *razsuo se je glas,
ljudi govore v. divane, svět
govori, po svuda se govori
v. divani.*

Vogare - *voziti;* vogare coi
remi - *voziti veslima*, vo-
gando - *vozeć v. na vesla.*

Vogata. V. Remata ecc.

Voglia - *volja, hoća, hotja,
hotnja, hotjenje, želja;* a
propria voglia - *po svo-
joj volji.*

Vogliosamente, volentieri -
*dragovoljno, drage volje,
dragim sèrcem, rado, veselo,
željno;* p. con bramosia -
*željno, voljno, žudno, po-
žudno.*

Voglioso, che ha voglia -
željan, voljan. V. Volonteroso.

Voi - *vi*; voi siete uomini - *vi ste v. jeste ljudi.*

Volare. V. Svolare ecc.

Volatica. V. Erpete.

Volatile (selv.) - *ptica, tica, leteće, pulj,* coll. *ptičad, tičad, letěća živad* v. *zvěrad,* (volatile domestico) - *živad, letěće;* ag. *letěći, letivi.*

Volentieri. V. Volontieri ecc.

Volere, va. - *htěti, htiti, hotěti;* non volere - *ne htěti, ne htiti, ne hotěti;* p. ordinare - *zapovědati, naložiti, nalagati;* Dio voglia ch' egli venga - *da bi Bog htěo da bi došao* v. *da bi tako došao.* V. Desiderare. Chiedere. Aspettare. Opinare. Compiacersi.

Volere, st. V. Volontà. Appetito.

Volgare, st. idioma vivo che si favella - *sakidanji (sagdanji, obči, prosti) govor;* ag. p di volgo. comunale - *prostonarodan, občinski, pučki, prost.*

Volgarizzamento - *tumačenje, raztumačenje, toma-*

čenje, raztomačenje, protumačenje, razjasnenje, razbistrenje.

Volgarizzare - *tumačiti, raztumačiti, tomačiti, raztomačiti, protumačiti, razjasniti, razbistriti.*

Volgarizzatore - *tumačitelj, tomačitelj, raztumačitelj* ecc.

Volgarizzazione. V. Volgarizzamento.

Volgarmente, in maniera comune - *u obće, občenito, prosto;* p. nella lingua che si favella - *u sagdanjem (sakidanjem, obćem, prostom) govoru.*

Volgere. V. Torcere. Piegare. Rivolgere. Governare. Voltare. Inviare. Mutare. Inclinare. Circondare.

Volgo - *prosti narod.*

Volo - *let, letnja, letjenje, letenje.*

Volontà - *volja, hotnja, hoća, hotjenje;* di sua volontà - *od svoje volje, svojevoljno, svoje volje,* ultima volontà - *poslědnja* (*najzadnja, napokonja*) *volja, oporuka*. V. Volontariamente. Voglia. Desiderio.

Volontariamente - *dobrovoljno, svojevoljno, povoljno, privoljno, hotimice, hotoma, hote, hoteć, hotno, po sebi, po svojoj volji, samovoljno*.

Volontario, ag. spontaneo - *dobrovoljan, svojevoljan, povoljan, privoljan, samovoljan;* volontaria vendita - *dobrovoljna prodaja*, volontaria stima - *dobrovoljna procéna;* p. disposto - *pripravan, priklon, sklonjen, naklonjen, nagnut;* p. chi serve spont. nella milizia - *dobrovoljac*.

Volonterosamente - *dragovoljno, rado, radovoljno, s dobre volje, dobre volje, drage volje, s draga sèrca, dragostno, veselo*.

Volonteroso - *dragovoljan, radovoljan, dragostan*.

Volontieri. V. Volonterosamente.

Volpe, animale selv. e met. p. persona astuta - *lisica*, dim. *lisičica*, aum. *lisičina ;* volpe maschio - *lisjak, lesjak, lisac, lis;* volpe da, o quasi da latte, o giovane - *lisičić*; p. malattia del grano - *snit, snět, medljika*. V. Volpino.

Volpino, di o della volpe - *lisičji, od lisice;* p. astuto - *lisičji, lukav, himben, šegav, mudar*.

Volpone. V. Volpe (maschio, o giovane).

Volta, st. rivolgimento - *okrenutje, preokrenutje, okrenjenje, preokrenjenje, obèrnjenje, preobèrnjenje;* p. cammino, o direzione di cammino - *hod, put, stran, zavoj;* p. movimento in giro. V. Volteggiamento; p. cantina - *pivnica, pionica, konoba;* p. coperta arc. di una stanza - *obluk, oblučje, volta;* p. fiata - *put, krat;* una volta - *jedan put, jedan krat;* due volte - *dva puta, dvokrat, dvoput*, molte volte - *često, često put, često putah, često krat, mnokrat, mnogokrat, više putah, gusto;* rare volte - *redko, malokad, malo putah, kad kad, kad tèr kad;* di volta in volta, alle volte - *kad kad, kad kada, kad tèr kad, kadšto, kadagod, kadagodir, kadagodèr, někad, něgda, někada, slučajno;* una volta (un tempo) *jedan put, někad, někada, něgda, jedno doba, jednom, u onom vrěmenu, onomadne, jednoč, jedan krat, jenkrat;* non siete l'uomo di una volta - *vi niste nĕgdašnji v. někadašnji čovĕk;* una volta (finalmente) *nu! no! jedan put! jedared! konačno!* andar in volta. V. Vagare. Vagabondare; dar di volta (col cervello) *poluditi, ponoriti, izmunjeniti, izmunjesati, pomunjesati;* essere in volta (fuga) *bĕžati, čistiti (očistiti, osnažiti) pete;* pigliar la vol-

ta, incamminarsi - *krenuti, krenuti putem, otići, ići, iti, proći.* V. Vicenda.

Voltamento - *obèrnutje, krenutje, okrenutje, preokrenutje, obèrnjenje, obraćanje, okrenjenje, okretanje, okritjanje, vèrtenje, preobèrnjenje, preobraćanje, preokrenenje, preokretanje, preokritjanje.*

Voltare, va. - *obèrnuti, obraćati, krenuti, okrenuti, okretati, okrićati, vèrtěti, preobèrnuti, preobraćati, preokrenuti, preokretati, preokrićati;* voltare intorno - *obraćati na okolo, vèrtěti,* voltare le spalle - *okrènuti ledja;* np. *obèrnuti se, obraćati se* ecc. V. Maneggiare. Rotolare. Convertire. Tradurre.

Voltata. V. Voltamento.

Volteggiamento - *ugibanje, zavojišanje, okretanje, obraćanje; okolišanje, gužvarenje.* V. Voltamento. Volteggiare.

Volteggiare, vn. voltarsi in

quà e in là - *ugibati se, zavojišati, okretati se, obraćati se, obraćati se*, v. *okretati se simo i tamo*; p. tergiversare - *okolišati, gužvariti, plesti.* V. Voltare.

Volteggiatore, chi volteggia - *ugibaoc, ugibalac, ugibavac, zavojišalac, zavojišaoc; okolišaoc, okolišavac, gužva, gužvar, gužvarac, pletkar.* V. Volteggiare.

Volto, st. faccia - *obraz, lice, obličje;* fare i volti, contraffare la faccia di alcuno - *opačiti se, kriviti se, riliti se, rugati se (komu);* p. contorcere in deformi modi la bocca - *riliti se, kriviti se, čomèrditi se, ciriti se;* mostrare il volto, mostrarsi ardito - *kazati v. pokazati zube v. bèrke (komu);* non aver volto da comparire, (vergognarsi) *sramiti se, sramovati se,* (non aver ardire) *ne imati obraza v. oči.* V. Sfacciato;

p. volto, muro in arco - *obluk, oblučje, volta, pojata;* ag. e p. di volgere - *obèrnut, svèrnut, obèrnjen, svèrnjen, okrenut, okrenjen, preokrenjen, preobèrnut, preobèrnjen; uvijen, svijen, sukan, zasukan.*

Voltolare, va. voltare in giro - *obraćati. vèrtèti, okretati, okrićati.* V. Rotolare; np. p. voltarsi in giro p. terra - *obraćati se, okretati se, okrićati se, valjati se.*

Volubile, ag. che gira - *vèrteći se, okretajući se, obraćajući se;* p. facile a volgersi - *obèrniv, svèrniv, okreniv, preokreniv, preobèrniv;* fig. p. incostante - *vèrtoglav, vètren, lakouman, nestalan;* uomo volubile - *vèrtoglavi (vètreni, lakoumni) čovèk, vèrtoglavac, vètrenac, lakoumnik, lakoumnjak.*

Volubilità - *obèrnivost, svèrnivost, okrenivost, preokrenivost, preobèrnivost; vèrtoglavost, vètrenost, la-*

koumnost, lahkoumnost, ne-stalnost. V. Volubile.

Volubilmente-*obèrnivo, svèr-nivo, okrenivo, preokreni-vo, preobèrnivo; vèrtogla-vo, vètreno, lakoumno, lah-koumno, nestalno.* V. Vo-lubile.

Volume, libro - *knjiga;* p. parte distinta di libro - *svezak, dio (dèl, odèl) knji-ge;* p. confusione, vilup-po - *gromadak, gromada, nagomilak, ogromak.* V. Grandezza.

Voluminoso, che ha del vo-lume-*ogroman, gromadan;* che molto si estende e ravvoglie, che copre tut-to d'intorno - *prostran, razprostranjen, ogroman.*

Voluttà, sensualità - *bludnost, razbluda, nečistoća, nepo-štenost, nepoštenje;* p. vi-vo piacere - *radost, uzra-dovanje, veselje, razkoša, razkošje.*

Voluttuosamente - *bludno, razbludno, nečisto, nepo-šteno; radostno, veselo, raz-košno.* V. Voluttà.

Voluttuoso, pieno di piace-ri - *razkošan, radostan, ve-seo, vesel;* p. dedito alla voluttà - *bludan, razbludan, nečist, nepošten;* p. che serve al lusso - *gizdav, nagizdan;* p. che spira dolcezza e soavità - *mio, mil.*

Vomero, vomere, strum. di ferro che s'incastra nel-l'aratro · *lemeš.*

Vomitamento - *bljuvanje, me-tanje, riganje, izbljuvanje, izmetanje, izriganje, po-bljuvanje, pometanje, po-riganje, izhitanje, izbaca-nje.* V. Vomitare.

Vomitare - *bljuvati, metati, rigati, pobljuvati se, po-metati se, porigati se, hi-tati v. bacati van;* p. vom. tutta la materia - *izblju-vati, izmetati, izrigati, iz-hitati, izbacati;* p. vom. tutta d'intorno - *poblju-vati, pometati, porigati.*

Vomito, atto del vomitare. V. Vomitamento; p. ma-teria vomitata - *bljuvo-tina.*

Vorace - *požèrljiv, proždèrljiv.*

Voracità - *požèrljivost, proždèrljivost.*

Voragine, abisso (in acqua) - *bezdan, prožhdor, ponor, jaz,* (in terra) - *bezdan, prožhdor, ponor, jama.* V. Rovina.

Vortice (di acqua) - *kolovrat, vodovoj, vodosvoj;* (di vento) - *vijavica, vihor, vihar, vijor,* (di vento ed acqua insieme) - *pijavica, opijavica.*

Vossignoria - *Vaše Gospodstvo;* Vossignoria Illustrissima - *Presvětlo Vaše Gospodstvo.*

Vostro - *vaš.*

Votamento - *spraznenje, izpraznenje, spražnjevanje, izpružnjevanje; cèrpanje, čèrpanje, cèrpljenje, cèrpkanje, izcèrpanje, izcèrpkanje, razcèrpanje, izpijenje, popijenje; glasovanje, věćanje; zavěćanje.* V. Votare.

Votante - *glasovatelj, věćnik.*

Votare, vuotare (un sacco) - *sprazniti . izprazniti, spražnjevati, izpražnjevati (vrěću);* p. cavare poco a poco il contenuto fuori dal continente - *cèrpati, čèrpati, cèrpiti, cèrpsti, cèrpkati, izcèrpati, izcèrpati ecc. razcèrpati ecc.;* p. lasciar vuoto - *izprazniti, izcèrpati;* votare la tazza - *izpiti (popiti, izprazniti) čašu;* p. dare il voto - *glasovati, věćati, dati svoje mněnje;* p. far voto a Dio - *zavěćati se, zavěćavati se, zavětovati se, zagovoriti se, učiniti zavět.* V. Voto. Rovesciare.

Votazione - *glasovanje, věćanje.* V. Voto.

Votezza - *praznost, praznoća, izpraznost, izpražnjenost, šupljina.*

Votivo, di voto (suffragio) - *glasovateljan,* (di voto a Dio) - *zavětan, zavěćateljan, zagovoran.*

Voto, st. promessa a Dio - *zavět, zavěćanje, zagovor;* voto solenne - *svetčani zavět;* p. opinione data a voce in una sessione di giudici - *glas, odvět, glasovanje, mněnje;* p. voto di suffragio - *izborni glas* v. *odvět;* voto iniziativo - *uvućni glas,* - consultivo - *savětni* v. *savětovni glas,* - decisivo - *odlučni (rěšitbeni, rěšiteljni) glas,* a voti unanimi - *jednoglasno, jednoglasice, jednodušno,* a maggioranza di voti - *višeglasno,* fu conchiuso ad unanimità di voti - *bi jednoglasno zaključeno.* V. Desiderio.

Voto, vuoto st. vacuo - *praznost, praznoća, šupljina, šupljotina;* ag. *prazan, šup, šupalj.* V. Vanità. Difettoso.

Vulnerare - *raniti, zadati ranu.*

Vuotare e deriv. V. Votare.

Z.

Zafferano, pianta e stami - *žafran, zafran, čafran.*

Zaìna - *mĕrica.*

Zambecco - *šambek.*

Zampa (di cavallo, bue ecc.) *kopito,* (di gatto, leone ecc. e di volatili rapaci) - *čapet, čaplja, čapta, čapnja* (di lepre, cane ecc.) - *noga.*

Zampata (di cavallo, bue ecc.) *kolka, pehavac, kopito,* (di gatto, leone ecc.) - *čapat, čapnja.*

Zampeggiare - *pehati, kopitati, kopitariti, kolkati, pehati kopitima* v. *nogami.*

Zampogna, zufolo di canna - *tèrstenica, zviždalo, švikala, švikalica, zviždavica, surla, svirka;* p. istrumento a doppio beccuccio e canna, suonato per lo più da pastori - *diple, dvojkinje, dvojnice;* suonar la zampogna - *prebirati diple;* p. strum. da fiato che formasi da scorze verdi dei pioppi ecc. - *njakara.* V. Zampognare.

Zampognare - *tèrsteniti, švikaliti, sviriti, svirkati, surliti, kvèrliti; diplati, pre-*

birati diple; njakarati. V.
Zampogna.

Zana, cesta ovata di vin-
chi ecc. - *vèrnja, kuneštra,
koš,* (di mole più grande)
košara, dim. *vèrnjica, kuneštrica, košič, košarica,*
aum. *vèrnjina, kuneštrina,
košina, košarina.* V. Conca.

Zanna - *zubina, veliki zub.*

Zanzara - *kumar, komar.*

Zappa (comune) - *motika,
matika, kopača* (più pic-
cola) *hrasnica.*

Zappare - *kopati;* zappare intorno - *okopati, okopavati,
okopivati, obkopati, obko-
pavati, obkopivati;* coprire
zappando - *zakopati, zakapati, zakopavati, zagraćati,
zagèrnuti;* scoprire o scavare la terra zappando -
*odkopati, odkopavati, od-
kopivati, odgraćati;* zap.
un poco - *pokopati, poko-
pavati, pokopivati;* zap.
di nuovo - *prekopati, pre-
kopavati, prekopivati,* zap.
fino a stanchezza - *nako-
pati se.* V. Strimpellare.
Distruggere.

Zappatore - *kopač.*

Zappatura, atto del zap-
pare - *kop, kopnja, kopa-
nje, okopanje, okopavanje,
okopivanje, obkopanje, ob-
kopavanje, obkopivanje,
zakopanje, zakapanje, za-
kopavanje, zagraćanje, za-
gèrnjenje* ecc. (V. Zap-
pare); p. tempo del zap-
pare - *kopnja, vrème ko-
panja* v. *kopnje.*

Zappettare - *pèrljati, čepèrljati, prećati.*

Zappone - *zub.*

Zecca, luogo ove si co-
nia la moneta - *novčar-
nica, kovnica;* p. insetto
che succhia il sangue -
čeper, kèrpelj.

Zeccare - *kovati novce.*

Zecchino - *cekin, žutac;*
zecchino d'oro - *zlatni
cekin.*

Zelante - *revan, gorljiv, brižljiv.*

Zelantemente - *revno, gor-
ljivo, brižljivo.*

Zelo, fervore ardente nel-
l'operar checchessia -
revnost, gorljivost, brižlji-

vost; p. amore, affetto - *ljubav, želja.*

Zenit - *těmenik, nadglavnik.*

Zeppo, **ag.** pieno - *pun, pun puncat, nagnjavljen, napunjen.*

Zerbino, zerbinotto - *gizdalica, gizdala, gizdelin, ženar, věrkoč;* fare il zerbino - *gizdati se, věrkočiti.*

Zia, (dal lato del padre) *teta, tetka, strina,* (dal lato della madre) *teta, tetka, ujna.*

Zingaresco - *ciganski.*

Zingaro - *cigan, ciganin.*

Zio (dal lato del padre) *stric, dundo,* (dal lato della madre) *ujac, ujak, vujak, dundo,* (zio, marito della zia) *tetak, tetac.*

Zitella - *děvojčica, curica, goličica, děklica.*

Zitello - *fantić, momčić.*

Zizzania, pianta - *ljulj;* p. discordia (come sopra e) *nesloga, nemir, nesporazumljenje.*

Zolfanello. V. Solfanello.

Zolfo. V. Solfo.

Zolla - *gruda, gruda zemlje, grumen, grum.*

Zoologìa - *živoslovje, živinoslovje.*

Zoologico - *živoslovni, živinoslovni.*

Zoologo - *živoslovac, živinoslovac.*

Zoppicamento - *šepanje, hromost, hromotinja, hramanje, hromanje.*

Zoppicare - *šepati, hramati, hromati.*

Zoppo, **ag.** - *šepav, šepast hrom;* st. *šepavac, šepalac, hromac, hromalac, hromaoc.*

Zoticamente - *neotesano, nespretno, grubo, surovo, prosto, neuljudno, neudvorno, divljački, divjački, divljačno, divljoćudno.*

Zotichezza - *neotesanost, nespretnost, grubost, surovost, prostoća, neuljudnost, neudvornost, divljačnost, divjačnost, divljačtvo, divljoćudnost.* V. Zotico.

Zotico, rozzo, ruvido - *neotesan, nespretan, grub, sur, surov, prost, neuljudan, neudvoran;* p. intrattabile - *divlji, divji, divljoćudan.*

Zucca, pianta e frutto - *tikva,* dim. *tikvica,* aum. *tikvina;* p. vaso di corteccia di zucca per tenervi sale ecc. - *hèrb od tikve.* V. Testa.

Zuccherare - *posuti v. posipati cukrom v. sećerom, cukorati, pocukorati, sećerati, posećerati.*

Zuccheriera - *sećernica.*

Zuccherino - *sećerast, cukrast.*

Zucchero - *sećer, cukor.*

Zuffa, combattimento - *borba, èrvanje, tučnja, bitka;* p. contesa - *kavga, smutnja, prepirka, zavada, svadja, karba.*

Zuffare, azzuffarsi - *boriti se, èrvati se, rivati se, tući se, biti se; svaditi se, zavaditi se, prepirati se, karati se, kavžiti se, kavgati se.* V. Zuffa.

Zufolamento, il fischiare - *fućkanje, fučkanje, švikanje, švičenje, zviždanje;* p. il suonare il zufolo - *kvèrlenje, škvèrlenje, surlenje, svirenje, svirkanje.*

Zufolare, fischiare - *fućkati, fučkati, švikati, zviždati;* p. suonare il zufolo - *kvèrliti, škvèrliti, surliti, sviriti, svirkati.*

Zufolo. V. Zampogna. Fischio.

AGGIUNTA

di alcune voci, parte come sinonimi, e parte come vocaboli nuovi *).

A

Abbondantemente - *obilno, zališno.*

* Abitazione - *stanišće, stanovište.*

* Abbondanza - *obilnost, zaliha, zalihost.*

* Aborto - *pometnutje, izmet, izmetče (eta).*

* Accadere - *sgoditi se, pripetiti se.*

* Accaduto - *dogodjen, pripetjen.*

Acquaforte - *jedka.*

Adacquare - *vodniti, razvodniti.* V. Vino.

Adoprare - *rabiti, uporabiti, uporaviti, upotrěbiti*

(što), poslužiti se (čim). V. Prestarsi.

* Adulatore - *liceměrac, blaznik, predvorica, udvorica.*

* Aggiunta - *pridatba, pridak.*

Alchimista - *zlatotvorac.*

* Alleato - *svezanik, uvětnik.*

* Ambasceria - *poklisarstvo, poslaničtvo, veleposlaničtvo.* V. Imbasciata.

* Ambasciatore - *poklisar, poslanik, veleposlanik.*

* Anguilla - *ugor.*

* Antidoto - *sutuk, prilěk.*

Antiquaria, st. - *starinarstvo.*

* Apertura - *škulja;* p. apert. fatta con violenza - *prodor, provala.*

---

*) Le voci sotto *l'asterisco* sono sinonimi; questo poi significa in via di convenzione »*al vocabolo . . . si aggiunga . . .*« Però onde si sappia qual posto debbano occupare gli aggiunti sinonimi, avanti ai medesimi venne apposta la voce già esistente, cui devono tener dietro, tranne i casi, nei quali doveano figurare nel primo posto.

*Appartenere - *pripadati, podpadati.*

*Appetito - *pohlĕpa;* buon appetito! - *dobar tek!*

Arditezza - *smionost, smĕlost.*

Ardito - *smion, smionast, smĕl.*

*Arena - *pèržina, pèrpor.*

*Armario - *ormar.*

Arnese, strumento - *orudje, sprav;* p. armi - *oružje.* V. Suppellettili. Mobiglia. Bagaglio. Salmerìa.

Arpese - *skoba.*

Asma - *zaduha.*

*Aspettativa - *poček, priček.*

*Asse. V. Tavola.

Atomo - *trun, trunak, mèrva;* met. *mrav, bobić, dlaka, vlas.*

*Attendere, impiegarsi in checchessia - *baviti se, zabavljati se, zabaviti se, zanimati se (čim);* p. stare attento - *bditi, pomnjiti* ecc. (V. Attendere).

*Autore - *spisatelj, pisaoc, pisalac, spisaoc.*

*Avena - *zob, ovas.*

B

Baldacchino - *nebnica, nastor.*

*Barbagianni - *sova, jeja* (e non anche - *kukavica,* come venne erroneamente indicato).

*Barometro - *ejeromĕrac, tegomĕr.*

*Battaglione - *tabor.*

*Beffa - *rug, ruglo, poruga, špot.*

*Beffabile - *porugiv, špotljiv, našpotljiv.*

*Beffardo, st. - *rugalac;* ag. *porugljiv, porugiv, špotljiv, posmĕhiv, posmĕhljiv.*

*Beffeggiamento - *narugivanje, špotanje, našpotanje.*

*Beffeggiare - *špotati se, našpotati se (komu).*

*Bere - *piti,* vez. *bumbati.*

*Birbante - *lopov.*

*Birbanterìa - *lopovština.*

Bombarda - *lumbarda.*

*Botanica - *bilinarstvo.*

Breccia - *predor, proder, provala.*

*Briccone - *lopov.*

*Bricconerìa - *lopovština.*

*Brusco, ag. - *neotesan, oko-san.*

. * Buca - *škulja, rupa.*

Buccia - *lupina, ljupina, ljuska.* V. Membrana.

C

* Caccia - *jaga;* p. caccia strepitosa - *hajha, ajha.*

* Cacciare - *izagnati;* p. cacciar dentro - *zatĕrati, u-tĕrati, zagoniti, sagnati, zagnati.*

* Cagione (a) - *zbog, rad, radi, poradi, cić, cića, cĕča* (gen.)

* Caicco - *plavčica, vĕrket.*

* Calpestìo – *topot.*

* Calza - *bičva, čarapa.*

* Camicia - *košulja, rubača.*

* Campione, lottatore - *ju-nak, delia, zatočnik, sokol.*

* Campo (di batt.) - *razboi-šte, zatočište.*

* Cannone - *kalun, lumbarda.*

* Canuto - *sĕdan, sĕdoglav.*

* Canzone - *pĕsmarica, za-činka.*

* Capanna - *koliba, polegošica.*

* Cardine (delle porte ecc.) - *zglob, kanjol;* p. polo

su cui gli antichi credevano si movesse la sfera celeste - *stožer.*

* Carità - *milost, milosĕrdje.*

* Carradore - *kiriaš, foringaš.*

* Cascata (d'acqua) *vodo-pad, odpad v. upad vode.*

* Causa (a) - *zbog, cić, ci-ća, cĕča, rad, radi, za-radi, poradi* (gen.)

Cavalletta - *skokovac, ska-kavac, skakavica.*

* Cavallo, sprez. - *kljusina;* cavallo con macchia bianca in fronte - *lisac, lisasti konj;* - nero o morello - *vranac, vranasti konj.*

* Cavillare - *gužvariti, cĕpi-dlačiti.*

* Centro - *srĕdotočnost;* centro di gravità - *težište.*

* Certamente - *dakako, da-bome, adabome.*

* Chiarire, divenir chiaro - *osvĕtliti, prosvĕtliti, o-svĕtliti se, razsvĕtliti se.*

* Chiedere - *tražiti, potraži-ti, zahtĕvati.*

* Chiocciare - *kvočkati, škljo-cati.*

Codardo - *zavaljenik, èrdja, pogèrda, potištenac.*

* Cognato - *šurjak, šogor, šura; svak, paš* (V. Cognato).

* Coloramento - *farbanje, koluranje, mastenje.*

* Colorare - *farbati, kolurati, mastiti.*

* Colore - *farba, kolur, mast, mastilo.*

* Colpire - *zgoditi, svatiti, svatjati, trefiti.*

* Comitatense - *županjski, županijski, varmedjski.*

* Comitato - *župania, varmedja.*

* Compassione - *milost.*

* Compositore - *slagar, tiskoslagar* (V. Compositore.)

* Concubina - *priležnica,* fig. *prasica,* peg. *prasičina.*

* Confetto - *slastje, sladkiš.*

* Conforto - *utěha, polakšanje.*

* Confrontare - *prispodobiti, priklasti.*

* Confronto - *priklad.*

* Congiugnere - *skopčati, sklopiti.*

* Congiura - *okletva, urota.*

* Congiurato - *okletnik, urotnik.*

* Conoscente - *poznanac, znanac.*

* Conseguenza - *poslědica, poslědak, poslědnost, doslědnost.*

* Contendere - *karati se, pregovarati se, prehtati se, preganjati se.*

* Contendimento - *karanje, pregovaranje, prehtanje, preganjanje.*

* Conveniente - *priměran, shodan.*

* Coperta - *pokrivača, ponjava;* p. cop. della barca - *koverta, urtija.*

* Copertojo (da letto) - *ponjava.*

* Copia - *prepis, izpis.*

* Copiare - *prepisivati, izpisati, izpisivati.*

* Copista - *prepisalac, prepisaoc, prepisivalac, prepisivaoc, izpisalac, izpisivalac, izpisivaoc.*

* Coraggiosamente - *sèrčeno, sèrčano.*

Corriera - *bèrzovoz.*

Cortigiano - *udvorica.*

* Credenza - *poček, priček.*

* Crepuscolo - *predzorje.*

Crestaja - *uresarica,* · *uresarka.*

* Crudele - *okrutan.*

Crudelmente - *okrutno.*

* Crudeltà - *okrutnost.*

* Cucchiajo - *žlica, ožica, ložica.*

*Cuculo - *kukavica.*

D

* Dattero - *datul, datila, urma.*

* Decoro - *dika, dičnost.*

Decoroso - *dičan, častan.*

Decotto - *uvarak.*

* Deliberare - *odlučiti, nakaniti, namisléti.*

* Delirio - *goropad, goropadnost.*

* Derráta - *létina.*

* Destino - *sud, udes.*

Dettagliatamente - *podrobno, potanko.*

Diametro - *presék, promér.*

* Diffondere - *raztrubiti, razturiti.*

* Dilatare - *razširiti, razprostraniti.*

* Dimostrarsi - *kazati se, skazati se, kazivati se, pokazati se, pokazivati se.*

* Dinamica - *gibomérstvo.*

* Dipignere - *namalati;* dip. a varii colori - *šarati, našarati.*

* Dirigere - *upraviti, upravljati, ravnati.*

* Discorso. V. Sensato.

* Disdire - *opozvati réč, poréći, oporéći (što).*

* Disfare - *razčiniti, razvérći, razstaviti, razmetnuti, uništiti.* V. Distruggere.

* Disgraziatamente, interj. - *žaliliže, žalibog.*

* Disgraziato - *tužan, bédan.*

* Disnidare - *izgnjezditi, odgnjezditi.*

* Dispaccio - *pospéšnica, pošiljka.*

* Dispensa - *porazdéljenje;* p. istituto o negozio che dispensa libri - *naklada,* della dispensa - *nakladan.*

Dispensatore (di libri) - *nakladnik.* V. Amministratore.

*Disperdere. V. Abortire.

*Dispergere-*razpèršiti, raz-trapiti, potući, pobiti.*

*Disperso - *razpèršen, raz-trapljen, potučen, pobi-jen.* V. Dispergere.

*Distintamente - *pojedince, pojedinice, pojedino.*

*Dote - *nadarenje, dar.*

E

*Eccesso - *odvišnost, obilnost, obilatost, preobilnost, su-višnost, zaliha, zalihost.*

*Economo - *tecikuća.*

*Efficace - *krěpostan, pra-vomoćan.*

*Efficacemente - *krěpostno, pravomoćno.*

*Efficacia - *krěpost, pravo-moćnost.*

*Elegìa - *pěsnoplač, milopě-san.*

*Elemento - *pèrvostvor.*

*Embrione - *zamet.*

Emisfero - *poluobla.*

*Enorme - *prěkoměran.*

*Enormità - *prěkoměrnost.*

*Epifanìa - *vodokèrstje, Sve-ti tri Kralji, Sveta tri Kralja.*

Equatore - *polutnik.*

*Equilibrio - *ravnoměrje.*

*Equivoco, st. - *zlotumače-nje, zlotumačnost.* V. E-quivoco.

*Esito - *razhodak, izlaz, iz-lazak.*

*Esperimento - *okušaj, po-kušaj, pokus.*

Espero - *věčèrnjača, zvěz-da věčèrnjica.*

*Evangelico - *evandjelski, blagověstan.*

*Evangelio - *evandjelje, bla-gověst.*

F

*Facilitazione - *polastica.*

*Fama - *ime, proslava.*

*Fenile - *sěnište, sěnara.*

*Feto - *čedo, zamet.*

*Foce - *ustje, uštje, usta.*

*Fonte - *izvor, vrělo, vrutak.*

*Foraggio, quantità di fie-no - *kèrma.*

Forma. V. Qualità.

*Formolare-*izgledka, obraz-nica.*

Fornitore - *nabavnik, na-*

*bavitelj, pribavnik, pri-
bavitelj, priskèrbnik.* V.
Dispensatore.

* **Forza** - *jakost, sila.*
* **Fregiare** - *nakititi, nacifrati.*
* **Frequentare** - *polaziti, po-
hoditi, pohadjati.*

  Frequentatore - *polaznik,
pohodnik, pohodioc.*
* **Frequentazione** - *polazenje,
pohodjenje, pohadjanje.*
* **Fruttifero** - *voćan, žiran.*
* **Frutto** - *voće, žir.*
* **Fuga** - *izbĕg, utoka.*
* **Funesto** - *udesan, ubitačan.*
* **Furioso** - *mahnit, goropa-
dan.*
* **Furore** - *mahnitost, goro-
pad; goropadnost.*

G

* **Gabbia** - *gajba, kèrletka.*
* **Gelato** - *leden* ecc. V. Sorbetto.
* **Gemebondo** - *jécajući, sku-
cajući.*
* **Gemere** - *jecati, skucati.*
* **Gente** - *narod* ecc.; diritto
   delle genti - *medjunarodno pravo.*

* **Giovanotto** - *momak, mom-
če (eta), momčeto (eta).*
  Giuntura - *zglob, zgloba,
sveza, svezanost.*
* **Gloria** - *slava, proslava.*
* **Gola** - *gèrlo;* p. golosità -
*proždèrljivost, sladokus-
nost.*
* **Goloso** - *proždèrljiv, slado-
kusan.*
* **Golpe** - *snĕt, medljika.*
  Grembiale - *predstĕra.*
* **Grembo** - *skut.*
  Groppiera - *podrepnjak.*

I

* **Illustre** - *glasovit, znamenit.*
* **Imbarazzo** - *smetnja, zabu-
na.*
  Imboccatura, foce - *uštje,
ustje, usta.*
* **Impetuoso** - *žestok, goro-
padan.*
* **Impiegare** - *upotrĕbiti, upo-
raviti, uporabiti (štɔ), po-
služiti se (čim).*
* **Importazione** - *uvožnja.*
* **Impressione** - *utisak, uti-
štenje.*
* **Impronta** - *usada, utisak.*

*Incantevole - *čudesan, divan, čaroban, čarovan.*

*Incostante - *nestalan, větren,* met. *vèrtoglav,* (allus. ad uomo, come sopra, e) *lakouman, lahkouman;* uomo incost. - *lakoumni* (ecc.) *čověk, lakoumnik, lahkoumnjak, vèrtoglavac, větrenac.*

*Incostanza - *nestalnost, nestanovitost, lakoumnost, lahkoumnost, vèrtoglavost, větrenost.* V. Incostante.

*Infelice - *zlosrètan, kukav, kukavan.*

Inorridire - *otèrnuti.*

*Insetto - *nevid, zarěznik.*

*Insidia - *zasěda, pletka.*

Insidiatore - *zasědnik, pletkar.*

Instigamento - *poticanje, badanje, podbadanje, draženje, puntanje.*

Instigare - *poticati, badati, podbadati, dražiti, puntati;* instig. il popolo - *poticati* (ecc.) *puk* v. *narod.*

Instigatore - *poticalac, podbadalac, puntar.*

*Insufficiente - *nedovoljan, nezadostan.*

*Intercettare - *zaustaviti, zaustavljati;* interc. le lettere - *zaustaviti* v. *uzaptiti spise.*

*Ipocrita - *pretvorica.*

Itterizia - *zlatenica.*

L

*Lateralmente - *pobočno, pobočke.*

Lavina - *usov.*

*Leggerezza - *lahkoumnost, lakoumnost, větrenost, nestalnost.*

*Leggermente - *lahkotno;* p. con incostanza - *lahkoumno, lakoumno, větreno, nestalno.*

*Leggero - *lahkouman, lakouman, větren, nestalan.*

Lobo, dell' orecchia - *uhoresa.*

Losco - *škiljast, škiljav, ćorav.*

*Lumaca - *puž, spuž.*

M

Macinatura, atto del macinare - *meljenje, mlivenje, zameljenje, zamlivenje;* p. cosa macinata - *melja, meljivo.*

* Madre - *mat* ecc. vez. *majčica, maja.*

Magazzinajo - *skladnina, hambarina.*

Magico - *čaroban, čarovan.*

* Malamente - *mlohavo, kukavo, kukavno, opako, èrdjavo, èrjavo.*

* Maldicenza -- *klevetnja, mèrmljanje.*

* Malfattore - *zlotvornik.*

Manette - *lisice,* aum. *lisičine.*

* Melanconìa - *turobnost, turoba.*

* Melanconico - *turoban, turovan.*

Meridiano, st. - *poludnik;* ag. *poludnevan.*

Meschinamente - *lošo, lošavo, kukavo, kukavno, èrdjavo, èrjavo, slabo.*

Meschino - *loš, lošav, kukav, kukavan, èrdjav,*

èrjav, slab.

* Miserabile, ag. - *kukavan, kukav, èrdjav, èrjav, loš, lošav.*

* Miserabilmente - *kukavno, kukavo, èrdjavo, èrjavo, lošo, lošavo.*

* Moderazione - *uzpregnutje.*

Modista - *uresarka, uresarica.*

Monumento - *spomenik, uspomenik.*

* Morire - *preminuti, uzdahnuti* (V. Morire).

Morso (di denti) - *ugrizak, ujed.* V. Beccata.

* Mortaletto - *prandžia.*

* Morte - *preminutje, skončina, skončanje.*

Mula - *mazga, mula.*

N

Naufrago - *potopnik, utopnik.*

Nerboruto - *žilast, žilav, snopast.*

O

Ombelico - *pupak.*

*Oppressore - *zulumčar, kèrvopia.*

Orfanotrofio - *sirotište.*

Ottusità - *tupost.*

Ottuso, ag. - *tup, tupav, tupast;* d'ingegno ottuso - *tupoglav,* st. *tupoglavac,* met. *tikvina.*

Ovest - *zapad, zahod.*

P

*Padre - *ćaća, tata.*

*Paese - *kraj, preděl.*

*Palpebra - *trepavica, vedja.*

*Paraninfo - *svat, prosac.*

Parapetto - *pèrsobran.*

*Particolarità - *vlastitost.*

*Pascolo - *paša, pašnik, pašnjak, pašinac.*

Passero - *vrebac, rebac, repac.*

Patronato - *zavětničtvo, pokroviteljstvo.*

Patrono - *zavětnik, pokrovitelj.*

*Peduncolo - *repić, peteljka.*

Pelago, alto mare - *pučina, pučina mora.*

Pennacchio - *pèrjanica.*

*Piagnere - *plakati* ecc. p. incominciar a piagn. - *zaplakati* ecc. V. Piagnere.

Pianterreno - *podrum.*

*Poesìa - *spěvaostvo, pěsničtvo.*

*Politica - *dèržavoslovje.*

*Politico, st. - *dèržavnik, politik;* ag. *dèržavnički, dèržavoslovan.*

Pomata - *pomast.*

*Preponderanza - *prevaga.*

*Principiante - *začetnik.*

Pro, st. utilità - *korist, hasan, hasna, prud, tek;* non ti farà buon pro - *nećeti hasniti (pruditi, teknuti, biti od koristi)* buon pro! *dobar tek!* pro e contro - *za jednu i za drugu stranu, za i prema.*

Promontorio - *predgorje.*

*Proporzionato - *razměran, spretan.*

*Proporzione - *razměrenost, spretnost.*

Pupilla (dell'occhio) - *zěnica.*

R

* Raccapriccio - *sèrh.*
* Referato, foglio referedale - *izvěstnica;* p. il concetto stesso. V. Referato.

Rettangolo, st. - *pravokutje;* ag. *pravokutan.*

Rettile - *plazavac, kačka, kača,* dim. *plazavčić, kačkica, kačić, kačica.*

* Reverendo, molto rev. - *velepoštovan, prečastan.* (V. Reverendo).

Ritirata - *uzvrat, uzmak.*
* Rivoluzione (del popolo) - *pokret, prevrat.*
* Ronzare - *bèrnčiti.*

S

* Salita - *uzlaz, uzid.*
* Saporito - *smočan.*

Scabroso, ruvido - *škrapav, škrapljiv, neogladjen, neo-*

tešan, nespretan; p. grandem. difficile - *pretežak, škakljiv.*

* Scaturigine - *izvor, vrělo.*
* Scena - *prizor, pozorište.*
* Scompiglio - *prevrat.*

Scorbuto - *vrenjak, frenjak.*
* Scrosciare - *hrestati, praskati.*
* Semplice, inesperto - *priprost, priprostan.*
* Servo - *službenik, hlapac.*
* Soldatesca - *vojničtvo, vojačtvo.*
* Solfo - *sumpor, žveplo.*

T

Tardo - *kasan, spor.*
Trillare - *treptěti glasom.*

V

Vampiro - *vukodlak, vampir.*

Nomi di Battesimo
i più usitati.

A

Abramo - *Abram.*
Adamo - *Danko, Adam.*
Adolfo - *Bratoljub, Adolf.*
Agata - *Jaga, Agata,* dim. *Jagica, Agica.*
Agnese - *Neža, Nježa, Janja.*
Agostino - *Guštin, Aguštin.*
Alberto - *Albert.*
Albino - *Bělan, Bělanko, Běloslav.*
Alessandro - *Škenděr.*
Alessio - *Leksa, Aleksa.*
Alfonso - *Alfonzo.*
Amadea - *Bogoljuba, Bogomila.*
Amadeo - *Bogoljub, Bogomil.*
Amalia - *Malčika.*
Amato - *Ljubinko, Ljubenko.*
Ambrogio - *Ambroz.*
Anastasia - *Stoše, Stošija.*
Anastasio - *Nako, Nasta, Anastazio.*

Andrea - *Andro, Andrija, Jadro, Jandro.*
Anna - *Anka, Jana, Ana.*
Anselmo - *Željko, Željmo, Anzelmo.*
Antonia - *Tonka, Antona, Antuna;* dim. *Tonica, Antonica, Antunica.*
Antonio - *Anton, Antun, Tone;* dim. *Antonić, Antunić, Tončić, Tonić.*
Apollinare - *Pulinar.*
Apollonia - *Pola, Pole, Polona, Polka.*
Arsenio - *Ženko, Arsenio.*
Arturo - *Ardoja, Ardoje.*
Atanasio - *Tanasija, Tanačko, Atanasija.*
Aureola - *Zlatana, Zlatislava, Zlatoljuba.*
Aureolo - *Zlatan, Zlatibor, Zlatislav, Zlatko, Zlatoljub.*
Aurora - *Zorana, Zora;* dim. *Zorica.*

B

Baldassare - *Baldasar.*
Barbara - *Barbara, Vara.*
Bartolommeo - *Bartul, Vratolomija, Jernei.*
Basilio - *Vasilj, Vasil, Vasilo, Vasilia.*
Battista - *Kèrstitelj;* Giovanni Battista - *Ivan Kèrstitelj.*
Beatrice - *Blaženka.*
Benedetto - *Benko, Blagoslav.*
Benigna - *Dobrotinka.*
Benigno - *Dobrotin.*
Benvenuto - *Mirodošav.*
Bernardo - *Bèrno, Bèrne.*
Biagio - *Blaž, Blažko, Vlasij, Vlajko, Vlaho.*
Bonifazio - *Dobroslav, Dobromil, Dobrašin, Blagotvor.*

C

Callisto - *Lěposlav, Lěpoja, Lěpoje.*
Carla, Carlotta e Carolina - *Dragoila, Draginka, Dragutinka, Dragomira, Dragoljuba.*

Carlo - *Dragutin, Dragoilo, Draginko, Dragomir, Dragoljub.*
Casimiro - *Domoslav, Kazimir, Kažimir.*
Caterina - *Kate, Kata,* dim. *Katica.*
Cecilia - *Cila, Cicilija, Skladoila.*
Celestina - *Nebodarka.*
Celestino - *Nebodar.*
Celso - *Nebljan.*
Chiara - *Klara.*
Ciriaco - *Čirjak.*
Cirillo - *Ciril, Cirilo, Ciril, Ćirilo.*
Clemente - *Kliman, Klonimir.*
Clementina - *Klimana, Klonimira.*
Colomanno - *Goluban, Koloman.*
Cornelia - *Drenka.*
Cornelio - *Drenko.*
Corrado - *Konjrad.*
Cosimo - *Kuzma, Kuzme, Kuzman.*
Costantino - *Košta, Koštantin.*
Cressimiro - *Kresimir, Krešimir.*

Cristina - *Tinka, Tina, Kristina.*

Cristoforo - *Kèrste, Kèrsto.*

D

Damiana - *Damjanka.*

Damiano - *Damjan, Damljan.*

Daniele - *Danilo, Dane, Dano.*

Davide - *David.*

Demetria - *Dmitra, Dimitar, Dimitria, Mitra;* dim. *Dmitrica, Dimitrica, Mitrica.*

Demetrio - *Dmitar, Dimitar, Dimitria, Mitar;* dim. *Dmitrić, Dimitrić, Mitrić.*

Desiderio - *Željko, Želimir.*

Diocleziano - *Dukljan, Duklijan.*

Diodata - *Bogdana.*

Diodato - *Bogdan.*

Dionisio - *Dionis, Dionizia.*

Doimo - *Dujam, Dujmo.*

Domenica - *Dinka, Nedeljka, Nedelja, Nedana.*

Domenico - *Dinko, Nedeljko, Nedan.*

Donata - *Darinka, Daroslava.*

Donato - *Darinko, Daroslav.*

Dorotea - *Dora, Dorka.*

E

Eduardo - *Slavoljub.*

Edvige - *Jadvia, Jadviga.*

Elena - *Jele, Jelena, Jela, Jelka, Jelača;* dim. *Jelica, Jelkica.*

Eleonora - *Lorika, Lora.*

Elia - *Ilia.*

Elisabetta - *Jelisava, Savta, Jeca.*

Emanuele - *Manojlo.*

Emerico - *Mirko.*

Emilia - *Milana, Milanka, Mila, Milka, Milašinka;* dim. *Milica, Milkica.*

Emilio - *Milan, Milanko, Mile, Milko, Milašin;* dim. *Milić.*

Enrico - *Hinko, Henrik.*

Eraclio - *Heraklij, Heraklio.*

Ercole - *Hrelja, Hèrkul, Erkul.*

Ermanno - *Radivoj.*

Ettore - *Jektor, Hektor.*

Eufemia - *Femia, Fema, Jefimija, Vema, Vemia.*

Eugenia - *Blagoroda, Eugenia.*

Eugenio - *Blagorod, Eugenio.*
Eusebio - *Bogoboj.*

F

Fabiano - *Fabio, Fabian.*
Fedela - *Věroslava;* dim. *Věroslavica.*
Fedele - *Věroslav.*
Federica - *Miroslava, Mirosava;* dim. *Miroslavica, Mirosavica.*
Federico - *Miroslav, Mirosav.*
Felice - *Srěćko, Srětan.*
Felicita - *Srěćka, Srětana.*
Ferdinando - *Fèrdo.*
Filippo - *Filip.*
Floriano - *Cvětan.*
Fortunata - *Srětozara.*
Fortunato - *Srětozar.*
Francesca - *Franja, Franjica, Francika.*
Francesco - *Franjo, Fran, Frane, Franko;* dim. *Franić;* Francesco Saverio - *Franjo Savèr* v. *Savèrija.*

G

Gabriela - *Gavrila, Gabriela.*
Gabriele - *Gavrilo, Gabriel.*

Gaetana - *Gaja, Gajtana.*
Gaetano - *Gajo, Gajtan.*
Galdino - *Žvaldo, Žvaldin.*
Gaspara - *Gašpara, Gašpe.*
Gasparo - *Gašpar, Gašpo, Gašpe.*
Gaudenzio - *Gavdo, Gavde, Gavdan.*
Gennaro - *Jenko.*
Genoveffa - *Veva, Genoveva.*
Gerasimo - *Jerosim, Jerasim, Jerasimo.*
Gervasio - *Gèrvasij, Gèrvasio.*
Giacomina - *Jakša, Jakova.*
Giacomo - *Jakov, Jakša.*
Gioachino - *Jaćim.*
Giobbe - *Job, Hiob.*
Giocondo - *Veselko, Veselia.*
Giorgina - *Jurjinka.*
Giorgio - *Jure, Juro, Juraj, Gjorje, Juka, Juko.*
Giovanna - *Ivana, Jovana, Ivka;* dim. *Ivanica, Jovanica.*
Giovanni - *Ivan, Jovan, Ivo, Ive, Jovo, Janko;* Giovanni Battista - *Ivan Kèrstitelj,* Giovanni Nepomuceno - *Ivan Nepomuk,* Giovanni Grisostomo -

Ivan Zlatoust.

Giovenale - *Mladen.*

Girolama - *Jerka, Jera.*

Girolamo - *Jerko, Jero.*

Giulia - *Slavimira, Slavka,* dim. *Slavica.*

Giuliana - *Jula, Julka, Jul-čika, Ljubica, Ljuboslava, Ljubosava.*

Giuliano - *Julko, Ljuboslav, Ljubosav.*

Giulio - *Slavimir, Slavko.*

Giuseppa e Giuseppina - *Joška,* dim. *Jožica, Joškica.*

Giuseppe - *Josip, Joso, Joško, Jožo, Jože.*

Giustina - *Pravdoslava.*

Giustiniano - *Pravdoslav.*

Giusto - *Pravdan.*

Goffredo, o Gotifredo - *Bogomir, Slavomir.*

Gotifredo. V. Goffredo.

Gregorio - *Gèrgo, Gèrga, Gèrgur, Gèržan, Gligoria.*

Grisogono - *Kèrševan.*

Grisostomo - *Zlatoust.* V. Giovanni.

Guglielmo - *Guljermo.*

I

Ida - *Idomila, Idka.*

Iginio - *Zdravko.*

Ignazia - *Vatroslava, Ognjoslava;* dim. *Vatroslavica, Ognjoslavica.*

Ignazio - *Vatroslav, Ognjoslav, Ognjan.*

Ilario - *Veselko, Veselia.*

Innocente - *Mladenko.*

Irene - *Jerina.*

L

Ladislao - *Lacko, Laco, Vladislav, Vladisav, Ladislav.*

Lazzaro - *Lazo, Lazar.*

Leandro - *Jaroslav.*

Leonardo - *Linardo.*

Leone - *Lavan.*

Leopoldo - *Lavoslav, Poldo.*

Letizia - *Veselka, Vesela.*

Liberato - *Prostan.*

Liborio - *Ljutobor, Lubor.*

Lino - *Linko.*

Lodovica - *Ljudevita, Luja.*

Lodovico - *Ljudevit, Lujo.*

Lorenzo - *Lovre, Lovro, Lovrenac.*

Luca - *Luka.*

Lucia - *Luce, Luca, Lucia;*
dim. *Lucica.*

Luigi – *Věkoslav.*

Luigia - *Věkoslava, Lojza;*
dim. *Věkoslavica, Lojzica.*

M

Maddalena - *Mande, Manda,*
Madalěna.

Magno - *Veleslav.*

Malachia – *Malahia.*

Marco - *Marko.*

Margherita - *Mare, Mara;*
dim. *Marica, Maričica.*

Maria - *Marija, Maria;* dim.
Marijica, Mariica.

Mariano - *Marjan, Marijan.*

Marta - *Marta.*

Martino - *Davorin, Daro-*
slav, Martin.

Marziana - *Davroslava;* dim.
Davroslavica.

Massimo - *Velkoslav.*

Mattea - *Matejka.*

Matteo - *Mate, Mato, Matia,*
Matej.

Maurizio - *Mavro.*

Mauro. V. Maurizio.

Michela – *Mihajla, Mihovila,*
Miha, Mija, Miška.

Michele - *Mihajlo, Mihovil,*
Mihail, Mihovio, Miho,
Mijo, Mijat, Miško.

Michelina. V. Michela.

Mosè - *Mojsija, Mojsilo.*

N

Natala e Natalia - *Boža, Bo-*
žena, Božana; dim. *Bo-*
žica.

Natale - *Božo, Bože, Božko.*

Natalia. V. Natala.

Nemesio - *Nemesia.*

Nepomuceno - *Nepomuk.* V.
Giovanni.

Nicoletta e Nicolina - *Mika,*
Nika, Mikulina, Nikolina.

Nicolina. V. Nicoletta.

Nicolò – *Miko, Mikula, Ni-*
ko, Nikola.

O

Onorata - *Častimira, Česti-*
mira.

Onorato - *Častimir, Česti-*
mir.

Orsato - *Medo, Medak.*

Orsola - *Ure, Ursa, Uršula.*

Osvaldo. V. Galdino.

P

Pacifica - *Ljubimira, Tiho-
mila, Tihomira, Tiho-
slava.*

Pacifico - *Ljubimir, Tihomil,
Tihomir, Tihoslav.*

Pantaleone - *Pantelija, Pa-
telija, Panto.*

Paolina - *Pava, Pavinka,
Pavlia;* dim. *Pavica.*

Paolo - *Pavo, Pavao, Pajo,
Paval;* dim. *Pavić, Pav-
lić.*

Pasquala - *Vazmoslava;* dim.
Vazmoslavica.

Pasquale - *Vazmoslav.*

Petrina. V. Pierina.

Petronilla - *Petrašinka, Pe-
trija, Petronila.*

Pierina - *Perica, Petrica,
Pèrka.*

Pietro - *Petar, Pero, Pere,
Pèrko.*

Placida - *Smiljana.*

Placido - *Smiljan.*

Primo - *Pèrvan.*

Procopio - *Prokop, Proko-
pia.*

Pulcheria - *Lěposava, Kra-
simira, Krasomila.*

Q

Quirino - *Kirin.*

R

Radovano - *Radovan*

Rafaela - *Rafaila.*

Rafaele - *Rafail, Rafailo.*

Raimondo - *Rajmir.*

Regina - *Vladoila.*

Regolo - *Vladko, Vladivoj.*

Rocco - *Rok, Roko.*

Rodolfo - *Grujo.*

Romano - *Rimoslav, Riman.*

Rosa e Rosina - *Ruža;* dim.
Ružica.

Rosina. V. Rosa.

S

Saba - *Sava, Savo.*

Sabina - *Savica, Savka.*

Salvatore - *Spasenija, Spasitelj, Spasoje.*

Santa e Santina - *Svetozara,
Svetoljuba;* dim. *Sveto-
zarica, Svetoljubica.*

Santo - *Svetozar, Svetoljub.*

Saturnino - *Prosvětin.*

Saule - *Saval*

Saverio - *Savĕr, Savĕrija.*
V. Francesco.
Secondo - *Drugojlo.*
Serafino - *Šerafia, Šerafin.*
Severino - *Strogojlo.*
Sigismondo - *Šišman.*
Silverio - *Dubravko.*
Silvestro - *Silvestar.*
Simeone - *Šimo, Šime, Ši-
mun, Šiman.*
Simplicio - *Prostoslav, Pro-
stoljub.*
Sisto - *Šest, Šesto.*
Sofia - *Soka, Sofia.*
Sperato - *Nadan.*
Spiridione – *Špiro.*
Stanislao - *Stanko, Stane,
Stanislav, Stanisav.*
Stefania – *Stĕva, Stĕvana,
Stĕpana, Stipana, Stĕpka,
Krunoslava;* dim. *Stĕvica,
Krunoslavica.*
Stefano - *Stĕvo, Stĕvan, Stĕ-
pan, Stipan, Stĕpko, Kru-
noslav.*
Stella – *Zvĕzdana.*
Svonimiro. V. Zvonimiro.

T

Taddeo - *Tade, Tadia.*

Teodora - *Božidara, Boži-
darka, Todorka, Toša, Bo-
govlada.*
Teodorico - *Tudorik.*
Teodoro - *Božidar, Božidar-
ko, Todor, Tošo, Bogovlad.*
Teodosio - *Bogoslav.*
Teofila - *Bogomila, Bogo-
ljuba;* dim. *Bogomilica,
Bogoljubica.*
Teofilo - *Bogomil, Bogoljub.*
Teresa - *Terezia, Tereza, Re-
za;* dim. *Rezica, Terezica.*
Timoteo - *Bogoboj, Timotia,
Častibog.*
Tito - *Tituš.*
Tommaso - *Tomo, Toma,
Tomko, Tomaš.*
Trifone - *Trifun, Tripun,
Tripko.*

U

Udalrico - *Vorih.*
Ugone - *Gojmir.*
Urbano - *Vĕrban.*

V

Valeriano – *Valeria.*
Venceslao - *Venceslav, Venko.*

Veronica - *Vèrka, Veronika.*

Vincenzo - *Vinko, Vicko, Vice.*

Virgilio - *Děvoslav.*

Virginia - *Děvoslava;* dim. *Děvoslavica.*

Vitale - *Živadin, Živorin, Živko, Živan.*

Vito - *Vid, Vidimir.*

Vittoria - *Slava, Slavoila, Slavomira.*

Vittorio - *Slavomir, Slavoilo.*

Vladimiro - *Vladimir.*

Volfango - *Vuk, Vujko, Vukoslav, Vukajlo, Vukac, Vukan.*

Z

Zaccaria - *Zako, Zaro, Zarija, Žakarija.*

Zvonimiro - *Zvonimir.*

Alcuni Nomi Proprii
spettanti alla Geografia.

A

Adelsberg - *Postojna.*

Adige - *Ečava.*

Adrianopoli - *Drinopolje, Je-drenja.*

Adriatico (mare) - *Jadran-sko* v. *Adriatičko more.*

Africa - *Afrika;* africano st. *afrikanac, afrikan;* ag. *a-frikanski.*

Alba reale - *Stolni Biograd.*

Albania - - *Arbanaska, Ar-bania, Albania, Arnautska, arbanaska* v. *arnautska zemlja.*

Albona - *Labin, Labinj.*

Alemagna - *Němačka, Něm-ška, němačka* v. *něm-ška zemlja.*

Almissa - *Omiš.*

America - *Amerika;* ameri-cano, st. - *amerikanac, amerikan,* ag. *amerikanski.*

Ancona - *Jakin;* anconitano st. *jakinac,* ag. *jakinski.*

Antivari - *Bar.*

Anversa - *Anversa.*

Aquileja - *Oglas, Akvileja.*

Arabia - *Arapska, Arabia, arapska zemlja.*

Aragona - *Aragona.*

Arbe - *Rab;* arbesano st. - *rabljan, rabljanin;* ag. *rab-ski, rabljanski.*

Armenia - *Jermenia, Jermen-ska, jermenska zemlja.*

Asia - *Azia;* asiatico st. *azia-nac;* ag. *azianski, aziatički.*

Austerlitz - *Slavkov.*

Austria - *Austria, Austrija;* austriaco st. - *austrianac,* ag. *austrianski.*

B

Baltico (mare) *Blatovsko* v. *Baltičko more.*

Banato - *Banat.*

Barcellona - *Barcelona.*

Barutti - *Barut.*

Bassi. V. Paesi.

Baviera - *Bavarska, Bajurska, Bavarja, bavarska v. bajurska zemlja.*

Belgio - *Belgia; belgianska zemlja.*

Belgrado - *Biograd.*

Besanzone - *Bezansa.*

Bocche. V. Cattaro.

Boemia - *Česka, Pemsko, Pemska, česka v. pemska zemlja;* boemo st. - *čeh, pemac;* ag. *česki, pemski.*

Bordò - *Bordolez, Bordò.*

Boristene - *Dněpar.*

Bosforo - *Bospor.*

Bosnia - *Bosna.*

Brandeburgo - *Branibor.*

Brazza - *Brač.*

Brescia - *Breša;* bresciano st. *brešanac, brešanin;* ag. *brešanski.*

Breslavia - *Vratislav, Breslava.*

Bretagna (gran) - *velika Britania.* V. Inghilterra.

Briesen - *Brezno.*

Brisgovia - *Brizgava.*

Brunsvich - *Brunšvik.*

Brusselles - *Bruselj.*

Bucarest - *Bukurešt, Bukreš.*

Buccari - *Bakar;* buccarano st. - *bakran, bakranin,* ag. *bakarski.*

Buda - *Budin.*

Budua - *Budva.*

Budweiss - *Budiejovice.*

Bulgaria - *Bugarska, bugarska zemlja.*

C

California - *Kalifornia.*

Capocesto - *Primošten.*

Capo d'Istria - *Kopar.*

Carinzia - *Koruška, koruška zemlja.*

Carlobago - *Bag, Karlobag.*

Carlovitz - *Karlovci.*

Carlstadt - *Karlovac.*

Carniola, Carnia - *Kranj, Kranjska, Kranjia, kranjska zemlja.*

Caspio (mare) *Hvalinsko more.*

Castelnuovo (in Dalmaz.) *Novi,* (nell'Istria) *Novi Grad.*

Castua - *Kastav.*

Cattaro - *Kotor;* cattarino st. - *kotoranin, kotorac,* ag. *kotorski,* Bocche di Cattaro - *Buke od Kotora, kotorska Vrata.*

Cherso - *Cres.*

China. V. Cina.

Chioggia - *Ćoza ;* chiosotto st. - *ćozot, ćuzot,* ag. *ćozotski, ćuzotski.*

Cilli - *Celje.*

Cina - *Kina, Kitaj;* chinese st. - *kinez,* ag. *kinezki.*

Cinquechiese - *Pečuh, Pečuj.*

Città nuova - *Novi Grad.*

Cividale - *Čedad, Staro Město.*

Clausenburgo - *Kološvar.*

Clissa – *Klis.*

Coblenza - *Koblenca, Koblice.*

Comorn - *Komoran.*

Copenaghen - *Kodanj.*

Corbavia, Corbava - *Kèrbava.*

Corfù - *Kèrf.*

Costantinopoli - *Carigrad.*

Costanza - *Kostanac;* Lago di Costanza - *Kostanačko Jezero.*

Cracovia - *Krakov.*

Cragno - *Kranj, Kranjia, kranjska zemlja;* cragno-

lino st. - *kranjac,* ag. *kranjski.*

Cremona - *Kremona.*

Crimea - *Krim.*

Croazia - *Hèrvatska, hèrvatska zemlja;* croato st. - *hèrvat,* ag. *hèrvatski;* Croazia e Slavonia - *Hèrvatska i Slavonia.*

Csacaturn. V. Tschacaturn.

Culpa (fiume) *Kupa;* paese alla Culpa - *Pokupje,* nazionale - *pokupac.*

Curzola - *Korčula.*

D

Dalmazia - *Dalmacia, Dolmacia, dalmatinska zemlja;* dalmatino, dalmata - *dalmatinac, dalmatin, dolmatinac;* ag. *dalmatinski, dolmatinski.*

Damasco - *Demesak.*

Danimarca - *Danezka, Dania.*

Danubio - *Dunaj, Dunav;* paese lungo il Danubio - *Podunavje, Podunavlje;* nazionale - *podunavac.*

Danzica - *Gdansko.*

Daruvar - *Daruvar, Podborje.*

Diacovar - *Djakovar, Djakovo.*

Dignano - *Vodinjan.*

Dniester - *Dněstar.*

Don. V. Tanai.

Drava - *Drava;* paese lungo la Drava - *Podravina, Podravje;* nazionale - *podravac, podravjanin.*

Dresda - *Draždjani, Drežda.*

Dulcigno - *Odsinj.*

Durazzo - *Drač.*

E

Edinburgo - *Edinbor.*

Egitto - *Egipat, Misir.*

Elba - *Laba.*

Eperies - *Eperješ, Prešov.*

Ercegovina - *Hèrcegovina, Ercegovina;* nazionale - *hèrcegovac, èrcegovac;* dell'Ercegovina ag. - *hèrcegovački, èrcegovački.*

Erlau – *Jegar.*

Essek - *Osěk;* nazionale - *osěčanin,* di Essek ag. - *osěčki.*

Europa - *Evropa, Europa;* europeo st. - *evropeac, evropein, europeac* ecc. ag.

evropejski, europejski.

F

Feistritz - *Bistrica.*

Fianona - *Plomin, Plominj.*

Filippopoli - *Plovdin.*

Firenze - *Fiurenca.*

Fiume (città e fiume)*Rěka;* fiumano st. - *rěčanin, rěčan;* ag. *rěčki, rěčanski.*

Fort'Opus - *Opuzen.*

Francia - *Francuzka, Francezka, Francozka, francuzka* ecc. *zemlja;* francese st. - *francuz, francez francoz;* ag. *francuzki, francezki, francozki.*

Francoforte - *Frankobrod.*

Friedau - *Ormož, Ormuš.*

Friuli - *Furlanska, friulanska* v. *furlanska zemlja, Furlania;* friulano st.- *furlanac, furlanin, furlan;* ag. *furlanski.*

G

Gimino - *Zminj.*

Germania - *Němška, Němačka, němška* v. *němačka*

zemlja; nazionale - *němac,* germanico – *němški.*

Gerusalemme - *Jerusolim.*

Ginevra - *Ginevra.*

Giordano - *Jordan, jordanska rěka.*

Giudea - *Židovska, židovska zemlja.*

Gorizia - *Gorica.*

Gottschee - *Kočevje.*

Gran - *Oštrogon.*

Gran Varadino - *Veliki Varadin.*

Gratz - *Gradac.*

Gravosa - *Gruž.*

Grecia - *Gěrčka, gěrčka zemlja.*

Guascogna - *Gaskonja.*

Güns - *Kisag.*

H

Hermannstadt - *Sibinj.*

Holstein - *Holstin, Holštain, Olstin.*

Hradisch - *Hradišće.*

I

Idria - *Viděrga.*

Iglau - *Jihlava.*

Illiria, Illirio - *Iliria, Ilirska, ilirska zemlja;* illiro, illirico st. - *ilir, ilirac;* ag. *ilirski.*

Indie - *Indianska, indianska zemlja, Indie;* Indie orientali - *Indie iztočne,* - occidentali - *Indie zapadne;* indiano st. - *indianac, indian;* ag. *indianski.*

Inghilterra - *Englezka, englezka zemlja;* inglese st. - *englez,* ag. *englezki.*

Irlanda - *Irska, irska zemlja, Irlanda;* irlandese st. - *irlandez;* ag. *irlandezki.*

Isonzo - *Soča.*

Istria - *Istria, Istrija;* istriano st. - *istrianac, istrijanac, istrianin, istrijanin;* ag. *istrianski, istrijanski.*

Italia - *Talianska, Talia, talianska zemlja;* italiano st. - *talianac, talianin, talian,* ag. *talianski.*

K

Kérka (fiume) *Kěrka.*

Klagenfurt - *Cělovac.*

Kopreinitz - *Koprivnica.*

Königsberg - *Kraljevac, No-va Banja.*

Königsgrätz - *Kralovogradac.*

Kremnitz - *Kremnica.*

Kreutz - *Križevac.*

Kronstadt (in Transilv.) *Brašov.*

Kutenberg - *Kutna Gora.*

L

Laas - *Lože, Lož.*

Laatz - *Ledec.*

Lagosta - *Lastove.*

Leitmeritz - *Litoměrice.*

Lemberg. V. Leopoli.

Leopoli - *Lavov.*

Lesina - *Hvar.*

Levante. V. Oriente.

Licca - *Lika.*

Lipsia - *Lipsko, Lipiska.*

Lissa - *Vis.*

Litorale - *Primorje;* nazionale - *primorac, primor-čanin.*

Lituania - *Litva.*

Londra - *London, Londin, Londra.*

Lorena - *Lorena.*

Loreto - *Loret.*

Lubecca - *Bukovac.*

Lubiana - *Lljubljana.*

Lusazia - *Lužica.*

Lussino - *Lošinj;* Lussin piccolo - *mali Lošinj,* Lussin grande - *veliki Lošin.*

M

Macedonia - *Macedonia.*

Madrid - *Madrid.*

Magonza - *Moguncia.*

Malabar - *Malabar.*

Malta - *Malta.*

Manica (canale della) *Těsno More, Rukav.*

Mantova - *Mantuva.*

Marmara (mare di) *Bělo More.*

Marsiglia - *Maršilja.*

Mediterraneo (mare) *Srědozemno More;* del Medit. - *srědozeman, srědozemski.*

Melada - *Molat.*

Meleda – *Mlět.*

Meno - *Men.*

Messina - *Mišina.*

Milano – *Milan;* milanese st. - *milanez,* ag. *milanezki.*

Modena - *Modena;* modenese st. - *modenez.* ag. *modenezki.*

Moldavia - *Karabogdanska,*
Bogdanska, karabogdan-
ska (ecc.) *zemlja.*

Monaco - *Monakov.*

Monfalcone - *Teržić.*

Monte maggiore (nell'Istria)
Učka.

Monte negro - *Cěrna Gora;*
montenegrino st. - *cěrno-*
gorac, cěrnogorčanin, ag.
cěrnogorski.

Montona - *Matun.*

Moravia - *Moravia, Morav-*
ska, moravska zemlja.

Mosca - *Moskva, Moškova.*

Möttling - *Metlika.*

N

Nankin - *Nankin.*

Napoli - *Napulj, Napulja,*
napolitano st. - *napulitan,*
napulitanac, ag. *napuli-*
tanski.

Narenta - *Neretva.*

Nazaret - *Nazaret.*

Neusatz - *Novi Sad;* nazionale – *novosadjanin.*

Neustadt - *Novo Město.*

Nissa - *Niš.*

Nizza - *Nica.*

Nona - *Nin.*

Nord, Nort - *Sěver.*

Nuova-York - *Nevjork, Novi*
Jorak.

O

Obrovazzo - *Obrovac.*

Occidente - *Zapad, Zahod;*
occidentale - *zapadan, za-*
hodan.

Oder - *Odra.*

Oedimburgo - *Šopron.*

Olanda - *Olanda;* olandese
st. - *olandez,* ag. *olandezki.*

Olmütz - *Olomuc.*

Oriente - *Iztok, Istok;* orientale - *iztočan.*

Orsova - *Oršova, Aršava,*
Èršava.

Ossero - *Osor.*

Ovest - *Zapad, Zahod.*

P

Padova - *Padova;* padovano
st. - *padovanac, padovan;*
ag. *padovanski.*

Paesi Bassi - *Nizozemska,*
nizozemske zemlje.

Pago - *Pag;* paghesano st.

- *pažanin*, *pažan*; ag.
paški.
Palatinato - *Palatinat*.
Parenzo - *Poreč*.
Parigi - *Pariz*.
Passarovitz - *Požarevac*.
Pechino, Pekino - *Pekin*.
Perù - *Perav*.
Pest - *Pešta*.
Petrovaradino (in Slavonia) - *Varadin*. V. Granvaradino.
Pettau - *Optuj*.
Piemonte - *Piomont, Piomonat*; piemontese st. - *piomontez*, ag. *piomontezki*.
Pietroburgo - *Petrograd*.
Pinguente - *Buzet*.
Pisino - *Pazin*.
Pola - *Pul, Pula*.
Polonia - *Poljska, Leška, poljska zemlja*; polacco st. - *poljak*, ag. *poljski*.
Pomerania - *Pomorania*.
Ponente - *Zapad, Zahod*.
Portogallo - *Portugal*; portoghese st. - *portugalac, portugez*, ag. *portugalski, portugezki*.
Portorè - *Kraljevica*.
Posega - *Požega*; nazionale

- *požežanin, požeganin*;
di Posega - *požežki, požeganski*.
Posnania - *Poznanj*.
Praga - *Zlatni Prag; Prag*; nazionale - *pražanin, zlatnopražanin*, di Praga - *pražki, zlatnopražki*.
Presburgo - *Požun*; presburghese st. - *požunac*, ag. *požunski*.
Prussia - *Pruska, pruska zemlja*; prussiano st. - *prus*, ag. *pruski*.
Puglia - *Pulja*; pugliese st. - *puljež*, ag. *pulježki*.

R

Raab - *Gjur*.
Radmansdorf - *Radolica*.
Ragusa - *Dubrovnik*.
Ragusa vecchia - *Běli Grad, Cavtat*.
Reichenberg - *Libèrk*.
Reifnitz - *Ribnica*.
Reno - *Ren, Rajna*.
Risano - *Risan*.
Rodano - *Rodan*.
Rodi - *Rod*.
Rohitsch - *Rogatac (tca)*.

Roma - *Rim;* romano, ro-
magnuolo st. - *rimljan,
rimljanin;* ag. *rimski, rim-
ljanski.*

Romanìa o Romelia - *Ro-
mania.*

Rovigno - *Rovinj.*

Russia - *Ruska, ruska zemlja;* russo o ruteno st. -
rus, rusin; ag. *ruski, ru-
sinski.*

S

Sabbioncello - *Pělěšac, Ston-
ski Rat.*

Salona - *Solin.*

Salonicchio – *Solun.*

Salisburgo - *Solnograd, Solni
Grad;* salisburghese st. -
*solnogradac, solnogradja-
nin,* ag. *solnogradski.*

Sardegna - *Sardinia, Sar-
denja.*

Sassonia - *Saska, saska
zemlja;* sassone st. - *sas,
sasin,* ag. *saski, sasinski.*

Sava - *Sava;* paese alla Sava - *Posavina, Posavje;*
nazionale - *posavac, po-
savljan.*

Scardona - *Skradin.*

Schiavonia. V. Slavonia.

Schneeberg - *Sněžnik.*

Scozia - *Škotska, škotska
zemlja.*

Scutari (città) - *Skadar;* lago
di Scutari - *skadarsko
Blato* v. *Jezero.*

Sebenico - *Šibenik.*

Segna - *Senj;* segnano st. -
senjan, senjanin, ag. *senjski.*

Selve (is. della Dalm.) -
Silba, Silbe.

Semendria - *Smederevo.*

Semering - *Sěvěrnik.*

Semlino - *Zemun.*

Senosetsch - *Senožeće.*

Serajevo - *Serajevo.*

Servia - *Sěrbska, sěrbska
zemlja, Sěrbia, Sěrbija;*
serviano st. - *sěrb, sěrbin,
sěrbalj, sěrbljin, sěrbljanin,
sěrbljanac;* fem. *sěrba,
sěrbkinja;* della Servia -
*sěrbski, sěrbljanski, sěrbi-
janski, sěrbljinski.*

Settentrione - *Sěver;* settentrionale - *sěveran, sěver-
ski, sěverokrajan.*

Sirmio - *Srěm.*

Slavonia - *Slavonia, sla-*

vonska zemlja. V. Croa-
zia.

Smirne - *Žmirna.*

Spagna - *Španjolska, španjolska zemlja;* spagnuolo
st. - *španjol, španjolac;*
ag. *španjolski.*

Spalato, Spalatro - *Split,
Splět;* spalatrino st. -
*splitjan, splětjan, splitja-
nin.*

Stagno - *Ston.*

Stiria – *Štajerska, Slovenska,
štajerska* v. *slovenska zemlja;* stiriano st. - *štajerac,
slovenac;* ag. *štajerski,
slovenski.*

Stretto (in Dalm.) - *Tisno.*

Stuhlweissenburg. V. Alba
reale.

Svizzera - *Švajcarska, Švaj-
ca, švajcarska zemlja.*

T

Tamigi - *Tamiz.*

Tanai (Don) - *Tanai, Don.*

Tedesco, st. - *němac,* tede-
schi - *němci, němški* v. *ně-
mački narod.*

Teresianopoli - *Subotica.*

Tibisco - *Tisa.*

Tirolo - *Tirol;* tirolese st. -
tirolac, tirolez; ag. *tirol-
ski, tirolezki.*

Tolone - *Tolon.*

Torino - *Turin;* torinese st.
- *turinez,* ag. *turinski, tu-
rinezki.*

Toscana - *Toškana, Tuška-
na, toškanska* (ecc.) *zemlja;* toscano st. - *toškanac,* ag. *toškanski* ecc.

Transilvania - *Èrdelj.*

Traù - *Trogir.*

Trento - *Tridenat;* trentino,
tridentino st. - *tridentinac,
tridentanac;* ag. *tridentinski, tridentanski.*

Trieste - *Tèrst;* triestino st.
- *tèrstjanac, tèrstjanin;* ag.
tèrstjanski.

Troppau - *Opova.*

Tschacaturn - *Čakovac.*

Turchia - *Turska, turska
zemlja;* turco st. - *turčin,
turak, osmanin, osmanlia,
muhamedanac;* ag. *turski,
turački, osmanski, osman-
lijski, muhamedanski.*

U

Ucrania - *Ukrajina.*

Udine - *Vidam (dma), Vidan (dna), Udine;* udinese st. - *vidanin, udinez;* ag. *vidanski, udinezki.*

Ungheria - *Madjarska, Majarska, madjarska zemlja;* ungherese st. - *majar, madjar;* ag. *majarski, madjarski.*

V

Valacchia - *Karavlaška, Vlaška, karavlaška* v. *vlaška zemlja;* valaco st. - *vlah, karavlah;* ag. *vlaški, karavlaški.*

Varasdino - *Varaždin.*

Varsavia - *Vèršava, Varšava.*

Veglia - *Kèrk.*

Venezia - *Bneci, Mletke, Mletci (akah);* veneziano, veneto st. - *bnečić, mlečić;* ag. *bnetački, mletački.*

Verona - *Verona;* veronese st. - *veronez,* ag. *veronezki.*

Vienna - *Beč;* viennese st. - *bečanin,* ag. *bečki.*

Vipaco - *Vipava.*

Visinada - *Višnjana.*

Vistola - *Visla.*

Vojvodato - *Vojvodina, Vojvodovina;* Vojvodato della Servia - *Vojvodina* (ecc.) *Sèrbska.*

Volosca - *Volovska.*

Vrana (in Dalm.) - *Vrana.*

W

Windisch-Gratz - *Slovenski Gradac.*

Y

York. V. Nuova.

Z

Zagabria - *Zagreb;* zagabriese st. - *zagrebčan, za-*

grebčanin; ag. zagrebački,
zagrebeki.

Zara - *Zadar;* zaratino st. -
zadranin; ag. *zadarski,*
zadranski.

Zara vecchia - *Biograd.*

Zelanda - *Zelanda;* zelan-
dese st. - *zelandez,* ag. *ze-*
landezki.

Zirknitz - *Cirknica.*

F I N E.

Lightning Source UK Ltd.
Milton Keynes UK
UKHW030627240321
380904UK00007B/466